唐

好看到睡不着
的中国史
唐朝

史壮宁 著

民主与建设出版社
·北京·

© 民主与建设出版社，2020

图书在版编目（CIP）数据

好看到睡不着的中国史 / 史壮宁著 . — 北京 : 民
主与建设出版社，2020.3（2021.11 重印）
ISBN 978-7-5139-2914-1

Ⅰ . ①好… Ⅱ . ①史… Ⅲ . ①中国历史—通俗读物
Ⅳ . ① K209

中国版本图书馆 CIP 数据核字 (2020) 第 028809 号

好看到睡不着的中国史
HAOKAN DAO SHUIBUZHAO DE ZHONGGUOSHI

著　　者	史壮宁
责任编辑	吴优优
装帧设计	猋　玖
出版发行	民主与建设出版社有限责任公司
电　　话	（010）59417747　59419778
社　　址	北京市海淀区西三环中路 10 号望海楼 E 座 7 层
邮　　编	100142
印　　刷	北京昊鼎佳印印刷科技有限公司
版　　次	2020 年 6 月第 1 版
印　　次	2021 年 11 月第 2 次印刷
开　　本	710mm×1000mm　1/16
印　　张	54.5
字　　数	660 千字
书　　号	ISBN 978-7-5139-2914-1
定　　价	180.00 元（全四册）

注：如有印、装质量问题，请与出版社联系。

目录

崛起初唐

辉煌盛唐

零落中晚唐

崛起初唐

◆

帝王将相，金戈铁马，谁在凌烟阁上

高诵一阙风云长歌？

◆

皇室贵胄：唐太宗的祖上也是开国皇帝

一般来说，将门出虎子，唐太宗李世民即是将门之后。以前只知道他的老爹李渊了不得，却不知他的曾祖父李虎更厉害，是西魏著名的八柱国之一。说得透彻一点，皇帝要唱戏，台底下要有八根戏柱子稳稳地撑住，这戏台才不会塌了。所以说，这个荣誉称号很形象。

老李家不是三代五代的小富贵，也不是一般的大富贵，而是皇家贵胄。十六国时期，西凉的开国皇帝名叫李暠，也有写成李皓的，那是李世民的曾祖父李虎的爷爷的爷爷。直说就是李虎是李暠的六世孙。而这个李暠也是名将之后，他的爷爷名叫李弇，乃是大汉飞将军李广的十四世孙。

李广的先祖是李信，是秦朝名将，曾率军击败燕太子丹。所以李广家族世代接受仆射这一官职，而且世代传习射箭，这就恍然找到了李世民善射的根源了。

再往下说，李暠的儿子李歆接了他的班，史称西凉后主。李歆生了李重耳，李重耳在西凉国被灭后，出仕北魏，官至弘农太守。李重耳生了李熙，官至金门镇将，曾镇守武川。李熙生了李天锡，也有人叫他李天赐，官至宿卫统兵的武官幢主。李天锡就是八柱国之一李虎的父亲。

李渊的爷爷李虎不仅继承了家传的手艺，射得一手好箭，还喜好读书，

重义轻财。

据记载，李虎曾陪同周文帝宇文泰在北山下阅兵，想不到这北山里有豹子。豹子常常出来猎捕士兵，却一直没人敢去把它杀了。李虎闻讯，"不暇持杖趋往，捉豹杀之"，意思是连个趁手的兵器也来不及拿，直接就冲上去了。结果，豹子流年不利，撞上了"虎"。李虎赤手空拳把豹子杀死了。宇文泰大悦，赞道："公之名虎，信不虚也。"（你这老虎的名字可真不是白叫的）

551年5月，李虎去世。北周建立后，追封李虎为唐国公。现在大家就明白，为什么后来李家打下了江山，定国号为"唐"，根源在李渊的爷爷这儿呢。

李渊的父亲叫李昞，是李虎的三儿子，曾任北周安州总管、柱国大将军，袭封唐国公。李昞没什么征战纪录，倒是一位治世的能臣。他为政简静，即施政简约而不扰民，笔者认为这是为官的极高境界。

李渊当年能独占鳌头，搞定他的太太——北周武帝的外甥女窦小姐，就是凭着一手百步穿杨的好箭法。

当时窦小姐要出嫁，她的父亲窦毅常说："这个女儿的容貌和文化水平都如此之高，怎可随便嫁人呢！"于是用了一种别出心裁的方式选婿：摆下一个画着孔雀的屏风，在规定距离外射中孔雀的两只眼睛者中选。

当时骏马轻裘的翩翩佳公子李渊在一干尚武好勇的关陇贵族子弟面前，唰唰两箭，正中孔雀的两只眼睛，不仅抱得美人归，还留下了一个"雀屏中选"的浪漫传说。

靠箭法赢回来一位太太，应该是李渊捎带玩的事儿，他真正的箭法在战场上也经得住考验，能于瞬息间取人性命。

李渊的一手好箭法，顺理成章地传给了李世民。李世民天生好膂力，开得硬弓，且对自己的箭法相当自信。

李世民打败了宋金刚，与尉迟敬德风云际会之时，踌躇满志地说："吾执弓矢，公执槊相随，虽百万众若我何！"意思是我执弓箭你执槊，虽有百万军但谁都拿咱俩没有办法。

李世民确实有自信的资本，就说那次与窦建德的交锋，他和尉迟敬德仅带了几个人就敢去当诱饵，几千骑兵从窦建德的营帐中杀出，李世民招呼大家："你们先走，我跟敬德殿后！"

这两人"按辔徐行"（轻轻按着缰绳，让马慢慢地走），敌人一靠近，李世民张弓就是一箭杀一个。追得再近一点的敌人，立刻有尉迟敬德的长槊招呼。如此这般，二人密切配合，边杀边退，直至将敌军引入埋伏圈，随后伏兵大起，取得大胜。

唐太宗李世民的家世和箭术皆令人叹服。

三朝国丈：张冀牖和宋耀如都不及他

谁才是中国历史上最牛的老丈人？看到这个问题，首先想到的是张冀牖。他是安徽合肥人，民国著名教育家，1921年创办私立苏州乐益女校，1925年又创办平林中学。

这样的简历似乎并不出众，但是作为岳父，他却非同一般，因为他是张氏四姐妹的父亲。张氏四姐妹也称张氏四兰，这姐妹四人情系昆坛，毕生为昆曲事业而奔走，不遗余力。她们都嫁给了文化圈里的名人乃至巨擘：

大姐张元和，是小生名角顾传玠的夫人。

二姐张允和，是著名语言文字学家周有光的夫人。

三姐张兆和，是著名作家沈从文的夫人。

小妹张充和，是美国耶鲁大学著名汉学家傅汉思教授的夫人。

这样清雅的四姐妹自然是一段佳话，但张冀牖跟宋耀如比起来，似乎名气要小一些。宋耀如支持孙中山的资产阶级民主革命，曾是孙中山争取国民革命成功的重要财力支柱，更重要的是他是宋氏三姐妹的父亲。宋氏三姐妹的名气在近现代是如雷贯耳，无出其右者。

大女儿宋霭龄，1914年在日本与孔祥熙结为夫妇。

二女儿宋庆龄，1915年和国父孙中山结婚。

三女儿宋美龄，1927年与蒋介石结婚。

关于这三位女婿毋庸赘述。若说宋先生培养的三位芳华绝代的女儿，都在史书上有不可忽视的一笔，而这位岳父大人，是否就已经前无古人后无来者了呢？

后无来者有可能，但是前无古人可是说错了，至少符彦卿的后人就是其一。符彦卿是五代至北宋初年的著名将领，13岁即能骑射，25岁时任吉州刺史，累官天雄节度使，拜太傅，由淮阳王进封为魏王。

这是符彦卿本人的功绩，也是浓墨重彩的一笔。历史上封王的人不少，但是他们都没有符彦卿那么好的福气。作为老丈人，他有三个女儿被封为皇后，母仪天下。

符彦卿的长女宣懿符皇后，是后周世宗柴荣的第一任皇后。

可惜好景不长，仅仅过了一年，符皇后病重，临终前恳求柴荣纳二妹为贵妃，代替她把年幼的皇子柴宗训抚养成人。后柴荣病危时，二妹被晋封为皇后。960年，赵匡胤陈桥兵变，黄袍加身。柴宗训被迫禅位，改封郑王。符太后改称周太后，死谥"宣慈皇后"。姐妹嫁了同一个人，而且都是皇后。

符家三妹嫁给了宋太宗赵光义，不过她福薄命短，34岁早逝，没能活着当上皇后。赵光义即位后，追封她为懿德皇后。

三个女儿都是正牌皇后，尊宠至极，那是不是符彦卿就登峰造极，成为史上最牛的老丈人了呢？还不是，因为独孤家族不服。

独孤信，北周云中人，西魏八大柱国之一，官拜大司马，进封卫国公。史称其"美容仪，善骑射"。独孤信本人能文善武，诚义忠信，为一代楷模。他的女儿中有三个分别是北周、隋、唐的皇后，他是三朝国丈！

长女独孤氏（本名不详），北周世宗明皇帝宇文毓之妻，后被追封为明敬皇后。宇文毓为人宽容，政绩显著，深受百姓爱戴。

四女独孤氏（本名不详），唐太宗李世民祖父李昞之妻。李昞承袭为陇西郡公，564年，加封唐国公。曾任北周安州总管，柱国大将军。李渊登位后，李昞被尊为皇帝，庙号唐世祖。李渊追封母亲独孤氏为元贞皇后。

七女独孤伽罗，隋文帝杨坚之文献皇后。

独孤信真的可以说：前不见古人，后不见来者，念天地之悠悠，独欣然而开怀。

初唐四杰皆丧命于"水"

初唐四杰王勃、杨炯、卢照邻、骆宾王文思卓然，都是天纵奇才。然而天妒英才，他们的寿命都不怎么长。但大家可能不知道的是，这四大才子之死都和"水"字有关。

古绛州王勃被称为四杰之首，一句"海内存知己，天涯若比邻"，被多少人题写在毕业纪念册上，到老都在吟诵。可惜的是，他写完《滕王阁序》之后，就渡海跑到交趾去探望在那里为官的父亲。返回时，走到今天的北部湾防城海域，船只遇到了风浪，王勃不幸溺水而死。

满腹锦绣文章的王勃生于650年，死于676年，年仅27岁（古人算虚岁）。有人说，如果天可假年，再给他50年寿命，他可能会力压李白、杜甫一头，如今也只能长叹一声罢了。

陕西华阴人杨炯跟王勃都是生于650年，他也是从小就遭人嫉妒的神童，中了神童举又中进士。比较有影响力的作品是《公卿以下冕服议》，但个人最偏爱的还是他的《从军行》：

> 烽火照西京，心中自不平。
>
> 牙璋辞凤阙，铁骑绕龙城。

> 雪暗凋旗画，风多杂鼓声。
>
> 宁为百夫长，胜作一书生。

尤其是最后一句，简直能让一众"文人"羞愤至极。其他如《战城南》《紫骝马》，也是慷慨激昂，颇有风骨。所以，杨炯说："吾愧在卢前，耻居王后。"意思是他并不服气同龄人的王勃。杨炯虽自负，但他与王勃惺惺相惜。王勃死后，是杨炯将其遗文、遗诗收集起来，汇编成卷的。

言归正传，杨炯是怎么死在"水"字上的呢？时至杨炯出任盈川令，即今浙江衢州。693年夏，盈川遭遇大旱，几近绝收，杨炯心急如焚，跪祈三日无雨后竟然自投于井中。当夜天降大雨，井水浮杨炯尸体而出。这一年，杨炯只有44岁。当地百姓感其恩泽，建祠塑像，祭奉不衰，遂为城隍，至今已有1300多年。

从"吾愧在卢前，耻居王后"这句话可知，杨炯连王勃都不服，为什么却惭愧名字排在幽州卢照邻的前面呢？一方面，卢照邻比他们大个十几岁，他是636年生人，以老为尊；另一方面，卢照邻的实力一直被低估，加之宣传推广不到位，不为人知罢了。四杰的排名座次是以诗文水平论称的。论诗，谁不知道"得成比目何辞死，愿作鸳鸯不羡仙"？所以，《竹林答问》很推崇卢照邻，"六朝之为有唐，四杰之力也。中间唯卢升之出入风骚，气格遒古，非三子所可及。盈川'愧在卢前'，非虚语也"，说他在其他人之上，而且杨炯的话也符合真实的情况。

卢照邻担任过都尉之类的官职，但他患了"风疾"（应该是中风一类的病），不得不退职。药王孙思邈曾收他为弟子，悉心为他调治，但可惜也无力回天。后来他不仅双脚萎缩，连一只手也残了。680年，因为实在无法忍受病痛的折磨，他决定告别这个世界，于是他郑重地与亲属道别，然后投颍水自杀，年45岁。

最后说婺州骆宾王，大约出生在638年，此人也是正宗"神童"，7岁时写的《咏鹅》，至今都广为人知。

短诗写得奇妙，七言歌行更妙。他的《帝京篇》是初唐罕有的长篇，被当时称为绝唱。当然，他最出名的是跟着徐茂功的孙子徐敬业造反时写的《为徐敬业讨武曌檄》："……班声动而北风起，剑气冲而南斗平。喑鸣则山岳崩颓，叱咤则风云变色。……请看今日之域中，竟是谁家之天下！"真是慷慨激昂，气吞山河。

据记载，当武则天读到如此精彩的文章时，她忍不住问道："这是谁写的？"回禀说是骆宾王，武则天感叹："宰相安得失此人？"意思是宰相啊，这样的人才不能为我所用，你太失职了！

684年，徐敬业造反失败，史书中记载骆宾王被杀，但与骆宾王同时候的唐代笔记小说集《朝野佥载》里说是投江而死。据此，也有人说他投江之后潜水跑了，当了灵隐寺的和尚，但可能性不大。

总之，初唐四杰一是淹死、二是投井而死、三是自沉于水、四是投江自尽，说来说去，都绕不开一个"水"字。

萧瑀凭何位列"凌烟阁二十四功臣"?

盛世大唐推出的名人堂，叫作"凌烟阁二十四功臣"，都是为大唐开国立下汗马功劳的重臣，文有长孙无忌、房玄龄、杜如晦、魏征等人，武有李靖、李勣、程咬金、秦琼等人，每一位提起来都是大名如雷贯耳。旦是这24个大人物当中有一个人名叫萧瑀，排位竟然紧随军神李靖之后，位列第九，他到底是怎么"混"进来的？

开始的猜疑是，此人绝对是个关系户，凭着他天潢贵胄的身份蹭进来的。萧瑀是南朝梁明帝萧岿的第七子，是梁靖帝萧琮的异母弟，还是萧皇后之弟，更是隋炀帝的小舅子。那唐太宗李世民岂不得给他面子！况且萧瑀的妻子是独孤皇后的娘家侄女，而唐高祖李渊是独孤皇后的亲外甥，所以李渊与萧瑀是近亲。当年两人同在隋朝做官时交情也很好，所以论辈分，李世民得恭恭敬敬地叫萧瑀一声姑父。李世民的亲姑父表姑父有好几位，为什么这个姑父就这么特殊呢？

其实，能在凌烟阁上占据第九的位置，是萧瑀凭自己的本事赚来的，要没有两下子，排他后面的长孙顺德等人怎么能服？

萧瑀耿直刚烈，在隋炀帝手下的时候就以直言敢谏闻名，虽然宝殿上坐着的是皇帝，但萧瑀却敢说他骄奢无道、穷兵黩武。隋炀帝哪里能容得下萧瑀在这里胡言乱语，于是打发他去当河池太守。

后来李渊起兵，一封信过去，萧瑀就带着河池所有兵马飞奔而来，李渊当即封萧瑀为宋国公，拜为民部尚书（即户部尚书）。618年，李渊废隋建唐，拜萧瑀为内史令，就是当朝宰相。

萧瑀对大唐忠心耿耿，李渊引以为股肱，有时候甚至让萧瑀升御榻就座，而且亲切地称呼他为"萧郎"。

但是就凭这上凌烟阁还是太勉强了。

就在这时，在皇宫波谲云诡的斗争中，萧瑀立下了一件奇功。

李渊在位期间，诸位皇子明争暗斗，尽管李世民为打下江山立下大功，但李渊偏向于长子李建成。李世民与李建民之间不除掉一个，大唐江山必乱！于是李渊决定狠心除掉李世民。萧瑀看出端倪后，冒着极大的风险，替李世民说了不少好话。不夸张地说，是萧瑀凭着他的三寸莲花舌保下了李世民的命。

这件事李世民很清楚，也是他一直感念的。他说："我当此日，不为兄弟所容，实有功高不赏之惧。此人（萧瑀）不可以厚利诱之，不可以刑戮惧之，真社稷臣也。"

萧瑀的第二件奇功是在"玄武门事变"后。李渊是在萧瑀的劝解下把政权交给了李世民，去做太上皇的。萧瑀在这件事上的功劳是他人无可替代的。

仅仅是这样，似乎也还不足以让萧瑀功列第九。

萧瑀让李世民更加敬服的，是他的耿直敢言。这萧瑀直到什么程度？连向来大度的李世民有时候都实在难以忍受，在盛怒之下，将萧瑀前后六次罢相。但萧瑀不改忠诚亮直，不徇私情、不越法度，依然故我，从不

"改过自新"。

这种耿介刚烈的性子，连魏征都不得不服，他对李世民说："萧瑀不遇明圣，必及于难！"意思是说，萧瑀如果不是遇到李世民这样的明主，不知道要死多少次！

人未必服你的能耐，但服你的气节，这是萧瑀能名正言顺地登上凌烟阁的主要原因。

李世民专门写了一首诗，名为《赐萧瑀》，诗曰：

疾风知劲草，板荡识诚臣。

勇夫安识义，智者必怀仁。

萧瑀从不恃贵而骄，一生刚正不阿，尽职尽责，不仅站得住第九的位置，也担得起唐太宗李世民的赞誉。

文韬武略：唐太宗的弟弟李元轨

唐高祖李渊一生有22个儿子，19个公主。儿子中能力最突出的当然是唐太宗李世民，其实老大李建成和老四李元吉也很有才干，否则也没有跟李世民争天下的雄心和资本。

李渊的其他儿子也都很优秀，大多精通儒学，有的善书，有的善画，有的善音律，有的善断狱。但要说其中最优秀的，甚至才能可以与唐太宗李世民比肩的，唯有霍王李元轨。

我们先来看看魏征和唐太宗对他的评价：

据《旧唐书·李元轨传》记载，贞观初年，唐太宗有一次问他的大臣们："你们觉得我的弟弟和儿子们中间，哪个最有才能？"其他人都不敢吱声，只有又直又偏又可爱的魏征这样回答："臣愚暗，其他人也都不太清楚。臣只跟吴王有过几次对话，觉得他谈吐不凡，臣很佩服。"说明一下，李元轨先封蜀王，又封吴王，后来又改封霍王。

唐太宗并不觉得意外，因为这个比他小20多岁的李元轨确实很出众。他们的爹唐高祖李渊见多识广，尚且认为多才多艺的元轨是个奇才，没少夸赞他。唐太宗就又问了魏征一句："那你觉得他跟历史上的谁比较相似呢？"魏征说，论他的文才，应该是西汉的河间王刘德和东平王刘苍一流的人物。

顺便介绍一下这两位贤王。西汉的河间王刘德为王26年，始终不参与诸王争权，把毕生精力投入到对中国文化古籍的收集与整理中，流传后世并影响极大的《毛诗》和《左传》，都是刘德的功绩。东平王刘苍，少好经书，雅有智思，博学多才。汉明帝曾问他干什么最快乐，刘苍答"为善最乐"。

所以魏征对李元轨的评价算是相当高了。当然，唐太宗也很喜欢这个小弟，一看魏征这样赏识他，那干脆让他给你当女婿吧。魏征当然也乐意，于是唐太宗就做主让元轨娶了魏征的女儿。

那霍王李元轨是不是只是一个文弱之士呢？可真不是，他曾经跟着唐太宗一起打猎，遇到一群野猪，太宗就命元轨先射，结果是箭无虚发，一壶箭没用完，野猪都躺在了地上。当时太宗大喜，拍着元轨的肩膀说："你的武艺棒极了，只是可惜现在天下太平没有你施展的机会。当年我平定天下的时候，要是能有你这样的帮手，还不把我美坏了！"

文才卓越，武艺高强，这还不能说明李元轨就是一流人才。有时候战场上更能考验一个人的胆识和应变能力。

贞观二十三年，李元轨为定州刺史。突厥人突然来袭，元轨兵少将寡，于是命令大开城门，偃旗息鼓，突厥人怀疑有埋伏，始终不敢进城，熬了一夜，趁着天没亮跑了。

置之死地而后生，历史上真正敢玩空城计的人能有几个？

让人真正佩服的其实还是李元轨的人品，他是个大孝子。唐高祖李渊驾崩之后，他就辞官回家守孝，因为思念和难过都瘦得不成人形了。守孝期满之后，每到他爹的忌日，他就难过得好几天吃不下饭。

后来，武则天当了皇帝，大唐李家的天下姓了武，他是李家正宗的嫡系，怎么能甘心？于是他与自己的侄儿即唐太宗李世民的第八子越王李贞合谋起兵，结果事情败露，武则天先下手为强，诏令把他发配到黔州。大概是因为年老，"令载以槛车"，就是站在囚车里上路，走到陈仓，元轨就"薨"了。史书中查不到他的出生年月，但从武德六年即623年他被封王算起，到688年，他至少是65岁的老人了。

古代整治贪官有套路，唐太宗却抓而不杀

在历史上，整治贪官污吏套路最深的人是隋文帝杨坚，他曾经做过一次轰轰烈烈的"套路贪官大运动"，派自己信得过的人去假装行贿。结果，各台、省、院、部下属的令史等污吏纷纷中招。于是这场"套路贪官大运动"取得了"丰硕成果"，数以百计的府史令史等官员贪贿被坐实，最后由隋文帝亲自监斩。

史书记载："潜令人赂遗令史府史，有受者必死，无所宽贷。"

这一招实实在在起到了敲山震虎、杀鸡儆猴的作用，让所有的官员在收贿赂的时候心里都得哆嗦一下：这送钱的家伙不是皇上派来的探子吧？所以隋文帝时期，巨贪不多，官员们大多兢兢业业勤俭办事，国力空前强盛。

后来，到了唐太宗时期，有人向他告密，说尚书令史们有不少人贪污，唐太宗猛然想起隋文帝的毒招。就使用同样的方法，悄悄派人去行贿。

但是收效并不理想，中计者不多，只抓住了一个司门令史，此人伸了黑手，收了一匹绢。但这毕竟也是人赃并获，唐太宗准备把这个司门令史当众斩杀。

此时有人说话了，此人正是深受唐太宗推崇的政治家、外交家、战略家、地理学家，著名的山西闻喜裴家的裴矩，他说："陛下以物试之，遽行极法，所谓陷人以罪，恐非道德齐礼之义。"

应该说，能够从谏如流正是唐太宗比隋文帝高明的地方，他认为裴矩说得一点儿也不迂腐，耍阴招不是一个大唐明君该干的事，于是赦免了那个令史。

智勇双全：程咬金竟是能教化一方的好官

我们往常接触到的程咬金完全是个"盗版"，这个"盗版"先出自演义家的一支"秃笔"，再出自评书家的一张"歪嘴"，把一个高挂凌烟阁的大唐宿国公程咬金变成了"混世魔王"。说他以贩卖私盐起家，手持一把八卦宣花斧，浑事干得数不胜数，本来武艺高强的他变成了让人哭笑不得的"三板斧"。

其实，程咬金是正宗的"官二代"，从他的曾祖父到其父，都是北齐的大官。他用的不是一把斧子，而是一杆马槊，确有万夫不当之勇。

不仅如此，程咬金像张飞一样智勇双全，甚至比张飞还聪明。这位瓦岗寨寨主，在乱世中不仅保命有余，还能让自己得个善终。

《大唐新语》中有一段记载足以证明程咬金能谋善断。

在刘肃的这本书里，第七卷《知微》第十六中有如下记载：（在秦叔宝和程咬金投了王世充后，程咬金观察了一段时间，有一天）"程咬金谓叔宝曰：'充好为咒誓，乃师老妪耳，岂是拔乱主乎？'"

果真是微言大义，短短几句话里藏着很多重要的信息，最重要的就是程咬金根本不鲁莽，他简直精通读心术。王世充本是一代枭雄，能看穿他成不了大事，这哪里是一般人的眼界！如若程咬金为人、办事很不靠谱，秦叔宝怎么会听他的？事实是，秦叔宝还真听了他的，两人后来裹胁着王世充投降了李世民，成就了一世功名。书中这样写："后充拒王师，二人统兵战，马上揖充而降。太宗甚重之。"

刘肃对二人都有高度评价："功名克成，死于牖下，皆万人敌也。"

如果仅此一件事，也不能说明什么问题。

就在他们归了李世民之后，武德七年，太子李建成向李渊进谗言，要派程咬金出任康州刺史。

程咬金冷静而机智，对李世民说："被去掉左膀右臂，大王还想长久吗？知节（程咬金后来改的大名）有死而已，不敢离开大王身边！"

既分析了利害，又表了忠心，后来他参与了玄武门事变，又给李世民立下大功。李世民对他刮目相看，对他的评价是："志怀锐颖，气干强果……出镇方隅，惠化洽於黎俗。"他是一个能够教化一方的好官，看看李世民对他的评价用词，是形容一个粗人的吗？非也！

665年2月27日，程咬金在长安怀德里的家中安然去世，享年77岁，虽不是演义里的一百多岁，但也算是相当高寿了。李治下诏追赠他为骠骑大将军、益州大都督，陪葬于昭陵。

《大唐故骠骑大将军卢国公程使君墓志》中写道："敏识韶亮，逸韵高绝。"这也在说程咬金有过人之识。

尉迟恭善断大事，而非鲁莽武夫

尉迟恭，字敬德，唐朝名将，朔州平鲁下木角人。官至右武侯大将军，封鄂国公，是凌烟阁二十四功臣之一。

敬德公"身长九尺，膀阔二停，满目胡须，面如铁色，目若郎星，威风凛凛，气宇昂扬"。在中国传统文化中，尉迟恭被尊为驱鬼避邪，祈福求安的门神。因为他疾恶如仇，鬼神钦敬。

很多关于尉迟恭的评书、演义、传说、故事，以及一些影视剧，让大家觉得尉迟恭虽然能征善战、勇冠三军，但不过是一介勇夫。其实，此人粗中有细，在大事上极有分寸。他上马可攻城拔寨、建功立业，下马可明哲保身、颐养天年，这完全不是一个鲁莽耿直的武夫能做到的。

在著名的玄武门事变中，尉迟恭扮演了一个不可替代的角色。此前，他已经看出李世民与他的兄弟们势如水火，李建成和李元吉早已磨刀霍霍，不是你死就是我亡。但是李世民还一直在犹豫，是尉迟恭与长孙无忌极力进言，最终才说服李世民下决心先下手为强。

玄武门事变中，尉迟恭亲手射杀了李元吉。后来论功行赏，尉迟恭和长孙无忌定为头等，每人赏赐了一万匹绢，还把齐王府的钱财器物，连同整个府第，都赏给了尉迟恭。

审时度势，当机立断，此尉迟恭谋略之一。

当秦王李世民顺利地除掉对手李建成和李元吉之后，对他们的部下也想赶尽杀绝、斩草除根。尉迟恭果断地向李世民提出自己的见解："罪在二凶，既伏其辜，可以休矣。若滥及党羽，非所以求安也。"于是李世民大赦天下，留下了很多后来能为唐朝做贡献的人，魏征便是其中之一。

权衡利弊，着眼大局，此尉迟恭谋略之二。

贞观十九年，李世民由洛阳出发，再次亲征高句丽。此时，已经在家养老的尉迟恭上书进言："辽东路途遥远，令人担心发生意外事故。而且，征讨一个边远小国，不必麻烦大国御驾亲征，请把此事交给一位优秀将领，自然可以按时摧毁敌人。"这本是个很好的建议，但李世民志在建功立业，没有采纳，结果三次出征，均无功而返。

运筹帷幄，洞见千里，此尉迟恭谋略之三。

尉迟恭晚年为了自保，谢绝宾客来往。那他躲在家里干什么呢？曾经叱咤风云的大将军如果每天仍在家里舞刀弄枪，定会令皇帝起疑心。所以，聪明的他"炼气服食，奏清商乐以自奉"。就是在家里修炼一些道家的功夫，不仅炼气、炼丹，还玩高雅的音乐自娱自乐。其实，无非就是给皇帝派来的探子们看看，本人乐天知命，活得逍遥自在，又不跟其他人来往，没有任何的不臣之心。

急流勇退，明哲保身，此尉迟恭谋略之四。

所以，尉迟恭才得了善终，死后也备极哀荣。唐高宗废朝三日，诏京官五品以上赴第临吊，册赠司徒、并州都督，谥曰忠武，陪葬昭陵。

徐茂公割肉不负誓言

《旧唐书·李密传》记载，单雄信武艺高强，尤其擅长马上用枪，后来降了王世充，被任命为大将军。唐太宗围攻洛阳，单雄信带兵出战，"援枪而至"，就是在马上挺枪杀到只差一步就刺到了唐太宗，急得徐世勣大声嚷道："这是秦王！"单雄信就退下了，"太宗由是获免"，意思是唐太宗这才逃过了一劫。

再来看《新唐书·尉迟敬德传》："秦王与王世充战，骁将军单雄信直趋王，敬德跃马大呼，横刺雄信坠，乃翼王出。"意思是在单雄信枪刺秦王的时候，尉迟恭冲上来保驾，还把单雄信给刺到了马下。

这么简单的一件事，在《旧唐书》里仅仅是徐茂公喊了一嗓子，单雄信就给足了天大的面子退下了。可在《新唐书》里，也许是为了突出尉迟敬德的神勇，他就从斜刺里杀出来救了秦王的命，还把单雄信给挑落马下。

《新唐书》和《旧唐书》都是正史，实在不知该信谁了。现在暂以《旧唐书》为论，如此才好与后来发生的感天动地的故事相吻合。

单雄信听了徐茂公的话没有动手，算是放了秦王一马，可是轮到他自己兵败栽到了秦王手里，秦王却执意要杀他，于是在徐茂公和单雄信这对老哥们之间发生了以下故事。

　　徐茂公去给单雄信求情，秦王不给面子，单雄信即将上刑场杀头，徐茂公来哭诉，本来该和兄弟你一起死的，可是我死了谁照顾你的妻子和孩子呢？"因以刀割其股，以肉啖雄信曰：'示无忘前誓。'雄信食之不疑。"用刀在自己的腿上割下一块肉来，表示自己不忘之前立下的誓言，单雄信就吃了。

　　再参看《资治通鉴》："乃割股肉以啖雄信，曰：'使此肉随兄为土，庶几犹不负昔誓也！'"徐茂公割肉的用意是，让这块肉跟着兄弟一起变成土，算是不辜负当初的誓言。

受唐太宗之辱，阎立本不许儿子学画

　　说起唐代的著名画家，人们首先想到的应该是吴道子和阎立本。吴道子被尊称为画圣，阎立本也被时人誉为"丹青神化"。阎立本的代表作品有《步辇图》《历代帝王图》《萧翼赚兰亭图》等。

　　阎立本曾经当过中书令，就是权倾朝野一人之下万人之上的宰相。只是因为他的画太出名，以至于他的功业都被人们淡忘了，这是令阎立本最苦恼的事，好像他的官职是他的画带给他的。他自认为自己的文章才略一点也不比别人差，但在别人的眼里，他就是个靠画画吃饭的人。

　　有一件事让阎立本受了很大的刺激，算是唐太宗的无心之过吧。阎立本当时觉得自己受到了莫大的侮辱，但皇帝他怎么惹得起，只能回家生闷气。

　　事情的经过是这样的。

　　那天，唐太宗跟一帮侍臣们在青苑玉池中泛舟，忽然大家都看到有奇异的水鸟在水面上随波上下，从容自在。唐太宗很激动，手拍船舷连声叫好，马上命令在座的侍臣们赋诗咏唱。如此还不过瘾，唐太宗忽然想到，这么美好的画面怎么能不留下来呢？于是马上传唤阎立本，让他即刻带着画具赶过来。

　　当时，阎立本的官职是主爵郎中，人家的主业可不是画画的，是分管吏部、考功、主爵三曹的从五品官员。

阎立本听到传召，跑步赶到，顾不得大汗淋漓，立即俯身在池边挥笔画起来。但是这事令阎立本越想越别扭，越画越觉得难堪——我也有满腹锦绣文章，也有万里平戎之策，他们就这样把我当仆人一样呼来喝去吗？真是太伤自尊了！

回到家里，阎立本还是很郁闷，把儿子叫来告诫他："我从小就喜爱读书，并不是个不学无术的人。我的文章都是有感而发，自觉得并不比他们差！可现在他们只能看到我的绘画才能，叫我画师！我还得像小厮一样去侍奉他们，对我来说，这就是莫大的耻辱！儿子，你应该引以为戒，以后不要学习这种技艺了。"

《大唐新语》卷十一原文附录于此：

太宗尝与侍臣泛舟春苑，池中有异鸟随波容与，太宗击赏数四，诏坐者为咏，召阎立本写之。阁外传呼云："画师阎立本。"立本时为主爵郎中，奔走流汗，俯伏池侧，手挥丹青，不堪愧报。既而，戒其子曰："吾少好读书，幸免面墙。缘情染翰，顾及侪流。唯以丹青见知，躬厮养之务，辱莫大焉！汝宜深戒，勿习此也。"

让阎立本更加难堪的是，到了唐高宗时，边将姜恪因立军功为左相，而阎立本当时担任右相。在那个重门第重出身的朝代，有人编了这样的歌谣："左相宣威沙漠，右相驰誉丹青。"这对于阎立本来说，几乎是极大的嘲讽。

才情动四方：唐太宗的红粉知己

有这样一个女人，她相貌出众，才华横溢，琴棋书画皆通，关键还能规劝你的过失，你死了之后，她茶饭不思，哀毁骨立，很快也随你而去。这样的女人，是否可以称之为红粉知己呢？

唐太宗就有这样的一位知己，他的身边当然不缺女人，但是要说他的红粉知己，除了他称之为"嘉偶"和"良佐"的天下第一贤后长孙皇后，还有别人吗？

以唐太宗的眼光，究竟什么样的女人才能入了他的法眼？长孙皇后跟他同生共死，有战友一样的感情不说，她能诗能文能书，才华最对唐太宗的胃口。但是非常可惜，天妒红颜，长孙皇后36岁就病死了，当时是贞观十年，后来过了13年，唐太宗才死。那这期间，是哪一位红粉佳人代替了长孙皇后呢？

还真有这么一位大才女。此人姓徐名惠，她是贞观元年才出生的，长孙皇后死的时候她才10岁，但是当时已经因为才华而名动四方，甚至专到了唐太宗的耳朵里。她曾经模拟《离骚》而写了一篇《拟小山篇》：

> 仰幽岩而流盼，抚桂枝以凝想。
>
> 将千龄兮此遇，荃何为兮独往？

　　失去红粉知己长孙皇后的唐太宗，遇到这样的才女，定是不会就此错过。但到底徐慧具体多大被召幸入宫，《新唐书》和《旧唐书》中均无记载。

　　但她就是带着这无人可出其右的才气来了，唐太宗一见非常称心如意。这从她的待遇上就能看出来，最初她被纳为正五品的才人，随后被跳级提拔为正三品的婕妤，紧接着又升为正二品的充容。

　　这位徐充容最值得称赞的是，她敢于上疏极谏。当时唐太宗常年征伐，她在谏疏中有这样的名言："故地广者，非长安之术也；人劳者，为易乱之符也。"唐太宗要在宜君县造一座玉华宫，她又谏言："是以卑宫菲食，圣主之所安；金屋瑶台，骄主之作丽。故有道之君，以逸逸人；无道之君，以乐乐身。"著有《大唐新语》的刘肃赞她"文采绮丽"。善于纳谏的唐太宗也赞她"善其言，优赐之"。

　　欢娱的好日子过得飞快。白头偕老只是一场空梦，52岁的唐太宗头发刚白就驾崩了，尚是一头青丝的徐惠哀慕成疾，不肯服药，又作诗以寄托哀思。说红颜薄命也好，说天妒英才也罢，相思勾取人命，第二年，年仅24岁的她香消玉殒。高宗追封她为贤妃，陪葬昭陵石室，了却她"日夜侍奉在先帝身边"的心愿。

　　朱元璋对徐惠有段评价："乏人矣！昔唐太宗繁工役，好战斗，宫人徐充容犹上疏曰：'地广非久安之道，人劳乃易乱之源。东成辽海，西役昆丘，诚不可也。'今所答皆顺其欲，则唐妇人过今儒者。"徐惠的才情由此可窥一二。

直言更胜魏征的张玄素

唐太宗的身边，除了贤惠的长孙皇后和以直谏闻名的魏征等人之外，还有一位山西蒲州人张玄素也很胆大，竟敢当面说唐太宗不如隋炀帝！

这件事发生在贞观四年，唐太宗想在洛阳建造一座行宫。当时官拜给事中的张玄素就上书直谏，说得很不客气："役疮痍之人，袭亡隋之弊，以此言之，恐甚于炀帝。"意思就是你让那些刚刚被战乱折磨过残存下来的人为你服役修建宫殿，这就是沿袭隋朝的弊政，就从这点上来看，你干的事比隋炀帝还差。

这话说得实在难听，换个皇帝，估计张玄素就小命不保了。唐太宗压着心里的怒火，咬着牙说："你说我不如隋炀帝，那我比桀纣如何？"

这话有下套的嫌疑，好在张玄素没有顺着太宗的指引往里跳。他不仅不怕，还强调，你要盖这个宫殿，我担心也会"同归于乱"。意思是怕得重蹈隋朝灭亡的覆辙吧？

可以想象，此时唐太宗一定是转过几次杀掉张玄素的想法……

接着张玄素话锋一转，说当年您刚攻下洛阳的时候，太上皇下令说要把那些高门大殿都一把大火给烧了，是陛下您建议说，那些瓦木还是可用的，为什么不赐给穷人们呢？这事虽然最后没弄成，但是您的至德却被天下人称颂。这才过了五六年，您的所作所为差别怎么这么大呢？

所谓以子之矛攻子之盾，这些敢于直谏的大臣还都是极聪明的。不用些巧妙的方法，纵有几颗脑袋也不够皇帝砍的。张玄素的这番话让唐太宗没有办法反驳，你不是要当一代名君吗？这兴修宫殿疲役百姓，"何以昭示万姓，光敷四海"？

此时就显出唐太宗的了不起了，敢于承认自己的过错。在刘肃的《大唐新语》里，只记了太宗说的一个"善"字。但是在《资治通鉴》里，司马光却写："即为之罢役。后日或以事至洛阳，虽露居亦无伤也。"意为太宗立即下令停止此项工程，还说以后他如果有事去洛阳，即使露宿也不碍事。

魏征知道这事，感叹说："张公论事，遂有回天之力，可谓仁人之言，其利博哉！"敬佩之意，溢于言表。

有人要造反，究竟是侯君集还是李靖？

侯君集早年是个不学无术的顽皮子弟，连弓箭也没学好，颇有几分无赖样子。后来跟对了主子，也有幸成为风光无限的凌烟阁二十四功臣之一，官至兵部尚书，爵封陈国公。

唐太宗有一阵子对侯君集很信任，大概觉得这个头脑简单的人很好用。更何况侯君集后来竟然开始认真学习了。打了那么多仗，当了大官才知道自己以前就是个混蛋，没有知识这官当得也没个样子。

唐太宗见侯君集想学习，马上给他找来了国内最顶尖的老师李靖。为什么说是最顶尖？因为此人不光是实战派，还著有《李卫公兵法》。非常可惜的是原书失传，但通过杜佑《通典·兵典》及《太平御览·兵部》中的《卫公兵法》，犹能管中窥豹。其中有关治军、行军作战、扎营斥候等部分，可以体现李靖的用兵韬略。

好弟子碰上了好老师，谁知道学了没几天，惹出一个谋反的大事件。

学生侯君集上奏唐太宗，说李靖要谋反，理由是，这兵法每讲到精微之处，李靖就绕着弯子不讲了，他留这么几手不是将来要造反用吗？

好在唐太宗不是昏聩之人，李靖藏私跟谋反没有必然的关系。但是教人也不能藏着掖着，于是就叫来李靖加以责备，当老师的怎么能不倾囊相授呢？

想不到李靖却说："还说我要谋反，这是他侯君集想要谋反呀！如今中原安定，我所教他的兵法，足以安制四夷。如今侯君集求学尽臣的兵法，是他将有异志啊。"

两人的话似乎都有点捕风捉影的意思，但是后来，李靖的话不幸应验了，侯君集真的就谋反了。

要说没文化真可怕，侯君集算是个代表。大丈夫生平最怕难遇明主，侯君集遇上了千古一帝的贤君，竟然自己想不开。他后来跟随李靖讨平突厥，又领大军灭了高昌国。讨灭高昌时，侯君集因私取了一些宝物而锒铛入狱。被释放出来之后，他始终想不明白：这国家都是我打下来的，现在又灭了高昌，大振大唐国威，只是拿点财宝就要把我下狱，这李世民也太不讲义气了！

后来侯君集在自绝于大唐的道路上越走越远。他先后劝大将张亮、太子李承乾谋反。结果还是因为看人不准，张亮连想都没想，就把侯君集说的事向太宗告发了。

但是唐太宗还是不太相信。直到后来李承乾因谋反一事败露而被废，侯君集的女婿贺兰楚石又来密报，说他的老丈人曾经与李承乾一起谋划，唐太宗这才"大惊"，急忙派人去把他抓起来。

唐太宗本来不想治侯君集的死罪，但是奈何群臣都认为他罪当死，所以大家"遽请斩之，以明大法"，谋反这可是大是大非的问题，皇帝你这是要姑息养奸吗？

于是，唐太宗与侯君集有一番诀别，以袖掩面说："与公长诀矣！"然后就失声痛哭，侯君集也哭得扑倒在地上。

此后，"遂戮于四达之衢"，意思是验明正身，在大街上公开执行杀头。

　　倒是这个时候，侯君集还是有一些胆气，死得倒也硬气，最后请监斩官给唐太宗捎句话："我侯君集怎么会是个谋反的人！怎么就会到了今天这地步！早年就跟随圣上东征西讨，后来平二虏还有点微末功劳，请陛下给我留下一个儿子吧。"

　　唐太宗确实没有斩草除根，他给侯君集留了一脉香火，特赦了他的妻子和儿子。不过，长安是不能再住了，他们被发配到了岭南。

唐太宗也耍心眼儿：李靖吓得病中随征

一代明君唐太宗有时候也耍小心眼儿。

那年，唐太宗要征辽东，卫国公李靖得了重病，不能随军出征。不知唐太宗是心虚还是别有想法，几次派人去探望李靖，回禀者都说李靖病重不能骑马打仗了。

唐太宗听了也没说什么。第二天，他突然要去李靖家看看，而且事先也没通知就去了，到了一看果然病着，就拉着李靖的手与他道别。

李靖不好意思地说："本来老臣应该力保陛下出征，但是年龄大了，要是死在道路上，又会连累陛下。"

太宗听了轻轻地拍着李靖的背说："好好养病吧！当年司马懿也是这样又老又病的，但是竟然能自立自强，还能给大魏奠定江山呢！"

这一句话，把70多岁的老臣李靖吓得冷汗直流，马上就从床上挣扎着下来，一边给太宗磕头，一边命令家人准备马车，要随驾出征！

重病的李靖就这样随着大军艰难地出发了。走到了相州，病得实在坐都坐不起来了，太宗才下令留在当地养病治疗。

李靖一生为大唐立下赫赫战功，南平萧铣、辅公祐，北灭东突厥，西破吐谷浑，在凌烟阁二十四功臣中排名第八。

　　贞观二十三年，李靖溘然病逝。这一代君臣风云际会，创下了震烁古今的伟绩，太宗非常感伤，册赠司徒、并州都督，令陪葬昭陵，赐谥号"景武"，"以旌殊绩"。

"杀子传弟"：唐太宗立储的摇摆

善于纳谏和耳根子软都是形容容易接纳别人的意见，并改变自己的决定和行动。可到什么程度算是善于纳谏？再到什么程度算是耳根子软？

就算是文治武功、光照千秋的一代明君唐太宗，有时候也在善于纳谏和耳根子软之间摇摆，甚至在立储这样的大事上听信儿子极不靠谱的话，险些铸成大错。

太子李承乾本来好好地等着接班就行，但是因为唐太宗实在太宠爱魏王李泰，这让他感到太宗改立李泰为太子的可能性越来越大，而李泰跟他可是一直很不对付，所以太子才试图发动政变以自保。失败后，李承乾面对太宗的责骂，也很委屈。据《旧唐书·李泰传》："承乾曰：'臣贵为太子，更何所求？但为泰所图，特与朝臣谋自安之道。'"

那唐太宗究竟宠自己的四子李泰到了何种程度，竟能让太子承乾忍无可忍了呢？

《贞观政要·卷二·直谏》记载，李泰乃"长孙皇后所生，太子介弟，聪敏绝伦，太宗特所宠异"。

孩子不但"聪敏"，而且到了"绝伦"的程度，被当爹的宠爱当然没毛病。但是唐太宗宠老四到了赏赐东西都比太子还多的时候，大家就都觉得不

妥了。

据《旧唐书·李泰传》记载，太宗疼爱这个聪明儿子到了无以复加的地步。儿子太胖，上朝特许坐轿子来。"又以泰腰腹洪大，趋拜稍难，复令乘小舆至于朝所。其宠异如此。"

更不可思议的是，几天不见这个儿子，太宗就如坐针毡，李泰被封魏王离开长安之后，太宗急得简直像个孩子，飞雁传书不说，还一天好几趟，差点儿没把他养的那只名叫"将军"的白鹘给累死。

《朝野金载·卷五》记载："太宗养一白鹘，号曰'将军'。……上恒令送书，从京至东都与魏王，仍取报，日往返数回。"

正是因为拥有了这样无尽的溺爱，李泰才觉得只要把亲哥哥李承乾拉下马，自己就是顺理成章的储君了。

后来被逼急了的李承乾果然冒进被废了，李泰一看机会来了，跑进宫里，跪在父亲的膝下恳求立他为太子。

李泰信誓旦旦地说："我即位之后，一定会尽心竭力把国家治理好，我只有一个儿子，等我死的时候，我就把儿子杀掉，再把大位传给晋王李治。"

谁能想到，这样荒唐的话到了善于纳谏的唐太宗这里竟然有效果，唐太宗觉得儿子也很可怜，就口头表达了要立他为储的意思。

但是在征求臣下的意见时，却遇到了褚遂良的激烈反对。据《旧唐书·褚遂良传》记载，褚遂良进言："陛下失言。伏愿审思，无令错误也。安有陛下百年之后，魏王执权为天下之主，而能杀其爱子，传国于晋王者乎？"

意思是魏王当了皇帝，怎么可能会杀自己的爱子而传位给晋王，这不明摆着说瞎话吗？

褚遂良接着说："承乾太子的事刚发生，您不觉得此事，您与魏王都有责任吗？魏王现在都容不下太子，将来怎么可能会把帝位传给晋王？陛下今天如果决心要立魏王，那也行，您只需要能够妥善地安置晋王，让他保住性命就行，您觉得您能办到吗？"

唐太宗此时终于醒悟了，涕泗交下地说："我不能。"

《新唐书·李泰传》记载，帝曰："是也，有如立泰，则副君可诡求而得。使泰也立，承乾、治俱死；治也立，泰、承乾可无它。"

唐太宗在面对李泰的时候那叫耳根子软，在面对褚遂良时就可以叫善于纳谏。为了保证自己的这三个爱子都能够同时活下来，他果断地立了善良听话的老九李治为太子。

一旦想清楚了，唐太宗还是拿得起放得下的，他在《全唐文卷七·黜魏王泰诏》中说："魏王泰，朕之爱子，实所钟心。以承乾虽居长嫡，久缠疴恙，潜有代立之望，靡遵义方之则。"这里李泰的过失说得很明白。

"朕志存公道，义在无偏，彰厥巨衅，两从废黜。可解泰雍州牧相州都督左武候大将军，并削爵土，降为东莱郡王。"唐太宗的这个决定确实是明智之举。李治继位之后，善待哥哥李泰，没有让同室操戈的悲剧再发生。

唐太宗虽然曾经因为溺爱儿子而使立储之事摇摆不定，但一经提醒还是能从谏如流，做出正确判断和决定，一代英主之称仍然实至名归。

为让《兰亭序》陪葬，唐太宗对着儿子说软话

不管后世有多少种说法和猜测，唐朝以后就没有人再见过《兰亭序》的真迹。那么，唐太宗因为极仰慕王羲之的书法而要把《兰亭序》带到棺材里，也是极有可能的。

有几种史料都记载，唐太宗为了他的黄泉路上不寂寞，死后把《兰亭序》的真迹带走了。谁也阻挡不了，天下都是人家打下来的，"普天之下莫非王土"，何况这王土之上的东西？

唐人何延之著有《兰亭始末记》，其中关于《兰亭序》的下落写得言之凿凿。

唐太宗为了得到《兰亭序》，下足了功夫。他获知王羲之的七代孙智永出家做了和尚，临死前将《兰亭序》传给弟子辩才。辩才知道这是人间至宝，当然深藏不露。为此，唐太宗不惜采用欺骗的手段，派监察御史萧翼装扮成书生，接近辩才，伺机骗取了《兰亭序》。辩才受刺激太大，积郁成疾，一年后即含恨离世。

唐太宗得到《兰亭序》之后，大喜过望，命弘文馆拓书名手赵模、韩道政、冯承素、诸葛贞四人，各拓数本，以赐皇太子及诸王近臣。当时的书法巨匠虞世南、褚遂良等人也有钩摹本传世。

贞观二十三年，唐太宗驾幸玉华宫含风殿，谁知道才52岁的他已经走到人生边缘。临死前，他对儿子李治说："吾欲从汝求一物，汝诚孝也，岂能违吾心耶？汝意如何？"

这话说得真有哀求的意味，先用了一个"求"字，父亲对儿子用这个字，应该说是极尽谦卑之意了。毕竟，自己死了江山是儿子的，《兰亭序》也本该是儿子继承的，何况儿子也那么喜欢。

用了一个"求"字且不说，接下来还得给儿子戴高帽子，说，你是那么孝顺的一个孩子，这是为父最后的一点小心愿了，你就忍心违背我的愿望吗？

这几乎是声泪俱下了。谁能想到，一生叱咤风云的唐太宗临终前为了极珍爱的《兰亭序》，竟有小女儿情态，也真是太难为他了！

最后只能眼巴巴地看着儿子，问："汝意如何？"想让儿子当即就表明态度，这才能安心地闭眼。

李治这时候哪能说二话，当然是"哽咽流涕，引耳而听受制命"。

于是，李治专门做了一个玉匣，装上了《兰亭序》，郑重地放进了他爹的棺材里。唐李绰著有《尚书故实》，可与此文印证，"尝一日，附耳谓高宗曰：'吾千秋万岁后，与吾《兰亭》将去也'"。

何延之自叙游会稽时，亲耳听到辩才的弟子——92岁的玄素说及此事，是谓此事"信而有征"。

事情至此本该结尾了，但后来因为一个盗墓贼，使《兰亭序》的下落更加诡异。

五代时的耀州节度使温韬乃是一个盗墓狂魔，他曾经掘开了昭陵，据传是发现了王羲之的书法，但是并没有指明是《兰亭序》，而且此后也从未见

真迹流传和有关收录的任何记载。

于是又有人猜测，唐太宗李世民的儿子唐高宗李治并没有那么孝顺听话，他把真迹调换了，跟着唐太宗走的只是一个摹本，真迹则陪葬在他和武则天的乾陵之中。

宋代蔡挺还有一种说法，《兰亭序》没有为谁陪葬，当时被唐太宗的姐妹用摹本调换，真迹就留存在了人间。那到底留在了哪里呢？

降职下放：李勣吓得不敢回家

唐太宗并不认为儿子李治是他最好的继承人，但是李承乾谋反死了，最宠爱的李泰也是权欲熏心，不得不把他外放。老九李治善良中庸，他接班不会把别的兄弟斩尽杀绝。可他"实在是个文弱之徒"。太宗还是对李治有些担忧，好在长孙无忌是李治的亲舅舅，还有忠直可靠的褚遂良，应该不至于稳不住局势。

到了贞观二十三年的五月，太宗知道自己的时间不多了，他开始替儿子考虑将来朝堂之上的人选。

爱将尉迟敬德已经年过60了，远征高句丽回来之后他就辞官归隐，过着神仙一样的修行生活，这个人如果没有征战的话可以不用打扰他了。

他忽然就想到了李勣，此人才智之高，功勋之大，现在朝中无人可及，我驾驭他当然没问题，可是儿子李治能驾驭他吗？

于是，他把李治叫到翠微宫的床榻前，命人拟旨把李勣降为叠州都督。叠州是今天甘肃南部与川藏交界的迭部县一带，是大唐最边远苦寒的地方。

看着一头雾水的儿子，太宗解释："这样的人只有朕才能驾驭他，他对朕鞠躬尽瘁，是因为他受恩于我，可是他并没有一丝一毫受恩于你，我担心你将来没有能力用他。所以，朕要把李勣降职下放，而且要下放到最偏远的地方

去。你听着！倘若他接旨之后即刻动身前往叠州，那你就等朕去世之后，把他召回来，再用他为相。如果他接到旨意犹豫不决，那就把他杀了！"

听到这样无情的话，李治当然很吃惊。

唐太宗认为，有才智的人不能为我所用，那把他杀了是最好的选择，决不允许这样的人三心二意，动摇大唐的根基！

那接到旨意的李勣又是如何表现的呢？当时身在宫中的他，即刻交接工作动身前往叠州，他甚至连家都没有回。

没过多久，贞观二十三年五月二十六己巳日，52岁的太宗与世长辞。

随后，继位的唐高宗李治遵照父亲生前的安排，召回李勣并授以要职。

被淹没在历史中的外交使臣——王玄策

唐朝有一个外交使臣，他和他的副使两人竟然灭掉了一个国家！但是中国的史书不给他立传，倒是日本人为他写了书，连远在大洋那边的法国人也为他著书，这就不能等闲视之了！那他到底整出了多大的动静？这个被淹没在历史中的人到底是谁呢？

此人大名王玄策，副使名叫蒋师仁。这位王玄策，其早年事迹不详，曾当过融州黄水县令。

647年，奉唐太宗之命，王玄策作为正使与副使蒋师仁出使天竺。不料此时统治天竺众多诸侯小国的戒日王病逝，帝那伏帝国君阿罗那顺趁乱篡位僭立。这位阿罗那顺大帝估计有点夜郎自大，他听说大唐使节来到，竟敢派出千余兵将伏击唐使，王玄策等人措手不及，被抓入牢狱。

王玄策与蒋师仁商量，决不能坐以待毙！于是他们冒险越狱，并在戒日王之妹拉迦室利公主的帮助下，逃出天竺北上至尼泊尔，借得尼泊尔骑兵七千及吐蕃骑兵一千二百名。他们率兵再入天竺，与阿罗那顺的数万大军展开激战，杀死敌军数千、溺毙万余、俘虏一万多人，又巧布"火牛阵"，一举摧毁阿罗那顺亲自统率的七万战象部队，并生擒阿罗那顺！

王玄策回到长安时，已是贞观二十二年（648），李世民见他这么长大唐

朝的天威，大喜过望，立即给王玄策连升两级，册封他为朝散大夫，并举行了隆重的仪式，押阿罗那顺献俘于太庙。

这事在《旧唐书》里是这样记载的："先是遣右率府长史王玄策使天竺，其四天竺国王咸遣使朝贡。会中天竺王尸罗逸多死，国中大乱，其臣那伏帝阿罗那顺篡立，乃尽发胡兵以拒玄策。玄策从骑三十人与胡御战，不敌，矢尽，悉被擒。胡并掠诸国贡献之物。玄策乃挺身宵遁，走至吐蕃，发精锐一千二百人，并泥婆罗国七千余骑，以从玄策。玄策与副使蒋师仁率二国兵进至中天竺国城，连战三日，大破之，斩首三千余级，赴水溺死者且万人，阿罗那顺弃城而遁，师仁进擒获之。虏男女万二千人，牛马三万余头匹。"

事情本来到这儿就该完美收官了，但是祸福相倚，这下就可以说到王玄策为什么立了这么大的战功，竟然不给在史书中立传了。

据说他带回来一名印度和尚，这个印度和尚吹嘘自己有二百岁高龄，专门研究长生不老之术。李世民此时功成名就，最想干的一件事无非就是长生不老，所以王玄策就把这个和尚推荐给了皇帝。想不到一年之后，李世民就驾崩了，据说与吃了和尚的一些五颜六色的小药丸有关。

王玄策受李世民之死牵连，仕途受阻，终生再未升迁。

唐太宗死于服用长生不老药

贞观二十三年五月二十六己巳日，唐太宗因病驾崩于终南山上的翠微宫含风殿。至于到底死于何病，语焉不详，有人说是罹患痢疾。但《旧唐书·郝处俊传》中有这样的文字："先帝令婆罗门僧那罗迩婆娑依其本国旧方合长生药。胡人有异术，征求灵草秘石，历年而成，先帝服之，竟无异效。大渐之际，名医莫知所为。"意思是喝了异僧的长生药也没有什么效果。《旧唐书·宪宗本纪》中也记载，唐宪宗李纯时的朝中重臣李藩说："文皇帝（即唐太宗）服胡僧长生药，遂致暴疾不救。"意思就是唐太宗因服用了胡僧的长生药而死。事实真相果真如此吗？

唐太宗本是马上皇帝，身体素质应该很好。在记载中可以看到，在贞观十六年以前，他还多次外出围猎，这至少说明他身体很棒，没有大毛病。

后来，太子李承乾被废，魏王李泰被黜，这些事让太宗饱受打击，郁郁寡欢了很长一段时间，甚至有过自杀的念头。这种抑郁症对身体的危害才是致命的。

贞观二十一年，唐太宗中风瘫痪在床。经诊治，半年后稍愈。当身体状况开始变坏时，除了服药，李世民开始求助于方士们的金石丹药，虽然他原来也说过漂亮话："夫生者天地之人德，寿者修短之常数，生有七尺之形，

寿以百龄为限。""虽复回天转日之力，尽妙穷神之智，生必有终，皆不能免。"意思是七尺之人终究都是要死的，人生百年嘛。

可真正到了自己身体每况愈下甚至要面对死亡的时候，即使如唐太宗这样雄才伟略的人，也一样看不开。成就千秋功业，九五之尊予取予求，可为什么再难对付的敌人都不怕，却对付不了身体的病痛呢？

贞观二十二年，王玄策借兵吐蕃、泥婆罗，大败中天竺帝那伏帝国，俘虏了其国王阿罗那顺与方士那罗迩婆婆寐并把他们带回了长安。同年五月，王玄策将这个方士进献给唐太宗。

这个从天竺来的方士"自言寿二百岁，云有长生之术"，宣称能配制金石秘剂，不仅能去除病患，还能长生不老。这个的神奇的谎言正中唐太宗的下怀。

于是，"太宗深加礼敬，馆之于金飚门内，造延年之药"。太宗还令兵部尚书崔敦礼监督炼制天竺"不老药"，这位方士要什么都满足，"采诸奇药异石，不可称数"。

大约花了差不多一年的时间，"天竺仙丹"终于炼制而成，据说是一些五颜六色的小药丸。可唐太宗服用了不少，根本就不见什么疗效，只好把天竺方士放回了印度。

至死前，唐太宗一直服用本土道士炼制的"仙丹"，应是服丹药导致慢性中毒而死。

看历代帝王如何评价唐太宗

作为一代帝王，唐太宗在历代帝王的眼里到底是个什么样的人物？

五代时期后周世宗柴荣这样说："昔唐太宗定天下，未尝不自行，朕何敢偷安！"

他把唐太宗当成了自己励志的一面镜子。

一代天骄成吉思汗更看重的是唐太宗文治武功中的"武功"方向，横行天下的他对唐太宗的用兵竟然也是如此推崇："欲安邦定国者，必悉唐宗兵法。"

一统天下的明太祖朱元璋能看上的人不多，在皇帝里最看得起的恐怕也是唐太宗，这从他的话里可以品味出来："惟唐太宗皇帝英姿盖世，武定四方，贞观之治，式昭文德。有君天下之德而安万世之功者也。"

开启永乐盛世的明成祖朱棣从侄儿的手里夺了江山，在赞颂唐太宗的时候似乎也给自己找了点儿依据和安慰："昔唐太宗拨乱反正，贞观盛世，自古罕论，求其故，尽忠于国，虽仇必赏，心怀异谋，虽亲必诛。"

最后这句"虽亲必诛"里有多少话外之音。

明宪宗成化帝朱见深挺有意思，他在位期间任用贤能，恢复经济，也算有一番作为，但他在佩服之余，似乎对唐太宗的为人有点微词：

"三代以后，治功莫盛于唐，而唐三百年间，莫若贞观之盛。"

"太宗在唐为一代英明之君，其济世康民，伟有成烈，卓乎不可及已。所可惜者，正心修身，有愧于二帝三王之道，而治未纯也。"

朱见深自己被太监汪直等人蒙蔽，也没少干糊涂事。

清代开启康雍乾盛世的康熙帝不同于成吉思汗，他更看重的是唐太宗的"文治"："朕观古来帝王，如唐虞之都俞吁咈、唐太宗之听言纳谏，君臣上下，如家人父子，情谊浃洽，故能陈善闭邪，各尽所怀，登于至治。"

他羡慕唐太宗手下有那么一大批能人，而且君臣能够相处得像一家人，所以他管理官员过于宽松，以至于官员贪腐成风，给儿子雍正出了大难题。

戒日王是印度戒日王朝的建立者，印度古典文化的集大成者。他与唐太宗几乎生活在同一个时代，以他局外人的观点来看，似乎更有说服力。

"有秦王天子，少而灵鉴，长而神武。昔先代丧乱率土分崩，兵戈竞起，群生荼毒，而秦王天子早怀远略，兴大慈悲，拯济含识，平定海内，风教遐被，德泽远洽，殊方异域，慕化称臣，氓庶荷其亭育，咸歌《秦王破阵乐》。闻其雅颂，于兹久矣。"

剖马腹逃生：李勣杀不死的亲孙子

李勣本姓徐，叫世勣，曾经帮着唐太宗李世民打下一片江山，论功上了凌烟阁。李渊太喜爱他，就赐给他国姓，让他姓了李，后来又避唐太宗李世民的名讳，就叫他李勣。

李勣是个狠角色，只听他临终时交代弟弟的一句话，就知道他心硬如铁："吾子孙若有志气不伦，交游非类者，必先挝杀之，而后以闻。"

意思是子孙里如果有败家不成气的，就直接打死。其实李勣说这番话，并不是空穴来风，他是对自己的孙子徐敬业实在放心不下。他甚至曾经为此痛下杀手，可惜徐敬业竟然死里逃生。

徐敬业是李勣的长孙，这小子十几岁的时候就"勇悍异甚"，似乎是个脑后长着反骨的把式。李勣阅人无数，眼睛得多亮，他不仅担心老徐家的基业极有可能毁在这小子手里，恐怕自己一辈子的功名也将被毁，所以忧心忡忡。

后来，他终于下了狠心，趁徐敬业上山打猎进了树林子，立即放火烧山。

换成一般人估计就烧成炭团了，但徐敬业还真不是一般人物。他一看自己被大火包围，当机立断杀了自己的马，掏空马的内脏，钻进了马肚子里，等大火烧过去之后，"浴血而出"。李勣见了也只能暗自摇头叹息，天命难

违，这样的人想害都害不了。

后来到了武则天临朝，徐敬业带兵起事。事败后被"卒歼其宗"。确实如李勣所料，给徐家带来了灭门之灾。武则天下诏削去了李勣等人的官爵，甚至"掘墓砍棺"。

李勣和他的家族姓氏因何数次被改？

说起大唐的凌烟阁功臣，能跟李靖的军功相提并论的也就是李勣了，此人赤胆忠心，随唐太宗李世民平定四方，两击薛延陀，平定碛北。后又大破东突厥、高句丽，成为唐朝开疆拓土的元勋。

李勣本是官宦人家的子弟。他的曾祖父徐鹊，是堂堂的北魏濮阳郡守；祖父徐康，是南齐的谯郡太守；父亲徐盖，后来也被改姓李，叫李盖，唐初官拜陵州刺史，封舒国公。所以，徐世勣是将出名门。

徐世勣曾上过瓦岗寨，保过李密。武德元年（618）的十月，李密被王世充打败，不得已领着人归顺唐朝。

这时，李密原来所统领的属地有不少都还被徐世勣接管着，尤其是黎阳仓还握在他的手里。徐世勣对长史郭孝恪说："魏公（李密被封魏国公）已经归附大唐，如今咱们这里的人民土地，本来是属魏公所有，我如果上表献出它们，就是为自己邀功求取富贵，我认为这是耻辱。现在应当一五一十地记录州县的名称数量和军民的户口，全部报告魏公，让魏公自己献给朝廷，这样就是魏公的功劳了。"

这是见过世面的大家子弟才有的胸襟！

后来这事传到了唐高祖李渊的耳朵里。李渊也是有大度量的人，听后不仅

不生气，还很高兴："徐世勣感怀主人的恩德、推辞功劳，确实是纯臣忠臣。"

于是李渊就下诏封徐世勣为黎阳总管、上柱国，封莱国公。后又加授右武侯大将军，改封曹国公。按说这赏赐也算是非常丰厚了，但是李渊为了笼络人心，一高兴非要给人家徐世勣赐姓，"附宗正属籍"，意思就是你以后别姓徐了，跟我的姓吧！于是，徐世勣自此改名李世勣。连他的老爹徐盖也改叫李盖了。

后来还有一个小插曲，就是李世勣被改了姓之后竟然"叛逃"了。

这被改姓是武德二年的事，那时候仗还未打完，拥有了新姓氏的李世勣统领河南、山东的军队和王世充作战。

很不巧的是，窦建德攻陷了黎阳，李盖与李神通、魏征、同安公主等人一同被俘。李世勣本来已经率领数百骑兵渡河撤离，但因自己的亲爹被俘，李世勣只得返回投降。窦建德当然非常高兴，他把李盖作为人质，仍让李世勣镇守黎阳。

李世勣其实是身在曹营心在汉，谋划了几次想干掉窦建德都没成功，最后谋划泄露只得与郭孝恪带着几十名骑兵归降唐朝。

这里得说说窦建德，他也是有大胸怀的人，当时有人劝窦建德杀死李盖，他说："世勣，唐臣，为我所虏，不忘本朝，乃忠臣也；其父何罪？"遂舍而不杀。

说话间就来到了嗣圣元年（684），李世勣死了十五年之后，他的孙子徐敬业发动叛乱，要推翻武则天。徐敬业是李世勣的长子李震的儿子，而李世勣的次子李思文，当时官拜润州刺史。徐敬业不顾李思文是他亲叔叔，直接就攻陷了润州，抓获了李思文。

李思文知道徐敬业的阴谋，事先派遣使者走小道向朝廷报告了即将发生的这一叛乱事件。在徐敬业攻城的时候，他还据守了很长一段时间，是弹尽粮绝后才被攻陷的。有人请求将李思文斩首示众，徐敬业不同意，对李思文说："叔父阿附于武氏，应改姓武。"

后来，徐敬业的叛乱被平定，武则天认为李思文对朝廷忠诚，特诏免予受徐敬业的牵连，授任司仆少卿，并且还多说了一句："徐敬业改你的姓为武氏，现在朕不再取消它。"

皇帝金口玉言，谁敢不听？于是，李思文就只好改叫武思文了。他的儿子也不敢再改回来，只能叫武钦载。

好在到了徐世勣的曾孙一辈就基本改回本姓了，他的曾孙叫徐湘，字汉津，官至寿州刺史。

李勣的一句话乱了大唐江山

　　一代重臣开疆拓土，战功赫赫，却因为一句话而留下骂名，他究竟冤不冤？他便是唐代的英国贞武公李勣。

　　李勣一生历事唐高祖、唐太宗、唐高宗三朝，出将入相，深得朝廷信任，被太宗倚之为长城。但是，他"为将成功托孤失节"。古人说"生死事小，失节事大"，这到底是怎么回事呢？

　　李世民对李勣非常信任，他曾经说："我准备把年幼的太子托付给大臣，想来想去没有比卿更适合的人。"史书上，有太宗托孤之事。

　　但据宋代庄绰的《鸡肋编》记载：继位之后的唐高宗一心想把王皇后废掉，让武昭仪上位，这时候李勣这位托孤重臣却耍了滑头，他"称疾不入"，就是装病不进宫。但此时有一个文臣却与他相反，此人是褚遂良，竟然"以死争"，实属铮铮铁骨。再后来，李勣入见皇帝，李治又问他："我打算立武昭仪为后，褚遂良就固执地认为不行，你看这事该怎么办？"

　　这时候躲是躲不掉了，李勣是这样回答的："此陛下家事，何必更问外人！"就是这样明哲保身的一句话，竟然让唐高宗下了立武昭仪为后的决心。

　　应该说，是这句话成全了武则天。如果仅此而已，李勣的罪名还有限，但是到了唐玄宗李隆基的时候，又出现了同样的情况。武惠妃一直说太子瑛、鄂王瑶和光王琚的坏话，李隆基就想把他们都废了。此时又有一个耿直的大臣张九龄竟然"不奉诏"。奸相李林甫开始是不说话，后来就对受宠的宦官说："此人主家事，何必问外人？"

后来，张九龄被罢相，玄宗又问起这事，李林甫还是借用了李勣的这句话："此陛下家事，非臣等宜预。"于是，这句话又起了为虎作伥的坏作用。

这事还没完，到了唐德宗李适的时候，他竟然又要废太子，要立他的侄儿舒王，遭到宰相李泌的坚决抗争。此时，李勣的这句话竟然被德宗搬了出来。想不到，李泌说出了这样的一番话："天子以四海为家，今天我独当宰相的重任，四海之内，有一件东西不得当，这罪责都在臣的身上，何况现在让我坐视太子蒙冤，连话都不敢说吗？那我的罪过就太大了。"

这一番正义凛然的话果然打动了德宗，"太子由是获免"。也真算是侥幸了。

"李勣首倡奸言，遂使林甫用其策而逢君恶。至德宗便谓当然，反云家事以拒臣下。则作俑者，可不慎乎？"这是庄绰的话，很在理，把"奸"字用在功臣的身上似乎有点过，但是李勣的这句话被李林甫借走以谀上，而德宗就认为这是他拒绝臣下谏言的理由。所以，这个始作俑者李勣，一句话在历史的两个关键节点上都起到了相当的坏作用，说他一句话乱了大唐江山，帽子不小，但他不冤。

辉煌盛唐

领袖群伦，明哲煌煌，谁在长安古道
描摹一部山水长卷？

武则天、谢安和秦桧的三块无字碑

中国历史上有三块很有名的无字碑，如果按时间先后来说，第一块是位于南京梅岗的东晋谢太傅谢安墓碑，"有石而无其辞，人呼为无字碑"。谢安本没有什么难言之隐，为什么碑上无字呢？

明代顾起元《客座赘语》里给出的理由是："以（谢）安之功德，难为称述，故立白碑。"白碑就是碑上无字。谢安是东晋的中流砥柱，在淝水之战中，以八千之众大胜前秦苻坚的百万大军，使东晋又偏安38年。当然，谢安的功劳远不止这个，"伟绩丰功不胜记也"。意思是功劳太多了，小小的碑上恐怕写不下，所以干脆就不写了。

还有另一种说法，谢安临终之前，家人问他请谁撰写碑文，他不语，有人提到陶潜和王献之，他摇头，直到撒手西去他也没说让谁来给他写碑文，家人无所适从，就只好立无字碑了。

遗憾的是，谢安的墓还在，这块碑却不见了，不管怎么样，谢安的一生没什么太大的争议，无字就无字罢，没了就没了罢，功绩都在史书里记载着呢，也不怕没了。

第二块就是最著名的女皇帝武则天的无字碑了。这块碑立在乾陵，在咸阳市区西北方50公里处。乾陵，是唐高宗李治和武则天的合葬陵，陵前并立

着两块石碑，西侧的"述圣碑"是武则天为高宗歌功颂德的，她亲自撰写了5000余字的碑文。东侧就是武则天的无字碑。

无字碑因最初碑上未刻一字而得名。清乾隆年间《雍州金石记》有记载："碑侧镌龙凤形，其面及阴俱无字。"

武则天的一生确实很难用一篇碑文来总结，假作真时真亦假，无为有处有还无。是非功过如何来评说？

无字，有两种可能。一种是武则天太纠结，到死还不知道该如何弄出一篇大家都能接受她的碑文，无常来得太快，说走就走了，所以空下了。另一种就是既然不好说，那就不说了，千秋功过都保持沉默，任由后人去评说。依武则天的性格，这样洒脱的做法也不是没有可能。

第三块无字碑位于南京牧牛亭。明代的顾起元在他的《客座赘语》卷四写道："有其额而无其辞，卧一石草间。"这又是哪一位大人物呢？

是秦桧。他66岁病死后，家人请了不少人撰写碑文，由于他"阴险如崖阱，深阻竟叵测"，更因为他和宋高宗一起陷害忠臣良将岳飞，使他臭名昭著。由于没有一个人肯为他撰写碑文，只好立一块无字碑。如今秦桧墓已不可考，这块碑也被湮没在历史的荒草中了。

还有更尴尬的事，秦桧的碑上无字，但是埋葬他的那个村子倒有一个很响亮的名字，叫狗葬村。此事记载于清代梁绍壬的《两般秋雨庵随笔》。

平民跪请武则天改立太子

唐代有一位普通百姓，拍马屁竟然有通天的本领。

此人姓王名庆之，能在历史上留下名字也不容易，他生活的那个时代正是武则天荣登大宝的时候，中国历史上唯一的正统女皇帝诞生了，她让自己的儿子李旦住东宫，这位太子爷就是后来的唐睿宗。

这时王庆之似乎闻到了一点政治气息，一个老百姓忽然要参与接班人的事儿，而且他竟然组织上千人来到了皇宫外面，伏地请女皇召见，觐见的名义让人听着也有点儿瘆得慌——请求废掉李旦，改立武家的武承嗣为太子。

武则天召见了他，王庆之趴在皇帝面前热泪盈眶。武则天问他："皇嗣我子，奈何废之？"——是呀！"李旦是我的亲儿子呀，为什么要废他？"王庆之还振振有词："神不享非类。"意思是神灵都不享用异族的供祀，今天这国是武家的，怎么能用李家的人为嗣呢？

武则天也觉得这个小百姓的渔竿甩得太长了，虽然也说中了她的一点小心思，但是皇帝的心思被一个小百姓猜着岂不是很败兴？于是就下令让这个王庆之赶紧走。

可是既然来了，哪能那么容易走呢？王庆之坚决不肯走，不改立太子我哪能放心离开呢？于是就趴在地面上，大声喊叫："皇帝从善如流，怎么不听

来自群众的呼声？如果不立新太子，我宁愿死在这里！"

　　他是决心要赌一把大的，万一真能把武承嗣立了太子，将来武承嗣称帝，那我这拥立之功怎么也不能薄待了吧？

　　武则天可能是被感动了一下，就让太监去拿一张印纸来，交给王庆之说："把这个拿上，走吧，如果以后必须要见我，就拿这个给门卫看，还有见面的机会。"

　　这也算是不虚此行，收获颇丰，拿到了一张圣旨一样的通行证，王庆之这才停止喊叫了。

　　后来，就凭着这张印纸，王庆之进出宫殿来去自如，他不断进宫要求见皇帝，武则天也觉得这个人怎么这样？"烦而怒之"，于是就下旨让宰相李昭德"赐杖"！

　　估计李昭德也忍他忍了许久，一听这话，立马命左右把王庆之架出了光政门外。李昭德指着王庆之说："此贼欲废皇嗣而立武承嗣！"李昭德出身陇西李氏的丹阳房，他最反对的就是立武氏为太子，要力保李唐皇室的皇位继承权。王庆之今天犯到了李昭德的手里，一顿大棒子着实打下来，王庆之"眼耳皆血出"，但是李昭德并没有喊停的意思，于是王庆之就被杖毙了。

神龙政变：武则天的大周朝缓缓谢幕

神龙元年（705）二月二十日，大周的都城暗流涌动，趁武则天重病缠身，张柬之、崔玄暐、敬晖、桓彦范、袁恕己联络左羽林将军李湛等，突然发动政变。

政变的意图很明显，就是帮助李家王朝复辟。政变发动之后，政变的人马兵分两路，一路去夺大明宫玄武门（与当年李世民发动的那场政变不是同一个玄武门，那个是在太极宫），另一路去东宫请太子。

太子李显虽然激动万分，等了23年，哪一天不想黄袍加身，但是此时却表现得扭扭捏捏，毕竟是去抢他母亲的位置，他还得客气几下。于是说："凶竖悖乱，诚合诛夷，如圣躬不康何？虑有惊动，请为后图。"——小人是该杀，但是惊动了皇帝不好吧？

想必李显没有一天不想夺回皇位，此时与他的母亲武则天的身体健康相比，他更担心的是政变的组织是不是很周密的问题。

反正当时去请他的人费了不少口舌，最后怕他后悔就硬把他扶上了马。

等他们冲到玄武门的时候，打前站的人已经准备好，"斩关而入"，首先就冲进了迎仙院。

就是在这儿，天姿国色的五郎张易之，面如莲花的六郎张昌宗等人被拿

下，利剑将他们的头颅从身体上割下。

武则天听到政变的消息，挣扎着起身，就看到了带着大票人马威势凛凛的太子。她强作镇静："是你小子吗？造反的人既然被杀了，怎么不回你的东宫？"

此时，桓彦范替太子站了出来："陛下呀！太子哪能还回东宫去呢？当初天皇把心爱的太子托付给陛下，现在他年纪已大，却一直在东宫当太子，天意民心，早已思念李家。群臣不敢忘怀太宗、天皇的恩德，所以尊奉太子诛灭犯上作乱的逆臣。希望陛下将帝位传给太子，以顺从上天与下民的心愿！"

武则天此时看到大势已去，只能重新躺下，一向霸道而且善辩的她长叹一声，沉默无语。

但她怎么能心甘呢？此时她看到了队伍当中的李湛，说："是你杀了易之他们兄弟吗？我平日待你们父子不薄，哪里能想到会有今天！"

李湛是李义府之子，但是，李湛并没有遗传李义府的口蜜腹剑，而是低下头，不敢回复武则天的话。

接下来逮捕了张昌期、张同休、张昌仪等人，将他们全部处斩，并在神都天津桥的南边将上述人犯与张易之、张昌宗二人一道枭首示众。

第二天，武则天颁诏，决定由太子李显代行处理国政，大赦天下。第三天，武则天将帝位传给太子李显，而她为了自保又向李显要求回归大唐皇后身份，这样的要求李显还是会满足已经病入膏肓的母亲的。

于是，大周朝缓缓谢幕。

房玄龄、杜如晦和狄仁杰的败家子们

人常说"虎父无犬子"，例如周勃父子、孙坚父子、范仲淹父子、曾国藩父子等。但是，世事无绝对，"老子英雄儿混蛋"的例子也不少，举几个著名的例子，看看这几个败家世子：

第一对是战国时期赵国的赵奢与赵括父子。赵奢是与廉颇、蔺相如同等级别的上将，智勇双全，秦国攻打韩国时，赵王问了廉颇和乐乘，两人都说太远不能救，再问赵奢，他说，路又远又难走，这一仗像是两只老鼠在洞里打斗，谁勇谁胜。于是赵王就让赵奢带兵，赵奢果然一战成名，还成就了一出"狭路相逢勇者胜"的典故。但是他有一个喜欢高谈阔论的儿子赵括，赵奢知道将兵之难，对这个夸夸其谈的儿子很不以为然，他认为如果将来赵国要让赵括带兵的话，定会毁掉赵国。赵奢还真有先见之明，后来赵括就上演了一出长平之战，40万赵国精锐都毁在了他的手里。

第二对是三国时期的刘氏父子——刘备和刘禅。刘备是响当当的大英雄，上马可以呼啸杀敌，下马可以治国安邦，否则以曹操那样的大英雄，能把他当做正经对手？以关羽和张飞那样的盖世豪杰，能恭恭敬敬地叫他大哥，还跟着他打天下？以诸葛亮那样的绝世高人，会出来辅佐他？其实很多大仗都是刘备自己打的。但是说到他的那个宝贝儿子阿斗，就不得不让人大

摇其头了。刘禅之昏庸无能，就算有诸葛亮那样的能臣也无力把他扶上墙。

第三对是唐代的房玄龄和房遗爱。中学历史书中有"房谋杜断"，房玄龄是唐朝著名的政治家和史学家，他为唐王朝的建立和"贞观之治"立下了赫赫功绩，"一代良相"的美誉他受之无愧。后来唐太宗命著名画家阎立本为"十八学士"画像，褚亮作赞词。房玄龄当时为"十八学士"之首。可惜的是，这样的大才子却教育不好自己的儿子，房玄龄的二儿子房遗爱不学无术，荒唐到离谱，他凭借其父的功劳，娶了高阳公主，还当上了右卫将军。但是房遗爱后来竟然打算发动政变，废掉高宗皇帝。但是计划败露，房遗爱和高阳公主被捕杀。本该配享太庙的房玄龄，就因为这个儿子，崇高的待遇被取缔了。

第四对是唐代的杜如晦和杜荷。杜如晦也是凌烟阁二十四功臣之一，他的那个宝贝儿子杜荷，娶了城阳公主，官拜驸马都尉，却利令智昏参与李承乾谋反的事，还出谋划策，结果被砍掉了头颅。其弟杜构被其牵连而被流放岭南。

第五对还是唐朝的一对父子，狄仁杰和狄景晖。狄仁杰，几乎是尽人皆知的大家，被后人称为"唐室砥柱"，连跋扈的武则天都很尊敬地称狄仁杰为"国老"。如此英明的狄仁杰，他的小儿子却非常不争气，贪暴之甚，为大家所鄙视。狄景晖当了并州参军，因为作风不检甚至激起群体事件。他爹狄仁杰当年担任并州刺史时，老百姓曾经为狄仁杰立了一座碑，后来他儿子狄景晖在并州祸祸，老百姓气不过，连狄仁杰的碑都砸了。幸好这个时候狄仁杰还活着呢，他知道他儿子的恶行之后，断然罢其官职，停其俸禄。

曾经有一次，听人说到过，多少英雄好汉都折在了儿女手里，这话真是警世之言。

中日史上第一战，唐军以少胜多

这是中日历史上的第一战，时间在663年8月，威武昂扬的大唐军队以少胜多，打得日本人只敢仰视大唐，史称"白江口之战"。此后将近有一千年，日本未敢再对中国开战。

这胜仗不是唐太宗打的，他的儿子唐高宗也没有这份豪气，一力主战的是朝中炙手可热的皇后武则天。

当时的朝鲜半岛分成三个部分，高句丽、百济和新罗。新罗一直与大唐友善通好，但是百济却百般刁难。百济和高句丽还有日本（当时叫倭国），合伙欺负新罗，甚至出兵攻城略地。

新罗无奈派使求援，武则天立刻选派能征善战的大将苏定方带领十万雄师东征。

660年，苏定方带兵从山东半岛越海进攻百济，一路上摧枯拉朽，百济根本无力抵抗，再加上他们内部不团结，各打小算盘，国王和太子见大事不妙，自己先跑了。

于是剩下的人献城投降，百济37个郡、200座城、76万户的这样一个国家被灭了。

而白江口（今韩国锦江入海口）国际大会战却由此展开。一方是唐朝留

守的军队与新罗联军，另一方是百济残余势力与请来的日本援军。

663年8月27日，倭军2.7万余人，分乘战船1000余艘杀气腾腾驶来。而唐朝和新罗联军再加上已经降唐的百济太子扶余隆的人马只有1.3万人，战船也只有170艘。

但唐军根本不惧，日本战船数量虽多，但都是小型船只，唐朝的170艘战船却是巨舰，他们在白江口蓄势以待。

一场激烈的海战就此打响。唐军主将刘仁轨指挥将士发射火箭，居高临下焚烧日本战船，日本小船一旦着火就四处乱窜，结果又撞上自己的其他战船，火势跟着蔓延。

此时，刘仁轨指挥船队变换阵形，分为左右两队，将日本战船围住，敌军船只相互碰撞无法回旋，士兵大乱。

史书记载："烟焰涨天，海水皆赤。"最终，日军战船全部被焚毁，烧死呛死外加弃船跳水淹死，一万多日军灰飞烟灭。

百济、倭国陆军也抗不住唐新联军的进攻，于海上大败，伤亡殆尽。

这是中日两国的第一次交战，也是中国人漂亮地以少胜多的经典水战。此战的重要意义在于，奠定了此后一千余年间东北亚地区的政治、经济与文化格局。

战败的日本开始向唐朝学习，数百年间不断派使臣（遣唐使等）前来，学习政治、经济和文化制度。那几百年的日本，几乎就是一个"具体而微"的唐朝翻版。

巴结上级到毫无底线的郭御史

唐代有一个官职名叫御史大夫，就是御史台的最高长官，职责是监察百官，代表皇帝接受百官奏事。

有个叫魏元忠的，是武则天手下的一代名相，在当宰相之前担任过御史大夫。

《大唐新语》里有这样一条记载。有一天，魏元忠生病了。领导病了，属下自然得去看望，官职大点的站在床前嘘寒问暖，官职小点的露个面表示到场就行。于是，御史台的御史们就浩浩荡荡地来探病了。

有一个叫郭霸的，官职也不算小，侍御史。

郭霸是专门最后一个来的，等大家都走了，他现出了一脸的忧色，很关切地批评魏元忠：大人您身兼治国经邦的重担，怎么就那么不把身体当回事呢？

按说，这还在一般人的常规探病流程之内，但接下来郭霸先生的举动可以称得上惊世骇俗了，他要求检查一下魏元忠的尿液，说他可以根据尿样的情况看出"疾之轻重"。

好像没听说他是个精通医术的人，魏元忠觉得很尴尬，再三辞谢，但是又拗不过这么热情的下属的坚决请求，只好把自己的尿液拿出来。

此时，让魏元忠这位见惯大场面的宰相也惊得差点从床上摔下去，郭霸竟然伸手尝了一下他的尿液。

在魏元忠和家人"惊魂未定"之时，郭霸喜滋滋地说："要是大夫的尿液是甜的，那病就很不好了，但现在这味道是苦的，那很快就会好了。"

一个人可以做到这一步，得需要多大的勇气？当年勾践去尝吴王的粪便，那是他为了逃出吴国的权宜之计，而像郭霸这样能够亲口去尝上司的尿液，如此谄媚，恐怕也是前无古人后无来者了。

这郭霸到底有没有得到好处呢？"元忠刚直，甚恶其佞，露其事于朝廷。"魏元忠是个刚直的人，郭霸的做法让他很不舒服甚至非常反感，于是他在朝堂上把这件事给说了出来。

谋反下狱：狄仁杰被诬告

印象中，狄仁杰是很受武则天器重的，君臣甚是相得。一部《狄公案》，狄青天狄大人断东断西，判南判北，如有神助。但是他哪里能想到，有一天大狱的大门会向已经身居相位的他敞开，而且他不得不承认自己谋反，不然，在来俊臣等人的一顿枷棒之下，他会死得像窦娥一样冤。

天授年中，狄仁杰当的是春官尚书。流年不利，他和天官侍郎任令晖及文昌左丞卢献等五人被人告发，说他们要谋反，于是都被下了大狱。

狄仁杰在来俊臣的酷刑下受了几个回合，被折磨得死去活来。后来来俊臣给这几个人设了一个套：只要招认自己谋反了，可以不判死罪。狄仁杰长叹一声："大周革命，万物维新，唐朝旧臣，甘从诛戮。"于是就承认自己谋反了。

拿到了这样的供状，来俊臣当然得意，剩下的就是对狄仁杰如何处置的问题了，于是，对狱中的狄仁杰看管得不再像以前那么紧了。

狄仁杰看到了机会，向看守求来了笔砚，从被子上拆下一块布来，写下了自己的冤情，再缝进棉衣里。他请求负责看守他的王德寿说："天气越来越热了，我想把这棉衣送回家里去，让他们去掉里面的棉花。"

也许真是天无绝人之路，王德寿并没有在意。

狄仁杰的儿子狄光远得到了棉衣里的诉状，直接就去叩见武则天了。

武则天看了狄仁杰所写，心里很过意不去，就把来俊臣叫来问："你说狄仁杰等人谋反，怎么他的子弟们诉冤的这么多呢？"

来俊臣回说："这些人怎么可能自伏其罪呢？恳请陛下派人去调查，狄仁杰吃得好住得安然，臣哪里会对他们用酷刑？"

武则天就派人去察看，来俊臣马上派人给狄仁杰等人穿戴起来，使者看到他们一个个衣冠楚楚，不像是受刑的样子，就准备回去复命。来俊臣看到弄死狄仁杰的时机已到，用了最狠毒的一着险棋，命王德寿代狄仁杰等人写了一份谢死表，交给使者带回。

人算不如天算，来俊臣这招却让武则天起了疑心，承认谋反还求速死，这还是她认识的那个狄仁杰吗？于是，她决定亲自审问狄仁杰等人。

当狄仁杰等人跪在她面前的时候，武则天声色俱厉地问："朕自问待你们不薄，为什么要谋反？"

狄仁杰涕泪纵横："陛下，臣等怎么会谋反？"

"那这招供怎么说？"

"陛下！我们在大狱里再不招认，就要死在枷棒之下了！"

"那你们为什么还写了谢死表？"

狄仁杰等人面面相觑："什么谢死表？"

武则天把使者带回来的谢死表拿出来给他们看，这才证实是别人代署的名字。

五人虽然冤情得到澄清，但全部被贬为地方官，狄仁杰被贬至彭泽，担任县令。

安禄山的伪官被追责，为何王维逃过一劫？

"渔阳鼙鼓动地来，惊破霓裳羽衣曲。"天宝十四年，安史之乱爆发。安禄山反了，长安乱了阵脚，叛军兵临城下。唐玄宗李隆基和他儿子跑了，根本没敢声张。王维呢？《旧唐书》说他是"扈从不及，为贼所得。"意思是级别较低的官员根本没有收到皇上的通知，所以还没反应过来，就被安禄山的人马捉住了。

后来，好不容易把叛军打跑了，重新回到京城的唐肃宗李亨，龙椅还没有坐热乎，就磨快了刀子准备追究众多官员的责任。因为这些官员从了安禄山，曾经当过伪官。

《唐律疏议·贼盗律》第251条中有明确规定："诸谋叛者，绞。已上道者斩，谓协同谋计乃坐，被驱率者非。"

于是那些当过伪官的人被分为六等定罪，最重的是达奚珣等18人，脑袋被摘了；次一等的陈希烈等7人侥幸保住了全尸，在大理寺上吊；第三等的在京兆府门前杖一百，估计不死也得残；还有第四、第五、第六等的，或流放或被贬。

但唯独王维，不仅保住了忄生命，也没有挨打流放，他从原来正五品上的给事中被降至正五品下的太子中允，只是官降一级而已。这就不能不说是劫

后余生又逃过一劫了！王维不胜惊喜，马上写了一首《谢除太子中允表》表达自己的感激心情："臣得奉佛报恩，自宽不死之痛，谨诣银台门冒死陈请以闻。无任惶恐战越之至。"

按说王维从贼这件事，最重的是死刑、斩首和绞，轻一点儿的也是被流放，那王维侥天之幸的秘密是什么？

就是因为这样一首诗，诗文如下：

> 万户伤心生野烟，百僚何日再朝天？
>
> 秋槐叶落空宫里，凝碧池头奏管弦。

28字的诗倒有长达39字的题目——《菩提寺禁，裴迪来相看，说逆贼等凝碧池上作音乐，供奉人等举声便一时泪下。私成口号，诵示裴迪》。

意思是自己还在被关押的时候，裴迪来看望他，听说安禄山等人在凝碧池上玩乐，他当即口占一绝，表达了自己无比悲愤的心情。

"万户伤心生野烟"，这一句说饱受安史之乱折磨的千千万万老百姓，无家可归，只能在野地里生火做饭，苟延残喘。第二句"百僚何日再朝天"，就是这句正面表达了王维当时的思想一心向着唐朝。和我一样遭到囚禁的百官同事们，什么时候才能再次朝见我大唐天子呢？第三句"秋槐叶落空宫里"，秋天的槐叶飘落在空旷无人的皇宫里。第四句"凝碧池头奏管弦"，宫中的凝碧池边，安禄山正在欣赏管弦之乐，吃喝玩乐。

被迫当伪官的王维写了这首诗，让自己的好朋友裴迪背下来。裴迪只是一个连安禄山都看不上的小官，所以没有被囚禁。裴迪将诗诵给王维的弟弟王缙。王缙为朝廷立了大功，时任太原少尹兼任宪部侍郎，后来因为平叛有功升了官，被召到皇帝身边，当上了国子祭酒。于是王维的这首诗在那个时候已经传诵到了唐肃宗的耳朵里，那一句"百僚何日再朝天"，让唐肃宗也不能不为之感动。

这算是为王维后来的命运埋下了一个最好的伏笔。这首诗足以证明王维是"被驱率者"，小小责罚一下也就涉险过关了。

当然，王缙还是付出了一点代价，他是以自请降职来免除对于哥哥的惩罚的。这在唐朝的法律里有明文规定，是准许的。最终唐肃宗首肯，王缙由从三品的国子祭酒降级，贬出京城，去当蜀州刺史，保住了哥哥王维平安落地。

这样的兄弟感情让人感动。天道好还，上元二年（761）春，王缙还一直在遥远的蜀州刺史的任上。王维给皇上专门上了一个《责躬荐弟表》，请求皇上"尽削己官，放归田里，使缙得还京师"。

761年的5月4日，王缙终于回京，当了左散骑常侍，王维特上谢恩状。7月，王维卒，葬于辋川。

山西人王维九月九日为什么忆山东兄弟？

每逢过重阳节，免不了要吟诵王维的著名诗作《九月九日忆山东兄弟》：

独在异乡为异客，每逢佳节倍思亲。

遥知兄弟登高处，遍插茱萸少一人。

蓦然冒出一个很大的疑问来：王维他是正宗的山西人，为什么忆的却是山东兄弟呢？

说王维是山西人并不准确，这是明代以后才有的叫法，因为是明朝洪武元年始置山西行省。在《旧唐书·王维传》里是这样介绍他的——"王维，字摩诘，太原祁人。父处廉，终汾州司马，徙家于蒲，遂为河东人。"唐朝时，在今天山西境内置河东道，如果王维把诗名改成《九月九日忆河东兄弟》，那不就没有这样的疑问了嘛。

从有限的资料中可以看到，王维是家中长子，下面还有四个兄弟。王维15岁离开家去长安一带漂泊游历。写这首诗的时候他才17岁，当时正跟他的好朋友祖自虚隐居在终南山。

现在来探讨王维为什么忆的是山东兄弟。

首先需要澄清的是，此"山东"不是今天的山东省，这成为一个固定叫法是在王维之后又过了400年的金朝，在山东半岛设置山东东、西二路，才始有其名的。但王维跟山东省也有过一段交集，那是他21岁的时候曾被贬为济州司仓参军，在那里待过差不多5年的时间。如果是他在任期间把家里的兄弟们都搬到了济州，而这诗是他在长安写的，诗名也成立，可惜这都是假设。

不少解读这首诗的人都把"山东"理解为"华山以东"，这有点儿想当然。首先华山在史书上很少作为地标点出现，其次如果说的这么具体的话，王维的兄弟们所在的"蒲"，乜就是今天的永济市，在华山的北面。

还有一种考虑，他的祖籍是祁县，倒是在吕梁山的东面，但可惜祁县一马平川，无山可登，而吕梁山也从来都不是地标点，所以这个也不成立。

现在只剩下两种可能：

一是他以当时赋诗之时所在的终南山为地标点，他的兄弟们都在此山东面的永济。兄弟们登的应该是中条山，山上盛产山茱萸。

二是他沿用了战国时期对崤山以东的六个国家齐、楚、燕、韩、赵、魏泛称"山东六国"的说法，且这个说法的可能性较大。

高僧一行的传奇轶事

　　唐代高僧一行，是唐代杰出的天文学家，在世界上首次推算出子午线纬度一度之长，编制了《大衍历》，他在制造天文仪器、观测天象和主持天文大地测量方面也有颇多贡献。

　　唐玄宗当时把一行和尚召进宫里，开门见山地问："师父有什么高能？"一行回说："也没什么，只是善于记忆而已。"唐玄宗兴致勃勃，马上派人取来宫人的花名册，这东西毫无关联，又没有任何规律可循，应该是最难记忆的东西。

　　一行和尚拿到花名册之后，浏览了一遍，就合上了，说他已经记熟了。唐玄宗随手翻开一页，只要点到名字，他立即能将这位宫人的籍贯年龄等脱口道出。

　　玄宗念了几页之后，就不由得从御榻上下来，对着一行恭恭敬敬地行了个礼，赞叹地说："禅师真是一位大圣人啊！"

　　还有一位卢鸿居士，此人道高学富，隐于嵩山，曾为寺院的法会撰写了一篇数千字鸿文。他自己认为文章"字僻而言怪"，如果有哪个小和尚能读下来，就可以做他的弟子。结果，一行看了一遍，就能在法堂上高声朗诵，连一字都不错。

卢鸿当初还怪他太"疏脱"，但看到这个场景，对他佩服得五体投地，直接说："这样的人我哪里能教，我应该是跟着他学习才对。"

一行和尚不仅有惊人的记忆力，他的算学也是旷世绝学，说起来也有一段奇遇。

这一天，他来到了天台山的国清寺，见寺旁有一个小院，古松静立，溪流横前，景色清绝，不觉走到门前，忽然听到里面有很熟练的拔打算盘的声音。他正侧耳细听，算盘声停了，有人说："今天我有弟子从远处来，算着已到门外了，怎么还没有进来呢？"接着又听到算盘珠子"噼里啪啦"响了几声，里面又说："门前的溪水如果倒流，我的弟子就该进来了。"

一行在外听得清楚，回头一看，溪水果然倒流了（故事传奇得有悖常理，大概是古人喜欢把故事写得夸张吧）。于是他便整整行装，走了进去，一进门即拜倒在地，口称："弟子一行顶礼！"院内的僧人立刻扶他起来，略述因缘后，即把所有算法都教授予他。

一行和尚的圆寂，也很有传奇色彩。

一行的师父普寂和尚还有一位弟子叫裴宽，官拜河南尹，是一位跟都督刺史一样的从三品大官。

这一天，裴宽又来向师父请教佛法，师父却让他稍等片刻，说有一件小事要办。

裴宽看着普寂师父打扫了正堂，又焚了香，端坐着，似乎在等着什么。坐了一小会儿，听见叩门声，有人说："是一行和尚来了！"

一行进来，给普寂师父行了礼，然后附耳密语，很恭敬。普寂一直在点头。一行说罢，又给师父行礼，然后又附耳说话，如此三次，普寂"惟云是是，无不可者"。

一行和尚说完了话，进了南房，自己关上了门。

片刻之后，普寂师父沉声给弟子下令："敲钟吧，一行和尚灭度了。"

侍者疾步进入南房去看，果然。

一行灭度的时间是开元十五年（727）的十月。唐玄宗宣布辍朝三日，敕命为一行建塔及铸制铜像，还亲自撰写了塔铭，谥一行和尚"大慧禅师"尊号。

李白、王维与玉真公主的绯闻是假的

有人谣传李白与王维争风吃醋，谣传者尽展其浪漫而卑劣的想象，把王维、李白和玉真公主拉扯在一起，动用了现代"八卦高手"垢谇谣诼的所有手段，让两位襟怀坦荡的大诗人覆诟蒙羞。故此征引古籍，以正视听。

谣传确实有源头，但这让李白和王维争风吃醋的源头很无厘头。有人看到李白和王维同岁，又一起在长安共过事，但两位著名的大诗人之间竟然没有任何的酬唱应和之作，就认为他们一定有矛盾。而矛盾的根源无从捕捉，就想当然地"设计"出了一个女人，这个不幸的女人就是唐玄宗李隆基的妹妹玉真公主，而他们之间"不清白"的起因是李白和王维都给玉真公主写了诗。

王维的诗名为《奉和圣制幸玉真公主山庄因题石壁十韵之作应制》，抄录如下：

> 碧落风烟外，瑶台道路赊。
>
> 如何连帝苑，别自有仙家。
>
> 此地回鸾驾，缘溪转翠华。
>
> 洞中开日月，窗里发云霞。

庭养冲天鹤，溪流上汉查。

种田生白玉，泥灶化丹砂。

谷静泉逾响，山深日易斜。

御羹和石髓，香饭进胡麻。

大道今无外，长生讵有涯。

还瞻九霄上，来往五云车。

这是一首应制诗，意为奉天子之命在应酬宴会上对御制诗的唱和。这首诗总体并不亮眼，在王维的应制诗里算不得上品，王维只是为了完成任务而已。写这首诗的时间，大致在天宝三年（744），时任左补阙的王维已经44岁。唐玄宗和妹妹感情甚笃，带着一批文采斐然的近臣浩浩荡荡地到公主的别馆来游玩，兴之所发，大家一起即情即景，写诗为乐。

王维和李白都出生于701年，而玉真公主出生于692年，比他们俩大9岁，此时的公主已经是53岁的"高龄"了，如果说在妻子亡故之后即洁身独居十几年的王维通过此诗想与公主暗通款曲，岂不受唐玄宗和一帮诗人们讥笑而蒙羞。

开元十八年，即730年，李白第一次来到长安，参谒宰相张说，很不巧张说病重，乃结识其子张垍。经张垍介绍他寓居在终南山玉真公主的别馆。李白当时或许也想走一走玉真公主的路子，于是写了一首《玉真仙人词》：

玉真之仙人，时往太华峰。

清晨鸣天鼓，飙欻腾双龙。

弄电不辍手，行云本无踪。

几时入少室，王母应相逢。

从这首纯属描写玉真公主道行的诗里，睁大眼睛也找不到"直接大胆地表露对玉真公主感情"的任何暗示。而且很不幸，李白当时还没有什么影响力，他根本也没见到玉真公主，玉真公主甚至也没有见到他的诗。如果公主此时与李白相遇，并对他青眼相看，那他就不会留下一些很惆怅的诗作，失望地离开长安了。

所以，从这两首诗作里，找不出任何暧昧的字眼。两人为"情敌"并用"诗作传情"纯属子虚乌有。

接下来，说二人与玉真公主的交集。

先说王维到玉真公主府里去弹琵琶，中状元是公主给帮忙的"传奇"故事。这故事应该出自唐代河东人薛用弱写的《集异记》，但必须强调的是，这是一本传奇小说集！是一百年后王维的这位小老乡的创作，有无史料价值，无须赘言。

另有与薛用弱同时代人郑还古所作之《郁轮袍传》，后来被明代人演化成了杂剧。里面写的正是王维如何用一把琵琶演奏《郁轮袍》而吸引公主，再献诗得公主青睐，于是公主出手，拿掉了原来内定的状元张九皋，力推王维"作解头而一举登第"。

故事说起来有板有眼，但是在709年，开元名相张九龄的弟弟张九皋先生已经明经及第，他怎么可能在721年又到京兆府应试？所以王维求公主推举一事本就捕风捉影，此一击即可破之。

更何况，王维既然已经得到了岐王李范的赏识，为什么还要另辟蹊径去打扰已经正式出家十年的玉真公主？这根本不合常理。

要知道，岐王排行老四，他的三哥李隆基当年发动"先天政变"，诛杀太平公主的党羽萧至忠、窦怀贞等人，岐王一直是哥哥的跟随者，是立有大

功的，他才是实力派。要提携王维，岐王无须领着他去拜谒玉真公主。

所以王维除了跟着皇上去公主的山庄，与她有过一面之缘外，还与公主有没有过交往值得怀疑。更何况，公主是道家，王维崇佛，各自清净修行，哪里来的那么多是非？

再说李白第三次进长安已经是12年之后了。天宝元年（742），玉真公主的道友元丹丘将李白多年前撰写的《玉真仙人词》呈上，玉真公主才见识了李白的诗才。但玉真公主有没有举荐李白仍然两说，李隆基吸取了武后、韦后和太平公主的教训之后，不会允许女人再度干政。在《新唐书》里记载，太子宾客贺知章高度欣赏李白："子，谪仙人也！"于是，"言于玄宗，召见金銮殿，论当世事，奏颂一篇"。玄宗很高兴，赏他当了一个供奉翰林。

李白就是如此进入政界，有没有见过玉真公主的仙颜都不得而知。他当了3年的宫廷诗人，不想再被呼来喝去，其实主要还是觉得一腔抱负无法施展，后来终于决定"仰天大笑出门去"。

这段时间，王维确实在长安为官，是从七品的左补阙。至此，最大的一个疑团已经可以迎刃而解，两个人在长安共事的这3年时间里，玉真公主已经54岁了。谣言说两位大诗人为了她而争风吃醋，遗人笑柄。

还得郑重地为玉真公主正名。

唐代是有过几个骄奢淫逸的公主，但想当然地把这种作风嫁接到玉真公主的头上，至少是不厚道的。

公主在景云二年（711），"于大内归真观中，诣三洞大法师金紫光禄大夫鸿胪卿河内郡开国公上柱国太清观主史尊师受道"。就是说，公主在她20岁的那年就正式出家了，而且公主出家并不是玩花活虚招，可谓道心坚固。

天宝初年，公主恳切上书请求辞掉自己的封号，要把封地还给公家，自己潜心修道。唐玄宗表示反对。公主说，不想白吃百姓的租赋，放弃这些富贵，为的是求增10年寿命。玄宗哥哥这才应允，遂削公主号、归还家产。可见这是一位虔诚修道的公主。

最后解释一个疑问：为什么李白和王维之间没有任何交流的痕迹呢？

如天宝二年，诗人王昌龄、裴迪、王缙等人约王维游长安青龙寺悬壁上人院并一起赋诗，这一次游玩，大家为什么不叫李白？

天宝三年，贺知章向皇上提出辞职归隐得到允诺后，约了一大批文朋诗友举行告别晚宴，李白到场，王维缺席了。

这里可能要涉及信仰问题了，所谓道不同不相为谋，在李白和王维的身上应该表现得泾渭分明。

《旧唐书》："维弟兄俱奉佛，居常蔬食，不茹荤血；晚年长斋，不衣文彩。"信佛的王维始终过的是苦行僧一样的生活，"斋中无所有，唯茶铛、药臼、经案、绳床而已。退朝之后，焚香独坐，以禅诵为事"。

妻子过世之后，王维矢志不娶，"一生几许伤心事，不向空门何处销""晚年唯好静，万事不关心"。他死之后，把经营几十年的辋川别业舍为寺院，来也空空，去也空空。

再看狂放不羁的李白，年轻的时候"三百六十日，日日醉如泥"。不喝酒的时候就去求仙访道，"五岳寻仙不辞远，一生好入名山游"。据《新唐书》载"白晚好黄老"，到了老年更是一心向道。天宝四年，李白在齐州（济南）的道教寺院紫极宫走上法坛，从高天师手中接过朱笔写在白绢上的"道箓"，成为一名名副其实的道士。

所以，王维要去游青龙寺，尽管共同的好友王昌龄去了，但是李白也许并不感兴趣，叫也不去。与李白惺惺相惜的贺知章也是好道之人，他向皇上

提出辞职，就是请求度为道士，唐玄宗才准其还乡的。他要与人欢宴畅饮，那个受了戒，不喝酒不吃肉不茹荤的王维来了，岂不煞风景？

还有另一个不可测的重要原因。

唐代宗时，王维的弟弟王缙为相，代宗很喜欢王维的诗作，向他索要，王缙非常遗憾地说："天宝事后，十不存一。"经过安史之乱的大动荡之后，王维的诗作绝大部分都散佚了。

更加可惜的是，后来整理李白诗作的李阳冰也在《草堂集序》中说，李白的诗也在动乱过后，"章句荡尽""十丧其九"。我们现在侥幸能看到的两位诗人的作品只是凤毛麟角，而以此残存篇章来推断二人之间没有酬唱，甚至有敌意，未免以偏概全。

这两位最具才情的大诗人，一个追求水面之上的舟楫凌波，风云激荡，此为李白也；另一个则追求水面之下的沉静如一，浑然无我，此为王维也。

即使二人形若参商，也无碍他们在盛唐的星空各自闪烁着耀眼的光芒。

李白因何仕途不得志

一开始，唐玄宗李隆基还是非常看重李白的。这种看重，是惜才敬才，因为李隆基的诗写得也很不错，至少你为泰山，我也崚嶒为终南。后世人只记住了他那段旷世奇缘，却记不住他那么多本事，把他的诗才也淹没了。

蘅塘退士辑录的《唐诗三百首》里，选取的是李隆基的《经邹鲁祭孔子而叹之》：

> 夫子何为者，栖栖一代中。
>
> 地犹鄹氏邑，宅即鲁王宫。
>
> 叹凤嗟身否，伤麟怨道穷。
>
> 今看两楹奠，当与梦时同。

但他的《过老子庙》更妙：

> 仙居怀圣德，灵庙肃神心。
>
> 草合人踪断，尘浓鸟迹深。

流沙丹灶没，关路紫烟沉。

独伤千载后，空馀松柏林。

写仙家的事，诗里果然有些仙家的味道。颔联"草合人踪断，尘浓鸟迹深"10个字，荒芜与萧疏立现；颈联"流沙丹灶没，关路紫烟沉"沉郁雄阔，端然大家气象。

所以说，李隆基的确有欣赏李白的能力。

但是李隆基不是文人，不是只欣赏李白的文才就够了。李隆基有一个更为现实的身份——一国皇帝，大唐开元盛世的缔造者。在诗人李隆基的眼里，应该是仰视李白的，但在政治家李隆基的眼里，40多岁的李白稚嫩得像4岁小儿，简直无法给他个正经官做。

唐代人段成式是宰相公子，曾经任秘书省校书郎，精通佛典。他的《酉阳杂俎》记载了这样一件事："李白名播海内，玄宗于便殿召见。神气高朗，轩轩然若霞举。上不觉忘万乘之尊，因命纳履。白遂展足与高力士曰：'去靴。'力士失势，遽为脱之。及出，上指白谓力士曰：'此人固穷相。'"

这段话可以解读如下：李白经过伯乐贺知章的推举，第一次右便殿陛见唐玄宗，其风采气度让当皇帝折服，虽然不至于像《新唐书》里欧阳修给李白作传时描写的那样，"亲为调羹"，但是唐玄宗暂时忘记了自己九五之尊的身份还是有可能的，接席而坐，准备好好聊聊。但就在这时，李白忘乎所以了，后人为他掩饰说他是醉了，才让高力士给他脱靴。

如果李白这么得意忘形，不客气地说，那就真有点儿小人得志的做派。高力士不仅是个宦官，还是堂堂的将军，曾助唐玄宗平定韦皇后和太平公主之乱。"此人固穷相"，李隆基骂得挺狠的，用现在的话说，"此人天生一副穷样！"还有人说："玄宗真骂得确。"第一次见面就落下这么不妙的印象，唐玄宗从此就轻看李白了，不可能再给他官做。

尽管李白也自认为胸怀纵横之术，有济世经邦之志，但是因为这样一个不知轻重进退的举动，坏了大事。有人认为这是野史不足为凭，但唐代人记唐代事，可信度应比后世人的更高一些。

李白不被重用，失意长安。有人把脏水泼到高力士的身上，说他给李白挖坑上眼药，岂不知这位千古第一贤宦"近无闲言，远无横议"，如果唐玄宗对李白青眼有加，他哪里会那么不知深浅？

也有人说是杨贵妃从中作梗，这更是戏论，凭据仅仅是《清平调词》里把杨贵妃比作赵飞燕？那诗的整体色彩都明显是在巴结奉承，李白为什么要含沙射影自找倒霉？何况杨贵妃也没有那么蠢。

李白在郁郁不得志时期写的《寓言三首》：

　　　　　　长安春色归，先入青门道。

　　　　　　绿杨不自持，从风欲倾倒。

　　　　　　海燕还秦宫，双飞入帘栊。

　　　　　　相思不相见，托梦辽城东。

有人分析"辽城东"指的是幽州，代指安禄山。"绿杨"就是指安禄山、杨贵妃，而"海燕""双飞"比喻二人已成淫乱之势。

其实李白只是写了闺中怨妇的一种心境而已，可笑的是，此诗大约写于天宝二年（743），安禄山那时候还没有得宠，而他反叛是755年的事。到744年的3月，安禄山才以平卢节度使出任范阳节度使，同月，李白就出京而去

了。能以诗预言后来的事，李白难道真的是神仙？或者说，就算安禄山和杨贵妃在李白入宫的时候就已私通，李白敢写出这样一目了然的诗，虽然大唐朝不兴文字狱，李隆基也会摘了李白的脑袋。

李白酒后失言也许是有的，因此招来李隆基的嫌恶也有可能。但归根结底的原因，应该是李隆基认为李白基本无政治才能，还是去写诗的好，所以"赐金"，算是较为体面地让李白卷铺盖回家。

李白是很想当官的，以国士自许，想"辅弼天下"，在《走笔赠独孤驸马》中写"长揖蒙垂国士恩，壮士剖心酬知己"，尽管恨不得把自己的心掏出来让人看看，但机会错过就是错过了。

"七绝圣手"王昌龄的一段江湖奇遇

王昌龄在唐代的诗坛上独领风骚，七言绝句独步天下，莫与争锋。李白跟他惺惺相惜，岑参夸他"少伯天才流丽，音唱疏远"，他的文学成就在此不必多言。

唐人谷神子的《博异志》当中有一段有关他的轶事。

开元年间，王昌龄从南方的吴地返回长安。当行至长江马当山时，顺风扬帆，舟行如飞，舟子说："不管贵贱人等，凡到这里的，都得到上面的庙里去拜一拜，以求平安。"

因为风大的缘故，船不能靠岸停泊，但王昌龄事先准备了祷神所用的东西，于是派了一个人代表自己，拿着酒脯纸马等到庙里去献给大王，还准备了一些草履子（女鞋）供献给大王夫人。这位极擅长写诗的七绝圣手，还随手写下了一首诗，也让那位使者带上，在庙里祈祷时念给大王听。诗是这样写的：

青骢一匹昆仑牵，奉上大王不取钱。

直为猛风波里骤，莫怪昌龄不下船。

使者是不是返回船上了，没有交代，估计是船已经顺风而下，一去百里了。

王昌龄在买供献给大王夫人的那个草履子时，还买了一把金错刀子，当时就放在鞋子里了，到了马当山要祷神时，忘了取出来。使者拿着草履子就去神庙了，不知道里面还有一把刀。

王昌龄事后要用到那把金错刀子，这时候才想起来是放在草履子里一并贡献到神庙里了。船又前行几里，忽然有一条红色的大鲤鱼，差不多有三尺，从水中直接就跳到了王昌龄的船上。

王昌龄笑道："这可是自己送上门来的美味！"随即招呼随从捉住鱼准备好好吃一顿，但是随从剖开鱼腹之后，里面竟然藏有一把金错刀子，与王昌龄误送到庙里的那把一模一样。

王昌龄感叹："鬼神之情亦如此明白，不能不使人惊讶。曾经听说过葛仙公命鱼送书的事，古诗里也有人写'剖鲤得素书'，我今天遇到的事情就跟这一样啊！"

安史之乱：四大昏招看唐玄宗的昏庸

早期英武干练的唐玄宗，到了晚年能昏聩到令人匪夷所思的程度。养痈遗患暂且不提，唐玄宗一直对"干儿子"安禄山宠信有加，以至于安禄山造了"干爹和干娘"的反，兵锋指向大唐国都，太原的急报都送到了他手上，他还认为是有人眼红出身杂胡的安禄山官升得太快而造的谣，安禄山不过是被诬陷而已。

后来，当唐玄宗确信这个一直哄他开心的安禄山是真反了的时候，他开始昏招迭出。

第一大昏招：错杀大将封常清和高仙芝。他们带领的长安和洛阳的十万市井子弟，战力值几乎为零。武牢一战果然一触即溃，唐玄宗竟然听信督军太监的鬼话，枉杀了这两员战功赫赫的大将。这不仅自毁长城，更寒了将士们的心。

第二大昏招：强用已经病废的哥舒翰。"北斗七星高，哥舒夜带刀。"当年那个常胜将军已经中风导致半身不遂，站都站不稳。但是唐玄宗还是把他当成救命稻草，逼他带病出征。可哥舒翰前脚才走，唐玄宗后脚就听信了杨国忠的谗言，说哥舒翰和安禄山有勾结，逼他马上从潼关出兵与安禄山决战，从来都看不起安禄山的哥舒翰无奈出兵，毁了一世英名不说，还葬送了二十万大唐军队。

第三大昏招：舍弃百官和长安百姓秘密出逃，这不用细说了。除埋葬了千娇百媚的杨贵妃，还给第四大昏招埋下了伏笔。

第四大昏招：硬要杀张均。张均虽然是名相张说的儿子，但他的官职不过是个大理寺卿，唐玄宗仓皇逃离长安根本没有通知他。长安陷落时，张均被俘，还被迫干了"伪职"中书令。等收复了长安，唐玄宗从四川流浪回来，也许是一肚子的邪气没处发，发狠一定要处死这个曾经从贼的张均。

正是他这一昏招完全破坏了本已出现的大好局面。

当时，长安洛阳均已收复，安禄山被他儿子安庆绪杀害。他儿子称帝也没什么出息，最关键的利好消息是史思明带着他的十三万主力归顺了大唐。接下来，郭子仪、李光弼等人扫荡安庆绪已经不是什么难事，全境平复指日可待。

但唐玄宗要杀张均这昏招一出，兔子还没处死，狐狸就悲怆欲绝了。首先是当初那些被叛军掳走并担任职务的人，再没人敢回归长安，在这儿还能苟延残喘，回去不等于送死？本来这些人都跑回来，一定可以加速安氏政权的衰亡。

最倒霉的是，狼也炸窝了。连张均这样被皇上亲自遗弃的朝廷大臣都容不得，那跟随安禄山一起谋反的人，怎么会有好结果呢？收拾我只是时间问题。史思明这样想罢，即刻就带着他的十三万军队再度叛唐。

更糟糕的是，史思明带领他的人在相州大破唐军，回师攻杀安庆绪，吞并其军队，再次形成足以与唐军对峙抗衡的力量。

就这样，即使是张均后来被儿子肃宗哭着力保，还是被唐玄宗发配到最边远的合浦去了。

昏愦的唐玄宗让本来两三年就可以平定的安史之乱，被拖了达九年之久，大唐朝的元气也基本被耗尽了。

杨贵妃因何受宠一生？

　　杨贵妃年轻时候的绝色，让阅人无数的玄宗宠爱有加。杨贵妃最值得自豪的是，唐代最伟大的三个诗人都为她写了诗，李白的《清平调》里写"云想衣裳花想容，春风拂槛露华浓"；白居易的《长恨歌》里写"温泉水滑洗凝脂""回眸一笑百媚生"；连古板的杜甫在《哀江头》写到她也是赞美加叹惜"明眸皓齿今何在，血污游魂归不得"。正是由于她过于明艳，才使"六宫粉黛无颜色"，唐玄宗那么宠她也正常。

　　所谓"入芝兰之室，久而不闻其香"。杨贵妃从19岁遇到玄宗，二人陈仓暗度，到755年发生安史之乱时，她已经37岁了，被宠了快20年。此时37岁的杨贵妃也是色衰半老的徐娘了，为何唐玄宗还那么宠她？她到底有什么特殊的才能或者媚术呢？

　　先说她的养颜秘诀吧。

　　首先杨贵妃很少浓妆艳抹。这跟她曾经当了几年的道士有关，天生丽质，拒绝各种美容物品，而唐代的美容用品大多是以铅汞为主要原料，使用后会加速皮肤老化。于是连她的三姐也学她，"却嫌脂粉污颜色，淡扫蛾眉朝至尊"。这应该是杨贵妃能长期保持青春容颜的一个秘诀。

　　其次是经常去华清池泡温泉浴，水里加牡丹皮、桑叶、荨麻等，据说可

使肌肤滑腻光洁。用牡丹皮、杏仁、滑石、轻粉合制成的杨太真红玉青，是一种纯天然的美容秘方。

杨贵妃与唐玄宗感情格外好，主要还是性情相投，两个人算得上是难得的知音，一旦得以相守，自然加倍珍惜。

唐玄宗亲谱《霓裳羽衣曲》，召见杨贵妃时，令乐工演奏，赐她以金钗钿合，并亲自插在她的鬓发上。如果说唐玄宗是位"音乐帝"，那杨贵妃绝对是可以与她奏响最和谐音律的"音乐后"，不论是击磬还是弹琵琶，杨贵妃都是连宫中乐工都佩服的高手，再加上她善于跳胡旋舞，在情人的眼里，简直像天女下凡。

唐玄宗创作的《小破阵乐》《春光好》《秋风高》等百余首乐曲，都有杨贵妃的参与。二人把才思才情释放在音乐里，编排成作品，再推而广之，其中的乐趣非外人可知。

仅有这些吗？还不够。

唐玄宗的文才是相当高的，流传下来的诗词作品有近80首，其中不乏骨力雄劲、风神俊朗的作品。近刘声木的《苌楚斋随笔》里面收录了一首杨贵妃的诗，名为《阿那曲》，此诗在《全唐诗》亦有收录，名为《赠张云容舞》：

> 罗袖动香香不已，红蕖袅袅秋烟里。
>
> 轻云岭上乍摇风，嫩柳池边初拂水。

刘声木认为杨贵妃此诗"甚为清丽"，所以她"不独丰于色，且丰于才"。

现在应该明白，杨贵妃并没有什么媚术，年轻的时候靠的是天姿国色，年长了靠的是由内而外的华丽气质，所以唐玄宗才痴迷她，直至她死后多年都对她念念不忘。

杨贵妃没死在马嵬坡，竟还逃到日本？

杨贵妃的死本来是铁板钉钉的事，再美的人也没有死而复生的道理。但是不管《新唐书》和《旧唐书》如何言之凿凿，还是有人相信一些文人的臆测，说杨贵妃并没有死，而是潜逃到日本去了，甚至还有媒体登过《山口百惠是杨贵妃的后代》的文章。

755年11月，"鱼阳鼙鼓动地来，惊破霓裳羽衣曲"。

安禄山带着人打到了长安，唐玄宗一班人仓皇逃往四川。据《旧唐书·后妃传》记载，唐玄宗一行"至马嵬，禁军大将陈玄礼密启太子诛国忠父子，既而四军不散，玄宗遣力士宣问，对曰：'贼本尚在！'盖指贵妃也。力士覆奏，帝不获已，与妃诏，遂缢死于佛宝，时年三十八，瘗于驿西道侧"。

《新唐书·后妃传》也有同样的记载。司马光的《资治通鉴》中还写明，把杨贵妃杀了之后，唐玄宗还让人把她的尸体放在驿庭，并"召玄礼等入视之"。就是说陈玄礼等人不仅要杨国忠父子死，还要让杨贵妃死，他怎能不知皇帝对贵妃的宠信，如果杨贵妃不死，他的脑袋说不定随时可能搬家。

所以有的记载十分荒谬，居然说是陈玄礼找了个丫鬟来代替杨贵妃，还把杨贵妃给放了，这种自掘坟墓的事儿，他绝对不干。

　　唐玄宗虽然是皇帝，但在此时也保护不了自己的女人，他要自己活命，只能舍了杨贵妃。杨贵妃死后，唐玄宗还让陈玄礼等人来验尸，就是让他们铁了心保自己往四川逃命。

　　还有一个更有力的史料是，隔了一年多，安史之乱平定以后，唐玄宗回长安，还专门派人去祭奠，并悄悄地改葬。如果杨贵妃没死，他还需要假惺惺地做给谁看？

　　至于在日本的"杨贵妃墓""杨贵妃观音堂"等，在中日早期史料中均无明确记载。

　　杜甫是安史之乱的亲历者，他的《哀江头》诗中有"明眸皓齿今何在，血污游魂归不得"之句，李益所作七绝《过马嵬》和七律《过马嵬二首》中有"托君休洗莲花血"和"太真血染马蹄尽"等诗句，也反映了杨贵妃被乱军所杀的情景。

　　有人从一些记载中寻找一点蛛丝马迹，然后附会成文，说杨贵妃没死，似乎也可以理解，这大抵是一种美好的愿望吧。

安史之乱后唐玄宗在用人上的反思

唐玄宗狼狈逃到四川之后，才松了一口气，知道命是能保住了。这一场骚乱过后，他爱到骨子里的女人杨玉环被逼自尽，祸国殃民的宰相杨国忠也被乱刀砍死。这时候痛定思痛，这位当年意气风发的开元盛世的缔造者，对自己后来那段时间的荒唐也有过很深刻的反思，尤其是在用人上，当初重用姚崇、宋璟、苏颋、韩休、张九龄等人则带来开元盛世，后来重用宇文融、李林甫、杨国忠等小人则带来安史之乱。

不能不说，玄宗还是有知人之明的，这在《旧唐书·李林甫传》当中有一段精彩描述：

他跑到四川后，他的三儿子唐肃宗在凤翔继位，正领着人跟安禄山和史思明打得激烈。唐玄宗此时比较重用裴士淹，经常让他向自己汇报唐肃宗任命了什么人。裴士淹官拜给事中，官职虽不高，权力却不小，因为百司奏章都得他过目，可以"正其违失"。

裴士淹也是个博学的人，有诗才，行为正直。这天他过来说，唐肃宗那边拜房琯为将了，令他率兵破敌，玄宗就摇头叹息说："他不是那块材料。"裴士淹又提了几个人，唐玄宗都说不是力挽狂澜的人才。后来他忍不住说了这样一句："如果姚崇还在，安禄山和史思明这些家伙算得了什么，根

本不够他打的！"唐玄宗的原话是："贼不足灭！"但可惜的是，姚崇已经长眠在地下30多年了。

当问到与姚崇齐名的宋璟时，唐玄宗却给出了极低的评价，说："彼卖直以取名耳。"两位名相，一褒一贬。一向正直敢言的社稷之臣宋璟到底做过什么事，人都死了十几年了，唐玄宗还在耿耿于怀？

最后说到了一代奸相李林甫，唐玄宗对他的评价是："是子妒贤嫉能，举无比者。"意思是，这人要说妒贤嫉能，没有谁比他更强了。

裴士淹也是个敢说话的，顺势问了一句："陛下心里真跟镜子似的，什么都清楚，可为什么还要重用他那么长时间呢？"

这真是一句戳心窝子的话，唐玄宗听了，"默不应"。

李林甫说起来也是老李家的人，他是唐高祖李渊堂弟长平肃王李叔良的曾孙。他能得以重用，为相19年，除了口蜜腹剑这个原因之外，还因为他跟玄宗非常有共同语言——精通音律，而玄宗除了爱杨玉环之外，最爱的无非就是音律。

用正直的大臣，他们天天挑你的刺儿，总是硌得慌、堵得慌；小人总是溜须拍马让你很舒服、很得意，当然还是用小人顺心。唐玄宗心里清楚，这些应该也想明白了，只是说不出口，所以只好沉默不语。

前有去者，后有来者，古人常狂放

古人说"不遭人嫉是庸才"，实话说，年轻的时候谁没有狂过？有那份才能，能控制不显露出来的有几个？"不恨古人吾不见，恨古人、不见吾狂耳。"南宋诗人辛弃疾就曾经以"狂"入词，狂得荡气回肠！钱钟书也说过："20岁不狂，那这个人是没出息的，30岁还狂，这个人也是没出息的。"

孔子一边教育弟子"君子泰而不骄"，一边又踌躇满志地抒发感怀："文王既没，文不在兹乎？天之将丧斯文也，后死者不得与于斯文也；天之未丧斯文也，匡人其如予何？"

这话就说得很满，简直目无余子。"狂徒之狂也且！"可这话没人敢说，因为人家狂得实在有资本，孔子匡人正道，确实"无他人"可以比肩。

到了孟子，狂得青出于蓝："夫天未欲平治天下也，如欲平治天下，当今之世，舍我其谁？"

孔子死后五百年，又出了一个狂人司马迁。他写了一部《史记》，写完之后，他很直截了当地表扬了一下自己："先人有言，'自周公卒五百岁而有孔子，孔子卒后至于今五百岁，有能绍明世，正《易传》，继《春秋》，本《诗》《书》《礼》《乐》之际？'意在斯乎！意在斯乎！小子何敢让焉。"

这样的自我期许，狂而得体，让人钦佩且甘拜下风。

后世的诗人们到了该狂的年纪也都狂一把。南朝的谢灵运说："天下才共一石，曹子建独得八斗，我得一斗，自古及今共用一斗。"曹子建（曹植，字子健）应该从陵寝里大笑而出，这么被人抬举，应该是天底下最快意的事！谢灵运惹不起曹植，却敢与天下才子分庭抗礼，也算是舌头底下能起风云，能动惊雷了。

东汉有位叫戴良的隐士，曾经也是语出惊人："我若仲尼出东鲁，大禹长西羌，独步天下，无与为偶！"他敢自比孔子和大禹，太空漫游，独步天下。

李白的狂大家都有几分了解，"我本楚狂人，凤歌笑孔丘"。孔夫子听见了应当不以为忤，谁让你自己先狂的。所以，李白就接着说："梁陈以来，艳薄斯极，沈休文又尚以声律，将复古道，非我而谁欤？"不光要铁肩担道义，还要妙手著文章兴复古道，一扫梁陈浮靡之风，不是豪放如大侠的李白，谁能办得了这事？

相比李白的狂，杜甫狂得比较含蓄："七龄思即壮，开口咏凤凰。"凤凰，常被用来比喻德才高尚的人，杜甫的意思是自己狂得比较早，七岁就很狂了。

到了宋代，谦谦君子欧阳修说："吾诗《庐山高》，今人莫能为。惟李太白能之，《明妃曲》后篇，太白不能为，唯杜子美能之。至于前篇，则子美亦不能为，唯吾能之也。"

也许有人会笑他狂，但人家敢说，就不怕你笑，所以刘克庄写道："旁观笑我太疏狂，疏又何妨，狂又何妨。"

细想古人的狂放，没有一个是不知天高地厚，有相当的程度是当仁不让，所以并不让人觉得讨厌，相反，倒有那么几分天真，几分可爱。

酒后冲动：杜甫与严武友尽于此

杜甫一直是一个委屈不得志的老头儿的形象，每天吃不饱饭却忧国忧民，愁眉不展，近乎迂而怯懦，似乎不可能做出什么出格的事。

但在《云溪友议·严黄门》中有一段关于杜甫酒后狂放惹事的故事。

话说杜甫辞官之后举家来到成都，惨淡度日，经常吃了上顿没下顿，老婆孩子跟着他受尽了艰难。正当他坐困愁城的时候，他的老朋友严武再次被朝廷任命为剑南节度使，浩浩荡荡来坐镇成都。

天无绝人之路，严武不仅解杜甫于倒悬，帮他在浣花溪畔筑了个草堂，让他安居下来，还将杜甫收入幕下，并上奏朝廷，推荐杜甫为"节度参谋、检校尚书工部员外郎"，让他正式为官，官阶不高，是个六品。大概相当于今天的工业和信息化部的助理巡视员之类，但这已经是杜甫当过的最大的官了，一份俸禄足以让全家衣食无忧，所以后人称他为"杜工部"，缘于此。

杜甫和严武是老朋友，能看出来严武也实心实意地帮他，那两人到底是什么样的关系呢？

杜甫的祖父杜审言是唐代"近体诗"的奠基人之一，有人说他和严武的父亲严挺之同朝为官，二人交好，其实不可能。杜审言在708年就离世了，享年64岁。杜甫这位祖父口气很大："吾文章当得屈、宋作衙官，吾笔当得王

羲之北面。"意思是他的文章在屈宋之上，书法让王羲之甘拜下风，也是个恃才傲物、狂放不羁的典范。

严挺之出生于673年，那时才30来岁，刚出道，应该入不了杜审言的法眼。

所以应该是杜甫在朝时，与严挺之交好，杜甫比严武大整整14岁，算是他的叔叔辈了，所以在他写给严武的《八哀》诗里也敢托个大："昔在童子日，已闻老成名。"另一诗里也写道："扈圣登黄阁，明公独妙年。……新诗句句好，应任老夫传。"你还是"妙年"，我已经是"老夫"了，所以说，他们可称为很铁的忘年交。重要的是，两人还有一个共同好友，是曾经为相的房琯。严武当官是房琯举荐的，杜甫贬官也是因为替房琯打抱不平，所以这个"世旧"之交，应该是杜甫不仅与严武的父亲关系好，跟严武也是从小就建立起的感情。

接下来说说杜甫和严武关系好到何种程度。

这在杜甫的诗里都有呈现。比如有一次严武被召进京，杜甫依依送别，从成都一直送到三百里外的绵州，觉得还是舍不得，于是又送到了离绵州三十余里的奉济驿，在这里赠诗一首：

远道从此别，青山空复情。

几时杯重把，昨夜月同行。

列郡讴歌惜，三朝出入荣。

江村独归处，寂寞养残生。

这份缠绵悱恻，也算是情深意笃了。

后来，他们之间有了一场闹剧。

严武举办了一个宴会，杜甫前来喝酒，但这回喝多了，也许原本心里有气正想借酒发疯，于是他醉登武床，瞪视曰："严挺之乃有此儿！"

他竟然上了严武的床大呼小叫："真想不到，严挺之有你这样的儿子！"

这里对这个"床"也需要解释一下，这里所说的"床"只是坐具，并不是严武卧室里的床榻。但即使是这样，也是相当严重的挑衅。在唐朝直呼长辈的姓名是非常不敬的，姓名只有长辈才能叫，同辈人一般叫字。

所以想象一下当时的境况，杜甫这次激怒了严武。

严武何许人？上马可以统率千军，大破吐蕃七万余众，拓地数百里！提笔写诗也不遑多让，且看一首《军城早秋》：

昨夜秋风入汉关，朔云边月满西山。

更催飞将追骄虏，莫遣沙场匹马还。

大开大阖，笔意沉酣，即使在诗歌鼎盛的唐代，也没有几个人能写出这么气概雄壮的边塞诗。

杜甫你侮辱我严武可以，怎么敢小看我爹！

"恚目久之，曰：'杜审言孙子拟捋虎须耶？'"严武当时恶狠狠地瞪着眼睛看了杜甫半天，估计是杀机涌动，忍了又忍，才说了一句更狠的话："你这个杜审言的孙子，是不是想捋虎须呢？"你敢说我爹的名字，我就说你爷爷的名字！

虽然杀气腾腾，但表现出来的却是幼儿园里的小朋友骂架的惯用伎俩，于是一座皆笑，不管是真笑还是假笑，反正得使劲大笑，大家都想用这阵笑

声把事情给掩盖过去。

《旧唐书》说："武虽急暴，不以为忤。"《新唐书》则说："武亦暴猛，外若不为忤，中衔之。"——表面上不露声色，内心却恨恨地记下了一笔账。

《新唐书》说杜甫"性褊躁傲诞""旷放不自检"，《旧唐书》更说他"性褊躁，无器度，恃恩放恣"。这回酒喝大了，玩笑也开大了。严武本就性情暴虐、喜怒无常，虽然"最厚杜甫"，却又"欲杀甫数矣"。

据《新唐书》记载：这一天，严武终于下了决心要杀掉杜甫与章彝，已经命令将吏们集合于辕门。非常诡异的是，就在严武传下杀人将令时，头上戴的官帽却一连三次被挂在帘钩上。就这么一耽搁，严武的侍从中有人忙禀告其母裴氏，裴氏急奔而至，救下了杜甫。唯独章彝晦气，堂堂一个梓州刺史，无人相救，不幸遇难。

有严武的母亲相救，杜甫往蜀东方向流亡。没多久，严武猝然辞世，年仅四十岁。杜甫后来辗转漂泊于湖北、湖南，五年后，病逝于耒阳的一条小船上。

杜甫写过这样一句诗："常恐性坦率，失身为杯酒。"看来他还是知道自己喝酒会误事。"近辞痛饮徒，折节万夫后。昔如纵壑鱼，今如丧家狗。"这诗不是写在与严武发生冲突之后，而是写在严武还没有来成都之前，也算是一语成谶。

严武暴虐的家族根源

唐代华阴县的严氏出了几个人物，都是相当霸气的角色。能在唐史中留下几百字小传的，就不是一般人物。

先说让人谈之色变的严安之，此人手腕狠毒至极，能被记入《酷吏传》，有两件事不得不提。

第一件事：开元年间，严安之当河南丞，在审讯犯人时他有变态怪癖，偏偏又碰上一个跟他臭味相投的洛阳尉王钧，这两人折磨人唯恐不死。据《旧唐书》记载："捶人畏不死，视肿溃，复笞之，至血流乃喜。"

意思是他们在审讯捶打罪犯时，唯恐对方不死，所以在用刑间隙，专门找出罪犯身上被打肿和溃烂的部位，然后再朝这些地方大力抽打。直到犯人被打得血流满地、痛不欲生，严安之才心满意足。

第二件事：《资治通鉴》记载，唐玄宗曾在洛阳的五凤楼设宴，看热闹的老百姓大声喧哗，一时人声鼎沸，唐玄宗不胜其烦。卫士们使出全身力气，挥棒如雨都制止不住。

唐玄宗后来请严安之出马，严安之目光冷冷地扫过现场的众人，接着用手中的笏板在地上划出了一条线，沉着脸说："越过此线者必死！"难题当场解决，老百姓一时鸦雀无声。

再说严安之的堂弟叫严挺之。尽管严挺之没有严安之那么暴虐，所谓泾清渭浊，但严挺之更是一个眼睛里不揉沙子的厉害人物。

《新唐书》记载，严挺之举进士后，办事卓越，很有才干，当时名相姚崇为刺史，很赏识他。姚崇入相之后，引挺之为右拾遗。

后来名相张九龄也很器重他，欲引以辅政，带着他一起拜访当时的宰相李林甫。虽然李林甫权倾天下，但严挺之很鄙视他的为人，为官三年，如果不是公事绝不登李家的门，李林甫对其恨之入骨。

口蜜腹剑的李林甫在排斥异己时无所不用其极，敢跟他叫板，没有点骨气哪行？但严挺之还真能"挺"得住。当然，他付出的代价是，当唐玄宗想要重用他时，李林甫小使阴招就让他去洛阳当了太子詹事，这是个闲职，一代硬汉严挺之就此郁郁而终。

严挺之重义气，交朋友生死不易，他一生陆续替去世的朋友抚养孤女数十人，还为她们找到合适的人家置办嫁妆送她们出嫁，这样的义举让时人倍加敬重。

接下来说严挺之的儿子严武。

《新唐书》载："武字季鹰，幼豪爽。母裴不为挺之所喜，独厚其妾英。武始八岁，怪而问其母，母语之故。武奋然以铁锤就英寝，碎其首。左右惊白挺之曰：郎戏杀英。武辞曰：安有大臣厚妾而薄妻者，儿故杀之，非戏也。父奇之，曰：真严挺之子！"

一个8岁的孩子替失宠的母亲打抱不平，竟然用铁锤把无辜的"姨娘"给打死了，这是这则故事中第一个让人惊叹处。第二个是当别人试图替他遮掩时，他能堂堂正正地站出来说，不是误伤，我就是要打死她！一个小孩子，这份敢于承担责任的胆气让人叹服！而更让人惊讶的是，当孩子说出杀人理由并昂然承认时，严挺之竟然大声赞赏："这才是我严挺之的儿子！"

但对于这个儿子，严挺之也还是不放心，虽然他"神气隽爽，敏于闻见"，但读书并不用心，"不究精义，涉猎而已"，就是我们常说的不求甚解。

及至成年，严武即投笔从戎，20岁调补太原府参军事，后来，时为陇右节度使的唐代名将哥舒翰对他青眼有加，上奏任命他为判官。

从此，严武显露出杰出的才能，一路青云直上直到担任京兆尹。后来吐蕃大举入侵，严武奉命出征，成为抵御外患的一代名将。

广德二年七月，严武率兵西征。九月大破吐蕃七万余众，拿下了当狗城，十月又拿下盐川城。同时遣军追击吐蕃，拓地数百里，与郭子仪在秦陇一带相配合，终于彻底击退了吐蕃，保卫了西南边疆的安宁。

在严武坐镇蜀地时，吐蕃仓皇不敢东顾是事实。但据《新唐书》载，严武在蜀时"颇放肆，用度无已，或一言之悦，赏至百万。蜀虽号富饶，而峻掊亟敛，闾里为空"。意思是他把蜀地祸害得也不轻。

严武40岁时暴病而亡，母亲大哭，但哭完了说了这样一句话："而今而后，吾知免为官婢矣。"由此可知，当娘的一直在替儿子揪着心，担心他出事，担心他被皇上治罪，自己一大把年纪再被连累没入官府去当奴婢。他死后，他的母亲竟然松了一口气。

安禄山是否应被定为乱臣贼子？

安禄山，703年生人，本姓康，曾用名轧荦山。鉴于历史上对其评价殊为不公，今特写辩词一份，不求平反昭雪，只求清本溯源，以正视听。

首先需要说明的是安禄山确实有罪，有当皇帝的狼子野心，还造反当了几天的大燕国皇帝。他对不起原本非常信任他的唐玄宗和杨贵妃。尤其在战乱中，多少无辜老百姓家破人亡，颠沛流离。

但是，正像《旧唐书》里所说："天地否闭，反逆乱常。禄山犯阙，朱泚称皇。贼巢陵突，群竖披攘。"这基本还是把安禄山和朱泚黄巢并列同论的，可同样也是造反，同样也当了伪皇帝，同样也是折腾了八九年的盐商黄巢，后来怎么就"沉重打击了唐王朝的腐败统治"，成了农民起义领袖，而安禄山就变成了乱臣贼子？

疑惑一：因为安禄山是外族人吗？

安禄山是外族人不假，父亲可能是个姓康的胡人，母亲阿史德氏是个突厥族巫婆。但不是英雄不问出处吗？坐拥大唐江山的李家也是外族人，李渊的母亲是独孤氏，本是鲜卑族，他本人就有一半外族血统。他的老婆窦皇后也应该有一半外族血统，因为她娘宇文氏也是鲜卑族。凭什么李渊当初从太原起兵抢了大隋朝的江山就成了名门正派，而安禄山从范阳起兵抢他家的江山就是"安史之乱"？

并不是安禄山等人存心捣乱，而是唐玄宗晚年昏聩不得人心。当年安禄山的手下猛将如云，高邈、何千年、许叔冀、吉温、张万顷、孙孝哲、曹将军、徐归道、独孤问俗、张休、张通晤十一人中，只有孙孝哲和曹将军是外族，剩下的全是汉人。这该怎么说？

疑惑二：安禄山和杨贵妃关系不清白吗？

安禄山和杨贵妃有私情的事情，都是演义故事，不可信。

安禄山进京见到唐玄宗和杨贵妃的时候只是一个新进的营州都督兼平卢节度使，不过是十大节度使当中的一个，一心只想巴结唐玄宗和杨贵妃，保住自己的荣华富贵。

当时，大唐盛世的掌舵人唐玄宗已经70来岁了，安禄山49岁生日的时候，郑重地请33岁的贵妃娘娘亲自主持了洗儿礼。这事不用隐晦，大诗人元稹有诗为证："禄山宫里养作儿，虢国门前闹如市。"

这是场闹剧，也不过是安禄山韬光养晦的权宜之计。天子恩威难测，安禄山断不敢与杨贵妃有私。

更何况，杨贵妃琴棋书画样样精通，她怎么会看得上五短三粗且又庸俗的安禄山？

再退一步说，安禄山乃堂堂节度使，统帅数万大军，回到范阳，他就是皇上，什么样的女人找不到，非要在刀尖上舔蜜，实在犯不着。

疑惑三：因为安禄山长得丑？

安禄山长得丑且不说，主要是肥胖，最重的时候应该有三百斤。去一次长安也是苦差事，要换几匹马，如果不换的话，那马可能会累死。

安禄山相貌十分丑陋，但黄巢长得也不好看，"其状不逾中人，唯蛇眼

为异耳"，见过他的人说他的长相连普通也算不上，还有一双蛇眼。但是黄巢会写诗，安禄山不会，这足以证明有文化多么重要。

历史往往就是这样，倘若大燕国也有个二三百年的国运，或许安禄山也不会被定为"乱臣贼子"。

张冠李戴，安禄山的烂诗是何人所作？

> 樱桃一篮子，半赤一半黄。
>
> 一半与怀王，一半与周贽。

这明显是一首不押韵、不合律的诗，在明代人谢肇淛笔记的《五杂组》里，说这是安禄山的诗。写在安禄山称帝之后，当时还得到群臣的一致马屁声，但也有人说，如果把"一半与周贽"移在上，"于韵更为稳叶"。谁知道安禄山竟然大怒，说："我儿岂可使居周贽之下乎？"这样一个做事全然不安规矩来的人，不造反倒显得不合情理了。难怪杨国忠一直说他要反，难怪张九龄也说："乱幽州者，必此胡也！"

但是再翻查资料，似乎这首诗又不是安禄山的大作，因为这个"怀王"和"周贽"都跟他没有太大的关系，反倒一个是史思明的儿子史朝义，一个是史思明的宰相。那这首诗是不是张冠李戴，讹传到安禄山的头上呢？

查到了姚汝能的《安禄山事迹》，还真是，这个附庸风雅的诗作者确实是史思明。如此，则谢肇淛陋矣！

唐人姚汝能，生平距"安史之乱"不远，曾官华阴县尉，华阴地处京畿道，近潼关，这里正是遭受安史兵灾最严重的地方。姚汝能写的《安禄山事

迹》具有较高的史料价值。

《安禄山事迹》里是这样记载的：

"思明本不识文字，忽然好吟诗，每就一章，必驿宣示，皆可绝倒。尝欲以樱桃赐其子朝义及周贽，以彩笺敕左右书之，曰：'樱桃一笼子，半赤一半黄。一半与怀王，一半与周贽。'"

有个名叫龙谭的小吏进言："请改为一半与周贽，一半与怀王，则声韵相协。"

思明曰："韵是何物？岂可以使我儿在周贽之下！"

这首诗确实不怎么样，但是反映了作者桀骜不驯的性格，单从内容来看，史思明似乎还是很在意自己儿子的，但是他怎么能想到，正是他的这个儿子最后取了他的性命。

史思明还有一首《石榴诗》是这样写的：

三月四月红花里，五月六月瓶子里。

作刀割破黄胞衣，六七千个赤男女。

最后两句倒也有点意思，写出点邪邪的诗味儿来。

张九龄曾断言安禄山必反

自古以来，有些朝廷重臣除了能力超群、气量恢宏之外，有不少人都有识人之明，这识人确属一门高级学问。话说晋代有位重臣名叫王衍，字夷甫，此人长得帅天下闻名，既精通玄学，又精通相人术。当时石勒才14岁，是个小商贩，王衍在洛阳遇到他的时候，石勒在上东门发出长啸。王衍当时就觉得此人诡异，说他将来必是天下大患。后来到西晋末年，石勒果然反晋乱华。

非常有意思的是，大唐有一位名相第一次见安禄山就断定他将来必成祸患，当时安禄山只是进京去拜访他而已。有些相书上说安禄山足底有黑子，就是说他脚底长着痣。这位名相仅凭安禄山的长相和行事就断定："乱幽州者，必此胡也。"

这位有先见之明的宰相就是大唐名相张九龄。

736年，安禄山任平卢将军，在讨伐契丹时失利，时任范阳节度使的张守珪奏请朝廷将安禄山斩首。张九龄毫不犹豫地在奏文上批示，为严肃军纪，拟将安禄山斩首！

谁知道，唐玄宗却不以为然，他说，难道你张九龄也有王衍的慧眼吗？在这一点上，唐玄宗确实没有识人之明，倒有妇人之仁，他没有采纳张九龄

的建议，为示所谓皇恩，稀里糊涂地把安禄山给放了。

这一放如同放虎归山。过了 4 年，到了740年春，68岁的张九龄谢世。此后不久，他断言"必反"的安禄山果然发动了"安史之乱"。到了蜀地的唐玄宗这才想起了张九龄当初的话，可谓椎心之痛。于是他遣使至曲江祭张九龄，追赠其为司徒。

千古第一贤宦：不该被丑化的高力士

《妖猫传》里的反派高力士，一心爱慕却又嫉妒杨贵妃，做手脚害了她。这想当然源于太监的世袭人设：没上位时低三下四、阳奉阴违，得意时就作威作福、祸国殃民。历史上太监这个群体里能留下好名声的实在太少，加上文学和影视作品的有意丑化，所以不能怪大家对太监形成了脸谱化的印象：不男不女公鸭嗓，不阴不阳变态佬。

但是，这里要为高力士说句公道话，有人称之为"千古第一贤宦"。唐玄宗的遗诏里提到唯一可陪葬的人就是这个高力士，他确实是唐玄宗的忠仆。忠到什么程度？在得知玄宗驾崩的消息时，高力士竟然大哭吐血而亡，别的都能装，这点是任谁也装不出来的，由此可见高力士也是重情重义的人。

高力士是岭南人，本姓冯，其曾祖、祖父和父亲都曾任潘州刺史。因牵连岭南流人谋反案，他在幼年即惨被阉割，送入宫中。后被高延福收为养子，因此而改名为高力士。

高力士不仅人长得高大，而且天性缜密，勇武有担当。在唐玄宗早期的宫廷斗争中，尤其是在平定韦皇后和太平公主之乱时，他都是唐玄宗的左膀右臂，因而深得信任。最让唐玄宗铭记的是太平公主派宫女给他下毒，如果不是高力士事必躬亲，谨慎到每件食物都秘密用狗试毒，那来自西域的奇毒

早就把他毒死了，还谈何开元盛世？

高力士最难得的品质在于即使他官至骠骑大将军、晋爵齐国公、进开府仪同三司，手中权力到达顶点，他仍然能保持低调——"公中立而不倚，得君而不骄，顺而不谀，谏而不犯。故近无闲言，远无横议。"

意思是他做人，不骄横不跋扈，对皇帝并不阿谀奉承，该说真话直话的时候也敢说，所以才得到"近无闲言，远无横议"的高度评价。别看这普普通通的八个字，从古至今，所有曾经炙手可热的权贵们没有几个人能做到。

曾研究唐史十几年并修撰《新唐书》的宋祁对高力士的评价应该中肯且可信："生平无显显大过。"身居高位，勤恳忠诚、不犯大错也算难得，但写史的人似乎总是保守。明代大儒李贽就敢于直言赞美："高力士真忠臣也，谁谓阉宦无人。"

安史之乱后，唐玄宗狼狈出逃长安，另一名大太监袁思艺跑去投靠了安禄山，而高力士不离不弃，鞍前马后伺候着他，危难时候这份忠贞更显难得。

民间传闻说李白醉酒，曾让杨贵妃研墨，高力士脱靴，后来这两人如何报复他。这个故事不可信。李白当时官职低微一心想求进，见了官拜大将军的高力士哪敢有那份轻慢？李白醉了，高力士扶他去见驾的事是有的。后世文人比李白还浪漫，写得轻狂，要推崇李白就拿高力士和杨贵妃来垫背了。其实，杨玉环被立为贵妃的时候，李白已经离开长安云游天下去了。

李白是诗仙，高力士也会写诗，就凭这份才情李白也不能看不起他。唐玄宗失势之后，高力士被曾经尊称他为"二兄"的唐肃宗流放黔中道。他行至巫州，见那里荠菜多而人皆不食，遂作诗云：

两京作斤卖，五溪无人采。

夷夏虽不同，气味终不改。

这首朴实无华的诗里藏着多少人世间荣辱转换的悲凉、沧桑和感伤？又表达了怎样一份忠贞不移的气节？

高力士垂垂老矣，到79岁那年，好不容易盼来了唐肃宗的大赦，在回京时走到了郎州，听到了唐玄宗已经驾崩的噩耗，悲不自胜的他"号恸，呕血而卒"。

智商、情商、政商皆高的郭子仪

人的智商是分区域的，不是说智商高就干什么都行，有的人会做事，但不会当官，有的人会当官，但不会做人。古往今来，要说政治情商和人生智商都达到顶峰的人，就是大名鼎鼎的汾阳王郭子仪，此人"富贵寿考"占全了。

要说郭子仪的战功，"再造王室，勋高一代"的丰功伟绩不再费笔墨。如此中流砥柱，"以身为天下安危者"的人，郭子仪前后做中书令24年，怎么就能在险恶的官场上保全身家性命？怎么就能权倾天下而朝廷不遭忌？怎么就能功盖一代而皇帝从不猜疑？他过着相当奢华的生活，为何没有人眼红不满？他到底是怎么做到的？

其实做人最难的是持守正道还不被小人算计，在这方面，郭子仪算是一个楷模，值得所有为官者思量借鉴。自己是办大事的，因为一点小事被小人给撂倒了，像岳飞一样，能不让人恨得牙痒痒吗？

对付小人，太需要智慧了，不仅仅是因为郭子仪被皇帝尊称为"尚父"就人人心甘情愿磕头让路，"尚父"的意思是皇帝对待郭子仪如同德高望重的长辈，这个词用得很庄重，不像"干爹"一词只是喊起来很亲热而已。

举两个郭子仪如何与小人周旋的例子。

第一个是权阉鱼朝恩。

他仗着自己是皇帝的亲信太监，是御林军总司令，屡次陷害郭子仪。他给郭子仪当监军，有军功都是他的，有过错都是郭子仪的。比如相州一战唐军大败，他把全部责任推到郭子仪身上，当了冤大头的郭子仪被贬成一个闲官。最过分的是，他找人瞎算了一下，说郭子仪堵其官运，竟然派人暗地挖了郭子仪父亲的坟墓。

等郭子仪打完仗回朝，皇帝特地问这事，郭子仪心里门清却哭着说：我在外面打仗，士兵破坏别人的坟墓，也无法照顾到，我父亲的坟墓被人挖了，这是报应，我谁也不怪！

鱼朝恩见郭子仪如此识相，也算良心发现，就邀请他同游章敬寺。郭子仪身边的人都认为鱼朝恩是不怀好意，需要提防，但郭子仪坦坦荡荡只带着几个家童就去了。鱼朝恩见郭子仪如此大度，不能不被感动，他甚至还掉下了眼泪说："非公长者，能无疑乎！"

能以一颗光风霁月的心去坦然对待一个奸诈之徒，还让他心存感激，郭子仪就是用这样的方法拔掉了扎进自己肉里的刺。

第二个小人是奸相卢杞。

郭子仪晚年在家，寄情于声色，有人说他妻妾成群，歌伎成堆，其实是一种装糊涂的保命术。那时，后来在唐史《奸臣传》中出现的宰相卢杞，还没入仕呢。这一天卢杞来访，郭子仪正跟一帮歌伎们吃喝玩乐。一听到卢杞来了，他马上命令所有女眷歌伎一律回避。等卢杞走了，家眷问："老爷平日见客，都不避讳我们在场，为何今天见个书生却要这样慎重？"

郭子仪说："卢杞很有才干，但心胸狭窄，是个睚眦必报的人。他半边脸是青的，长得像鬼一样。你们女人爱笑，要是看见他一笑，他就会记恨在

心。这种人以后一旦得志，你们和我的儿孙就都活不成了。"

后来卢杞果然作了宰相，凡过去看不起他的，都采用了残酷的手段报复，但对郭子仪全家却另眼相看，即使稍稍有些不合法的事情，他还是曲予保全。他认为郭令公当年非常重视他，大有知遇感恩之意。

《菜根谭》云："不责人小过，不发人隐私，不念人旧恶，三者可以养德，亦可以远害。"仅此三点来说，郭令公都算是做到家了。

颜真卿断离婚，女子被打二十笞杖

颜真卿是著名的大书法家，尽人皆知，他还是一个好官，能让自己管辖的地方，"浇风莫竞，文教大行"，意思是让老百姓都变得厚道知礼。故，称之为"循吏中坚"。

唐天宝元年（742），改江西抚州为临川郡，颜公在当监察御史前当过临川内史，这里就是曾经被他教化过的地方。

颜公办过一件奇事，就是打了一个要求离婚的女人，历代文人称之为"明"，皆认为他办了一件高明的事，但放到今天男女平等的社会来看，似乎就不那么公平了，到底是怎么回事呢？一起来探讨。

临川的读书人杨志坚，勤奋好学，"遍览九经"，还很会写诗，所谓"篇咏之间，风骚可摭"，他和同样很会写诗的其他几位当地才子被后人称为"临川八大家"。

但是，跟历代诗人一样烦恼的是，诗不能当钱卖，杨志坚家境贫寒。他的老婆跟着他苦守了一段日子，觉得连吃上点肉的希望都没有，于是彻底灰了心，干脆要求他写一封休书，放自己一马，离婚算了。

杨志坚很无奈，他赋诗一首，名为《送妻》：

平生志业在琴诗，头上如今有二丝。

渔父尚知溪谷暗，山妻不信出身迟。

荆钗任意撩新鬓，明镜从他画别眉。

今日便同行路客，相逢即是下山时。

诗还是饱含深情的。大意是自己头上白发都熬出来了，到现在一事无成，妻子跟着自己都绝望了，那就让人家走吧，让别人去给她画眉吧！从此之后，咱们就成为陌路人。"下山时"应该是借用汉乐府"上山采蘼芜，下山逢故夫"的典故，意思是再相逢时，你也不再是今天的你，我也不再是今天的我了。

按照以前的理解，过去离婚实在是方便极了，男的写封休书，女的拿上，两人就此一拍两散，各奔前程。但其实没那么简单，有了休书必须去报官备案，官府还得登记在册。

于是问题就来了，杨志坚这封休书写得实在是文采太高，碰上了很尊重文人的颜真卿，给他的老婆造成了麻烦。

按照唐代的法律，男人觉得妻子不合适，过不下去，两人一商量和谐离婚，"不坐"，意思是官府是不追究的。但是另一条写得明明白白："妇人从夫……若有心乖唱和，意在分离，背夫擅行，有怀他志，妻妾合徒二年。"意思是，女人你要是同床异梦，主动离婚，那可不行。官府一不高兴，是可以"徒"你二年的。

"徒者奴也，盖奴辱之。"徒刑是我国古代五刑之一，是一种剥夺罪犯人身自由并强制其劳役的刑罚。

当时，杨志坚的老婆拿着这样一封很别致的休书来到官府，请求登记备案，自己好改嫁。

颜真卿看了休书之后，扭皱了皱眉头，这个女人见不得自己的男人穷，这是要另攀高枝，这跟朱买臣的老婆嫌贫改嫁不是一样的吗？这样的女人简直"污辱乡间，伤败风教"，大家都跟她学，那还得了？"若无惩诫，孰遏浮嚣？"意思是不让她吃点苦受点罪，怎么刹住这股歪风邪气？

本来妻子主动要求离婚，依律是可以关你二年的，现在本官决定："妻可笞二十，任自改嫁。"就是打一顿算了，你再想嫁谁就嫁给谁去吧。

这里就又涉及"笞刑"，根据《唐律疏议·名例》载："汉时笞则用竹，今时则用楚。"唐代施"笞刑"的时候用的是"楚"，就是用荆条做的笞杖。这个笞杖大头二分，小头一分半。一寸等于十分，那这种细细的荆条抽在身上，可够人受的。

唐代以前受笞刑，被打的部位一般是三个，脊、臀和腿，打哪儿都行。到唐代有了稍详细的规定：可以不打一个地方，腿部与臀部分受，如果您愿意分别抽打背部和腿部，还是可以商量的。

女人究竟打哪儿？根据古例，比如魏晋时候规定，"妇女受笞刑不得笞臀而笞背"。唐代没有交代，估计应该是依照古例执行的。

打完了，事并没有完，你不是嫌弃杨志坚穷吗？好，现在你离婚了，我马上让他富起来。于是，颜真卿当即赠送杨志坚布绢各二十四、禄米二十石。还给他找了一个工作，"便署随军"。

这还不算完，颜真卿还下令将此事广布于众。于是四远闻之，无不悦服。此后，"江左十数年来，莫敢有弃其夫者"。

不羁之才皇甫湜，一字三匹绢

唐朝有位狂士，跟白居易是一个时期的，两人还算是朋友，但他看不上白居易的作品。他写了一篇碑文，敢每个字要三匹绢！要知道那可是三千多字的文章，合起来大概得九千七百多匹绢，放到现在，差不多是600多万元！莫不是想钱想疯了吗？还不是，当时真有人出了这个钱！

这位狂士名叫皇甫湜，睦州新安人，即今天的浙江建德淳安人。师出名门，是韩愈的高足弟子。有记载说皇甫湜发展了韩愈的文章奇崛的一面，这话说得婉转，韩愈的文章本就古謇怪僻，他再发展一下，写出来的估计得是天书一般了。此公有《皇甫先生文集》传世。

能给这位狂士出得起这么多钱的人，倒也不是个不识货的土大款，此人上马可以呼啸风云，曾经督统诸将平定淮西之乱，以功封晋国公。而他堂堂进士出身，本以文章入仕，下马可以笔吐锦绣，他在文学上的造诣也绝不次于上述的这位狂士皇甫湜。文采武功交相辉映，后世可相匹敌者，个人认为也就王阳明与曾国藩数人而已。此人就是出身世宦名族"河东裴氏"家族的大唐中兴名臣裴度。

皇甫湜的文章虽然写得古拙高雅，但是秉性褊狭暴躁。他当工部郎中的时候，喝了一次大酒，结果完全失控，跟同事闹得不可开交。醒酒后，听别人说了自己的"疯采"，脸上很挂不住，不好意思再见人家，就请求到东都洛阳去任职。

等他到职之后，想不到这里正闹灾荒，连年歉收，升职没指望，工资也低得可怜，简直没法过，八个字形容"门无辙迹，庖突无烟"，意思是三餐不继，眼睛饿绿。

当时，晋国公裴度任东都留守，有人和他说了皇甫湜的窘况。裴度马上写了一封言辞恳切的信，派人带着厚礼去请，来了就立马让皇甫湜当了留守府的从事，工资待遇这些当然就不用多说了。

当年裴度因为讨伐淮西叛乱有功，皇上赏赐非常之多，都存放在集贤里的宅院中。裴度此人笃信佛教，常想往日在征讨叛军时杀人太多，难免会伤及无辜，由此恐怕给自己带来灾祸。因此，他把皇上的这些赏赐全部施舍给大福先寺，让僧侣用这笔钱重修寺院。

佛寺修好后，裴度打算请白居易来写篇碑文。为什么要请白居易来写呢？一是白居易本就文采风流名传天下，二是白居易也是佛弟子，跟裴度还是一个师父，裴度当然对他的佛学造诣相当推崇。

可是这事刚一提出来，皇甫湜竟然大怒："我皇甫湜就在你身边，你却写信去请远在长安的白居易！是我得罪了你吗？何况，我皇甫湜的文章那是瑶琴宝瑟，他白居易的文章，充其量是桑间濮上之音难登大雅之堂！哪里没有本人的一碗饭吃？从今天起不伺候了！"说完长揖而退。

在座的宾客们都惊呆了。裴度马上向皇甫湜表示歉意："我就是因为不好意思劳烦老先生！您是大手笔，不是怕您拒绝吗？现在您愿意出手，那再好不过了！"

皇甫湜的怒气消了一些，于是向裴度要了一斗酒回家，一边大碗饮酒，

一边挥笔撰文。第二天抄写清楚后，献给裴度。

这篇碑文奇辟拙拗，古奥难解。裴度琢磨了好长时间才整明白，他由衷赞叹皇甫湜是木华和郭璞一类的人物。其实在文学上，裴度一向主张"不诡其词而词自丽，不异其理而理自新"，反对在古文写作上追求奇诡。但是看到皇甫湜的文章，他还是能够理解包容，这也确属千古一遇的宰相气度。

于是，裴度为了表示谢意，命人备好香车宝马、古玩器皿等，价值一百多万钱，写了一封信，派一名小校送到皇甫湜家中。

皇甫湜读信之后大为恼怒，还把信扔在了地上。他对小校说："请转告裴侍中，他出手也太小气了吧？我的文章，是一般人能见到的吗？除了曾经给顾况写过序之外，再没有给谁写过！现在我愿意给裴侍中撰写这篇碑文，是因为我以往受过他的大恩。可就是这样也不行，这篇碑文三千多字。每个字要三匹绢，少五分钱也不行。"

愤怒的小校回来如实禀报给裴度，在场的手下气愤不已，有人叫喊着要把皇甫湜剁碎了吃肉。裴度笑着说："真命世不羁之才也！"立即派人按照皇甫湜提出的数额，如数付给他。

那天的洛阳人可真看了热闹，从留守府衙到皇甫湜家，运绢的车辆一辆挨着一辆。而皇甫湜欣然接受，一点没有羞愧的表示。

补记一：按《中国物价史》所记唐开元时物价，绢一匹值200文，米一斗值13文。按《中国度量衡考》所记，当时一斗米约有13斤。现在买13斤普通大米，大概需要40元左右。三匹绢即是600文钱，换算成人民币每个字约为1850元左右，全文共3254字，大约为600万元。

补记二：白居易与元稹两位是生死至交，元稹病危时委托白居易为他写墓志铭，临终前元稹将其收藏的车马、绫帛、银鞍以及玉带等，"价当六七十万"，作为酬谢送给白居易。一篇祭文竟值六七十万！不过，由于白居易念及两人的友谊不肯受谢，而元稹的家属执意执行遗嘱，白居易后来将这笔钱财施与了香山寺。唐贞观年间一斗米只卖5文钱，通常一两银子折1000文铜钱，可以买200斗米，10斗为一石，即是20石，唐代的一石约为59公斤，以今天一般米价1.75元一斤计算，一两银子相当于人民币4130元的购买力。唐玄宗开元年间通货膨胀，米价涨到10文一斗，也是一两银子大约折合2065元人民币。按这个价格来算，白居易的这篇墓志铭还是要比皇甫湜贵得多了，更加不同的是，白居易是人家硬给的，自己还不要，送到了寺院里，而皇甫湜是自己硬要的，这境界的高下也都在其中了。

补记三：写寺院的碑文以精通佛法者为宜。白居易还是最适当的人选，皇甫湜嗔心太重又贡高我慢，如果不是遇上裴度，估计混碗饭吃还是很艰难的，这倒从另一面衬托出了裴度胸襟的博大与人格的厚重。

唐代人喝酒为何要喝新鲜的?

读唐诗的时候不知道大家有没有注意到，唐代人特别爱喝，也特别能喝，动不动"会须一饮三百杯""一举累十觞""莫厌狂歌酒百杯"，虽然有点文人的小夸张，但是那股豪情还是让人非常向往的。

读了不少的唐代饮酒诗之后，猛然发现，唐代人似乎是不喝陈酿的，喝的都是新鲜酒，这到底是怎么回事?

"绿蚁新醅酒，红泥小火炉。"看，白居易喝的是新酒，按说，白居易官当的也不算小，当时已经是江州司马，也算是高干了，真有陈酿也不是喝不起的人，就算有四项规定要廉政，朋友小聚自掏腰包也不差钱，仅此而看，不是喝不起，应该是确实没有。

储光羲也有诗写"新丰主人新酒熟"，从诗意看来喝新酒还是满心欢喜和舒畅的。李白也写"白酒新熟山中归"，一心好道的李白知道新酒熟了，就欣然下山来开怀畅饮了。更有甚者，元稹因为朋友酿好了新酒，还专门写一首《饮新酒》的诗："闻君新酒熟，况值菊花秋。莫怪平生志，图销尽日愁。"新稻谷酿出了新酒，正可以一醉解千愁。

看来那个时代的新酒确实是好东西，就跟现在的啤酒要喝新鲜的一样吧。没有陈酿最主要的原因是酒酿出来了没有好的储藏方法，豪奢人家有

129

冰窖不知道存不存酒，反正，穷困的杜甫没有冰窖，他写"樽酒家贫只旧醅"，就表达了他对远道而来看望他的朋友无限的歉意。

李白爱酒，既是诗仙也是酒仙，他写"吴姬压酒劝客尝"，则更是唐代人喝酒贵新不贵陈的确证，因为在那个时候新酒酿熟，到临饮之时才压糟取用的。

那唐代人到底喝的是什么酒呢？当时酿酒，通常是取粮食、水、酒曲，按照一定比例混合，装入大瓮中密封，等待发酵完成。而那个时候酒精度最高的酒，也超不过二十度。粮食被糖化了，酒主要味道是甜，而不是辣。照这样来看，当时的酒跟我们今天的甜酒酿应该是同宗同源。

所以李白和他的一帮酒友才能如此豪爽："岑夫子，丹丘生，将进酒，杯莫停。"

白居易喝的是新酿出来的绿酒，有杂质，但是新鲜呀，他也知道"世间好物黄醅酒"，那酒就要下点功夫，等浊酒出来了，还得先加热一下，彻底结束微生物发酵的过程，再这滤又过滤，酒色由红而黄，那就上了档次。有诗赞曰："兰陵美酒郁金香，玉碗盛来琥珀光。"似乎不用玉碗都对不起那样的美酒。

那就没有别的美酒了吗？也有，葡萄酒。葡萄酒早在汉朝就传入中国了，但价格极其昂贵，就算到了唐朝依然是奢侈消费品，所以连李白那么洒脱的人也要用"葡萄酒、金叵罗，吴姬十五细马驮"来形容葡萄酒之金贵。

那高度的白酒呢？唐代人还真是没有这个口福，到了宋朝以后，才有了蒸馏法，"闷倒驴""夺命五十三"之类的酒才粉墨登台。唐代人不活个五六百岁，怕是喝不到的。

零落中晚唐

隐逸豪强，世道沧桑，谁在灞桥柳下
低吟一曲末路骊歌？

默默无闻的唐代中兴名将李晟

历史并不公平，他出将入相，几乎单手擎住了摇摇欲坠的唐王朝，可是后世知道他的人没有几个。

唐德宗命人将他的画像挂在凌烟阁上，这是家族世代的无上荣光。宋朝为古代名将设庙，选取了72位功勋盖世的名将，没有项羽，没有赵云，但有他。能被朱元璋看上的人不多，但他选取的古今功臣37人配享帝王庙，其中依然有他。

此人强劲刚烈，18岁从军，一箭射死吐蕃名将，为临洮郡公王忠嗣激赏，尊称为"万人敌"。

此人征战常能出奇制胜，曾率领一千士兵，从大震关闪击临洮，扫平定秦堡，俘虏堡帅慕容谷钟。

唐德宗时，吐蕃进犯剑南，蜀中震恐。此人率领神策军于大渡河全力击退吐蕃，使大唐的西南边陲转危为安。

建中四年，泾原突变，唐德宗仓皇出逃，乱军拥立朱泚为主帅，大唐朝危机四伏，风雨飘摇。此人以大义激励将士，艰苦卓绝，终于督军攻入长安，大破叛军，力挽狂澜。

此人独有识人之明，多次上书唐德宗，忧虑李怀光反叛，结果突发兵

变，唐德宗仓皇逃奔到梁州。他率领孤军处在两股反叛势力中间，内无资粮、外无救援，处境极为险恶，但他沉着应对，以少胜多，险中求胜。

此人号令严明，对百姓秋毫无犯，手下大将私取叛贼妓女，大将尚可孤的士兵擅取叛贼马匹，都被他按军令断然斩杀。

唐德宗回驾长安，历时九月的朱泚之乱平息。此人被任为司徒兼中书令，唐德宗感念他的功业，下令于东渭桥为他勒碑铭世。

此人镇守西陲，威不可犯，于贞元二年（786），设伏击败吐蕃相尚结赞于汧阳（今陕西千阳北），又袭破吐蕃军两万于摧砂堡，迫使尚结赞不得不数次遣使请和。

此人被削兵权仍然忠贞不贰，有人来劝他谋反，他大怒，直接将其抓获奏报朝廷。

此人戎马一生能得善终，享年67岁。唐德宗亲临吊祭，废朝五日，葬礼隆重，追赠太师。

唐末诗人皮日休曾写过一首诗盛赞此人：

吾爱李太尉，崛起定中原。

骁雄十万兵，四面围国门。

一战取王畿，一叱散妖氛。

乘舆既反正，凶竖争亡魂。

巍巍柱天功，荡荡盖世勋。

仁于曹孟德，勇过霍将军。

这个李太尉就是本文的主人公，唐朝中期名将李晟。

南宋诗人陆游曾经为他专门写过一首诗：

> 人生不作安期生，醉入东海骑长鲸。
>
> 犹当出作李西平，手枭逆贼清旧京。

李晟出身寒微，并不是皇族，没沾过李家的光，却为了保李家江山倾注一生。他死之后，两个儿子坚持为他守墓三年，其中一个儿子，就是"雪夜入蔡州"活捉吴元济的那个李愬。虎父无犬子，李愬是老八，从小就慈孝过人，后被封为凉武公。

唐代名将韦皋曾被岳父看不起

一个倒插门的寒酸女婿，整个节度使大人府里上上下下都看不起他，唯独岳母大人始终认为他不是池中之物，将来必成大出息！这位岳母还被节度使丈夫嗤笑为："妇人之见，不足云尔。"足不出户的她为何精通风鉴之术，眼神何以如此之锐利？而那位被她深为器重的女婿究竟是怎样的大英雄？

今天的主人公说的是被称为诸葛再生的韦皋，虽然出身也是名门世家，但到他这一辈已经凋零到可怜可叹的地步，勉强中了个秀才，但蓬门荜户，室若磬悬，一日三餐都是大问题。

也算是时来运转。当时的剑南西川节度使张延赏有好客之风，于是四方文人雅士汇集。其实张延赏有点私心，想从客人中选一个乘龙快婿，但挑来拣去没一个入眼的。

这一天，韦皋来赴宴，虽然衣衫破旧，但气质超然，张延赏的妻子苗氏一眼就看上了这个小伙子。她很肯定地对丈夫说："此将相之襟度也，韦皋将来的尊贵，无人能比。"于是力劝丈夫把女儿嫁给韦皋。

张延赏却看不出来韦皋能有什么出息，不过好歹是个秀才，身世也还过得去，既然夫人如此欣赏，就便宜了这小子吧。

想不到，婚后两三年的时间，韦皋东游西荡根本就不长进。老丈人越看越不顺眼，"既而恶焉，厌薄之情日露"。韦皋也觉得很压抑，经常跟一帮狐朋狗友喝酒郊游以抒散闷气。老丈人越发觉得他讨厌，有时候简直一点面子都不给。慢慢地，家中的奴婢们也敢给他冷脸看。

时间长了，连韦皋的妻子都觉得他可怜。这一天两人有一番对话，妻子说："男儿固有四方志，大丈夫何处不安，今厌贱如此而不知，欢然度日，奇哉！推鼓舞人，岂公之乐。妾辞家事君子，荒隅一间茅屋，亦君之居；炊菽羹藜，箪食瓢饮，亦君之食。何必忍愧强安，为有血气者所笑！"

妻子深明大义，这番苦口婆心的话说得韦皋如梦方醒，于是他决定离开家出去干一番事业，不混出个样子，就决不还家！

妻子将自己的嫁妆首饰都送给丈夫做盘缠。可是当韦皋来向老丈人辞行的时候还是受了侮辱，"张公遗帛五束"，堂堂节度使大人拿这么点钱出来打发女婿，实在情何以堪？岳母大人都实在看不过眼，"乃弘遗二十束"。

于是，韦皋振衣而出，只身东游，去做一番大事业。

有时候，时运未至，旷世英雄也只能是蹉跎偃蹇，一旦风云际会，自会气激壮图，光奋一时，乃至开疆拓土，成就一生勋业。

韦皋隐姓埋名先到了岐山，投身别人做了幕僚。后来就逐渐显露出其过人才华，一路建功立业，青云直上。待到他当了陇州刺史的时候，朱泚叛乱，韦皋忠心护驾，深得天子器重。平定叛乱之后，韦皋一跃而成为兵部尚书。

贞元元年（785）的六月，朝廷任命韦皋为成都尹、御史大夫、西川节度使。山不转水转，当年被气走的没出息秀才现在要来堂而皇之地接老丈人的班了！

韦皋的车马走到天回驿，距离西川府城还有三十里。有人禀报张延赏：

"接任的金吾将军韦皋，已到天回驿。"老岳母苗夫人激动地说："新来的节度使是叫韦皋吗？那必然是我的女婿韦郎！"

张延赏却讪笑着说："天下同名同姓的人何其多！你的那个好女婿，早不知道死在哪个沟壑里了，就凭他，怎么可能会来接任我的位置？真是可笑的妇人之见！"

然而，这真是最尴尬的翁婿相见。当气宇轩昂的韦皋将军带领大队随从出现的时候，几乎一句话也不用说，就已经将老丈人的一张脸皮羞臊得无处安放了！

国事为重，交接程序完成之后，老丈人实在羞愤难当，竟然"拔剑将自抉其目"，他甚至想把自己的眼睛挖出来踩了，"以惩不知人之过"。是啊！连后院里的老婆子都不如，我还入京当个什么宰相！好在身边的侍从反应还算快，"执之，久而方解"。

昔日龌龊不足夸，今日一旦大权在握，韦皋将当初对他无礼的奴婢，悉数棒杀，抛尸蜀江。只有苗夫人老岳母始终无愧于韦皋，而韦皋对待岳母的敬重超过了当初。

事情传开后，当时有位叫郭圆的诗人，当过检校司门员外郎，他作了一首诗：

> 宣父从周又适秦，古来圣贤出风尘。
>
> 可笑当日张延赏，不识韦皋是贵人。

这诗是不胫而走。于是，大唐朝远近的岳父们，都不敢再轻视虐待自家的上门女婿。

其实，韦皋的功业不仅可以与诸葛亮比肩，甚至比诸葛亮更厉害。他治蜀21年，和南诏，拒吐蕃。史称其"数出师，凡破吐蕃四十八万，禽杀节度、都督、城主、笼官千五百，斩首五万余级，获牛羊二十五万，收器械六百三十万，其功烈为西南剧"。

还有，著名的乐山大佛是韦皋捐赠俸金，才得以修建而成。

维州之战大破吐蕃后，唐德宗拜韦皋为检校司徒，兼中书令，进封爵位南康郡王，并亲自撰写《南康郡王韦皋纪功碑铭》，以褒奖韦皋的战功。历史上，能够享此殊荣的功臣并不多见。后来，韦皋成为蜀中土神，历代被老百姓崇拜祭祀。

必须得说说这位神奇的岳母。这位被敕封为祁国夫人的苗夫人，她怎么就有那么犀利的眼神呢？

这里有一段记载，说她怎么就知道韦皋必成大器，她曾对丈夫说："韦郎比虽贫贱，气凌霄汉。每以相公所诮，未尝一言屈媚。"意思是当年韦皋在府里时，您可没少讽刺挖苦，但是从来没有见他说过一句委曲求全或者谄媚的话。故，"成事立功，必此人也"！

以小观大，当得如此，但当初见韦皋时，她怎么就知道他是大才？

要说视野和见识，还得说说出身，这位苗夫人原来也是相府千金，她的父亲叫苗晋卿，是上党县壶关人，曾被唐肃宗拜为左相，以功封韩国公。嫁的老公张延赏，也是出将入相；其子儿子张弘靖也官至同中书门下平章事，相当于宰相。这样的家庭环境造就那样一个慧眼识人的女中贤良，也在情理之中了。

"从此萧郎是路人"，于頔成全的一段佳话

　　唐德宗年间有位大官名叫于頔，一度贵为宰相。唐朝末年人范摅所撰笔记《云溪友议》中，记载了一则关于他的故事。

　　话说有一个叫崔郊的读书人，寓居在汉上，虽然学识渊博，但是很穷。范摅写得很隐晦而优雅，叫"罄悬"，就是"当当响"的穷。

　　崔郊有个姑姑住在襄州，就是今天的襄阳市，正是刺史于頔的治所。崔郊应该是经常到姑姑家做客，一来二去，喜欢上了姑姑家的一个婢女。此婢女风华绝色，且通晓音律，对崔郊亦情有独钟。崔郎人穷但是有才，相貌风度气质都不差。二人两情相悦，遂私订终身。

　　可谁想到天有不测风云，姑姑家也穷得没余粮了，没办法只能把婢女给卖了，买主正是刺史大老爷于頔。当时于頔一看这丫头长得这么美，也很大方，一甩手，"给钱四十万"。贞观年间"斗米三钱"，德宗建中元年长到了"斗米二百"，到贞元年间大概是一百五，就按这个来算，那也是两千多斗米，相当大的一笔钱了。

　　于頔买回了这个婢女，如获至宝，越看越爱，"宠盼弥深"。崔郊知道消息的时候已经迟了，他怎么可能按捺得住心中像熊熊烈火一样的相思呢？于是，他就来到了于府的周围，每天在那里苦等，希望奇迹出现。

也许真是天不负苦心人。寒食那天，婢女果然出来，一眼就看见了站在柳荫下的崔郊，此时二人执手相看泪眼，唯怨老天不公，只能徒唤奈何！

大哭一场之后，二人立誓，海可枯石可烂，相爱的人此生不变！

临别之时，崔郊含泪写下一首诗赠送给情人：

> 公子王孙逐后尘，绿珠垂泪滴罗巾。
>
> 侯门一入深如海，从此萧郎是路人。

这就是这首名诗的来处，如此之凄美。但是谁能想到平地起风波，有人看到了这首诗，还给于公打了小报告，把诗给呈上去了。

于公看了诗之后，沉思一阵，命人立即传召崔郊。

于公素有霹雳一样的杀伐手段，左右都担心这个秀才怕是在劫难逃。崔郊也很后悔，见了人就行了，非要写什么诗，这下无处潜遁而且无可申辩也。

当崔郊硬着头皮来到于府的时候，想不到于公却很平易近人，直接下座还主动握住了崔郊的手，这让崔郊几乎无所适从。

于公问话："'侯门一入深如海，从此萧郎是路人。'便是公制作也？"

到了这个地步，不能抵赖，索性为了爱情当一回"强项令"！崔郊就没再犹豫，直接承认了。

于公哈哈大笑："你知道我买她花了多少钱吗？"

"四十万钱。"

"四十万不过是个小数目！"于公说："我当初真不知道她是你喜欢的人，你为什么不早点告诉我，哪怕人也不必来，只用一纸书信，我就立刻把她还给你！"

于公当即命人请出婢女，让她跟着崔郊回家，还怕他们以后日子艰难，再命人赠送"帏幌奁匣"，崔郊不仅抱得美人归来，还立即成了小富之家。

故事到这里就结束了。《全唐诗》中仅收录了崔郊的这一首诗。

那于頔到底是个什么样的人呢？

于頔身出名门，是北周太师于谨的七世孙，先当过长安令，"贞元七年出为湖州刺史，有政声，与诗僧皎然等唱酬"。后来改任苏州刺史，也"有政绩，然益横暴"。是说，他虽然也是一个很能干有政绩的官，但为人一向比较骄横。尽管如此，君子不夺人所好，还能成人之美，于公确实做到了。

有人说，他是"善待士人，以市声名"，只对读书人好，为了博个好名声。个人认为并非如此，能解释的原因只有一个——"文人相重"。

那于頔虽然书法不错，但也不是科甲出身，他算得上文人吗？

且来看于公的诗作《郡斋卧疾赠昼上人》，这是他的代表作，其中有一句："万景徒有象，孤云本无心。"仅凭此句可入空、无相、无作之三解脱门，确有与诗僧皎然相酬唱的功力，廓然无碍，端然大家气象。另一首诗《和丘员外题湛长史旧居》中也有名句："立言咸不朽，何必在青史。"也有豪气干云，超然俗世之外的气概。

唐代才子抢回女友有高招

唐代孟棨撰写的《本事诗》中，记录了许多唐朝诗人的逸事，其中有一段发生在唐德宗年间的故事。

有位才子名戎昱，荆南人，唐开元二十三年生人。这位才子入了《唐才子传》，这是一个很了不起的荣誉，书里一共收录了唐及五代诗人传记278篇，传中又附120人小传，合计才398篇。唐及五代诗人多若天河星辰，能进这本书的都是出类拔萃之人，书里对戎昱的评价是："美风度，能谈。"

一个大才子，人长得帅，风度翩翩，还很会说话，智商情商无极限，迷倒女人一大片。但是戎昱不贪多，他在浙西当部内刺史的时候，只喜欢一个酒妓，两人情投意合。这个酒妓也是色艺双绝，名动浙江。

人怕出名，戎昱的顶头上司，当时镇守浙江的一位观察使大人就发现了酒妓。倒不是"观察使"善于观察，而是他手下有人巴结奉迎，着实给他推荐。于是，大人手一挥，那就招来看看吧！

当戎昱和酒妓正在郎情浓、妾意更浓，恣情缱绻的时候，噩耗来了，押送酒妓的士兵就站在外面。

有人横刀夺爱，陡然间戎昱和酒妓就要天各一方，今朝一旦离别，不知何日再能相见！这怎能不让人肝肠寸断！

然而上级领导的意旨又不能违背，毕竟两人无名无分。

情急之下，戎昱计上心来，才思泉涌，立即成诗一首，教给酒妓，再三叮嘱她：如果大人要叫你唱歌，你一定要唱这一首！酒妓虽然不明就里，但才子之言必有缘故，于是郑重应诺，两人洒泪而别。

酒妓到了观察使大人的府上，大人专门为她备了酒筵，自己和宾客们喝着美酒，让酒妓献歌一首。

于是，酒妓轻展歌喉，就唱出了戎昱刚写的那首诗：

> 好去春风湖上亭，柳条藤蔓系人情。
>
> 黄莺久住浑相恋，欲别频啼四五声。

这位观察使大人可不是一般人，他不是一个好色之徒，还从酒妓动情投入的演唱里已经听出了弦外之音。这位大人姓韩名滉，当过唐朝宰相，是书法家，也会写诗。但是在后代人的眼里，他的书法诗作包括当宰相都没有画牛出名。故宫里藏着他画的《五牛图》，是中国美术史上的精品。

史载："泾原兵变时，韩滉训练士卒，保全东南。又转输江甫粟帛，得朝廷依赖。"韩公政声素著，称之为一代名相不为过，唐德宗在他死后，辍朝三日，还追赠他为太傅，谥号"忠肃"。

回到故事里来，韩公当时就问酒妓，诗是谁写的，酒妓答是戎昱。韩公追问："戎使君于汝寄情耶？"酒妓不知道韩公怎么就能看出来，悚然起立曰："然。"

韩公沉思片刻，命酒妓去更衣，席上的人都在为酒妓和戎昱的命运担忧。但想不到，酒妓更衣出来之后，韩公命人把给他推荐这个酒妓的乐将找来，厉声斥责说："戎使君名士，留情郡妓，何故不知而召置之，成余之过！"意思是，戎昱是一位名士，又是我的手下刺史，他和这位美女两情相悦，你办事怎么如此糊涂！现在把她招来，险些让我酿成大错！

"乃十笞之。命妓与百缣，即时归之。"

想巴结上级的人反而被打，酒妓领了不少赏赐，春风得意地回到才子的怀抱。

君子绝不夺人之爱，韩公果然是宰相度量，能克己容人，复能成人之美，遂成就一段佳话。

宰相牛僧孺写了一篇"盗墓笔记"

鲁迅先生在《中国小说史略》中说："造传奇之文，荟萃于一集者，唐代多有，而煊赫者莫如牛僧孺之《玄怪录》。"

在《玄怪录》的卷三里有如下记录，颇为神奇。

黄门侍郎卢涣出任明州刺史，在他所管辖的象山县有一处非常幽深的溪谷，人迹罕至。但是四处寻访的盗墓贼却在这里惊喜若狂地发现，在他们的车辙中露出了花砖。凭他们的经验，这必然是古墓，而且是品秩极高的古墓。

那就值得正经下点工夫了。他们聚集了十个人，给县令写了申请，要搬来这里居住，县令批准了。

他们先在周围种上麻，把古墓围在了里面，随后就开始全力挖掘。他们打开墓道，一步一步逼近了墓门。古墓有三个石门，全部被铁封住了。

此时才是见证神奇的时刻——这伙盗墓贼竟然会念诵咒语，并且还为此斋戒几日。

盗墓贼孜孜不倦念咒，让人惊掉下巴的事就发生了，几天后，两道石门竟然自己打开了！盗贼发现，每个门内各有铜人铜马数百个，全都手持兵器，制作得精巧绝伦。

但盗贼还看不上这个，他们要的是珠宝，于是又斋戒三日，继续念咒，随后中门也开了一半，有个黄衣人出来传话："汉征南将军刘某让我来告诉你们，他生前征战四方，立有大功，死后皇帝下令铸铜人铜马等，以保持生前那样的仪仗卫队。你们来这里，无非是想要陪葬的财物，但将军的墓室里，实在没有什么其他东西。况且官葬不埋珍宝，何必苦苦用咒语相侵扰呢？假如再不停手的话，免不了鱼死网破。"

黄衣人说完就进去了，门关闭如初。

这盗贼也真有韧性，还是坚持多日不停地念诵咒语，门终于又开了。这次出来的是一个青衣婢女，还是传话让盗贼收手的。

盗贼还是不听，继续苦苦诵咒，这一天，他们突然发现，两扇石门再次自动开启，但是令他们魂飞魄散的是，门后大水汹涌而入……

毫无疑问，除了一个水性极佳的盗贼，其他人都被淹死了。那个盗贼侥幸拣了一条命，出来后前思后想，把自己绑上去见官自首了。

他把盗墓的经过惊心动魄地讲述了一遍。卢涣带人去查看那个古墓，大水已退去，中门内有一张石床，有骷髅和枕头之类半垂于床下。

卢涣下令封了石门，填塞了隧道，又祭奠凭吊一番，这才离开。

此故事的作者牛僧孺是唐穆宗、文宗时期的宰相。在著名的牛李党争中，是牛党的领袖。他多写怪异奇幻的故事，但大多已佚，现仅可从《太平广记》之中看到引篇。

元稹既无人品也无官品

想象中的大诗人元稹一生不畏权贵，光风霁月，俯仰无愧于天地，应是后辈之楷模。但学问和德行不是"彼出于是，是亦因彼"，并不是相生相长的，却可能是分裂的。在私欲的顽强骚扰下，德行可能不长，甚至此消彼长，一个人可以成长为一个学问渊博而道德匮乏的人。

从史料上看，元稹不幸是这样一个经不起推敲的诗人。不是要苛求一个诗人必须是个完人，一个纯粹的人。但是，诗写得那么纯情，那么敞亮，做出来的事却不正派，那就不能责怪后代史者们笔墨的无情挞伐了。

诗人都是多情种？先说元稹滥情到"无节操之守"。

元稹的滥情大家都知道一些，风流自赏，多情自私，有人撰文很不客气地称他为"渣男"。陈寅恪先生对他的评价说："则其仕宦，亦与婚姻同一无节操之守。惟窥时趋势，以取利自肥耳。"

"无操守！""取利自肥！"这些话里就很有鄙视的意味了。《唐才子传》说他"不矜细行，终累大德"，可见对他也颇为不喜。

那他在感情上到底做过什么损品德之事呢？

799年，元稹与崔莺莺在西厢幽会，后遂委弃之，而娶太子宾客韦夏卿之女韦丛为妻，所谓"始乱之，终弃之"。

　　这个负心汉故事的原创者是他本人，后来他根据自己当年负心之事，写了一部自传体小说《莺莺传》，又叫《会真记》，成为王实甫撰写《西厢记》的蓝本。

　　元稹认为娶了韦丛会对自己的仕途有利，那就以身相许。后来他发现虽然老丈人并不是那么得力，但自己还真是福有双至。韦丛出身官宦之家，却非常贤惠，无怨无悔地跟着他过苦日子。

　　"泥他沽酒拔金钗"，穷得日子都没法过了，元稹还好意思赖着要喝酒。而妻子竟然默默地拔下了金钗让他去换酒喝，仅此一个举动，也让人感佩不已。

　　809年3月，妻子已然病重，元稹却跑到成都寻花问柳，和诗妓薛涛厮混了3个多月。等他意兴阑珊地回到家，韦丛不到1个月就香消玉殒了。可怜的她，只活了27岁，跟着这个如意郎君，一天福也没享过。

　　最让人不可理解的是，妻子离世的时候，元稹并不在身边。官方的说法是，因为他"身萦监察御史分务东台事"。韦丛最后一眼都没有看到这个薄情人，她定然是抱恨而终。营葬之时，元稹假惺惺地仅写了一篇祭文，托人在韦丛灵前代读。

　　后来，元稹写下了最有名的悼亡诗《遣悲怀三首》。猜想他应该是清夜独坐，愧极于心，写诗来忏悔吧。

　　妻子走后，他忙坏了，先娶安仙嫔，安仙嫔殁后娶大家闺秀裴淑。还想尽办法收了诗歌两栖才女、有夫之妇刘采春，并纳其为妾，一起生活了7年。但刘采春最后不知何故还是被抛弃了，据说是投河而死。

　　次说元稹的嫉贤妒能，"不容胜己"。

　　唐穆宗还在东宫当太子的时候，曾经有妃嫔唱诵元稹的诗歌，太子很欣

赏他的才华，呼为元才子，宫里的人也都跟着这么叫。

太子只要屁股坐上龙椅，就会变成皇帝。唐穆宗登大位之后，就擢拔元稹当了祠部郎中、知制诰，很快又升为中书舍人、翰林承旨，一时隐隐然成为文坛领袖。

就是在此期间，令狐楚任天平军节度使，他非常赞赏"海内名士"诗人张祜，亲自起草奏章荐举他，并把张祜的三百首诗清抄出来献呈唐穆宗御览。张祜也自认为即将得到大用，于是意气风发地来到京城。

唐穆宗谈诗论文的能力还欠点，于是他把元稹叫来，让他来评一评"祜之词藻上下"，结果元稹竟然说了这样一番话："张祜雕虫小巧，壮夫不为，若奖激大过，恐变陛下风教。"意思是张祜的诗小家子气，若奖赏他太多，恐怕会影响陛下的风俗教化。

这一句话简直是毒过了鹤顶红。要说元稹和张祜有仇吗？一点也没有，可为什么人家写的是诗就是"雕虫小巧"，而你自己写的就都是经国大略？可惜这位有点颟顸的皇上竟然"颔之"，赞同了他的说法。于是，一腔抱负的张祜只能落寞而归。

十誉不足，一毁有余。可以说，一句话毁了一个才子的大好前程。

这里要追究元稹这种小人心态的缘起，是一首诗。

开元中，沧州有位歌女叫何满子，获罪临刑，写了一首曲子，呈唐玄宗，希望免除死罪，但唐玄宗并没有被那样悲情的歌曲打动。

于是，元稹、白居易和张祜都写诗纪念此事，但诗写出来就有了高下。

白居易的诗：

世传满子是人名，临就刑时曲始成。

一曲四词歌八叠，从头便是断肠声。

白诗总是一如既往的朴实无华，明白如话。

元稹却把这件很凄惨的事情"升华"了，他写道：

何满能歌能宛转，天宝年中世称罕。

婴刑系在囹圄间，水调哀音歌愤懑。

梨园弟子奏玄宗，一唱承恩羁网缓。

便将何满为曲名，御谱亲题乐府纂……

他的诗长达40句，说这个叫何满子的美女，一曲唱罢，唐玄宗赦罪，成就一段佳话。他给"安装"了一个美好得犹如童话的结局。

张祜的《何满子》只有20字：

故国三千里，深宫二十年。

一声何满子，双泪落君前。

很有趣，这三首诗只有张祜的"雕虫小巧"变成了"流行歌曲"，在宫中传唱不衰。诗人杜牧的诗为证："可怜故国三千里，虚唱歌词满六宫。"

正因为这样，元稹才给张祜挖了那么大的一个坑。所以《唐才子传》作者辛文房简直是有些愤慨了："忌贤嫉能，迎户而噬，略己而过人者，穿窬之

行也。"直说元稹的品行与盗贼无异。

张祜在中晚唐诗坛上以其清丽沉雄的风格而独树一帜，他写了一首《书愤》表达自己的心情：

> 三十未封侯，颠狂遍九州。
>
> 平生镆铘剑，不报小人雠。

诗里的小人，会是谁呢？

再说元稹如何"举动浮薄"，贻笑大方。

长庆元年（821），成德都知兵马使王庭凑发动兵变杀了节度使田弘正，逼迫朝廷任命自己为成德节度使，唐穆宗任命裴度前往平定叛乱。

裴度是唐宪宗朝元和中兴的功臣，一身维系天下安危近20年。

正当裴度在前线作战时，有望入相的元稹却担心他平判成功，会坏了自己的好事，于是依附宦官魏弘简，与之结党。元稹究竟有没有在背后给裴度使绊子，影响他的军事行动，两人各有说法。

裴度当时直接上书弹劾元稹朋比为党、奸邪害国！唐穆宗只好把元稹贬为工部侍郎。

但第二年，元稹还是被唐穆宗任命为宰相，进入了权力中枢。

唐穆宗的这个任命引来了"朝野杂笑"，因为大家都看不上元稹，"举动浮薄"的他"素无检，望轻"，"至登庸成忝，贻笑于多士"。

跟裴度一同当了宰相的元稹一心想建功，于是干了这么件事。

有人向他献了一条奇计："向兵部和吏部行贿，弄上二十张假的任命书，让说客王昭、于友明去游说叛军。"元稹竟然表示同意了。

后来这事就戏剧性地曝光了，因为有人向唐穆宗举报，说你的宰相元稹要刺杀另一个宰相裴度，唐穆宗吓一大跳，急忙命人会同三司审理此案。

经过缜密调查，元稹找人刺杀裴度一事属于子虚乌有，但他那二十张假任命书的事却被查出来了。于是，鸡飞蛋打，裴度和元稹双双被罢相，裴度贬为右仆射，元稹贬为同州刺史。

说到底，元稹写诗还行，搞政治弱了点，政商偏低。罔顾朝廷大局，一心要和裴度争个高低，当宰相的，这点胸怀，也难怪别人笑话。

要说气量狭窄，他还办过件糗事，被人追打，还破了相。

据《旧唐书》载：元稹有回出差入住在敷水驿，宦官刘士元后至，却与元稹争客房，当时身为正八品监察御史的元稹当然不让，于是刘士元大怒，破门而入，元稹吓得连鞋也没穿上，脚上只穿着袜子就往厅后跑，刘士元穷追不舍，用马鞭子打伤了元稹的脸。

这回，元稹是真吃了个瘪，他毕竟是先到的，占理还被打伤，但状告到皇上那儿，让审查，结果元稹反被打了板子。判词认为，元稹年轻属于后辈，却作威作福，于是一口气把他贬为江陵府士曹参军。

要么就谦为晚辈大大方方地主动让出来，这是气度；要么就坚决不让，打死也不跑，这是气节。但他跑得够狼狈，毫无尊严和体面可言。

大和三年（829），元稹再次入朝为尚书左丞。宰相王播突然离世，元稹多方努力谋居相位，但运气不好吧，没弄成。830年，他被贬为武昌军节度使。次年7月22日暴病，53岁的他在镇署去世。

"不矜细行，终累大德。""古人不耻能治而无位，耻有位而不能治也。"《唐才子传》又狠狠地批了两句，才算罢休。

对"以巧婚而致通显",以"巧宦"而"位至将相"的元稹,陈寅恪先生如此评价:"然则微之乘此社会不同之道德标准及习俗并存杂用之时,自私自利。综其一生行迹,巧宦固不待言,而巧婚尤为可恶也。岂其多情哉?实多诈而已矣。"

殉葬：唐武宗的孟才人曲终气绝身亡

时间：846年的4月22日。

地点：终南山翠微宫含风殿。

男主角是曾经开创了会昌中兴的唐武宗，时年仅仅32岁，却即将走到生命的终点。所有的雄图大略都已经灰飞烟灭，此时僵卧在床榻之上的他气息奄奄。翠微宫是皇家行宫，他的祖上太宗皇帝即驾崩于此，他也将于此走上黄泉之路。

像太宗皇帝一样，唐武宗之死也走进了历代不少帝王都绕不出去的一个怪圈，这个怪圈又颇具讽刺含义，因为希图长生不老而服食丹药，结果适得其反，中道崩殂。

在武宗临终之前，女主角凄凄然登场，她是因歌艺双绝而被武宗宠幸的孟才人。"才人"在唐朝的后妃中仅是五品，唐太宗当年把武氏纳入宫中，最初封的也是武才人，还赐了个号叫"武媚"。

此时的孟才人看到太医已经回天无力，皇帝势将不起，毕竟恩爱一场，当然是涕泪交下。可想不到，武宗竟然颤颤巍巍地向她提出了一个非常尖锐的问题："吾当不讳，尔何为哉？"

原来这个时候把孟才人叫来，是诚恐黄泉路上太寂寞，所以就问得如此

暧昧而阴毒："我看来是要死了，你准备怎么办？"

孟才人当时一定先是震惊，皇上您那么多的女人，皇后贵妃昭仪婕妤，佳丽如云，为什么偏偏选中了我这样一个五品的小才人？

但此时已经不容她再考虑，更不容许她向皇帝置疑，"以微渺之身，受君王之宠，若陛下万岁之后，无复生焉。"她只能眼含热泪地说："请以此就缢！"

"我还能怎么样？"孟才人当时手里还拿着笙，她应该是一个吹笙的绝代高手，笙有袋子，"那就拿这袋子上的绳子把我吊死算了！"

"上悯然。"这番话算是遂了唐武宗的心愿，虽然心里可能也觉得不落忍，但毕竟她答应会陪自己一起死了。

孟才人正是如花似玉的年纪，当然不想死，而且原本也轮不着她陪着死，所以非常不甘心。

此时她已没有退路，必须得死。

于是她心一横，向唐武宗说："妾尝艺歌，请对上歌一曲，以泄其愤！"最后一句有人翻译为"以排解您的忧思"，"愤"就是怨恨和哀伤，皇上心愿已足，他有何"愤"？那这愤愤不平当然是孟才人自己的真实情感。

孟才人会这么直白吗？可在《张承吉（张祜）集》卷四之《孟才人叹序》中确实是如此记录的。或者说，横竖不过是一死，才人此时实话实说了又如何？

总之，孟才人的恳切要求得到了唐武宗的允许，"上以恳许之"。

孟才人"乃歌一声何满子"。"何满子"本是开元年间的一名歌女，犯了重罪，临刑前尽展平生才华创作了这样的一曲《何满子》，"进此曲，以赎死，上竟不免"。唐玄宗是梨园的祖师，出了名的喜好音乐，何满子本希望通过这样一首痛彻心扉的曲子来博得他的同情，但是奇迹没有出现，她并没有被宽恕。

但这首让闻者流泪、歌者断肠的《何满子》，却感动了无数的宫女和歌妓，以至于她们争相传唱不衰。

唐武宗的哥哥唐文宗李昂在甘露之变后，自知不免，便让宫人沈翘翘且歌且舞《何满子》，作为自己最后的挽歌。

大诗人白居易曾为此作诗：

> 世传满子是人名，临就刑时曲始成。
>
> 一曲四词歌八叠，从头便是断肠声。

可见当时传唱的《何满子》应该是四句歌词，"八叠"则是辅有和声，一唱三叹，诉不尽的悲痛哀伤。可以想象，孟才人此时还是想通过这一曲哀婉凄切的《何满子》来打动唐武宗，让他放自己一条生路的。张祜的名诗《何满子》（这首五绝又题作《宫词》）写的也正是这个场景：

> 故国三千里，深宫二十年。
>
> 一声何满子，双泪落君前。

但是这样一曲让人肝肠寸断的《何满子》刚刚唱完，余音未散，还没等唐武宗有所表示呢，孟才人自己就已经被这首歌"杀"死了，就在皇帝的御榻前，深陷于歌声的剧痛中无法自已的她竟然"气亟立殒"，就是当场气绝身亡了！

唐武宗马上命令太医抢救，但是太医把了脉也只能摇头叹息："脉尚温而肠已绝"，身体倒还温着，但肝肠已断，救不活了。

故事至此并未结束，"山陵之际，梓宫重，莫能举，识者曰：'得非候才人乎？'于是舆椁以殉，遂窆于端陵之侧。"此记载出自唐人康骈的《剧谈录》。意思是说，唐武宗死后，安葬时棺木出奇之重，竟然抬不动。一时议论纷纷，有人说唐武宗是否是在等孟才人？于是便命令将孟才人的棺椁一同抬来，唐武宗棺椁遂抬得起，孟才人也就殉葬于唐武宗的端陵一侧。

虽然《新唐书》《旧唐书》均未曾记载孟才人的遭遇，但唐武宗死于846年，张祜死于849年，他们还是同一时代的人，所以个人认为，张祜诗序中的叙述未必是虚构。

而且，由于深切同情孟才人的遭遇，张祜后来又写了一首诗，名为《孟才人叹》，诗如下：

> 偶因歌态咏娇颦，传唱宫中十二春。
>
> 却为一声何满子，下泉须吊孟才人。

为一件事再赋新诗，看来诗人认为此事绝非传闻，诗写得情真意切。

民间歌女所作的《何满子》后来应是失传了。在唐代的民间词曲总集《敦煌曲子词集》中，以《何满子》为名的共有四首：

> 其一
>
> 平夜秋风凛凛高，长城侠客逞雄豪。
>
> 手执钢刀利如雪，腰间恒垂可吹毛。

其二

秋水澄澄深复深，喻如贱妾岁寒心。

江头寂寞无音信，薄暮惟闻黄鸟吟。

其三

城傍猎骑各翩翩，侧坐金鞍调马鞭。

胡言汉语真难会，听取胡歌甚可怜。

其四

金河一去路千千，欲到天边更有天。

马上不知何处变，回来未半早经年。

第一首与游侠有关，平白如话，第三和第四首写的也是塞外物事，并不哀婉，只有第二首的内容似乎沾边，但写的是闺中思妇，也还没有达到震撼人心的程度。因此孟才人唱的极有可能是张祜所作的《何满子》。

这样，张祜的诗前后就可以理顺了，他写了第一首《何满子》之后，写出了宫人的心声，于是在宫内传唱不绝。杜牧高度赞扬此诗，曾经赠诗于他曰："如何故国三千里，虚唱歌词满六宫。"而孟才人的千古绝唱，更让人心生悲悯，那么，张祜再写自己百年以后到黄泉之下去凭吊她，就都顺理成章了。

千古第一猛将李存孝的邪门兵器

不少人听说过"王不过项，将不过李"。说的是中国历朝历代最能打的两位超级战神，这个"项"当然指的是西楚霸王项羽，此位能扛着鼎过家家，不高兴了就"力拔山兮"，豪气盖世所向披靡，这个毫无异议。

但是这个"将不过李"，就是五花八门，有说李广的，有说李元霸的，还有说李靖的。

这个"李"真正的得主应是残唐五代第一猛将李存孝，是查有实据的真人。此人攻无不克，战无不胜，横扫千军，绝无对手！那有人会说，他怎么能打得过李元霸？如果一定要让这两位分处唐初和唐末，隔了几百年的人打一架，那也不难，李元霸在李存孝的手下可能过不了一个回合，因为李元霸的原型叫李玄霸，是李渊三儿子、唐太宗弟弟，就是个文弱书生，活到16岁就病死了。

李存孝曾经力搏饿虎，日夺八寨，夜抢三关，十八骑杀败黄巢的八万大军，夺取长安。他曾经抱病走马生擒高思继，一合战败寿章县水匪铁枪王彦章。这王彦章好歹也是天下第二条好汉，与李存孝的差距就是这么大。

欧阳修在《新五代史》里是这么写的："存孝猨臂善射，身被重铠，櫜弓坐槊，手舞铁楇，出入阵中，以两骑自从，战酣易骑，上下如飞。"在薛居正等人的《旧五代史》里是这样描写的："存孝每临大敌，被重铠橐弓坐槊……独舞铁楇，挺身陷阵，万人辟易，盖古张辽、甘宁之比也。"

用三国里的人来给李存孝长脸，薛居正选择的是张辽和甘宁，不知道他是眼界狭小还是怎么的，难道在宋代人眼里，张飞关羽等人就一直是个马弓手和步弓手？

前文已经提到了李存孝月的应该是长短结合的双兵器，一个是槊，一个是铁楇，那他到底是怎么上阵杀敌呢？

《正字通》一书中云："矛长丈八谓之槊。"就是曹操喝了点小酒耍得那个长矛，美其名曰横槊赋诗，所以古代也把丈蛇矛称为"铁槊"。

槊是用来在战马冲锋时攻击使用的，所谓"身被重铠，腰弓髀槊"，就是把槊放在大腿上端着刺敌的。因为槊又长又重，只有天生神力的人才能玩得动。但它又实在太占便宜了，两将对阵，普通兵器还没机会亮相，已经被李存孝的无敌长槊干掉了！

如果敌人侥幸躲过了长槊，那么他还舞着一个力劈华山一样的"铁楇"呢，这个铁楇几乎就跟铁锤一样，纯粹玩的是力气活儿。

起初还以为它应该是长兵器，但是没有人在马上玩两根槊的吧？实际上，史书中所说的铁楇"又称铁挝，形式奇特，柄端安一大拳，拳握一笔，纯以铁制，其重量不亚于斧钺，非猛勇之将，不得其用也"。

这个要命的武器又叫"笔砚抓"，还有人用个谐音叫"毕燕挝"，听起来好像犀利了一点，其实就是中指与食指并拢伸直，形如剑指，掌中握一笔，又名手槊。

这个槊似乎跟大禹有点瓜葛，据说它是大禹治水时用来开山凿石的工具和镇压江河中的妖魔鬼怪使用的神器。它的基本形状是一根铁棒的前面铸有

一只手，二指前伸或拿着一枝尖端向前的笔的叫作"指"，五指伸开的叫作"掌"，紧握拳头的叫作"拳"，拳头中横握一根双头铁钉的叫作"横"。连在一起取其谐音就叫"执掌权衡"，意思就是执掌生杀大权，当真是霸气凛凛了！

可以这么设想一下李存孝的威风：远一点的对手，他可以轻舒猿臂，会挽雕弓如满月，一箭取敌小命！等敌人冲过来了，他的马还在两丈开外，锋利无比的长槊已经刺到敌人的胸口了！就算敌人再躲过一招，天生神力的他劈头盖脸砸下铁槁，这传说中的禹五神槊势大力沉带着风声就来了，所以，真没有什么人能在他马前走几个回合！

杜甫一首诗让并刀名传天下

提起过去的太原府，都说宁化府醋好，清和元头脑好，晋祠大米好，还有六味斋的酱肉双合成的糕点等。但太原府名气最大的还不是这些，历来被文人墨客吟咏不绝的是——可称之为"天下第一刀"——不仅可以吹毛断发，还可以剪离愁、剪春色、剪秋光的"如水并刀"啊！

让"并刀"名传天下的，首推杜甫的诗句：

"焉得并州快剪刀，剪取吴淞半江水。"

但是最上口的，当是周邦彦的"并刀如水，吴盐胜雪"。其他文人诗词中写到并刀的还有很多，不再枚举。也许有人会说，文人的话，人云亦云而已。那好，太原有那么多与这并刀神器有关的地名都还在用，大铁匠巷、小铁匠巷、后铁匠巷、大剪子巷、小剪子巷、镔铁坑、铁菊巷和剪子湾。这些，便是当年并州人制作天下好钢好刀的铁证。

在战国时期太原一带就已经是中国的冶铁中心，太原一些战国老百姓的墓中也出土过不少铁器。汉唐时期，锦绣太原是响当当的大都市，冶炼一直技压群芳，这才引来了那么多诗词的赞美。何况，到了宋代，大型铸铁制品

晋祠铁人就已经挺立在那儿了。

所以，并州出好刀也不足为奇。并州好刀有自己的标准：切肉不粘刃，砍骨不卷刃。当然，能生产好刀，也一并出好剪刀，锋利自不必说，要的是剪布不毛边，剪毛不粘锋，要不怎能得到杨贵妃的青睐？

菜刀和剪刀都是生活所用的手工业品。当年那些于万马军中斩将搴旗的并州游侠，应该也是一把夜吟匣中的宝刀利刃，助他们傲啸西风，快意恩仇。

隋朝末年，李世民从太原起兵，李家的百战雄师，手里怎么能少得了兵器之帅的大刀呢？唐刀似惊鸿一瞥，而陌刀阵曾经令四方胆寒，李世民的军队所向披靡，难道不是这并州的精钢快刀让他如虎添翼？

正因为有了如此享誉四方的快刀，才给了诗人那么无穷的想象。例如陆游的《秋思》：

> 诗情也似并刀快，剪得秋光入卷来。

宋代黄孝迈《湘春夜月》词：

> 这次第，算人间没个并刀，剪断心上愁痕。

元代杨维桢的想象更加瑰丽无匹：

> 便欲手把并州剪，剪取一幅玻璃烟。

糟糠之妻凭诗一首挽回丈夫

东汉名臣宋弘有这样一句话："贫贱之交不可忘，糟糠之妻不下堂。"当时刘秀的姐姐看上了一表人才的宋弘，于是亲自出马当大媒，由此而引出了宋弘的那句千古名言："臣闻贫贱之知不可忘，糟糠之妻不下堂。"宋弘在极大的诱惑面前守住了自己的道德底线，他的人和这句话一直被后代人称颂。

在《云溪友议校笺》里有唐代的一则故事，便与"贵易交，富易妻"有关。

说有这么一位濠梁人名南楚材者，濠梁就是今天的安徽凤阳一带，当时这位南楚材也没有什么功名，在颍水一带游历。楚材此人长得很体面，而且才气卓然，出口成章，于是成功引起了当地太守的注意，见面之后，更是大为欣赏，便想把女儿嫁给他，给自己当个乘龙快婿。

南楚材本来是有老婆的，可是面对这样的诱惑，还真不好顶住，犹豫了半天，一咬牙做了决定，干脆答应下来算了。

一不做二不休，他随后就派了自己的书童回家一趟，把自己的所用之物都取来，准备一去不复返了。要是夫人问起来便谎说他对当官发财之事不感兴趣了，准备先到青城山去求道，再到南岳衡山去访高僧。

南楚材的老婆不是一般的女人，六个字来概括：善书画，妙属文，一望而可知是个冰雪聪明的女人。书童回来这样一说，她当时就看出来，南楚材

是变心了，竟不念糟糠之情。

她看破不道破，很淡定地对着镜子画了一张自己的小像，然后又很认真地写下了一首小诗，让人一并给南楚材捎去。

南楚材拿到妻子的这张小像，再翻来覆去读那首诗，越来越觉得心有愧疚，得悬崖勒马，好在还未与太守之女成婚，现在去说明情况请求太守原谅，还完全来得及。

"遂有隽不疑之让"，意思像汉代的名臣隽不疑一样很阳光地当了一回大丈夫。隽不疑是西汉人，比宋弘还早，声望重于朝廷。当时，大将军霍光权倾朝野，威势并不输于皇帝，曾经想把女儿嫁给他。隽不疑却不管你有多大的官威，本人概不就范。

后来，南楚材就回来了，"夫妇遂偕老焉"。

那南楚材的老婆究竟写了一首什么样的诗，才打动了丈夫的心呢？抄录如下：

> 欲下丹青笔，先拈宝镜端。
>
> 已惊颜索寞，渐觉鬓凋残。
>
> 泪眼描将易，愁肠写出难。
>
> 恐君浑忘却，时展画图看。

好一个"愁肠写出难"。一幅分别的小像，虽然能画出糟糠之妻现在凋残的容颜，却画不出心里的愁肠百结！我都衰老成这样的了，你可以去找你的新欢，但是也别把我全忘了，如果有空闲，还是可以拿出来再看看吧？

读到这样的诗，还不回心转意，南楚材的心怕是铁打的。

唐代一则与面有关的神奇轶事

早在唐代之前，面食就已经是中原人的主食了。在唐代人张读撰写的《宣室志》里，有了一则与面有关的非常有趣的故事。

话说在唐代有一位叫陆颙的人，是一位读书人，此人从小就爱吃面，但是吃得越多，却越来越瘦。长大之后，他到太学就读。

这一天，有几个胡人带着好酒好肉找上门来做客，来的理由，胡人是这么说的："惟吾子峨焉其冠，襜（音搀）焉其裾，庄然其容，肃然其仪，真唐朝儒生也。"就是赞赏陆颙长得又帅，又有学问，所以愿意与他交个朋友。陆颙也是个实诚人，于是大家就推杯换盏，尽欢而散。

过了十来天，胡人又来了，这次还带着厚重的礼物，"持金缯为颙寿"。陆颙觉得无功不受禄，怎么也不肯接受，胡人说只是想交个朋友，也不必多想。看胡人说得诚恳，陆颙不得已，只好收下。

这时候，陆颙的同学知道了这件事就来劝他，说这胡人你也敢信啊？这些人是"好利不顾其身，争米盐之微，尚致相贼杀者"，怎么会这样平白无故地给你这么重的礼物呢？何况太学里那么多人，为什么只对你好呢？

言下之意，是胡人对陆颙一定有不可告人的企图。陆颙就有点怕了，同学给出主意，那你就到郊外租个房子躲上一段时间。

陆颙听了同学的话，还真就在渭水的边上租房"杜门不出"了。

但是真没想到，刚过了一个月，这些胡人竟又找上门来，陆颙吃惊不已。

胡人笑嘻嘻地说："以前在太学里，人多嘴杂，有些话我不方便说，现在你住到这郊野，太合我意了。"

坐下之后，这位胡人拉着陆颙的手说："我来这儿，是来送一份富贵给你，你千万别多心。我要的东西，与你无害，但对我却是一个非常大的恩惠。"

陆颙半信半疑地说："谨受教。"

胡人开门见山："吾子好食面乎？"

陆颙回答："是啊！太是了！"

胡人说："其实吃面的，不是你，而是你肚子里的一条虫子！"

陆颙当时瞪大了眼睛。

胡人接着说："你别怕，现在我可以给你一粒药，你吃下去，就会把虫子吐出来。"

陆颙不解地说："难道你是郎中，只是来给治病吗？"

胡人摇头说："你吐出来的这条虫子，我可以花大价钱买走，你觉得怎么样？"

陆颙想也没想，就说："如果真有这样的一条虫子，有啥不可以的呢？"

说完，这胡人就拿出了一粒紫色的药来，陆颙还真就把它吃下去了。

过了一会儿，从陆颙的嘴里，还真就吐出一条虫子来，长什么样呢？

"长二寸许，色青，状如蛙。"

胡人看到了这条虫之后，喜出望外地说："是了，就是它了，这种虫子叫消面虫，实在是天下的奇宝啊。"

陆颙这时候不得不服，就问："阁下怎么知道这种虫子呢？"

胡人说："我曾经看见'宝气亘天'，而这宝气就是起于太学之中，所以我就到太学去拜访你，后来过了一个来月，我发现这宝气已经移到了渭水边上，找过来果然就又发现了你。"

"这种虫子是'禀天地中和之气而生，之所以爱吃面，是因为麦子是秋天下种，到来年的夏季成熟，'受天地四时之全气'，所以，面是这种虫子的至爱。"

看陆颙还有些不信，胡人马上找人来做了一大锅的面，放在那条虫子的面前，那条虫子马上就把面全部吃光。

这下陆颙信了。但他还是有疑问："那这条虫子有什么用呢？"

胡人说："天底下的奇宝，'俱禀中和之气'，这种虫子是'中和之粹'。"说完，他用一个盒子把虫子装起来，还用一把金锁锁好，让陆颙放到自己的卧室里，说好明天再来。

第二天，胡人一大早就来了，拉了整整十车的金玉绢帛来换走了陆颙的虫子。由此，陆颙从一介穷书生变成了大富豪。

传奇故事结束了，作者张读，唐宣宗时中进士，后历迁中书舍人、礼部侍郎、尚书左丞等。他的父亲张荐、外祖父牛僧孺都是小说家。

用三千里外惠泉水泡茶的宰相李德裕

要说铺张，杨贵妃只能算得上"小巫"。杜牧的《过华清宫绝句三首》这样说：

> 长安回望绣成堆，山顶千门次第开。
>
> 一骑红尘妃子笑，无人知是荔枝来。

后来有《唐国史补》记载："杨贵妃生于蜀，好食荔枝。南海所生，尤胜蜀者，故每岁飞驰以进。""每岁"都要吃，还得"飞驰"进京，杜牧的诗不夸张，杨贵妃确实过分。

但是，被鲁迅先生赞誉为唐末"一塌糊涂的泥塘里的光彩和锋芒"的皮日休，有这样一首诗：

> 丞相长思煮茗时，郡侯催发只忧迟。
>
> 吴关去国三千里，莫笑杨妃爱荔枝。

意思是贵妃跟着时节吃点荔枝似乎也不值得大惊小怪，这位宰相大人要喝茶才是过分的大事件。因为大人要用三千里地之外的惠山泉水冲茶喝才行。如此比较起来，似乎杨贵妃吃荔枝也不是多大的事。

这位丞相到底是谁呢？

此人就是唐武宗时大名鼎鼎的宠相李德裕。人们对李德裕的印象有好有坏，一是说他爱读书，手不释卷；二是李商隐曾经在给他的作品《会昌一品集》写序时，称誉他为"成万古之良相，为一代之高士"；三是近代贤人梁启超也很推崇他，把他与管仲、商鞅、诸葛亮、王安石、张居正放在一个级别，称之为封建时代六大政治家之一；四是此人曾经是武宗会昌灭佛时的得力帮凶，晚景凄凉，也是一番果报。

北宋诗人唐庚在他的《斗茶记》中载："唐相李卫公，好饮惠山泉，置驿传送不远数千里。"是说李德裕为相时，利用手中权势，差人从惠山汲取泉水日夜兼程运至京都长安，时人称之为"递铺"或"水递"。

《新辑玉泉子》当中也有完整的记载："李德裕在中书，尝饮惠山泉，自毗陵至京置递铺。"说得很明白，就是李德裕在执掌权柄之时，身居长安，却要喝惠山泉，为此，沿途专门设置"递铺"为他飞马送水。

何谓"递铺"？《辞源·辵部》的解释是："递送公文或货物的驿站"。把为国家传递公文或者货物的驿站用来为自己喝茶送水，不能不说，他敢想也敢干。而送水的又何止是驿站的人，沿途的地方官们也都担着干系，怕给宰相大人送晚了，万一这水送到长安变味了呢？

也许有人问，李德裕怎么就这么能折腾？他喝茶为什么单单就要用惠泉的水呢？

撰写出世界第一部研究茶叶专著《茶经》的"茶圣"陆羽对泡茶的水很有研究，他遍游全国，将天下名泉排了座次，以庐山的谷帘泉为"天下第一

泉"，江苏无锡的惠山泉为"天下第二泉"，湖北蕲水兰溪泉第三。李德裕要喝的正是这"天下第二泉"的水。

他和惠泉的渊源也是其来有自，要从其曾任毗陵太守的祖父李栖筠说起。李德裕的祖父李栖筠曾经与茶圣陆羽有过往还，正是由于茶圣的品荐，始将阳羡茶作为贡茶的。李栖筠跟着茶圣学喝茶，李德裕从小就继承茶饮之"家学"，用惠泉水来泡茶也是情理中事。

文中但说毗陵惠泉，现在人却只知道无锡惠泉，其实是一家。毗陵就是今天的常州。汉初始置的无锡县，原属会稽郡。到西晋太康元年（280），复置无锡县，属毗陵郡。容易混淆的倒是荆门另有一惠泉，也产好水，苏轼有诗。

但李德裕一直高度认可的显然是无锡的惠泉，他曾经专门为《惠泉》写赞颂诗：

> 兹泉由太洁，终不畜纤鳞。
>
> 到底清何益，含虚势自贫。
>
> 明玑难秘彩，美玉讵潜珍。
>
> 未及黄陂量，滔滔岂有津。

这样看来，李德裕确实办过这样的事，不知道该称之为"雅"还是"丑"，难怪屠隆说他"情致可嘉，有损盛德"。到了宋代，好附庸风雅的宋徽宗也有样学样，钦令惠泉水为贡品，命当地官员"月进百坛"。

其实李德裕喝惠泉水时间也有限，一是这种事难免被言官们上本弹劾，二是据说来了一个老和尚，把这个局给破了！

李德裕两次入相，是唐武宗的得力臂膀。要说喜欢喝茶，本也没有什么大过，人无癖，则无趣，但要用三千里地之外的水，让那么多人为此服役，就实在有点过分了。

这一天，有一位老和尚来访。那时候的宰相大门不是那么难进的，何况李德裕本人比较开明接地气。如果有人登门，即便是普通百姓也得通报，宰相基本上也都接见。

话说老和尚来了，李德裕也好奇，请进来之后，和尚开门见山，就直说为惠泉水而来，认为他做得过分了。原话是："水递一事，亦曰月之薄蚀，微僧窃有惑也。"意思是这事太过铺张，不是惜福者所为，也不是您这样德高望重的宰相应该干的事，这已经成为您身上的污点。"敢以上谒，欲沮此可乎？"今天专门来访，就是想阻止此事。

李德裕点了点头说："我身为一朝宰相，一不受贿，二不服食丹药，三不赌博，也算洁身自好。今天和尚还不许我饮水，是不是也有点过分了？如果我停了用水，酒色财之类的迷惑又可能会侵袭，那又如何是好呢？"

老和尚笑了，说："今天老衲特意登门，就是因为已经为足下贯通常州水脉。京都目前就有一眼井，能够与惠山泉脉相通。"

德裕大笑："真荒唐也。"

老和尚并不着急："相公但取此泉脉。"意思是您可以试喝一下。

德裕问："这口井在哪里？"

老和尚回答："就在昊天观。"

那怎么能证明这昊天观的水和惠泉的是一脉，水质一样呢？

李德裕命人取来一罐惠山泉，一罐昊天观的井水，再取来八罐其他地方的杂水，在十个罐子上都暗自做了标记，然后让老和尚来辨认。

这也算是一场考试了，老和尚不慌不忙，将十罐水一一品尝，然后很自信地指出了两罐，一个是惠山泉、一个是昊天观，侍者打开了罐底的标记，丝毫不差，李德裕大为叹服。

于是，宰相下令，以后停止水递，改饮昊天观的水，"人不告劳，浮议乃弭"。

李德裕执政期间，外攘回纥、内平泽潞，与唐武宗君臣相知，一时为晚唐绝唱。但唐宣宗继位后，一口气把他贬了五次，直到打发到天涯海角成为崖州司户。李德裕终身未能再回中原。一代名相何以会有这样悲凉的下场？有人认为与他全力助武宗灭佛有关。

晚年的他回顾自己的一生，写诗抒怀：

> 十年紫殿掌洪钧，出入三朝一品身。
> 文帝宠深陪雉尾，武皇恩重燕龙津。
> 黑山永破和亲虏，乌岭全坑跋扈臣。
> 自是功高临尽处，祸来名灭不由人。

他其实并没有想通透，还在想着自己的一世声名。其实也是杞人之忧，有功于社稷者，自然史册不遗。

宋代范仲淹对他的评价是："李遇武宗，独立不惧，经制四方，有相之功，虽奸党营陷，而义不朽矣。"

既不是自杀也不是他杀：黄巢死因成谜

黄巢是唐末农民起义领袖，关于他到底是怎么死的，《新唐书》和《旧唐书》说法不一，一说自杀，一说他杀，不知道该相信哪一个。根据《邵氏闻见后录》，蛇眼黄巢八成是当和尚去了。

《新唐书》记载：黄巢兵败狼虎谷，自念绝无活命可能，于是就对外甥林言说，你砍了我的脑袋去请功吧，至少你能活命，还能得一套富贵。林言也是黄巢手下的重要将领，外甥亮刀——杀舅？他不忍心，于是黄巢自刭。

而根据《旧唐书》的记载："巢将林言斩巢及二弟邺、揆等七人首，并妻子皆送徐州。"不仅如此，《旧唐书》的《僖宗纪》《时溥传》和《资治通鉴》等都采纳了这一说法，似乎林言这小子确实长了反骨，真把舅舅杀了要去换富贵，但刀口上的富贵哪里是那么容易得来的？《新唐书》上又说，林言带着黄巢等一堆人头去向徐州节度使时溥献功，非常不巧的是，他在路上却遇到太原沙陀博野军，这才是又贪富贵又不讲理的人群，他们不假思索就干掉了林言，把他和黄巢等人的首级一并献给了时溥。

然而，据后来发现的敦煌文献说，黄巢是被自己的贴身大将尚让所杀。这消息来自敦煌文书中的《肃州报告》。黄巢被尚让在混战之中所杀害这一说法，迄今为止，在史料中只发现了此一处，因此并不能确认。

可是不管是谁下的手，仅黄巢的死法就出现了三种记载，大家不觉得有点可疑？

再退一步说，就算是黄巢狼虎谷被杀了，又被人割下了脑袋献首于徐州，两地相距约五六百里，快马如鞭要两三天才能到，到徐州让时溥验明正身？他又不是黄巢的亲爹，怎能看出这个脑袋是黄巢的？再者，皇上要求把黄巢"函首"到成都，再从徐州至成都，就算马不停蹄，日夜兼程，没有个二三十天到不了。何况当时正是炎热的夏季，到了成都那脑袋都已经腐臭得没法再看了。所以，这里要提示的就是，与黄巢一起死的黄家兄弟足有六七个人，如果有一个跟黄巢长得稍像一点，那就可以李代桃僵。

所以，黄巢金蝉脱壳逃走的可能性还是存在的。

而在《邵氏闻见后录》里就明说了："《唐史》：中和四年六月，时溥以黄巢首上行在者，伪也。"时溥千里迢迢送到成都的黄巢首级，那是个假的。

怎么知道的？"东西二都旧老相传"，无风不起浪，老百姓中间都说"黄巢实不死，其为尚让所急，陷太山狼虎谷，乃自髡为僧，得脱"。黄巢在狼虎谷陷入绝境之后，应该是早有准备，他的弟兄们有人冒充他，而他按事先做的准备，把头一剃，把僧衣一穿，跑了！

关于黄巢的下落，宋人刘是之的《刘氏杂志》记载，五代时有一个高僧法号翠微禅师，这个人就是黄巢。而张端义在《贵耳集》中的记载更为离奇："黄巢后为缁徒，曾主大刹，禅道为丛林推重，临入寂时，指脚下有黄巢两字。"

这两种记载都落不到实处，但是都为黄巢当和尚提供了辅助的说明。

那当时黄巢是在哪里隐身的呢？他去投靠了河南尹张全义，此人正是黄巢的故党，还是比较值得信任的。但张全义为双方安全计，并不敢认他，让黄巢在南禅寺容身。

《邵氏闻见后录》的作者是邵雍的孙子邵博，他曾经几次去过那个南禅寺，还看到了南禅寺的壁画，上面画着一个僧人，认为那就是黄巢。从黄巢的长相来看，看不出什么伟异之处，也就是个普通人，"唯正蛇眼为异耳"，就是长着一双非常诡异的蛇眼！

《邵氏闻见后录》还记载着一首黄巢的诗，题写于绢本之上，诗云：

犹忆当年草上飞，铁衣脱尽挂僧衣。

天津桥上无人识，独凭阑干看落晖。

黄巢死后，唐僖宗怎么处置他的几十个姬妾？

司马温公的《资治通鉴》，对黄巢的一个女人有一段记载，在这本史书上，虽然没有她的名字，但她不仅能讽刺轻佻的唐僖宗，还能从容赴死，是晚唐浊浪滔天的污世中一抹荷叶色的轻纱。

且来看记载：

（中和四年即884年）秋，七月，壬午，时溥（唐末军阀，一度割据徐州。黄巢之败，时溥功居第一）遣使献黄巢及家人首并姬妾，上（从四川流窜回来的皇帝唐僖宗）御大玄楼受之。宣问姬妾：

"汝曹皆勋贵子女，世受国恩，何为从贼？"（你们也都是大户人家的女儿，国家待你们不薄，为什么甘心从贼呢？）

其居首者对曰："狂贼凶逆（看来对黄巢也极不感冒），国家以百万之众，失守宗祧（连祖庙祖坟都看不住），播迁巴、蜀（跟唐玄宗一样一有危险就往巴蜀躲藏）；今陛下以不能拒贼责一女子，置公卿将帅于何地乎！"

上不复问，皆戮之于市。

人争与之酒（女人们深受同情，喝醉之后临刑将不觉痛苦），其馀皆悲怖昏醉，居首者独不饮不泣（不哭也不麻醉自己），至于就刑，神色肃然。

这样的一个奇女子，怎能不让人击节赞赏而又跌足痛惜？

忽然就想起了花蕊夫人，她本是后蜀皇帝孟昶的贵妃，后来受宠于宋太祖，诗写得好：

君王城上竖降旗，妾在深宫那得知。

十四万人齐解甲，宁无一个是男儿？

才子崔涯太轻狂，妻子被逼出家

　　崔涯，大唐著名的轻狂才子，出身博陵望族崔氏，家中排行第六，江湖人称崔六郎。要说才学吧，是真有，但说真有多高呢？一辈子也没考个进士，谋上个前程。古人十二个字就总结了他的一生："进士不第，久客扬州，以布衣终。"

　　唐代仍然是讲身份门第的社会，世家大族威势赫赫。一般来讲，贵族有五大姓，号称"五姓七望"，即陇西李氏、赵郡李氏、博陵崔氏、清河崔氏、范阳卢氏、荥阳郑氏、太原王氏。

　　博陵大概是今天的河北安平县、深县、饶阳、安国一带，崔氏既然可与大唐皇家李氏比肩，自然也是顶级豪门，养出一个骄狂的崔涯，也并不令人惊讶。

　　崔涯的生卒年不详。他跟另一个张狂才子号称"海内名士"的张祜混得很熟，张祜大约生活在785年到849年，终年65岁。《唐才子传》对他也不太感兴趣，只在介绍张祜的时候捎带了一句："崔涯亦工诗，与祜齐名，颇自放行乐，或乖兴北里，每题诗倡肆，誉之则声价顿增，毁之则车马扫迹。"也不是什么好话。

　　不管祖上是何等的荣光，到了崔涯出世的时候，已经是没落子弟了，连荫取个小功名、小职务的福气也没有了。

扬州是当时最繁盛的大都市，"腰缠十万贯，骑鹤下扬州"，可见是神仙都眷恋的地方。崔涯看到在长安没机会，就来到了扬州。他很幸运，没多长时间就被扬州的一位总校官看中，一时贪图他不仅是名门望族，还饱读书很有才华，就把一个如花似玉的女儿嫁给了他。

这位总校官姓雍，人是粗豪一路，但女儿却养得"仪质贤雅"。当时的军旅派一般都不愿和名门望族结亲，似乎是高攀了人家。连当了太师的李光颜，品位尊崇，都不肯把女儿嫁给出身荥阳郑氏的名士郑秀才，怕人说闲话，在军旅里找了个小将，就把女儿嫁了。

但雍总校官一时"糊涂"，也许觉得女儿雅静，似乎该配个斯文郎君，于是就选中了崔涯。女儿当然也很乐意，嫁个知冷知热的浪漫才子，好过死板无趣的武夫百倍。所以，小夫妻俩整体来说，还是"甚为和睦"的。

但这个崔涯有了老岳父的资助，吃饱了饭，就有了当'大侠'的余兴。和他一起厮混的张祜也是个"大侠"种子，这两人真是对了撇子，"常嗜酒，侮谑时辈，或乘饮兴，即自称侠"。

这一天，崔涯斗酒过后，挑灯看剑，赋诗一篇，写下了一首豪情万丈的《侠士诗》：

> 太行岭上三尺雪，崔涯袖中三尺铁。
> 一朝若遇有心人，出门便与妻儿别。

从这诗的口气里就知道，哪天他遇到知己，有一个什么"然诺"，那就慨然把妻子和孩子都抛却了。

但此诗一出，吹捧者大有人在，皆曰："崔、张真侠士也！"还有些人经常"设酒馔待之"，崔张二人互相推许，互相吹捧，"呼吸风生"。

要说，小女婿轻狂吹个牛，雍老岳父也不会太在意的。但是崔涯出入妓家几乎成了家常便饭，而且他竟然混成了妓院中的一霸。

因为他粉丝太多，"每题诗于倡肆，无不诵之于衢路"。只要他作一首什么诗，题写在青楼大门外的照壁或者院墙上，马上就有人抄下来，整个扬州大街上就有不少人在传唱。所以，妓院当然怕他，因为"誉之则车马继来，毁之则杯盘失措"，一旦他写你不好，那你几乎就别指望客人再来，基本可以关门大吉了。

比如善和坊有个名妓叫李端端，应该是有点小性子，没把崔张二位大侠伺候好，崔涯大笔一挥，写了这样一首诗：

> 黄昏不语不知行，鼻似烟窗耳似铛。
>
> 独把象牙梳插髻，昆仑山上月初生。

诗里的意思是这个李端端黑的呀，傍晚要是不说话，你都不知道她走过来了，鼻孔像烟窗，耳朵像饼铛，头上插根象牙梳子，就像昆仑山上升起的半个月牙。

这首诗把原本的一个黑俏的美人李端端贬损得几乎无法见人了。而且立竿见影，昨天还是"五陵年少争缠头"，今天就"门前冷落鞍马稀"。

一首诗打得李端端像大病了一场，终于彻底领教了崔大侠的厉害。

没办法，生活所迫，李端端知道这天二位大侠去节度使官署喝酒，就专门等在路边，一见二人过来，立即拜倒在地："端端只候三郎六郎，伏望哀之。"

崔涯一见李端端肯服软，倒也大度，乃重赠一首绝句：

觅得黄骝鞍绣鞍，善和坊里取端端。

扬州近日浑成差，一朵能行白牡丹。

昨天还是一个黑炭团，今天就成了一朵能行走的白牡丹。所谓翻手为云覆手为雨，于是"豪富之士，复臻其门"，李端端的生意又火爆了。

七八百年之后，明代大才子唐寅还记得这事，于是画了一幅《李端端图》，现藏于南京博物院，描绘的正是李端端拜见崔涯时的场景。

画中坐在屏风前面、态度不无傲慢的男子就是崔涯，画幅左下角站立的谦恭女子就是李端端，单薄而瘦小的她正伸出手似乎在解释什么，又似乎在哀求什么。

当崔涯在妓院里混得风生水起的时候，当初对他寄予厚望的雍老岳父却对他越来越不满意，更可气的是，崔涯对岳父并不敬重，连个恭恭敬敬的"爹"都没有，见了面，竟然敢直呼老岳父为"雍老"！

古时候和现在不一样，敢叫出这个"雍"字，崔涯就已大为不敬了。《旧唐书》里记载著名诗人李贺就是因为父亲的名字叫晋肃，"以是不应进士"，可怜一代天才，就这样被一个谐音的"讳"给害了。由此可知唐人对父辈的尊重到了多么严苛的地步，崔涯敢轻视地叫出岳父的姓来，真有点不知道天高地厚了。

这一天，岳父忍无可忍，终于爆发。他在盛怒之下，拔出长剑，喊来女儿，说："为父本是河朔军汉，只懂弓马武艺，养个女儿本该嫁给军中之士。然而我糊涂，把你嫁给这个读书人崔涯，铸成了大错！"

零落中晚唐

老岳父继续痛心地说："此人不可终身为靠，不如现在就做个了断！你嫁错了人，也不能再改嫁，为父认为，你还是出家吧！"

女儿一定是泪落如雨，但老父亲心坚如石："汝若不从，吾当挥剑！"

说完，即刻命令女儿削发为尼。

此时的崔涯一看事态如此严重，赶紧过来向岳父请罪谢过，但是悔之晚矣，已经伤透心的雍总校官不为所动。无辜的雍氏只能悲苦哀号，向家人丈夫辞别。

万般无奈的崔涯还能做什么？当然，还是写诗。

他看着妻子万般不舍，于是含着泪写了一首诗：

陇上流泉陇下分，断肠呜咽不堪闻。

姮娥一入宫中去，巫峡千秋空白云。

183

船子和尚因何覆舟而逝?

宋代黄庭坚曾有一首很有趣的词,词牌为"渔家傲",题目是《题船子钓滩》,内容如下:

> 荡漾生涯身已老,短蓑箬笠扁舟小。
>
> 深入水云人不到,吟复笑。
>
> 一轮明月长相照,谁谓阿师来问道。
>
> 一桡直与传心要,船子踏翻才是了。
>
> 波渺渺,长鲸万古无人钓。

如果不了解船子和尚(德诚禅师)的故事,是读不懂这首诗的。

德诚禅师是唐末遂州人,也就是今天的四川省遂宁市。出家之后他和道吾、云岩等都师从药山惟俨禅师。这几位都是悟性很好的弟子,学成后就离开师父去弘法。道吾和云岩都去找个寺院住寺开法,可是德成却不想这样,在分手的时候,他对二位师兄弟说:"你们二位应各据一方,弘扬师父的宗旨,我这个人性情疏野,就愿意在山水间逍遥自在。""他日,二位如果知道我落脚的地方,遇到一个半个伶俐的后生,就推荐到我这里来,我也把学到

的东西传给他，也算不辜负师父的教诲了。"

分手后，德诚来到了今天的上海松江一带，给人摇船摆渡，过着闲云野鹤似的泛舟生活，所以大家就称他为"船子和尚"。

道吾住寺之后，弟子众多，但是也没忘了德诚的嘱托。他有一次去京口（今镇江），在这里认识了一位叫夹山的和尚，根基不浅，应该是德诚喜爱的那一类徒弟，就推荐他到德诚那里去。

夹山和尚求法心切，当即就奔赴松江，去找德诚和尚拜师。

一见面，德诚就问夹山："住什么寺？"

"寺即不住，住即不似。"夹山的话很有机锋，出家人空无匹大，哪会"住"什么地方呢？

"噢，不似，那不似又似个什么呢？"既然你说"不似"，那就有个对象，德诚顺着夹山的"不似"问下去，要追出这个"不似"的对象来。

夹山倒也不上当，他说："不是目前的东西。"意思是这个"不似"的东西不是眼前的东西，所以不能说出来。

"从什么地方学来的？"德诚问。

"非耳目所能获取得到。"既然那个不似的对象无物无形，自然不是耳目所能获得的。夹山的意思是说这是我自家就有的。

"一句合头语，了却系驴橛！"德诚认为夹山在这里是要嘴皮子，看着你说得头头是道，但还是像驴一样被橛子拴着呢。

这句话让自负的夹山有点懵，一时愣在那里。

德诚开始拿话点他："垂丝千尺，意在深潭，可离钩三寸，就是到不了潭里，这一点你怎么不说？"这正是一直以来夹山难以破解的瓶颈，要追求的境界对象化了，结果总是和他有个不即不离的距离。他正想张嘴说些什么，突然被德诚禅师一桨打来，直接就把他给打落在水里了。

夹山落水，好不容易爬回到船上，德诚却对着他大喊："说！说！"

夹山又正要开口说话，冷不防德诚禅师又是一桨打来，夹山又掉进了水里。

这一次掉进水里的夹山才算是真正恍然大悟。

这一次，当他冒出水面时，不再开口说话了，只是对着禅师点了三下头，老和尚这才伸出桨来，把他引渡上岸。

当你掉进了水里，所有的经义教条都救不了你，你只有用自己的本能去折腾，这是德诚想空掉夹山的所学，让他的本性在突发事件中显露出机用，那你的境界就不再是离潭三寸，而是已经深入潭中和水融为一体了。

夹山上了船，顾不得浑身湿透，说："把丝线和钓钩都扔了，怎么样呢？"

"就随那丝线留在深潭中吧，是浮是定，是有是无，任他去。"既无一法可求，也无一法可舍，正是在这不求不舍中，道境影射着万象。德诚禅师告诉弟子，一味地住空也不对，空是为了更多地含容。

"语带玄而无路，舌头谈而不谈。"这是夹山的总结，德诚认为不错，也对夹山有一句评价："钓尽江波，始见金鳞。"

但夹山却捂起耳朵不听。德诚又"如是如是"表示赞同。

既然弟子已经开悟，也就不需要再留在这里了，德诚告诉夹山可以走了。

夹山身上还滴着水，告辞之后一步一回头，舍不得师父。

忽然听得师父在背后喊了一声："和尚！"

夹山猛然回头，看见师父竖起了船桨，说："你还以为我有别的什么东

西没教你吗？"

　　说罢一脚踢翻了渡船，沉到水底逝去了。德诚禅师以死来坚定弟子的信心和决心。

　　薪火相传，只要火传下去了，灯灭不灭都是次要的了。

　　唐咸通十一年，夹山和尚为纪念德诚禅师，在覆舟岸边建法忍寺。

郎寨砖塔里究竟藏了多少秘密？

在千年古县安县的青山绿水间，有一座神奇的塔，它在这里默默地伫立了上千年，给最朴实无华的青砖注入了灵魂，让砖头灵动得飘然欲飞，而自己却成了千古之谜，留给后人无限的遐想。这座塔就是郎寨砖塔，2013年列入全国重点文物保护单位。该塔造型优美，施工工艺极高，但是却有很多未解之谜。

一是无名。一座千年宝塔，竟然没有名字，这是它最神奇的地方。即便是上报全国重点文物保护单位并通过，也只是用了郎寨砖塔这样一个朴实无华的名字，地名加材质而已。此类砖塔当是佛塔，但凡佛塔，如山西应县木塔名释迦塔，山西洪洞广胜寺琉璃塔名飞虹塔，都大气上档次。这座塔兴建之时，想来也定然有一个很响亮的名字，却被湮没在历史的尘埃中了。

二是无来历。砖塔没有名字，是因为在目前所能找到的史籍中都查不到这座塔的准确记载，《岳阳县志》（雍正十三年版）与《平阳府志》（清乾隆元年版）中均无记载。又怀疑塔靠近沁水县境，是否曾经归属沁水县呢？复查阅《沁水县志》（康熙三十六年版）及《泽州府志》（清雍正十三年），仍然没有收获。仅在《新修岳阳县志》（民国4年版）里有提到这座塔，有关塔的来历也是知之甚少，只说是塔在郎寨，又说"相传鲁班所

建"。多年来都认为是宋塔，申报省级文物保护单位的时候就是安宋塔报的，后来据山西省古建筑保护研究所研究员王春波先生细致研究，其发表在《文物》的文章说："笔者经实地勘察、勘测、研究的，综合以上情况，认为其应为唐代早期密檐砖塔无疑。"

三是无头。砖塔是残的，目前保留的还有八层，无塔刹，无顶，用俗话说是没塔头了，安泽县的两座著名的砖塔都没有头，麻衣寺塔也是如此。郎寨砖塔为什么没有头，有两种非常神奇的可能，一种可能是这座塔本来就没有建完，如果嫁接上神话传说，是鲁班和王母娘娘打赌打输了，承诺在天明前建成的塔没搞定，所以砖还堆在塔顶，鲁班就负气而去了。另一种可能，是雷击，但是雷何以能将塔击成这样？无人能解，《新修岳阳县志》里说："塔以干砖砌成，不着泥灰，高约二丈许，塔顶乱砖错杂堆积，经久不坠。"按王先生的研究，这座塔应该是九层，但是塔头究竟怎么没的？又去了哪里呢？

四是碑碣无字。郎寨砖塔一层共镶嵌有 9 块碑碣，但仅正西有 2 块碑碣有字迹，其余均为无字碑碣。一层正西开门处镶嵌有清嘉庆八年（1803）记载的文人墨客感慨诗文，诗曰：

> 古塔玲珑节节高，能工巧匠属谁操？
>
> 但将砖块千层垒，不着泥灰八面牢。
>
> 闻听鲁班高建迹，讹传王母夜蒸糕。
>
> 惟忧神器有面□（残缺），粗石周围护一遭。

武则天立无字碑自有她的用意，这里的无字碑是由于日久漫漶，还是其他原因，又不得而知。

五是无造法。这样一座漂亮的砖塔究竟是如何施工的，没人知道，难怪大家都要把它归功于鲁班了。据王春波先生的解读："此塔造型独特，它的塔身、塔檐均采用弧身墙面，弧面曲线控制严格、精确，其如何放样、如何施工至今仍是一个谜。"这座砖塔"是研究古代施工，特别是唐代建筑施工工艺的典型案例，具有很高的科学价值。它是目前唐代密檐塔，也是现存古塔中，唯一一个大胆运用如此夸张的曲面的密檐塔"。最为重要的是，"在山西现存唐塔中，以单层墓塔或小型的石塔者居多，而多层唐塔应以郎寨砖塔为一孤例，填补了山西古代建筑史、中国古代建筑史的空白"。

见过很多的佛塔，其力度都是向下的，给人的感觉都是威严庄重的气度，同在安泽的另一座砖塔——麻衣寺塔就沉稳得像一座古钟。而细看郎寨砖塔，轻逸而活泼，自由而奔放，像要飘然飞走的姿态，似乎这个污浊的世界根本就容不下它。它当初若是被修完的话，就像画了龙最后点了睛，必然是破空飞去了。王春波先生也觉得："整座古塔的整体轮廓给人以优美奔放、向上的感觉，犹如含苞待放的莲花。"

是唐武宗灭佛的时候，将这座塔所属的寺院毁掉了吗？还是在明末的时候一场残酷的战争将这里洗劫，形成了历史的真空呢？这样的一座宝塔立在这里，还真是像一个巨大的问号，等待着高人为它揭开神秘的身世之谜。

究竟谁是名副其实的"太原公子"？

日本有一家著名政论杂志叫《富士山》，写过一篇人物专访，题为《访太原公子袁克定》。文章大吹法螺，说袁公子文治武功，冠盖天下云云。

袁世凯的儿子袁克定也好意思被称为"太原公子"？也许有人不明白，"太原公子"究竟是怎样的一个荣誉称号，连袁世凯的公子袁克定都不配吗？

说实话，还真不配。那究竟是何等英雄人物才敢称太原公子呢？

第一个就让人如雷贯耳，是隋末太原留守李渊的公子李世民。第二个是唐末晋王李克用的公子李存勖。这二位均是生于太原城，生逢乱世，聪明勇决，识量过人，倾身下士，散财结客，辅佐父辈坐拥天下，而后承启天运，成为颇有作为的一代君王。

太原王气，成就了两位雄才大略的太原公子。尤其是李世民。

据《旧唐书》载：隋大业十一年秋，隋炀帝北巡，被数十万突厥军队困于雁门，急诏全国募兵勤王。十六岁的李世民从太原率军北上。他仔细观察敌我双方的形势后，巧设疑兵之计，吓退了数十万突厥军。死里逃生的隋炀帝，在感激的泪水中，第一次认识了这位不同凡响的太原公子。

这位成为唐太宗的公子后来的功业大家都熟知，就不必再赘述了。李存勖的声名虽然没有唐太宗那么显赫，却也是响当当的一代枭雄。

公元908年正月，李克用病死了，李存勖于同月袭晋王位。办完丧事，率军解潞州（今山西上党）之围。李存勖乘大雾突袭围困潞州的梁军，大获全胜。梁太祖朱全忠大惊失色，他说："生子当如李亚子，克用为不亡矣！至如吾儿，豚犬耳！"

李亚子是李存勖的小名，人都说老婆是别人的好，孩子可是自己的亲，朱全忠把自己的亲孩子说成猪狗，不知道是一种怎样的惨烈心情。

后来，气势如虹的太原公子李存勖，果然灭掉了后梁，建立了后唐王朝。

就这样，"太原公子"一词贵气到了极致，成为雄霸天下的储君代名词。

太原是九朝古都，龙兴之地，宋代的赵光义在攻取太原之后，又是火烧，又是水淹，就是想毁了太原的王气。后来新建的太原城，还都建成丁字街，据说是想钉死龙脉。听着可笑，但是仔细想想，一千多年了，好像赵光义得逞了。

好看到睡不着的中国史

的

宋朝

中国史

史壮宁 著

民主与建设出版社
·北京·

目录

乱世北宋

南宋风致

北宋初上

◆

爱上层楼，爱上层楼，锦绣河山作舞台，

粉墨几番春秋

◆

被妹妹激将出来的一场兵变

周世宗驾崩之后，接班的恭帝柴宗训年龄尚小。7岁的孩子什么都不懂，于是由符太后垂帘听政，军政大事一般交由韩通和赵匡胤来处理。

韩通在周世宗柴荣时期屡建奇功，官至检校太尉、同平章事，充侍卫亲军马步军副都指挥使。此人虽然作战勇猛，但"愚愎"，就是脑子不太灵光却超级自信的那种，所以"将士皆怨之"，不能服众。然而，赵匡胤却英武有度量又有智谋，军中战将都拥戴他。

960年的正月初一，契丹和北汉联兵南下。朝廷匆忙派遣最骁勇善战的赵匡胤统率诸军集结北上抵御。

此次出兵之前，京城里人心浮动。"出军之日，当立点检为天子"的谣言已是满城风雨。"点检"指的就是大权在握的赵匡胤，他当时正任检校太傅、殿前都点检。传言已经有不少人信了，一些财主裹着细软逃出了京城。

赵匡胤回到家，也许是想探探家人的反应，便悄悄问大家："外面的谣言传得这么厉害，说不定会有大祸，我可怎么办？"

据司马光和邵伯温的记载，赵匡胤的姐姐魏国长公主拎着擀面杖冲出来了，大义凛然地教育了赵匡胤几句。

赵匡胤发动兵变的那年已经34岁了，但史书上明白写着：赵匡胤和赵光

义只有一个姐姐，可惜这个姐姐"未笄礼之年而夭折"。

古代女孩子的笄礼一般是在15岁到20岁之间举行，时间是在三月初三的女儿节。所以，如果赵匡胤真有这样一位深明大义的姐妹，那应该是他的妹妹——后来被封为燕国长公主，又改封秦国大长公主、恭懿大长帝姬的那一位。开始她嫁了一个叫米福德的人，他真没有当驸马爷的命，早早就病死了。此时，赵匡胤的妹妹应该是守寡寄居在娘家。

正在厨房里帮忙干活的妹妹，听见哥哥絮絮叨叨，一时没忍住，"面如铁色"，拿着一根擀面杖就要追打赵匡胤，还声色俱厉："大丈夫临大事，可否当自决，乃于家间恐怖妇女何为耶！"意思是说，男子汉大丈夫做大事，应该自己决断拿主意！你却跑到家里用这些话来吓唬妇女，这算什么本事啊！

赵匡胤听到妹妹这番话，觉得句句在理。于是，默然不语，灰溜溜地走了。

谁能想到，几天之后这番话激出来一个崭新的皇帝——陈桥兵变发生，赵匡胤一屁股坐在了龙椅上。

赵匡胤即位后，将这个妹妹封为燕国长公主，还给她牵线搭桥，让她改嫁给自己的"老铁"高怀德。

973年，妹妹病死。赵匡胤十分悲痛，废朝五日，亲临哭祭。

陈桥兵变前的怪事

　　960年2月3日，陈桥驿发生了一场兵变，后周大将赵匡胤担任总导演和男一号。原本准备去征伐契丹的他，此时调转马头攻回东京，成功当上了皇帝，喜滋滋地披上了黄袍。

　　在大片还没开机之前，宣传推广的攻势就已经在东京城搞得很有声势了。总编剧赵普和总制片人赵光义把"出军之日，当立点检为天子"的宣传语传播到了很多老百姓的耳朵里。

　　逼近东京的赵匡胤心里并没有太多不安，只不过以其人之道还治其人之身罢了。后周的开国皇帝郭威曾经用的也是黄袍加身这一反转，所以这剧情有点走套路，而且不能算是赵普的原创。

　　大军出了东京，北渡黄河，到了今天的封丘县陈桥驿驻扎，准备工作在紧张筹备中。

　　据《十八史略》记载，在兵变发生之前，曾经有天象示警。可惜刚刚坐上龙椅的新任小皇帝恭帝才7岁，即使知道也无能为力，主弱臣强，原非社稷之福，只能徒唤奈何。

　　行军当中，有个军官叫苗训，此人熟知天文、精通易理，且晓畅用兵之道。就在大军快到陈桥驿的那个下午，他看到太阳下面还有一个太阳，其间有黑

光相侵，就指着太阳对大家说："看见了吧？这就是天命！"

天意如此，天意如此啊！总导演赵匡胤对此甚是满意，识趣的苗训后来被封为工部尚书。

当天晚上驻扎在陈桥驿，军士们就聚在一起议论："必须得先立点检为天子，然后再北征。"于是列队环卫着赵匡胤的大帐，直到天亮。

按史书上写的是，赵匡胤当晚竟然喝醉了，到了天亮，军士们都顶盔掼甲，来到他的大帐前鼓噪："愿策太尉为天子！"

赵匡胤惊起，就强行被披上了黄袍，然后大家就都跪下磕头，山呼万岁了！

有史书认为男二号是石守信，其实他和王审琦等人是带禁军守备都城的，没有参与前期录制。他们都是赵匡胤的"结社兄弟"，功劳就是开了一下城门，把赵匡胤接进来送进宫里去当皇帝。

说是兵不血刃和平演变也不全对，也有人头落地。侍卫亲军马步军副都指挥使韩通始终忠于后周，可仓促间还没有召集起人马来，就被军校王彦升杀死了。

赵匡胤迈着坚实的步伐，一步一步走进了皇宫。小恭帝只好迈着虚弱的步伐，一步一步离开了皇宫。

于是本大片的大结局是：大宋王朝正式开张营业了。

总体来说，开创太平盛世对老百姓是好事。要不当年的陈抟老祖听说赵匡胤定鼎开封，一激动差点从白骡子背上摔下来，大笑道："天下自此定矣。"

吃着烧烤定下的天下大计

陈桥兵变，黄袍加身，赵匡胤领着一帮兄弟"巧取豪夺"了后周孤儿寡母的江山。其实后周的江山并不大，北面有北汉、辽、党项等国，南面有后蜀、南汉、南唐和荆南及武平等政权，算起来大宋朝初期的地盘也就是现在的河南、山东、河北、陕西、安徽和江苏的一部分。

在赵匡胤即位之初，所面临的是一面临海三面受敌，在夹缝里生存的局面。龙椅好坐，龙床却不好睡。赵匡胤经常睡不着，就悄悄出宫微服私行。有时候他突然就到了某个大臣家，天威浩荡却又如此难测，把人家都惊着了。

他去得最多的是赵普家，所以赵普每次退朝回家，都不敢脱衣冠。

这天，大雪纷纷而降，夜渐渐深了。估计皇上是不会来了，赵普一家长出了一口气。可他刚把衣服换了，就听见了叩门声。

赵普知道应该不会是别人，门一打开，果然看见赵匡胤伫立在风雪之中，赵普马上跪迎入室。

赵匡胤边走边说："睡不着，我把晋王也约来了。"刚说完，晋王赵光义也顶着漫天的风雪来了。

赵普命家人在正堂上铺设了厚厚的地毯，然后端进来几个木炭大火盆，

君臣席地而坐，又让人拿出鲜肉，就着火盆烧肉喝酒。

赵普的妻子出来行酒，赵匡胤很亲切地称呼她为嫂子。

三人边吃边喝边聊。赵普问："今天下这么大雪，夜深寒重，陛下怎么还要出来？"

赵匡胤说："一榻之外都是别人家，我还是睡不着，所以又跑出来了。"

赵普说："南征北伐，今其时也，我想听听陛下的打算。"

赵匡胤就直说："我想打太原！"

赵普默然好久，才说："臣可不这么想。"

"说来听听。"

"太原虽小，却挡着西北两边，就算我们一鼓作气把太原拿下，那两边的压力都由我们自己来顶着，何苦呢？不如先平定南方诸国，回头再取太原，此弹丸之地，难道能逃走吗？"

赵匡胤笑了，说："我其实也正是这个意思，只是想试试你的想法罢了。"

于是，平江南的大策就在君臣的谈笑间落定。

后来又说到了统兵大将，赵匡胤说："王全斌倒是能打，就是平蜀的时候杀人太多，我现在想来，仍然觉得不好，不想用他。"

赵普于是推荐曹彬，同时建议用潘美为副将。赵匡胤认为可行。

次日命帅，想不到曹彬一直谦虚说他没有这个能力，潘美在一边倒是踌躇满志，极言江南可取。

于是，赵匡胤对曹彬说："当大将有那么难吗？能把'出位犯分'的副将推出去斩了，就令行禁止了！"

一句话，吓得潘美大汗淋漓，跪下叩头不敢仰视。

后来，曹彬挂帅前往平定江南，史家论为"彬之厚重，美之明锐"相辅相成，其实还是皇上用人得当而已。

南方各政权本来唇齿相依，利害攸关。赵匡胤利用各方矛盾进行分化，再配合军事进攻，终于各个击破。赵匡胤再三申明军纪，严禁杀戮，曹彬不负使命，未尝妄杀一人，因而大得民心。

汉有诸葛隆中对，宋有赵普雪夜会，君臣风云际会，成就一番霸业宏图。时耶？命耶？人谋耶？天力耶？

此段史料出自《邵氏闻见录》卷一，作者是邵伯温。

大将曹彬被赵匡胤玩于股掌之间

前文讲到曹彬无奈接了平定江南的帅印。

当天晚上，赵匡胤半夜又把曹彬召进宫里，亲自酌酒，把曹彬灌了个大醉，醉到人事不省。内侍用冷水给他擦脸，曹彬才醒过来。

此时，赵匡胤拍着他的背说："江南你一定是能拿下来的，潘美那么说本也无罪过，只是不能由着他说话。"

这简直是亲兄弟之间那种一点也不见外的语气。白天才立威，现在就是动之以情了。曹彬是个性情中人，于是眼含热泪点头答应好好替赵匡胤卖命。

在恩威并施之后，赵匡胤在大军出征之前，给曹彬许了诺："功成以使相为赏。"使相虽然不是实职，但挂的可是宰相衔，也算是位极人臣了。如此，再加上这一招"利诱"，就算把整个大宋的兵马都交到曹彬手里，赵匡胤也能睡得着觉了。

后来曹彬果然不辱使命，不仅平定了江南，且未妄杀一人。

仗打完了，该封赏了，赵匡胤却反悔了，厚着脸皮把自己的话给吞了，还硬给自己找了点借口："今方隅未服者尚多，汝为使相，品位极矣，岂肯复战耶？姑徐之，更为吾取太原。"

道理说得很勉强，但还带着点真诚。意思是，你官都当到头了，还肯再为我打仗吗？这个位置也不是不给你，先留着，等你攻下太原再说。

曹彬"怏怏而退"，可是回到家，却发现家里到处都是银子！官不舍得给，银子却舍得，赵匡胤这一出手，就是五十万两白花花的银子！

曹彬哭笑不得，转念一想，"好官亦不过多得钱耳，何必使相也"！当再大的官不也就是挣银子嘛！

这段故事出自宋代邵伯温的《邵氏闻见录》卷一，"唯名与器不可以假人"，他总结说宋太祖赵匡胤这是遵行了孔子的古训。

那后来到底曹彬当上这个使相了吗？当倒是当上了，只是宋太祖赵匡胤到死也没有给他。到了太平兴国元年，宋太宗赵光义即位，加授曹彬为同平章事，他才终于成为使相。

史上武功最厉害的皇帝

过去皇帝马上取天下，武功都不差，但要说最厉害的，有人会说是商纣王帝辛，此人文武双全，天生神力，据说能空手与猛兽打斗，若是放进梁山泊，座次至少不排在武松之下。连荀子都赞美他"筋力超群，百人之敌也"。但是年代久远，且名声不大好，可以作为备选人才。接下来可能是那个因为傻傻举鼎而死的秦武王，威猛是够威猛了，但推举出来恐怕也难以服众。

再接下来大家都会挑起大拇指说：西楚霸王！那没的说，"王不过项！"力可拔山的项羽应该是第一位的，但他没有一统天下，还不能算是坐拥四海的皇帝。还有人可能会说是隋炀帝，史称此人文韬武略迥出常人，武功也很不含糊，但是史料里没有关于他个人武功修为的记载，只能说资料不翔实，有待进一步考证了。

其实，大宋朝的开国皇帝——赵匡胤才是一位顶级的武学大家，此人的文治武功千年独步，在中国武术界具有崇高地位，堪称一代宗师。

赵匡胤出身军人家庭，曾祖赵珽乃是唐朝御史中丞；祖父赵敬历任营、蓟、涿三州刺史。赵匡胤为赵弘殷次子，从小即习枪弄棒，弯弓走马，后来又独闯江湖寻访高人，练得脱胎换骨。

先说赵匡胤的马上功夫。956年春天，赵匡胤率军与南唐奉化军节度使皇甫晖的十五万大军在清流关列阵而战，赵匡胤一个镫里藏身抱着马脖子孤身闯阵，快马长刀，径直砍中皇甫晖的脑袋，将其走马生擒。

这只是他实战的一个战例，虽然没有关云长温酒斩华雄的气势，但就这份胆气和骁勇，相信皇帝里能做到的还真没几个！朱元璋和努尔哈赤也许敢上，但能不能取上将首级还是两说。

再说武术修为。有一套拳法号为"百拳之母"，那是赵匡胤的遗法真传，他把训练士卒的拳法与战场格斗经验结合起来创制的三十二势长拳，名为太祖长拳。此套拳法一直以实战性著称于世，连少林寺也公开承认太祖长拳为少林武功最大的分支，由此可见太祖长拳绝不是样子货，不是当代人玩出来的花拳绣腿！

武学大家戚继光在其《纪效新书》中认为："古今拳家，宋太祖有三十二势长拳……"明代另一著名武术家程宗猷在其《少林棍法阐宗》中更是认为："杨家枪、太祖长拳、绵张短打、孙家阴手棍、少林兼枪带棒乃五家正传，苟能习练精熟，以其心印，余可敝帚弃之矣。"

现在河南温县陈家沟流传的"太极小四套"拳谱中有"太祖立势最高强""要知此拳出何处，名为太祖下南唐"的记载。其经典套路"九排子"中保留有"探马式"这个动作，注为"太祖传"。可见他一定是个大练家子，在拳法上浸淫多年，足以开山立派当掌门。

赵匡胤更让人刮目相看的是还有一套神出鬼没的棍法，此套棍法伴随他遍打天下豪杰，并助他扫灭群雄定鼎建国，此棍法名为"太祖盘龙棍"。

太祖盘龙棍也被称为哨子棍，据说棍法简练实用，演熟之后变化无穷，以大开大阖威猛霸气闻名于江湖，因其杀伐过重，动辄伤人，故鲜有得见真容者。

赵光义是怎么继承皇位的？

赵光义后来接了哥哥的班，成了宋太宗，历史上对他的评价不怎么样，《宋史》都直接黑他，有人说他是真小人。看到一个比较认同的观点："志大而才疏，好兵而无谋，外宽而内忌。"所以结论是，"太宗"这个庙号，他真的当不起。

先说他怎么得位的。

有传说他弑兄篡位，还绘声绘色地描写出了"烛影斧声"，但此说不见于任何正史，只能是一个猜测。司马光所著的《涑水记闻》中说：宋太祖驾崩，已是四鼓时分，赵光义此时并不在寝殿。当时宋太祖死得太快，连遗诏都没来得及立，所以宋太宗即位属于自说自话，相当于自立。

为什么他就这么好意思自立呢？一是有"金匮之盟"。据《续资治通鉴》记载，赵匡胤和赵光义的亲娘昭宪太后曾经给他们兄弟交代过，你们能得到大周的天下，就是因为他柴家"使幼儿主天下"。所以就吩咐赵匡胤，你和光义都是我亲生的，你以后要传位给他，他再传给弟弟廷美，然后再传给你的儿子德昭。这个女人想当然地认为："国有长君，社稷之福也。"

赵匡胤是个大孝子，就磕头哭泣答应了，还让赵普写好了誓书，藏于金匮之中。

有人说这个盟书是后来赵光义和赵普合谋捏了个套，但是赵匡胤要把位子传给赵光义，并非虚情假意。据《宋史》记载：赵匡胤到西都，发现张齐贤是大才。回朝后，对赵光义说："我幸西都，唯得一张齐贤尔。我不欲爵之以官，异日可使辅汝为相也。"意思是留着张齐贤将来给你当宰相。从这里来看，这个比较实在的老大还真有把江山让给弟弟的意思。

再说，宋太宗自立的时候，宋太祖派出征伐北汉的大军在大将党进的领导下正在太原作战，如果这些重要高层不知道他们兄弟曾有这样的默契，那手握重兵的他们分分钟搞个兵变打回来，也是十分正常的事。

所以，赵光义尽管很奸，但是得到皇位基本上是正当的。只是他坐到了那个位置上之后，却奸得有点不像样了。

按昭宪太后的说法，他死了之后，位子是要传给赵廷美的，这成了他极大的心病。

有记载说魏王赵廷美得知有"金匮之盟"一事，对赵光义甚为不满，于是暗中谋划，阴谋篡夺皇位。

赵光义发现之后，并没有杀他，而是把他降为涪陵县公，迁往房州。后来赵廷美就忧愤成疾，吐血而终，年仅38岁。

赵廷美好好坐在家里等着接班不挺好？为何要着急谋反？所以说"谋反"一定是设计出来的。如果是真的，赵光义的大儿子赵元佐就不会因为叔父赵廷美冤死而发疯了，后头他又索性放了一把怒火烧了宫院，可见其中真有不可告人的内情。

顺利拿下弟弟赵廷美之后，哥哥赵匡胤的两个儿子已经成年。结果赵匡胤的次子赵德昭办错了一件事，就被逼自杀了。而赵匡胤的四儿子，就是评书里经常拿来说事的八贤王赵德芳，在他叔叔继位的第6年，刚刚23岁的时候

就离奇病逝了。

这下好了，老大赵匡胤的四个儿子都死了，赵光义可以长出一口气了。前文没交代，赵匡胤的长子滕王赵德秀和三子舒王赵德林都小小年纪便病死了。至此，老二赵光义可以名正言顺地把皇位传给自己的儿子了。

面对同样的情况，助兄建国的金太宗完颜晟也曾想把皇位传给自己的孩子，但是最终他还是听了大臣们的意见，把位子传给了金太祖的长孙梁王完颜亶。从这点上来说，同样是太宗，金太宗就比宋太宗强。

陈抟老祖一句话便能确定太子人选

陈抟老祖实在是一个很风趣的得道高人，当宋太祖赵匡胤在汴梁城登基的时候，他老人家正骑着一头白骡子准备去汴梁城。在半路上他听说了大宋朝成立的消息，一激动竟然从白骡子上掉下来，说："天下自此定矣！"

这些都不难理解，关键是他的骡子后面还跟着一大票人马——"从恶少年数百"。这么一大帮古惑仔是怎么被他拢到一起的？带着他们浩浩荡荡到底要去干什么？是准备去帮赵匡胤打江山吗？这在邵伯温的《邵氏闻见录》里记载得很清楚，但是也没说他们到底想干啥。

天下太平后，他就上华山束发当了道士。宋太祖几次想约他见个面，都被他极不给面子地拒绝了。

后来，宋太宗即位，一约，他便来了。但是当太宗问他河东能不能打的时候，他又沉默不语。后来大军果然无功而返。几年后，他又从华山下来了，说河东现在能拿下了，太宗出兵，遂克太原。

陈抟老祖其实真有经天纬地的才能，但是宋太宗却认为他只会看相。当时太子人选迟迟未决，于是他就请陈抟老祖去看看他的儿子们。

陈抟老祖准备去相一相宋太宗的老三赵元侃，但刚刚走到南衙的大门就回来了。宋太宗赶紧问，什么缘故？

陈抟老祖说了一句很意味深长的话："王门厮役皆将相也，何必见王？"意思是"云从龙，风从虎"，赵元侃能用得了这么多有大才的人，那还用再看吗？

这一句话让宋太宗下了决心，建储的事就定了老三，这就是后来的宋真宗。老三接班以后，感念老祖，专门到云台观去祭奠他。

依常人的理解，此时的陈抟老祖于世事应该是洞若观火了，但偏偏不是，他还是有看不透的事。

有一个叫钱若水的举人，从小就聪颖好学，10岁就能写文章，也算是神童了。他专程来到华山求见，陈抟老祖初次见他，认为"子神清，可以学道"。但还是吃不太准，于是让他明天再来。

钱若水第二天来的时候，看见老祖跟一个老和尚相对而坐，中间围着一个炉子，正烧着火。老和尚看了钱若水半天，就用火箸在地上的炉灰里写了三个字"做不得"，然后又慢慢地说："急流勇退人也。"意思是他当不了你的弟子，还是去做公门里的人吧，会做到很高的职位，但要知道急流勇退。

钱若水告辞，陈抟老祖就不再留他。原本看他风神秀异，很欢喜，一心想招他做个徒弟传了衣钵，听老和尚这么一说，也就放人家走了，毕竟人家还有前程。

后来钱若水一路当到了枢密副使，这是中央派往地方掌管军事和监察的大臣，大将狄青也是这个官职，相当于现在的大军区一级的领导，也是宋朝能断大事的一代名臣。

这位老和尚人称麻衣道者，要说看相，陈抟老祖还得请他出山，谁让他是《麻衣相法》和《火珠林》的原创呢。

这位高人当时说了一句"急流勇退"，也不知道钱若水听到没。后来，钱若水并没有意识到要早点退休。他那一天约了几个同事在寺院吃斋，吃完说小睡一会儿，竟然一睡就过去了，年仅44岁。

《麻衣神相》的作者究竟是何方神圣？

临汾安泽县有个麻衣寺，这座塔背后藏着一位绝世高人，相关资料却极少，追寻查访艰难备尝。也许神龙见首不见尾，高僧合当如此。

麻衣是藏在《诗经》里的美好名字

有不少听起来很美的名字来自《诗经》，如公子扶苏、杜如晦、周邦彦等。哪里能想到，麻衣道人的"麻衣"二字原来也在《诗经》里默默含笑不语。虽然麻衣道人的名字是因他不论冬夏都是身着一件麻衣而来，他也并不在意一个浮名好听与否。

《国风·曹风·蜉蝣》有文："蜉蝣掘阅，麻衣如雪。心之忧矣，於我归说。"

小小的蜉蝣破土而出，像身着雪白的麻衣舞动。可叹它朝生暮死，我的忧郁如此之深切，哪里才是我的人生归宿？

想象我们的先人们峨冠博带，若非身着雪白的麻衣，长袖何以飘然如云？

春秋战国时期的人们穿麻衣吗？确属如此，当时贵族及大夫阶层的日常衣服，皆用白麻缝制。此时的麻布并不粗糙，所以可以挥洒起来如绫似锦。

彼时麻布已经非常精细，有一个专业用语叫"升"，指的是经纱的根数，80根为一升，升数越高自然布质越细密，最高质量的麻布达到30升，其细柔程度完全可以匹敌丝绸。

宋朝章炳文所著的《搜神秘览》说："麻衣道者，常以麻辫为衣，蓬发，面积垢秽，然颜如童稚，双瞳凝碧。"

僧人的法衣本来用的就是坏色或不正色，但麻衣道者却不着僧衣，而是胡乱拼凑麻布遮体，但异人自有异相，长年不洗脸的他，却不似鸠形鹄面的乞丐，而是"面色绯红若童子，双目粲然如深潭"。何况他一衣一钵，不论冬夏，寒暑不侵，高情迥出尘表，则更非我们这些俗人所能领会了。

麻衣寺是麻衣道人著书的兰若净土

麻衣寺塔耸立在玉龙山巅，塔名因何而来？当然是因为麻衣寺，麻衣寺何人所建？据民国四年石印本《新修岳阳县志形胜卷十三》载："麻衣禅师所建，寺名所由昉（起始）也。"意思是这座塔最初是由麻衣道人建成的。

目前所能查到的资料均称麻衣寺塔始建于金大定十七年即1177年，所凭依据是塔的碑文上刻有"大定十七年六月"，但这不能说明是始建时间，而且这个时间也让麻衣道者很为难。他与陈抟为同时代人，陈抟生于871年，活了118岁，到989年飞升而去。麻衣道者比陈年长，他大概生于860年的唐懿宗时期，卒年在宋太宗时期的990年左右，活了130多岁。若要到大定年间去建塔，他还得挣扎着再活二百年，得有三百多岁才能完成任务。

所以这里必然有一个失误，要么非麻衣所建，要么就非始建于大定。个人认为，既然从另一块纪年不可辨的碑文上清晰可见"麻衣大觉"四字，说明麻衣道者必然曾在此驻锡修行。如果麻衣寺是麻衣道人初建，那么在此风水眼上安置一座宝塔护佑一方百姓应该是标配，也必是麻衣乐意为之。

根据现存的清代雍正十一年重修碑文，麻衣寺"正殿创于唐"，这样正如县志所言，塔为麻衣禅师在晚唐时期兴建比较合理。所以，推测"大定十七年"当为重修时间，是时距晚唐建塔已近300年。金代佛教大兴，若塔有倾圮，信众呼应，则积赀恢复乃至增扩规模亦在情理之中。

塔身砖雕佛像原本非常精美，呈倒收分形制，为现存密檐塔之孤例。原本可看到的佛像共有336尊，让人痛心的是现在低层的佛像基本毁伤殆尽，有的整体被盗走，有的佛身尚在，但面目全非。

好好端详一下这座八角九级的玲珑宝塔，其造型、结构、雕饰，都精美绝伦，不管从哪个方向看，也不管是远看近看，走过千年的古塔都有掩饰不去的华丽和神采。

麻衣寺塔位于玉龙山上，不站在塔前的观景台上，真不知道何为山河灵动。

玉龙山又名九龙山，极目而望，周围山峦涌动起伏，苍茫无际，每一座山都宛似一条巨龙，在天地间腾跃冲荡，令人目不暇接，此一动态也。而仿佛天造地设，沁河在眼前划了一个极大极规整的圆。佛家禅宗认为"圆"是极致境界，无所不包、无所不容，从圆满的自性、本心出发，经历万物万象，再复归为圆满具足的自性和本心的圆融之美。沁河圆闱安宁，如一块碧玉玦，此一静态也。动静之间，山水相融，虚实相应，造化钟灵毓秀，浑涵乾坤万象。

再看玉龙山，松柏环拱，云岚丛生，梵宫寂静，山花坠影，诚娑婆净土也。北方的黄土高原上，多见的是濯濯童山，能找到这么一块宝地，著书遗世，点醒世间迷茫众生，也只有麻衣这样的高人才适得其地吧。

所以麻衣最早在此选址，殊为可靠，盖麻衣建寺建塔非止一处。《襄垣县志》之"紫岩山"："有麻衣洞，深一里，内有泉出"；之"宝峰寺"："在县西五十里，后周麻衣僧修真紫岩山洞，建寺。山峰有无梁楼，麻衣遗像在焉"；之"麻衣僧塔"："在县西宝峰寺之西，距寺二百步许"。

河南灵宝县豫灵镇沐珠峪石旧寺南，有八角五级密檐式砖塔名为麻衣和尚塔，高十余米，为宋至道元年（995）始建，应该也是麻衣的手笔。

再查佛典，麻衣尊者本有建塔的使命。藏传佛教中认为，麻衣是精通三藏的阿罗汉，无忧法王即阿育王作为他的施主。这位国王，按照佛在《文殊根本续》中授记："佛陀入灭后一百年出世，寿命达一百五十，八十七年供养佛塔，依此从七座舍利塔中出现佛舍利，在南赡部洲四面八方建造八万四千七宝塔。"

麻衣罗汉对这些佛塔开光，并将佛法交传与小护尊者以后趣入涅槃。此说法来自密宗大德第二世敦珠法王的开示。

麻衣道人是落叶归根的山西和尚

现在根据能搜罗到的有关麻衣道者的文献，可以大致为他勾勒一个活动轨迹，但整理错综复杂的资料时，忽然发现，为了麻衣和尚究竟是哪里人，太原府和潞安府还"打了一架"——

《山西通志》卷一五九《仙释》"太原府"之"宋"："法济，榆次人，俗姓卜，初礼五台秀公和尚为师，号麻衣和尚，天圣初，卧化县之紫岩寺。"

《山西通志》卷一五九《仙释》"潞安府"之"五代"："周麻衣僧，绵上人，云游襄垣紫岩山洞，建宝峰寺。善相人，穷通寿夭，胥验。著相书

《金锁赋》《银匙歌》，行于世。"

《山西通志》是出李维祯纂修的明崇祯二年（1629）刻本，算是公认的信书，但在同一本书内出现不同的说法，应该不是同一时期，山西境内出现两位高蹈世外的麻衣和尚。太原的一条提供了法名、姓氏、里籍、师承、活动时间和区域，潞安的一条则提供了其修行地点及特长。

如果综合一下，可知麻衣首先是山西人，活动于晚唐五代至宋之间，是相学的祖师爷，与襄垣县的渊源也颇深。

但不能不提的一个重要地点是和顺。和顺现属晋中，离榆次二百余里，离绵上三百余里。据民国1914版《和顺县志》记载，"麻衣寺在县北山"，山上有麻衣道人之墓碑，又有"归真之塔"，从这些可以说明麻衣道人可能确实"卧化"于此而非紫岩寺。有关"卧化"只是高僧自主生死、化身而去的一种形式。所以，这里高度怀疑，麻衣和尚老而归根，返回和顺，在家乡寂然离世。

如此可知，麻衣学佛授业于五台，下山之后"往来泽潞关陕间"，主要在山西的襄垣、安泽、潞城、介休、沁源一带著书修行，间或至河南。《陕西通志》记载，麻衣在华山曾与陈抟论道，应该也到过陕西。后来，落叶归根，回到和顺，卧化涅槃，其生命轨迹大致如此。

还需要郑重说明的一点是，《山西通志》两条都介绍其为"麻衣和尚"或"麻衣僧"。道人只是对修行者的敬称或泛称，千万不要以为会看相的和尚就是道家。如果是道家，那所有的麻衣寺恐怕都得更名了。

所以论及麻衣和尚的里籍，还应是榆次，至于榆次的哪里，和顺可能性大，这样与古籍所载之"太原郡"与"榆次人"皆不悖。

曾有人推测麻衣道人为内乡人李和，据《南阳府志》记载："麻衣子，姓

李氏，名和，字顺甫，世居秦中。"

历代皆有喜着麻衣的高人，如晋代有史宗，也号麻衣道者，唐代有位赵麻衣，元代有李坚者，亦称麻衣先生。这位生于晋穆帝升平元年〔357〕的高人李和，只是其中的一个"麻衣子"，而非本文的主人公"麻衣和尚"。

麻衣尊者是通达识变的止语达人

《山西通志》提到麻衣和尚与襄垣的紫岩山和紫岩寺有关，是因为在这里有一个著名故事，牵涉一个大人物——宋朝的开国皇帝赵匡胤。

据明代释明河所著《补续高僧传》，赵匡胤还在后周为官时，就曾与麻衣和尚有过交集。

当时他看到周世宗柴荣疯狂灭佛，便悄悄去拜访过麻衣，问曰："今上毁佛法，大非社稷灵长之福。"麻衣和尚就告诉他："三武所以无令终也。"这里需要解释一下，"三武"是指，北魏太武帝拓跋焘，拆除寺庙，焚烧佛经，捣毁佛像，坑杀僧尼，7年后被宦官宗爱谋杀，父子惨死；北周武帝宇文邕，焚毁佛寺经籍，强迫僧尼还俗，不久身患恶疾，全身糜烂，36岁死，不到3年国亡；唐武宗李炎大毁天下寺庙，服食丹药过量，32岁中毒而亡。史上对佛教迫害最惨烈的正是此三人，再加上赵匡胤很关心的周世宗，称为"三武一宗灭佛"。

赵匡胤听麻衣这样说，知道周世宗必不长久，心里就开始打小算盘，问天下何时可定。麻衣和尚也没有给他说破，只说"赤气已兆，辰申间当有真主出。"后来赵匡胤就喜滋滋地"受了一个禅"，一切都如麻衣所言。

两人的第二次见面是在开宝四年（971），宋太祖赵匡胤亲征太原，路过潞州麻衣和尚院。此和尚院，应是处于进军路线上的襄垣紫岩山宝峰寺，两人谈了什么，不得而知，只知道赵匡胤在佛前发誓说："我此行只以吊伐为事，誓愿不滥杀一人！"不杀人，太原就攻不下，呵！宋太祖只好打道回府。

说到麻衣和尚，大家最熟知的还是他的相学。《玉匣记》云："麻衣：风鉴祖师。""睡仙"陈抟曾经跟他在华山论道，对他的人品相术均钦佩不已："道行高洁，学通天人，至于知人，尤有神仙之鉴。"于是，师从麻衣学习相术。

麻衣的著作不仅有《麻衣相法》和《火珠林》，还有一部易学论著《麻衣正易心法》。

《搜神秘览》中收录其赞颂一则，明白如话，却道尽众生之苦，见其大悲之心，颂曰："这见有情，忘我诸佛大恩，增长地狱，时时转多。不忍见，不忍见。三转净行，不及愚夫五欲乐。不忍见，不忍见。"

石守信"抱残守缺"的为臣之道

写《老残游记》的刘鹗给自己的书房取了一个怪名，叫"抱残守缺斋"。抱残守缺，又是"残"又是"缺"的，好像不是什么好词。

《中国成语大辞典》释意为：一是"守着残缺的东西不放，形容思想保守，不肯接受新事物"；二是"后常用来比喻泥古守旧"。如此看来，在编辞典的人眼里，它果真算不上褒义词。

不过，辞典在最后还附带了一条释义："亦指好古，虽有残缺亦不忍遗弃。"从这一条中，看到真实含义的一点端倪。把这一点套在刘鹗的"抱残守缺斋"上，也算是差强人意。

"抱残守缺"其实是饱含着人生哲理的一种大智慧。在中国，一直以来，最讲究的建筑莫过于紫禁城。紫禁城里一共有九千九百九十九间半房子。"残"了一间，"缺"了半间。那为什么不补上凑个整数呢？那样岂不是更完满？难道还缺那点银子？

中国的老祖宗们最懂得"月满则亏，水满则溢"的道理，他们认为"盈必毁，天之道也"。要不满整数才算是吉利，要不信，看看身边有没有百岁老人，他一般都不说自己100岁，总是谦虚地说98、99，而且连说好几年，忽然有一天就是一百零几岁了。有人分析得有理，这是对过分完美的一种戒惧心理。

在中国的历史上，有几个人就能把这种"抱残守缺"的保命手段施展得妙不可言。个中翘楚，非秦国大将王翦莫属。而能学到王翦的韬光养晦的精髓，或者说与他殊途同归的，则是宋朝的石守信。

当年，王翦将军统帅60万人马远征楚国，几乎带走了秦王的全部兵马，临走前他给秦王提条件要"咸阳美田宅数处"，秦王大笑，许之。等兵马到了函谷关，他又派人向秦王要"园池数处"。这简直是贪得无厌甚至有点乘人之危了，以至于副将蒙恬都看不过眼了："老将军之请乞，不太多乎？"王翦悄悄地说："秦王性强厉而多疑，今以精甲六十万畀我，是空国而托我也。我多请田宅园池，为子孙业，所以安秦王之心耳。"

历史上真不知道有多少名将都是稀里糊涂地死在君主的疑心上，这位大智大勇的老将军凯旋之后，再次邀功，这才得到秦王的绝对信任，还得了个善终。

贪财贪色者似无大志，多少聪明人给自己贴个这样的标签，才能从多忌的君王手下逃得一条小命。

毕竟君是君，臣是臣。就像石守信，他不仅是把兄弟赵匡胤推上皇位的得力大将，更是赵匡胤的儿女亲家。他的二儿子娶了皇上的二女儿。

石守信和赵匡胤的关系究竟好到何种程度？

据《宋史》记载，石守信和赵匡胤早年就义气相投，早在后周时候，便是拜把兄弟，都是"义社十兄弟"的成员。石守信个人能力极强，是继李继勋、赵匡胤之后的第三个建节，是可以独当一面的大将。而且他长期与赵匡胤同在殿前司共事，后来成为赵匡胤的副手，几乎不分彼此。

陈桥兵变，石守信留在京城里当内应，负责打开城门。他当时是殿前司

留京的最高长官，部署"将士环列待旦"，策应兵变部队回京。若没有他，赵匡胤无法那么顺利地进城且登上御座。所以，在整个陈桥兵变中，石守信厥功至伟。

新王朝建立了，自己的兄弟当了皇帝。接下来的事情大家都知道，961年7月的一天，赵匡胤宴请各位将领，上演了一出"杯酒释兵权"的好戏。

席间赵匡胤说他实在睡不好觉，"吾终夕未尝高枕卧也"。石守信就问他怎么回事，赵匡胤说："是不难知，居此位者，谁不欲为之！"说白了，就是我这个位置，谁不想坐坐啊？

一席话，让石守信胆战心惊。"功高震主"这是在他脑子里像大钟一样撞响的第一个词。"伴君如伴虎"这是像焦雷一样炸响在他耳边的第二个词。第二天他明智地第一个递上辞职信，主动请求解除兵权，回家养老。赵匡胤也顺水推舟，大方慷慨地赏赐了良田美女，让他专职担任天平军节度使。那年石守信34岁。

从那以后，他算是真正明白了如何享福过日子。他在天平军节度使的位置上，连续17年，整天就琢磨两件事，一是念佛，二是敛财。《宋史》记载，石守信"累任节度使，专事聚敛，积财巨万"。

宋太宗赵光义即位后，各州直属中央，把节度使架空了，石守信被调到洛阳担任西京留守。他在洛阳大建崇德寺，招募民工干活，工期催得特别紧不说，还克扣民工工资，骂声四起。他的半世英名就这样被自己"毁"了。

太平兴国四年，赵光义御驾亲征，想收回燕云十六州。他任命石守信为前军都督。这一仗，宋军惨败，石守信成了"替罪羊"。赵光义先是将他贬职，不久后又封他为卫国公，以示安抚。无论是荣是辱，石守信都一一接受，没有任何怨言。

太平兴国九年（984）6月，57岁的他移任镇安军（陈州，今河南淮阳）节度使，在任上去世，终年57岁。朝廷追封他为威武郡王，谥号武烈。寿数不算高，但得了善终。他留下了万贯家产和两个能干的儿子，这个结局算是相当圆满如意了。

石守信的三儿子石保从早卒，其他两个儿子都很争气。

老二石保吉，"姿貌环硕，颇有武干"。小伙子一表人才，武艺高强，有胆略。赵匡胤招他做了驸马，二女儿延庆公主喜得如意郎君。保吉位极人臣，官驸马都尉、镇安军节度使、检校太师、封西平郡公，赠中书令，谥号"庄武"。

长子石保兴，颇有乃父之风，镇守西陲，多次打败西夏军队。还有一个特别的巧合，石守信父子最后都是镇守陈州，又都是57岁死，"守信镇陈，五十七年卒，及保吉继是镇，寿亦止是，谈者异之"。

如此说来，"抱残守缺"与"和光同尘"一样，都在至简至朴当中蕴含着人生的妙理。

所以回到本文开始，关于"抱残守缺"的第一条解读仅仅说到了刘鹗"抱残守缺斋"的一点表象，而让人遗憾的是，刘鹗并没有深刻地理解这句话的真正内涵，最终遭人猜忌攻讦，流放新疆，客死于此。

凡事不求最完美，是中国传统的道家思想的精髓。这便是"抱残守缺"的义理所在。花看半开，酒至半醺，这才是人生的真滋味儿。

所以老子才在《道德经》中说："知其白，守其黑，知其荣，守其辱。"又说："大成若缺，其用不弊；大盈若冲，其用不穷。"

薛居正与"出生入死"

我们习惯性地把那种"冒着生命危险，不顾个人安危"的情况形容为"出生入死"。

《老子》第五十章中有云："出生入死，生之徒十有三，死之徒十有三。人之生，动之死地，亦十有三。"这个"出生入死"跟我们一向认为的那个意思怕是大不一样，因为这里写的是普通人的生死，跟"生命危险"不沾边儿，仔细查看了一下，大意是"从出生到死去"，平淡得像油条稀饭，远不是那么轰轰烈烈。

《韩非子·解老》中对此有解释："人始于生，而卒于死，始之谓出，卒之谓入，故曰出生入死。"那是不容置疑，几乎无可置喙了。

但是可以查证的是，到宋代薛居正的《旧五代史》行世的时候，这个词儿的意思就拐弯了，已经有了壮烈的色彩。其《末帝纪上》有言："我年未二十从先帝征伐，出生入死，金疮满身……"所以，要说曲解，也有一千年的历史了。

薛居正在历史里写别人，但是说到"出生入死"，他自己的故事也大有可观，"出生"虽也寻常，但他的"入死"，颇具传奇色彩。

薛居正出身官宦世家，父亲薛仁谦曾经当过后周太子宾客。诗书继世，薛居正好学，有远志。

薛居正秉性孝顺温良，生活节俭。任宰相时处事宽厚，朝野上下对此赞声不绝。从参政到任宰相，共18年，宋太祖对他的宠遇始终不减。

修身齐家治国平天下，这是读书人的事业。薛居正在为官期间，除了做好本职工作，还曾经干了一件大功德，用最简单的算法，相当于他修过一座七千级的宝塔。

据《宋史》记载：建隆三年，湖湘初定，朝廷任命薛居正知朗州。当时有乱兵数千人聚结山泽为盗，朗州监军使怀疑城中僧侣一千多人都是同伙，准备全部捕杀，上千人命悬一线。薛居正认为此事蹊跷，僧人全部为盗的可能性极小，于是用计阻止捕杀。紧接着他率领军队一举荡平群寇，生擒盗贼主帅汪端。经过审讯，得知僧侣们并未参与其事。正是由于薛居正的一念之慈，上千僧人赖以存活。佛家常说，救人一命，胜造七级浮屠，薛居正此事功德无量。

薛居正容貌伟岸，能喝酒，数斗不醉。但他到了老年之后，却迷恋上了炼丹之术。

炼丹在中国有着非常悠久的历史传统，到宋代似乎已趋式微，薛居正到底是吃的哪一个流派的丹药，无从查考。薛居正70岁这年的6月，他吃的丹药出了大问题。

本来薛居正身体很好，老当益壮，刚刚跟着宋太宗平定了晋阳，他进官位为司空。那天，他正在殿里给皇上汇报工作，忽然觉得非常难受，于是赶紧告罪离开。走到殿门外，他喝了一升多水，等堂吏把他扶到中书省，已经不能说话，只是指着廊庑间的储水器，好像还是想要水喝，可身边的人把水取来，他已经喝不进去了。

此时，发生了怪事，据《宋史》记载，"吐气如烟焰"，是说从他的嘴里吐出了大量烟气，"焰"字是否可以理解为"火焰"？要真是这样，他的嘴里喷着烟还带着火光，那就更加匪夷所思。

等把他用车拉回家里，医生来不及抢救，他即辞世而去。本来薛居正位居一品，按规定是辍朝两日，宋太宗闻讯后，特诏为他辍朝三日，这也算是一份极特殊的哀荣，再追赠太尉、中书令，谥号"文惠"，后来配飨太宗庙，为昭勋阁二十四功臣之一。

"从出生到死去。"也有人更深一层理解老子的话，"出生入死"，指的是人一生下来就进入死道了，从这个门进来，不久就要从那个门出去。这未免过度解读，又太悲观了些，谅非老子先生的本义。

我认为，这还不是"出生入死"的真正含义。正像薛居正理解不到位，执行也不到位。因为这个词到了佛家手里，才出神入化，比如《无量义经》："若有众生，得闻是语，虽有烦恼，如无烦恼，出生入死，无怖畏想。"

王羲之在兰亭集序里说："古人云：'死生亦大矣。'岂不痛哉？"在佛家看来，他到底还是不究竟，不透彻。他以为一死百了，非常痛切，但佛家"入死"之后，仍然"无怖畏想"，没什么可怕的。

倘若薛居正能够看透生死，不去迷恋丹药，也就不会死得如此"传奇"了。

为北宋开国名将潘美正名

历史戏台上被画成白脸奸臣的人，第一位是曹操，为了尊刘，就去贬曹，曹操不管中多少枪都只能干受着。第二位是潘美，如果说曹操还有那么几分坏，潘美被后世越描越黑，成了一个彻头彻尾的大反派，黑得连自己家的子孙都不得不含泪改姓。

估计在被丑化的潘美眼里，更糟糕的事应该是，民间流传的文学样本远远比图书馆里的高冷正史更有影响力，估计他在今后"洗白"的可能性依然很渺茫。

明代人郑晓的笔记《今言》有记载，朱元璋的历代帝王庙里供奉着32位从祀的千古名臣，北宋仅有两位，一位是大将曹彬，另一位就是这现在百口莫辩的潘美！

从帝王的视角看，朱元璋是这么说的："如汉陈平、冯异、宋潘美皆节义，兼善始终，可以庙祀。"这话出自《明太祖宝训卷二》。由此可知，一是在明代初期，潘美的形象是很正面的；二是朱元璋用了"节义"二字，这跟我们以往对潘美的白脸大奸臣的认知有天壤之别。

与杨家将相关的小说和戏曲等，有的把潘美写成潘仁美，也有的写成潘洪，字仁美，反正本是一代名臣忠臣的他被改成一代权奸。他妒贤嫉能，阴

险毒辣，处处与杨家作对，不仅把杨家害得七零八落，甚至还勾结辽人，图谋夺取大宋朝江山。总之，一切坏人该有的品质都给潘美安上了，变成了一个十恶不赦的大奸。

《宋史》里对潘美的评价皆正面，《宋史·卷二百五十八·列传第十七》所载：

潘美素厚太祖，信任于得位之初，遂受征讨之托。刘鋹遣使乞降，观美所喻，辞义严正，得奉辞伐罪之体；则其威名之重，岂待平岭表、定江南、征太原、镇北门而后见哉？二人（另一人为曹彬）皆谥武惠，皆与配飨，两家子孙，皆能树立，享富贵。而光献、章怀皆称贤后，非偶然也。

所以公正地说，大宋朝的开国功臣里，除了曹彬之外，潘美可以当仁不让地位列其次。他的重大功劳在于"平岭表、定江南、征太原，镇北门"，身为大将，能完成其中一项使命足可以名垂青史。而且，潘美为人也很知进退，他活了67岁正常病死。正如朱元璋所说，得了善终。后来，潘美还被追封为郑王，儿子女儿都很争气，是宋朝一直配享太庙的两位功臣之一。

还有两件事，也能说明潘美的人品。

一是陈桥兵变之后，赵匡胤带人进入皇宫，后宫嫔妃迎接跪拜，宫人还抱着周世宗的两个儿子纪王和蕲王，赵匡胤回头对部将说："这还留着干什么？"左右就将两个孩子提走，准备杀掉。潘美在赵匡胤身后用手掐着宫殿的柱子，低头不说话。赵匡胤说："你觉得这样不妥吗？"潘美回答说："臣怎么敢认为不妥，但是这在道理上让人不安心呐。"赵匡胤"悟而悔之"，即刻命令将两人追回，以其中一人赐予潘美，潘美将他收养为儿子，赵匡胤此后也不再过问。

从这件事能看出来，潘美不忘旧主，不仅仗义执言保住了柴荣的后代，后来还把他的儿子养育成人。要知道，这么顶级敏感的事情，一句话不合适，那是要掉脑袋的。以此来看，潘美是条有情有义的汉子。

二也是在陈桥兵变之后，当时有一位陕州军帅名袁彦，拥兵自重，还信任奸佞小人，滥杀无辜。赵匡胤担心他叛乱，于是派潘美去给袁彦当监军。潘美单人独骑闯陕州，一番唇枪舌剑，其大意是："天命已定，袁公宜修臣职！"袁彦此时才如醍醐灌顶，立马清醒，他哪里是赵匡胤的对手？再瞎折腾估计也就离鬼门关不远了，赶紧向潘美请教保全富贵的良方。潘美于是带他进京朝觐，向新皇帝宣示效忠。

潘美的这件事办到了赵匡胤的心坎上，他喜滋滋地表扬说："潘美不杀袁彦，能令来觐，成我志矣。"从这件事也能看出来，潘美做事有勇有谋，所以一直被皇帝倚为股肱之臣。

但是，小说家和民间艺人们不管这些，把故事写得天马行空，任意黑白。说潘杨两家斗得不可开交，不死不休。皇帝让潘仁美告老还乡后，杨六郎还是很不忿，终于在黑松林找到潘仁美，亲手杀了他，才算了结了一段血海深仇。有的故事还写他死在了开封府尹寇准的刀下，总之是怎么过瘾怎么写吧。

顺便介绍一下历史中真实的杨家将：第一代是老令公杨业，从北汉归降宋朝之后，多次领兵与辽国作战，战功显赫。太平兴国五年（980），在雁门关大破辽军。杨家将第二代的代表人物是杨业的大儿子人称杨六郎的杨延昭。杨延昭处在北宋对辽国进行防御的时期，他保家卫国浴血奋战，延续了杨家将的威名。第三代杨家将是杨文广，宋神宗时曾为范仲淹所擢用，因抗

击西夏建功，历官定州路副都总管、步军都虞侯。

杨家几代忠良，奋战沙场，肯定会赢得百姓的爱戴，当然应该广为宣扬。所以杨业屈死了，就得找垫背的。但是民间作者们千不该万不该的是放过元凶，而冤枉了潘美。

那把杨令公推入绝境的人到底是谁呢？

据《宋史》记载，当时逼着杨业去跟契丹人作战的人是监军王侁。当时，宋军并没有作战的任务，朝廷只是要求掩护四州之民迁于内地。杨业的意见是不与气势正盛的敌军力战，王侁却先是笑话他胆小："领数万精兵而畏懦如此。但趋雁门北川中，鼓行而往。"

杨业说："不可，此必败之势也。"

王侁就开始讽刺挖苦："君侯素号无敌，今见敌逗挠不战，得非有他志乎？"

这话说得阴毒，其心可诛！杨业只能说："业非避死，盖时有未利，徒令杀伤士卒而功不立。今君责业以不死，当为诸公先。"意思是我杨业并不是怕死之辈，但是现在去作战根本胜不了，监军既然责备我，我只能以死战明志！

请注意，在杨业临出战之前，他与潘美还是有过一番对话的："泣谓美曰：'此行必不利。业，太原降将，分当死。上不杀，宠以连帅，授之兵柄。非纵敌不击，盖伺其便，将立尺寸功以报国恩。今诸君责业以避敌，业当先死于敌。'"

从上面的语境来分析，抱着必死决心的杨业与潘美之间不仅无仇，应该更有惺惺相惜的情感，否则，杨业这样的硬汉不可能对一个平素跟自己很不对付的人流泪。

　　杨业行前与王侁和潘美有陈家谷之约，但布阵在陈家谷的王侁以为契丹败走，欲争其功，领兵离开了谷口。

　　"美不能制，乃缘交河西南行二十里。"潘美在这个当口做错的事是没有阻止王侁的昏招，这也是他后来一直愧疚至老的事。

　　后来杨业杀破辽军重围，赶到陈家谷口，却无接应人马。他浑身受伤数十处后被俘，绝食而死。

　　这件事情的责任，《宋史》中清清楚楚地写着："侁忿刚愎，以语激杨业，业因力战陷于阵。"是因为王侁。

　　或许大家不太理解，潘美作为一军主帅，为什么事事都得听监军的？这是因为宋朝一向重文轻武。而监军，就是皇帝派驻监督军队的代表，这其中的潜台词其实是对武将的不信任。潘美虽然贵为主帅，也不敢违拗天子的代表——监军王侁，因此他在这场争论中，保持了不该有的沉默。

　　故而可以认定的是，潘美并非"元凶首恶"，这从战后的处分也得到证明——潘美是降职处分，王侁则被撤职发配。

　　清代人椿园七十一在他的《西域闻见录》里就替潘美打抱不平："潘美本宋初名将，以功名令终。近世小说所谓《杨家将》者，独丑诋之，不遗余力。或以为杨业之死，潘与有责焉。按李广之死，责在卫青，后世不闻诋青以伸广者。潘美乃无端蒙恶名，诚所谓有幸有不幸哉！按潘美性最平易近人，有功益谨慎，能保令名以终者，非无故也。潘美处功高震主之地而能谨慎，宜守保令名以终也。独其身后无端之毁，不知从何而来？"

　　个人认为，虽在战场上有败绩，潘美在行事上却无败笔，总结潘美的一生，武惠堂门口的楹联最为合适："万里鞍马高低路，一遭是非荣辱身。"

忠臣张琼和寇准都死于小人陷害

小人成事不足，败事则有余。古人有句话："宁可得罪君子，不能得罪小人。"不用说小人处心积虑地害你，往往在关键时候他的一句话，就可以横生是非，搅起漫天风雨。

历史上这样的例子还真有几个。

战国时期赵国人郭开，跟廉颇有过节。因为廉颇不把他这样的人放在眼里，还当面教训过他。

后来，赵国要打仗无将可用，派使者去探望廉颇，看看他"尚能饭否"。郭开则从中作梗，他花钱买通了赵王的使者，让他在汇报的时候先说："廉将军虽然老了，但饭量还很好！"意思是应该身体还不错。但郭开教使者只多说了一句话："廉颇吃了一顿饭，就上了三次厕所。"就是这样波澜不惊的一句话，赵王认为廉颇确实老矣，就再也没用他，直到老死。

另一个被人一句话害死的是宋朝的开国名将张琼。当年创业的时候，两军对垒，最危急时刻，张琼曾经用自己的身体护住赵匡胤，结果自己被弩箭射中，受了重伤。

开国之后，张琼因为治军严厉，得罪了史珪和石汉卿等一班小人，这帮人就罗列了张琼的一些"罪行"：擅自选用军队的战马为自己的坐骑，这其实不算什么；私自把叛臣李筠的仆从收归自己帐下，这在赵匡胤的眼里也不是多大的事；公然违背禁令，私养家丁百余人，这一条可就一下子说到了赵匡胤的心病上，自己当年就是这样起兵当上的皇帝。

张琼就这么被害死了，后来赵匡胤查到他家里只有三个家奴伺候他年迈的老母，但人死不能复生，只能徒唤奈何了。

还有一个被小人一句话害得不浅的名臣是寇准。

景德元年，契丹入侵，进逼澶渊。寇准当机立断，力劝真宗皇帝御驾亲征，于是宋真宗过黄河，登城视军，六军士气大振，声动原野。后来宋军杀死了顺国王挞览，契丹惧而请和，这才有了澶渊之盟。再后来，皇帝回京，经常感叹要不是寇准主意坚定，国事还不知道要坏到何种地步。

可这时候，有个小人，只幽幽地说了一句话："陛下知道赌博的事吧？钱快要输完了，把剩下的全拿出来赌最后一把，叫孤注。陛下这次去澶渊，就是寇准的孤注呀！你还这么念他的好？"

一句话，毒到可以噬骨蚀心，真宗皇帝当时大吃了一惊，从此寇准"眷礼遂衰"。

这段故事出自《邵氏闻见录》，作者为邵伯温。书中没有记录这个小人的名字，没记倒也好，这样的人心怀叵测，离间君臣，毒害社稷，留下个名字也是玷污史册，让后人蒙羞。

因说话太快而被贬的陈舜封

宋太宗年间，有个大理寺的官员叫陈舜封，此人的官职是评事，就是跟大理寺正和大理寺丞等人一起掌管断案的事。这个评事的品级不算高，也就是个正八品，但请千万不要小看这正八品，那也是入流的正经官职，跟秘书郎和太常博士以及编修官等都一个等级，关键人家这个官是有事直接向皇上汇报的，比地方上的同品级牛一点。

这天，陈舜封给宋太宗汇报工作，结果不知道他是天生语速太快，还是存心卖弄机巧干练，宋太宗都没听明白，他就像打枪一样的汇报结束了。

宋太宗算不上什么有道明君，再加上那天心情估计也不好，越看这个陈舜封就越不顺眼，不仅举止轻浮，每次汇报都让人听得头大，这种人是怎么混进来的？

这一次，宋太宗忍不住想收拾他了，就冷冷地问了一句："谁氏子？"意思是你爹是哪一位？

陈舜封回禀说，他爹原来是教坊的伶官，后来因为犯了事被刺面发配到一个海岛去了。

宋太宗就大怒了：怪不得看你说话像刮风，举止行动像倡优呢，原来就真是出身不入流的杂类，"岂得任清望官！"怎么能到大理寺当这样清正厚重的官职呢！这都是宰相选官不慎造成的吧？

于是，他直接把陈舜封这样的一个文职官员降成了武职的殿直。

宋太宗此行确实不妥，陈舜封好歹也是进士出身，曾给宋初名将符彦卿的次子符昭愿写过墓志铭，文采还是很飞扬的。他还当过望江主簿，因为精通法律，是转运使亲自推荐给宰相，然后到大理寺来任职的。

这下好，降为殿直了，这个殿直听着像是个在殿上站岗值班的武士，也有点类似，主要是管理朝廷宫中杂事，大小还是个官，正九品，但没有实职。

殿直有左班殿直与右班殿直。后来，宋徽宗把左班殿直改为成忠郎，右班殿直改为保义郎，宦官阶官高品为左班殿直，高班为右班殿直。要是宋太宗逼陈舜封净身当了宦官，那才真是太惨了。

让寇准惭愧、范仲淹推崇的名相王旦

北宋有位名相，位列昭勋阁二十四功臣之一。此位宰相公43岁就已经跻身朝廷的权力中枢，他的雅量人人称颂，对待家人也是相当宽厚。

据《两般秋雨盦随笔》记载，有那么一个邪门家人偏要试试这位宰相的肚量。在一次吃饭的时候，他偷偷地往肉羹里放了点土，想看看宰相的反应。菜上来了，宰相看到了肉羹里的脏东西，却并不说不吃，只是吃米饭，家人问他为什么不吃肉，他只是淡淡地说："我今天忽然不想吃肉了。"

又一天，这位家人竟然又把宰相的饭里弄上了墨汁，再看反应，宰相只是淡淡地说："我今天忽然又不想吃米饭了，还是给我来点粥吧。"

宰相并不以为是家人在故意试他，而是认为此乃无心之过，如果自己发飙，家人就要受罚，所以他才会看上去又盲又聋又呆。人常说"难得糊涂"，其实生活里看着聪明的糊涂人很多，真正的"糊涂"人是那些拥有一颗宽恕的心的人。

这个宰相就是王旦，与寇准同朝为官。他的名气也许不如寇准，但是寇准对他却是又愧又服，范仲淹对他也是推崇不已。

王旦当宰相，寇准没少在宋真宗面前递他的小话。宋真宗心里却跟明镜似的，他知道寇准心眼儿小。有一天，真宗笑着对王旦说："卿虽然常称赞寇准的长处，但是寇准却专说卿的短处呢！"王旦是这样回答的："臣居相位参与国政年久，必然有许多缺失，寇准事奉陛下无所隐瞒，由此更见他的忠直。"宋真宗不由得再三感叹，由此更赏识王旦。

王旦所在的中书省有书送往枢密院，违反诏书式样，这事被枢密院的寇准知道了，他赶紧就把事情报告了宋真宗。于是王旦被斥责，老实认错。没过一个月，枢密院有书送往中书省，也违反诏书式样，有人兴奋地呈给王旦，王旦却命令送回枢密院。寇准知道后很是惭愧，见了王旦就明说："我们同科考中，您怎么有如此大的度量？"王旦笑而不答。

后来寇准因错被罢职枢密使，他托人私下来拜求王旦，王旦惊异地说："将相的任命，此乃国家大事！我不接受私人请托。"寇准又惭愧又遗憾。不久，寇准获授武胜军节度使、同中书门下平章事。他入朝谢恩，宋真宗告之：你的任命是由于王旦的荐举。寇准还能再说什么呢？自己的度量确实不如王旦。

难怪范仲淹会这样说："王文正公旦为相二十年，人莫见其爱恶之迹，天下谓之大雅。"

仅仅是一个雅人吗？当官能够以德报怨，处处以国家利益为先，当宰相能低到尘埃里而又伟大到高山之巅的，纵观数千年历史，又能有几个人呢？

集"人才"与"奸佞"于一身的丁谓

世上没有纯粹的好人，也没有绝对的坏人。寇准是个好官，却被自己当年的好朋友甚至是知已在肋间插了两刀，一贬再贬，最后客死他乡。当时有民间歌谣是这样唱的："欲时之好，呼寇老；欲世之宁，当去丁。"

这里面的这个"丁"，就是寇准的朋友丁谓，当然丁谓也算是个角色，否则也害不着寇准。

丁谓其实很有才华，这是寇准一直非常欣赏和提拔他的原因。

宋真宗年间，皇宫被烧毁。丁谓受命主持修复，但是这项工程存有三大难题：第一是取土困难，第二是运输困难，第三是清墟排放的困难。但是，这样的难题却成就了丁谓，他的解决方案是这样的：

沿皇宫前门大道至汴水河岸挖道取土，将大道挖成河渠，挖出的土用来烧瓦，先解决"取土困难"。挖成河渠之后接通汴水，建筑材料可由汴水直运工地，解决"运输困难"。皇宫修复后，将建筑垃圾填到河渠，恢复原来的大道，又解决了"清墟排放"的困难。

就是这样的一个妙到毫巅的办法，让预计干15年的工程，仅用了7年就顺利竣工了。

有人曾经提醒过寇准，说丁谓的长相有问题，寇准却不以为意。

有记载说，丁谓天生一双斜眼，似乎总在张目仰视，总感觉像个饥寒求助的人，相士称这外相为"猴形"。虽然才智过人，但是心术不正。虽然丁谓也做了一些业绩，但是总体来说，史官对他的评价极低，认为他做事"多希合上旨，天下目为奸邪"。他与王钦若、林特、陈彭年、刘承规都以奸邪险伪著名，被称为"五鬼"。

据说，寇准与丁谓之间的"死结"是因为"溜须"一事。

话说这一天，中书省举行宴会，寇准不注意，有一点汤汁流到胡须上，丁谓忙上前给他抚去。说起来也算是同事兼朋友，可寇准这个著名的倔梗却冷了脸，说了这样一句——"一个副宰相，给上司溜须，成何体统"？这就是典故"溜须拍马"中"溜须"的出处。

身为副宰相的丁谓由此心里恨极了寇准，从此以后只要有机会，便往死里整他。其实，官场上的倾轧也许还有更深层次的原因，至少寇准在位就挡着丁谓的路，"溜须"只是一个爆点。

后来丁谓投靠宋真宗的刘皇后，再次将寇准罢相。寇准一贬再贬，最终客死雷州。丁谓终于大权在握，但好景不长，他也因犯法被贬，而且被贬到了更远的海南。

王旦认为："准好人怀惠，又欲人畏威，皆大臣所避。而准乃为己任，此其短也。"吕端的看法是："准性刚自任。"这是两位与寇准同期的名相对他的评价，颇值得玩味。

宋代"洗儿"的恶习如何被善化

朱德写的《我的母亲》一文中有一句话:"母亲一共生了十三个儿女。因为家境贫穷,无法全部养活,只留下了八个,以后再生下的被迫溺死了。"现在想来,八个孩子已经实在太多,后面的五个孩子甫出生门即入死道,实在是人世间最悲凉的一幕。

在宋代王得臣所撰写的《麈史》里也有一则与孩子生死相关的纪录,让人瞠目结舌。

中国人自古以来有一个根深蒂固的思想叫"多子多福",但在宋代的福建一带,杀婴现象竟然普遍存在,甚至成为一种习俗,还有一个很隐晦的名称叫"洗儿"。有人说如果是杀害女婴则在现代也屡见不鲜,但在这里有些男婴也难逃噩运。

此事以"建、剑尤甚",意思是杀婴最严重的两个地方是建州和剑州(今南平一带)。这里一般的家庭,如果儿子生得多,那么"至第四子则率皆不举","不举"两字看似平常,其实是在呼吸之间即生生剥夺一条生命。如果是女孩则更悲惨,"女则不待三",意为如果已经有了两个女儿,则第三个女儿"往往临蓐以器贮水,才产即溺之",女儿生下来也许眼睛都没有睁开,即告别了人世。

后来又看资料，苏轼在《与朱鄂州书》中说："岳、鄂间田野小人，例只养二男一女，过此辄杀之。"意谓湖南湖北一带也曾有此恶习。而朱熹的父亲朱松在一篇《戒杀子文》中也说到江西土民"多止育两子，过是不问男女，生辄投水盆中杀之"。

在《麈史》中，谈及造成这种残酷现象的原因，王得臣一笔带过，认为"其资产不足以赡也"，蔡襄也避重就轻地说："南方地狭人贫，终年佣作，仅能了得身丁，其间不能输纳者，父子流移，逃避他所，又有甚者，往往生子不举。"

如果发生在极少数极端贫困的家庭中，或是发生在自然灾害或战争动乱时期，此事尚可于万难中有一丝理解。但北宋中期即使赋税很重，应该也还没到民不聊生的地步。

书中说四明的俞仲宽在剑州顺昌为官时，看到"洗儿"习俗为之震惊，于是也写了一篇《戒杀子文》来劝谕当地百姓。

他把各乡里德高望重的父老们都召集到官衙来，在廊下就座，还为他们准备了酒食，亲自斟酒之后，才拿出了他写的文章，谆谆谕劝大家千万不要再杀孩子。官长宅心仁厚又言辞恳切，父老乡亲们都很感动，于是"岁月间活者以千计"。由此可见，只是卑劣的习俗杀人而已，经过劝导，孩子是可以养活的。转运判官曹辅特意上书朝廷，朝廷对俞仲宽的做法也表嘉许，还要求立法在整个福建路推行。活人无数，俞曹皆具无量功德矣。

后来王得臣到福建为官，当了转运副使，还跟俞仲宽结了亲家，论法有一人应当回避，俞仲宽即卸任而去。

王得臣还记了一事，说他曾经到过俞仲宽的家乡，在那里他听人说，俞

仲宽曾经有一次从外还乡时，"有小儿数百迎于郊"，确实是一个让人感动到涕泪的画面。太上立德，能够德化善化一方百姓，俞仲宽确实为人叹服，王得臣对他的评价是"虽古循吏盖未之有也"，信哉斯言！

君子满朝的仁宗盛治

整个大宋朝如果抽掉了宋仁宗这一页，势必暗淡无光；整个中国文明史，如果没有宋仁宗这一段，也将风采顿减。

四大发明有三项与仁宗朝深度有关。唐宋八大家中，有六位立于他的朝堂：苏洵、苏轼、苏辙、欧阳修、王安石和曾巩。宋词，在他的朝代发展到了巅峰。宋代四大书法家中，有两位是他的臣下：蔡襄和苏轼，而黄庭坚又是苏轼的门下……

现代人喜欢幻想穿越，如果你是一个有文化情怀和才能的人，那穿越回宋朝的仁宗时期无疑是不二之选。仁宗治下的宋朝是当时世界经济最繁荣、文艺最灿烂、科技最兴盛、春秋以降言论最开放的时期，没有之一。

他是赵祯，他是君子满朝的宋仁宗。

要穿越，先说一个基本保障，是没有性命之忧。明清先不说，文字狱就让人不敢"言"。但是在宋仁宗时期，有个四川读书人，献诗给成都太守，诗云："把断剑门烧栈道，西川别是一乾坤。"成都太守认为这不是明目张胆地煽动造反吗？于是把狂书生缚送京城。这要放在明清两代，人头落地事小，估计九族十族都怕不保。宋仁宗却说："这是老秀才急于要做官，写一首诗泄泄愤，怎能治罪呢？"这样的大"恕"已经算是千古无双了吧？但宋仁宗做得更好，他觉得狂书生还是有点才能的，不如给他个官做，于是就授其为司户参军。

没有了性命之虞，便可以凭着自己的才能去参加科考。若是尔的诗词文章写得很好，简直不让古人，那直接投书去找那些大文豪去举荐你。这样的例子真实存在：出将入相的一代名臣富弼，年轻时候就是拿着文章直接去找范仲淹的。范仲淹一看十分惊奇，说他是："帝王的辅佐之才。'马上把他的文章推荐给宰相王曾和晏殊，而爱才的晏殊随后就把女儿嫁给了他！富弼这样的一介草根直接转身成宰相女婿，这事也算是千古美谈，出现在唯才是举、不重门阀观念的宋仁宗时期并不为怪。

《十八史略》中有一句话："宋仁宗在位四十二年，君子满朝。"实在让人掩卷而生神往之心。

前文提到的韩国公富弼，忘身立事、天与忠义，累赠太师，谥号"文忠"，为昭勋阁二十四功臣之一。故事里还提到三个仁宗朝的正直君子：王曾、晏殊和范仲淹。王曾也是一代名相，朝廷柱石，曾用计智逐丁谓，小人不去，君子不来。这位沂国公去世谥号"文正"。政绩超卓、高风亮节的范仲淹，死后追赠楚国公，谥号也是"文正"。

晏殊的词名压住了他的政声，晏殊刚毅直率，不光是女婿富弼，范仲淹和韩琦等都是他举荐的大贤。晏殊死后封临淄公，谥号"元献"。

此时韩琦也出现了。此公勤政爱民，文韬武略为士人楷模，与富弼齐名，并称"富韩"。谥号"忠献"。

还有"事无不可对人言"的谦谦君子兼刚正不阿的司马光。他的一部《资治通鉴》光照千秋。追赠太师温国公，他的谥号还是"文正"。

还有久负盛名的文坛领袖欧阳修。这位楚国公器质深厚，识见高远，谥号"文忠"。

每个人都是一本书，仅是"君子满朝"就是一篇大文章，这里不能再细说仁宗朝的君子们，如公心谋国张知白、笃厚严谨张士逊、知人善任吕夷简、政绩超卓李迪等，只能一笔带过。还有四朝元老、能文能武的文彦博老先生。

再说说王安石。文章诗词就不用说了，政绩也还不说，仁宗朝的王安石在庆历二年刚当了进士，在一众贤良方正的大佬面前，他虽然事必言尧舜，但说话还没什么分量。他在仁宗的赏花钓鱼宴上把鱼饵当美食吃掉，出了一个大大的尴尬相，仁宗并不怎么看得上他。

其他的君子在仁宗的朝堂上可还挤成堆呢——庆历四谏官之一的余靖，器识弘达、秉公执法；名门之后杜衍政绩显著、善于治狱；四谏官之一的王素心地无私，正直敢谏；直声动天下的唐介清正廉明、德行高尚；勇于匡正时弊的刘沆长于吏事、唯才是举；连中三元的宋庠忠为臣规，德为世范；后世误为奸臣的庞籍其实器宇弘博，才德兼备。

正因为朝堂上有这些君子，才风清气正、邪气不张。如果你有才，在科举中不怕出不了头，即使遇到不公正的待遇，你还可以去找包拯申冤，这位龙图阁直学士廉洁公正、铁面无私，如果不是在仁宗朝这样宽仁的大环境下，他也就是个短命官儿，哪里会有他纵横捭阖的舞台？

醉心于文章诗词的话，可以找"南丰先生"曾巩拜个师，可以找濂溪先生周敦颐求个教，可以找宛陵先生梅尧臣聊个天，可以找徂徕先生石介论个理，还可以找苏洵、苏轼和苏辙对个话。就算他们都很忙，还可以去青楼找高卧的白衣卿相柳永，写词，他最擅长。

若是擅长书法，蔡襄架子没那么大，你可以和他一边品茶，一边畅谈笔

墨之法。那时的黄庭坚还是个没有成名的毛头小伙子，你也可以跟他好好切磋、挥洒。

哪怕只是擅长绘画，北宋三位大画家都在仁宗朝。郭熙给你画个《早春图》《关山春雪图》；范宽给你画个《溪山行旅图》《雪景寒林图》；苏轼太忙不得空，但他可以为你引见他的表兄弟文同，给你画个墨竹，寥寥几笔，竹子跃然纸上。

若是对自然科学搞发明感兴趣，毕昇正活跃在仁宗时期，他的活字印刷术当时推广得不好，你可以指点一下。此时，中国整部科学史中最卓越的人物沈括正在各地游历，《梦溪笔谈》似乎还没有落笔。而四大发明的指南针进入实用磁针的阶段，正是经过沈括之手公布于世后，在航海中得到应用和普及。

如果你喜欢军事，到这里，就再不能不提一个光照史册的名字，曾公亮。此公忠厚深沉，气度不凡，是岳飞也不曾排入的宋昭勋阁二十四功臣之一。他与丁度承旨编撰的《武经总要》，记载了世界上第一批军用火器，第一次完整地记载了火药的配方和制造工艺，让后世战火纷飞的火药在此时已经开始应用于军事，比欧洲早好几百年。

前文说四大发明有三项与仁宗朝深度有关，至此合契，可知所言非虚。仁宗朝才是真正的群星璀璨。然后，需要轻轻地说一句经济：仁宗天圣元年，设益州交子务，正式发行交子。

一生想当明君的乾隆曾说，他最佩服三个帝王，一是他的祖父康熙玄烨，二是唐太宗李世民，三就是宋仁宗赵祯。他从一个皇帝的视角说出了宋仁宗的难得和可贵。所以《宋史》对他的评价是："'为人君，止于仁。'帝诚无愧焉。"

孔子说："仁远乎哉？我欲仁，斯仁至矣。"天底下能够无愧于一个"仁"字的帝王，有几个呢？

赵祯一生宽厚恭俭，睿恕诚悫，确实当得起这个天地间最难成功的"仁"字。据《宋史》记载，赵祯驾崩的消息传出后："京师罢市巷哭，数日不绝，虽乞丐与小儿，皆焚纸钱哭于大内之前。"

赵祯驾崩的讣告送到辽国后，"燕境之人无远近皆哭"，辽道宗耶律洪基也大吃一惊，冲上来抓住宋朝使者的手号啕痛哭，说："四十二年不识兵革矣。"又说："要建一个衣冠冢，寄托哀思。"此后，辽国历代皇帝"奉其御容如祖宗"。

范仲淹因何建议仁宗不杀王伦起义的弃城官员？

《水浒传》里，施耐庵的笔尖轻轻地一动，就把一个顶天立地、铮铮铁骨的起义英雄写成了一个心胸狭窄、妒贤嫉能的龌龊小人，"白衣秀士"王伦就是这样蒙受了千年的不白之冤。

蔡京的四儿子蔡絛（同绦）在其父倒台之后，写了一本《铁围山丛谈》，如能不以人废文，这书也仍有可观之处。此书卷一中捎带着写了一件事，只有一句话便轻轻带过："当宝元、康定之时，会山东有王伦者焱起，转斗千余里，至淮南，郡县既多预备，故即得以杀捕矣。"

说山东曾经有位叫王伦的人造反了，但没成什么气候，好像是大宋的官员们都训练有素且很能战斗，轻而易举地就把王伦摆平杀掉了。

说实话，蔡絛的说法很不靠谱，仍有粉饰太平的嫌疑。因为根据欧阳修给谏院上的"论沂州军贼王伦事宜札子"所言："臣近闻沂州军贼王伦等杀却忠佐朱进，打劫沂、密、海、扬、泗、楚等州，邀呼官吏，公取器甲，横行淮海，如履无人。"

但欧阳修的话也有可推敲之处，王伦能够转战千里，横行六州，其势力应该不小，欧阳修却写"比至高邮军，已及二三百人，皆面刺天降圣捷指挥字号，其王伦仍衣黄衫"。

二三百人就能这么所向披靡，宋代的官员们都弱到了什么程度？城池难道都是纸糊的吗？

王得臣的《麈史》中有一个段子正好能够印证这段历史，读来也颇有趣。

神文时，庆历间，淮南有王伦者，啸聚其党，颇扰郡县。承平日久，守臣或有委城而去者。事定，朝廷议罪，郑公在枢密，凡弃城，请论如法。

简意为：王伦起事之后，确实是势不可挡，人数应当远不止二三百人那么少，淮南的郡县不少官员都弃城而逃了。后来王伦被平，朝廷要治这些官员的罪，当时任枢密副使的富弼负责处理此事，他认为这些弃城官员应该统统杀掉。

但时任参知政事的范仲淹却认为不可，他认为江淮一带的郡县只是徒有其名，城壁远非边塞可比，所以守不住城，也不能全怪官员。仁宗皇帝当时还是很大度，觉得施政当以宽仁为怀，于是这些弃城的官员都得以逃过一个大劫，保下一条小命。

事后，富弼还是愤愤不平，责问范仲淹"欲作佛耶？"意思是你这么慈悲是想当佛菩萨吗？

范仲淹悄悄把富弼拉到了一边，说了这么一段话："主上富于春秋，吾辈辅导当以德。若使人主轻杀于人，则吾辈亦将不容矣。"意思是，皇上现在年轻，我们不能教他轻易杀人，以后他杀顺了手，我们这些人也可能会死在他的刀下！

富弼叹服。

宋仁宗竟给写反诗的人赐官

　　《水浒传》的第三十九回，有个题目叫《浔阳楼宋江吟反诗，梁山泊戴宗传假信》。说的是宋江那天喝闷酒喝大了，醉酒之气往上翻涌得招架不住，加上连番所受之气也一时涌上心头，于是忍不住抓了杆毛笔，蘸得浓墨，在墙上题写了一首《西江月》，其词如下：

　　自幼曾攻经史，长成亦有权谋。恰如猛虎卧荒丘，潜伏爪牙忍受。

　　不幸刺文双频，那堪配在江州。他年若得报冤仇，血染浔阳江口！

　　写罢，这厮自我感觉超爽，于是"大喜大笑，自狂荡起来，手舞足蹈"，接着文思泉涌，憋得难受，又拿起笔来，去那《西江月》下补了一首诗，道是：

　　　　心在山东身在吴，飘蓬江海谩嗟吁。

　　　　他时若遂凌云志，敢笑黄巢不丈夫！

　　写罢，倒也行不更名坐不改姓，很有英雄气地落了款："郓城宋江作。"

后面的故事大家都知道，叫作"一首新诗写壮怀，谁知销骨更招灾。"偏偏就碰上了一个无良文人外号叫做"黄蜂刺"的黄文柄，告到官府，宋江开始还学孙膑装疯，结果不好使，人家一顿大板子，"打得宋江一佛出世，二佛涅槃，皮开肉绽，鲜血淋漓"。还以为他真是武松那样的好汉，宁死不屈呢，谁知道五十板子过来，宋江就软蛋了，招供"自不合一时酒后，误写反诗，别无主意"。再后来，大伙救了他，上梁山去快活撒野不提。

其实真实的故事大家也都知道，梁山好汉没整出那么大的动静，宋江也没工夫去题反诗，应该把诗人的桂冠还给作者施耐庵先生才是。但是宋朝一个特别大度的皇帝宋仁宗，其人大度到令人难以置信的程度。在他的那个朝代，还真有脑袋大的文人题写了反诗的，结果却被他封了个官。

如果宋江题反诗的时间再早个三五十年，来到宋仁宗的年代，没准他也不用上山去造反了，还能被提拔提拔也未可知。

前文讲过，乾隆最佩服的人除了他爷爷康熙和唐太宗，就是这位治国高人宋仁宗。但是提到乾隆的胸襟，恐怕就比宋仁宗差远了。

同样都是有人写了不合时宜的诗，看看乾隆是怎么处理的：

乾隆四十八年，有个叫李一的人写了一首《糊涂词》，其中有语："天糊涂，地糊涂，帝王帅相，无非糊涂。"本来也没什么，谁知道被一个多事的河南登封人乔廷英给告发了，官府马上介入调查。结果查来查去，发现这个举报人乔廷英也有反诗，写得比李一的诗还"糊涂"。他的诗里有"千秋臣子心，一朝日月天"的句子，那这"日""月"二字合起来不是明朝的"明"是什么？这不是谋反又是什么？后来两个人的下场都非常惨，"皆凌迟处死，两家子孙均坐斩，妻媳为奴"。

还有一个安徽歙县生员叫方国泰，他收藏了他爷爷写的诗集《涛浣亭诗集》，内有"征衣泪积燕云恨，林泉不共马蹄新""乱剩有身随俗隐，问谁壮志足澄清""蒹葭欲白露华清，梦里哀鸿听转明"，其实根本算不得什么反诗，连"莫须有"都很勉强，但乾隆帝不知道怎么看出来人家有反清复明之心，于是罗织成罪。

再看看人家宋仁宗是怎么对待读书人的。

据《曲洧旧闻》记载："仁宗时，一举子献诗于成都府云：'把断剑门烧栈道，西川别是一乾坤。'知府械其人，表上其事，仁宗曰：'此老秀才急于仕宦而为之，不足治也。可授以司户参军，处于远小郡。'其人到任，不一年，惭恚而死。"此段记载便是前文提过的，四川秀才的诗作有造反之嫌，宋仁宗不仅没有将其治罪，还授其为司户参军。正所谓愧疚是最大的负能量，不到一年，这位秀才愧疚而死，也许倒出乎宋仁宗的本意了。

《曲洧旧闻》的作者是南宋朱弁，朱熹是其侄孙，为人有节，为文有信。

嘉祐年间，苏辙参加进士考试，他也不知道在哪里听风就是雨，在试卷里大放厥词："我在路上听人说，在宫中美女数以千计，终日里歌舞饮酒，纸醉金迷。皇上既不关心老百姓的疾苦，也不跟大臣们商量治国安邦的大计。"

大胆书生如此轻狂！考官们认为苏辙无中生有、恶意诽谤，宋仁宗却说："朕设立科举考试，本来就是要欢迎敢言之士。苏辙敢于如此直言，应该特与功名。"

作为一个封建帝王，苏辙的事，或许有人能做到，但包容宽恕且授官四川秀才的事，恐怕没人能做到。曾国藩说："二十年来治一怒字，尚未清磨得尽，以是知克己最难！"

写到这儿，有件大词人柳永与宋仁宗的公案很想多几句嘴，替宋仁宗还个公道。

在不少记录里，都写到柳永在词作当中有一句"忍把浮名，换了浅斟低唱"，正是这一句词把宋仁宗得罪了，还酸溜溜地说了一句："且去浅斟低唱，何要浮名？"于是御笔一挥，把柳永的功名就给划掉了，其实这可真把仁宗冤枉了。

事实是，柳永是宋真宗一代的人，到天禧二年（1018），他已经第三次落榜了。直到景祐元年（1034），过了16年，柳永当时都50岁开外的人，已经快绝望了。是仁宗亲政后，特开恩科，下旨对历届科场沉沦之士的录取放宽尺度，柳永这回才跟他的老哥柳三接同登进士榜，还被授了官，去当睦州团练推官。暮年及第，柳永惊喜不已，写诗颂扬他爱戴的皇帝："愿岁岁，天仗里，常瞻凤辇。"

秉公直言范仲淹三贬出京

小鬼难缠，小人难斗，自古以来莫不如此。但是在一朝之上，想做一个堂堂正正的官员就免不了与小人争斗，历史上君子被小人整倒整死的案例比比皆是。

范仲淹就是一个以天下为己任的正直君子，而且眼睛里从不揉沙子。他因为直言犯谏，大胆抨击时弊，屡次遭贬，但直心不改。

天圣五年（1027），经晏殊大力举荐，范仲淹升任秘阁校理，他胆大包天，竟然几次直言批评章献太后垂帘听政！晏殊得知范仲淹上疏的消息，大惊失色，批评他过于轻率，不仅会毁掉他的前程，还会连累举荐之人。范仲淹写信给他说："有益于朝廷社稷之事，必定秉公直言，虽有杀身之祸也在所不惜。"随后他被贬为河中府通判。

章献太后去世后，范仲淹被召入京，任左司谏，但不到一年，他又因为批评仁宗皇帝废除皇后，被贬知睦州。

景祐二年，范仲淹晋升为国子监，因为批评宰相吕夷简用人不当，他再次被贬知饶州。

范仲淹三次被贬出京城，按道理他该长点心了，可是与生俱来的犟脾气是改不掉的。还有一次，他又准备给皇帝上疏了，他的对手是皇帝身边很得宠的一个内侍，此人"怙势作威，倾动中外"。

跟后来的扰乱朝纲的太监们一样，这样的人极难对付。范仲淹已经写好了疏状准备上呈，但他也不能不慎重考虑，皇上要听，一切都不说，皇上要是不听，这整个家估计都完了！

虽然自己已经下定决心要以死报国，但是连累全家毕竟是于心有愧。所以范仲淹连续几个晚上难以入眠，他一直在庭院里踱步，要把事情安排得再周密一些。

他自忖自己行得正、走得端，廉洁自律，别人应该抓不住什么把柄。但考虑到对手还可能罗织罪名，就吩咐家里人把所有有关占卜及兵法之类的书籍全部烧掉，想来想去，再没什么了，他想后事也应该交代一下。

于是，他把儿子纯祐等几人都叫来，说："我今天准备上疏，请求皇帝罢斥他身边的小人，我已经做好了死的准备。如果我被处死，你们以后再不要当官，就在我的坟侧建个学堂，以教书为生。"几个儿子都含泪答应。

范仲淹毅然决然地上奏了。好在宋仁宗是一代明君，对忠心直谏的范仲淹不仅没有处罚，还表示赞赏。那个内侍随即就被罢黜出宫。

此事见载于《麈史》，作者是与范仲淹同时代的王得臣，曾官至司农少卿。范仲淹的此事是听他的湖北安陆老乡郑毅夫说的。郑毅夫在宋神宗时期为翰林学士，曾知开封府。

王得臣对范仲淹与宋仁宗的这段轶事评价极高："圣贤相遇，千载一时矣。"君圣臣贤，一千年难得遇到。

谦恭自律的范仲淹，家道传承千年

"穷不过三，富不过五。"如果为这句话找到一点理论支持，那就是孟子说过的："君子之泽，五世而斩。"圣人之言可以为"富不过五"提供强有力的支撑。

我们还常说"三十年河东，三十年河西"，前后加起来六十年，也就差不多是三、四代人的时长。大致意思都是说，如果富人不行善积德，好的五代，差的三代，家业就基本败光了。

《红楼梦》里的四大家族是非常富有："贾不假，白玉为堂金作马，阿房宫三百里，住不下金陵一个史。东海缺少白玉床，龙王来请金陵王，丰年好大雪，珍珠如土金如铁。"

这话虽然有点夸张，但贾家大观园里吃的穿的用的，令刚一入园的刘姥姥傻了眼。富贵到封侯的贾家曾经是烈火烹油、鲜花着锦的空前盛况，可从发迹到没落也不过三代的光景。

世界上没有一块只阳不阴的地皮，风水轮流转。"旧时王谢堂前燕，飞入寻常百姓家"，"穷不过三"的例子多得不可胜数，而"富不过五代"，在汉代之初体现得淋漓尽致，那些跟着刘邦起事的王侯将相，延续超过五代的可谓少之又少。

萧何，"后嗣以罪失侯者四世，绝"。张良的儿子叫不疑，孝文帝五年，被定了一个"大不敬"的罪名，稀里糊涂就被废了，也不知道"国除"之后是否捡了条小命。韩信的三族都跟着他倒了血霉，全被灭了。曹参第五代孙叫曹宗，受武帝太子兵变牵连，"宗坐太子死，国除"。陈平的曾孙陈何公然强掠良家妇女，结果被宰了扔在街上示众。

周勃的儿子周亚夫能征善战，后来因为一点小事被抓，"因不食五日，呕血而死"。即便如此，皇帝也没放过他，还是那两个字："国除。"梁王彭越的舍人告他谋反，刘邦"遂夷越宗族，国除"。杀狗壮士舞阳侯樊哙也没过了三世。汝阴侯夏侯婴的孙子名颇，"坐与父御婢奸罪，自杀，国除"。

其余功臣如灌婴、张苍、申屠嘉、傅宽、靳歙、周缲、栾布，包括被齐王烹了的郦食其的后代都封了侯，曾经也都是锦衣玉食，富贵逼人，但是也都没过了多长时间，均以各种罪名被"国除"。

捋一捋中国史，倒有一个例外，宋代名相范仲淹的后人传了几十代仍然兴旺，这个潜规则在他们家失灵了。

范仲淹幼年丧父，母亲改嫁，年轻时励志苦读于醴泉寺僧舍。他能吃得起的只有粥和咸菜。每天他用两升小米煮粥，隔夜粥凝固后，用刀切为四块，早晚各食两块，再切一些腌菜佐食。宋代释文莹《湘山野录》记载："如此者三年。"

到后来做了宰相，一人之下万人之上，他还是保持着身为穷秀才时的生活方式，没有改变多少，自奉俭约到了简直刻薄的地步。在别人的眼里，他这个宰相，当得不如一个小财主。

尽管对自己是分文必较，但到了该花大钱的时候他也能挥金如土，且来看这件事：

有一年，他打算在苏州买屋，看上了一座院子。当时还请了一位风水先生来参谋，先生大赞此屋，认为风水极佳，后代必出公卿。

范仲淹听了这话却改了主意，既然此屋风水绝佳，何不改为学堂？让苏州城贫苦百姓的子弟入学，将来他们的子弟都能贤达显贵，较之自己一家的子弟显贵，不是更为有益？于是决定把院子买下之后立刻捐出来，改作学堂。

有人评价此举有"培育百世之德"，故有百世的子孙绵延。

这里才出现了一个重大的字眼：德。唯有这个字，才是让潜观则失灵的法宝。当然教育子孙，也需要呕心沥血，他课子极严，立有"百字铭"：

孝道当竭力，忠勇表丹诚；兄弟互相助，慈悲无过境；勤读圣贤书，尊师如重亲；礼义勿疏狂，逊让敦睦邻；敬长与怀幼，怜恤孤寡贫；谦恭尚廉洁，绝戒骄傲情；字纸莫乱废，须报五谷恩；作事循天理，博爱惜生灵；处世行八德，修身率祖神；儿孙坚心守，成家种善根。

教育有方，孩子有样。范仲淹的长子范纯祐历任监主簿、司竹监。次子范纯仁，中皇祐元年进士及第，宋哲宗时拜相。三子范纯礼历壬河南府判官、吏部郎中、礼部尚书等职。四子范纯粹，官至户部侍郎。

晚年，范仲淹告老还乡，他几乎把所有的家产都散尽了。以至于自己去世时，连一副像样的棺材都买不起。

大德之荫，泽被后人。到他的十二世孙范文从时，已经是明朝的洪武年间。范文从官拜御史，有一回因为忤旨，朱元璋一怒之下要下狱论死。后来朱元璋又检视狱案，看见了他的姓名籍贯，就召来问他："汝非范文正后人乎？"文从回答："臣仲淹十二世孙也。"朱元璋默然，即命左右取帛五方来，御笔大书"先天下之忧而后忧，后天下之乐而乐"二句，赐之。谕："免汝五死！"此事载于清代萧山人来集之的《樵书》。

《樵书》还记载着这样一条：范仲淹的功德文章，非佐在士大夫中享有盛誉，就连盗匪也敬畏三分。范仲淹的裔孙范希荣，在经商的途中不幸遇到了强盗。在问答中，范希荣说，我是范仲淹的后代。强盗一听，感叹道："这是好人的子孙啊！"遂一物不取。

"穷不过三，富不过五"，应该说适合大多数的人，但是对于一位德者，这个规律可能就不灵，弯道能被拉直，灾祸化为吉祥。

六首偈子参看司马光的通达

有人说，中国最高深的学问不是诗词歌赋，不是先秦散文，不是老庄，甚至不是周易，而是佛家的一千七百多条公案，认为这是转识成智，明心见性的通幽曲径，笔者极赞同这种说法。

但是不少偈子却因为时间流转，或者只记述了当时的语言而失却了当时的语境，几成哑谜绝响，或者有些僧人故意"为隐语以相迷"，有些僧人"大言以相胜"，反而使后来者"怅怅然益入于迷妄"。

现代人说，能把复杂问题简单化的，是高人。司马温公写了六首偈，精义奥博且深入浅出，无怪乎得到苏轼的认可，手书传之于世。而这件可称之为双绝的作品后为岳飞之孙岳珂所得，认为此偈"坦明无隐"，"足以得儒释之同"，视之珍逾拱璧。

今录司马温公六首《解禅偈》如下：

其一：忿气如烈火，利欲如铦锋。终朝常戚戚，是名阿鼻狱。

其二：颜回安陋巷，孟轲养浩然。富贵如浮云，是名极乐国。

其三：孝弟通神明，忠信行蛮貊。积善来百祥，是名作因果。

其四：仁人之安宅，义人之正路。行之诚且久，是名光明藏。

其五：言为百代师，行为天下法。久久不可掩，是名不坏身。

其六：道义修一身，功德被万物。为贤为大圣，是名菩萨佛。

读完这些偈子，在赞叹之余又有些疑惑，司马光是真君子不假，为人坦荡，甚至"事无不可对人言"，这也不假，但是以前看过的资料里，他似乎是个排佛辟佛的人，怎么又能写出如此通达的佛偈？

邵雍与司马光是同时代的人，关系不错。此人淡泊名利，不愿当官，宋仁宗和宋神宗两朝，两度被举荐，他都说自己有病推掉了。死后，宋哲宗赐谥康节。

邵雍在洛中经常聚集名贤，谈佛说禅，颇称盛事。司马光调侃他，有《戏呈尧夫》一诗：

近来朝野客，无座不谈禅。

顾我何为者，逢人独憮然。

羡君诗即好，说佛众谁先。

只恐前身是，东都白乐天。

不愧是好朋友，此诗信手拈来，有褒有刺。从诗中可以看出司马光根本不信佛，所以在朝中很孤立、很憺，因为"无坐不谈禅"。其中谈禅谈得最好的，就是邵雍你了，难道你是白居易投胎转世来的吗？

玩笑归玩笑，司马光真实的思想境界也会从诗里流露出来，比如这首小诗《花庵独坐》：

> 荒园才一亩，意足已为多。
>
> 虽不居丘壑，常如隐薜萝。
>
> 忘机林鸟下，极目塞鸿过。
>
> 为问市朝客，红尘深几何。

邵雍看了，认为他本性里其实还是近佛的，于是专门写了一首《和君实端明花庵独坐》：

> 静坐养天和，其来所得多。
>
> 耽耽同厦宇，密密引藤萝。
>
> 忘去贵臣度，能容野客过。
>
> 系时休戚重，终不道如何。

大概是司马光天赋太高，已经到了触类旁通的地步，他的另一首诗里大有禅机。

> 到岸何须筏，挥锄不见金。
>
> 浮云任来往，明月在天心。

由此来看，司马光写出《解禅偈》，本来也是水到渠成的事。进一步说，禅偈写得好，未必真通达，何况也有人对此偈不以为然，对于"因果"和"光明藏"的解读不正确，这不在本文探讨范围之内。

明代朱柏庐《朱子治家格言》有句名言："读书志在圣贤，为官心存君国。守分安命，顺时听天。为人若此，庶乎近焉。"这个'近'指的是接近了圣人的境界，其实如果一个儒士能近乎圣人，那离佛菩萨的境界本也不远，而司马光已然达到了这样的高度。

几件小事，可以看得出司马光内心的纯净。

第一件事就是"典地葬妻"。司马光的老妻离世，为官40年，职高权重的他竟然没钱为老妻安葬，只好把仅有的三顷薄田典当出去，置棺理丧，才算尽了丈夫的责任。

上了岁数的司马光更加坦荡无私，一天他叫家人去把自己的马卖掉，还不忘嘱咐："这马夏天得过肺病，你卖的时候要跟买主讲清楚了。"

司马光老年体弱，有一个好朋友实在看不下去，打算买一个婢女来侍候他，司马光一听要花五十万钱，赶紧拒绝："吾几十年来，食不敢常有肉，衣不敢有纯帛，多穿麻葛粗布，何敢以五十万市一婢乎？"

司马光可以纯粹到这种近乎透明的程度，印证了他在诗偈中所说的"为贤为大圣，是名菩萨佛"。所以，"近"字都有些委屈他，邵雍说，"君实九分人也"，他还是替好朋友谦虚了一分。笔者更同意张轼的说法："虽圣人，不过如此说，近于'终条理者'矣。"

诸葛亮在司马光的眼里竟然是个"寇"？

诸葛亮是什么人？经过《三国演义》的渲染，他简直是神一样的存在。什么"隆中对"，什么"空城计"，什么"草船借箭"，尤其是网络上疯传的鬼畜视频"诸葛亮骂王朗"更是让人绝倒。

要是一本正经地介绍他：诸葛亮，中国古代三国时期蜀汉的丞相，是中国历史上伟大的政治家和军事家。

从来都不客气的鲁迅先生总是语出惊人，他说《三国演义》"亦颇有失，以至欲显刘备之长厚而似伪，状诸葛之多智而近妖"。就是说，三国里把诸葛亮写得呼风唤雨，撒豆成兵的，简直快成了妖精了。

虽然是像个妖精，也还算是正面的评价。但是司马光的《资治通鉴》把一顶"寇"的帽子扣在了诸葛亮的头上。

《资治通鉴》明确记载魏明帝太和五年："（诸葛）亮帅诸军入寇，围祁山，以木牛运。"认真看了几遍，确实是这么写的。回头找来陈寿的《三国志·诸葛亮传》，写得也算中立客观，"九年，亮复出祁山，以木牛运"。

司马光老先生主编的《资治通鉴》是被誉为可以与《史记》并列同光的史书，那他怎么就这么打压甚至是抹黑诸葛亮呢？

客观地说，《资治通鉴》是一部政治史，是给统治者们写的历史，是让他们"以史为镜"的，所以，司马光这个老实人，这个"事无不可对人言"的大儒，还是悄悄地夹带了私活，书里掺入了他个人的好恶，比如他喜欢白居易那就大书特书，而他看不对眼的杜甫竟然就一笔带过了。难怪朱熹会大怒，说："温公修书，凡与己意不合者，即节去之，不知他人之意不如此。《通鉴》之类多矣。"

究其原因，这位极正统的学究先生恐怕认为蜀汉不是正统，所以在《资治通鉴》里他只给他认为正统的魏国作纪。大概他认为魏是由汉献帝禅让而立的，可蜀汉与汉也是很有渊源的，刘备就一直到处说自己是中山靖王的后人。到底谁家更正统，一直有争议，但司马光先生就那么写了，后人其奈我何？

好在，《资治通鉴》那么大部头的巨书，也没有多少人能啃下来，在老百姓中的影响力指数也是极低的，你认为是"寇"就那么写去吧，老百姓只认《三国演义》，他们从来都不怀疑诸葛亮就是一尊神。

他们因何认为王安石为奸人？

邵雍其实并没有和王安石发生正面冲突。但当时确定有两个人表现得很决绝，都认为王安石是奸诈小人，其中之一就是苏轼的父亲苏洵老先生。

当王安石声名鹊起的时候，一些人把他捧成当朝孔子，士大夫们也争着上门去拜见。苏洵坚决不去，不光不去，还闭门写下了一篇《辨奸论》，矛头直指王安石："今有人，口诵孔、老之言，身履夷、齐之行，收召好名之士、不得志之人，相与造作言语，私立名字，以为颜渊、孟轲复出，而阴贼险狠，与人异趣。"他认为"凡事之不近人情者，鲜不为大奸慝"。

如果说苏洵还是在拐着弯骂人的话，另有一个叫吕诲的御史中丞，直接就说王安石是个大奸了。他对司马光说："大奸似忠，大诈似信。安石外示朴野，中藏巧诈，骄蹇慢上，阴贼害物。"意思是王安石外表看起来朴实其实很狡黠，心高气傲，怠慢皇上，一定会害国害民。耿直的吕诲递弹劾奏折上去，很快被罢官。吕诲一生三次担任谏官，都因弹奏执政大臣而被罢免。

有人认为《辨奸论》并不是苏洵所著，更像是邵雍的儿子邵伯温写的，这桩公案暂且不论。这篇文章的主旨是"见微知著"，真正能做到这一点的人正是邵雍。

治平年间，那时候王安石初显峥嵘。这一天，邵雍与客人在洛阳的天津桥上散步，忽然听到耳边传来一阵杜鹃的啼鸣，邵雍的脸上表现出深深的忧虑。邵雍说："洛阳以前是没有杜鹃的，如今才开始有了。天下将得太平时，地气是从北到南的；天下将陷入混乱时，地气是从南到北。如今南方地气来了，飞禽鸟类，是最先感受到地气的。"

果然不到两年的时间，宋神宗开始起用王安石等一班南方士子担任宰相，专门致力于变法革新，结果操之过急，"天下自是多事矣"。

《十八史略》云："至是，雍言果验云。"邵雍的话果然被验证了。

熙河开边：大宋也曾金戈铁马、气吞万里

尽管宋朝以武将得国，但是一直以来重文轻武，对外不够强硬。周边的民族不断挑衅，而宋朝似乎总在采取守势，所以有人说宋朝积弱。

其实，宋朝也不是一贯柔弱的，熙河开边就是主动出击，连败吐蕃和西夏联军，开边拓土两千余里，不仅打出了宋朝的精气神，完成了对西夏的包围之势，也使吐蕃政权逐渐瓦解。

这场淹没在历史长河深处的战争，是北宋开国八十年最大的一次军事胜利。但是，这样的大胜仗却一直少有人知。

熙河开边，重振大宋雄风的指挥者，竟是两个姓王的江西文人，一个是居中指挥的临川王安石，另一个是亲自冲锋陷阵的德安王韶。

宋朝苦于西夏的袭扰多年，始终未能找到克敌制服的方法。宋神宗熙宁元年，进士出身的王韶献上《平戎策》三篇，详细陈述了攻取西夏的策略。其大意是："要想攻取西夏，应当先收复河、湟二州之地，这样夏人就有腹背受敌之忧。"

宋神宗重用王安石等人，正要变法图强，王韶的策略得到高度重视和采纳。于是收复河陇的重任就交给了王韶，他修筑古渭城，组建通远军，拉开了熙河开边的序幕。

熙宁五年七月，王韶派兵至渭源堡和乞神平，击败蒙罗角、抹耳水巴等族。随后他带领部队直趋抹邦山，与羌军展开激战。在危急时刻，王韶披挂冲锋，亲冒矢石，大呼陷阵，羌人大败。

一代名将王韶"用兵有机略"，"每战必捷"。他主导的熙河开边，共拓土二千余里，收复熙、河、洮、岷、叠、宕六州，恢复了安史之乱前由中原王朝控制这一地区的局面，并生擒羌人首领木征，献俘京师。

名动天下的苏东坡听说熙河大捷后，于此时写就他的名篇《江城子·密州出猎》：

酒酣胸胆尚开张。鬓微霜，又何妨。持节云中，何日遣冯唐。会挽雕弓如满月，西北望，射天狼。

随后，北宋在新边之地设郡县、建堡寨，河湟区域出现了新气象。

清代著名学者、史学家蔡上翔对王韶的评价是："韶以书生知兵，诚为不出之才。而谋必胜，攻必克，宋世文臣筹边，功未有过焉者也。"意思是王韶以文臣而能带兵攻战，且战无不胜，功勋卓著，在整个大宋朝镇边的文臣当中，似乎没有能超出他的人。

王韶因为立有如此不世功勋，宋哲宗曾令在熙河路立王韶庙，而宋徽宗亲赐王韶庙的庙额为"忠烈"，到政和四年，宋徽宗加赠王韶为太尉、司空、燕国公。

不为美色所动，王安石辞妾

　　王安石由于变法触动了不少人的利益，其中不乏权贵官僚阶层，找他毛病的人当然也都睁着雪亮的眼睛。但是王安石在私生活上非常检点，没有给人留下任何把柄。尽管有人无中生有，说扒灰的典故跟王安石有关，但纯属小人含沙射影。

　　曾跟王安石同朝为官的邵雍是著名的理学家，也是一位易学大师，其子邵伯温留下一本笔记，叫《邵氏闻见录》，里面记载了这样一则故事：

　　王安石担任知制诰时刚刚40出头。知制诰是个专门为皇上起草诏书的官职，一般都是皇上最器重的、当朝最有才华的人来担当，所以那个时候的王安石正是皇上的红人，前途不可限量。

　　这天他下朝回家，走进内室，发现灯下坐着一个如花似玉的美女。王安石就问这美女哪里来的，美女回答说，是夫人让我来侍奉老爷您的。王安石马上找来他的老伴吴夫人，夫人解释说，这就是为老爷您买了一个小妾，让她来好好照顾您……

　　要是换了别人，一定求之不得。但王安石却不是这样的登徒子，他回头问那个美女："你是谁家的女人？怎么会被卖到这里？"

　　那美女哭着说："我的丈夫是军中官员，负责押运漕米，可是不幸粮船失事沉没，把家里所有的资产都赔上还不够，所以只能卖了我来补偿。"

王安石知道了美女的来历，很伤感，他说："夫人花了多少钱买的你？"女子说："九十万钱。"

王安石当即叫来美女的丈夫，让他把女人领回家好好过日子，又额外给他们一些钱，补上了朝廷的亏空。夫妻俩千恩万谢地去了。

故事就是这么简单。邵伯温品德高尚，其父邵雍并不是王安石一党，对王安石的改革也并不看好，所以他记述的故事可信度很高。

后附邵伯温先生原文，古人文辞之简约，不得不赞。

王荆公知制诰，吴夫人为买一妾，荆公见之，曰："何物也？"女子曰："夫人令执事左右。"安石曰："汝谁氏？"曰："妾之夫为军大将，部米运失舟，家资尽没犹不足，又卖妾以偿。"公愀然曰："夫人用钱几何得汝？"曰："九十万。"公呼其夫，令为夫妇如初，尽以钱赐之。

王安石欲重修《三国志》

《史通》中有一句话，虽然作者刘知几写得漫不经心，但是对陈寿的评价却实在不高，其文如下："当宣、景开基之始，曹马构纷之际，或列营渭曲，见屈武侯，或发使云台，取伤成济，陈寿、王隐咸杜口无言……"

大意就是说当司马懿和他儿子司马师开始搞那些阴谋时，当曹氏和司马氏因为争权而结怨纷争时，或者是司马懿在渭曲被诸葛武侯凌辱时，或者是曹髦把铠甲和兵器发给士兵下凌云台与司马昭一决生死反被成济所杀时，陈寿的《三国志》和王隐的《晋书》都闭口不言……

不敢说真话，在写史的人当中并不少见，只是胆小怕死罢了，不可能每朝都有像董狐这样不要命的史官。但是陈寿被后人看不起，倒不是因为他的《三国志》写得有多不堪，而是他的行节有亏。

在正史《晋书·陈寿传》中，记载："丁仪、丁廙有盛名于魏，寿谓其子曰：可觅千斛米见与，当为尊公作佳传。丁不与之，竟不为立传。"

在正史的记载里，陈寿竟公然索贿，意思是给了"千斛米"就可以为丁仪等人写个好传，结果人家不买账，他就果然不给立传了。这简直有点拿手里的史笔开玩笑的意思了，文人无良，莫此为甚。

不仅如此，他陈寿一个降官，竟然对诸葛亮父子也没"作佳传"，原因在《晋书》里也有交代："寿父为马谡参军，谡为诸葛亮所诛，寿父亦坐被髡，诸葛瞻又轻寿。寿为亮立传，谓亮将略非长，无应敌之才；言瞻惟工书，名过其实。议者以此少之。"

这里的意思是，陈寿父亲曾做过马谡的参军，马谡失了街亭被诸葛亮含泪杀了，而陈寿父亲也受罚被剃了个大光头或阴阳头，再加上诸葛瞻又看不上陈寿。因而陈寿立传，就说诸葛亮军事谋略非其所长，又无临敌应变之才，还说诸葛瞻只是工于书法，名过其实。可惜的是，诸葛父子都死于社稷，而陈寿却投降了，因此后人就轻视陈寿的为人。

《晋书·陈寿传》是唐朝房玄龄等人撰写的，笔者相信房的品行和为人。他还记录了陈寿的这样一件事：陈寿父亲去世，他在守丧期间，因为生病而让婢女伺候自己服药，结果被来客看见，乡党因此对他颇多议论指责。

可能就是因为上述种种原因，王安石很看不上陈寿，不仅是对他的人，对他的《三国志》也颇有微词。这在宋代王铚的《默记》中有记载：苏东坡曾经对刘壮舆说："轼元丰中过金陵，见介甫论《三国志》曰：'裴松之之该洽，实出陈寿上，不能别成书而但注《三国志》，此所以口（原本缺此字）陈寿下也，盖好事多在注中。'"

王安石说，给《三国志》作注的裴松之其实很博学，水平在陈寿之上，没有专门著一本书而只给陈寿作注，实在可惜，其实他的注中有很多的好东西呀！

"安石有意重修，今老矣，非子瞻，他人下手不得矣。"王安石就想重修三国史，可惜他自己老了，他觉得除了苏东坡，别人都够呛。但是苏东坡也没敢接这活儿，他说自己"于讨论非所工"，意思就是我写写散文恐怕还行，写议论文不是我所长呐。

王安石对此事还真是上心了，可见他确实对《三国志》和陈寿很不满意，他不光给苏轼说过，还找过别人。在唐庚的《三国杂事》里有这样的记载："往时欧阳文忠公作《五代史》，王荆公曰：'五代之事，无足采者。此何足烦公。三国可喜事甚多，悉为陈寿所坏，可更为之。'文忠公然其言，更不暇作也，惜哉！"

欧阳修当时修《五代史》呢，王安石说，《五代史》没什么劲儿，三国时候的精彩事儿那么多，可惜都让陈寿给写坏了，你应该重修一下。欧阳修也很同意王安石的观点，可惜人生苦短，没有那么多的时间了。

宣仁皇后说了什么，让苏东坡痛哭？

在中国古代最有才华的文人中，苏东坡的坎坷经历如果用一个曲线图来呈现，也应该算是起伏到最大的程度了。

当年他考进士，就因为欧阳修的一个乌龙而屈居第二。他策论的题目是《刑赏忠厚之至论》，主考官欧阳修赞不绝口，却误认为是自己的弟子曾巩所作，为了避嫌，把他列成了第二。但21岁的苏轼和才华卓绝的弟弟——19岁的苏辙同时高中，让当时的宋仁宗都喜不自胜："吾今又为吾子孙得太平宰相两人。"意思在皇帝的眼里，这兄弟二人都是万里宰相之才。

但事实上苏东坡一生也没有走到宰相那个治国经邦的位置上，尽管他可能具备那个能力。他做得最大的官应该是吏部尚书，可并没有到任。其他听着很好听，但无实权，如龙图阁学士、端明殿学士。这和清代的大学士履行宰相之权完全不是一个概念，这就是一个荣誉称号。相反，他一路被贬官的糟糕经历可以让他把拐杖一路丈量到颍州、扬州、惠阳，甚至被贬至海南岛。这还不说，因为乌台诗案，他还在大狱里历练了103天，差点把手也让人砍了去。

但苏东坡让人喜爱的就是在这样的逆境中仍然能写出那么多豪迈而洒脱的诗词，这个人性格豁达到何种程度，都在诗词里看到了。但他也有端不住

的时候，有那么一次，宣仁皇后一句话，让他泣下如雨，哭得一塌糊涂。

元丰八年，神宗驾崩，宋哲宗即位，太皇太后临朝听政，她就是后来被称为女中尧舜的宣仁皇后。一直在外当那些个不着调的小官的苏轼被召还朝。在此期间，他像平步青云一样一路高升而上，半月后就升为起居舍人，三个月后，升为中书舍人，没多长时间，苏东坡又被升为翰林学士、知制诰、知礼部贡举，他正在一步一步地走近权力中枢。

这一天，他奉命写圣谕，被宣仁太后召见。

太后问他："学士前年为何官？"

苏轼回："臣前年为汝州团练副使（大概是个有名无实权的地方小官）。"

"今为何官？"

"臣今待罪翰林学士（正三品）。"

"何以遽至此？"你怎么就能升职这么快呢？

苏东坡也会拍马屁："是因为遇到了太皇太后。"

宣仁太后倒不领情："不关老身事。"

"那就是皇帝的恩典了。"

"皇帝还小，也不关他的事。"

"那是大臣们的举荐吗？"

"不！这也不关大臣们的事。"

苏东坡有些吃惊了，赶紧跪下："臣虽无状，不敢自他途以进。"我虽然没有什么才能，但也不敢通过其他不正当的途径来做官。

"早就想让学士你知道了，这是神宗皇帝的意愿。"宣仁太后悠悠地说："皇帝在的时候，每次读到你的文章，就是吃饭的时候也会停下筷子。太监们都知道，这必然是苏轼之作。"

"皇帝每次都说，苏东坡确实是奇才大才，但让人遗憾的是，皇帝正准备进用你，就不幸仙逝了……"

苏东坡听到这儿，不由得失声痛哭，泪下如雨，太后跟小皇帝哲宗也跟着哭。

哭了半天才收住，太皇太后命给苏东坡赐座赐茶，又说："学士只需要尽心尽力做事，以此来报答先帝。"

苏东坡再次跪拜在地，哽咽难言。

天色已至暮时，太皇太后命撤御前的金莲烛一盏给苏东坡照明，送归翰林院。

这本是君臣之间一段很可喜的际遇，但很可惜的是，一心报国的苏东坡不断对旧党执政后暴露出的腐败现象进行抨击，结果又遭诬告陷害。他既不能容于新党，又不能见谅于旧党，只好再度请求外调。

这一次，他到了杭州。也好。那条纵贯西湖，六桥相接的苏堤，是他诗词之外，留给后人的最好礼物。

裴休与苏东坡的"无明火"

说到这个段子，得先介绍一下一个词叫"无明火起"，不了解这个词不好理解下文。

在《西游记》里，说到猴王因为弼马温官职太小，一时无明火起，打出天庭。可回头想想，无非是遭人轻视，胸中腾起一腔怒火，何以要说"无明"呢？

追根溯源，"无明"即痴昧、无慧、昧于事理，包括贪欲和嗔怒等，系从梵语Avidya意译而来。净土宗的初祖慧远和尚在《大乘义章》卷四中说："言无明者，痴暗之心，体无慧明，故曰无明。"

在佛经里，"十二因缘"指从"无明"到"老死"，十二个因果相随的环节，"无明"居首。《楞严经》卷四说得更为玄妙："贪爱名为母，无明则为父。"佛经中对"无明"有各种详尽的分析，不必一一而道。简而言之，修行佛法的终极目标是成佛，而成佛首先就必须彻底破除无明。

唐朝名相裴休，山西闻喜人，性善好佛。有一天，他在佛寺殿壁上见有"无明火"三字，不解其意，于是恭敬请教住持黄檗禅师。想不到，禅师很不客气："真差劲！堂堂大唐的宰相爷，学问盖天下，怎么连这样简单的'无明火'三个字都不懂呢？"

裴休面红耳赤，火冒三丈："岂有此理！我是大唐宰相，又不是印度宰相，怎懂得印度经典？"禅师笑着说："无明火从此生矣！"

裴休听了，智慧顿开，霎时心平气和地说："噢！原来如此。"禅师又说："无明火从此消矣！"这位黄檗禅师当真是高人，因势诱法，随机拨动，精秘佛法，在这一问一答之中展露无遗。

人常说："一把无明火，烧掉功德林。""无明"可毁掉修行人的佛性。在《释氏要览·澡静》里，还有"八风"之说，系指尘世间迷惑人心的八件事：利、衰、毁、誉、称、讥、苦、乐。

关于"八风"，在《东坡志林》载有这样一段趣文：

某日，苏轼出关之后，作五言诗偈，以为颇具修持功夫，甚为得意，偈曰：

> 稽首天中天，毫光照大千。
>
> 八风吹不动，端坐紫金莲。

他派书童过江，专程送给金山寺的佛印和尚欣赏印证。谁知佛印一笑，略一沉吟，只批了两个字，交给书童原封带回。

苏东坡打开一看，只见上面大书二字"放屁"。

苏轼一时无明火起，即备船过江，去找佛印问罪。及至，却见禅堂紧闭，门上贴一张纸条，写的是"八风吹不动，一屁打过江"。苏东坡到此才恍然大悟，惭愧不已。

乱世北宋

◆

故人知否，故人知否？铁马冰河入旧梦，
踏碎多少风流

◆

芸芸众生中有几人能有米芾的境界？

不得不说，中国历代的文学爱好者们有不少是追佛学的"热粉"，追的结果是不断推广佛学用语。如宋代曾敏行的《独醒杂志》记载："（黄庭坚）始见《怀素自叙》于石扬休家。因借之以归，摹临累日，几废寝食。自此顿悟草法，下笔飞动。"

黄庭坚借了别人的字帖回家，夜以继日苦心琢磨，终于功力大进。说到这种借书借字帖的事，顿时就想起了宋代另一个与黄庭坚齐名的人物来。

此人就是米芾。在真州，他曾经在船上拜访蔡攸，蔡攸拿出自己收藏的王羲之的《王略帖》给米芾看。米芾对这幅作品喜欢得不能自已，一再请求用别的画来换取《王略帖》。蔡攸也很喜欢这帖，当然感到很为难，所以不能答应他。

谁能想到，米芾竟然说："你如果不跟我换，我也不想活了，就跳进江里死去。"他大嚷大叫着，靠着船舷作势要跳江。蔡攸看他都成了这副德行，干脆把《王略帖》给他了。

米芾性格怪异，但他很洒脱很浪漫，有时幼稚如婴儿，却是一种不可企及的境界。他在学佛修禅的过程中，偶见水桶的底部脱落，由此而引发他突然之间灵性开启而顿悟。

清代《四库禁书》引自《何氏语林》书中云："米芾晚年学禅有得，卒于淮阳军中，先一月处理家事，写告别亲友书，并尽焚平生所好书画等物，更又置一棺，坐卧饮食皆在棺中。前七日，不茹荤腥，更衣沐浴，焚香静坐，及期，遍请诸郡僚，举拂（尘）示众曰：'众香国里来，众香国里去。'说完掷拂合掌而逝。"

　　往生的道路走得如此从容，这可以算得上来世间潇洒走一回了。天下之大，芸芸众生，学佛者众，但几人能有米芾的境界？

梁山好汉到底是三十六人还是一百〇八人？

根据正史记载："宋江以三十六人横行河朔"。早期流传在民间的有关梁山好汉的故事也都是三十六人，到了宋末的时候，一些史料当中出现了三十六人的姓名和绰号。一直到了《水浒传》，才真正出现了三十六天罡，七十二地煞，合成这一百〇八单将。说起来，这靠的都是作者妙笔生花的通天本领。

在元杂剧《双献功》里，宋江说："名达天庭，聚三十六员英雄将。"在《燕青博鱼》里，宋江也说："俺三十六勇耀罡星，一个个正直公平。"在《争报恩》里，宋江还说："聚义的三十六个英雄汉，哪一个不应天上恶魔星。"

看来，至少在元杂剧里，水泊梁山上的英雄好汉还是三十六人的，可是到了《水浒传》里，施耐庵把他们扩张成一百单八将，多出来的七十二人也不是凭空杜撰出来的，他应该有所参照。

据吕乃岩先生的考证，他认为施耐庵参照的应该是《瓮天脞语》，此书的作者不详，书成于元朝初年，而其中有"宋江"这一条。说到了宋江在李师师家里壁上题词的事儿，而词中有一句，"六六雁行连八九，只待金鸡消息"，这六六加上八九，可不就是一百〇八单将了吗？

这首小词叫《念奴娇·天南地北》，全文如下：

天南地北，问乾坤，何处可容狂客？借得山东烟水寨，来买凤城春色。翠袖围香，绛绡笼雪，一笑千金值。神仙体态，薄幸如何消得！

想芦叶滩头，蓼花汀畔，皓月空凝碧。六六雁行连八九，只待金鸡消息。义胆包天，忠肝盖地，四海无人识。闲愁万种，醉乡一夜头白。

这首词写得非常出色，前面写水泊梁山的风光，后面写迫切盼望接受招安的心情。

《水浒传》的七十二回里，作者就是把这段搬了进来，当然他加上了自己的想象和发挥。

至此可以想见，本来《水浒传》描写的主要人物是那三十六条好汉，再加上后来的这七十二路好汉，故事更加丰富饱满，波澜起伏，看起来风云激荡，更加过瘾。

梁山好汉的怪绰号原来是这意思

《水浒传》的一百○八单将中有不少绰号都很奇怪，最不可解的是"一丈青扈三娘"。

有人说"一丈青"是一种兼带挖耳勺的细长首饰，一头尖细，一头较粗，顶端作小勺；还有种说法是"一丈青"是一种剧毒的蛇，行动迅捷。在《宣和遗事》里"一丈青"的绰号原本是李横的，此人是呼延灼的部将，后来一齐投奔了宋江。再后来施耐庵把这个绰号移植给了扈三娘。个人感觉这两种说法都不太靠谱，似乎应该是一种什么凶猛的走兽或者飞禽的代号。

接着是"井木犴郝思文"。

"犴"是一种传说中的神兽，是龙生九子之一，全名叫"狴犴"。"形似虎，有威力，故立于狱门"，所以古时"犴"是牢狱的象征。

还有"火眼狻猊邓飞"。

狻猊就是狮子，狮子随佛教传入中国，作为佛菩萨的坐骑。古人敬畏狮子，有时不免夸大狮子的威力。《穆天子传》卷一："狻猊、野马走五百里。"郭璞注："狻猊，师（即"狮"）子，亦食虎豹。"

还有"翻江蜃童猛"。

　　"蜃"是巨型的蛤蜊，民间也叫它蚌壳精。自古以来，人们认为它在水中有兴风作浪、翻江倒海的本事。

　　还有让人费解的酒店老板，负责梁山泊情报联络的头领——'旱地忽律朱贵'。

　　忽律也写作忽聿，说鳄鱼大家就一清二楚了，民间说的猪婆龙也是它。《水浒传》第二十三回，武松在景阳冈上打死猛虎，猎户大吃一惊道："你那人吃了忽聿心、豹子肝、狮子腿！"这一处的忽聿和忽律是一回事，都是说鳄鱼。那这旱地的鳄鱼当然说的是朱贵的凶横与霸道。

　　另外，不好理解的还有"摩云金翅欧鹏"。

　　其实借的是佛学里说的金翅大鹏"迦楼罗"，一种大鸟，翅有种庄严宝色，头上有一个大瘤，是如意珠，此鸟鸣声悲苦，以龙为食。传说岳飞就是"大鹏金翅鸟"投胎转世。

　　再说说"活闪婆王定六"。

　　"活闪"应该是"霍闪"，在江淮一代人们指闪电。翟灏《通俗编》云："雷电霍闪，今人每连称之。"唐顾云有诗："金蛇飞状霍闪过，白日倒挂金绳长。"在传说中，闪电之神是电母，故称"霍闪婆"，这王定六身型细小，动作敏捷，倒也能合得上。

　　最后一个说说本是青州强盗的"险道神郁保四"。

　　此人倒是一条大汉，身长一丈，腰阔数围。但险道神的本义是传说中死者的开路神，一名阡陌将军。这位大神身长丈余，头广三尺，发赤面蓝，相貌凶恶。旧时丧礼，人们常用纸札制成巨大的险道神形象，在灵柩前开路。

为何时迁功劳极大却排名垫底？

先来看看梁山排名最垫底的这几位好汉：

排104位的是活闪婆王定六，排105位的是险道神郁保四。王定六功夫稀松就是跑得还快点，当然和神行太保戴宗比起来只有吃尘的份；郁保四长得高大点，也没别的能耐，只好在中军扛大旗。接下来的排名106位的是白日鼠白胜，这个闲汉可能连个江湖小混混都算不上，被捉拿之后还把晁盖等人给招了，差点害了他们的命，几乎就是个叛徒。接下来才轮到本文的主人公，排名第107位的地贼星、鼓上蚤时迁了。

不光是个副榜主，还把一个"贼"字用在地煞的名字上，生怕别人忘了时迁的出身，施耐庵也算是刻薄了。

时迁应该算是梁山不可多得的人才，刺探军情，放火接应，高来高去，陆地飞腾，轻功第一没得说。有道是："骨软身躯健，眉浓眼目鲜。形容如怪族，行步似飞仙。夜静穿墙过，更深绕屋悬。偷营高手客，鼓上蚤时迁。"还有身手矫健的"通臂猿侯健""跳涧虎陈达"之类，轻身功夫应该也有点，但要论轻功，时迁还是不用太低调的。

但是为什么他的排名仅仅排在他的同行专以盗马为生的"金毛犬段景住"的前面呢？

　　这就谈到了梁山的鄙视链，108位好汉，名门之后、土霸山贼、杀人犯、旧军官、落第举子、文面犯人各自粉墨登场，可能是他们当初的职业或者出身都比时迁要好点，时迁不仅仅是个小偷，曾经还干过盗墓的勾当。但是英雄不是不问出处吗？明面上是那么说，在梁山这块地方，硬抢的、愣的、横的、不要命的都排在前面，暗偷的只能蹭碗酒喝，这个鄙视链决定了担任"走报机密步军头领"的时迁，不得不委屈在链条的最底端。

　　时迁妙手空空顺了一只鸡被人看不起，铁牛两把大斧子杀了多少无辜百姓，都能被轻轻放过。所以梁山的逻辑首先是你得"强横"，砍头不过风吹帽。二是宁可成"大盗"，当面取人的东西和性命，不能穿房越脊去偷窃。

　　时迁自己作为鸡鸣狗盗之辈，能不被嫌弃，被收容在梁山混个椅子坐坐，就已经很知足了。所以，他后来兢兢业业干好工作，虽然处在链条最下端，却从不掉链子。有人认为，他的作用在梁山甚至比某些五虎将的作用还大，如果吴用的谋略里少了时迁这一环，几乎都是无法完成的任务，这个智多星的军师变成"智少星无用"，也是一个笑谈。时迁是梁山计谋当中最关键的一个环节，试想一下，如果不是他盗来徐宁的金甲，梁山可能早被呼延灼的铁甲连环马给一股脑儿荡平了。

　　火烧翠云楼、刺探曾头市、撞钟法华寺、火烧济州、火烧宝严寺、卧底盖州城、火烧独松关、火烧昱岭关……每次大战，时迁在关键时刻都起到了扭转战局的重要作用，将他排到三十六天罡星里也毫不为过。

　　但很可惜，他一没出身，二没派系，曾经干过黑白两道都不齿的活计。所以，到了战胜方腊准备凯旋的时候，施耐庵经过深思熟虑以后，把他给写死了——"患搅肠痧而死"。死得十分蹊跷，大概是觉得这么一个江湖小贼真要沐猴而冠当个官员终究不成体统。

人品太差，有人配不上梁山好汉的名号

《水浒传》里的梁山一百〇八位好汉，其实还是很有几个名不副实的，这几位跟鲁智深、武松、花荣这些正经好汉们放在一起大块吃肉、大碗喝酒，真有点滥竽充数。

要说让人看不起，先说说小霸王周通。此人绰号"小霸王"，除了长相有点沾边，其他一概是辱没霸王的名声，使一杆走水绿沉枪，功夫很稀松平常，最终是在征方腊的时候被厉天闰一招给杀了。周通这个恶霸的缺点是好色，还变相明抢，一眼看中刘太公的女儿，"撇下二十两金子，一匹红锦为定礼"，然后就选个日子去迎亲。要不是遇上鲁智深，还真把人家姑娘给糟蹋了。

但周通比董平还强点，有人说双枪将董平是梁山人品最差的，几次提亲想娶程太守的女儿，结果人家不肯，他就勾结宋江等人灭了程太守的全家，只把程太守的女儿留下给自己当老婆，这算是天良丧尽的强娶。尽管董平也算是五虎将之一，纵然武功再高，这事干得也令人鄙视至极。

董平是一个"心灵机巧，三教九流，无所不通，品竹调弦，无有不会"的帅哥，可那死心眼的程太守为什么就不肯把女儿嫁给他呢？眼光太毒，大概是太了解董平的为人了。

这两个伪好汉可以给自己找个借口，叫"英雄难过美人关"——如果他们好意思自称英雄的话。但接下来这位号称"虎"的矮脚虎王英，简直丧尽天良，见一个女人就想抢一个。

平时抢多少良家女子就不说了，他连清风寨知寨刘高的妻子也抢，准备带回房中取乐，好不容易被宋江等人劝住。后来破了清风寨，他还惦记着那个女人，又弄回山寨准备当压寨夫人，想不到此女被燕顺一刀给结果了，王英大怒，夺刀就准备和燕顺火并！这种重色轻义的家伙，按说在江湖上根本就立不住脚，但是宋江偏跟他对脾气，还硬把扈三娘许给了他。

如果上面说的这三位已经算是毫无人品，白日鼠白胜这么一个闲汉混进梁山坐把交椅就更令人不服了。他充其量只是个偷鸡摸狗的小混混罢了，也没什么武艺，只是友情客串演了出戏。他最不该的是在济州大牢里，一顿严刑拷打就全招了，差点就害了晁盖等人的性命，这是标准的叛徒行径。白胜这样的人也站在替天行道的大旗下，真有点替他虚得慌。

一丈青扈三娘的人设太扭曲

在《水浒传》的第四十七回，宋公明一打祝家庄之前，先通过鬼脸儿杜兴的嘴道出了扈三娘，算是个精彩亮相。说扈家庄扈太公，"惟有一个女儿最英雄，名唤一丈青扈三娘，使两口日月双刀，马上如法了得"。厉害到什么程度？两把刀耍将起来，那叫"风飘玉屑，雪撒琼花"。

如果扈三娘长得丑陋无比还则罢了，但施耐庵把她写成了一个大美女，有诗为证："玉雪肌肤，芙蓉模样，有天然标格。金铠辉煌鳞甲动，银渗红罗抹额。玉手纤纤，双持宝刃。恁英雄烜赫，眼溜秋波，万种妖娆堪摘。"

按道理，这等人才、这等身手，怎么也得配个大英雄才是，像林冲、武松，都是顶级光棍，何况扈三娘还是林冲亲手活捉的。

但偏偏不是。

前文中提到了，扈三娘嫁了水泊梁山上最不堪的一个无赖，此人唤做"矮脚虎王英"。说是"虎"，倒真是有点虎气，贪财好色都冲锋在前，此人倒是位典型的"三无公"——要样貌无样貌，要功夫无功夫，要人品无人品！

首先说样貌。王矮虎是一个五短身材，还长着一双贼溜溜的鳌光眼。也以原诗为证："驼褐衲袄锦绣补，形貌峥嵘性粗卤。贪财好色最强梁，放火杀人王矮虎。"

其次说功夫。在江湖上行走，保命的功夫应该还是得有一点的，可惜这王矮虎跟别人打不知道怎么样，单跟扈三娘的交锋，他光顾得调戏，堂堂一条"虎"，竟然刚走了十个回合，就被扈三娘走马活擒了。想象一下，扈三娘撞到豹子头林冲，才打了不到十个回合就被生擒了。要是让王矮虎放马到林冲的枪下，能走几个回合？

最后说最重要的人品。宋江也是样貌和武功都稀松，前两样跟王矮虎都神似，可人家就有一个外号叫作"及时雨"，是说他为人极其仗义。但王矮虎原本是车家出身，半路见财起意，劫了客人，结果事发被捕，银铛入狱。后来侥幸越狱逃走，遂到青州清风山落草为寇，与锦毛虎燕顺、白面郎君郑天寿一同打家劫舍，混了个二寨主。

再后来，清风寨的知寨刘高的妻子被抓上了山，王矮虎本打算抢了当自己的压寨夫人，想不到她被燕顺一刀杀了。王矮虎大怒，竟然要夺刀和燕顺火并，足见此人好色而无义。张恨水也说此人是梁山上的"下下等人物"，跟这样的人称兄道弟，还一块喝酒吃肉，真真折煞了不少好汉！

但宋江还就稀里糊涂地认他，还答应要给他找个好媳妇。于是，在大破了祝家庄之后，竟然就把娇艳的扈三娘许给了王矮虎。难道这就是杏黄旗上的"替天行道"，就是要把一个最美的小娘子许配给一个最丑的无赖汉？

但梁山上的众兄弟竟然都允了，还"都称赞宋公明仁德之士"。自晁盖以下众将都表示庆贺，当天大摆筵席。看不出宋江哪里仁德？哪里"义气深重"？想了半天，这里的义气，难道就是自己没有把扈三娘当压寨夫人，而是许给了兄弟？

熟知《水浒传》的看官都知道，破了祝家庄以后，李逵杀红了眼，扈成被打跑，他冲到扈家庄里，两大板斧一口气杀了扈家庄一门老幼，想来是连扈三娘的老爹也被砍在里面了。

李逵滥杀无辜，仅被宋江斥责，又因杀了敌将祝彪和祝虎，所以将功赎罪。但书中没有说，这等杀父之仇，灭门之恨，不共戴天，扈三娘竟然连半个字也不提。

再说说这排座次，以扈三娘的武功，她不光在阵前活捉了一个丑丈夫，还活捉过两位将军，一位是郝思文，第41位，比她高18位；还有一位彭玘，第43位，也比她高16位。扈三娘仅居地煞第23位，整体排名是第59位。

如此说来，她的待遇也很不公平。勉强找个理由的话，估计是因为她那个倒灶鬼丈夫王矮虎的名次只能排到58位，而在那个年代扈三娘只能委屈地排在丈夫之下，弄了个刚及格的59名。

征方腊的时候，扈三娘见王矮虎被人打死，自己冲上去，也被人家用一块镀金铜砖打中面门，于是落马而死。书中写道："可怜能战佳人，到此一场春梦。"

由此来看，扈三娘的人设简直是无性格的一堆积木，怎么搭怎么是。看不懂施耐庵如此写她是何用意。

梁山好汉中的抗金英雄

第一位：大刀关胜。

在《水浒全传》里，受招安征讨辽国、田虎、王庆、方腊后，关胜被封为大名府正兵马总管，甚得军心，众皆钦伏。一天，关胜操练军队之后回家，喝醉了而堕马，因而得了重病，不愈而死。

但是在《宋史》卷四七五《刘豫传》和《金史》卷七十七《刘豫传》中都记载，建炎二年（1128）冬，金兵攻济南，济南骁将关胜屡出城拒战，知府刘豫杀其将关胜，率百姓降金，百姓不从，刘豫缒城纳款。

如是，则关胜确为抗金而被奸人所害。古典文学研究学者何心，在《水浒探究》中也说："这关胜可能就是梁山英雄大刀关胜。他随宋江受招安后，做了济南守将，因为抗战而被汉奸所杀害，死得是很光荣的。"

张恨水的《水浒新传》中，关胜参与抗金，曾与林冲、杨志等十八骑勤王东京。北宋灭亡后，他与呼延灼一同北上大名府，投入宗泽部下。

第二位：双鞭呼延灼。

在《水浒全传》里，呼延灼是平南归京的梁山少数幸存将领之一，被授御营兵马指挥使，每日随驾操练。后领大军，破金国四皇子金兀术，出军杀至淮西阵亡。

在《说岳全传》里，宋高宗被兀术追杀至海盐县，无人救驾，王渊向宋高宗推荐退隐多年的呼延灼，于是宋高宗召呼延灼保驾。呼延灼出阵便击杀长江王杜充，后来兀术亲自接战呼延灼，只见呼延灼"鹤发童颜，威风凛然"，随生招揽之心。呼延灼断然拒绝，二人交手三十回合后，兀术自叹不如："他果是英雄。他若年少时，不是他的对手。"

后来呼延灼年迈力衰，不能久战，想退回城中时，谁料坐骑踏毁吊桥，马失前蹄，呼延灼被掀翻在地，为兀术所杀，宋金二军皆为之叹息，兀术甚至也为之追悔。虽然呼延灼战败殉国，但却成就了为国牺牲的民族英雄形象。

第三位：美髯公朱仝。

在《水浒全传》里，写到朱仝是一位抗金的英雄。江南平定后，朱仝回京受封，被授为武节将军、保定府都统制。他管军有功，后随刘光世大破金兵，官至太平军节度使。

能够大破金兵，足可青史流芳。在《大宋宣和遗事》中，朱仝即是宋江手下三十六员头领之一。而同时期龚开的《宋江三十六人赞》中，朱仝亦在其中，赞言为："长髯郁然，美哉丰姿。忍使尺宅，而见赤眉。"这两本书被认为是《水浒传》的雏形或蓝本，也是朱仝的人物形象可考的较早出处。

第四位：浪子燕青。

在《水浒全传》里梁山军平定方腊后，班师回朝。燕青私下去见卢俊义，劝他急流勇退，隐姓埋名以终天年。卢俊义不肯。于是，燕青"当夜收拾了一担金珠宝贝挑着，竟不知投何处去了"。当然，他还给宋江留下了一封书信，信是这样写的："本待拜辞，恐主将义气深重，不肯轻放……"所以，他就"连夜潜去"。信尾，燕青还留下了一首非常洒脱的诗："雁序分飞自可惊，纳还官诰不求荣。身边自有君王赦，洒脱风尘过此生。"

艰难时，可以与兄弟们一起冲锋陷阵，抛头颅，洒热血，在成功之时，

却不受富贵羁绊，自在来去，燕青哪里是浪子，实是大丈夫也！

也有人认为，燕青的原型为在太行山坚持抗金的忠义军将领梁兴（梁青）梁小哥，或有糅合其形象。而在水浒续书《水浒后传》中，燕青参与抵抗金军入侵，后在海外辅佐李俊创立基业，是书中主角之一。

第五位：青面兽杨志。

在《水浒全传》里，杨志是三代将门之后，杨令公之孙，因脸上生有一大块青记，人称青面兽。在平定方腊之后的归途中病逝于丹徒县，追封忠武郎。

《三朝北盟会编》卷四十七引《靖康小雅》记载："……金人先屯兵县中……翼日，贼遣重兵迎战。招安巨寇杨志为先锋，首不战，由间道径归。"有学者分析，这位"招安巨寇杨志"，很可能就是受招安的宋江之部将杨志。还有其他一些史料也可知，他后来参加了抗金，曾为先锋，但为何不战而走，不得而知，也不知其下落。

在张恨水的《水浒新传》中，杨志参与抗金，北宋灭亡后与卢俊义等三十三人被汉奸范琼用毒酒毒死。

第六位：船火儿张横。

在《水浒全传》里，张横听说兄弟张顺惨死，当即昏倒在地，后来延医不治，竟然死于还朝途中。

《建炎以来系年要录》卷九十三中有这样的记载："绍兴五年（1135）九月，自靖康之末，两河之民不从金者，皆于太行山保聚。太原义士张横者，有众二千，来往岚、宪之间。是秋，败金人于宪州，擒其守将。"

张横自发地率众参与到抗金的战斗中，而且可以"擒其守将"，这样的英雄当然可以坦坦荡荡立于天地之间！

慷慨悲歌赴国难，纵死犹闻侠骨香。这些人，可以称之为真英雄、大丈夫！

宋江起义的真相让人气短

去时三十六，来时十八双。

若是少一人，誓死不还乡。

这是当年宋江起义的时候义军所唱的歌谣，现在山东郓城、梁山一带仍然流传。虽然只有短短的20个字，却是唱得义薄云天，侠骨铮铮，至今听来仍然让人荡气回肠。

宋代人龚开的《宋江三十六人赞并序》罗列出了三十六位好汉的名单：呼保义宋江、智多星吴用、玉麒麟卢俊义、大刀关胜、活阎罗阮小七、赤发鬼刘唐、没羽箭张清、浪子燕青、病尉迟孙立、浪里白条张顺、船火儿张横、立地太岁阮小二、花和尚鲁智深、行者武松、铁鞭呼延灼、混江龙李俊、九纹龙史进、小李广花荣、霹雳火秦明、黑旋风李逵、小旋风柴进、插翅虎雷横、神行太保戴宗、急先锋索超、短命二郎阮小五、青面兽杨志、赛关索杨雄、一直撞董平、两头蛇解珍、美髯公朱全、没遮拦穆横、拼命三郎石秀、双尾蝎解宝、铁天王晁盖、金枪班徐宁、扑天雕李应。

这张名单非常诡异，五虎上将被打散，还只有四位，豹子头林冲不知去向也不说了，最诡异的是铁天王晁盖竟然排在了第三十四位。

历史真相有时候还真是这样，读起来让人气短，我们来看正史是如何记载的。

据《宋史·徽宗纪》："淮南盗宋江等犯淮阳军，谴将讨捕。又犯京东、江北，入楚、海州界，命知州张叔夜招降之。"

仅此而已，区区39个字，就把一场波澜壮阔的起义写尽了吗？也还不是，在《宋史·张叔夜传》里，也有一点记载，稍为详细。

宋江起河朔，转略十郡，官军莫敢撄其锋。声言将至，叔夜使间者觇所向。贼径趋海濒，劫巨舟十余，载掳获。于是募死士得千人，设伏近城，而出轻兵踔海诱之战。先匿壮卒海旁，伺兵合，举火焚其舟。贼闻之，皆无斗志。伏兵乘之，禽其副贼，江乃降。

这段话的意思是，宋江等人起兵之后，骁勇善战，官兵不敢挡。后来知州张叔夜遣使探察义军所向，及知宋江以十余只巨舟径趋海滨，乃募敢死士千余人设伏近城，遣轻兵踔海诱战。五月，宋江率众登岸后遭伏击，船只亦被焚，退路断绝，战败被俘，起义遂被镇压。

可靠而可信的是，宋江等起义的年代大约在宣和元年（1119）至宣和三年（1121），前后只有三年多的时间。

其实在宋代大大小小的起义有数百次，宋江起义确实没有闹出那么大的动静。但因南宋时编印出版了《宣和遗事》，对宋江起义有所演绎，到了明初《水浒传》横空出世，在小说家的笔下，当然极尽渲染，而《水浒传》的影响力大大超过了《宋史》，故而很多人对《水浒传》信以为真了。

梁山好汉与麻将的渊源

麻将是中国的国粹，要说麻将跟梁山好汉有某种联系，还真不是空穴来风。

有关麻将的起源众说纷纭。不少人认为，麻将的"前世"是唐代中期已经风行的纸牌，名叫叶子。被康熙杀掉的清代名士戴名世《忧庵集》里写道："叶子之戏，始于万历之末，后变为马吊，盖取小说中所载宋时山东群盗姓名……"这可能是大家都比较认可的一种说法，麻将的牌面最初就是以梁山好汉命名的。其余如郑和下西洋说等，附会的成分太多。

依据《杌庐所闻录》瞿兑之的解释："麻雀当为马将之讹，马将又源于马吊。明以为叶子戏皆以《水浒传》中人物为戏中对象，其后演变成抽象的麻雀耳。"

有人曾经分析，108张牌分别隐喻《水浒传》中的108位英雄好汉。比如牌中的"九条"指的是"九纹龙"史进，"二条"指的是"双鞭呼廷灼"但是他分析的"一饼"指的是"黑旋风"李逵却有点让人摸不着头脑。

现代史学家瞿兑之没有进行这样的对照分析，他认为，麻将里的"筒（饼）、索（条）、万"来自朝廷对梁山好汉的悬赏，这个说法笔者赞同，"筒"代表的是金饼、"索"代表的是钱贯、而"万"就是十千钱。根据梁山好汉座次顺序，三十六天罡星应该都在"筒"部，七十二地煞星分别归入

"索"部和"万"部。具体如何对号入座，确实难以捕风捉影了。

这样的设计巧妙之处在于不会受到朝廷的猜疑，悬赏捉拿盗贼是正大光明的事儿，实际是寓教于乐。所以，在乾隆年间，王文治校刊明代张岱的《陶庵梦忆》时说："骨牌设宣和二年，高宗时诏颁行天下。"

意思是说，骨牌在宋代宣和二年就已经开玩了，到了宋高宗的时候还曾经"颁行天下"。意思是朝廷下文鼓励大家玩吗？难怪人说南宋偏安一隅，文恬武嬉，不思进取，原来是皇帝鼓励大家玩骨牌。

但是，这种骨面竹背做成的牌打起来还是不方便，所以"后世易之以纸，层出不穷，必奉水上军为鼻祖者，岂不忘宣和所自欤"。

张岱这话的意思是，麻将后来为了方便演化成纸牌，打法千奇百怪，但是一直都奉"水上军"为鼻祖，而这个"水上军"就是指梁山泊也。而且，随着时间的推移，人们只记住了悬赏的数字，而对应的梁山好汉却渐渐淡忘了。

那后来怎么又增加了东南西北中发白呢？都是因为"取花样之繁而已"。如此就凑成了一副标准的136张的麻将。当然，后世也还在改进，又有人增加了花牌之类，无非是增加打法上的变化，但是，凡成牌必说"和"，其实源自"湖"，这个湖，还是指梁山泊。

《忧庵集》里也说："其法又有曰飞湖、曰追湖、曰砍湖，其不胜无用者曰臭湖。其法大同小异，大抵以先成者为胜。"

看来清初就有这些"砍湖"之类的打法了，有意思的是这个"臭湖"，是不是相当于武汉麻将里的"屁湖"呢？不是"不胜无用"，而是一个最小的不加任何番的"小湖"而已。

《居易录》中记载了张叔夜招安梁山的榜文："宋张忠文公叔夜招安梁山泺榜文，有拿获宋江赏钱万万贯，拿获卢进义者赏百万贯，拿获关胜、呼延绰、柴进、武松、张清等者赏十万贯，拿获董平、李进者赏五万贯有差。"其中的卢进义即为《水浒传》中的卢俊义、呼延绰即为呼延灼，李进即为混江龙李俊。

这本《居易录》为清初王士禛的笔记。王士禛系新城（今山东桓台）人，他在文中明确地说："今叶子戏有万万贯、千万贯、百万贯递降，皆用张叔夜榜文也。"

有细心的读者可能会发现，文中的梁山后面跟着的那个字"泺"，不是现在所写的"泊"，其实此字读音pō，与"泊"相同，推测在宋代时并不叫"梁山泊"，而就叫"梁山泺"，这个"泺"字有两个音，另一个音现在还在用。济南天下第一泉——趵突泉水流出时有落差，因此"泺"作河流名称时读luò，这就是泺水名称的来源。趵突泉是古泺水的源头，趵突泉南边的大街据此起名叫泺源大街。

明朝万历年间马吊就开始盛行了，顾炎武的《日知录》记载："万历以来，太平无事，士大夫无所用心，间有相从赌博者，至天启中，始行马吊之戏。"马吊牌上绘有《水浒传》的人物，万万贯画有宋江。每人先取八张牌，剩余八张放在桌子中间，四人轮流出牌。

有士大夫认为"明之亡，亡于马吊"，把麻将之害提高到了误国的程度。王崇简《冬夜笺记》说："士大夫好之（马吊），穷日累夜，若痴若狂。"为此，冯梦龙还写有《马吊牌经》。据吴伟业的《绥寇纪略》："万历末年，民间好叶子戏，图赵宋时山东群盗姓名于牌而斗之，至崇祯时大盛。"

梁山的这些好汉怎么也没想到，根据他们的故事创作的一部书《水浒传》，让他们名扬天下，而附会他们故事的一副麻将，则更让爱娱乐的众生念念不忘。

《水浒传》为何全是恶妇、奸妇和毒妇？

施耐庵先生在《水浒传》中写出不少大气磅礴的英雄人物，但是很奇怪，他的笔下，竟然找不到一个好女人，除了上山的那几位让人冒冷汗的女好汉，着墨较多的都是奸妇、淫妇、毒妇，有那么几个小小的配角不能说坏，比如林冲的妻子，比如鲁智深救的金翠莲之类还都是受人欺辱的角色，这样一部伟大的作品为什么找不出一个像样的好女人呢？

先说那三位女好汉：

第一位母夜叉孙二娘，开黑店专门杀人做馒头，她"肩横杀气，眼露凶光"，义气倒也义气，只是让人胆寒，除了菜园子张青，谁敢娶这样的一名恶妇当老婆？

第二位顾大嫂，开了一个以赌博为营生的黑店，她"眉粗眼大，胖而肥腰"，"有时候怒起，提井栏便打老公头；忽地心焦，拿石礁敲翻庄客腿。生来不会拈针线，正是山中母大虫。"几乎是一个泼妇加丑女的另类。

第三位扈三娘倒是貌美若花、武艺超群。可怜的她一门老小都死在李逵的斧下，还被宋江配给了一个要啥没啥只是好色的王矮虎。施先生是硬生生地要把一朵鲜花插在牛粪上。

接下来就是几位著名的"淫妇"了。

第一位还算不上潘金莲，应该是阎婆惜，此妇是又淫又毒，既给宋江戴绿帽子，跟张三郎打得火热，还能拿住宋江的死穴，要不就告官，把张三郎逼得走投无路，"小胆翻作大胆"，拿一把压衣刀"去那婆惜颡子上只一勒"……宋江因为杀了这个女人，反倒成了英雄，阎婆惜就死得理所当然了。

第二位是潘金莲，她的事儿大家都清楚，原是一件极为荒诞婚姻的牺牲品，后来一竿子打出个西门庆，还协助西门庆杀夫，终于混成了奸妇，她死在苦苦追求过的武松刀下，也算死得其所了。

第三位是贾氏，卢俊义的老婆，与管家李固勾搭成奸。以卢俊义勾结梁山贼寇的罪名告官，要将卢置于死地。后来梁山军马打下大名府，活捉奸夫淫妇，被卢俊义"将二人剖腹剜心，凌迟处死"。对此，梁山众头领的态度是："尽皆作贺，称赞不已。"

第四位是杨雄的老婆潘巧云，她似乎没准备弄死老公，她只是性格浮浪，与和尚裴如海偷情，被石秀发现，便嫁祸于石秀，使石秀掉了饭碗。结果潘巧云和丫鬟被骗到后山，先来一番逼供信，然后，割舌开膛剖肚，尸体大解七块。施先生写这些章节几乎用了最极端的手法。

此外还有几个坏女人，比如白秀英、李瑞兰、李巧奴、玉兰之类。白秀英算不得"淫妇"，却也是个傍县太爷唱酸曲儿的粉头，得势不饶人，欺负雷横及其老娘，被雷都头一枷劈死。李瑞兰害了史进，李巧奴害了安道全，玉兰害了武松，都没有什么好结果。

还有一位恩将仇报的坏女人，就是清风寨刘高的老婆，按说宋江曾救过她，但她却告发了宋江，宋江被抓获，饱受皮肉之苦。后花荣等人救出宋江时，活捉了她，王矮虎还准备把她藏起慢慢受用，可见还有几分姿色，想不

到燕顺跳出来说："'这等淫妇，问她则甚？'拔出腰刀，一刀将刘高之妻砍为两段。"

又是一个恶妇死于非命，死于最惨烈的腰斩之刑！

最后是水浒中最坏的女人王婆，她为了蝇头小利，撺掇潘金莲出轨，安排潘金莲与西门庆在她家相会，后来又撺掇潘金莲毒杀武大郎。当然，在施先生的笔下也不能放过她，她死得也很难看，不仅骑了木驴，还受了剐刑，这是人类史上最残酷的刑罚之一了。

那在施先生的笔下，就真连一个像样的好女人也找不出吗？使劲找，倒也找出一个，李师师。东京妓女头牌，皇帝的相好，好在什么地方呢？好在帮助宋江受了招安，但这正是多少喜欢水浒的看客最窝心的梗，因为宋江受了招安，害得一大帮兄弟死的死、散的散！

没想明白施耐庵先生为什么对女人如此不公，难道要构建一个男性世界，就一定要把红颜女子都写成祸水？想从施耐庵的人生轨迹上去找一点线索，可惜相关资料甚少。

还原一个真实的林冲

《水浒传》中有一首林冲的赞诗如下：

> 嵌宝头盔稳戴，磨银铠甲重披。
>
> 素罗袍上绣花枝，狮蛮带琼瑶密砌。
>
> 丈八蛇矛紧挺，霜花骏马频嘶。
>
> 满山都唤小张飞，豹子头林冲便是。

有人认为林冲是水泊梁山第一英雄，在《水浒传》里他至少和别人单挑过大小数十战，从无败绩，林冲在大战之时，往往喜欢"大喝一声"，对方已经被挑落马下。也有人觉得林冲是梁山上的悲情英雄，他是最不情愿上山，却不得不咬着牙落草为寇的一个。所以读者给他的同情分也最高。作为梁山泊高居第六把金交椅的人物，《水浒传》里对他的描写也精当出彩，有几个段子，比如误入白虎堂、棒打洪教头、风雪山神庙、火并王伦等，都成为不世经典。

小说写得热闹，但是林冲这个人物，在历史上并不存在。有人立马会大声质疑。当然，这是有拿得出手的理论依据的。

有关宋江等人的故事除了《宋史》当中提到的那有限的几句之外，目前

能看到的资料是宋末元初，有一位淮阴画家姓龚名开，他本以为宋江之事不可信，后来见到《东都事略·中书侍郎侯蒙传》中记载："宋江三十六人横行河朔，京东官军数万无敢抗者，其材必有过人，不若赦过招降，使讨方腊，以此自赎，或可平东南之乱。"这才相信宋江确有其人，所以，给他们作画题赞。龚开题赞的三十六人是：呼保义宋江、智多星吴用、玉麒麟卢俊义、大刀关胜、活阎罗阮小七、赤发鬼刘唐、没羽箭张清、浪子燕青、病尉迟孙立、浪里白条张顺、船火儿张横、立地太岁阮小二、花和尚鲁智深、行者武松、铁鞭呼延绰、混江龙李俊、九纹龙史进、小李广花荣、霹雳火秦明、黑旋风李逵、小旋风柴进、插翅虎雷横、神行太保戴宗、急先锋索超、短命二郎阮小五、青面兽杨志、赛关索杨雄、一直撞董平、两头蛇解珍、美髯公朱仝、没遮拦穆横、拼命三郎石秀、双尾蝎解宝、铁天王晁盖、金枪班徐宁、扑天雕李应。

数了好几遍，这些人当中确实没有林冲的名字。林冲现身在梁山泊，最早出现于《宣和遗事》，又名《大宋宣和遗事》，这是宋末元初无名氏所撰写的话本小说，其中写到宋江在看天书的时候，上面列出了包括他在内的三十六将的名字：智多星吴加亮、玉麒麟卢进义、青面兽杨志、混江龙李海、九纹龙史进、入云龙公孙胜、浪里白条张顺、霹雳火秦明、活阎罗阮小七、立地太岁阮小五、短命二郎阮进、大刀关必胜、豹子头林冲、黑旋风李逵、小旋风柴进、金枪手徐宁、扑天雕李应、赤发鬼刘唐、一直撞董平、插翅虎雷横、美髯公朱仝、神行太保戴宗、赛关索王雄、病尉迟孙立、小李广花荣、没羽箭张青、没遮拦穆横、浪子燕青、花和尚鲁智深、行者武松、铁鞭呼延绰、急先锋索超、弃命二郎石秀、火舡工张岑、摸着云杜千。

这里林冲带着他的绰号一起出现了，但同时也出现了一个问题，这两份文献哪个早？龚开早的话，说明林冲纯属虚构，如果《宣和遗事》早的话，龚开能把林冲画没了，说明他也无足轻重。何况在元杂剧涉及的水浒戏中，都没有林冲的名字。

金圣叹在点评《水浒传》时，有一段对林冲的评价：'林冲自然是上上人物，写得只是太狠。看他算得到，熬得住，把得牢，做得彻，都使人怕。这般人在世上，定做得事业来，然琢削元气也不少。"金圣叹的评价里有两个字，一个字是说作者的笔法太"狠"，另一字是说这样的人物让人"怕"。笔者倒不怕，反而有点瞧不起他。不是因为网上有些"林黑"所说的他很窝囊，他其实不是窝囊。而是太识时务了，几乎到了违心甚至乖巧的地步，简直像个政治家。再说得直白点，虽然他挺枪出战的时候威风凛凛，但在处理自己家事的时候，却一次次"手软"，不像个梁山泊里顶天立地的纯爷们。

众所周知，林冲的娘子被高俅的干儿子当街调戏。当时，林冲正和鲁智深聊得起劲，丫鬟跑过来报告夫人被调戏了。林冲大怒，冲过去扳过那人的肩膀，准备一拳打下去，可是看清那个狗东西的脸，他只住了。此人是当朝太尉高俅的干儿子高衙内！《水浒传》里写林冲此时"先自手软了"。

他脑子里一定转了好几个弯，一拳打下去，前程肯定没了，以后的平安日子甚至也不会再有了，所以他没敢打。这不是窝囊，而是识时务。林冲明白高衙内打不得，但要是换个别的梁山好汉来呢？比如武松、鲁智深，就算是史进史大郎也会先暴揍这小子，根本不会考虑打完了该怎么应对。

但林冲一定考虑了，如果能够息事宁人，大家相安无事，以后还能过安稳日子。因为识时务，忍到失去了底线，所以才显得窝囊。

后来，跟林冲一起玩大的把兄弟陆谦把她的娘子骗出来，交给了"花花太岁"高衙内。当林冲救出娘子的时候，他问了很典型的一句："你可曾被玷

污？"他根本没考虑娘子的人格受到了侮辱，而是只要她的身子还清白，他就没有必要跟高衙内作对。

但高衙内偏偏一步一个套，要弄死他。林冲虽然识时务，却看不透重重杀机。在发配沧州的路上，林冲被两个恶公差薛霸和董超折磨得死去活来。要论林冲身上的本事，捻死这两只臭虫也算不得什么，但他为了自己的大局，依然能够忍气吞声。他确实练成了一个识时务的"俊杰"，尽管心里滴着血。

在野猪林里，董超、薛霸要杀他，他竟然痛哭流涕，哀求他们放了自己。要不是鲁智深及时出手，林冲可能真被自己的"乖巧"害死了。

好不容易到了沧州草料场，他心里的算盘是等朝廷大赦天下，他仍然可以回家过日子。直到山神庙一场大火烧起，他听到了陆谦等人的谈话，这才明白他遇到的是一个解不开的死结，这才大梦初醒，开了杀戒。

在走投无路之时上梁山去落草，这是林冲识时务的选择。在晁盖等人来到梁山时，林冲火并了王伦，此时他一点也不窝囊，仍然是识时务的。至第二十回，山寨的事务安定下来，林冲派人去接家眷，依旧憧憬着自己的美好生活，可惜妻子已经被高衙内逼得自缢身亡，他最后的一线希望彻底破灭。

"他年若得志，威镇泰山东！"可真实的林冲从来没有这样豪迈过。

应该说，林冲的所有悲剧都是高俅和他的干儿子高衙内一手造成的，如果是真英雄，遇到这样不共戴天的仇人，怎么可能放过他？但是《水浒传》第八十回，仇人被生擒，高俅老儿被老天送到了林冲的面前。

梁山泊应是兄弟说了算的地方，宋江要投降，不管是为兄弟们还是为自己，都应该考虑林冲与高俅的大仇。可是，宋江对高俅却好酒好肉以礼相待。见了这个恨不得剥他的皮，吃他的肉，取他的心肝来下酒的仇人，林冲仅仅是"怒目而视，有发作之色"。只是为了"哥哥的招安大计"，林冲能识大局到这种地步，作者给林冲的人设实在虚得不可理喻。

"高太尉定要下山，宋江等相留不住，再设筵宴送行，将出金银彩缎之类，约数千金，专送太尉，为折席之礼；众节度使以下，另有馈送。高太尉推却不得，只得都受了。"

仇人就在眼前，不仅杀妻之仇不能报，还得眼睁睁看着自己的兄弟们对他礼遇有加，给他大把的银子和礼物，最后又恭恭敬敬地送他下山。试问，此时"他年若得志，威镇泰山东"的林冲是不是个笑话？他本就是从黑暗的官场被逼出来亡命江湖的，而且被逼得家破人亡。现在宋江还要带着兄弟们走上那条不归之路，"只见武松叫道：'今日也要招安，明日也要招安去，冷了弟兄们的心！'黑旋风便睁圆怪眼，大叫道：'招安，招安，招甚鸟安！'只一脚，把桌子踢起，攧做粉碎。"不论于公于私，林冲在招安这件事上，都没有一个鲜明的态度。

最终，宋江招安成功，见到顶头上司高太尉，"纳头便拜"。此时林冲到底拜还是不拜？

后来，作者把林冲写得毫无生气可言。除了当个杀人机器，他只能郁郁寡欢。招安之后，还得在高俅的指挥下东征西讨。在征剿方腊之后，他虽然幸存下来，却得了风瘫，只能留在六和寺中养病，与独臂武松为伴，半年之后病故。如金圣叹所言，"琢削元气"太多，他是被气死的。

聂绀弩有一首咏林冲的诗，中有一句："男儿脸刻黄金印，一笑心轻白虎堂。"句是好句，但好像写的不是林冲，林冲从来没有这样豪迈过。

擒拿方腊的原来是宋朝名将韩世忠

看过《水浒传》的都知道，擒方腊的事是鲁智深干的。但是实话实说，小说家这么写可以，千万别以为真有其事。《宋史》中有《韩世忠传》，其中说到了这位被封为太师、蕲王的宋朝名将当年是如何活捉方腊的：

世忠穷追至睦州清溪峒，贼深据岩屋为三窟，诸将继至，莫知所入。世忠潜行溪谷，问野妇得径，即挺身仗戈直前，渡险数里，捣其穴，格杀数十人，禽腊以出。

当时只是一员裨将的韩世忠骁勇无敌，得了一位妇人的指点得以生擒方腊。而在《水浒传》里，这事嫁接到了鲁智深的头上，他是得了一位僧人的指点，成就大功一件。

其实，没有任何史料记载此事。那为什么会有以上说法呢？是因为在《宋史》中有一位叫侯蒙的官员，他有过这么一个提议："宋江寇京东，蒙上书言：'江以三十六人横行齐、魏，官军数万，无敢抗者，其才必过人。今青溪盗起，不若赦江，使讨方腊以自赎。'帝曰：'蒙居外不忘君，忠臣也。'"皇帝倒是觉得他为国家着想，也是个忠臣，但是听没听他的建议却未可知。

　　事实上，宣和三年的二月，宋江中了张叔夜的计，被打得招架不住投降了。就在同年四月，方腊被擒，两个月时间完成改编再奔赴浙江前线去活捉方腊的可能性不大。而且征方腊这件事是宋徽宗派权宦童贯去平定的。所以，征方腊这事跟宋江没有什么关系。

　　那宋江手下的好汉们是不是有人参与了呢？有个叫陆次云的写过一本书叫《湖壖杂记》，他记载在杭州的六和塔下曾经有鲁智深的像，还说曾经有人在江边上挖到过一块镌有"武松之墓"的石碣，此武松是不是彼武松？也难能得知。

　　猜测施耐庵在写《水浒传》的时候，把这些"稗乘所传"融进小说里，可能性极大。

风尘女子梁红玉与名将韩世忠的爱情

梁红玉，大家都熟悉的是播鼓退金兵，她和夫婿韩世忠联袂杀敌驰骋疆场的故事。

有关她的身世，一直以来书家有意隐略。梁红玉的祖父与父亲都是武将出身，自幼随父兄练就了一身功夫，但她与韩世忠初识的时候，已经家道衰微，沦落为营妓。

她与众不同的是能够慧眼识英杰。如果说红拂女夜奔李靖只是唐代传奇小说《虬髯客传》中的情节，那梁红玉才是真正上演了一出活色生香版的"夜奔"。故事载于《鹤林玉露》。

韩世忠本陕西人也，自幼习武，喜行侠仗义。十六七岁时，已经生得高大昂扬，堂堂一条须眉好汉。

他后来从军，先在西北同西夏作战，后来随童贯平定方腊，就是在此南下途中，韩世忠得以与梁红玉初次相见。

当时童贯的军队行到京口，召营妓侑酒（这倒符合童的一贯所为），梁红玉与诸妓入侍。

根据宋代人罗大经的记载，"韩蕲王之夫人，京口娼也"。直说韩世忠的夫人就是出身于娼家，不曾讳言。

　　话说就赶上春节了，梁红玉一大早来到童贯的行在，"伺候贺朔"，就是来伺候童贯给皇帝遥拜大年。她忽然在庙柱旁边看到有一只虎蹲卧在那里，她当时吓坏了，赶紧就跑了出来。等了一会儿人多了，再回来战战兢兢地看——莫非自己眼花了，刚才的那个地方哪里有虎，赫然伫立着一名相貌堂堂的军卒。

　　梁红玉还是觉得很奇怪，明明是一个人，自己怎么能眼花看成一只虎呢？于是她就上前打探军卒的姓名，得知此位豪气凛然的帅哥姓韩名世忠。

　　梁红玉回去之后，想此人必不是常人！且此事太过诡异，就告知了自己的母亲。两人一商量，做了一个极大胆睿智的决定。

　　梁红玉把韩世忠邀请到自己的家里，备好了丰盛的酒席，"卜夜尽欢，深相结纳"。古人写得就是隐讳，一个青皮后生，血气方刚，有人请喝酒，还出来这样豪爽的美女作陪，哪里还能把持得住？

　　何况人家还"资以金帛，约为夫妇"。就是一夕欢好之后，又给了一大笔钱，人家根本不图你什么，只敬你是个英雄！韩世忠当然不在意人家是什么出身，遂赎梁红玉为妾，更是在原配白氏死后立其为正妻。

　　后来，韩世忠果然不负梁红玉的期望，《宋史》中详细描写了韩世忠如何活捉方腊。后来的韩世忠就不必多说了，屡立殊功，称为中兴名将。而慧眼识人的梁夫人也被封为安国夫人和护国夫人。

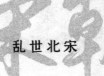
敢动皇帝的女人，这个文人胆儿太大！

北宋末年有位青楼歌姬，名李师师，她不仅深受宋徽宗喜爱，宋代词人周邦彦对她也十分倾心。

那天，周邦彦正在李师师家玩得开心，忽然徽宗皇帝来了。撤都来不及，周邦彦只好赶紧藏在了床底下。

这位皇帝进来的时候手里拿着一颗橙子，递给李师师说："这是江南刚刚进贡来的。"然后两人就开始说些疯言浪语。

想不到，这些话都被藏在床底下的周邦彦给听到了，更想不到的是，他竟然还为此写了一首词，就是那首著名的《少年游》。

并刀如水，吴盐胜雪，纤手破新橙。锦幄初温，兽烟不断，相对坐调笙。

低声问：向谁行宿！城上已三更。马滑霜浓，不如休去，直是少人行。

让人意想不到的是，李师师竟然把这首词唱给了宋徽宗听！

皇帝听了勃然大怒，咱们这么私密的事儿怎么外人会知道呢？这成何体统！这首歪词是哪个狂徒写的？你跟他什么关系？

李师师吓得也不敢隐瞒，只好说是周邦彦写的。

宋徽宗知道周邦彦是开封府分管盐税的官儿，但是没有直接理由收拾他。回到宫里，他越想越气，把蔡京找来，说周邦彦"职事废驰"，赶紧给他治罪。被称"六贼之首"的蔡京也不是好人，一看就知道皇帝有邪气，可是一查这位周邦彦的工作还是很优秀的，可那也没办法，也只能把他贬出京城。

第二天，宋徽宗又去李师师家，等了一会儿，李师师才回来，眼睛红着，显然是刚哭过，"愁眉泪睫，憔悴可掬"。宋徽宗问她云了哪里，李师师直说是送周邦彦去了。

宋徽宗沉默良久，大概喝下了一大坛子醋，转而又觉得自己格局太小，就又问了一句："他又写了什么新词没有？"李师师说填了一首《兰陵王》。宋徽宗让她唱来听，李师师就唱道：

柳阴直，烟里丝丝弄碧。隋堤上，曾见几番，拂水飘绵送行色。登临望故国，谁识京华倦客？长亭路，年来岁去，应折柔条过千尺。

闲寻旧踪迹，又酒趁哀弦，灯照离席。梨花榆火催寒食。愁一箭风快，半篙波暖，回头迢递便数驿，望人在天北。

凄恻，恨堆积！渐别浦萦回，津堠岑寂。斜阳冉冉春无极。念月榭携手，露桥闻笛。沉思前事，似梦里，泪暗滴。

不得不说，风流词人的词写得真好，也许是自己喜欢的女人唱出来，唱得更好，宋徽宗毕竟也是个识货的高级文人，就在一转念间，他觉得周邦彦确实还是个人才，就赦免了他，还让他做了大晟乐府待制。

有意思的是，《水浒传》里写李师师对燕青也颇有意。另外，她还跟另一个叫邦彦的人好过，此人姓李，字士美，后来还当了宰相。

此事出自宋代人张端义的《贵耳集》，宋人写宋事，应当不是捕风捉影，亡国之君干点荒唐事儿正是如此。

不过，他对这个故事的点评确属黄钟大吕，有些振聋发聩的意思："吁！君臣遇合于倡优下贱之家，国之安危治乱，可想而知矣。"

鲁智深真有坐化的功夫吗？

《水浒传》中说，鲁智深在六和寺坐化，大概是体现了一种"放下屠刀，立地成佛"的思想。鲁智深这样以杀人放火为职业的人也可以发现佛性，修成正果，真是佛门广大闳深。但坐化是一件相当高级的事情，还真不是一般人能办到的。

先来看《水浒传》中的描述：

鲁智深洗浴之后换了一身御赐的僧衣："又问寺内众僧处讨纸笔，写了一篇颂子，去法堂上捉把禅椅，当中坐了，焚起一炉好香，放了那张纸在禅床上，自叠起两只脚，左脚搭在右脚，自然天性腾空。"

"比及宋公明见报，急引众头领来看时，鲁智深已自坐在禅椅上不动了。颂曰：'平生不修善果，只爱杀人放火。忽地顿开金绳，这里扯断玉锁。咦！钱塘江上潮信来，今日方知我是我。'"

后来，荼毗之时，书中介绍来了一位名叫径山大惠的禅师，他手执火把，直来龛子前，指着鲁智深，说了几句法语："鲁智深，鲁智深，起身自绿林。两只放火眼，一片杀人心。忽地随潮归去，果然无处跟寻。咄！解使满空飞白玉，能令大地作黄金。"

众僧诵经忏悔，焚化龛子，在六和塔山后，收取智深的骨殖，葬入

塔院。

施耐庵先生为了郑重其事，在书里请来了宋朝最为知名的一位禅师法将，这位径山大惠号宗杲，是明见大机大用的人。据传眼光炯炯，谈论风发，说道说禅，纵横无敌。他在径山传道时，学徒曾达2000人。

坐化非凡事，非一时可为。一般来说，只有修行有素的人才可完成，能够端然安坐命终，没有长时间的精进修行，根本达不到这样的高度。想想鲁智深，前两天还在两军阵前厮杀，呼啸间取人性命，忽然就可以坐化，想来应该也是一种美妙慈悲的愿景。

再进一步说，既然已经"开金绳断玉锁"，得了大解脱，终于知道"我是我"，可以"解使满空飞白玉，能令大地作黄金"，还要"换一身御赐的僧衣"。看来这只能是施耐庵先生本人的意思，说是画蛇添足也是有的。

佛门常用的坐式是结跏趺坐，定力深的修行者，临终时能够预知时间，安然而逝。历代有关记载甚多。如唐代黄滔《莆山灵岩寺碑铭》载："了公八年冬十月坐亡，色身（肉体）不坏。"又如清代姚福均《铸鼎余闻》卷四记载：五代间布袋和尚"于奉化岳林寺东廊坐逝，偈云：弥勒真弥勒，化身千百亿，时时示时人，时人自不识"。大彻大悟者如布袋和尚这样的高僧坐化自然不足为奇。

想必鲁智深自己也未曾预料自己会坐化，只是智真长老曾经送他一首偈子："逢夏而擒，遇腊而执。听潮而圆，见信而寂。"大概此时他已捉住方腊，又听到潮声，猛然想起长老的偈子，于是坐化而去。

蔡京曾被老乡认为是奸佞

人心在皮囊的遮挡之下是很难被观察到的，小人处心积虑要钻营谋私，开始总会表现得颇有君子之风。"王莽谦恭未篡时"，有人说蔡京很像王莽，起初装得很像那么回事。

蔡京是福建仙游人，中了进士之后，虽然混到了龙图阁待制、知开封府的位置上，但并不被朝廷重用。他开始投靠的是福建老乡蔡确。后来蔡确倒了，司马光掌权执政，他马上又去追随。司马光要恢复差役法，限期五天。结果只有蔡京办到了，开封辖区全部改雇役为差役，没一人违反。他专门跑到政事堂向司马光汇报表功。司马光高兴地说："若人人奉法如君，有什么行不通！"

人常说，物以类聚，人以群分。司马光就看不出蔡京的奸佞。在他去世之后，蔡京靠的是逢迎宦官童贯和后宫，于是，"宫妾、宦官合为一词誉京"，这些得了蔡京好处的人众口一词赞誉他，后来他终于如愿以偿地坐到了右仆射的高位上。可是，一旦得势，他立即下令搜罗司马光的罪状，将元祐的一批朝臣列为奸党，司马光倒成了奸党之首。他要求在文德殿前立碑，亲自书写碑文，还发布到各地，一心要把他们搞臭。

这样一个反复无常的奸恶小人，难道大家就都看不出来吗？

也不是，曾经有一个明眼人，也是蔡京的老乡，此人是沙县人陈瓘。陈瓘是神宗年间的探花郎，深通易经，他凭一件小事就看出了蔡京的奸邪本质。

《十八史略》有记载，当时蔡京当的是翰林承旨，在宋代时是个正三品官员。有一次，陈瓘偶然发现了蔡京的一个小本事——"视日不瞬"，就是看太阳时能不眨眼。陈瓘说："此人必大贵，然以区区精神敢抗太阳，他日得志，必为天下患。"意思是蔡京敢以一个人微不足道的精气元神对视太阳，这样的人得了志，必然祸害天下。

陈瓘一向光明磊落，身为谏官嫉恶如仇。他立即上疏极言蔡京之奸，蔡京于是被罢官。但是，蔡氏在历史上也是一个异数，他才是一个真正打不死的"小强"，他四次为相，执政十七年，这样四起四落也算是一个特例。后来，宋徽宗还是起用了蔡京。蔡京又得势，陈瓘就麻烦大了，被捕入狱，施以酷刑，蔡京确实恨透了他。

有人很想为蔡京翻案，但是在《宋史》里就有这样的歌谣记载："打了桶（童贯），泼了菜（蔡京），便是人间好世界。"

人心如镜，公道在天。蔡京最终被贬去儋州时，他还携带着大把银子，但是沿路的老百姓竟然没有人把东西卖给他。大概奸臣从来没觉得自己是奸臣，小人从来不觉得自己是小人，所以蔡京还感慨："京失人心，何至于此？"最终，80岁的蔡京饿死在潭州（今湖南长沙）。

康熙说："蔡京以庸劣之流，依附小人，以图登进，即当烛其奸回，决意屏黜，迫其误国而始逐之，已无及矣。用人之道，诚不可不慎之于始也。"

这位明君从皇帝的视野看问题，把话说到了点子上，对宋徽宗这样的昏君确实也有尖锐的批评，当初既然知道蔡京之奸罢免过他，何以又起用他误国误民？所以用人，从一开始就必须非常谨慎。

蔡京的人品不好，书法却造诣深厚

有时候，字如其人这种说法并不符合事实，总有个例。有一个人的书法就深得王羲之的笔意，并博采众家之长，要是不看人，光说字，所谓客观的评价是："笔法姿媚，字势豪健，痛快沉着。"他那个时代的人众口一词都认为是"冠绝一时""无人出其右者"，连狂傲到家的米芾也曾说他的书法不如此人。当然，这是真心话还是捧臭脚，现在只能穿越过去问他本人了。

此人究竟何许人也？北宋有"苏、黄、米、蔡"四大书法家，说到这儿，大家就想到蔡京了。但也有人说是蔡襄。其实最开始的北宋四大家里面的"蔡"的确是蔡京，只是因为后来蔡京成了遗臭万年的大奸臣，所以被蔡襄取代了。如果单论书法成就，蔡京是高于蔡襄的。这个暂且不论，现在要说的是蔡京的人品和书品。

蔡京和他的弟弟蔡卞都算是书法大家，尤其是蔡京的书法，能体现宋代"尚意"的书法美学情趣，因而在当时已享有盛誉。一个当朝宰相，玩的不是花拳绣腿的名人书法，而是有内功的真练家子，不受追捧也说不过去，所以大家争学蔡京的书法一时蔚然成风。在《水浒传》中，吴用要救宋江，让圣手书生萧让模仿的就是蔡京的书法，可见其书法流传之广。

蔡京是一个祸国殃民的"贼"，他被拿下的时候，被耻评为"六贼之

首"，跟童贯那样的一帮奸臣宵小厮混，算是烂人一个，那他怎么就能写出那么好的书法呢？其实不光是书法，此贼的绘画、文章也是一流的。

蔡京其实是正宗的科班出身，高中进士之后，官授钱塘县尉，当时的天子宋神宗喜爱徐浩书法，士大夫之流都想在皇帝面前露个脸，就纷纷学习徐浩，当时被贬在钱塘的苏轼先生也未能免俗。蔡京就跟苏公一同学习徐浩书法，后来他又学习沈传师、欧阳询，再上追"二王"，于是他的书法也就形成了自己的风格，声名远播。不光是普通的文人雅士喜爱，宋徽宗在没登基的时候，还曾经花两万钱去买他题过诗的两柄团扇。宋徽宗乃是古代少有的颇有成就的艺术型皇帝，他能不识货？

当时还有这样的评价说："其字严而不拘，逸而不外规矩，正书如冠剑大人，议于庙堂之上；行书如贵胄公子，意气赫奕，光彩射人；大字冠绝古今，鲜有俦匹。"

正是字因人臭，若非现代的网络发达，能有几人见到蔡京书法呢？

也有人持公议说，不可因人废字，但是人都做不好，人品站不住脚，书品文品也只得被人厌弃。虽然可惜，也是无可奈何的事，这叫自作孽，不可活。"太上立德"，"德"没站住，后面的"功"和"言"都立不住，往往被一起挫骨扬灰了。

宁可受刑也不接受赏赐的道楷和尚

身为皇帝，好心好意给别人赏赐，没想到人家不要，大好的面子跌到地上，那就让你吃些苦头？可没想到的是，人家宁肯受刑都不接受你的恩典，这让人情何以堪？

这位自觉颜面扫尽的皇帝是大名鼎鼎的宋徽宗，事情发生在大观初年。当时的开封府尹李孝寿发现了一名禅宗高僧，名叫道楷。他也是起了个好心，于是写了一份奏章，里面说道楷"道行卓冠丛林，宜有褒显"，意思是应该表扬一下。

宋徽宗想想也是，于是就下旨：赐道楷和尚紫方袍一领，还赐了一个很响亮的大号叫"定照禅师"。

内臣千里迢迢找到了道楷，宣布了皇上的旨意，正在潜心修行的道楷都有点蒙，但他还是先表示谢过皇恩，然后镇定了一下，就表明了自己的心迹："贫僧出家时曾发过重誓，一定要专心诚意于参禅学道，绝不贪图名利，如果我违背了自己的誓言，甘愿舍弃身命。当初父母也是见我有如此决心才答应让我出家。现在如果我不坚守自己的诺言，贸然领受皇上的恩宠，就等于背叛了佛法与自己的亲盟，这种事我绝对不能做。"意思就是不接受。

内臣当时就傻了，这是要抗旨不遵吗？那也好办，你给皇上写个说明

吧，要不咱家怎么回去交差？

道楷于是修书一封，让转交皇帝，信中申述了自己的意愿。

宋徽宗收到信，感觉太伤自尊了，于是降旨给那个开封府尹李孝寿，你不是让表彰这个和尚吗？本皇上的脸面都让他踩在地上了，要求他强令道楷接受赐衣。

李孝寿说破了嘴，但道楷仍然坚拒不受，他只能无奈回京复命。

这次宋徽宗可就恼羞成怒了，既然和尚抗旨不遵，就判他个黥刑。就像宋江那样的，要在脸上刺字。刑虽不重，却是最侮辱人的一种。

旨意下来了，主管此事的官员还有心为道楷回护，派人告诉道楷：如果有病在身，那就可以免刑。谁知道楷竟毫不领情，固执地声称自己没病。来人满怀慈悲地开导他说："听说你不是有灸瘢吗？"

"那是过去的事，现在已经痊愈了。"道楷说。

来人又苦口婆心地劝道楷再好好想一想，何苦受这无妄之灾呢？道楷不假思索地回答说："你的好意我心领了，但让我弄虚作假，我于心不安。"没办法，官员认为自己仁至义尽，而道楷欣然就刑。

第二年冬天，宋徽宗忽然又想起这事来，道楷还关着呢，意兴阑珊，于是下旨，让他自便。

道楷出来之后，在芙蓉湖心结庵而居，后世人称为"芙蓉道楷"。道俗两众纷纷奔凑而至。

北宋最后的名将种师道

历史并不是没有给大宋朝机会。大宋朝虽然重文轻武，但不是没有文韬武略足以扭转乾坤的中流砥柱。所以宋钦宗被俘之后才会肝肠寸断，这实在是因为后悔，本来有一把好牌，奈何被他打得稀烂！

曾经的一位风云人物，在历史书上几乎被忽略，倒是在《水浒传》里让梁山好汉们屡次提起，不光是倒拔垂杨柳的鲁智深以自己曾经是他帐下的提辖为荣，甚至九纹龙史进的师父王进得罪了高太尉，马上想到的也是要投奔他。此人威震西北，就是大名鼎鼎的"老种经略相公"种师道！

事实上，种家将当年的威名在杨家将之上，功绩也在其他几家名将之上。种家五代从军，英雄辈出，先后有几十人战死沙场。自种世衡开始，有种诂、种谔、种诊、种谊、种朴、种师道、种师中等名将驰骋沙场，为保卫大宋江山立下赫赫战功。

"老种经略相公"，种师道正是种世衡之孙，当时镇守西陲，西夏人惧其威名，不敢轻易犯边。

1126年冬，当金军南下逼近东京的时候，种师道已经年近70，朝廷紧急召用，授以检校少保、静难军节度使、京畿河北制置使等官职，命令他火速勤王。种师道急令其弟种师中带兵进京，自己带千余人即刻动身。

　　勤王途中他路过时任武安军承宣使的姚平仲防地，姚家也是世代为西陲大将，战功卓越，30多岁的姚平仲知道刻不容缓，带上所属7000兵马，日夜兼程赶往京师。

　　1127年1月20日，种姚的兵马终于抵达京师。

　　当时的皇帝宋钦宗算是长长出了一口气，人马虽然不多，但都能征善战，老种宝刀未老，姚平仲血气方刚，更何况四面八方的勤王兵马正在向京师汇集。

　　在向两位将军问计的时候，种师道认为："女真人根本不识用兵，他们孤军深入必不能全身而退！现在他们屯兵城下，日久其粮草必不济，而我王师大集，姚平仲的叔父姚古和种师中不日即到，金人粮尽退兵，我便可随后掩杀，他们必定过不了真定、中山两镇，那时金人腹背受敌，我们一定胜利；金人若不退，我军数倍于敌，也可一鼓而歼之。"

　　老将军的分析完全是制胜之道，同当年廉颇守长平初期的持重之谋一样。宋钦宗是个地道的军事盲，听着这话甚是有理。

　　但是，姚平仲却提出了不同战法，这位被关中豪杰推崇备至的"小太尉"，一直以来对于种家的名望耿耿于怀，现在看到种师道不仅官职一升再升，而且皇上对他言听计从，觉得"姚家军"被忽略了，想建一个奇功把种家的风头压下去，于是姚平仲向皇上提出了一个大胆的计划：劫营。他提出，提本部兵马去"夜叩金营，生擒宗望，奉康王以归"。

　　平心而论，有这样的勇气和胆魄，也应该是值得称赞的，至少也是7000名敢于为国捐躯的血性汉子。

　　钦宗皇上觉得小姚的用兵之道更可取，一旦得手，成效明显比种师道的计划快得多。在他摇摆不定的时候，李纲表示赞成支持，他下令"城下兵缓急听平仲节度"。

于是，姚平仲的人马在一个月黑风高的黑夜出发，他们衔枚疾行，突入金兵营寨，可想不到狡猾的金兵早有准备，伏兵四起，暗夜里短兵相接，宋军被杀得全军覆没。

姚平仲拼死力战，仅以身免。他知道自己在皇上面前夸下海口，此时还有什么颜面回去？他只有一路疾驰而去，逃得无影无踪。

种师道的计划完全被打乱，但面对危局，他马上就有应对之策："劫寨失败诚为可惜，但兵家贵在出奇制胜。今晚再遣兵分道劫寨，必在金人意料之外。就算是仍不能取胜也不要紧，只要以后每晚都派数千骑兵去劫营，不出十日，敌军必定遁去。"

应该说，这才是上将奇谋，但可惜的是皇上听说姚平仲的7000人覆灭，金军又在乘势攻城，李纲的亲征行营司也被打散，已经被吓破了胆。

主和派如太宰李邦彦之流把失败的责任推给李纲，为了谈和讨好金人，他们罢免了李纲，而种师道的计谋也根本没有机会实施了。

但谈和只是割肉饲虎，金人后来攻克太原，大举南下，种师道报国无门，悲愤交加，含恨而逝，终年76岁。

再后来，靖康之难接踵而来。宋钦宗、宋徽宗被劫入金营，此时的宋钦宗才捶胸大哭："不用种师道言，以至于此！"

宋朝诡异的湘南杀人祭神，儒生为上祀

有时现实当中发生的故事，其诡异程度远远超出小说家的想象。宋代人彭乘的笔记《墨客挥犀》有一则关于湘南杀人祭神的记述，其恐怖程度让人后背发凉。

写的是在宋代湘南的"郴连道"，就是今天的湘南郴州和粤西北的清远一带，曾经有过特别诡异的民俗，谓之生祭，就是杀人祭神。

这里用以祭神的人还分有高下，"凡得儒生为上祀，僧为次，余人为下"。意思是书生是最好的，其次是僧人，再次为其他人。

话说有一个书生就发生了这样的一段奇遇：

他在郴连道赶路，这一天走到了傍晚时分，遇到了一位耕地老农。这位老农就问他："先生这是要去哪里？"书生就说了他的目的地，老农说："前面山里有猛兽，不宜夜行，先生还是到下边的那个村子里借宿一晚再走吧。"

书生相信了老农的话，往村子的方向走，感觉路上很荒凉，也没有什么行人，想问都没得问。走着走着，忽然看见一座高门大院，正好主人出来，见来了远客很高兴，请他进家，客堂宏伟，装饰都很讲究，随即就有人上酒上菜，肴馔丰美。

到了晚上，主人安顿书生住宿。这时灯下有一个少妇进来，跟书生搭话，书生偷偷观察了一下，少妇长得非常漂亮。书生就禁不住用语言挑逗，没想到少妇"欣然而就"。于是，书生就在这家的大院逗留了好几天舍不得走，少妇每到晚上就来相会。

这一天晚上，两人缠绵当中，少妇悄悄告诉书生："知道这家人为什么对先生这么好吗？"

书生摇头。少妇说："先生您当然不知道，他们准备杀人祭神，我不忍心看先生被杀，才冒死告诉你，先生赶紧想办法逃走吧。"

书生一听毛骨悚然，赶紧细问，少妇说："我本来也是良家妇女，被他们劫持到这里。他们逼我来侍奉先生，就是想把先生留在这旦，等他们安排妥当，先生就会被他们杀掉用来祭神，这是这一带的风俗。"

书生吓得腿都软了，他知道绝不能坐以待毙。二人一商量，有了办法，连夜把墙壁挖开一个洞，书生拉着少妇一同逃了出来。这一晚根本没敢停歇，一口气跑出了将近四十里地，终于来到了县城。书生直奔县衙首告，县令马上派人抓捕，稍一审讯，主人就全招了。

让县令后背也发凉的是，前前后后在这里被杀祭神的达数十人！书生在开始所见到的那个耕地老农，也是他们的同党。此乃罕见大案，县令具结上报，州府都很惊异，最后判决一家全部处以极刑。书生倒是大难不死，后福不浅，用官府的赏金捐得了一个官，还跟那位美少妇喜结连理。

《墨客挥犀》是一部宋代文言轶事小说。作者彭乘彡经北宋真宗、仁宗、英宗、神宗、哲宗、徽宗等朝，仕历颇长。

林冲所在的80万禁军为何不抵金兵？

看《水浒传》，总觉得豹子头林冲当年在东京也是一个相当大的角色，80万禁军枪棒教头！武艺当然是看家本事，人也正派，感觉像是80万禁军的副总指挥一样厉害。但实际上说出来让人泄气，林冲其实只是个不入流不入品的下级武术教官，枪棒使得再好也没用，碰上高俅那样正二品大员的公子当街调戏自己的娘子，林冲也无可奈何。

那宋代的这80万禁军养着有何用？如果说是皇帝的亲军卫戍部队，那当年的唐太宗，他的"左右羽林军"后来正式升格为北衙禁军，定额兵士也只有6000千人。宋代皇帝胆小到需要这么多的人来保卫自己吗？

非也。这支禁军人数庞大，但不是皇帝的羽林军，而是一支常规部队。宋太祖建国之后，觉得五代乱的根源就是一个字：兵。他就想了一个办法："收天下甲兵，悉萃京师，名曰禁军。"开始的时候禁军编制是19万多，后来就越来越多，而仁宗朝庆历年间达到了峰值，82万多。人们的习惯都是就高不就低，后来的"80万禁军"就是从这里叫起来的。

再后来国家也觉得养不起这么多人，禁军经过王安石变法已经削减了不少，但还留了大约60万的编制。

到了林冲生活的那个徽宗朝，国难当头，金兵打到汴梁城的时候，徽宗

"将一童贯，而禁军阙额24万"。实际上，据记载，当时的禁军"按籍止存3万人而已"。

悲哀的是这3万铁军"无一夫可驱之战者"。这支部队混在京城里，常年无仗可打，于是军纪松懈、训练敷衍，根本不像个样子了。难怪欧阳修看不过眼，曾上疏批评京师禁军"卫兵入宿，不自持被，而倩人侍之；禁兵给粮，不自荷，雇人荷之"。

想想看，这样一支连值班都要人给代背铺盖的老爷兵部队还有什么战斗力可言？所以到了国家危亡时刻，金兵攻破外城，禁军"班直卫士与官兵虽排布如织，而无一人死敌，于是皆下城遁走"。

就是大部分禁军都可耻地当了逃兵。可笑的是，能当逃兵的都算不错的，有些老爷兵连马都爬不上去，就是好不容易爬上去也抱着马脖子不敢松手。这样的兵估计连逃命都不会，只有伸着脖子挨刀。

80万禁军变成了3万豆腐军、糟糠兵，就是把楚霸王项羽派来也打不了仗。所以，亡北宋者，非金也，是自己里里外外都烂了，金人只是顺手捡便宜。

正心修身的儒生被骗入娼馆的一段趣闻

《礼记·大学》八目：格物、致知、诚意、正心、修身、齐家、治国、平天下。这是古代读书人从修习到修身再到修为的一个总的路线。

一个宋代的杨姓读书人就是严格以此自律，此人姓杨名邦乂，字希稷，今天江西吉水县人。杨邦乂年轻求学的时候就有大志，一心苦读，从不去茶坊酒肆闲逛。后来他的同学就觉得他这大尾巴鹰装得太起劲，他们就起心要整蛊他一番。

这一天，他们诚意邀请他出去喝酒，他推辞不掉只好奉陪，同学们说的是去一个朋友家，其实就是到了一个娼馆。

杨邦乂起初并没有怀疑，但是酒过三巡菜过五味，这时候，娼妓盛装出场了……

杨公当时就惊呆了，不过他马上就反应了过来，"疾趋而归"——立即离席而去。

按说，这已经算是很自律了，但是杨公回到家里之后，还是非常懊悔自责，一边哭着一边把自己的衣服和帽子都烧掉了。

以现代人的眼光来看，这人刻板得近于迂腐了，衣服和帽子跟着你去了不干净的地方，大不了洗洗还不行吗？用得着烧掉吗？

但是宋人却不这么看,罗大经在《鹤林玉露》里对杨公高度评价,认为他的行为"所立卓然"。没有当初一以贯之的操守,他怎么可能怒骂金兀术,视死如归?

杨公后来在北宋政和五年登进士第,先后当过溧阳知县等一些小官。建炎三年,金兀术率金兵南下攻打建康时,他是通判建康军提领沿江措置使司。

最悲催的是,建康留守杜充等人投降了。杨邦乂一介文官却知其不可为而为,奋勇抗敌,兵败被俘。他咬破手指,在衣服上用血书"宁作赵氏鬼,不为他邦臣"!

兀术让他投降,杨邦乂对着兀术大骂:"若女真图中原,天宁久假汝?行磔汝万段,安得污我!"意思是我恨不能将你碎尸万段,你怎么能用投降这样的话来污辱我!

金兀术大怒,竟命刽子手割其舌头,开其胸膛,剜其心脏。杨邦乂慷慨就义,年仅44岁。后被追赠为朝奉大夫,谥忠襄。

后人在其受难处就是今天的雨花台下土门冈建杨忠襄公墓和祠。民国年间曾重修墓道并立"杨忠襄公剖心处"碑,后迁至雨花台烈士陵园内,位于梅花簇拥的梅岗,名为"杨邦乂剖心处"。

朱元璋当年听说了杨邦乂的事迹,深有感触,还写了一首《褒忠诗》:

> 天地正气,古今一人。
>
> 生而抗节,死不易心。

在小处不随便、不苟且,临大节时方能从容就义、慷慨赴死,光照春秋,激励后人,这是英贤与凡夫的区别。

抗金名将张叔夜惨烈殉国

一部《水浒传》把宋江起义写得声势浩大，但这场轰轰烈烈的起义在《宋史·徽宗纪》里只有可怜的34个字就说完了："淮南盗宋江等犯淮阳军，遣将将讨捕。又犯京东、江北，入楚、海州界，命知州张叔夜招降之。"

这里引出了本文要说的主要人物张叔夜，当时身为海州知州的他，不知是吆喝了一声，还是狠狠地打了一仗，宋江就吓得投降了。

时间是在宣和三年（1121）的2月，宋江率领着他的人马夺取了官军十几艘巨舰，准备攻打海州城。张叔夜招募了近千名死忠之士，就是咱们后来所说的敢死队员，在城郊设下埋伏，又派兵轻装去海边诱惑宋江出来交战。同时，张叔夜吩咐士兵潜匿在海边，等到宋江军上岸与诱兵对战时，突然放火焚烧宋江的船队。宋江的人马看到船只被烧，没了斗志，这时张叔夜的伏兵杀出，宋江军大败，副帅被擒，宋江也就只好投降了。事情的经过就是这样的，历史有时候说起来真是很干巴无聊。

靖康元年（1126），金兵大举南侵。当金兵已经逼近京都开封时，张叔夜带着两个儿子张伯奋、张仲熊及部下三万人月夜兼程入京护卫。他们途经尉氏与金兵遭遇，张叔夜挥军浴血奋战，一路杀敌，终于辗转到达京都。宋钦宗在南薰门亲自接见了血染征袍的张叔夜父子。

金兵开始猛攻开封，张叔夜临危受命，组织宋军在京畿地区与金兵连战四天。张叔夜带的军队还是能打仗的，他们在局部的战斗中不仅消灭了不少金兵，还斩杀对方上将二人，使双方陷入胶着状态。

最可悲的是，开封城内误信了一个叫郭京的骗子，此人自称会六甲法，可以调遣阴兵，结果金兵一攻上来，郭京却一溜烟逃走了。

金兵涌入城中，京城陷落。张叔夜苦战不退，多处负伤。当他知道宋钦宗已经决定向金军投降时，张叔夜飞速赶到，紧紧挽住御车的辔绳，极力劝谏不让车驾前行。宋钦宗说道："为免生灵涂炭，朕不得不亲往金营。"跪倒在尘埃中的张叔夜禁不住大声哭号，宋钦宗在车上频频回顾，勉励张叔夜道："嵇仲努力，嵇仲努力啊！"嵇仲是张叔夜的字。

最终，寡不敌众的张叔夜被俘，押至金军大营。

宋朝君臣缓缓北行，沿途所见惨状加上满腹亡国之恨，令人痛不欲生。张叔夜绝食，期间只饮汤水。当他们来到了宋金两国之间的界河白沟时，众人登船渡河，船夫说："过了这里就是金国的地面啦！"

张叔夜闻言，翘首南望，一言未发。

第二天，张叔夜以"扼吭死"，终年36岁。"扼吭"有人解释为自缢，但自缢就是自缢，没必要说"扼吭"，也许他根本就没有自缢的条件和机会，他就是自己生生捏碎了喉管而死的！

他是在怎样的绝望和悲愤中以这种最惨烈的手段来结束自己的生命，宁死也不愿意以一个亡国者的身份踏上金国的土地！

南宋朝廷为表彰张叔夜，追赠其开府仪同三司，这是文散官二十九阶之首阶，并谥号忠文。1132年，李纲奏准敕建张叔夜衣冠冢于江西广丰县。张叔夜祖籍河南开封，广丰是他的出生地。

南宋风致

◆

欲说还休，欲说还休，一池湖水遗民泪，

明月又照西楼

◆

王淮推荐的考官竟与友人约定作弊

宋朝罗大经有一本记载文人轶事的小说，颇有文学史料价值，名为《鹤林玉露》。此书中有一则故事，很有趣。

在宋孝宗的淳熙年间，王淮为相，此人喜欢荐举贤才，当时的朱熹、辛弃疾、陆游等人他都荐举过。这一年，他举荐了一个叫汪玉山的人为礼部的知举官，就是当考官主持贡举。

这个汪玉山准备进京的时候，忽然就想到了他的一个好友，那人有才华却屡试不第。于是他就存了一份私心，写信把那位朋友约来，两个人鬼鬼祟祟地跑到富阳野外的一个荒凉的寺庙里见面。

这一夜，两人对榻谈心，汪玉山就悄悄地说："我这次去，应该是要主持科考，你呢，在省试的程文《易义》的冒子（文章开头的引子）中，用三个古字，到时候我就知道是你的卷子了。"

朋友当然感激不尽，两人约好各自上路。

后来汪玉山在考卷中，果然看到冒子里有用他说定的那三个古字的，于是就悄悄地把那份卷子取了前列。

可让他大吃一惊的是，等到卷子拆封的时候，那份卷子上的名字竟然不是他的那位朋友！这岂不是咄咄怪事！

发榜之后几天，那位朋友来拜访他，汪玉山非常愤怒："难道是你轻名重利，把这份富贵卖给别人了吗？没见过你这样的人！"

更想不到的是，那位友人指天发誓说："我在考前得了暴病，差点儿要了小命，根本就没机会参加考试！老天爷在上，我不要命了吗？我怎么敢把这秘密泄露给他人？"

不管朋友如何赌咒，汪玉山还是不相信他。不久，那个卷子里有古字的考生来拜师，玉山就试探他："老兄头场的冒子中用了三个古字，那是什么意思？"

那个人沉默了很久，才说："这事很怪，先生既然问了，我不敢不说实话。我来参加考试的路上，在富阳的一个寺院里借宿，看到廊下停着一具棺材，已经有很长时间了，上面都是尘土。寺里的僧人说这是一个官宦人家的女儿，棺材在这儿放了十年了，一直没有人来处理，又不敢自作主张将其埋葬。

"那天晚上，我就梦到有一个女子告诉我：你此去参考，在头场冒子中，可用这三个古字，必登高科，但是你中了之后别忘了回来埋了我的枯骨。

"我当时还觉得奇怪，到了考试的时候就真用了那三个古字，想不到就高中了，这两天我已经准备去寺院将那具棺材入土为安了。"

汪玉山听罢，后脊梁直冒冷气，心里很是吃惊。

作者罗大经的感慨是："一则人发一念，出一言，虽昏夜暗室，人所不知，而鬼神已知之矣。二则功名富贵信有定分，虽典贡举者欲相牢笼，至于场屋亦不能入，此岂人之智巧所能为乎？"

陆游的一妻两妾都是才女

陆游与表妹唐婉的悲剧爱情故事，让后世多少才子佳人感叹不已。本来情投意合如胶似漆的夫妻，被陆游的母亲硬生生棒打鸳鸯。陆游另娶了一个王氏，唐婉也改嫁了。

十余年后，陆游于沈园偶遇唐婉，百般伤感之余，在冠壁题下了著名的《钗头凤》：

红酥手，黄滕酒，满城春色宫墙柳。东风恶，欢情薄，一怀愁绪，几年离索。错，错，错！

春如旧，人空瘦，泪痕红浥鲛绡透。桃花落，闲池阁，山盟虽在，锦书难托。莫，莫，莫！

唐婉看到后悲伤难抑，也依律赋词一首：

世情薄，人情恶，雨送黄昏花易落。晓风干，泪痕残，欲笺心事，独语斜阑。难，难，难！

人成各，今非昨，病魂常似秋千索。角声寒，夜阑珊，怕人寻问，咽泪

装欢。瞒，瞒，瞒！

唐婉的才情似乎都释放在这首词里了。写完这样的一首被后人反复吟咏的千古绝唱，在当年的秋天，她的生命随着风中的黄叶悄然凋零。

陆游跟续妻王氏的感情称得上一个"淡"字，他一生写了上万首诗，未曾提及她。

在后来的一个时期放浪形骸，曾经被以"嘲咏风月"为名削职罢官。陆游离开京师，怅然回到故里，自题宅名为"风月轩"。

要说别人是诬陷也不尽然，这位"风月轩主"也确实会吟风玩月，他曾纳过两房小妾，这两位小妾也都是才女，都有作品让人眼前一亮。

先说第一个小妾。据宋人陈世崇《随隐漫录》卷五中的记载（《癸辛杂识》和《耆旧续闻》亦有载）：

陆游入蜀，晚上住宿在一家驿馆中，他发现墙壁上有人题诗，诗文如下：

> 御街蟋蟀闹清夜，金井梧桐辞故枝。
>
> 一夜凄凉眠不得，呼灯起坐感秋诗。

才情卓然！一直郁郁不得志的陆游从诗里读出了知己的情怀，马上就询问是谁人所作。想不到，诗人就在眼前，正是驿卒的女儿。一见之下，两情相悦，陆游就兴冲冲纳之为妾。

但是不会写诗的王夫人却会嫉妒，仅过了半年的时间，王夫人就一定要把这个迷人的小妾赶走。已经失去唐婉的陆游，不知道为什么仍然表现得很懦弱，也许王夫人是以七子一女作为武器，所以小妾只能含泪败走。

后来这个小妾也写了一首词《生查子》记述了自己的无限感伤：

> 只知眉上愁，不识愁来路。
>
> 窗外有芭蕉，阵阵黄昏雨。
>
> 晓起理残妆，整顿教愁去。
>
> 不合画春山，依旧留愁住。

这次第，怎一个愁字了得？这是小女子和着血和泪写出来的辞章，读罢使人泫然涕下。词文不事雕琢，看似信手拈来却情景交融，果然也是上乘笔法。

再后来，陆游在成都逗留期间，又身不由己迷上了一位歌妓杨氏，一宵红帐，锦城梦迷，陆游帮她脱了乐籍，并带回山阴老家。这次他该是接受了教训，没有与王夫人同住，安置别馆，数日一往。

有一次陆游因病多日不到，杨氏怀疑他起了弃心。陆游即写了一首深情的词来表白，杨氏转嗔为喜，因步其韵和了一首《鹊桥仙》：

> 说盟说誓，说情说意。动便春愁满纸。多应念得脱空经，是那个先生教底。
>
> 不茶不饭，不言不语，一味供他憔悴。相思已是不曾闲，又那得工夫咒你。

口语入词，寥寥几笔，小女儿家娇憨活泼的情态跃然纸上，真让人难以相信这是出自一位歌妓之手。

此事记于清人刘声木著《苌楚斋随笔》卷二，以《陆游挟妓为妾》为题。关于这位杨氏的归宿，"后去留无可考"。

古代的"婚姻法"，陆游的娘凭此赶走唐婉

在古代，虽然没有专门的《婚姻法》，但是休妻也还是有规矩可循的。

休妻必须是妻子有了明显不可忍耐的错误才可实行，依据就是汉代《大戴礼记》中的"七出"，这是男性休妻的七个客观理由："无子、淫佚、不事姑舅、口舌、盗窃、妒忌、恶疾。"另外有《礼记·本命》的"七去"，意思大同小异，为"不顺父母去，无子去，淫去，妒去，有恶疾去，多言去，窃盗去"。

陆游的娘就是以"无子"的罪名逼着他休了唐婉的，其实他们结婚刚两年，"无子"的借口实属勉强。那是不是妻子违反了其中一条就可以随时休妻呢？大家经常听说"糟糠之妻不下堂"，这表明古代也不是那么无情不讲人性，在"七出"之后有后附的"三不去"，即不可休妻的三个理由，以保障无辜的妻子不被任意休掉。

"三不去"最早也是出自汉代的《大戴礼记》。具体如下：

一是"有所娶无所归"，是指妻子的娘家没什么人了，一旦被休则无家可归，流离失所。

二是"有更三年丧"，是说妻子曾给丈夫的父母服丧三年，有过这样的孝行吃过如此大苦的妻子是不能被休的。

147

　　三就是"前贫贱后富贵"，娶妻时穷苦，后来富贵了，那原来共过患难的妻子是不能随便被休的。这正是"糟糠之妻不下堂"的出处。

　　"七出"和"三不去"在唐代正式列入《唐律》，是有法律效力的，但是犯有"七出"当中的两种特殊过错，就不受保护，即"恶疾及奸者不在此列"。也就是说，妻子若犯有"七出"中的"恶疾"及"淫"两项，则不在"三不去"的保障范围之内。

　　前文都在说男方主动要休妻的，那妻子有没有权利要离婚呢？

　　也有记载：如《后汉书·列女传》，吕荣的丈夫许升少为博徒，不理操行，吕荣的父亲"乃呼荣欲改嫁之"。可见，如果丈夫的品德不良，至少在汉代，女方的父亲还可以让女儿改嫁。再如《汉书·卫青传》有这样的说法，曹寿患恶疾，其妻平阳公主离婚而去。看来"恶疾'对双方都是公平的，男方有问题，女方也有离婚的自由。还有一种情况是男方穷得实在揭不开锅，像《汉书·朱买臣传》中记载，朱买臣家徒四壁，吃不上饭穿不上衣的妻子就毅然决然地跟朱买臣离婚了。

　　当然这些只是记载，并不在律例当中，毕竟与贫穷丈夫厮守一生的女人多得不可胜数。

　　说到"糟糠之妻不下堂"还有一段感人的故事。

　　汉光武帝的姐姐湖阳公主守寡了，光武帝和她一起在大臣中筛选如意郎君，公主就看上了器宇轩昂的名臣宋弘。

　　后来宋弘被召见，光武帝让公主坐在屏风后面，他对宋弘说："俗话说，富贵了换朋友，钱多了换老婆。这是人之常情吗？"宋弘说："臣闻贫贱之知不可忘，糟糠之妻不下堂。"这正是人直言正，实诚的光武帝没法开口，只能回头对公主说："看来你这事情办不成了。"

神奇道人治好陆游祖母的绝症

陆游出身名门，他的祖父是尚书右丞陆佃，其祖母被封为楚国夫人。《老学庵笔记》是陆游晚年所著的笔记，作者既富诗人之才，又具史家之识，书中所记往往耐人寻味。其中有一条涉及道人的记述，是其亲历，文笔简练却意蕴悠长，今特飨与同好。

大观年间，陆游的祖母得了怪病，几个月治不好。当时的国医名家石藏用也曾出手救治，仍不见愈，眼见病得越来越危重。

这一天，门口来了一位老道人，长相很奇特，"状貌甚古，铜冠绯氅"，后面还跟着一个手持长柄白纸扇的小童。

道人过门口时，也不知道他怎么知道这里有重病人，只是在门口自言自语："疾无轻重，一灸立愈。"口气相当托大，意思是不管什么重病，一灸下去，包好！

陆游的父亲见此人道骨仙风，赶紧请进去。道人从背囊里取出了一些艾草，接下来就是见证奇迹的时刻——"取一砖灸之"。这五个字实在信息量太大，看不出来到底是如何施治的。但是陆游的祖母马上就有了反应，"忽觉腹间痛甚，如火灼"。

治好了吗？当然是好了！而且道人还惜字如金地又说了三个字："九十

149

岁。"意思是陆游的祖母过了这个坎儿，能活到那么高寿的年纪。

道人说完就走，待派人去追，快马加鞭竟然没有追上。

当时陆游的祖母还不到60岁，后来又过了20多年，寿83岁乃终。也算活到了道人所说的年纪吧。

这事至此并没有结束，祖母过世大约20年后，陆游的堂侄儿在三江盐场做官，偶然在当地的一个官宦人家毛氏家里喝酒，忽然就见到了那位红衣道人，连跟着的童子都跟陆游的祖母描述的一样，这位堂侄儿当时就惊呆了！倒是老道人忽然自己开口说起了当年在京师用砖灸治病的事，说完即告辞而去，"遍寻不可得"。

这位毛家主人说，他的妻子得了怪病，刚被道人治好，也是用了艾灸的方法，不过没用砖，而是用了十余根艾灸柱，经过这么神奇一灸，毛氏妻子也是"脱然愈"。正准备好好答谢道人，谁知道去得如此之快，连个表示感谢的机会都没有。

陆游不会妄言，这样神奇的道人真如神仙中人了，使人叹为观止而又浮想联翩。

暴脾气是岳飞最大的缺点

岳家军以严明军纪而著称于史，号称"冻死不拆屋，饿死不掳掠"。南宋学者周密在其著述的《齐东野语》中称赞岳飞的军纪为"中兴诸将第一"。

但同样是在周密的《齐东野语》当中，还有一则关于岳飞的憾事。

当时驻军在宜兴，有一次，岳飞率领部队出外作战，把兵营中的事务和所有留守兵营的人员，都委托一员亲将负责管理。在岳飞出发之后，军营中却传来一个消息，说他的军队被打败了。这里不得不提到岳飞的夫人，他的原配刘氏在战乱中失散（一说是中途改嫁），后来迎娶了大自己两岁的李娃。这位李氏侍奉婆母，持家有道，是一位难得的贤妻良母。她听到这不利的消息后非常担心，就去和那员亲将商量，希望他选取一些精兵，前去策应。正当这员亲将调集人马的时候，岳飞已从前线回来了。看到这一情况，他便赶往校场，问这员亲将这是要干什么。

亲将回答说："听说太尉您出兵作战稍有不利，所以选了一些敢战之士，准备前往策应。"

岳飞呵斥道："我命你坚守根本，天不能移，地不能动。你现今并没有得到我的命令，却擅自调动军队，这是目无军纪！"

151

　　说完这话，就要军法从事，亲将苦苦哀求，并陈说这是受了岳夫人的嘱托。然而"飞愈怒，竟杀之"。

　　岳飞就是如此把一员亲将给杀了，这段故事记载于周密的《岳武穆遗事》，作者即南宋人。在《齐东野语》中亦有记载。该书虽然有个"野"字，著述却非常严谨。北京大学教授，历任历史学系主任、中国中古史研究中心主任的邓广铭先生所著的《岳飞传》中也记载了此事，但最后只是婉转地说岳飞对亲将进行了严厉的处罚。邓先生被誉为"中国20世纪宋代史学的开创者和奠基人"，他对此事的看法是，赞扬岳飞不许"后室干政"，且军令如山不徇私情。

　　但是，儒家说，君子不迁怒、不二过，明明是岳夫人犯的错误却让部将受罚，而部将的过失并不是出于私心，如果说岳飞铁面无私，却对自己的夫人没有惩处，又该如何服众呢？

赵氏郡王赵士儇因何力保岳飞？

　　岳飞父子得罪下狱，朝中大臣们人人都怕独断专横的秦桧，只有韩世忠不管这一套，当面斥责秦桧，秦桧则用岳飞的罪"莫须有"三字关搪塞，韩世忠怒斥道："'莫须有'三字能服天下吗？"事后有好友劝他别招惹秦桧，恐其报复。韩世忠却说："今吾为己而附和奸贼，死后岂不遭太祖铁杖？"我现在为了保自己附和这样的奸贼，难道死了之后就不怕太祖的铁杖吗？

　　其实在朝堂之上，还有一位赵室宗亲，一直在力保岳飞无罪，他甚至敢以自己全家百余口的性命来做担保。按说身为宗室，最忌讳结交将帅，但他竟然为了岳飞挺身而出，不仅是为国保忠良，更因为岳飞曾经救过他的命，且他也曾亲眼看到岳飞是如何用兵如神。

　　这位宗亲的名字叫赵士儇，字立之，是郇康孝王赵仲御第四子，一位好学之士。正是他在康王赵构建了大元帅府之后，请示了孟太后，请赵构承继大统，当上了皇帝。

　　宋和金的绍兴和议达成之后，金朝答应把河南之地归还宋朝，当时任同知大宗正事（分管所有的宗室外族，就是那些所谓的皇亲国戚）的赵士儇奉命前往河南去修奉陵寝。

　　当他走到南邓时，岳飞正在这里驻军，见过之后，岳飞提醒说："金虏无信，君宜少驻。"意思是金人从来不讲信用，还是先停一下，容他稍做安排再走。

但赵士儇因为王命在身，不敢耽搁，稍作休息就告辞出发。

没走多远，突然看到烟尘大作，喊杀声四起，前面似有两军正在展开大战。赵士儇等人只能拔马往回跑，正在仓皇失措之际，忽然看到了宋朝军队的旗帜，大喜过望，奔马过来，才知道是岳飞亲自带人来了。

岳飞说："原来请您先不要走，就是怕这个，眼前之敌不足为虑。我已经派出董先和牛皋将军在前面作战，为您扫清道路。但是又怕兵家胜败无常，您是王室重臣，所以我还是来亲自护送吧。"

赵士儇感激不尽，于是与岳飞并辔而行。

走了数里之后，董先和牛皋派人送来捷书，前面的金兵已经肃清，请放心前行。原来岳飞在赵士儇出发前一日，就已经安排董先和牛皋提前行动了。

赵士儇从河南回去之后，被封为齐安郡王。后来看到岳飞被诬陷，群臣缄口，赵士儇上朝力辨："中原未靖，祸及忠义，是忘二圣不欲复中原也。臣以百口保飞无他。"

正是因为亲眼看到岳飞的忠毅果敢，他才敢冒死仗义执言。

赵士儇说中了赵构的心病，受到赵构的忌恨。秦桧更是恼怒，纠集了一些朝臣上书弹劾赵士儇与岳飞交好，踪迹诡秘，恐怕对皇上江山社稷不利。于是赵构就顺水推舟，剥夺了赵士儇的官职。至此他们仍然不肯罢休，中丞万俟卨落井下石，又连连上书抨击，于是赵士儇被挤出朝廷，谪居到建州。12年之后，70岁的他郁郁而逝，被追封为循王。

岳坟前的秦桧夫妇铁像是何人所铸?

到了杭州，若是不到岳王庙看看，怎么好意思说自己去过西湖？

"青山有幸埋忠骨，白铁无辜铸佞臣"。这副名联好多人耳熟能详，但具体是出自哪位高人之手，迄无定论，有说非必出自名家，或说呂自清代一徐姓女子，这不重要，重要的是写出了无数国人的心声。

到了岳王庙，您要是不看看秦桧夫妇的铁跪像，那岳王庙您也几乎白来了。

关于这铁跪像是何人所铸，查到了几个版本，莫衷一是，都列举出来，以供朋友们参详。

最早的说法是明代成化年间的，清初常熟学者王应奎在《柳南随笔》中记载："西湖岳墓前有铁铸奸桧夫妇像，北面跪冢下，供游人笞击，敝辄重铸，颇快人心。而究所从始，则为吾邑周公近仁参浙藩时，特修武穆墓，复其墓田，并铸此像云。公名木，为明成化乙未科进士。"他说是成化年间的周木周近仁所为。

现在流传较广的说法是，明正德八年，都指挥李隆始铸秦桧、王氏、万俟卨三像，跪于墓前，不久就被游人义愤击碎。后来到了明万历时，按察副使范涞重铸，并增张俊一像，在此之后，这铁像仍然是朝不保夕，愤怒的游人还是"频频椎击",以至"铁头落地",所以屡经改铸。现在墓前的4个跪像,是1979年修复岳坟时依据河南汤阴县岳飞纪念馆的铁像重新铸造的。

最近又看到一个新的记载。清代嘉庆年间,三朝阁老、九省疆臣,一代文宗阮元(谥文达)在平定东南海上蔡牵之乱后,将所获兵器熔铸成秦桧夫妇铁像,跪于杭州西湖边上的岳飞庙前。这位阮元先生禁烟比林则徐还早,也是一位相当了不起的人物。

这个说法来自徐珂的《清碑类钞》,并不曾说铁像是阮公始铸,我疑是看到四个奸贼的铁像又被人毁了,阮公着人重铸的。不管重铸始铸也并不重要,重要的是大家又有了对奸臣发泄愤怒的载体。

据说阮公铸好铁像之后,有人曾戏撰一联,以秦桧夫妇追悔口吻,题在两块小木牌上,分别系于秦桧夫妇的头颈。

秦桧颈前的是:"咳!仆本丧心,有贤妻何至若是?"

王氏颈前的是:"呸!妇虽长舌,非老贼不到今朝!"

虽说是戏言,但对秦桧夫妇,实是莫大讽刺。

据说阮文达公谒庙时,看到了这副对联,不禁哑然失笑。

秦桧是大奸，但究竟是不是大汉奸？

有人认为，应该让在岳飞墓前跪着的秦桧站起来，大有我们曾经把他冤枉了的意思，那秦桧到底有资格站起来吗？个人认为，跪着是对的，还应该永远跪下去。但是对于秦桧的一些不公正的评价也没必要再添油加醋，比如说秦桧是大奸，这没错，但要说秦桧是大奸细，就需要斟酌判断一下了。

凭什么来判断？凡是与当事人有利害关系的先回避，我们不听宋高宗赵构的"宏论"，他认为秦桧是个老成谋国的大忠臣："秦桧力赞和议，天下安宁。自中兴以来，百度废而复备，皆其辅相之力。诚有功于国。"

我们也先把岳飞后人岳珂的说法，还有秦桧后人的说法都放在一边，尽量取中立、取公正，听一听当朝或者隔朝的明白人的看法。

我们甚至都不取信张浚的说法，这位紫岩先生指挥岳飞打过仗，也跟秦桧共过事，能力不说，为人尚正直。所以当皇帝问他："秦桧何如？"张浚就直言不讳地回话："与之共事，始知其暗。"一个"暗"字，绝不是什么褒义，能让人想到的是"阴暗""黑暗""暗昧"等，个中意味值得揣摩。

岳飞遇害时，朱熹12岁。秦桧死，朱熹时年25岁。他与岳飞秦桧同时代，属于没有交集的局外人，朱熹先生的话应当代表了当时知识界的看法。《朱文公文集》卷七十五《戊午谠议序》中认为："秦桧之罪所以上通于天，

157

万死而不足以赎买，正以其始则唱邪谋以误国，中则挟虏势以要君，……而末流之弊，遗君后亲，至于如此之极也。"

话说得够狠的，似乎跟秦桧有仇一样。这说明在南宋当时清议中，秦桧已经是一个大奸的形象。

当然，当代人说当代人总有不公允的嫌疑，隔朝看人应该是更客观一些，那么主编《辽史》《宋史》《金史》的元末政治家脱脱的说法则更有参考价值。

"桧两据相位者，凡十九年，劫制君父，包藏祸心，倡和误国，忘仇斁伦。"

"桧阴险如崖阱，深阻竟叵测。"

"晚年残忍尤甚，数兴大狱，而又喜谀佞，不避形迹。"

既然主编《宋史》，被人称为元代贤相的脱脱对于前朝史料的掌握与熟悉都是要优于其他人的。有关宋和金的事，他也不需要有什么立场，他"阴险如崖阱"的评价正好也印证了张浚的那个"暗"字，由此来看，秦桧的奸在元代已经是公论了。

至于说秦桧是大汉奸，甚至是金朝的奸细，尚有两点疑惑：

一是秦桧都在大宋当了宰相，权倾朝野，予取予求，富贵已极，他给金朝当奸细图什么呢？难道金朝会让他当权臣？

二是既然是奸细，他总得给金朝传递点消息，他有什么样的渠道与金朝暗通款曲？或者说，他全家都跑回来了，他不给金朝效力，金朝还能把他怎样？

同是讨好秦桧，有人却送礼送出灾祸

秦桧爱戴高帽子，喜欢被阿谀奉承，让人觉得寒碜。因为他"晚年残忍尤甚，数兴大狱，而又喜谀佞，不避形迹"。

先举一个会拍的例子。秦桧是小人之尤，拍他马屁的算是小人精，有个个叫方德的人拍对了。

周密《齐东野语》记载，当时带兵驻在广东的方德，特制了一批里面藏有名贵香料的大蜡烛，巴巴地派人送给秦桧。为此事方德还专门贿赂了相府的管家，请他见机行事。

这一天，秦桧宴客，大张筵席之际，管家上来禀告："府中蜡烛点完了，恰好广东经略送了一盒蜡烛来，还未敢开。"秦桧也没在意，就吩咐开了来点，结果这大蜡烛一点上，异香满堂，所有宾客都赞不绝口。

秦桧很得意，事后就见了来替方德送礼的使者。使者说："方经略专门造了这批蜡烛献给相爷，香料难得，一共造了50支，制成后点了一支试验，所以现在只剩了49支。没凑成整数，但也不敢用别的蜡烛充数。"秦桧听罢大喜，认为方德很实在很不错嘛，不久就升了他的官。

接下来说失败的例子。此人名叫郑仲，官拜四川宣抚使，也算是一方大员了。他当时探知秦桧正在大兴土木，在园子里修了一个高阁。为此，宋高宗也拍秦桧的马屁，还亲题"一德格天"四字，作为楼阁的匾额。

秦府的"格天阁"刚刚完工，郑仲的"马屁"也恰好送到了，秦桧命人打开一看，是地毯一条。这可是用蜀锦精心做的，极尽华贵之能事。秦桧心想郑仲这小子倒也会办事，就命人将地毯铺在格天阁中——注意！此时，郑仲的心机就在此显露了，蜀锦地毯的尺寸竟然丝毫不差，刚好铺满格天阁！

本以为是个满堂彩，没想到包袱臭了。秦桧老贼默然不语，心下大为不快，过不多时，竟然借故把郑仲撤职查办了。

是什么让秦桧心生疑忌？这个城府极深的奸人，最怕别人摸清他的底细。秦桧以为郑仲必是事先暗中摸清了格天阁地面的大小尺寸。这种窥探他人隐私的手段，他自己可以用，但是别人用到他头上，就触到他的霉头了。

南宋词人周密说："不若居正之无悔吝也。"大路朝天，堂堂正正地做官，坦坦荡荡地做人，岂不更好？

秦桧的夫人王氏与李清照是表亲

　　李清照这样的千古才女，王氏这样的奸恶小人，泾清渭浊，怎么会扯上关系？事实还真是如此。

　　李清照和王氏是表姐妹，李清照的母亲是王氏的亲姑妈（另有说法，王珪的大女儿早卒，李清照是庶出，可存档再议），王氏的父亲当然就是李清照的舅舅。说起来绕不过一个人去，那就是王氏的爷爷、李清照的外祖父——王珪。

　　王珪此人，《宋史》称其"自执政至宰相，凡十六年，无所建明"。有人讥其为"三旨相公"，即"进殿取旨""上殿领旨""退殿得旨"。说白了，就是当了十六年的太平官，作为不大。但也有人认为，他辅政期间，几位皇帝都有模有样，所以他只需执行圣意即可。但其文才相当出众，朝廷典策多出其手，"善文翰，其文宏侈瑰丽，自成一家"。

　　李清照的母亲是王珪的大女儿，据言"善属文"，看来家学渊源深厚，李清照根骨奇佳。父亲李格非，师出韩琦门下，于宋神宗熙宁九年（1076）中进士，著《礼记说》数十万言，也是知名的文学家。

　　王珪有两个不怎么成气的儿子，也就是李清照的两个亲舅舅——王仲嶷和王仲岏。王仲岏是老四，骨头软，金人南下时，他身为江西抚州知州，也算一方大员，本是守土有责，可金兵还没到城下，他就"以城降拜"。而他的弟弟王仲嶷当时知袁州（今宜春），哥哥降得快，弟弟也跟风投降。

王仲岏就是王氏的父亲。她有这样的父辈，后来自己又嫁给了秦桧，这样看起来，不论从基因到熏染，王氏给秦桧出点又馊又毒的主意，那就不意外吃惊了。

南渡之后，秦桧当政那么长的时间，不知是亲情本就淡漠，还是道不同不相为谋，李清照也没沾过这表妹家的光，晚年境遇孤苦。

对了，那怎么就知道李清照是姐，王氏是妹呢？

李清照的母亲是王珪的大女儿，清照生于1084年，到了1101年，她18岁嫁给了进士出身、担任太学正（北宋最高学府校长）的谦谦君子赵明诚。

而直到1115年，秦桧26岁，考中进士，才娶王氏为妻，从这个时间来看，清照此时已经31岁，应该比王氏大个十来岁。

这对表姐妹，同样出身名门，史册留名。一位才华横溢，独步文坛，一部《漱玉词》，流芳百世。另一位本也知书达理，却成了秦桧的帮凶，被铸铁像，裸身跪地，遗臭万年。

奸贼秦桧到底是怎么死的？

秦桧到底是怎么死的，从《岳飞传》到岳飞的孙子岳珂所写的《桯史》，有不少版本。

最玄幻的版本：岳飞死了之后，济公来戏弄秦桧，后来就给他背上弄了一个疮，秦桧就是死在了这个飞来的"疮"上。

最抽象的版本：为了给岳飞报仇，三关大将傅天亮砍了秦桧一刀。这个版本客气地说，虽然这刀没把秦桧砍死，但他最后还是死在了这刀伤上，也是一种挺解气的说法。

最有趣的版本：岳飞死了之后成了鬼王，每天在秦桧的背上猛踹，秦桧于是在背上就生下了大疮，最后死翘翘了。这是一个涉及因果报应的说法，也是善恶分明的。

更有意思的是，这个说法还能和评书里的版本合上拍。评书里说："原来老贼秦桧，从岳雷挂帅扫北以后，就日夜担惊害怕，急切盼望金兀术的兵马灭掉岳家军，结果适得其反。捷报连进京城，老贼便心惊肉跳，睁眼看见岳飞父子，闭眼照样看得见，最后卧床不起。瘩背疮越来越大发，一天的半夜，噩梦把秦桧惊醒了，大叫一声：'岳爷爷饶命！'瘩背疮迸裂，气绝身亡。"

还有一本清代钱彩编的《说岳全传》，这里面秦桧的死法也颇有传奇色彩，秦桧先是看见了张俊，把他当成了岳飞，还大喊了一声："岳爷饶命吓！"

"秦熺方至书房门口，但听得里边有铁索之声。慌忙走过到床前来看，但见秦桧看了秦熺，把头摇了两摇，分明要对秦熺说什么话，却是说不出来。霎时把舌头吐将出来，咬得粉碎，呕血不止而死。"

这应该是一种写实加上志怪的混搭版本，读起来也算解恨。

网络版本：这个版本有一些臆测的成分，还算基本参照了宋史。"秦桧病危后，宋高宗曾亲自前往探望。在确定了其病症无法医治、利用价值已终时，便下了旨意：夺去秦桧及其儿子秦熺——秦桧预备的接班人——的官职。当晚，秦桧就一命呜呼。"

岳珂版本：岳珂《桯史》卷十二，中有《秦桧死报》，转载如下："桧时已病，坐格天阁下，吏以牍进，欲落笔，手颤而污，亟命易之，至再，竟不能字，其妻王氏在屏风后摇手曰：'勿劳太师。'桧犹自力，竟仆于几，遂伏枕数日而卒。"

此人和自己亲爷爷的死脱不了干系，难得岳珂能把这样的一个大奸贼写得如此之客观。后世文人历来对岳珂此书评价较高，关于秦会之死，《桯史》写得比较详尽，"大旨主于寓褒刺，明是非，借物论以明时事"。作为一个写史的人，岳珂还是称职的。

一段害死抗金太守的因果轶事

南宋建炎初年，金人分兵袭击，一路逼近淮南寿春。当时寿春太守是马识远，因为金兵过于强大，一些幕僚如王大节之流都劝马识远趁早投降。但此人出身武举，为进士第一，他坚决不降，决定与城池共存亡，也算是一条铮铮铁骨的汉子。

马识远不仅有气节，还有奇谋。当时的天特别寒冷，他心生一计，命士兵往城墙上浇水，一夜之间，城墙又高又厚又滑，根本无法攀爬，金兵只能望城长叹退兵而去。

等金兵退走了，当初那些劝马识远投降的人心生畏惧，"守若存，我辈终不得全"，意思是，只要太守活着，他们怕是很危险。于是，他们暗地商量好，在马识远休息的时候，把他和他的家人都杀了。一个叫王大节的人被推"权领州事"，就是暂时当了"临时州长"，这些人上报朝廷，污蔑马识远率先投降才杀掉他和他的家人，还说马识远在敌人退兵之后还不肯用建炎的年号。于是，朝廷稀里糊涂地还升了王大节的官，让他"通判权州事"。

大约在十年后，王大节和一个叫徐明叔的人都在孟庚的手下为官。王大节做下了亏心事，心里一直不安，他在请徐吃饭的时候，密告了他在寿春曾经发生的事，问徐明叔这场因果罪报能不能脱免。徐明叔当时说："未了还须偿宿债"，意思是冤债到来，怎么有可能脱免呢？

想不到，就在第二天，徐明叔和另一个官员王昌来访三大节的时候，王大节竟然突发狂疾，一会说："了不得！了不得！且救我！"一会儿又说："知罪过！知罪过！"倒在地上，嘴里还在喊着："且放宽我！"然后就开始胡言乱语。

徐王二人受惊不小，赶紧告辞出来，走了一段路，还能听到王大节呼喊哀求的声音，没几天，王大节死了。

这个故事最早是在宋人庄绰的《鸡肋编》中见到，在比庄绰稍晚的宋人洪迈的《夷坚志》中也有记载。马识远泼水筑城退金兵一事，未及在史书中佐证。

能在国家危难之时挺身而出，保全一座城池，保全黎民百姓，马识远清史留芳。但他在敌兵退去之后，却保不住自己的头颅和家人的性命，小人之可怕，阴谋之叵测，让人不能不心生寒意！

小人之尤王大节，"大节"，如何对得起这个响当当的名字？于气节有亏，终难逃果报。《太上感应篇》开篇之语即："太上曰：祸福无门，惟人自召；善恶之报，如影随形。"

紫岩先生与轻功高人的一段奇遇

如果说武侠小说里"乾坤大挪移"和"葵花宝典"之类的武功过于虚幻玄奇，那凌波微步、踏雪无痕、梯云纵之类的轻功恐怕大家也觉得有点逆天，有点不可思议。反正在现实生活中没有见过那么高级的功夫，眼不见为虚嘛。

实际上历代修习者确实有我们常人难以揣测的武功，一般这种高人根本就不露相，也不是我们这种凡夫俗子能"幸会"的，而在宋代人的纪录里，确实有天马行空的武功高手。谁见过？张浚！

先简单介绍一下这个张浚，他虽然也跟岳飞闹过别扭吵过架，但是他基本上是个正经人，没有参与谋害岳飞的工作。帮着赵构和秦桧害岳飞的是另一个张俊，那个人是个势利小人。

张浚字德远，世称紫岩先生，也算是个抗金名将。尤其是在帮着赵构平定苗傅和刘正彦的叛乱中起到了至关重要的作用。

当时苗刘叛乱，张浚在秀州准备勤王。这天晚上，侍从都睡了，他一人坐着，忽然就看见有一个人站在蜡烛的后面，手里还拿着一把寒光闪闪的刀。

张浚知道是来了刺客，他是经历过大世面的人，沉着问道："你是苗傅和刘正彦派来杀我的吧？"

对方回答："正是。"

张浚说："既然是，那就把我的脑袋拿去吧！"想不到对方这样回答："我也是读过书的人，怎么可能为贼所用？何况张公您一向忠义，我又怎么能够加害！只是苗刘等人想暗算你，我担心张公防范不严，再有刺客来会坏大事，故特来相告。"

张浚问："那您要些金银吗？"

刺客笑答："要金银？我杀了张公您还怕没有金银钱财！"

"那你不如留下来帮我吧？"张浚还是个爱才的人。

刺客说："我的老娘还在河北，所以不能留下。"

张浚想留下刺客的姓名，但是人家只是低头行礼而不肯回答。

施礼之后，刺客整整衣服，"跃而登屋，屋瓦无声。时方月明，去如飞"。

此事记载于宋人罗大经的《鹤林玉露》。那位刺客确实有高来高去陆地飞腾的本领，不仅能跃起上房顶，而且踩在瓦上竟然没有丝毫响动，可见其轻功高明到了何种程度！最后在张浚的注视中，明亮的月光下，他像一只大鸟一样飞去了。

"投我以木桃，报之以琼瑶。"张浚也是杀伐果断的人。刺客如此待我，我也得对得起他。第二天，张浚命人从死囚牢中提出一人斩杀，对外宣称昨晚抓获了奸细，也算为刺客断除了后顾之忧。

罗大经最后写道，张浚后来仍然对刺客念念不忘，曾经派人到河北一带去寻访，可见他对刺客的武功与人品还是高度欣赏的，只是可惜找不到了。

罗大经感慨："孰为世间无奇男子乎？殆是唐剑客之流也。"

南宋抗金名将毕再遇的传奇战马之死

　　大家都知道在杭州西湖的边上埋着岳飞的忠骨，可能不知道的是，就在不远的西溪秘阁，还埋葬着一对父子英雄，他们都曾经与金兵浴血奋战，尤其是儿子左骁卫上将军威名远扬。史书载，"金虏认其旗帜即避之"。

　　这就是毕进和毕再遇父子。

　　毕家祖籍山东兖州。毕进在建炎年间跟从岳飞护卫八陵，转战于江淮之间，屡立战功，官至武义大夫。毕再遇从小就喜读兵书将略，而且膂力超群，武艺高强。史说记载，他能拉开二石七斗的硬弓，反手还能拉开一石八斗的弓，徒步能射二石，骑马能射二石五斗。要知道，北宋武举比试时所设的"绝伦"科，武考加试"步射"所开的仅是二石力的硬弓，所以宋孝宗听说之后，特意召见赏赐于他。

　　有关毕再遇在开禧北伐中手挥双刀冲锋陷阵的故事，以及他收复盱眙、激战六合、解围楚州的事也不在这里赘述，本文要讲的是他的战马的传奇故事。

　　以屈辱买平安的"嘉定和议"签订后，毕再遇以武信军节度使致仕，告老还乡，不久就怅然离世。朝廷赠太师，谥号"忠毅"。

　　他当年驰骋沙场时，曾经有一匹非常称意的战马，陪着他出生入死，这马还有绰号，名叫"黑大虫"。从名字就可以知道这是一匹神骏的烈马，也只有毕再遇能够驾驭它。

毕再遇死后，"黑大虫"被用铁链拴在圈里。那天正好碰上岳庙迎神，金鼓之声由远而近。

"黑大虫"初闻金鼓声，即振奋不已，以为要上阵杀敌，后不见有人为它解索，长嘶奋迅，极力挣踏，竟然挣断了铁链，冲出了大街！

毕家人怕它伤人，急忙命令十几个家人去追，好不容易才把它牵回来。

进了门，再把它拴好，家人在"黑大虫"的耳边说话："将军已经死了，你也没仗可打了，千万别再跑出去惹事。"

这马耸着耳朵听着，似乎可以听得懂对它说的话，一时眼泪喷涌而出，紧接着，以嘶哑的声音长鸣数声，竟然倒地而亡！

它的几声嘶鸣是在告诉将军它即将追随将军的脚步而来吗？别的不可知，只是看战马脱缰而出，迎敌冲阵，即可以想象毕将军当年在战场上呼啸杀敌的雄姿了。

故事记载于宋代周密的《齐东野语》，名为《毕将军马》，读完让人为之感动，久久不能平静。

宋代婚礼中的交杯酒礼仪

古人是怎么喝交杯酒的呢？

据说这种雅俗自秦代就有了，那时候，新郎新娘各执半瓢，饮酒为礼，这里就已经有了很深的用意，这是要让两个新人合二为一呀！

那为什么要用瓢喝呢？

他们倒是想用高脚玻璃杯，也得有呀。到了唐代，社会富裕了，也就把瓢换成酒杯了。其实瓢说得也俗气，古人把交杯称为"合卺"，这个"卺"是一种瓠瓜，就是苦葫芦。味苦到不能吃，破开用它来盛上甜酒，让新郎和新娘一起喝，这是要让两个新人同甘共苦。

但是喝交杯酒不仅是这一点意思。

到了宋代以后，结婚仪式的重中之重就是合卺，而这合卺就是新郎新娘共饮交杯酒——进入洞房，两人坐下，先各饮半杯，然后交换，再一齐饮干，这叫喝交杯酒了。交杯交杯，得交换酒杯，再把剩下的酒一干而尽，说得雅气一点叫"新婚夫妇交互传杯共饮"。

这也没高雅到什么程度嘛，别急，古人的心思还多着呢。

"双杯彩丝连足"，就是酒杯杯足或盏底，要用彩丝连接起来，那用什么彩丝呢？要用红绿等色，还要绾为同心结之类的彩结。典雅的东西都在细节上，所以不仅仅是一仰脖子干了那么简单。

酒喝了，杯子呢？放下吗？不是，古人还有更深的用意，起初有一个小小的占卜仪式的，就是"掷杯于地，验其俯仰"，就是看两个杯子被掷到地上的状态，如果是"盏一仰一合，俗谓大吉"。可是，这大婚之日，如果扔出来的结果不理想岂不是有点扫兴？但中国人是一个多么擅长变通的民族呐，后来大家就干脆"以盏一仰一覆安于床下，取大吉利意"。

江浙崇文之地，这种习俗还有所发展，在绍兴，交杯酒就很正式，由男方亲属中儿女双全、福气好的中年妇女主持。喝酒前，先要给坐在床上的新郎新娘喂几颗小汤圆，然后，斟上两盅花雕酒，分别给新婚夫妇各饮一口，再把这两盅酒混合，又分为两盅，取"我中有你，你中有我"之意。

当然，还有美不胜收的宋词。

歌喉佳宴设，鸳帐炉香对爇，合卺杯深，少年相睹欢情切。罗带盘金缕，好把同心结。终取山河，誓为夫妇欢悦。

这首词节选自无名氏的《少年游》。

倾合卺，醉淋漓，同心结了倍相宜。从今把做嫦娥看，好伴仙郎结桂枝。

节选自无名氏的《鹧鸪天》。

权相贾似道的谋逆之心

南宋有位权相,有人说他是误国的大奸,也有人说他搞公田法也算忠心为国;有人说他很能打仗,也有人说他畏敌如鼠;有人说他礼贤下士,也有人就说他这是沽名钓誉,为了阻塞言路。这些争议姑且不论,但他身为宰相,迷斗蟋蟀儿迷得连朝都不上,还玩出了专著,仅此一点来看,这个玩物丧志的大玩家,即使不奸,也忠正不到哪儿去。

此人就是到现在还让大家争论不休的贾似道。

在元末明初大学者叶子奇的著作《草木子》卷四中,记录了这样一则非常有趣的故事。

贾似道弄权日久,一手遮天还不知足,竟然有心要再搞点大事,书中说"有异志",意思是想试试皇帝的龙椅坐着舒不舒服?

但是干这样的泼天大事一旦不成,一直被大家尊称为"周公"的他必将身败名裂,所以他在没有十足把握的时候绝不会轻举妄动。

他听说有一个术士,拆字拆得神准,于是他就派人去把这位先生请来。

先生请他写个字来,贾似道就用拐杖在地下写了一个"奇"字。

拆字先生审视了半天,摇着头说,"公相之志不谐矣。"我怕你心里想干的那件事弄不成啊!

贾似道大惊，忙问其原因。

拆字先生摇头晃脑地指着这个"奇"字说："道'立'又不'可'，道'可'又'立'不成。"

这个字现在写作"奇"，但古体的写法一般写作"奇"，这样拆字先生的说法才能成立，要按现在的字来说就是"大可"，意思就全反了。

当时拆字先生的意思是你写的这个字，你说它能成"立"吧？底下的"可"就不成了，你说这事"可"以吧？那又"立"不住了。所以，您心里的小九九怕是很够呛。

这话像一把刀子戳在了贾似道的心上，他默然不语，后来就给了钱把先生打发走了。事后，他马上觉得不妥，担心此人会坏事，"使人害诸途"，干脆派人在路上把拆字先生给做掉了。

身为一人之下万人之上的宰相为什么还不死心，想过一把皇帝瘾呢？在南宋末年周密所著的《齐东野语》里似乎有一点端倪。

贾似道年少时候嗜赌成性，还经常驰马出游，在西湖一带瞎转。这一天他在栖霞岭下玩累了，就睡着了。忽然一睁眼，有个布衣道人正在瞪着他看，还说了这样的话："官人可自爱重，将来功名不在韩魏公下。"意思是说你小子好好珍重，将来的功名不在韩魏公之下，这韩魏公说的是北宋的一代名相韩琦。

贾似道心想你这不是逗我开心吗？凭我也能比肩韩魏公？难道天底下再没人了吗？他站起来看都没再看道士一眼，扬长而去。

后来这位公子爷在平康喝醉了赌博的时候，"破面"了，就是把脸上的相给破了。没过多长时间，他竟然又碰上了那个道士，道士顿足惊叹："可惜！可惜！天堂已破，必不能令终矣。"意思是你怎么给破相了呢？要是这样，

可就不得善终了。

　　估计道士的话在贾似道当了宰相之后他信了，他一定在想，我果然成了和韩魏公一样的人物，但道士说我在他之上，在宰相之上的也就只有皇帝了吧？那么……

　　后来，道士的话果然也应验了，他被贬之后，仇家郑虎臣把他杀死在厕所里。

一语成谶，诗词中仿佛暗含命运的伏笔

文字常常会埋下命运的伏笔。就像当年志满意骄的隋炀帝，文才武功都相当了得，曾经做过一首《索酒歌》：

> 宫木阴浓燕子飞，兴衰自古漫成悲。
>
> 他日迷楼更好景，宫中吐焰奕红辉。

这首诗在隋炀帝的诗里算不得好，但是他自己挺喜欢，还经常让宫人唱，可他万万想不到，后来叛军杀来，他被人一索子勒死，而他诗里的迷楼果然"吐了焰"，被乱军一把大火给焚毁了。

还有写《登高》的杜甫，一生穷困潦倒，从他的诗里也能看得出来：

> 万里悲秋常作客，百年多病独登台。
>
> 艰难苦恨繁霜鬓，潦倒新停浊酒杯。

似乎把自己的一生做了一个痛苦的总结，孤苦无依的他写这首诗时漂泊在夔州，三年后黯然离世。

比杜甫晚一点的是杜牧。那年他急急忙忙地进京，还不忘作了一首没来由的诗，名字叫《隋堤柳》：

> 夹岸垂杨三百里，只应图画最相宜。
>
> 自嫌流落西归疾，不见东风二月时。

杜牧这次是从湖州回京，拜为中书舍人，结果回京后果真病逝，真是一语成谶，让人几乎不能相信。

更让人难以置信的是宋代的秦观，他也是仕途不顺，屡遭贬谪，因为深度介入新旧党之争，有人竟欲置他于死地。他曾经做了一个梦，醒来之后填了一首词：

> 春路雨添花，花动一山春色。行到小溪深处，有黄鹂千百。
>
> 飞云当面化龙蛇，天矫转空碧。醉卧古藤阴下，了不知南北。

公元1100年，宋哲宗去世，宋徽宗继位，大赦天下。秦观在奉诏北返途中，经过藤州，竟就死在了这里的光华亭，果然是长卧"古藤阴下"了。周济云在《宋四家词选》中这样评价："概括一生，结语遂作藤州之谶。"

宋代的另一位大词人是贺铸，"长身耸目，面色铁青，人称贺鬼头"，长得有点难看，但词确实写得太好了，一首《青玉案》迷倒了多少众生。

> 若问闲情都几许？一川烟草，满城风絮，梅子黄时雨。

贺铸还有这样一首词：

当年曾到王陵铺，鼓角秋风，千岁辽东，回首人间万事空。

贺铸晚年寓居常州，就老死在了常州的北门，而那个北门之外，恰恰就有一个"王陵铺"。他长眠于此，"回首人间万事空"，难道又是一个不小心的"一语成谶"？

辛弃疾的一首词，被人讥为"拍马屁"

中国古代的文人想要出人头地，不少人都用过一种办法，就是以诗文"干谒公卿名流"，以求得进身之机，其用心也良苦。这事儿李白干过，孟浩然也干过。只是为了施展一身才学，而不得不采取一些迂回之术，似乎也无可厚非。

但是忽然在明代人谢肇淛的笔记《五杂俎》里，看到对辛弃疾的一段评价，实在让人大吃一惊。本文只是在标题上谨慎地使用了"拍马尼"一词，而实际上谢肇淛的原话是："岂知其遗臭万世乎？"这不由得让人好奇，豪放派词人的代表，"文能提笔安天下，武能上马定乾坤"的辛弃疾先生一向是以正面示人的，他会做过这样让后人不齿的事？这又到底是怎样的一首词呢？

查了一下，费了不少劲才找到了这首《六州歌头》，大抵是为尊者所讳，不少出处均语焉不详。词文如下：

西湖万顷，楼观矗千门。春风路，红堆锦，翠连云。俯层轩。风月都无际，荡空蔼，开绝境，云梦泽，饶八九，不须吞。翡翠明玮，争上金堤去，勃窣媻姗。看贤王高会，飞盖入云烟。白鹭振振，鼓咽咽。

记风流远，更休作，嬉游地，等闲看。君不见，韩献子，晋将军，赵孤存。千载传忠献，两定策，纪元勋。孙又子，方谈笑，整乾坤。直使长江如带，依前是、保赵须韩。伴皇家快乐，长在玉津边。只在南司。

词尾所提到的"南园"，就是韩侂胄的府第。辛弃疾此番《六州歌头》所唱的是一首生日歌，几乎是赤裸裸地赞美讴歌，而过生日的人，正是韩琦的曾孙，南宋宰相韩侂胄。

无独有偶，陆游也凑过热闹，曾为韩侂胄作了《南园记》，云："……逮至于公（韩侂胄），勤劳王家，勋在社稷，复如忠献（韩琦）之盛，而又谦恭抑畏，拳拳志忠献之志不忘如此。公之子孙，又将嗣公之志而不敢忘。则韩氏之昌，将与宋无极。虽周之齐鲁，尚何加哉！"

赞得也是够直白的，词中的"韩献子"，也就是韩厥，为韩氏先祖，晋国将军，力扶赵氏孤儿。在赵宋，自韩琦、韩忠彦到韩侂胄，辛弃疾均认为是国之干城，所以才说："依前是、保赵须韩。"

"千载传忠献，两定策，纪元勋"，指的是韩琦，他曾扶助宋英宗和宋神宗两任皇帝，立不朽功勋。"孙又子，方谈笑，整乾坤"，则是直接称赞韩侂胄，意思是他在谈笑之间，就整顿乾坤，治大国如烹小鲜。

韩侂胄是南宋宁宗时期炙手可热的权臣，他整倒了一批以宰相赵汝愚为代表的理学人物，这些人都是摇笔杆子的行家，所以他留下了一个与蔡京、秦桧之流一样的"恶名"。读书人的一支笔，摇一摇也可以使风云变色，所以明代的文人谢肇淛先生就特别不理解辛弃疾的举动："当时笔端信手草草，惟恐趋承之人后，岂知其遗臭万世乎？"

韩侂胄是权臣，这个得认，可《宋史》里没有什么可以坐实他是奸臣的事实，倒是此人彻底干倒了秦桧，为岳飞平反正名，一心想北伐，最后还把

命也搭上了。

回头再看辛弃疾，一个倔汉，以他的性格本不是一个爱拍马屁的人，可一心想恢复中原的他，此时已经是60多岁了，烈士暮年，本以为将老死田园，忽然被韩侂胄起用，重新走上仕途，似乎又得到了一个机会可以实现理想。他写首这样的词，就算是拍了韩的马屁，其情可悯，其志也可叹。

尽管被重新起用，但是时间太无情，辛弃疾还是壮志难酬。1207年，九月初十，久卧病床的辛弃疾忽然睁开了眼睛，大喊："杀贼！杀贼！杀贼啊！"

随即，他在悲愤中溘然长逝。

雪洗靖康之耻、灭掉金国的南宋大将孟珙

　　以往的记忆当中，金国是被蒙古大军给灭了，记得很清楚的一句话是："1234年，元灭金。"《三字经》里也是这么唱的，但其实有两个错误：一是1271年忽必烈才将国号"大蒙古国"改为"大元"，这是灭金几十年以后的事；二是金是宋蒙联军一起灭掉的，而且宋军是主力，领军的是南宋抗金抗蒙的英雄，是他把金哀宗的尸体送回临安太庙，只切了一只胳膊给蒙军意思了一下，还将金国宰相张天纲等押回宋朝行献俘礼。

　　大宋理宗端平元年的1月29日，由京湖制置司正式发出官方布告，通告全国民众——金国灭亡。岳飞等人念念不忘并为之奋战不已的靖康之耻，终于于百年之后得以雪洗，可以告慰无数英灵于九泉之下。而完成此大业的人就是被称之为南天擎国一柱的孟珙将军！很可惜的是，要论战绩孟珙并不次于岳飞等人，但要论名气，孟珙连岳飞手下的很多将军都不如。

　　孟珙出生在今天的湖北枣阳，其原籍绛州，就是今天的山西新绛。孟珙出身将门，曾祖孟安、祖父孟林皆为岳飞部将，父亲孟宗政也是抗金名将。

　　1234年正月，宋朝与蒙古军约定南北夹攻金国最后的大本营蔡州，孟珙率领四万宋军精锐先期抵达蔡州城下，宋军围住了东南两面，蒙军后至，围住了西北两面。

金哀宗看到大势已去，立即传位给他的侄子完颜承麟，但仪式刚结束，南城已经响起了宋军震天动地的喊杀声，孟珙的军队展开猛攻，将军马义身先士卒冲上城墙，将军赵荣紧跟着登城亮旗，一时"万众竞登"。

此时蒙古军还在西北城外与金军作战，宋军打开西门，放下吊桥，接引蒙古军进入城内。

绝望的金哀宗自尽，刚刚继位的金末帝完颜承麟被乱军所杀。在位时间不足一个时辰，他应该是中国历史上在位时间最短的皇帝。

有人说孟珙不过是和蒙军一起打了一只死老虎，但毕竟117年的金国是亡在他的手上。最重要的是，南宋收复了寿、泗、宿、毫四州及涟水一军，加上消灭李全所得之海州，共五州、一军、二十县之地，两淮全境收复。京西又得唐、邓、息三州十一县，京东得邳州二县。从这一点来看，攻灭金国，南宋是大为受益的。

孟珙的军队能打，他本人的武功也很厉害。

1217年，金军进犯襄阳。在混战中孟珙和父亲孟宗政失散，孟珙突然看见白袍白马的父亲正陷在包围之中与敌军苦战，他大声喊道："那是我的父亲！"立即率骑兵冲入敌阵，一场浴血奋战，父子携手破阵而出。于乱军丛中陷阵救父，这一年，孟珙22岁。

两年后的1219年，金将完颜讹可率步骑20万分两路攻枣阳，聚集城下。孟珙登上城楼，引弓施射，箭箭命中要害，立毙数人，双方将士无不惊叹！

孟珙更强的是他的军事指挥才能，就在攻打蔡州之前，孟珙率军击溃了金国恒山公武仙10万余人，彻底打碎了金国打开入蜀通道的计划。武仙化装逃走，剩余几万金军全部投降。

对孟珙来说，以少胜多灭武仙是牛刀小试，猛攻蔡州灭金国只是初露锋芒。孟珙被称为南宋擎天柱，是因为在后来抗击蒙古的战争中，他的军队几乎牵制了三分之二以上的蒙军力量。

1235年，蒙古开始全面侵宋，围攻蕲州，孟珙带兵驰援。蒙古统帅塔察儿正是当年灭金时与孟珙一起联手的蒙古军主帅，此人深知孟珙的军事实力，不敢正面交锋，撤兵而去。但在江陵，双方还是展开激战，孟珙军大败蒙古军，连破敌二十四座营寨，并将蒙军的渡江器具一并焚毁，蒙古军不得不撤兵。

1237年，蒙古再度兴兵，孟珙带兵与蒙古军在黄州展开大战，此战孟珙击毙击伤蒙古军"十之七八"，蒙古军不得不再次撤退。孟珙又一次扭转了南宋的被动战局，被授予宁远军承宣使、枢密副都承旨，不久升京西湖北制置使。此时的孟珙，已是南宋中部战场的主帅。

1238年，孟珙积极进兵，在荆襄战场展开反攻，收复重镇襄阳。孟珙继续派兵深入蒙古后方河南，远程奔袭顺阳，将蒙古军的造船材料全部烧毁，又破坏了蒙古军囤积的战争物资。

1240年9月，在孟珙率军成功救援夔州后，宋理宗授其宁武军节度使、四川宣抚使兼知夔州。当年岳飞年仅31岁建节，是连名将韩世忠都眼红的待遇。此时，45岁的孟珙成为继岳飞、毕再遇后南宋第三位旗帜性大将。

在孟珙的整治下，四川防御体系焕然一新，固若金汤，在抗击蒙古进攻中发挥了巨大的作用。有人评价说："孟珙以孤军与持荆襄巫夔间，屹然为东南砥柱者有年。珙亡而宋事遂不可支。"意思是孟珙全力抵抗横扫欧亚的蒙古铁骑，确保南宋挺过了宋蒙战争的前十余年，他死之后，宋朝也就很难支撑了。

1246年，一代名将孟珙病逝于江陵，享年52岁，后特赠太师、吉国公，谥号"忠襄"。他所创建的宁武军，在宋亡后数年仍在坚持抗战。

宋军的火炮在钓鱼城打死蒙古大汗蒙哥

能征惯战的蒙古大汗蒙哥，是成吉思汗的四儿子拖雷的长子，庙号是元宪宗。他在位期间是一位很有作为的皇帝，先击灭大理吞并云贵高原，然后他的西征大军横扫欧亚所向披靡，兵锋抵达今天地中海东岸的巴勒斯坦地区，连北非的埃及都笼罩在恐怖阴影之中。但是，中国西南部的一座小城扭转了世界历史的走向，因为亲征的蒙古大汗蒙哥就在这里折戟沉沙，而他的死阻挡了蒙古大军西进的铁蹄。

西方人感念这座在冥冥之中拯救了他们的中国西南小城——钓鱼城，称之为"上帝折鞭处"。他们认为蒙哥西征是上帝对他们的惩罚，蒙哥就是"上帝之鞭"，是上帝派来抽打他们的。而折断这支上帝鞭子的南宋军民在王坚和张珏的率领下，于小小钓鱼城创造了战争史上的奇迹。四川人用36年的不屈坚守证明他们确实浑身都是铮铮铁骨，而那里的每一寸土地都"浸透了奋斗的泪泉，洒遍了牺牲的血雨"。

蒙古大汗蒙哥怎么会在钓鱼城轰然倒下？

《神雕侠侣》有一段描写，在襄阳保卫战中："杨过低头避过，飞步抢上，左手早已拾了一块拳头大小的石块，呼的一声掷出，正中蒙哥后心。杨过这一掷劲力何等刚猛，蒙哥筋折骨断，倒撞下马，登时毙命。"小说中，蒙哥是死在了神雕大侠杨过的手下。

有不少记载，说蒙哥是病死的。如蒙古帝国伊儿汗国宰相拉施特的《史集》推断军中痢疾流行，蒙哥亦染病身亡。又如清代人毕沅在《续资治通鉴》中也是捕风捉影称蒙哥死于痢疾。《元史》当中的记载也是闪烁其词，"是月，帝不豫。秋七月辛亥，留精兵三千守之，余悉攻重庆。癸亥，帝崩于钓鱼山，寿五十有二……"

这些记载或多或少为尊者讳，说病死总好听点吧。但是蒙哥确属暴毙，如果是生病，怎么可能不在临终前留下遗诏以确定他的继承人，这事相当要紧且人尽皆知。事实是就因为没有他的遗诏，导致了忽必烈与阿里不哥为争夺汗位而内战五年的恶劣局面。所以蒙哥之死，一定是意外受到重伤，直接昏迷，抢救无效而"崩"的。

那指挥作战的大汗到底是怎么受重伤的？

明万历《合州志·钓鱼山记》中如是记录："炮风所震，因成疾。班师至愁军山，病甚……次过金剑山温汤峡（今四川重庆北碚北温泉）而殁。"这是宋方的亲历者所言，可信度较高。而亲随蒙哥征伐的耶律铸在他的诗作《述实录·四十韵》中是这样写的："龙桥忽焉悉中圮，鼍鼓蓦然寻亦歇。忍令飞驾鼎湖龙，持拔龙髯堕尘劫。"意思就是在激战当中，桥忽然断了，战鼓骤然停下，于是皇帝"龙去鼎湖，堕入尘劫"，虽然写得很隐晦，但明显是意外死在了战场之上，这是毋庸置疑的。

《马可波罗游记》和明万历《合州志》都记载蒙哥是在战场上被矢石击中重伤而死。明代四川巡抚谢士元在他的《游钓鱼山诗序》就直说蒙哥是"炮风致疾"而死。

那么问题就来了，到底是什么炮能打到站在安全警戒线以外的最高指挥

者呢？

先准确地说，那个时候的炮不是直接能轰炸的，还是"砲"和"弹"的混合体，它是利用抛石机把点着的炸弹投进敌群来完成杀伤任务的。有人怀疑宋代有那么威力大的炮弹吗？确实有。

宋仁宗年间完成的《武经总要》中记录的三个火药配方已与后世黑火药中硝占四分之三的配方相近。火药中还加入少量辅助性配料，易燃、易爆，完全可以达到杀伤、放毒和制造烟幕等战斗目的。早期的"震天雷"就是一种罐形铁火炮，用铁罐做外壳，内置火药，引燃后抛向敌军，炮起火发，其声如雷，它的爆炸面积可达半亩以上，破碎的弹片甚至可以穿透铁甲。

1126年，李纲就用这样的火药弹击退了围困京城开封的金兵。

1161年，南宋虞允文在采石之战中，也是用威力强大的火药弹击败御驾亲征的金朝天德皇帝完颜亮。

按纪录片《钓鱼城之战》的合理推测：

在1259年7月21日，双方又一次展开了血肉横飞的搏杀。为了侦察城内情况，蒙军在马鞍山上修建了一座很高的瞭望楼，方便及时反馈指挥。蒙哥大汗来到这里，他亲自擂鼓助战，鼓声响起，十几里外都能听见。

战况陷入胶着状态，突然，巨响如惊雷炸裂，宋军抛石机的火药弹一齐飞来，霎时把瞭望楼打得粉碎。原来王坚在城上早看见蒙军设置瞭望楼，而目测它在炮火覆盖范围之内，就准备好了抛石机，提前预瞄，就等蒙军进攻时把它当场打掉，以打击蒙军士气。

历史就是这样，无数偶然的事件会悄悄改变它原本的走向。

王坚并不知道大汗蒙哥正在瞭望楼下擂鼓助战，但正如耶律铸的诗中所写，宋蒙双方都很快注意到大汗雄壮的战鼓声突然停了，其后再也没有响起……

文天祥的三位生死之交

人常说，一贵一贱，交情乃见；一死一生，乃现交情。因为重情义、轻生死，桃园三结义传颂千古。有一段真实记录，这段朋友之交，平时淡如水，难时深似海，其情义之重之深不亚于桃园三兄弟，因而感人至深。

故事的配角是名垂青史的民族英雄文天祥，主角倒是一位在历史上寂寂无闻的人。此人姓张，名千载，字毅甫，与文天祥同为庐陵人。文天祥身居高位时，知道张千载的才能，几次请他出来做官，"屡以官辟不就"——张千载都婉言拒绝了，他并不喜欢当官。

到了江南被元人攻占，文天祥兵败被俘，从广东北上押解过吉州城下时，张千载却匆匆赶来了，两人执手相见，感慨万千。

千载说："今日丞相赴北，某当偕行。"昔日的丞相今日的死囚，听到了朋友并不慷慨激昂，却让人热泪盈眶的质朴话语："他们要押你去北方，我陪你去！"

就这样，张千载一路随行，照顾着文天祥，一直到了大都。他在关押文天祥的附近租了一所公寓住下来，每天精心做好饭送来，"凡三载，始终如一"，整整三年，始终陪伴着自己的老朋友。

当听到文天祥要被处斩的消息时，张千载默默地做好了一个木匣子。临刑当天，文天祥向南方跪拜之后，从容就义。张千载替文天祥收理尸体，并

用准备好的木匣装好了他的头颅。

文天祥死难之时仅47岁，在他的衣带中发现写着这样的话："孔曰成仁，孟曰取义，惟其义尽，所以仁至。读圣贤书，所学何事，而今而后，庶几无愧。"舍生取义，视死如归，他的死气贯长虹，光昭日月。

得知文天祥的夫人欧阳氏也被掳到了大都，张千载想方设法访求到她，并解救出来。二人一起焚烧了文天祥的遗体，收拾骸骨，重重包裹好，再带上装头的木匣惨淡南归。

回到庐陵之后，他将骸骨与木匣交由文氏后人郑重安葬。做完这一切之后悄然而去。

此事记载于《南村辍耕录》，作者是元代文学家陶宗仪，这是一本属于历史琐闻的笔记，以元代为主，宋代为次，保存了丰富的史料。

除了这位不顾生死的朋友，文天祥还有两位可以替他去死的知己兄弟。仅此一点，也足可见文天祥的襟怀品格。

第一位义士的名字叫赵时赏，乃是安徽和县人，宋室宗亲，进士出身。在国破家亡的危难之际，书生报国，毁家纾难，带领民兵与元军殊死作战。史书记载："时赏风神明俊，议论慷慨，有策谋，尤为天祥所知。"当时，文天祥在南剑州开府，在无钱无兵最惨淡的时候，是赵时赏带着人马来了！这样的患难真情同仇敌忾，真非笔墨可以形容！

蒙军铁骑源源不断地南下而来，文天祥带领孤军与之苦苦周旋，他的军队在江西兴国被突袭，撤到方石岭，蒙军不舍，巩信等人力战而死。文天祥到了空阬，张日中等人不退战死。这一役当中，文天祥的妻子及二子二女都被俘虏。就在最危急的时刻，赵时赏挺身而出，承认他是文天祥，蒙军如获至宝，擒之而走。

文天祥因此得以脱身，和他的长子及杜浒、邹沨等人奔循州。

赵时赏被押到了隆兴，奋骂不屈。与他一起被处死的还有一个人叫刘洙，临刑之前还在为自己辩解。赵时赏大声叱责："死耳！何必然！"大丈夫不过是一死罢了！于是引颈赴死成一快，山河为之动风云。

第二位义士名为刘子俊。

祥兴帝继位，文天祥屯兵在潮阳。他的发小，同为庐陵人的刘子俊也带着人马前来与他会合。

时张弘范所率的蒙军大规模进军，文天祥的人马无法抵挡，只能撤往海丰，蒙军穷追不舍。当文天祥的人马到了五坡岭正在埋锅造饭时，蒙军突袭而来，文天祥被执。他已经做了最决绝的打算，吞下了他准备的一种毒物，叫"脑子"，但诡异的是，天意弄人，他并没有死。

而此时，另一处，蒙军有人大喊已经抓获了文天祥！正是他的发小刘子俊自称他是文天祥，希望借此可以让文天祥趁乱逃走。但张弘范并不是那么容易被蒙蔽的，等把文天祥也押到的时候，他怎么还能让患难兄弟再替自己去死？他大大方方地站出来，说，此，文天祥也！

已经上过一次当的蒙军怎么还会放过真正的文天祥？挺身而出被识破的刘子俊死得非常惨烈，史书中仅用了一个字：烹。可以想象，这位义士是被扔进大釜之中活活煮死的！

至此，文天祥的两位肝胆兄弟遭此大难，国破家亡，万念俱灰的他数次请死，张弘范不许，还想带着他去崖山招降张世杰。文天祥满腔悲愤，于是写下了那首千古绝唱《过零丁洋》，以诗明志：

辛苦遭逢起一经，干戈寥落四周星。

山河破碎风飘絮，身世浮沉雨打萍。

惶恐滩头说惶恐，零丁洋里叹零丁。

人生自古谁无死？留取丹心照汗青！

大宋孤臣张世杰

当蒙古军队猛攻宋朝最后一位皇帝祥兴帝的大船的时候，陆秀夫先咬着牙逼着自己的妻子和儿女跳海，然后把自己和年仅九岁的少帝绑缚在一起，从船舷一跃而下，蹈海而死！南宋虽历遭劫难，却宁死不再重演靖康之耻！

但少帝虽死，宋朝并不算灭亡。

最可歌可泣的是跟随皇帝赴死的臣子民众不计其数！崖山海战之后，"越七日，尸浮海上者十余万人"。让人最痛心的是，几乎整个大宋的精英阶层随之殉国！

但精英尽失，宋朝还不算灭亡。

当张世杰的战船突围而走，在战后回到崖山收拢残兵的时候，遇到了杨太后。他告诉太后，祥兴帝已经以死殉国，杨太后悲不自胜，失声痛哭："我历尽千难万险走到这里，正是为赵氏的这一块骨肉呀！现在没有什么活头了！"张世杰请太后再找一位赵氏的后人，立以为帝，但杨太后伤心至极，决然赴海自尽。

太后虽死，宋朝也还不算灭亡。

收葬了太后，张世杰准备前往安南，就是越南一带。船走到了平章山下，在今天的阳江市西南方向，忽然飓风大作，巨浪滔天。

此时，大家都建议靠岸，张世杰却说：不用了！

张世杰冷静地点起了一支香，拜倒在船上，他仰天大喊："老天！我为大宋朝拼尽全力了！一个皇上没了，我又推立一个皇上，现在这个皇上也没了！我本应该跟皇上一起死的，但我还想等敌兵退后，再立赵氏以存大宋的血脉呀！"

"现在风浪突起，船不能行，莫非这是天意吗？如果老天不让我再维系赵氏一脉，那就让大风颠覆了我的船吧！"

风雨如晦，四周茫茫如夜，这位大宋孤臣凄厉的哭喊声回荡在空荡荡的海上。继而狂风又起，巨浪滚滚而来，大船被掀翻，张世杰跟随着大船沉入海中。

张世杰死难，宋朝就算真的亡了。史载："舟遂覆，世杰溺焉，宋亡。"

世杰不死，他还真有扶持赵氏子弟再续宋祚的能力。但天意如此，夫复何言！至此，陈抟"一汴二杭三闽四广"之说验矣。

文天祥、张世杰、陆秀夫三位忠烈之臣，正像诸葛亮《后出师表》中所说："鞠躬尽瘁，死而后已，成败利钝，非所逆睹。"

始于宋代的"三寸金莲"缠着血和泪

　　一直以来对中国女人缠足不能理解，所谓"小脚一双，眼泪一缸"。仅仅是为了追求一种变态的"美"，全民族的女人都忍着剧痛去"自残"，简直是不可理喻的。

　　为什么在历史上的某一个时期，中原地区的女人们忍着椎心泣血的疼痛开始缠足，而且能成为一种流行？让不缠足者为之羞耻，这强大的原动力从哪里来？

　　北宋理学家程颐有家训：妇人不缠足不贯耳，其后人守之。难道自己家的人不许缠，倒鼓励倡导别人家的女儿去受罪？

　　历代在裹脚的人中间最坚决的那个人一定是女儿的娘，她不仅是自己流满了一缸眼泪，还要铁下心肠让女儿也忍受同样的折磨，她要亲手给女儿裹脚，她要陪着女儿一起忍痛流泪。那一个时期，中原地区的女人们都在家里这样"自残"，早晚二时女人裹脚，家家有女儿的哭泣声，她们默默地执守着这样的怪异行为，一定还有别的更大的原因在。

　　这个疑团直到读到邓之诚教授的《骨董琐记》才解开，他认为"缠足之风实盛于元，盖所以示别与胡人也"。

　　邓之诚是北京大学教授，中国历史学家，学富五车，著作等身。

原来中原地区的妇女们身负家仇国恨，竟然是以"缠足明志"的，所以缠足之风才可能在元代兴起。虽然一直隐秘坚守，又为统治者所忌不能见诸任何的以往史籍，但这样饱浸着血和泪的自残行为里，如果有了民族的气节在其中蓬勃而生，那我们除了同情她们所受的无边痛楚，更应该对她们骨子里不屈服于胡人的志气而鞠躬致敬！

有人说缠足自古有之，为什么说到元代才盛行？这事其实也不是有志妇女们忽然就想出来的，我们可以把缠足的历史简单捋一捋。

不管是漫扯到大禹治水的涂山氏女，还是追溯到南唐李后主的舞女窅娘，都只是先天的小脚而已，根本不是正式缠足的发端。因为截至目前考古发掘到的宋朝以前妇女鞋子都不纤小，这足以说明彼时女子并不缠足。

那么缠足是什么时候开始兴起并有正式记载呢？

《宋史·五行志》记载："理宗朝，宫人束脚纤直"。这是宋朝皇室、宫中女子缠足的例证。从苏轼的词《菩萨蛮·咏足》称女子小脚为"宫样"也可以看出，缠足起源于宋朝官僚贵族阶层等上层社会。

两宋相交时期的张邦基著有《墨庄漫录》，说"妇人缠足，始于近世"。此时宋室遭受靖康之耻，中原大地沦落。正值国破家亡流离失所的悲怆时期，缠脚之风却兴起，正说明这与理学家的推动都没有多大关系。

男子不得不低头接受异族统治，而家里的妻子却在怀念曾经的宋室王朝，她们为了表白自己与胡人的区别，以这样自残的方式来表明汉族人有一半并没有被征服，其用心之苦更甚于身体之苦。

为获得一点可怜而可贵的心理平衡，这才是元代妇女普遍缠足，而以天足为耻的最深层原因。

元灭明兴，朱元璋曾经大力提倡禁止缠足，奈何上百年的积习已成，跟风成病，此时再加上各种变态文人的追捧，士大夫对于男尊女卑的变相演绎，女人的脚才沦落成一种被"评头论足"的玩物。

到了清朝，初期的皇帝一力禁止缠足，除了要解放生产力的官方说法，也是因为一个"胡"字的暗疾。

又一次与气节相关，一直被诟病的缠足又一次担负起"男降女不降"的汉民族大义。当时清廷推行"剃发令"，汉族男子剃发被视为向清廷屈服的象征。清廷也下令禁止女子缠足，但汉族女子即始终未屈服，女人仍然是最坚强的，到康熙七年只好罢禁，故而有"男降女不降"之说。

清代有谜语，谜面是"满汉妇女"，打《四书》一句，其谜底正是出自《中庸》的"足以有别也"。天足与小脚，是满族和汉族妇女之间最大的差异。

呜呼哀哉！以这样一种近乎激愤的自残来表示不屈，不能不让人再次感叹，于悲悯之中再生敬佩之心。

姚镛的遗腹子

　　世间的稀奇事多。今天给大家介绍的这位姚镛先生，字希声，号敬庵，剡溪人，就是今天的浙江嵊县人。姚公是宋宁宗嘉定十年的进士，写得一手好诗词，当过吉州判官，还能打仗，曾经因为平寇有功而擢守赣州。

　　话说这姚公退休回家养老，岁月匆匆转眼就到了80岁了。这一年的夏天，姚公沐浴，有一个小妾在旁边伺候着。姚公洗着洗着忽然起了梨花海棠之意，于是与小妾共赴巫山。这个故事出自《草木子》，作者明代叶子奇，他的记述更干净利落，只有四个字："因有私焉。"

　　事毕，小妾在老爷面前跪下了，说了这样一番话："老爷您那么大岁数了，如果贱妾怀上了孩子，家里人必然会怀疑我的清白，那我可该怎么办？希望老爷您给我一个凭据。"

　　姚公想了想了也是，人有旦夕祸福嘛，自己已经80岁的高龄了，小妾的顾虑也不无道理，但是这么尴尬的一件事，如实写可该如何下笔，一旦传出去也必将贻笑大方。他踟蹰半天，忽然计上心来，于是就抓起了小妾的围肚，提笔在上面写了一首诗：

　　　　　　八十年来遇此春，此春遇后更无春。

纵然不得扶持力，也作坟前拜扫人。

借着诗能把事情遮掩几分，但还是交代得很清楚，明眼人一看就知道是怎么回事，这可真是独一无二的最佳凭据了。想不到，会写诗竟然有这等好处，更想不到，诗还有这样尴尬的用处。

后来，没多久，姚公果然就驾鹤西游了。

很有意思的是，小妾幸而言中，她果然怀孕了。家人当然不信，都怀疑她有外遇，于是小妾就拿出了姚公当时的亲笔凭证，一字一句，可谓铁证如山。

家人转怒为喜，毕竟又给老爷留下了一条血脉，将来多了一个扫墓的后人。

宋代发明的多功能钟为何神秘消亡？

在绝大多数人的印象里，钟表是明末从西洋进口来的，但是，我们的老祖先在宋代就已经把钟表玩得出神入化了！

这里不能不郑重推出一位伟大的科学家苏颂先生，这位北宋的宰相大人带领一班人所发明的钟表不仅能报时，而且可以进行天象观察。苏颂等人所发明的钟表，准确地说，叫钟表太委屈了这个伟大发明，叫天文钟都词不达意，人家发明研制的计时器有一个更响亮的名字——水运仪象台。

这台神秘至极的水运仪象台设计了一个叫"昼夜机轮"的部分，机械计时靠它就轻松搞定，这里面有一个极富想象力的小木人。这个小木人很忙，到了一刻钟的时候，它得出来击鼓一次，到了一个小时的时候，它得出来摇铃一次，而到了两个小时即一个时辰了，它得出来很严肃地敲钟。在此同时，它还得像礼仪小姐一样举牌告示，现在是子丑寅卯等时间了。这还不够高级，它到了晚上也不闲着，每到一个更次，它还得跑出来击钲一次！

这台水运仪象台有一组"铜壶滴漏"式的机械装置，在一个木架子上设有两个水槽，高的是天池，低的是平水壶，平水壶中的水流入全台机械结构的原动轮——枢轮的水斗。枢轮是由三十六个水斗和钩状铁拨子组成的由水力推动的机轮。枢轮上的"枢权""格叉""铁拨子""关舌""天衡"等机件

199

组成一个巨大的机械擒纵器，这就是最关键的了，这个擒纵器正跟现代钟表里的关键机件——锚状擒纵器（俗称卡子）作用相当。

所以，可以毫不夸张地说，水运仪象台中的擒纵器正是现代钟表的祖先。英国科技史专家李约瑟在研究了水运仪象台之后，承认中国早在欧洲发明钟表装置之前，"就已经有了装有另一种擒纵器的水力传动机械时钟"。此事记载于《中国科学技术史》第四卷。

著名的国际钟表大师矫大羽向全世界首倡提出："中国人开创了钟表史——是中国古代五大发明之一。"因为14世纪出现机械钟表以来，虽然它们的动力来源可能不同，如重力、金属弹力（发条）等，但是擒纵结构原理却是一致的。

那为什么这么神奇的水运仪象台没有传下来并发扬光大呢？

元代有位大科学家叫郭守敬，他把充分成熟的机械计时器从天文仪器中分离出来，制造了大明殿的机械水力计时器——灯漏，而到了元顺帝的时候，他又添加了更多的技巧装置。

最倒霉的就是这个时候，朱元璋坐了江山，他见了这东西竟然认为是"奇技淫巧"，当皇帝的一句话，这神奇的发明于是就有了罪，稀里糊涂被彻底销毁了。

好看到睡不着的中国史

明朝

的

史壮宁 著

民主与建设出版社

·北京·

目录

月满西楼

冷月霜河

明月初照

◆

绣榻朱裀，瑞脑残烟，谁的霹雳手段，
重绘一卷江山？

◆

朱元璋原名朱重八，元代百姓没有取名资格

古代人取名字很有讲究，有的还很诗意。但是到了元代，老百姓连最起码的姓名权都没有。因为在元代，"庶人无职者不许取名"。意思就是如同草木一样的升斗小民，连拥有一个响亮名字（比如王大虎、张大龙之类）的资格也被取缔了。

在俞樾的《春在堂随笔》卷五中有记载："徐诚庵见德清《蔡氏家谱》有前辈书小字一行云：元制，庶人无职者不许取名，止以行第及父母年龄合计为名，此于《元史》无征。"

意思就是，有人见德清的先人在蔡家家谱里写过这样一句话，平头百姓是不许起名的。那总得有个称呼吧？所以，一般人的名字以父母的年龄合计在一起得到一个数字，就拿这个数字来当名字。

俞樾说，这个事在元代的正史里没查到记录。但是以朱元璋家的情况来看，还就是这么回事。

且看来自吴晗所著《朱元璋传》里的一段记录："孤庄村朱五四一大家人，不到半个月时光，死了三口。朱五四老爹六十四岁了，四月初六故去，初九大儿子重四也死了，到二十二那一天五四的老伴陈二娘又死了。五四的二儿子重六和小儿子元璋（原名重八，后名兴宗）眼看着大人一个个死去，

请不起郎中，也抓不起药，只急得相对痛哭。"

可见，当时的穷苦百姓，只能用数字来当名字。这个数字，有的来自父母的年龄之和。如夫年二十四，妇年二十二，合为四十六，生子即名为四六。夫年为二十三，妇年为二十二，合为四十五，生子或者叫四五，或者叫五九，因为五九也是四十五。

朱元璋的大哥叫重四，意思是他出生那年，父母的年龄加起来是四十四岁。老二是重六，那就是父母年龄加起来是六十六岁了。到了朱元璋，老爸老妈加起来都八十八岁了，可真是个老生子了。

据考证，明代开国勋臣开平王常遇春的曾祖名四三，祖父名重五，父亲名六六。而东瓯王汤和的曾祖名五一，祖父名六一，父亲名七一，都是以数字为名。

但是，据明末史学家潘柽章所著的《国史考异》中所录，朱元璋的父亲五四，名世珍；大哥重四，名兴隆；二哥重六，名兴盛；元璋重八，名兴宗。按吴晗先生的推断，这些名字应该都是后来起的。

看来，如果不是朱元璋后来得了势，他的父兄们也不会拥有这么响亮的名字。

从班长到将军：朱元璋的华丽转身

安徽凤阳朱元璋皇陵中的御制皇陵碑上，写了朱元璋走投无路，万般无奈当了和尚。但是，在乱世里修行也不容易，皇觉寺被元军烧了，不投军也不行了。

朱元璋在刚开始投军时差点被当成奸细给杀了，这怨不着别的，这么一个怪和尚来说东道西的，长得又那么难看，与其浪费时间慢慢地考察，不如一刀宰了利索。好在郭子兴没有那么浑，只是多问了几句，知道这个怪和尚与汤和等不少兄弟都有来往，也就放了他，让他当了个步兵——这可真是低得不能再低的起点了，标准的大头兵一个。

朱元璋每天和兄弟们操练，他体格好、记性超强、计谋多、有决断，既沉着冷静，又能随机应变，应付日常的工作绰绰有余。最关键的是，朱元璋比别人有肚量，这就更不简单了。出去执行任务，他经常能不损伤一兵一卒还能立功受赏，连带兵的队长也高看他两眼。

后来有一天，郭子兴巡查到朱元璋所在的营房，看见了朱元璋，听到队长对朱元璋满口夸赞，郭子兴大喜，于是吩咐升朱元璋当了亲兵九夫长，调进帅府当差了。

这九夫长，跟咱们现在的部队比起来，比班长多管了几个人，但要是跟

过去的建制比起来，官衔还没班长大。可毕竟是公鸡头上的一块肉——大小是个（冠）官儿。英雄不问出处，从大头兵到班长，朱元璋迈出他成功人生的第一大步。

进了帅府，朱元璋做事更加小心勤谨。他执行力很强，交代下来的事情，总是办得又快又好。遇到危险的时候，他总是冲在最前面，这尤其令众人刮目相看。更何况，他每次得到战利品，不管是金银宝玉还是牲口粮食，全部如数交给元帅。如果得了赏赐，他会认为功劳是大伙儿的，所有赏赐都尽量公平地分出去。所以，战友们都铁了心地跟着他。

朱元璋虽然长得有点儿丑，但是名声很好。他勇敢、能干、大度，有见识，重要的是讲义气，人缘好，连郭子兴也对他青睐有加，视其为心腹。

如此，朱元璋的桃花运也随之而来。郭子兴的二夫人张氏抚养着一个孤女，这个孤女的老爸是郭子兴的旧友，姓马，宿州人。郭子兴起兵的时候，老马回到宿州筹划起兵响应，不料回去没多久就死掉了，郭子兴便收留了他的孤女。现在孤女长成，需要找个男人嫁了。

这两口子一商量，眼前就有一个最合适不过的人选。朱元璋才能出众，招他当个上门女婿，他以后定会誓死效忠。朱元璋知道了这一消息，心想，人家不嫌自己长得难看，自己平白地做了元帅的娇客，这前程也算是不用愁了，于是欣然答应。

前文说到，这位夫人姓马，就是老百姓当中传说的马皇后马大脚。也算是个贤明的女人。其实在这之前，朱元璋并不叫朱元璋。前文我们提到过，他那样的阶层在元代是不配有大名的，他原名叫朱重八。但是，现在当了元帅的女婿，就得有个响亮的名字了，毕竟他现在是有身份的人，帅府里的人见了他，都尊称他为朱公子。也不知道这名字是请谁起的，确实起得很好，官名就叫朱元璋，字国瑞。

至此，一个连口饱饭也吃不上的小和尚摇身一变，成了元帅的女婿。有这么个身份后，小时候混下的一大帮兄弟都来投靠他。所谓云从龙，风从虎，这些投靠朱元璋的同乡兄弟有几个后来还成了开国重臣，比如徐达、周德兴、郭兴、郭英等。再后来，定远人冯国用、冯国胜兄弟，还有他的智囊李善长也都纷纷来投靠他，朱元璋很快从镇抚当上了总管，开始独当一面。

朱元璋被孙德崖生擒，徐达走马换将保他一命

前文提到了，朱元璋投靠了红巾军，因为能干，娶了郭子兴抚养的孤女，变成了朱公子，很快就升职当上了总兵，驻扎在和州。

当时的红巾军还是一群乌合之众，几个头领各行其是，有一个叫孙德崖的大帅就跟朱元璋的干老丈人郭子兴不和。

孙德崖因为滁州缺粮，率领一队人马跑到和州，进驻到州衙中。郭子兴知道后，怕孙德崖和朱元璋抱成一团，也从滁州赶来。这下，两个死对头就撞在了一起。

朱元璋心里暗暗叫苦，他以大局为重，不想让队伍火并，如果还没成事，自己人先打起来了，这还闹什么革命嘛！

朱元璋先劝说孙德崖离开和州。孙德崖知道郭子兴来了，自己心虚，也打算撤。朱元璋告诉他，让部队先走，孙德崖殿后，免得临时出什么差错。

孙德崖答应了，朱元璋还是放心不下，就亲自把孙德崖的部队送到城外，走了十多里，正要回来，便听人说城里两军已经打起来了，死了好多人！

朱元璋立即带着耿炳文和吴祯两个兄弟，往回飞奔。孙德崖的人心想：城里两军火并，你能不知情吗？是不是你们设好的套？于是拦住了朱元璋，双方拔刀相对。

朱元璋有口难辩，只能边走边解释，趁人不防，就往回跑。

孙德崖的手下几十个将官策马追赶，枪箭齐发，要不是朱元璋衣内穿着连环甲，小命就没了。

即便如此，逃了一阵也没逃掉，马乏了，被追上之后一阵乱战，朱元璋中枪落马，被人用铁索锁住了脖子。有人举刀就要杀他，但有清醒的将官说："孙元帅还在城里呢，杀了朱元璋，孙元帅也活不了，不如先派人进城看看情况再做决断。"

之后，一个将官飞马进城，见孙德崖被锁着脖子坐在郭子兴的对面，两个老对头正喝着酒呢。郭子兴听说自己的干女婿朱元璋被人家给拿下了，也着了慌，情愿走马换将。可是，这两家谁也不肯先放，因为实在是互相信不过。那可怎么办？

这时候，徐达站出来了，说他可以先到孙德崖的营里去做抵押，换回朱元璋，等朱元璋回到城里，之后把孙德崖放回去，然后再把他徐达放回来。大家一听这主意好啊，就这么办。于是，徐达舍命保了一回朱元璋。

朱元璋在孙德崖的营里被拘了三天，几次都差点遭了毒手，幸亏有几个熟人照应着，总算是平安脱险。

郭子兴恨死了孙德崖，好不容易逮住了正想弄死他呢，为了交换朱元璋，又只好咬牙放走，心里很是不痛快，成天闷闷不乐，因此得了重病，不久便病逝了。

于是，这郭营中的主帅由郭子兴的儿子郭天叙来担当着，朱元璋是副元帅。但是，郭天叙年轻，没有什么军事经验。朱元璋手下强将多，谋士也出众，说话分量自然不一样，大家都心照不宣，朱元璋才是这支义军真正的

主帅。

　　大难不死必有后福，或者说这一回是朱元璋因祸得福，从一个无家可归的小和尚到统领数万人的风云豪杰。不知是不是从这个时候，朱元璋就开始萌生出当个皇帝玩玩的想法呢？

朱元璋的"聊斋故事"

根据《典故纪闻》中的记载，这大概是1355年间的事，当时朱元璋正跟陈野先打得热火朝天。这天，朱元璋坐着坐着睡着了，就在此时，左右惊告，有条蛇爬到了他的胳膊上！

朱元璋猛然醒了，看自己的手臂上，果然"有蛇缘臂而走"。朱元璋见状也不惊慌，还仔细审视了一下，此物说是蛇吧，但它有脚，长得像龙，却又没有角，到底是个什么神物呢？他认为这是神，或是神的使者。于是，他默默地许了一个愿："若神物则栖我帽缨中。"

意思是，你要是神派来探望我的，那就钻到我的帽缨当中吧！于是，他就眼睁睁看着那蛇缓缓地爬到了他的帽缨中。然后戴上帽子，起来去办大事了。他来到了敌军的营寨中，一番天花乱坠的说辞，竟然把对方的将军给说得投降了！

朱元璋大喜过望，从敌营回来，就把帽缨里的神物给忘了。坐了好长时间才想起来，赶紧"脱帽视之"，他惊奇地发现，那神物在他的帽缨当中怡然自若。

朱元璋更加喜不自禁，于是喝了两口酒庆贺一下。更让人惊叹的是，他拿酒去喂蛇，"蛇亦饮"，还陪他喝了几杯。

差不多喝好了，那神物要走。"遂蜿蜒绕神椟，矫首四顾，复俯神主顶，若镂刻状。久之，升屋而去。"是说，蛇先是爬到了神龛上，四下看了看，又爬到了神祇的头顶上，还停顿了一下，像是镂刻在上面一样，又待了好一阵，才爬上屋顶不见了。

这事写得神异，皇帝嘛，喜欢一些祥瑞的东西，来佐证自己不是一般人，而是天之子，这也在情理当中。如汉高祖的老娘刘媪在大泽的岸边睡了个觉，"梦与神遇，是时雷电晦冥，父太公往视，则见交龙于其上。已而有娠，遂产高祖"。简直说得神乎其神，好像汉高祖根本就是大神下凡，只是借刘媪套了一个人身而已。还有伏羲的母亲华胥氏踩了巨人脚印，登山拜佛梦到金甲神人之类，这些都可以不信。

但是，这个《典故纪闻》的作者余继登一生为官，累升至礼部尚书。此书也只是一本笔记，既不是皇帝授意，又没有政治企图。原本没有必要来吹捧明太祖，他写他的明代政治、经济、典章制度方面的东西就行了，为什么开篇就要写这么一则类似"聊斋"的故事呢？

又看了十几页，这种祥瑞之事屡有所见。

陈野先攻太平，太祖按兵城上，令徐达等转战至城北。忽有双龙见于阵上云端，敌众惊愕仰视，我师因大破之，遂擒野先。

太祖攻婺城，未破先一日，有五色云见城西，氤氲似盖，城中望之以为祥。及城下，乃知为驻跸之地。

看来余继登不仅是真信了，还认认真真地写了下来。

朱元璋驭人的三大秘招

　　不懂管理，朱元璋凭什么当皇帝？论文，他仅是粗识文字；论武，他上阵杀敌也仅能保住自己的脑袋不丢。可他偏偏当上了皇帝，而且还能让那些不可一世的大将和谋士对他俯首称臣，没有几招绝的，他也成不了大明朝的开国皇帝明太祖！

　　朱元璋驾驭手下大将的第一秘招：用好舍人

　　什么叫舍人？宋朝之后，文武官员的儿子就叫舍人。在朱元璋的身边，就有这么一大堆舍人，这些舍人才是跟朱元璋最亲近的人。

　　在朱元璋攻下滁州之后，他的亲侄儿朱文正还有亲外甥保儿（后来起名叫朱文忠），都跑来投靠他，一起来的还有一个叫沐英的孤儿，都很可怜，朱元璋就把这三个人收养为义子，且让他们都姓了朱。

　　这些义子当中不乏青年才俊，打仗绝不含糊，也都誓死捍卫朱元璋。

　　如此，朱元璋陆续收养了好多义子，很用心地培养这些心腹的处事能力，在紧要关头，这些义子便用来帮他监视在外用兵的大将。

　　后来攻占了城池，朱元璋就让自己的义子当监军与将领共同守城。比如得了镇江之后用周舍（就是前文所写的沐英，他又叫沐舍，舍是舍人的简

称），得了宣州之后用道舍（原名何文辉），得了徽州用王驸马，得了婺州用马儿，得了处州用柴舍（原名朱文刚），得了衢州用金刚奴，等等。

除了上面提到的，还有买驴、泼儿、老儿、真童、也先、朱文逊等，朱元璋前后共收养了20多个义子，比唐末的十三太保还要多。

至正十八年，朱元璋攻下了严州，带兵的主将是胡大海，监军就是朱文忠。得知此二人不和后朱元璋还派人来告诫："保指挥（即朱文忠）我之亲男，胡大海我之心腹……且保指挥我亲身也……身包其心，心得其安，心若定，身自然而定。……将胡院判（胡大海官衔）以真心待之，节制以守之，使我之所图易成。"

朱文忠代表朱元璋监视胡大海，并有节制之权，这个例子就是朱元璋驾驭将士的秘招之一。

秘招之二：代管家属

朱元璋管人的另一绝招就是规定将士的家属必须留在后方居住。这招看上去周到温馨，为家属着想。其实呢，老婆孩子都在朱元璋的手里攥着，在外征战的人休想投敌反叛，就连平时的征调差遣也不敢懈怠。

这个绝招是在攻取了集庆之后，朱元璋宣布的，即"与我取城子的总兵官，妻子俱要在京住坐，不许搬取出外"。

这规定一听很不近人情，于是朱元璋就又下了一个很人性化的规定："将官正妻留于京城居住，听于外处娶妾。"这下好，也算是皆大欢喜吧，只是苦了正妻，当人质不说，还得独守空房。

这招其实挺阴的，朱元璋的手下有一大将非常骁勇善战，名叫邵荣，此人就是因为常年征战在外，不能和家人团聚而心生怨气，甚至企图发动政变推翻朱元璋。但因消息走漏，反被朱元璋擒杀。

秘招之三：封杀文人

朱元璋其实得了读书人很大的帮助，他清楚自己没什么文化。跟他一样有野心的人很多，不能让这些人长了翅膀。他认为，这个翅膀就是读书人。

为了防止将官和读书人勾结，他曾经明确规定："所克城池，令将官守之，勿令儒者在左右议论古今，止设一吏，管办文书，有差失，罪独坐吏。"

呵！够狠的吧？不仅如此，对于元朝的官吏和儒士，朱元璋都要自己选用，敢逃走就追杀不赦，绝不许自己手下的将官擅用。

李宗君所著的《厚黑学》，说刘备如何脸皮厚，曹操如何心黑。那孙权呢？既不脸皮厚也不心黑，但一样与他们鼎足而立。所以脸皮厚心黑，术而已，并不是王道，用几次就让人看不起了。敢在江湖上闯荡闹事的哪个不是人精？说到底，还是管理的学问，即驭人之术。当然该有的胸怀必须有，否则，根本成不了事。

朱元璋的五招军事手段定了大明江山

朱元璋的功过暂且不论，必须承认的一点是，此人是一个非常有个性的封建帝王，他在位时期推动了社会的发展。而且论军事才能，他绝对算得上超一流的军事家。

元末群雄并起，如一粒芥子一样的游方小和尚朱元璋，能在众多英雄豪杰当中异军突起，在强敌环伺的缝隙里，先后干掉了陈友谅、张士诚、方国珍、明玉珍等人，并摧枯拉朽一样地灭了大元朝，最后坐上南京的金銮殿，为大明朝开启近300年的江山帝国，他的军事才能着实令人刮目相看。

朱元璋的军事才能都是在实战中磨炼出来的，他一生经历了大大小小的白刃相接的战斗，其中有两次大的战役，充分彰显了他卓越的军事才能。

一是对陈友谅和张士诚的战争。他腹背受敌，遂决定先打陈友谅，后打张士诚。一场大战过后，他变被动为主动，避免了两线作战的危机，将身边的敌人一一击破。

二是最经典的北伐残元。他决定先取鲁豫，站稳脚跟，然后封锁关陕，剪掉元朝的枝叶，最后直取大都，于是大都不战而下。这在军事史上算是非常辉煌的一页。

总结朱元璋的军事手段，共有五招：

第一，他有铁一样严格的军事纪律。这是用杀人立起来的，即使是他的亲女婿犯了法，他也一样下令杀掉。

第二，他建有盛产粮食的根据地。朱元璋可不是流寇，这是后来失败的李自成没有学到的地方。他一直占据着长江中下游的米粮仓，建立了以金陵为中心的根据地。

第三，他始终在采用屯田政策，以保证军粮的供应。

第四，他会利用文人，知人善用。刘基、李善长、朱升等人都在关键时刻起到了举足轻重的作用。

第五，他擅于使用纯军事策略。他非常重视情报工作，建立了一个庞大的军事侦察机构，所以能够知己知彼，每战皆可以把握先机。

定国号为"大明"的九重玄机

公元1368年，农历正月初四，昔日孤苦伶仃侥幸活下来的小和尚朱重八——今日威风八面的朱元璋，意气风发地向天下宣布，正式定国号为"大明"，建元洪武，定鼎应天。

确立国号为"大明"，是朱元璋经过长时间深思熟虑的，据说，也是重点参考了刘基刘伯温的主意。

当皇帝，不光是想让自己不朽，还想让自己的皇子皇孙一代代一辈辈也能坐拥江山，享受人世间的顶级荣华。所以，一定要起个响当当的名。人的小名可以叫阿猫阿狗，一个国家的大名，必须得有个堂堂正正的名字，名不正则言不顺嘛。

大明的初义是出于明教，明教当中本有明王出世的传说，到朱元璋这一辈已经传了500年了。当初，韩山童自称明王起的事，他死之后，儿子韩林儿继称为小明王。朱元璋本就是小明王的部将，小明王溺水而死，朱元璋继之而起，以表自己不忘本，这叫顺教，此其一也。

朱元璋的部下大多起自淮西，当初都受过彭莹玉的教化，其他的不是郭子兴的手下，就是小明王的故将，或者是徐寿辉和陈友谅的降将，总体上来说，这些人都曾是明教徒，用了大明的国号，大家都觉得自己是出身正统，当然满意。这叫顺将，此其二也。

用大明作新王朝的称号，也是公开表示新政权是继承小明王的，以提示所有的明教徒大家都是一家人，现在大家共有江山、共享富贵。虽然这话后来提起来令人心有余悸，跟着朱元璋打江山的人几乎都不得善终，死得冤乎枉哉，但在当时确实可以收买人心。这叫顺兵，此其三也。

大明的旗号一旦亮出来，那潜台词就是：明王已经在此，而且是只此一家，别无分号，其他的都是冒牌货，大家在本明王的治理下，和平安心地生活就行了。这叫顺民，此其四也。

起初一些反对明教的儒生，也曾用尽心机，劝诱朱元璋背叛明教，可是此一时彼一时了，在儒家的眼里，明是光明，是火，再分开来看，那可是亘古光照天地的"日""月"二字。礼仪之邦，自古就有祭祀"大明"，所谓朝"日"夕"月"的说法，千百年来，这都是历朝历代的正祀！所以，一个"明"字，起得正大光明，何况历史上就有宫殿的名为大明宫、大明殿，这是儒生们乐观其成的。这叫顺儒，此其五也。

大明朝肇发于南方，以阴阳五行之论来推演，南方为火，为阳，神是祝融，颜色为赤，而这崭新的大明朝定鼎之金陵，正是祝融的故墟。"夫祝融大明，容光必照……所以我太祖以大明建国，亦以大明光天，中天下而立，定四海之民……知此道者，其可以语我太祖取号大明之秘义乎？"这虽然是一个臣子大吹法螺的话，但也说中了朱元璋的小心思。这叫顺天，此其六也。

北方是水，属阴，神是玄冥，颜色为黑，元朝建都大都，起自蒙古大漠，那么，现在我大明以祝融之天火制水，以明克暗，不是恰好制胜？这叫顺地，此其七也。顺便说一句，朱元璋定国号时，跟元朝的仗还远没有打

完，一直打到差不多洪武二十年，才基本上完成了他大一统的事业。

这里还有一个更为巧合的事，刘伯温有学问，他知道在中国的古代神话当中，还真有一个叫"朱明"的神，这是能够把皇帝的姓和朝代称号连在一起的巧妙依托。朱元璋听后，眼睛当时就亮了，马上让他说详细点。于是，刘伯温首先引用了《淮南子·天文训》里的话："南方火也，其帝炎帝，其佐朱明。"（根据高诱的注来说，朱明也是祝融）然后说：据臣考证，皇上的先祖正是这位火神祝融呀，咱现在掌握着话语权，再让舆论渲染一下，那您当皇帝还不就是上古时就"注定"了吗？朱元璋连连点头不断窃喜，暗想自己果然是受命于天哪！这叫顺谶，此其八也。

刘伯温看见朱元璋喜不自禁，于是更加卖弄自己的学问，说在《楚辞·招魂》有这样的句子："朱明承夜兮，时不可以淹。"朱元璋忙问什么意思。刘伯温捋着胡子意味深长地说：这"朱明"可就是"太阳"的意思啊。于是，朱元璋果断地拍了大腿，就是它了！此其九也。

这便是"大明"的由来，是朱元璋真正动过脑子取得的名字。

朱元璋火烧庆功楼只是民间传说

都说朱元璋是个心狠手辣的角色，翻脸无情，给了别人把他妖魔化的铁证。

就说火烧庆功楼这事，本属子虚乌有，但是在《大明英烈》《明英烈传》等小说评书里，却是言之凿凿，后来有人还把此事改编成了戏剧，在晋剧里有这么一出，就叫《火烧庆功楼》。

《火烧庆功楼》还有叫《炮轰功臣楼》的，都离谱得不着边际。说的是朱元璋担心和他一起打江山的开国功臣谋反，于是就建了一座庆功楼，在建成之日，他放了一把大火把所有的赴宴功臣烧死在了楼里。

真实的历史是什么？没有一个大明开国功臣是被烧死的，这都有据可查。比如徐达是病死的（据说是因病吃了朱元璋特赐的蒸鹅死了），常遇春也是病死在北伐途中的，刘伯温是病死的，李善长是牵连胡惟庸案被杀的，邓愈是明朝建立前就病死了，胡大海在明朝建立前死于降将的暗算，周德兴因为儿子乱法连坐而死，廖永忠因逾制被杀……

这里重点要说的是蓝玉，此人立有大功，后被锦衣卫告发，说他要和景川侯曹震谋反，朱元璋一口气族诛了1.5万多人，这一案差不多把军队里的刚强勇武之士都干掉了。这才是朱元璋真正心狠手辣的地方。在蓝玉案里，他

杀了吏部尚书詹徽、户部侍郎傅友文、开国公常升、景川侯曹震、鹤庆侯张翼等近二十位位高权重的"逆臣"。

另一大案就是牵涉李善长的胡惟庸案，此案发于洪武十三年，因坐"胡党"被杀的人数在两万以上，其中有延安侯唐胜宗、吉安侯陆仲亨、平凉侯费聚、荥阳侯郑遇春等重臣，还有大将毛骧、李伯昇以及宋濂的孙子宋慎等人，就连宋濂本人也被贬茂州，病死于途中。

为什么会杀那么多人？因为杀一个就是杀全家，被杀的几乎都以家族为单位。李善长一家妻女弟侄一个也没跑，包括77岁的李善长在内，全家70多口被一起杀掉……

就是这两个案子，把原来跟着朱元璋起家的淮西集团中的军中贵族全部摧毁了。朱元璋在给儿子扫清障碍的时候确实杀人如麻，如此怎能不贻人口实？

那到底有没有一座庆功楼呢？还真没有，据宋濂《张中传》记载，朱元璋在南京倒也建过一个楼，叫忠勤楼，他经常与身边的谋士武将在此讨论军国大计。在汪广洋、陶安等人的诗文里也写到过这座楼。

从这个忠勤楼到忠臣楼再到功臣楼，也确实会让人产生联想，火烧功臣楼由此而来，也不算是无中生有了吧？

在功臣宿将里也有几个得了善终的。比如汤和就很懂事地交出兵权，告老还乡。朱元璋马上给他在凤阳建了大院子，让他在里面颐养天年。

另外两个聪明人是曹国公李景隆和武定侯郭英，这两人都主动交还庄田和佃户，还依法纳税，他们都平安活过了洪武一朝。

这三位的经历，告诉我们一个真理，不管你有多大的本事，"低调"才是保命的法宝。

铁笛道人一首诗让朱元璋龙颜大悦

这个铁笛道人并不是真正的修道之人，而是元末名士杨维桢的号，杨维桢是诗人、文学家、书画家。此人字廉夫，但是超喜欢"铁"字，于是他的号有铁崖、铁笛道人、铁心道人、铁冠道人、铁龙道人等，恨不得把全身上下都打造成"铁"的，晚年还意犹未尽自号老铁。他与陆居仁、钱惟善被合称为"元末三高士"。

既然是高士，朱元璋建立大明朝之后，也很想见见他，于是就召到南京见了个面。

朱元璋问："卿在元朝时当的什么官？"

杨答："左榜进士。"

朱元璋问："那你在张士诚手下也当过官吗？"

杨维桢顺手就给朱元璋带了个高帽："非其君不仕。"意思是，不是你这样的圣天子，我怎么会给他出力呢？这个马屁拍得比较到位，朱元璋很是高兴。

知道杨维祯是大诗人，朱元璋就让他即席来一首诗。

杨维桢也确实有才，挥笔立就，名为《大上明皇帝》诗文如下：

钟山千仞楚天西，玉柱曾经御笔题。

云护金陵龙虎壮，月明珠树凤凰栖。

气吞江海三山小，势压乾坤五岳低。

愿效华封陈敬祝，万年圣寿与天齐。

这首马屁诗拍得很霸气，可谓大气磅礴。一看这"万年圣寿与天齐"的句子，朱元璋龙颜大悦，说："这首好诗得值1000贯，现在国家刚建，财经紧张，先赐给500贯！"

朱元璋口头许了1000贯，在明初这1贯可就折合1两银子呢，虽然他抠门了一下，只舍得给500贯，那也是500两白花花的银子。

在明初一个正经县官，正七品，年俸90石米，也就是6372千克米，大概折合一年45两白银吧。他铁笛道人大笔一挥，就挣得比县官10年的工资还多。所以，朱元璋也不算太小气。

虽然拍了皇帝的马屁，也使得朱元璋很受用，但杨维桢毕竟已经是70来岁的人了，他也没打算再入朝为官。朱元璋让他去看看宋濂等人编修的《元史》，这回他狂妄的本性就显露出来了。

"格气卑弱，辞语散漫，何得谓文？"简直把与刘基齐名的"一代文宗"宋濂说得不值一文。

宋濂却不跟他一般见识，很有气度地说了这样一句："确实有些地方也像他说得一样。"

后来，杨维桢就带着大把银子回家了，可回去没多久就生病谢世，也不知道皇帝赏的银子花完了没有。

宋濂亲自给他写了墓志铭，还是很推崇他，将他的文章比作日星河岳。

朱元璋虽对臣子狠，对百姓却非常仁慈

平民皇帝朱元璋，尽管后世对他有各种非议，但是笔者查阅了众多资料之后，发现他对付官员确实残酷，但对老百姓还是宽厚仁慈的。后世的记载往往放大他的缺点，很多人对于他的一些善政一无所知。试想一下，如果朱元璋真是那么残暴，大明朝怎么会存在300年之久？

《典故纪闻》里记载了朱元璋的一些"嘉言懿行"，其中有不少小段子，都能说明朱元璋对于老百姓还是很体恤的，没有忘本。

且看这个段子：

太祖尝于冬月幸三山门，观修浚城壕者，见有役夫裸行水中，若探物状。令人问之，则督工吏掷其锄于水中，求之未得耳。令引取锄偿之。曰："农夫供役，手足皴裂，亦甚劳矣，尚忍加害乎？"捕吏杖之。

简单译一下就是：朱元璋大冬天的去视察城濠的修建情况，发现有农民工赤裸着在水里摸什么东西，就派人去打探，回来的人说是监工的人把农民工的锄给扔到水里了。朱元璋立即命令让农民工上来，另外取一把锄头给他用，还说："农民工给咱扛活，寒冬腊月的，手脚都冻裂了，怎么还忍心再害

他们呢？"皇帝动气了，不仅是让人把这个酷吏给抓来，还狠狠地在他的屁股上留了点记号，皇帝让打，能不给他打开花？

之后，朱元璋还告诉自己的丞相："咱们穿着这么厚的锦袍还觉得特别冷，何况这些农民工都贫困无衣呢？这种苦哪里是人能受的？"

"即命罢其役，仍命行工部遣各夫匠还家。"当即下令停工散伙，让农民工回家。

看到这儿不仅解气，还觉得应该为这样的善政点个赞吧？

接下来的这个段子也不错：

山阳民有父得罪当杖，而子请代者，太祖谓刑官曰："父子之亲，天性也。然不亲不逊之徒，亲遭患难，有坐视而不顾者。今此人以身代父，出于至情。朕为孝子屈法，以劝励天下。"其释之。

是说山阳有个孝子愿意替父亲受刑，朱元璋就因为他是个大孝子而"屈法"，免于对他的父亲行刑了。

大兴文字狱，杀人如麻的朱元璋

　　大明朝刚建立，为了治治贪官们的邪气，朱元璋是下了死手的，杀了上万人，包括他自己的亲女婿在内，号称是史上杀贪官最多的皇帝。

　　杀人，从朱元璋身上能看出来，是一件容易上瘾的事。贪官是该杀，但是扒皮抽筋的事干多了，就麻木了，这也是对杀人如麻的另一种的解读吧。

　　朱元璋干的最没有人性的事是杀了很多文人，大兴文字狱。很多人别说是从未有谋反之心，本来是写篇文章歌颂朱元璋的，根本就想不到有哪句话不合适就逆了朱元璋的鳞，稀里糊涂地送了命。这事朱元璋办得相当残忍无情。

　　有一位名叫詹希原的中书舍人死得最无辜。他因为字写得漂亮，朱元璋叫他给"集贤门"上题个字，他写好后，朱元璋一看便大怒，竟然让人把他杀了。原因是"吾方欲招贤，原乃闭门，塞我贤路耶！"原来朱元璋嫌他的"门"字右边的竖挑钩了，这"门"字挑钩千古如此，到了朱元璋这里就邪性了，舍人詹希原当真是死得比窦娥还冤！

　　再说一个更邪性的。浙江府学训导林元亮为海门卫作《增俸谢表》，因里面有一句"作则垂宪"，就被朱元璋给杀了；福州府学训导林伯璟为按察使作《贺冬节表》，内用"仪则天下"，也被杀了；桂林府学训导蒋质为布

按察使作《正旦贺表》，里面有一句"建中作则"，也被杀掉了。这三个可悲的训导都死在一个字上："则"，他们哪里知道朱元璋用他的淮南方言来读奏章，"则"竟然跟"贼"是同音，那"作则"不就是"作贼"了吗？那你们竟敢骂我朱元璋是"红巾贼"？

所以不光和"贼"有关的音不敢用，和"僧"谐音的字也有杀头的危险。常州府学训导蒋镇为本府作《正旦贺表》，文中用了一个"睿性生知"就被杀了。不光是他，也不仅是"生"字触忌讳。澧州学正孟清为本州作《正旦贺表》，里面用了一句"圣德在秋"，因"圣"字和"僧"字发音也有点相近，那就是可忍孰不可忍，便也将孟清杀掉了。

还有一名高僧，朱元璋请人家吃饭，本来聊得还算开心，高僧一时兴起写了首诗来谢恩："金盘苏合来殊域，玉碗醍醐出上方。"本来诗意挺好的，想不到朱元璋看了诗后大怒："汝诗用'殊'，谓我是歹朱耶！……何物奸僧，大胆如此！"于是，本该吃完饭便能赶路的和尚生生把命丢在这儿了。

还有一个叫吕睿的训导，因为一句"遥瞻帝扉"就被诛了，因为这个"帝扉"太像"帝非"了。如果这个死得不冤，那贾翥写"取法象魏"就更该死了，因为"取法"很像"去发"，而"象魏"不是在骂他是白脸曹操吗？如果贾翥死了，杭州徐一夔敢在贺表中写下"光天之下，天生圣人，为世作则"，那简直是挑战朱元璋的极限了……

苏州知府魏观因在张士诚宫殿的遗址上修建知府衙门，犯了皇权的忌讳，而著名的文人高启先生因为魏观写了一篇《上梁文》，内有"龙盘虎踞"四个字，这还得了，也不知道谁告了密，于是，这两个人均被下旨腰斩。

历代的文字狱都十分荒唐，为了巩固皇权，朱元璋在中国的文字狱史上出尽了风头。他用这种超级低级的方式来诛杀文人以立威，看上去幼稚，很像是极端残酷的黑色幽默，实际上是老朱的自卑心理在作祟，他无端猜忌，又无知无畏，所以才会这么变态和蛮横。

据说，很多官员上朝之前都给家人诀别，说好如果回不来，后事就如何处理，朝堂似乎变成人间地狱。

回头再说这文字狱，碰上这样一个主子，谁还敢写文章呢？哪个官员写个东西不得战战兢兢，写得好那算命好，写得不妙，谁敢说这不是自己的讣告呢？

明朝的官员宿娼会是什么惨痛下场？

朱元璋打下江山之后，为了增加财税收入，他认真学习了管仲的办法，在秦淮河边建设了国营妓院，名之为"大院"。踌躇满志的朱元璋还亲自为"大院"题了一联，上联是："此地有佳山佳水，佳风佳月，更兼有佳人佳事，添千秋佳话"，下联是："世间多痴男痴女，痴心痴梦，况复多痴情痴意，是几辈痴人"。

可是，国家大妓院开张之后，经过一段时间的试运营，朱元璋发现，在"大院"愉快玩耍的主流嫖客竟然是各级官员，他原本预想的目标客户——商人，却来得极少。

这让朱元璋很是扫兴，于是他制定了非常严苛的律法。他在《大明律》里规定："凡官吏宿娼者，杖六十，媒合人，减一等。若官员子孙宿娼者，罪亦如之。"

明代王锜的《寓圃杂记》里记载："官吏宿娼，罪亚杀人一等，虽遇赦，终身弗叙。其风遂绝。"好家伙！大板子抡起来打60下，不死也只剩半条命了。更让官员警钟长鸣的是，一沾上这事，你基本就跟官场和乌纱帽告别了，即使朝廷以后有大赦也绝不会被启用。

这么严酷的法律执行起来，哪有官员敢以身试法，谁都知道朱元璋手里的刀宰官员从来都是锋利到毫不留情的。于是，原来灯红酒绿的"大院"很快变得冷冷清清，朱元璋只好下令彻底关闭"大院"。

朱元璋为什么对官员嫖妓下如此重手呢？他了解到，唐、宋、元三朝都有官妓，官员嫖妓几乎是公开的秘密。而历史的经验证明，这些能给官员吹上枕头风的官妓"往往害政"，就算是一些正人君子有时候都会被这股风给吹"歪"了。对自己刚建立起的国家还有无限憧憬的朱元璋当然要以严刑峻法去修理胆敢违法的官员了。

在明代余继登的笔记《典故纪闻》里，记载了一个官员嫖娼被严惩的案例。在明英宗正统年间，广东海南卫指挥使进京，此人有可能是在天高皇帝远的海南卫野惯了，竟然来到京城宿娼，且被当场抓获。事情败露后，这位指挥使大人被"谪戍"威远卫，就是发配到威远卫扛杆大枪去站岗值勤。

在明朝，一个堂堂的指挥使是卫所一级最高军事长官，是正三品的高级官员。所以，这个处分也不可谓不重，官员嫖娼的犯罪代价可不是一般高！

清代对官员嫖妓也是出手很重，《大清律例》规定："凡文武官吏宿娼狎妓饮酒者亦坐此律，杖六十，媒合人减一等。若官员子孙（应袭荫）宿娼者，罪亦如之。"基本上是沿袭了朱元璋的规定，甚至扩大化，连"狎妓饮酒"这样和青楼女子吃饭、聊天也绝不允许。北京城里的巡城御史就是专门查这个的。

朱元璋下令，私习天文有罪

大概在明朝之前，我们在记载中或者小说中都可能会看到一个人捋着自己的胡子很得意地说："老夫夜观天象，发现要有大事发生！"呵！后来会观天象会望气的能人就越来越少了。

清朝人刘廷玑的《在园杂志》中记载了一则轶事，发现了此事的端倪，原来这事还真跟刘伯温和朱元璋有点关系。

话说朱元璋得了天下之后，也不是整天都把自己闷在深宫里的。这个人半辈子打仗野惯了，时不时会微服私访，体验一下老百姓的生活，顺便探听民意。

这一天晚上，朱元璋又溜了出来，住在了一个百姓家里。这家人穷得着实够呛，连个像样的枕头都没有，朱元璋找来找去，"乃以量斗为枕"。躺下以后，能听到邻居家还聚了几个人喝小酒，朱元璋就偷听他们在说些什么。

听着听着，有一个家伙出来解手，尿完回去大惊失色地说："今夜天子私行，吾辈当仔细。"别人就问他是怎么看出来的。他说："荧惑入南斗，天子下殿走。"

朱元璋听到这儿也吃了一惊，想不到这种地方还藏着高人，他意识到了危险，"急推斗而起"，准备回宫。

这时候又听到那个撒尿的人说："离斗口尚远，即当归位也。"意思是皇帝马上就要回去啦。

朱元璋又惊又惧地回了宫，第二天找来刘伯温商议此事。刘伯温说："臣观天象，亦如此。"意思是你昨天晚上干的那点事，我也知道。

这事对朱元璋冲击不小，本是自己以为神不知鬼不觉的小勾当，竟然这么多人知道，自己却还玩得不亦乐乎。这且不说，如果自己的行踪如此大白于天下，那岂不是危乎殆哉！

于是，朱元璋果断下诏，不许民间再私习天文。

刘伯温为了避免朱元璋对自己的猜忌，在病危时"以《天文书》授子琏曰：亟上之，毋令后人习也！"

在严格的管控下，天文历法的传承无以为继，日渐衰弱。

刘伯温神机妙算的几段轶事

在中国历史上，诸葛亮神机妙算，都快被传成神了。当然，能人辈出，在中国老百姓的心目中，能够运筹帷幄，决胜千里之外者，还有一位近乎神仙一样的人物。此人就是前知五百年，后知五百年的刘伯温了。有这样一句诗赞曰："三分天下诸葛亮，一统江山刘伯温。"

朱元璋初见刘伯温的时候很尊敬他，当时就请他入座赐酒。饮酒期间，朱元璋想试试刘伯温的深浅，于是就出了一道考题。考什么呢？文人嘛，写首诗怎么样？刘伯温说，没问题！于是朱元璋就让刘伯温以他手里拿的湘妃竹的筷子来写首诗，刘伯温当时就脱口而出："一对湘江玉并看，二妃曾洒泪痕斑。"别看朱元璋没怎么正经读过书，水平还是有的，他当时就皱着眉不客气地说："头巾气！"意思是诗也不见得高明，倒有些酸腐味儿。可刘伯温并不急，直接说出了后两句："汉家四百年天下，尽在留侯一借间。"这可真是平地起高楼，前两句变成了平稳的铺垫，只不过让人知道要写的诗是咏箸而已，后面两句意气磅礴而出，借着一双筷子把一个谋士经天纬地的才能无比恰当地表达出来，也难怪朱元璋会大喜过望了。

这首诗里藏着的一个典故就是"张良借箸"。当年刘邦与项羽相持不下，有个叫郦食其的纵横家给刘邦出了个主意，让他分封战国时期六国的后代。刘邦举棋不定，趁吃饭时，询问张良这个主意如何，张良立即表示坚决反对。他从刘邦的食案上抓过一把筷子，从八个方面力驳这种主张的危害，每提出一个理由，就摆出一根筷子。刘邦觉得还是张良高明，于是收回成命，避免了分裂割据现象的出现，成就了两汉四百年的统一大业。这就是"借箸代筹"这个典故的由来，与"张良借箸"同义。

会写诗和文章还算不得高明，通晓历史又会写诗的才子亦多得是，但不一定都能像刘伯温一样有济世经邦之才。

刘伯温是个看风水的顶尖高手，所以当初建都金陵的时候，这"相地"的差事便交给刘伯温了。刘伯温看好地之后，就开始打桩，他原来设想的是以前湖为正殿，所以已经把桩打在了水里。期间朱元璋来视察工作，觉得这样子建起来的正殿未免窄了点，就下旨让往后移了点。后来，刘伯温看见有人动了根基，就问谁让移的，朱元璋说是他让干的，刘伯温沉默了一会儿，大概是在心里算了算，慢慢地说了这么一句："这样也不错，但是后世恐怕是要迁都了。"

朱元璋听了这话有什么反应，《雪涛小说》里没写，作者江盈科到这儿就收笔了，估计也是不敢写。

事情到这儿并没结束，这座雄伟的金陵城建好了，刘伯温领着朱元璋来验收。朱元璋看了也高兴，当场表扬城池修得好："城高若此，非人可逾。"修这么高的城墙，人肯定是上不来的。刘伯温听了，幽幽地似乎是开了一句玩笑："除非燕能飞入耳。"

刘伯温说这话是应在了燕王朱棣的身上，可是这建都的时候，朱棣才七八岁，他是到了十岁才受封燕王，到了二十岁，才就藩燕京北平。所以，朱元璋当时就算是真真切切地听到了刘伯温的话，也只能把它当成一句拍马屁的玩笑话了。

朱元璋派人锯掉刘伯温的棺材头

刘伯温是明朝的开国元勋，功业文章载于史册，因精于天文历数，虽然为朱元璋所用，却也被朱元璋所嫉，再加上胡惟庸经常进点谗言，君臣之间的信任度就严重下降了。

最糟糕的是，胡惟庸说刘伯温看中了谈洋地区的一块坟地，据说那块地有天子气，这谗言可是说到了朱元璋的心病上。所以当刘伯温病重的时候，朱元璋就命人将其送回故乡。过了一个多月，刘伯温就死了，根本没有可能埋在那块所谓有天子气的地方。

但是，朱元璋还是不放心，不知道他听了什么人的鬼话，等刘伯温入殓之后，就派人将棺材的前部锯掉一尺，大概是要断其头的意思。

钦差奉的是皇命，没人敢阻拦。等他们把棺材头锯下来，才知道这是一座空棺。但里面放着一样东西，钦差拿出来一看，是一部《大明律》，而且这部《大明律》正好翻到了"发冢"的那一页，上面有这样一条明明白白地写着："开棺见尸者斩。"

刘伯温已经算定朱元璋会来这么一手，于是在死前就先安排人做了一个长长的棺材，还专门把前面一段空出来，就是等着他们来锯的。

钦差看到这些，也只能返回京城据实回奏，还将那本《大明律》呈给朱元璋看。

朱元璋听了回话，接过《大明律》，惊讶且羞愧道："这《大明律》是我钦定的，难道我自己要先违反吗？"

也算是良心发现吧，朱元璋决定不再折腾，下旨将刘伯温"安葬而止"。

事实上，刘伯温确实也没有什么异动，朱元璋真是多虑了。本故事出自《在园杂志》，作者刘廷玑是清代人，曾经在刘伯温的老家青田一带为官，他写道："后裔贫困异常，至本朝仅有诸生数人……"

剥皮楦草：朱元璋整治不法官员

洪武帝朱元璋执法严苛是出了名的，手段之残暴让不少官员如履薄冰。一些官员上朝前都要跟家人诀别，如果能平安下朝回来，就得庆幸感叹又多活了一天。官当到这种朝不保夕的地步，也算是千古奇闻了。

那朱元璋究竟是怎么收拾那些不法官员的呢？

一旦被发现有贪腐行为，可不仅仅是砍头那么简单，朱元璋的做法是砍了头之后，还要剥皮楦草，立于衙门口或者当地土地庙的门口，以警告继任官员，敢贪赃枉法，这就是下场！

这套让人毛骨悚然的做法，其实在《大明律》当中并无规定，是朱元璋为了反贪，特意创设并以《大诰》的形式加以推广。在那个时代，皇上的圣谕跟法律其实也没什么区别。后来，这一大招还不局限于对付贪腐的官吏，宫里的太监如果不老实，要玩个什么娶妻之类的把戏，也会被施以这种酷刑。

我们来看史料中的记载，赵翼《二十二史札记》：

凡守令贪酷者，许民赴京陈诉；赃至六十两以上者，枭首示众，仍剥皮实草。府州县卫之左，特立一庙，以祀土地，为剥皮之场，名曰皮场庙。官府公座旁，各悬一剥皮实草之袋，使之触目警心。

如果贪官看了这段记载，定会心虚到冒冷汗。因为只要老百姓的告状一经查实，贪官的赃款金额达到60两银子，那他就要变成人体标本，永远耻辱地站在衙门口了。

不仅如此，剥皮还有专门的场所，一般是在衙门旁边，建一座庙，供奉着土地爷，这个剥皮的地方有个正式名字叫"皮场庙"。

官员每天上班都要经过这个阴气森森的皮场庙，后脊梁能不冒凉气？更有甚者，公堂上的办公桌旁边，悬着一个大口袋，里面装着的是剥皮之后往人的腔子里塞的草。每天看着这个口袋，定是触目惊心。

明洪武朝年间，60两银子相当于现在的多少钱？作奸犯科的官员犯得着冒那么大风险吗？这大致可以用大米来换算一下：

据《明史·食货二》："于是户部定：钞一锭，折米一石；金一两，十石；银一两，二石。"

就是说，在洪武二十八年以后，1两银子可购大米2石，而明代的1石约合现在的94.4千克。按大米均价2.12元每斤来讣算，1两白银就是$2 \times 94.4 \times 2 \times 2.12 = 800.512$元。

就按800块钱来说吧，再乘以60两，就是4.8万元。那意味着赃银还不到今天的5万元，官员就可能会被枭首、剥皮、槁草示众了。

明朝的一个正七品县官的年薪是多少呢？如果他好好上班，他们的俸禄是每月7.5石米或1年45两白银。

再折算一下，$7.5 \times 94.4 \times 2 \times 2.12 = 3001.92$，如此，一个县官的年收入约3万元，应该是不算多，但是4.8万元多吗？也不多。所以，一个官员只要脑

子只要清醒一点的话，就不会铤而走险。

在历史记录中，朱元璋放的这个大招收到了奇效，还真没有官员敢以身试法。

也有记载说，很多人还没有贪到这个数目，就已经被朱元璋收拾了。比如德安县县丞，收受下面里长送的罗、绢、布共10匹，钞80贯，就被凌迟处死了。钞是明代发行的纸币，也叫宝钞。洪武时期，宝钞一直在贬值，本来1贯就是1两白银，但后来1两白银可以买两石米，用宝钞买就得5贯了。

那这个酷刑到底曾经用在过谁的身上呢？开国猛将凉国公蓝玉，他因为谋逆罪被朱元璋剥皮楦草，以传示各地。

还有一例是洪武十三年九月初三，永嘉侯朱亮祖和他儿子朱暹与广东当地豪强勾结，使朱元璋冤杀了番禺县令道同。朱元璋鞭杀了朱亮祖和朱暹后，又将那些土豪劣绅剥皮楦草，立在闹市之中，用以警示后人。

为孝屈法：杀人如麻的朱元璋也有温情的一面

"治乱世用重典，治盛世重孝行。"这是最简明的洪武帝朱元璋的治国方略。

大家都记住了他恶的一面，杀人真是毫不手软，仅蓝玉案和胡惟庸案就杀了几万人，也确属空前绝后。

但是人们又往往忘记了下半句，其实此人也有温情的一面。坐拥江山之后，朱元璋把一个"孝"字提到了治国第一策的高度，并且能够以身作则，用他的话来说是："非身先之，何以率下？"后来他死了，谥号为"钦明启运俊德成功统天大孝高皇帝"，"大孝高皇帝"，这个"孝"字当然不能忘了，而且，他被葬于紫金山孝陵。

为了这个"孝"字，朱元璋曾经制定了一系列法律和政策。"不孝"被列为"十恶"大罪，要处以最重的刑罚，且不在常赦之列。

《大明律》明确规定，凡子孙违反祖父母、父母教令及奉养有缺者，杖一百。凡祖父母、父母在，而子孙别立户籍、分异财产者，杖一百。子孙对祖父母、父母，妻妾对丈夫、弟妹对兄姊进行骂詈或殴打，处以凌迟、斩、绞或其他刑罚。

要知道，明代杖刑用的是大荆条，削皮去节，长三尺五寸，大头径三分

二，小头径二分二。要是衙役实心用刑，真下手打，一百杖足以打得皮开肉绽，何况还有绞刑、砍头和凌迟等大刑伺候着，法律的威慑力是足够了。

朱元璋的两手都硬，一边是严刑峻法，另一边却因孝屈法。这对朱元璋来说，算是难得至极了。

据《明太祖实录》记载，洪武八年，淮安府山阳县有人犯法，按律应当受杖刑，但是此人的儿子不忍心看着老父受刑，主动要求代刑，于是地方官上报朝廷。

朱元璋对刑部大臣说："父子之亲，天性也。然不亲不逊之徒，亲遭患难，有坐视而不顾者。今此人以身代父，出于至情。朕为孝子屈法，以劝励天下。"于是，下令释放了父子两人。

朱元璋认为，总有一些不孝之子，见老爹受刑也不管不顾，但这个孝子能做到主动要求代刑，理应为他而屈法，为的是给天下老百姓立个榜样。

这个人的父亲犯的错只是受杖刑，看来并不算太严重。《明史》中有记载，另有犯了杀头重罪的，朱元璋竟然也"屈法"了。

浙江新昌人胡刚的父亲犯法，被罚到泗上去做苦役，他逃亡后被抓回来，依律当死。程序走完，验明正身，朱元璋命驸马都尉梅殷监斩。

想不到，胡刚从新昌到泗上探望父亲，到了河边，才知道父亲在河对岸正要被砍头！胡刚马上脱下衣服，泅水过河，赶到刑场，他哀号哭泣，向监斩官梅殷请求代他的父亲去死！梅殷被真情感动，飞速禀报皇上。朱元璋听闻，连说孝子难得，当即"诏宥其父，并宥同罪八十二人"。

也就是说，这次"屈法"的动静很大，不仅是胡刚和父亲都能活命，皇恩浩荡，同罪的另外共八十二个人也喜从天降，同时被免予处罚。

还有一个人，让朱元璋更感动，不仅屈法，甚至还给了他官做。

据《明史·孝义传》记载：

周琬，江宁人。洪武时，父为滁州牧，坐罪论死。琬年十六，叩阍请代。帝疑受人教，命斩之。琬颜色不变，帝异之，命宥父死，谪戍边。琬复请曰："戍与斩，均死尔！父死，子安用生，为愿就死以赎父。"帝复怒，命缚赴市曹，琬色甚喜。帝察其诚，即赦之。亲题御屏曰"孝子周琬"。寻授兵科给事中。

江宁人周琬年方16岁，他的父亲担任滁州牧，坐罪当斩。周琬很懂事，哭着喊着要代父受死。

朱元璋起初疑心他是受人指使，投机取巧，于是就同意他代父受死。哪知周琬身登刑场，面对鬼头刀面不改色。朱元璋认为他确实是大孝子，于是下令免了周琬父亲的死罪，改为戍边。但周琬再次请求，说："戍边和斩首，无非都是死！如果父亲死了，当儿子的活着还有什么意思！请干脆杀了我以赦免父亲之罪。"

朱元璋这次怒了，让人把周琬绑起押赴刑场，但想不到周琬竟然面露喜色。朱元璋看出来这是个至情至性的真孝子，下旨赦免他，并在屏风上写下"孝子周琬"四个字。事后不久，授予他兵科给事中之职。

尽管兵科给事中是从七品的小官，但并非闲职。这个官职掌侍从、规谏、补阙、拾遗，能辅助皇帝处理奏章，并监察兵部、纠弹官吏，可封还制敕，钞发章疏，稽察违误，算是皇帝的近侍职官了。

还有一次，朱元璋为孝子陈圭而屈法的时候，遇到了刑部的阻力。

圭，黄岩人。父为仇所訏当死。圭诣阙上章曰："臣为子不能谏父，致陷不义，罪当死。乞原父，使自新。"帝大喜曰："不谓今日有此孝子！宜赦其父。俟四方朝觐官至，播告之，以风励天下！"刑部尚书开济奏曰："罪有常刑，不宜屈法开侥幸路！"乃听圭代而戍其父云南。

陈圭父亲被仇人诬告，判处死刑。陈圭上书说："当儿子的，不能劝谏父亲，致使他现在身犯国法，论罪当死，我愿意代父受死，希望陛下能原谅父亲，让他改过自新。"

朱元璋看到陈圭的奏章，不仅要赦免他的父亲，还要等四方朝觐的官员都来的时候，大力宣传此事。

但当刑部尚书上奏说"罪有常刑，不宜屈法"时，朱元璋也听进去了，他做了让步，同意改判，由陈圭代父去云南戍边17年。

为什么要把孝道放在第一位，朱元璋认为："尚齿所以教敬，事长所以教顺。虞夏商周之世，莫不以齿为尚，而养老之礼未尝废。是以人兴于孝弟，风俗淳厚，治道隆平。"因而，他还明诏天下，颁布他的养老之政："凡者民年八十以上、乡党称善、贫无产业者，月给米三斗，肉五斤；九十以上者，加帛一匹，绵一斤。若有田产能自瞻者，止给酒肉絮帛。"

显然是敬老孝亲之举，当然深受老百姓欢迎。他的这个养老标准，就今天看起来，也不算低了。

天底下最自信的文人——杨维桢

人常说："文无第一，武无第二。"又说："文人相轻。""不恨古人吾不见，恨古人不见吾狂耳！"辛弃疾可以这样大声狂呼，是有这样的资格，文章水平不如他却自信比他厉害的文人千百年来可以车载斗量。

在欣赏推崇自己的文章这一点上，我推举一个人，他夸奖自己的文章的话令人惊叹，所以我隆重推他为天底下最自信的文人！

谁呢？他就是元末明初著名诗人、文学家、书画家和戏曲家——字廉夫，号铁崖、铁笛道人，又号铁心道人、铁冠道人、铁龙道人、梅花道人的杨维桢！

他的古乐府诗，既婉丽动人，又雄迈自然，史称"铁崖体"，极为后代文人所推崇。还有称其为"一代诗宗"的，有誉其"横绝一世之才"的，更有人称其为"元末江南诗坛泰斗"。

别人对他的如此推崇也算是高赞了。但是，离他对自己的文章的评价还是有相当大差距的！

宋克是明初著名的"三宋二沈"之一的大书法家，杨廉夫有一次在宋克的作品上题跋，写道："予每有所作，必命仲温书之。"仲温是宋克的字，杨维桢竟然如此厚脸皮地自吹，也实在是非同凡响。难怪都穆在《都公谈纂》里就很不客气地说他："杨廉夫好大言。"意思就是说杨廉夫这人太爱吹牛。

不过，杨维桢这样写还算含蓄。有一回，他看见一个诗僧的作品里粲然有佳句，就大加赞赏，甚至又题了字："宛然铁门家法！"杨维桢不是有那么多跟"铁"有关的号吗？所以他将自己的诗派尊称"铁门"，直接就把诗僧拉进他的弟子队伍里了。

自信也是可以的，但是自信到这样的程度也算是罕见了。其实，最让人吃惊的还不是这些，他还有更惊世骇俗的大手笔。

有一回，杨先生写了一篇指责赵普的文章，写完之后，百看不厌，对自己的作品甚为满意，心想如此千古佳作不可多得，但也得有所警惕不能得意忘形。于是，他很认真地在文章上题写了一句："此等文字，不宜多作，恐鬼神见忌。"

言归正传，杨维桢虽然有这么可爱的小毛病，但其诗作还是非常值得肯定的，摘录一首《老客妇谣》共飨一下：

> 老客妇，老客妇，行年七十又一九。
>
> 少年嫁夫甚分明，夫死犹存旧箕帚。
>
> 南山阿妹北山姨，劝我再嫁我力辞。
>
> 涉江采莲，上山采蘼。采莲采蘼，可以疗饥。
>
> 夜来道过娼门首，娼门萧然惊老丑。
>
> 老丑自有能养身，万两黄金在纤手。
>
> 上天织得云锦章，绣成愿补舜衣裳。
>
> 舜衣裳，为妾佩古意，扬清光，辨妾不是邯郸娼。

当时朱元璋诏他进京，他写了这首诗以表明自己不仕两朝之意。在朱元璋面前，有这份胆气的，试问当时神州大地又能有几个呢？

南北榜事件：南方人和北方人哪边的文才更高？

这其实是个伪命题！为什么呢？"文无第一，武无第二"，已经被老辈人说透了。但是在历史上，还真有那么一回，南方和北方人在科考场上分过高下，一场满榜都是南方人，北方人看得眼黑；复赛一场，满榜又都是北方人，南方人看得气短。而且，就因为这场比斗，还有人枉送了性命。这事发生在明朝初年，就是著名的"南北榜事件"。

洪武三十年，京城会试发榜，江西泰和人宋琮高中会元，但是，让人——特别是让北方人难以接受的是，这一榜52人竟然全是南方人，北方举人悉数落马，集体名落孙山！一时舆论哗然，难道北方人口连一个合格的也没有吗？

后来就有人向皇帝朱元璋告状，说主考官刘三吾是南方人，他这么做是偏私，搞山头主义。朱元璋一听勃然大怒，立即命令侍讲张信等人检查考卷。让朱元璋更不爽的是，检查结果出来，北方人还是没有及格的！

就在此时，又有人告发说，张信等人受了刘三吾等人的嘱托，故意拿不合格的卷子评阅。这状告得够狠，朱元璋是有疑心病的，昊然再次大怒，本想杀了刘三吾。但刘三吾已经78岁了，似乎杀之不祥，于是免其死罪，令其充军边境。而另一个主考官白信蹈就倒霉了，他竟然被凌迟处死。还有高中

会元的宋琮也是流年不利，还没高兴几天便被充了军。

看来朱元璋是谁也信不过，决定亲自出马，全国再统考。如果说，春天那次考试，是南人大获全胜，那么初夏这次考试，则是南方人的黑六月，被朱元璋亲自录取的61人当中，竟然全部都是北方人！

这可就有点奇怪了，朱元璋怎么就这么偏袒北方人呢？

在明史专家吴晗的《朱元璋传》里，他认为，北方经过长期战争破坏，就教育、文化的发展来说，南方是高于北方的。吴晗还说，刘三吾等人是被冤枉的，本来就是密封的考卷，考官无法知道考生是南方人还是北方人。难道真是刘三吾和白信蹈的命数奇绝？

此事只有到了朱元璋的手里，才敢把南方才子一耙子全打翻。

吴晗说，朱元璋是从政治角度出发的，是为了笼络北方的地主知识分子，不是单纯从考卷的优劣选取。要真是这样，白信蹈就死得太冤了，而那个被充军的宋琮又该做何感想呢？恨自己书读得太好？文章写得太棒？人生识字忧患始？

"奉天承运"乃朱元璋的原创

经常能在一些不太讲究的历史剧里看到这样的场景（春秋战国、两汉唐宋都有）：一个太监打开一张圣旨，然后扯着公鸭嗓子念道："奉天承运，皇帝诏曰……"

大家以为圣旨都是这个格式，其实远不是这样。朱元璋就先表示不服，因为这句流行的皇家用语是他老人家原创的。

先解释一下"奉天承运"的意思。奉：遵照，遵从天意，指皇帝受命于天。承运：继承浩荡的气运，指鸿运当头。正所谓"一命二运三风水，四积阴德五读书"，但圣旨上只取了前两条。

这个词的根源应该是在秦朝，秦始皇认为秦朝是"五德"运行中的"水德"的"当运"，所以他兼并天下而称帝，这是上天的意思，"奉天"说的就是"奉天命"，"承运"说的是承"五德"的运行。

后来的皇帝也依照于此，自称为"奉天承运皇帝"了，所以说秦始皇是"奉天承运"一语的发起人。

唐朝的诏令一般是由门下省审核颁行，所以制书之首往往是"门下"两字。如《肃宗命皇太子监国制》开头就是："门下，天下之本……"而"天命所归"这类拉大旗扯虎皮的话往往见于皇帝的即位诏令中，如德宗即位册

文有"昊天有命,皇王受之",肃宗即位赦称"朕闻圣人畏天命,帝者奉天时……"顺宗即位赦称"朕纂承天序……"这跟"奉天承运"已经很靠近了。

到了元代,诏书的卷首语一般是"上天眷命"。

到了明朝,朱元璋得了江山,定都南京,把大朝会正殿定名为奉天殿,从此开始,凡与臣下诰敕命中必首称"奉天承运皇帝"。而且,电视剧中的太监没文化,断句有问题,读成"奉天承运,皇帝诏曰"是错的。正确的读法应该是:"奉天承运皇帝,诏曰。"希望编剧和导演以后要注意一下,糗一次可以,不能一糗再糗。

余继登《典故纪闻》,里面记载了朱元璋这么写诏书的初衷。他认为元代的卷首语写得不太好,"未尽谦卑奉顺之意",就是不够真诚。于是,他用了"奉天承运"的意思,是"见人言动皆奉天而行,非敢自专也"。

另外,圣旨的结尾也并不都是古装剧里的"钦此"二字,有的圣旨说完就算,直截了当;有的圣旨用过"于兮";还有清朝的很多圣旨都是以"布告天下,咸使闻知"或"布告中外,咸使闻知"来收尾。

朱元璋的锦衣卫究竟有多可怕？

明朝的官员在家请客喝个小酒，吃的什么菜朱元璋都能知道。如若偷偷写了首诗，抒发个小感情，第二天，朱元璋都能背出来。人所共知，朱元璋疑心重，终其一朝，翻手为云，覆手为雨，每个官员都战战兢兢，大臣们除了怕朱元璋的心狠手辣，更怕的是他无孔不入的特务组织。

其实一开始，在朱元璋手下干特务工作的是检校，这是一种职务，起初并不是什么正式机构，"专主察听在京大小衙门官吏不公不法，及风闻之事，无不奏闻"，并没有扣押和处刑的权利。

胡惟庸案发以后，朱元璋特别设立了一个特务机构，有专门的法庭和监狱，锦衣卫这才算正式诞生。

朱元璋养了几位臭名昭著的特务头子，如高见贤、夏煜、杨宪和凌说等。他曾经得意地说："有这几个人，譬如人家养了恶犬，则人怕。"这几个被朱元璋看成狗一样的人，专行告发人家隐私的勾当，还真没有人不怕，就连朱元璋最亲信的开国元勋李善长也怕他们，怕到日夜提心吊胆的程度。

大臣钱宰某日下朝之后，回了家突然发了点诗兴，就写了一首小诗：

四鼓咚咚起着衣，

午门朝见尚嫌迟。

何时得遂田园乐，

睡到人间饭熟时。

第二天，朱元璋对他说："昨天做得好诗，不过我并没有'嫌'啊，改作'忧'字如何？"可以想象，朱元璋那有点戏谑又充满杀气的目光，当即吓得钱宰出了一身冷汗，赶紧磕头谢罪。

名臣宋濂是个实诚人。有一回他晚上请客喝酒，也是隔天，朱元璋问他：昨天喝酒了没？请了哪些客呀？吃的什么菜？

宋濂就老老实实地回答了，等他说完，朱元璋笑着说："呵呵！全对，没有骗我。"宋濂的背上不知道得冒出多少冷汗！

还有一个官员是国子祭酒，叫宋讷。此人在家里独坐生闷气，面有怒容。也是第二天朝见时，朱元璋问他昨天生什么气。宋讷大吃一惊，赶紧跪下照实说来。朱元璋大笑，叫人把偷着给他画的像拿来看，宋讷立刻呆若木鸡。

朱元璋的特务几乎无处不在，也许他觉得这事好玩刺激，还经常亲自出去侦察。

有个陈友谅的旧臣，名叫罗复仁，官授弘文馆学士，为人老实，朱元璋还给他起个外号叫"老实罗"。

这一天，朱元璋突然袭击就来到了老实罗家里，罗家在城外边的一个小巷子里，只有几间破烂的旧房子，老实罗当时正扒在梯子上粉刷墙壁，一见皇帝来了，差点从梯子上摔下来，赶紧叫女人拿个小机子给皇帝坐。朱元璋这回是良心发现，觉得老实罗穷得实在不堪，当即下令赏给他一所大宅子。

锦衣卫由皇帝直接指挥，设有正三品的指挥使一人，同知二人，还有金事、镇抚、千户、副千户等，是一个组织严密的军事特务机构。

洪武二十年，朱元璋认为锦衣卫滥用职权，便下令废除了锦衣卫的部分职能，"申明其禁，诏内外狱毋得上锦衣卫，大小咸经法司"。直至永乐帝朱棣，又令"令治锦衣亲兵，复典诏狱"。此后，明代历朝皇帝都倚仗锦衣卫做耳目爪牙。他们职务的特殊性似乎可以令他们很嚣张，因而也免不了罗织冤狱，所以皇帝也并不是对他们就那么死心塌地地相信的。永乐年间，开设东厂，它的权威一开始就高于锦衣卫，用以监视和牵制锦衣卫。后来到了成化年间，又设了西厂来伺察、监督东厂和锦衣卫。

皇帝用太监提督东、西厂，是想让他们互相制约监督，如此叠床架屋，人员越来越多，职权也越来越大，其残酷和恐怖程度令人闻之色变。这一情况一直延续到明朝灭亡。

"绿帽子"的由来

入教坊者，准为官妓，别报丁口赋税……官妓之夫，绿巾绿带，着猪皮靴，出行路侧，至路心被挞勿论。老病不准乘舆马，跨一木，令二人肩之。

清代倪云癯著有《桐阴清话》，述及旧时教坊的一些规制，其中写到他曾经见过一部拓片，出自秦淮旧院教坊规条碑，以上内容就来自这部拓片。

把这档子事这么郑重地刻在碑上，可见当时的官府不是闹着玩的。若想挣这份不干净的钱，必须"别报丁口赋税"，"别报"不是不报，是另外多交点税银，至于多交多少，具体的税点不明。

按道理，官妓之夫没偷谁没抢谁，竟然受到了一系列的不公平待遇，应当说官府也是极尽"侮辱人格"之能事。且不说他得戴绿头巾，走路都得沿着路边走，若别人看见一个戴绿头巾的人走到路中间来，那想打便打，想打几下打几下，打了也白打，官府只当没看见。

最不人道的是当"绿帽子"老了也不被体恤，连坐轿骑马的资格都没有。走不动便给你弄根木头骑着，找两人抬着你走。可以想象，本来就又年老又生病的，在一根木头上能骑得住吗？那真是面子里子都伤得不轻。

官府的意思是，若一个男人不好好干自己的营生，连老婆也养不了，还让老婆去从事那种行当，靠吃软饭为生，也只好受此侮辱。

"绿巾绿带"，看来真是人人都想躲远点。为什么在古代绿色成了如此下贱如此不堪的颜色呢？

绿色的地位不高，大概是因为它不属于红黄蓝三种正色，它是中间色，经蓝色与黄色调和而成。

资料显示，古人用蓝草染蓝，用茜草和红花染红，用栀子和槐花染黄，都能得到相当正的颜色，而在当时应该是没找到天然绿色染料，最后经过不断试验，先以黄檗染，再以靛青染，总算也得到了草绿色，但始终是不纯不正，间而且杂。

《诗经》之《邶风·绿衣》中写道："绿衣黄裳，心之忧矣。"古人以黄色为上，绿色为下，而现在绿做了上衣，黄倒做了下裳，似乎本末倒置，有人用此来比喻大老婆失位而小老婆上位，所以才"心中忧矣"。

明朝郎瑛笔记《七修类稿》记载，在春秋时期，以妻女的"隐性收入"为生的男子，以绿头巾裹头作为识别。

《汉书·东方朔传》提到馆陶公主刘嫖的情夫董偃，头戴绿帻。颜师古注曰："绿帻，贱人之服也。"

"绿帻谁家子，卖珠轻薄儿"这出是李白的《古风》。可见到了唐代，绿色仍是一种甚为低贱的颜色。唐代人封演所著的《封氏闻见录》中记载，唐代有一个官员叫李封，此人当过延陵令。在今天的人看来，他的这个官当得不太严肃，爱玩个促狭，他对犯了罪错的官吏一般不加杖罚，但是硬要让他们裹上绿头巾，以此来羞辱他们。

到了元代，《元典章》规定："娼妓之家长和亲属男子裹青头巾。"

明朝初年，朱元璋对南京娼妓也有规定，其中有：娼妓家的男子必须

"头戴绿巾，腰系红褡膊……"朱元璋管得够宽的，连腰里系什么都规定得一清二楚。此于明朝刘辰《国初事迹》有载。

泱泱大国，源远流长，一条绿头巾追溯起来，都能整出三千年的跨度，不能不让人佩服。

靖难之役后，朱允炆的下落成谜

一直以来，建文帝的下落是个谜。当朱棣的大军攻进南京皇宫的时候，耿气的建文帝率领妻子和儿子举火自焚了，留下几具焦黑的尸体，根本验不出来谁是谁。

叔叔朱棣举兵造反，打了三年，即便建文帝再傻也该知道给自己留条后路。所以，朱棣一直认为建文帝玩了个金蝉脱壳，肯定是跑了。

关于建文帝是怎么跑的，有一个特别有趣的说法，说是他亲爷爷朱元璋秘密地给他留下了一个救命锦囊。

根据明代万历年间出版的《致身录》一书所记载，城破之日，一个老太监拿出了一个箱子说是太祖留下的，打开发现里面和尚的东西一应俱全，包括度牒、袈裟、僧帽、剃刀，甚至还有10两黄金。更让人称奇的是，里面还有朱元璋的亲笔批示，指示了逃跑路线。于是，建文帝等一干人就此逃出生天。

倘若朱元璋真是知道点什么，他能让自己立的皇孙龙位坐不稳？定会要么直接立老四，要么直接废了他，绝不会让他们自相残杀。所以，这个记载当成一个美好的民间传说听听就行了。

还有一个靠谱一点的记载说，建文帝是"从水关御沟而行"，就是从这

个方向跑了的，而且还带着吴王、老师杨应能和监察御史叶希贤等13个的近臣及随从，他们逃亡的第一站是神乐观，而他们"会于神乐观之西房"后就神秘失踪了。

所谓无风不起浪，建文帝出家的可能性还是极大的。当然，矢棣也敏锐地感觉到了这一点，这是他的一个心病，所以，他在位期间曾多次派人到全国寺庙中秘密查访，还向天下寺院颁布《僧道度牒疏》，把所有僧人名册都认真捋了一遍，并对僧人进行过一次人口大调查。为了治这个心病，他找侄儿也很辛苦，前后找了20余年。有人甚至说，他派郑和下西洋组建船队不抢粮食、不抢地盘，其实也是为了去寻找建文帝。

回头再说建文帝朱允炆，他逃离京城后，一袭袈裟，飘然而去。

第一种说法是他隐身于贵州湄江的观音崖一带的寺院，当地有一个藏君洞也因此而得名。

第二种说法是万历《钱塘县志·纪制》记载："东明寺在安溪大遮山前，建文君为僧至此，有遗像。"

第三种说法是他一直藏在江苏吴县普洛寺内。近年也有人经过调研指出：永乐二十一年（1423），朱允炆死于江苏吴县穹窿山，终年46岁，葬于皇驾庵后的小山坡上。

第四种说法是经由南京大学教授明史研究专家潘群考证的，福建宁德市上金贝村古墓为建文帝墓。建文帝死前流落于宁德金邶寺。

清代史料笔记《广阳杂记》中也有一点线索："云南武定府城西北，有师子山……山有寺曰正续。相传建文帝驻锡处也。"

有两个清代地方官来这里玩了一会儿，还写了对联，一个是姓彭的写的："蒙岳千年传帝释，孝陵抔土忆王孙。"联中之建文帝在此出家修行的意思很明白。另一联是一个姓林的写的："岂是勾吴披发去，翻令同泰舍身来。"这典故也是在说同一个意思。

想必建文帝烧死的可能性不大，出家的可能性倒比较大。目前发现他踪迹的地方大致在东南、西南方向，而向西南去往远离南京是非之地的可能性也较大。

他成功隐姓埋名出家之后，应该也不是在一个寺院修行终老的，一旦局势稳定下来，他真的变成了和尚，也是要出门去参访的，所以，多个寺院都留下了他的遗踪。

又一个被当皇帝耽误了的才子诗人朱允炆

关于记载了建文帝没死而是出家当了和尚的著作，还有一种比较有说服力，这便是明代郑晓所撰的《今言》。此书的作者郑晓久历国家要职，谙悉明朝掌故，在嘉靖年间曾拜刑部尚书。《今言》如实记录了从洪武至嘉靖180多年间的国政朝章，兵邦戎计。

其中第一百六十六篇有记载，靖难之役后，建文帝逃亡了40多年。正统帝朱祁镇继位，按辈分算，他应该是孙子辈了，隔了两世，哪里还有那么深的仇恨？60多岁的建文帝也觉得此时出山应该不会再有什么生命危险，或者说，此时的他已经看破了生死，于是，他在广西的寺院里大大方方地告诉了寺僧："我，建文皇帝也。"

寺僧难以置信，于是他又赋诗一首：

牢落西南四十秋，萧萧华发已盈头。

乾坤有恨家何在？江汉无情水自流。

长乐宫中云气散，朝元阁上雨声收。

新蒲细柳年年绿，野老声吞哭未休。

这首诗确实有皇家气象，"乾坤有恨"不是常人之言，诗中之长乐宫位于长安城内东南隅，始建于汉高祖五年；朝元阁始建于唐，也在长安之骊山，俱皇家旧构。诗里一句"新蒲细柳年年绿"，也道尽了建文帝在流亡中苦度时日的哀愁。

每天一起吃斋念佛的人里竟然藏着一个皇帝，寺院住持震惊不已，第一时间飞报官府。官府的人一定是惊掉了耳朵，马上"迎至藩堂"，老和尚"南面趺足坐地，自称朱允炆"，还说："这些年，胡濙名义是在寻访张邋遢，其实不是一直在找我嘛。"张邋遢说的是太极张三丰，官府的人看此人的气势定然是皇帝无疑，不知应该执什么礼。

《今言》中记载，郑晓的同乡浙江鄞县黄润玉时任广西佥事提督学政，他曾经亲眼见过老和尚，说他"状貌魁梧，声如洪钟"。这位南山先生"行为世范，必不余欺"。

地方官不知是福是祸，更不知这位"老皇上"该如何处置，只能六百里加急飞报京师。朱祁镇对他这位爷爷很感兴趣，命送往京师。

沿途地方官该执何等礼仪？没有明说，反正没人敢行"君臣大礼"，于是大家就"皆以王礼见"，不高不低，毕竟是你们朱家的人，执见"王礼"也稀里糊涂说得过去。

正统帝朱祁镇也是明世理的人，曾祖父抢了人家的江山，害惨了这个爷爷，现在他已经垂垂老矣，不可能再掀起任何风浪，于是让他"入居大内"，颐养天年，宫中人都叫他"老佛"。

再后来，建文帝"以寿终，葬西山，不封不树"。这个也很正常，毕竟很难给他一个名分。想想也是，给个名分又能如何？古今将相在何方，还不都是一堆荒冢草没了吗？

《今言》中这样明白地记载有关建文帝的事，可见到了嘉靖朝时，此事已经尘埃落定，不再那么讳莫如深。

记载中又说建文帝"性颖敏，能为诗"，朱元璋曾经命他"赋新月"，于是建文帝援笔而就：

> 谁将玉指甲，抓破碧天痕？
>
> 影落江湖里，蛟龙不敢吞。

如果这真是一个孩子的诗作，不仅让人惊叹其天马行空的想象力，更让人惊叹其包容天地的襟怀。

朱元璋却从这首诗里看出他"必免于难"。细琢磨，这首诗倒有谶诗的意味，"影落江湖里"，确实有坠落凡间的迹象。

还有一首诗名为《赋金陵》：

> 是日乘兴看晚晴，葱葱佳气蒲金陵。
>
> 礼乐再兴龙虎地，衣冠重整凤凰城。

写作时间应该是在建文帝朱允炆登基之后。这位年轻皇帝自幼熟读儒家经书，意气风发，宽刑省狱，革新了他爷爷朱元璋的一些弊政，大力推行他理想中的仁政。

建文帝在流亡期间也有不少诗作，在贵州金竺罗永庵，曾经留有他的两首诗，其一曰：

风尘一夕忽南侵，天命潜移四海心。

凤返丹山红日远，龙归沧海碧云深。

紫微有象星还拱，玉漏无声水自沉。

遥想禁城今夜月，六宫犹望翠华临。

其二曰：

阅罢楞严磬懒敲，笑看黄屋寄云标。

南来瘴岭千层迥，北望天门万里遥。

款段久忘飞凤辇，袈裟新换衮龙袍。

百官此日知何处，惟有群乌早晚朝。

"龙归沧海碧云深""袈裟新换衮龙袍"，从诗里一眼就能看出写作者的身份，当初建文帝隐遁于江湖，唯恐行迹不深不秘，何以会写诗自曝行踪，此意殊不可解。

《明实录·神宗实录》载有万历二年十月，万历帝朱翊钧与大学士张居正曾经有这样一段对话：

上御文华殿讲读。上从容与辅臣语及建文帝事，因问曰："闻建文当时逃逸，果否？"辅臣张居正对言："国史不载此事，但先朝敳老相传，言建文皇帝当靖难师入城，即削发披缁，从间道走出，后云游四方，人无知者。正统间，忽于云南邮壁上题诗一首，有'流落江湖数十秋'之句。有一御史见诗起异，召而问之。老僧坐地不跪，曰'吾欲归骨国'，乃验之其为建文也。

御史以闻，遂驿召来京，入宫验之，良是，时年已七八十矣。后莫知其所终。"上因命居正诵其诗全章，慨然兴叹，继命书写进览。

意即到万历时期，皇上与臣子能"从容"地聊建文帝的事，说明已经不再扑朔迷离，他的诗才也让万历帝"慨然兴叹"，故让张居正书写下来，要好好揣摩，而且很快就下诏恢复了建文帝的年号。这一段记录正可与《今言》互为印证。

正像孟昶、李煜、赵佶一样，建文帝也是一个被当皇帝耽误了的诗人。草成一首《哀建文帝》，以为纪念。

谁让黄袍加在身？本合命里做诗人。

晨钟暮鼓声声远，都是孤家愤世音。

燕王朱棣的"黑衣宰相"姚广孝

　　人常说不以成败论英雄，但历史是偏心的，成王败寇，英雄还是要以成败来论的。

　　比如唐朝的李世民抢了哥哥的江山，但他很争气，搞出了贞观盛世，后世便觉得李建成的江山被夺得顺理成章。到了明朝，叔叔朱棣夺了侄儿朱允炆的江山，但是他对内重视经济、勤政爱民、善用人才、振兴文化，对外威服蒙古、收复安南、荡平倭寇，国力鼎盛，百姓安居乐业，有人评价永乐大帝可以与汉唐的名君比肩。

　　燕王朱棣，虽然在朱元璋的儿子们中间比较强势，但是他敢以一藩之力对抗全国。起初胜算不大，他铁了心要铤而走险，甚至是下了一步险棋，最终却涉险成功。他的背后一直有一个神秘的影子，既是"靖难之役"的始作俑者，又是非常得力的推手，此人就是后世被称为"黑衣宰相"的姚广孝。

　　"黑衣宰相"，这是指僧人穿的一种黑色衣，那这姚广孝先生竟然是个和尚吗？还真是，法号道衍。"宰相"位列三卿之首，是封建时代辅佐皇帝管理国家的顶级官职。但是这个和尚怎么会高居此位？明代永乐朝已经不设宰相之位，他究竟何德何能？其实"宰相"并非实指，可以理解为参与了政事而且能够左右朝廷政策走向的人。

历史上有好几位"黑衣宰相"，并不是姚广孝的首创。南朝刘宋时的僧人慧琳，极有宠遇，参与朝廷机要，权势极大，可谓"黑衣宰相"第一人。第二位是元朝的刘秉忠，"大元帝国的设计师"，他辅佐元世祖忽必烈继位，确立元朝的国号、国家体制，还主持修建了元大都和元上都，也被称为"黑衣宰相"。如此来看，"黑衣宰相"确实非凡。那姚广孝都做了些什么能够获此殊荣？

臣奉白帽著王

像刘邦得遇张良，刘备请来诸葛亮，一个要成事的帝王身边总得有一个智商在他之上的人，朱元璋的身边有一个像神仙一样的刘伯温，而燕王朱棣的身边也有一个——苏州人姚广孝，年轻时他曾经在妙智庵出家为僧。

这两个要搞事的人相遇在一起，也算是一番风云际会。当时是洪武十五年，大脚马皇后死了，姚广孝被高僧宗泐举荐到京师，为皇后诵经祈福。正是这次进京，姚广孝第一次与燕王朱棣相遇。估计是有些心灵感应，两人一见，大有相见恨晚的感觉，以至于到了无话不谈、朝夕不离的地步。

当时姚广孝曾经说了六个字，成为一段史家津津乐道的逸闻。这六个字便是"臣奉白帽著王"。从字面来看，是说要给燕王戴一顶白帽子，似乎很平凡，但是把"白"加在"王"的头上，一个"皇"字便赫然而出。这六个字把燕王惊出一身冷汗，却又被说得心痒难熬。

随后，姚广孝跟随朱棣前往北平，任庆寿寺住持，由此出入燕王府，经常与朱棣密谈。"迹甚密，时时屏人语"。姚广孝认为朱棣有九五之分，朱棣的当然也想一试锋芒，只是要等待一个时机。

1398年，在位31年、活了70岁的朱元璋驾崩了，太孙朱允炆继位，形势很不乐观，侄弱叔壮，卧榻之侧有一大群叔叔手握重兵。皇上采纳了黄子澄和齐泰等人的计谋开始削藩，周王朱橚、湘王朱柏、代王朱桂、齐王朱榑、岷王朱楩相继被定了罪。眼看"削藩"就要"削"到朱棣的头上，这个叔叔的兵最强，又最能打仗。

这是一场你死我活的斗争。燕王寝食难安，而此时，姚广孝给出的建议却是直截了当：起兵造反！

以北平的区区十万兵马对抗全国的大军，朱棣知道这事有多难。更何况，"民心向彼，奈何"？他也知道民心都不在他这边，但姚广孝说出了八个字："臣知天道，何论民心。"这句话让朱棣又横下了心。也正是这八个字，后世有人评价姚广孝是"怂恿"朱棣"谋反"的"奸僧"。

于是，燕王朱棣以"尊祖训、诛奸臣、为国靖难"为名，浩浩荡荡地出征了。姚广孝留守北平，在最艰难的时候，是他建议朱棣轻骑挺进，径取南京。这一招"仙人指路"，果然把朱棣推到了龙椅上。

萧梁帝业今何在？北固青青客倦看

朱棣起兵当日，突然刮来一阵狂风，把燕王府的檐瓦吹落在地。朱棣觉得晦气，不禁变色。姚广孝却笑着说："此乃吉兆！飞龙在天，风雨相从。王府的青瓦堕地，这预示着殿下要用皇帝的黄瓦了。"他确实很会说话，就这么轻描淡写地化解了朱棣的忧虑。

正因为如此，朱棣认为在夺取帝位的整个过程中，姚广孝的功绩名列第一。自己能当上皇帝，当然也不能亏待了他，先是授姚为僧录司左善世。随后在永乐二年四月，拜资善大夫、太子少师。在姚广孝出家之前本名叫天僖，朱棣还了他的俗姓，并赐名广孝。所以，姚广孝这个名字是皇上的恩

典。朱棣成为皇帝之后对姚广孝始终很尊敬，甚至不直呼他的名字，而称其为"少师"，这在历史上，也算是罕见的待遇了。

作为一名从龙之臣，姚广孝获得了极大的成功，但他并不在意功名富贵，很低调，也很淡泊名利。皇上命其蓄发，他不肯，皇上又赐给他房子和妻妾，他也不要。其实他已经还俗，这些待遇可以安然受之，但姚广孝却不，他平日里仍常居僧寺，退朝之后依旧一袭黑衣，"黑衣宰相"名不虚传。

那姚广孝所为何来呢？从他的一首诗里可以窥测到一点端倪。洪武年间，明太祖诏令精通儒书的僧人到礼部应试，道衍考过之后受赐僧服而归。途径丹徒北固山，赋诗一首以抒志向。诗道：

> 谯橹年来战血干，烟花犹自半凋残。
>
> 五州山近朝云乱，万岁楼空夜月寒。
>
> 江水无潮通铁瓮，野田有路到金坛。
>
> 萧梁帝业今何在？北固青青客倦看。

同行的僧人宗泐听后，说："这岂是佛家弟子说的话！"姚广孝笑而不语。诗里对"萧梁帝业"都看不入眼，确实有一番难与人言的机心。

姚广孝早年游览嵩山寺，曾遇到过著名的相士袁珙，袁珙对他道："是何异僧！目三角，形如病虎，性必嗜杀，刘秉忠流也。"他当时听了这话，不怒反喜，看来，在他的心里，他一直是把刘秉忠当成自己的偶像的。

以文臣之功配享太庙

姚广孝84岁病逝，朱棣专为他废朝二日，以僧人的礼制安葬，追赠他为推诚辅国协谋宣力文臣、特进荣禄大夫、上柱国、荣国公，赐谥恭靖，赐葬于房山县东北，还亲自为他撰写神道碑铭。这已经是很多位极人臣者难以企及的礼遇，但姚广孝得到的还不仅如此。

配享明太宗庙庭才是姚广孝作为朱棣谋臣的最大荣誉。通观洪武、永乐两朝配享太庙的十六位功臣中，自中山王徐达以下都是出生入死的武将。能以文臣列功臣配享之位，仅有姚广孝一人。

朱棣在《国朝献徵录》卷三里如此评论姚广孝："广孝器宇恢弘，性怀冲澹。初学佛名道衍，潜心内典，得其阃奥，发挥激昂，广博敷畅，波澜老成，大振宗风，旁通儒术，至诸子百家无不贯穿，故其文章闳严，诗律高简，皆超绝尘世。虽名人魁士心服其能，每以不及也。"君臣相得，善始善终，二人的相遇实可以称为一段佳话。

正如朱棣所言，姚广孝的文才其实也秀异绝伦，可惜被他的武略掩盖。他曾作为监修官，主持重修《明太祖实录》，又与解缙等人纂修《永乐大典》。

清代名相张廷玉对他的评价很高："帝在藩邸，所接皆武人，独道衍定策起兵。及帝转战山东、河北，在军三年，或旋或否，战守机事皆决于道衍。道衍未尝临战阵，然帝用兵有天下，道衍力为多，论功以为第一。"

给姚广孝论功的人很多，最推崇他的人是明朝的李贽，他认为："我国家二百余年以来休养生息，遂至今日，士安于饱暖，人忘其战争，皆我成祖文皇帝与姚少师之力也。"

长颈鹿来到大明宫，摇身一变成麒麟

英明神武的永乐大帝朱棣曾经办过一件糗事——一头从非洲来的长颈鹿被他认定为麒麟，还让画家专门画像，让文人写赞作赋。这些证据都保存了下来，他硬是把这件糗事办成了"铁案"。

此事正史真有记载，《明史·成祖本纪》中写："（永乐十二年）真腊进金缕衣，琉球中山王供马，榜葛剌贡麒麟。"

意思是这一年，来了一些外国使臣，有人进贡金缕衣，有人进贡宝马，有一个叫榜葛剌的国家给我们皇帝进贡了麒麟。

虽然只是简单地一笔带过，但是能入史书的没有小事，何况这件事震惊天下。因为对于一个封建王朝来说，出现一只麒麟，比我们现在突然抓到一只恐龙还要惊喜万分。

历史上，传说汉武帝曾得到过麒麟。元狩元年，即公元前122年，冬十月，帝行幸雍祠五畤，获得"白麟"，主祥瑞，帝作白麟之歌，为此还特意将原来的年号元朔改为元狩，以庆吉祥。又传说宋太宗亦曾获过麒麟，当时也是满朝称贺。

那现在麒麟出现，是不是也代表着一个盛世的开端呢？是不是暗示朱棣和汉武帝有一样的雄才大略？

永乐十二年，带着豪华船队下西洋的三宝太监郑和在非洲意外地见到了长颈鹿，他认为这就是"麒麟"。郑和还觉得应该把这个宝贝奉献给皇上，于是他策划让榜葛剌国派人到大明宫廷去进贡，礼物就是这中国人从来没见过的长脖子"麒麟"。

榜葛剌国是现在印度或孟加拉地区的一个小国家，即《诸蕃志》所述的鹏茄罗国，这个国家当然也讨个天朝上国的好，于是就派人带着"麒麟"不远万里地来了。

当时是公元1414年的农历九月，刚刚从漠北回来的明成祖朱棣接到奏报，榜葛剌国奉表来贺，最重要的是他们竟然带着千古难得一见的瑞兽"麒麟"来了！

说到一个"瑞"字，不能不介绍一下古人非常重视的祥瑞之兆，祥瑞可不是谁想有就有的。尤其是麒麟出现，代表着圣人治世，万物祥和，代表着太平盛世的来临。祥瑞还分为六等，分别是嘉瑞、大瑞、上瑞、中瑞、下瑞、杂瑞。而在这六种祥瑞中，"麒麟现世"排在第一位，比龙凤、玄武、白虎的地位还要高。晋征南大将军杜预撰写的《春秋左传·集解》一书云："麟者，仁宠也，圣王之嘉瑞也。"其他诸如地涌甘泉、天降甘露又或者天现明星、禾生九穗这些祥瑞，完全跟"麒麟现世"不是一个档次。所以，大家就可以体会到一点永乐帝的激动心情了。

当进贡麒麟的榜葛剌使团进入南京时，百姓们可以说是观者如堵，终于看到了头生肉角，马蹄牛尾，浑身花纹，脖子长长的麒麟。这可真是天生异相哦！可是，麒麟的脖子有必要长这么长吗？长相这么怪，似乎一点也不像狮子，跟古书上描述的不太一样。但是也许古人根本没有见过，只是凭想象瞎写的。

　　永乐帝亲自在奉天门举行盛大的典礼迎接瑞兽，当榜葛剌使者带着"麒麟"出现的时候，高高坐在龙椅上的永乐帝和文武百官在兴奋之下也有一丝狐疑。这麒麟长得倒是挺温和的，但是跟古书上的描述差得有点远。尽管有人心里犯嘀咕，但是没人敢说话，毕竟当朝的永乐皇帝杀人如麻，是个狠角色。

　　别人都可以不说话，皇上得表态，毕竟人家这么一腔热诚不辞万里地来了。宝座上的朱棣沉吟了一下，开口道：榜葛剌进献麒麟有功，着有司赏赐。皇上认可这是麒麟，金口玉言给这事定了性。于是百官全部拜伏在地，山呼万岁，庆贺皇帝得此顶级祥瑞!

　　"盛德之隆，天眷之至，实前古未之有也。"大学士沈度献《瑞应麒麟颂》，户部尚书夏元吉也献《麒麟赋》，朱棣于是授意画师绘制了《麒麟图》。这幅画"不幸"被保存至今，看官如果有兴趣的可以去台北故宫看真迹。

　　"麒麟"乌泱乌泱成群结队，"祥瑞"多得招架不住，永乐帝怎么看？

　　虽然这只"麒麟"长得有点怪，但它体型巨大、性情温和，可以体现仁厚君子的谦谦风度，重要的是与古书上所叙述的麒麟"基本"吻合。于是，皇上超常规重赏了榜葛剌的来使，并在第二年命侯显携诏书前往榜葛剌赏赐该国国王和王妃。榜葛剌永乐六年就开始进贡，但这一次才受到如此隆重的礼遇，甚至得到大明朝的"回礼"，充分说明了麒麟在永乐皇帝心里的分量。

　　郑和这次利用外国使臣拍皇上的马屁确实大有心机。永乐皇位来得不正当，虽然过去十八年了，但是百姓和臣子们仍然有人认为他不是正统。现在，天赐吉祥，顶级祥瑞麒麟出现，挡都挡不住的天恩浩荡，那朕的天子之位还有人敢再说来路不正吗？

《礼记·礼运第九》："麟、凤、龟、龙，谓之四灵。"可见麒麟地位与龙同等。古人把雄性称麒，雌性称麟。《宋书》载："麒麟者，仁兽也。牡曰麒，牝曰麟。麒麟是吉祥神宠，主太平、长寿。"所以，麒麟出没，必主祥瑞。

历代文人看重麒麟的原因还有一个不得不提，孔子与麒麟有神秘关联。相传孔子生前和逝前都出现了麒麟。生前，有麒麟在他家的院子里"口吐玉书"，上写道："水精之子，系衰周而素王。"《史记·孔子世家》记载，鲁哀公十四年"西狩获麟"，孔子为此落泪，表示"吾道穷矣"。于是写歌："唐虞世兮麟凤游，今非其时来何求？麟兮麟兮我心忧。"不久孔子去世。

于是，大明天子喜欢"麒麟"的消息不胫而走，后来，天方国等西亚三个国家也分别跟随郑和回来的船队进贡"麒麟"。这三国本并不产"麒麟"，都是从东非地区转运来的。

感觉剧情有点失控，"麒麟"要泛滥。因为在非洲大草原上漫山遍野跑的都是"麒麟"，抓一个来也太容易。要是别的国家都送"麒麟"来，乌泱乌泱的成群结队，"祥瑞"多得一时招架不住，不知道永乐帝会怎么应对。

至孝女婿代其岳父投大狱

都说婆媳是天敌，岳父和女婿虽然没有那么对立，但是关系也很微妙。大部分女婿在老岳父的眼里也就是个贼，偷走了他视若珍宝的女儿。所以，有的女婿一辈子也跟岳父说不了几句话。

今天说的这个女婿，却做了惊天地泣鬼神的事，事见于明代王锜所著的《寓圃杂记》。

"都"姓是苏州的名门望族，但是本文的主人公都文信还在襁褓之中就成了孤儿，尤其又赶上了元末兵荒马乱，在亲戚邻里的救助下活下来，实属奇迹。但更奇的是，都文信"敦行古道，读书能文，尤善楷法"，不仅活了下来，还知书达礼，写得一手好书法。

到了婚配的年龄，同乡人徐佑之认为这个苦孩子贤明可爱，不嫌他贫寒，自己也没有儿子，就招他做了女婿。

文信小心谨慎，把徐佑之当父亲一样的看待，老岳父当然非常欣慰。

朱元璋打下江山，当了洪武皇帝后，他认为江南不少大家族里都窝藏有不法之人，于是出了一个损招，允许大家互相揭发。这下可好了，只要相互之间有过节的都不会放过这次攻击对方的机会，一向做事豪放的徐佑之也被人告了。

明初刑法严苛，一入狱基本无生还希望。

都文信得知此事，心想："我受老岳父厚恩，到了该报答的时候，况且，现在已经有了儿子，还爱惜这条生命干什么！"

当徐佑之准备行囊去投狱的时候，他没想到，女婿都文信竟然提前走了。

都文信到了南京，顶了岳父徐佑之的名字，于是被下在刑部的大狱里。很不幸的是，入狱之后，都文信就得了重病，没抬出来就死了，年仅35岁。

徐佑之第二天才知道女婿代投大狱，追之不及。后来又听说女婿死于狱中，痛惜不已，心如刀绞。

徐佑之所能做的，是终身不蓄婢妾，不再养儿子，不想有儿子分去他对女婿的感恩。

徐佑之百年之后，都文信的两个儿子，一个名为都震，一名为都巽，合力买地安葬了他，并且岁时致祭。徐公的付出与牺牲也算是得到了回报吧！

永乐朝三位状元郎的逸事

明代作家江盈科的《雪涛小说》里有三位永乐朝状元郎的故事，很有意思，写出来与大家分享。

永乐朝时，从外国来了一位使者，说自己喝酒相当牛，没遇到过对手。大明朝不能在这件事上认栽，就让各部门推举能喝酒的人，来跟这位使者比个高下。结果也没有什么高级将帅的人选，只推举出一名士兵来，据说是很能喝，但是恐怕也喝不过这位使者。永乐帝无奈就让大臣们毛遂自荐，这时候站出来一位状元公，大号苏棨，是永乐二年的殿试第一，响当当的当朝状元。当时苏棨就朗声说道："某愿往！"很有上将军的气概！皇上心里没底，就问："卿量几何？"意思是你能喝多少？苏棨自信地说："这个不必论，反正把这个北方使者给你喝倒就是了！"

于是拼酒正式开始，三人对饮了整整一天，结果怎么样呢？

那个使者醉得不省人事，那名士兵也倒下了，而这位状元公却喝得精神抖擞！

永乐帝大喜，笑着说："无论文学，光看这个量，苏卿也是酒状元！"

还是在这永乐年间，有位叫邢宽的进士，殿试之前，梦见自己被皇上叫人用瓜锤击中了脖子，血流一地，有人解梦说，他要中状元！

可是殿试之后，在内阁那里，他却被定成了第二名榜眼，第一名则是一位叫孙日恭的人。

后来这殿试结果进呈给永乐帝，当时这位皇帝岁数大了，眼睛花了，看着这个孙日恭的名字（当时是竖着写的），"日"和"恭"连起来就读了个"孙暴"！紧接着就提起御笔，把邢宽点成了状元！

为什么呢？当时永乐帝批奏写道："国家只宜邢宽，岂宜孙暴？"原来是孙日恭的名字没起好。

这跟他那个流血的梦有什么关系呢？皇帝批卷用的可是朱笔，当时蘸得太浓了，墨汁竟然流了下来，这不应了邢宽的梦吗？

这段记载可能有点荒唐，不信也罢。

第三个故事依旧发生在永乐年间。有两个才子，一个叫马铎，另一个叫林志，这位林志才高八斗，乡试和会试都是第一，殿试的结果，却是马铎成了状元，林志挺不服气。永乐帝知道之后，就对他们俩说："这样吧，我给你俩出一对联，谁对得好，谁就是真状元！"于是，皇上就出了上联："风吹不响铃儿草。"马铎应声就对出来："雨打无声鼓子花。"皇上大加赞赏。

林志过了好半天对不上，"遂愧服"。

那这位马铎怎么就这么神呢？据说他在小的时候，他曾经做过一个梦，梦里有人告诉了他这句话，他一直不知道是怎么回事，谁承想，这句话在这儿派上了用场，也是十分传奇。

月满西楼

◆

歌舞轻欢，翠幕珠帘，谁的风流笔墨，
写他千里婵娟？

◆

于谦、张之才和吴讷倾诉清白的诗作

明代名臣于谦的《石灰吟》，笔者在上学的时候就背得滚瓜烂熟：

千锤万凿出深山，烈火焚烧若等闲。

粉身碎骨浑不怕，要留清白在人间。

那时候不懂写出这样的诗需要有怎样的气节和胸怀。

后来看到于公的另一首诗，更增加景仰之情。他曾经在山西与河南等地任巡抚，当时朝政腐败，贪污成风，贿赂公行。地方官进京，都要带很多当地名特产作为打通关节乃至献媚取宠的礼物。于谦进京，总是两手空空，有人就劝他带些当地的名产，比如绢帕、线香和蘑菇之类。于谦于是写下《入京》诗作答：

绢帕蘑菇与线香，本资民用反为殃。

清风两袖朝天去，免得闾阎话短长。

其浩然正气在字里行间激荡流转，不能不让人肃然起敬。

宋朝有位张之才，曾经担任河南阳城知县，政绩显著，清廉爱民，两袖清风。他离任时写过这样一首诗：

> 一官来此四经春，不愧苍天不愧民。
>
> 神道有灵应信我，去时犹似到时贫。

"不愧苍天不愧民"，做官能做到如此坦荡的地步，敢于与神灵质对，就因为我走的时候和来的时候一样，不曾带走这里的一文钱！这七个字最应该刻在历朝官员的大堂上。

《都公谈纂》里还记载了元代另一位大清官的诗，写得更加荡气回肠。

此人名叫吴讷，曾严惩贪官董正等44人，威震朝野。他任监察御史时，负责贵州地区的检察工作，处理了全部陈年积案，为官一任，新案发案率几乎为零，贵州吏治焕然一新。当地官民"敬之如神明，爱之如父母"。

吴讷巡视贵州返回时，朝廷有例，要汇报当地官员得失。有官员追着送他到夔州，封了黄金百两赠他。吴讷连打都没有打开，直接退回，还在上面题诗一首：

> 萧萧行李向东还，要过前途最险滩。
>
> 若有赃私并土物，任教沉在碧波间。

诗的大意其实很明了。"我带着简朴的行装乘船向东而去，将要渡过前面最危险的滩头。如果我的行李里有赃私和土特产，就让我带着这些东西淹死在前面的碧波当中吧！"

这些官员如此清正和廉洁，是人世间真正的正能量。

天安门的设计者，为何在正史中不得记载？

　　天安门历经几百年风雨，巍然屹立，在中国人心中的地位几乎是无可替代的，也是少数能够代表中国符号的几个地方之一。但是，如此雄伟壮观的天安门到底是何人所建？按道理他应该名垂青史才对，可为什么正史里找不到他呢？

　　根据朱光亚先生的考证，天安门的设计者是明代一位杰出的匠师，姓蒯名祥。这位蒯祥大师是苏州人，籍贯是吴县香山，香山一带有专门从事营造业的农村工匠，技艺精湛，名闻遐迩，后来称为香山帮。这个香山帮是个行帮，当然不是黑社会的帮会。香山帮在皇家建筑及江南园林宗教建筑方面，都做出了相当卓越的贡献，而蒯祥是香山帮的头领。

　　蒯祥的绘图能力被传得神乎其神，据说能够"以两手握笔画双龙，合之如一"。所以，在永乐皇帝建造宫城的过程中，他的图样完全合乎皇上的要求。于是，北京的宫城按照南京宫城的规模，午门前设端门，端门前设承天门，而这承天门就是后来五星红旗高高飘扬的天安门了。

　　蒯祥用了三年的时间完成了任务，永乐帝朱棣很满意，还给他官当，让他当工部侍郎，使他从此吃上了一品的俸禄！

　　正统五年，他又受命营建乾清宫和坤宁宫一带的建筑，并重建外朝三

大殿。

直到近代，香山帮还保存着蒯祥的画像，他的身后所绘的就是以承天门为前导的北京故宫的宫殿和门阙。

蒯祥晚年还参加了承天门的第二次建造，此时他已经是80岁左右的老人了，但他仍然"执技供奉"。成化帝朱见深还召见了他，据说当面称他为"蒯鲁班"！皇上金口玉言，这对一个工匠来说，应该算是至高无上的荣誉了。

蒯祥死后，北京还有一条蒯侍郎胡同，那是营造业工匠们聚集的地方，也是后人对他的纪念。

让人不解的是，《明史》当中只字未提蒯祥，我们所能见到的只是在地方志中有一鳞半爪的记载。据朱光亚先生的看法，统治者对于工匠技术说到底还是鄙薄的，因为"道器相分"，在那些写史的人看来，只有那些"齐家治国平天下"的角色才可以记入正史。

清顺治八年（1651），皇帝把承天门改成了天安门，这个名字一直沿用到今天，已有近370年的历史了。

娼女中的节烈奇女子，京师高三殉情而死

明代有个娼女名叫苏三，关于她的故事是一曲千古绝唱《苏三起解》。今天要说的这个娼女却叫高三，她的故事没那么曲折，但是其中的人情冷暖，跌宕悲欢，更让人慨叹。

此事记载于明人王锜所著的《寓圃杂记》。

京师有个歌女名叫高三，美貌为一时之冠。昌平侯杨俊偶然一见，惊为天人，于是为之倾倒而流连忘返。高三也对才气卓然的杨俊一见钟情，两心相悦，如胶似漆。至夜宿，"犹处子也"。

需要补充说明一点的是，杨俊确有其人，是明代"杨家将"的代表人物杨洪的庶长子。杨洪是被名臣于谦高度赞扬的守边大将，忠勇善骑射且素有韬略，雄镇北方边关多年，70岁犹能挂帅出征。杨俊年少时虽有些鲁莽浮浪，但也知大节，能文能武。

后来，北方边警不断，杨俊奉命出征，协助父亲镇守宣府，一连几年不能还家。高三就自发毒誓，关门谢客。

正统十四年，正统皇帝朱祁镇在宦官王振的怂恿下亲征瓦剌，结果在土木堡身陷重围而被俘，此为史上著名的"土木堡之变"。至朱祁镇复辟，一直为将军石亨所忌的杨家摊上了大事。当时杨洪已逝，石亨上疏诬称朱祁镇

身陷土木堡时，杨俊坐视不救为"不忠"，朝廷遂命斩杨俊于市。

其实当时即有公论，"不忠"纯属莫须有，但杨俊祸从天降，申辩无门。临刑之日，杨俊倒也不乏英雄气概，刑前谈笑自若，毫无惧色。但让人倍感心寒的是，杨俊的众多亲朋故旧中，没有一人到场，连捧一碗送行酒的人都没有。

刑场边，只有一身白衣的高三清泪长流，哀痛欲绝。等到人头落地，高三上前，"亲以舌吮其血"，再用准备好的丝线将杨俊的头与颈缝好，买棺葬之。

按常理来说，杨俊能有这样的红颜知己，也算不枉活一世。而高三能做到这一切，已经算是仁至义尽。但更让人感叹的是高三接下来的行动，"缢而死"，不知是死于杨俊墓地，还是其他地方，总之，这个奇女子殉情而死。

为此，小赋七绝一首，凭吊高三：

莫笑娼家轻理伦，血花藤蔓笑红尘。
芳魂一缕随君去，羞煞须眉多少人！

喝酒的五魁首与明代仅存的一座唱经楼

文化的事急不来，就像一件瓷器不经过岁月的打磨就去不掉贼光；就像沉淀在太原城老街深处的那座小小的唱经楼，其孔雀蓝的琉璃瓦在阳光下微微发出的光芒，迷醉了游人的眼睛，也脆弱了周边那些现代高楼的心灵。

唱经楼始建于明代，具体时间不详。

重文之地，以此为实。本来发个榜就可以交差的，但是一定要有这样一座高等规制的楼，还不仅仅是在这高楼之上一唱了之。有相关文章说：明初乡试按五经（诗、书、礼、易、春秋）取士，太原府别出心裁，格外高调，正式放榜前先在唱经楼宣唱并题写"经魁""亚魁""文魁"的名字和籍贯，随后在五魁厅中给"经魁""亚魁""文魁"佩戴红花，继而在唱经楼前众人的簇拥下开始庆祝，这个极喜庆的程序名叫"闹五魁"。在一番尽情地欢谑之后，众士子途经五魁巷短暂休息，一路喧闹，最终到达贡院（位于今文瀛湖），再将金榜张贴于贡院门前。放榜后，由巡抚亲自主持鹿鸣宴，席间唱《鹿鸣》诗，跳魁星舞。

闭目想来，那一定是热闹非凡的，就算当时唱名字的官员天生一副公鸭嗓，那下面听到唱自己名字的士子也必认为是仙乐清音。何况当时正戴红花狂欢呢，十年寒窗苦读一朝金榜题名，纵然不会像范进一样得了失心疯，也

一定是涕泪横流吧?

其他的如"唱《鹿鸣》诗,跳魁星舞",就连想象也无从谈起了,这真是悲哀。跟唱经楼勉强还能扯上点关系的是,小时候总听大人们划拳吆喝什么"五魁首",一直以为是五个妖怪,原来竟是五经之魁首,举子之翘楚。这难道不是"文曲星"吗?喝酒的人红着脸子瞪着眼嘶喊的竟然是这么文雅的一个名字,似乎是个扭曲的玩笑。

好在创建于明代初期的这座唱经楼保存了下来,就在太原市鼓楼街的中段,而且免费开放。途径唱经楼稍退半步,立于路边,可见顶部的孔雀蓝琉璃瓦,深邃得像青藏高原上的一泊湖水。

你可以静静地站在唱经楼前与它相对,看它与天地大自然如何对话。它不会像周围那些现代建筑一样狠狠地刺向苍穹,它只是温婉地与天地交融,但是它内敛的王者之气依然冠盖群雄。

权宦刘瑾之死与幕后主谋

有人来禀报：公公张永带着锦衣卫的人已经冲进府第！

刘瑾并没有慌乱，大风大浪闯过多少，与曾经的死党张永不久前是闹了些矛盾，两人在正德皇帝朱厚照的面前撕破了脸皮，还动了手。但他俩毕竟是一条线上的人，刘瑾遂料想张永不会置他于死地。

刘瑾心想：刚才在宫里，张永向皇上报捷的时候，还看不出来任何迹象，怎么我刚回到府里，这短短不到一个更次的时间，张永就带着人来抓我了？

权力几乎可以与皇上分庭抗礼，被人称为"立皇帝"的刘瑾根本不知道，此时他已经掉入了一个精心设计的局里，他的生命已经开始读秒，而张永正是这个局中最关键的棋子。

张永的第一步就是要把刘瑾收进口袋。此时面对多年的兄弟，他脸上没有任何表情，全然公事公办的样子，不跟刘瑾狐疑的眼神对视，干脆利落地把刘瑾送进了牢房，并"分遣官校封其内外私第"。

第二步就是把这个口袋收紧，再系上绳子，不能让刘瑾再与皇上有对话的机会。

虽然在宫里张永拿出了反叛的安化王朱寘鐇的檄文，跪呈皇上痛诉刘瑾

要谋反，大乱将至，但正德皇帝并不相信刘瑾真的会反。

可看到张永——这个曾经与刘瑾一党，号称"八虎"之一的人长跪不起，正德皇帝也深知事态必然严重，但必须有证据才行。于是，第二天，皇上果然来到了刘瑾的府第，抄家的事，他亲自办。

从刘瑾的府第中共查抄出黄金24万锭，另5.7万余两，银元宝500万锭，另158万余两，数额大得惊人。这个奴才的钱财，比大明的国库还多，这个奴才比大明皇帝还富有。可即便如此，还是没让皇上下杀心。

一件件违禁物品被呈上来，当玉玺、玉带这些大逆不道的东西赫然陈列在眼前，尤其从刘瑾经常拿着的扇子里抽出暗藏着的两把匕首的时候，皇上再也无法平静，大怒道："这个黑心奴才果然要反！"

此时身在牢房之内的刘瑾，曾经权倾天下，号称"内相"司礼监掌印太监，满以为皇上会念及这么多年来的感情，当面听他解释。他自信只要有这样的机会，他就有能力打动皇上，再次逃出生天。

就在不久之前，内阁大学士刘健、谢迁、李东阳与太监王岳、范亨、徐智等人弹劾刘瑾误国误民，皇上也准备出手收拾他，但刘瑾等人在皇上面前很冤屈地大哭了一场，皇上就放过了他。而发动这次弹劾的刘健、谢迁被迫辞官，王岳、范亨、徐智等人被发往南京充军。刘瑾偷偷派人在半路上将王岳、范亨追杀，又将徐智的手臂打断。

再说，纵然判刘瑾死刑，现在也只是八月份，还不到秋冬时节的行刑时间，还有回旋的余地。但这只是刘瑾一厢情愿的想法。

张永在发动此次攻击之前，就已经想好了第三步，因为那位同谋告诉他，打蛇不死，将"祸不旋踵"，意思他们都将死无葬身之地。

张永给皇上建言："此不可缓。"意谓刘瑾党羽众多，必须从重从快，成犁庭扫穴之功。故所谓会审也只是走了个过场，定罪30余条，结果当然遵从皇上的意见，直接凌迟处死！

当刘瑾被推上刑场，面对刽子手明晃晃的尖刀的时候，他才确信皇上连说话的机会都不给他了，明白自己已经毫无还手之力。

刘瑾凌迟之刑持续了3天，他生受3357刀。不少受过其害的人纷纷买其身上一片肉，祭奠被伤害的人，有的还生吃泄愤。

随后，刘瑾的余党全部被捉拿处置，朝堂为之一清。

至此，张永才把一颗心放进了肚子里，心里暗暗称赞当时给他定计的高人——杨一清。

此时杨一清可以浮出水面了，他才是整个攻杀巨奸计划的主谋。

杨一清官任右都御史，此人文武双全，因不依附于刘瑾而多次受到迫害，被诬陷下狱，罢官归里。后恰逢宁夏安化王反叛，因为他熟悉边务，才被朝廷再次起用为总制军务，以泾阳伯神英为总兵官，而按照惯例必由太监监军，这次监军的人选正是张永，三人统率大军西征。

杨一清是被后世推崇为像唐代名相姚崇一样的人物。这次出军，他知道安化王本不足惧，荡平叛军只是时间问题。他谋划的是另一件更大的事情——如何借这次机会，除掉朝中的大奸宦刘瑾。

首先是反间计，策动已经与刘瑾有隙的张永。

杨一清如何判断张永有没有这个动机和胆量呢？

此前杨一清与张永有过一番推心置腹的交谈，并在他的手心里写了一个"瑾"字，还替他打抱不平。从张永的表情便可看出其对刘瑾的愤恨之意，杨一清据此认为有机可乘。

于是他说服张永：此次正是天赐良机，如果能够一举扳倒刘瑾，那司礼

监还不是公公的囊中之物？

张永起初忧心忡忡，说刘瑾现在"枝附已成，耳目广矣"。意思是皇上对他宠信有加，他的羽翼丰满，很难动摇。

杨一清说："我们现在正握有一件让皇帝对他起疑心的利器，就是安化王的檄文。"

事实上，他们出兵之后，大军尚未至宁夏，安化王被参将仇钺等人擒获，叛乱已被平定。而安化王当初的檄文可以大做文章，文中称要"清君侧"，誓要除掉刘瑾，并列举了他的17项大罪，最重要的一项即是谋反重罪。

杨一清劝说张永把檄文送呈给皇上，正是计划的第二步——借刀杀人。

"公于此时上真镨伪檄，并述渠乱政凶狡谋不轨，海内怨，大乱将起。上英武，必悟，且大怒杀瑾。"

张永知道，"谋反"两个字可以触动任何一位皇帝最敏感的神经，仅凭这样的一个檄文，还不是刘瑾谋反的直接证据，皇上可能不会把刘瑾怎么样，于是反问："即不济，奈何？"意思是如果不奏效，怎么办？

杨一清说："别人说，皇上也许不信，皇上这次派你监军，正是因为对你格外信任。如果皇上还不信，你就跪下请死，愿以死来证明你的忠心。"如此，"瑾必见杀"。

计划第三步，唯恐夜长梦多，必须步步紧逼，一鼓作气。

杨一清又说，一旦皇上动心，你再次"涕哭顿首，得请即行事，无缓顷刻"。意思是恳请皇上马上动手抄家，刻不容缓。只要能走到抄家那一步，将其谋反之罪坐实，就大功告成。

说到这里，张永已经有了信心，他也决心殊死一搏，话说得还很敞亮："老奴何惜余年报主乎！"

张永回京，向皇上报捷，皇上置酒犒赏，开始刘瑾也侍坐，后来退下。于是张永拿出檄文，按照杨一清的计划，声泪俱下，开始执行他的"清君侧"计划。

第四步，查封了刘瑾的府第之后，张永有一夜的操作时间，说是"无中生有"也好，"偷梁换柱"也罢，总之从刘瑾府第里搜出来了大逆不道的玉玺、玉带。至于这到底是他自己准备的还是安化王的，那只有天知道了。所以，把事情努力推到抄家那一步，即使这些东西不存在，单从刘瑾家里抄出来的金银，也足够"压"死他了。

也许是刘瑾恶贯满盈，锄奸计划比杨一清想象中进展得还要顺利。

事后，张永进岁禄，兄弟均封为伯，杨一清也被升职为户部尚书。

归有光和王世贞的一场骂战

一副对联引出一段公案

嘉定有一座震川学院，清代名臣林则徐曾经为明代大家归有光题写过一联：

> 儒术岂虚谈？水利书成，功在三江宜血食；
>
> 经师偏晚达，专家论定，狂如七子也心降。

上联的意思是说，散文大家归有光不仅文章写得好，还写了一部《三吴水利录》，经世致用，造福三吴。下联说他60岁才考中进士，没走几天好运，但大家对他的文章人品都极钦佩，就连"后七子"中的领袖王世贞对他也不得不服。

实际上，这副对联后面还藏着一段公案。王世贞起初看不上归有光的文章。归有光是昆山人，王世贞是太仓人，虽然两人有同乡之谊，但涉及文章标格高低，两人丝毫不能退让，于是有了一场骂战。

这场骂战等级比较高，双方甚至脱离了文章而有些许人身攻击的意味，用现在的话来说，火药味甚浓。另一点引人瞩目的是实力很悬殊，因为王世贞是文坛宗主，嘉靖三十二年就升为刑部郎中，后来更是堂堂的二品大员，而归有光不过是连考了几十年都不及第的老举子。所以，这场骂战不仅明朝当世人很在意，后世文人们也是津津乐道。

一句评语引出一场恩怨

文人相轻，似乎说中不少人的心病，但是到了顶级高手的位置，胸襟博大的文人还是相重的。应该说本不至于骂战，就算是礼貌的文学批评，在那个时代，因为传播工具有限，似乎也接不上火。王世贞出身官宦世家，22岁就进士及第，此后官运亨通、步步高升，一直当到了南京刑部尚书。他雄才博学，是当仁不让且众望所归的文坛领袖。

祖上曾经也很显赫的归家到了归有光的父亲手里已经没落，好在还读得起书。归有光不是没学问，而是没有考试的命，一个举人考了15年，后来一个进士硬是一连考了八次都落第而归。归有光43岁那年，失去了最心爱的长子，刚过一年，又痛失爱妻王氏。虽然他的文章已经扬名四方，但满腹诗文经义的他却只能生活在荒江僻壤，愤恨于报国无门。

嘉靖三十七年，王世贞33岁，应该说还没有褪去年少轻狂之气，他在《艺苑卮言》初稿中，评价归有光的文章为"归熙甫（归有光字）如秋潦在地，有时汪洋，不则一泻而已"。把归有光的文章比喻为无源雨水，当时看起来似乎汪洋一片，雨过天晴则不过一洼水而已。这评价刻薄至极，归有光当然无法接受。

于是，归有光在《项思尧文集序》中，说了这样一段话："盖今世之所谓文者难言矣。未始为古人之学，而苟得一二妄庸人为之巨子，争附和之，以诋排前人……文章至于宋、元诸名家，其力足以追数千载之上，而与之颉

颡，而世直以蚍蜉撼之，可悲也！无乃一二妄庸人为之巨子以倡导之欤？"

话说得锋芒毕露，归有光公开把王世贞讥讽之为"妄庸巨子"。当时的文坛上以王世贞和李攀龙为首的"后七子"风头正劲，他们接过了"前七子"的大旗，主张"文必秦汉，诗必盛唐"，推波助澜，变本加厉，句摹字拟，以佶屈聱牙为高古。归有光对此深不以为然，所以在文章中写得一点也不客气。

王世贞得知后甚为恼火，说："妄诚有之，庸则未敢闻命。"本人狂妄倒是有一点，但说平庸，绝不敢认账！话说得也霸气凌人。

这话再传到归有光的耳朵里，他毫不客气地回敬道："唯妄故庸，未有妄而不庸者也。"因为狂妄才说你平庸，哪里有只狂妄不平庸的人呢？

一个蜗居在乡野里的老儒生竟敢这样唇枪舌剑地跟文坛宗主对骂，也算是奇谈一件。

两首诗作表达一片真心

嘉靖四十四年，归有光已经是60岁的花甲老人，他鼓足勇气第九次走进了会试考场。这一次他终于中了个三甲进士。这几年到底发生过什么，不得而知，但到他考中的这一年，归有光与王世贞的关系已经明显缓解。是惺惺相惜？还是历尽劫波兄弟在，相逢一笑泯恩仇？资料里看不到，总之，一场骂战之后两人的关系并没有更臭，而是亲近了。归有光本来有可能入翰林为庶吉士，但因为年老而被授了个长兴县令，难免失望。所以，王世贞特意写了《送归熙甫之长兴令》来安慰他，诗为七律两首：

其一

泪尽陵阳璞始开，一时声价动燕台。

何人不羡成风手，此日真看制锦才。

若下云迎仙凫去，雪中山拥讼庭来。

莫言射策金门晚，十载平津已上台。

其二

墨绶专城可自舒，应胜待诏在公车。

春山正好时推案，化日何妨且著书。

到县斋宫留孺子，诘朝车骑请相如。

客星能动郎官宿，白雪阳阿兴有余。

这两首送行诗写得未必神采飞扬，但也算情真意切，看不出当年的龃龉不合。后来，归有光到长兴任职，与当地大户有矛盾，遭排挤明升暗降，被调任顺德府（今河北邢台）通判，管理马政。归有光意甚不平，有辞官之意，有不少人劝他，他才去顺德上了任。王世贞就是劝说者之一，说明二人此时已经不是泛泛之交。

一段赞语道出宗主情怀

隆庆四年，归有光到北京朝贺万寿节。同年，受大学士高拱、赵贞吉推荐，升职为正六品的南京太仆寺寺丞。后来因为文才卓异，又被首辅李春芳留在内阁，掌内阁制敕房，纂修《世宗实录》，列文学侍从之位。

正如林则徐所说，60多岁的归有光仕途"晚达"，他对官职并没有太高的期许，但是现在他有机会能借阅内府秘藏，让他备感欣喜，于是，手不释

卷，乐在其中。可惜在敕房任职仅一年，他身染重病，66岁即告别人世。

归有光离世不久，王世贞作《归太仆像赞》，这是他对归有光的文学造诣进行综合评价的一篇文章。"赞"作为一种文体，本意专用褒美。但王世贞的结尾处却别有情怀在：

> 先生于古文辞，虽出之自《史》《汉》，而大较折衷于昌黎、庐陵。当其所得，意沛如也。不事雕饰，而自有风味，超然当名家矣。其晚达而终不得意，尤为识者所惜云。赞曰：风行水上，涣为文章。当其风止，与水相忘。剪缀帖括，藻粉铺张。江左以还，极于陈梁。千载有公，继韩、欧阳。余岂异趋，久而始伤。

有人把归有光推崇为明代第一散文家。王世贞也感到自己的文章雕饰过甚，不及归有光的恬适自然。他在给归有光很高评价的同时，一句"余岂异趋，久而始伤"也道出了一番"自悔"之情。

因为陌生而吵架骂战，因为了解而相契相知。其实一开始，王世贞的轻慢在于他并不了解归有光的所有文章，只看了几篇琐碎的小文就妄下结论。后来深入了解，才知道归有光的文章果然是真"汪洋"，于是收起傲慢之心，给归有光一个相对公允的评价。文人，没有这份胸怀，纵然文章再华丽，也只是一个蝇营狗苟之辈。

《朝鲜王朝实录》揭秘明朝惨绝人寰的殉葬

　　《朝鲜王朝实录》里有一则记录，在明朝初年，皇帝以人殉葬。这种惨绝人寰的事情依然堂而皇之地出现，不能不令人吃惊。

　　坐落在南京钟山的明孝陵是明代开国皇帝太祖朱元璋的陵寝。有史书说，太祖的孝陵共有妃嫔四十人都以身殉。被逼而死的妇女竟如此之多，令人触目惊心。

　　明成祖朱棣的长陵是北京明十三陵中的第一座陵寝，规模建制为诸陵之冠。在陵园的东井和西井之中，也有30多名被逼殉葬的妇女埋葬在这里，这些从殉的妃嫔宫女有些连姓氏都无从查考。

　　献陵是明仁宗朱高炽的陵寝。这位明仁宗曾有遗诏，说他治理天下的日子很短，恩泽未普及到老百姓，所以山陵制度务从俭约。表面上看似乎是爱惜民力，实则口是心非，就在他所谓从俭的陵寝里，也有7个妃嫔"殉节从葬"。景陵是明宣宗朱瞻基的陵寝，而景陵里也有10个妃嫔及宫女先后从殉。

　　如此，从朱元璋到他的曾孙朱瞻基，37年间，4个皇帝（除下落不明的建文帝朱允炆）都无例外用了妃嫔和宫女殉葬。

　　《朝鲜王朝实录》（又称《李朝实录》）记载了由朝鲜王朝始祖太祖到哲宗的25代472年间（1392—1863）的历史事实，其中记录了其使臣从大明回国

后所陈述的——明成祖朱棣死后宫廷里殉葬的情形：

> 及帝之崩，宫人殉葬者三十余人。当死之日，皆馆之（吃上路饭）于庭，馆辍（吃完了），俱引升堂，哭声震殿阁。堂上置小木床，使立其上，挂绳围于其上，以头纳其中，遂去其床，皆自缢（吊死）。

这就是活活逼人去上吊，然后再假惺惺地给予"美谥"，谥册上说她们"由于委身给皇帝因而就义，随着皇帝的车马去到天上……"

这是一种怎样的冷酷至极与残忍虚伪呢？

在《明史·后妃列传》里，记载着一个极其悲惨的故事。

郭爱本是一个民间少女，谁知道刚刚被选入宫20天，皇帝朱瞻基就死了，这个可怜的少女突然听到了自己被列入殉葬名单的消息，没有人能体会她当时悲恨交加的心情，而她自己含着泪写下了一首绝命辞：

> 修短有数兮，不足较也；
>
> 生而如梦兮，死则觉也；
>
> 失吾亲而归兮，惭余之失孝也；
>
> 心凄凄而不能已兮，是则可悼也！

世间最悲惨的事情莫过于逼着一个正值妙龄的鲜活的生命去死吧？

好在，英宗朱祁镇在临死前下诏废除了殉葬制度。且不论他是不是沽名钓誉，毕竟挽救了不少妇女的生命。

苏州虎丘塔倾斜被修正的趣闻

在明代谢肇淛的《五杂俎》里，记载了这样的一组咄咄怪事，都与塔有关，也都跟和尚有关。

姑苏虎丘寺塔，始建于五代后周末期，约为公元959年，落成于北宋建隆二年，即公元961年，比意大利的比萨斜塔早200多年。

此塔建成几百年后，到明朝时即有人发现，塔身倾斜了，于是商议得把它正过来。有人预算了一下，"非万缗不可"，"缗"本意穿铜钱的绳子，后来变成计量单位，通常以1000文为1缗，而1贯一般也是指1000文，所以至少需要"万贯"，那当然是一笔巨资。

这一天，不知从何处来了一个游方和尚，听说了这件事，即上门毛遂自荐说："根本不用花那么多钱，我一个人就可以把它正过来。"

众人非常惊异，但看和尚笃定，于是让他一试。

和尚每天携带着"木楔百余片"进塔，进去之后就关了门，外面只能听到叮叮当当的敲击声。

就这样，不到一个月，虎丘塔端正如初，和尚飘然而去。

人们进到塔里，想找到和尚修补的痕迹，却"了不可得也"。

如此神奇的功夫到底如何修成的？实在令人费解。

又过了几百年之后，虎丘塔又向西北倾斜了。目前塔顶中心偏离底层中心2.3米，斜度2°40'，苏州人是不是又在望穿秋水地等着鲁班的救兵呢？

如果此事神奇，那宋代真定（今河北正定）木塔的修复应该更神奇。

真定曾经有座十三级木浮图，至宋朝时塔中间的承重大柱坏了，有倾倒的危险。此时来了一位法号"怀丙"的僧人，量好大柱的尺寸，做成一根同样的柱子，随后指挥大家把柱子吊上去。

木柱到达位置之后，他只带了一根绳子上去了，"闭户良久"。一个人也不知道在里面是怎么操作的，大家在下面也没有听到什么声响，反正就是把原来坏掉的柱子给换下来了。

还有一个，极简单，来段文言："唐文宗时有正塔僧，履险若平地，换塔杪一柱，不假人力。倾都奔走，皆以为神。"

意思是在唐代有僧人，简直就是以正塔为职业的高人，也是去换塔顶的一根柱子，不需要帮手，似乎有极高明的轻功一样。都城的人奔走相告，都以为见了神仙。

纪念一个好太监——怀恩

太监这个群体中出了不少滥人，像秦朝赵高、汉代张让和宋朝童贯之类，确实不是正经人。但是也不能一竿子打翻一船人，太监里也还是有洁身自好之人。像"三宝太监"郑和下西洋，历史书上着重学习过。还有在煤山上陪着崇祯一起死的王承恩，实话说，也很不简单，死忠之人。

《明史·宦官列传》中说到明代宦官，"间有贤者，如怀恩、李芳、陈矩辈"。说到的这三个名字，应该是"藏在深宫人未识"，但是能在青史上占有一席地位，让一向苛刻的史官们送上一个"贤"字，这是相当大的褒奖。

笔者在了解他们的作为之后，深有感慨。有的太监祸国殃民，甚至能动摇朝廷的根基。但也有持正守志，在风雨飘摇之中力挽狂澜的好太监，至少保证朝廷还在正常的航道上行进，不至于触礁翻船。

这里要学习和纪念的，正是这样一位修身重道，以匡济天下为立身处世宗旨的好太监，他的名字叫怀恩。

先说说其厥功至伟的功绩，只需两个字——安储。

太子是一国的储君，应该说也是世界上最高最危险的一个"职位"。历朝历代在解决储君的问题上，一般人都是"立嫡立长"；但也有人要"立子以贤"，这就为朝廷埋下了隐患；更有糊涂点的皇帝，还想"立储以爱"，

就是他喜欢哪个儿子就想让哪个儿子接班，虽然为数不多，但每次这样的摇摆过程，都伴随着看不见刀光剑影的宫斗大剧。

怀恩姓戴，本名门之后，今天的山东高密人，目前的史籍中没有关于他的生卒年的记录。宣德初年，其族兄兵部侍郎戴纶因为直言劝谏惹怒了宣德皇帝而被杀，连累到了怀恩的父亲戴希文。当时戴希文的官职为从三品的太仆卿，此官分掌车马，天子出行，他负责安排前后的礼仪队伍。

戴希文受戴纶的株连而被抄家，儿子从小就不得已净身当了宦官，被赐名为怀恩。

进宫之后，怀恩因为恭谨勤肯、才识不凡而受到皇帝赏识。到成化帝朱见深临朝时，他被提升为司礼监掌印太监。

大家可别以为，他只是个捧着玉玺，等着给圣旨盖章的小角色。这个"司礼监掌印太监"是明朝十二监中最具权势、最炙手可热的职位，有"内相"之称，负责完成国家决策中"批红"部分最后的审核盖印。掌印太监下设秉笔太监数人，而首席秉笔太监是主管东厂、诏狱等特务刑讯机构的头领，其他各秉笔太监则分管各监各司局。所以，这位太监的权力可与内阁首辅匹敌，甚至"权过元辅"。

介绍这位比内阁首辅还要重几分的掌印太监，目的是为了说明，怀恩如果没有这样的权位，他也没有扭转乾坤的能力。更重要的是怀恩识义理、通典故，遇事总能秉忠进谏，加上他将钱财看得很淡，公生明，廉生威，所以他不仅在宦官中很有威信，在朝臣中的威信也极高。

曾经有位来自江夏（今武汉市武昌）的僧人继晓，依靠太监梁芳骗取了成化帝朱见深的信任，在宫内大搞方术，玩点石成金的把戏，弄得乌烟瘴气。刑部员外郎林俊上疏直言进谏，成化帝大怒，将林俊下了大狱，还想杀他。

怀恩不断叩首进言，此人绝不可杀！"杀俊，将失百官心，将失天下心，奴不敢奉诏！"

成化帝怒不可遏，拿起案上的砚台掷过来砸他，怀恩不躲，"以首承砚"，就是砸死我，这事也不能办。好在没砸中，成化帝更怒，把几案也掀了。

怀恩脱了帽子，"伏地号泣曰：'奴不能复事陛下矣。'"其实还是以退为进，你要杀林俊，我就辞官不干。

成化帝让他马上滚蛋。怀恩回去，对外说自己中风了，不能起床。

其实成化帝不是个昏君，事情过去后再回头想，也就想通了，怀恩和林俊无亲无故，他以命来抗争，确实是出于公心，于是又派了太医来给怀恩治疗。

林俊的一条命就是这样保下来的。

其实怀恩与成化帝两个人之间的较量也不是第一次。

成化皇帝朱见深和他专宠的万贵妃有一段旷世恋情。万贵妃比他大整整17岁，但成化帝一生就是喜欢这个没少给他添乱的大龄女人。

因为皇帝喜爱，万贵妃在宫里说一不二，横行霸道。她自己的儿子夭折了，还担心年老色衰，便处处谗害宫廷妃嫔，凡有怀孕的，就想尽办法让她们堕胎，这个自私而狠毒的女人险些让深爱他的成化帝断了香火。

成化帝先前的两个儿子都没了，于是把好不容易找回来的老三朱祐樘立为太子，这就是后来的明孝宗，这个皇帝幼年时期几度危难，若无怀恩等人极力调护，能把命保下来除非出现奇迹。

后来邵宸妃生了个儿子，封为兴王，成化帝看着这孩子一天天长大，

爱读书，又爱思考，非常喜爱。此时，万贵妃又在中间搅浑水，已经不能生育的她想把兴王过继到她的名下，然后再劝皇上"立储以爱"，改立兴王为太子。

此时，成化帝已经动了心，太子之位危在旦夕。

据记载："上意已动，谋之于恩，恩以死拒不从。上恚，诏发往凤阳司香。"

意思就是说，当时成化帝跟怀恩商量，想改立太子。但这等动摇国本的事怀恩怎能不以死抗争？成化帝虽然在盛怒之下把他打发到凤阳去给先皇守陵，但也把这事拖延了下来。应该说，怀恩的话不管在宫廷内外都还是很有分量的。皇上知道怀恩没有私心，他公忠体国，是在替朝廷安危考虑，值得三思。

也是事有凑巧，怀恩被赶走之后不久，泰山就连续地震。内灵台奏："泰山震方，应在东朝，必得喜乃解。"

地震在那个年代是"天象示警"，皇帝也不能不戒惧。钦天监的人说此次地震应在东宫太子身上，似乎一下子说中了成化帝的心思，一向比较迷信的他认为，太子朱祐樘果然是天命的合法继承人，他刚有废储的想法，那边就地震了。那既然这样，太子该如何"得喜"呢？想想太子也不小了，不如为他选妃吧。

"上始诏为太子选妃，而储位安矣。"选了太子妃，太子的地位才算进一步安定巩固下来。

那怀恩用命保下来的这位太子，即后来的弘治帝，那么弘治帝朱祐樘究竟是个什么样的皇帝？如果是个昏君，能说他是办了一件好事吗？

1487年，成化帝最心爱的女人万贵妃死了，他也追随而去。明朝第九位皇帝朱祐樘正式荣登大宝，年号弘治。这个皇帝没有辜负怀恩的一片苦心，他宽厚仁慈，广开言路，励精图治。他在位期间的大明朝，有一个大家都认可的名号叫"弘治中兴"。

弘治帝登基之后，随即降旨诏怀恩回京，仍官复原职，掌司礼监。

在此期间，还有一个小段子，记载于嘉靖朝的刑部尚书郑晓著的《今言》中。记载说，因为广开言路，有位言官上疏时谈及内臣。竟然用了"刀锯之余"这样的含有极强侮辱意味的词，当时另一位大太监覃昌愤愤不平，他也是有大功于弘治的人，有心发难。

怀恩却淡淡一笑，说："吾侪本刑余之人，又何怒焉。"我们本来就是这样的人，还怕人家说吗？发什么火呢？

骂人不揭短，打人不打脸。被人揭短还能一笑置之，怀恩的度量确实非同一般，如此贤者，即古往今来数不清的宰相，又有几人可以做到？

如果怀恩以宣德元年（1426）左右出生来算，到弘治即位时，他应该是60多岁的老人了，回京后不久即告别了人世。

明代120岁得道高人，长寿秘诀只有10个字

要说历史上真正活得逍遥自在的人，我推选庄子，他写得逍遥，活得自在。

庄子的养生观点是"少私、寡欲、清静、超然"。前六个字看起来很浅显，做起来很难，做不到就不要奢谈生命与长寿的学问。庄子认为"静默祛病"，我们现在很多人的病都是自己"作"出来的，心力交瘁恰恰都是因为这一个"作"字，不"作"不病，不"作"不死。静下来，慢下来，平和下来，病就不来。

知易行难，但并不是做不到。有一个明代的大隐士就做到了庄子说的这三点，记载里说他活到了120岁，基本上达到了《黄帝内经》里说的"上寿"标准。其实按他的那个活法，兴许再活几十年也没问题，只是后来知道的人越来越多，他嫌麻烦，认为影响到了他的修行，"大败吾事"，所以隐遁而去也未可知。

这位大隐士名王士宁，根据明代郑晓所撰的史料笔记《今言》的记载，他出生于元代至正甲辰年，至少活到了明代成化的癸卯年，享年120岁。

这位王士宁"少慕养生"，说是"少"，至少也是到了有独立思想的年龄，所以能做到几乎是"苦行僧"才达到的三条标准："不受室、不饮酒、不食肉。"即戒色、戒酒、戒肉。一个年轻人能有这样的境界，应该说天生是一位异人，或者说，在我们一般俗人的眼里，他天生就是个怪人。

也确实够怪，王士宁做到了如此高标准的三条清规戒律，仍然觉得自己做得很不够，还要外出去寻访求教高人。于是就离家出走了。

他本是海州人，在今天的江苏连云港一带。他这一走就入了川，跋山涉水，露宿风餐。寻访高人不光需要苦行，更需要运气。王士宁终于在一座雪山上有了奇遇。

在一个深洞里，他遇到了一位老人，披着毡衣，高卧在石床之上。仔细一看，这位老人简直已经返老还童，他只有三尺多高，但皮肤细嫩，五官和手足都像小孩儿一样。

王士宁知道这一次踏破铁鞋，总算遇到高人了，赶紧给老人行了大礼，长跪参拜，但老人根本不搭理。正像当年禅宗二祖慧可参见达摩时一样，不理就不理，反正来了就不打算走。于是，王士宁默默当起了侍者，把洞里的活计全都承担了下来。

其实也没有多少要干的，连饭都不用做，因为老人压根就不吃饭。在他的石床一侧悬着一个布袋，里面装着像面粉一样的东西，他饿了就抓一把吃，渴了就用手捧一口山涧里的水喝。

王士宁饿得挺不住了，"跪乞食，老人与囊中物，苦涩不能下咽"。后来王士宁就跑出去找山果、挖野菜充饥，就这样，他坚持了三年。

终于有一天，老人被他感动了，说："你可以学习我的秘术，但你以后出去，遇不到合适的人千万不要传授。"

王士宁当然谨记师父教诲，学成之后，他就离开了雪山，一路辗转来到了济宁。在这里，他发现城东的深巷里有破屋无人居住，自己就住了进去。

谁能想到，这一住就是整整一个甲子——60年。

时间长了，王士宁引起了济宁人的注意。有人开始窥视打探，他们发现，这位怪老人根本不开伙，每天就吃几颗枣，或者只吃几根菜，再喝点水。

有好心人觉得他可怜，给送了种种吃的，王士宁一概谢绝。

真是怪人怪事。后来这事传到了济宁卫指挥使王宣的耳朵里，这位指挥使大人是正三品的高官，恰巧也是海州人，于是就很好奇地前往。一见到王士宁，当时他就大吃了一惊："我有一位叔祖讳士宁，当年因为好道离家而去，后来不知所终，难道老人家您就是吗？"

王士宁点头，王宣问了一些家事，都一一吻合，这才相信眼前这位高人正是他的叔祖，于是开始走动往来。

后来，这位隐士的事不胫而走，传到了成化皇帝朱见深的耳朵里，皇帝对于长生的事当然是最好奇的，于是专门下诏到山东，征召王士宁进京。皇帝想得还很周到，如果人太老行动不便，就专门安排坐车前来。

当时奉命来济宁请王士宁的是一位翰林院的编修杨守陈，后来升为成化帝的侍讲学士，他亲自来到了王士宁的破屋里，请教长寿的秘诀，王士宁仅回答10个字："静坐寡欲，坐久瞑目闭息。"

杨守陈就请王士宁进京面圣，但被婉转回绝了："我老无能，朝廷召我去也没用。我并没有得道，只是'习静'的时间很长罢了。"接着他又很不客气地补充了一句，"近乃日与人接，大败吾事"。这段时间每天都在与人交际，一点儿也静不下来，对我影响太大了。

杨守陈应该是比较尴尬，但他曾经编过《文华大训》，后来又修过《宪宗实录》，对元末明初的历史非常感兴趣，遇到这样一位"活化石"，当然想——请教。但王士宁显然是不想跟他再谈了，淡淡地说了一句："一身之外，百无所知。"

这八个字真够杨守陈在回京时琢磨一路了。王士宁的事书中记载至此，至于何时物化，无由得知。到了他那个境界，换个地方，继续清净地活着也太容易了。

不私一钱的杨继宗

明成化年间，有一人被称为"明朝天下第一清官"。他被任命为湖广按察使，初到任所，先不办公，而是让人去打水，打来上百桶的水，把整个厅堂都认真冲洗一遍后，再视事问政。别人问他为什么有这样的"癖好"，他说他最鄙视的就是贪官污吏，冲洗一下可以清除污秽。

听起来，做得似乎有点过，但他绝不是作秀。这位被后人敬仰的一代名臣确实洁身自好，一尘不染。他大道直行，只承认一个"理"字，即便是朝廷里炙手可热的大太监汪直也不得不敬他三分。

此人就是杨继宗，山西阳城人。他是天顺元年中的进士，后为官于天顺、成化、弘治三朝。当时的官场已经远不如明初时期法度严明，官吏贪黩渐成风气。

杨继宗自进入官场开始，就恪守一个"廉"字，一身正气，一些宵小之辈在他面前根本不敢造次。

他在嘉兴当知府的时候，有经过的太监，杨继宗都是礼节性地送给他们一些菱角、芡实和历书。也有胆大的太监索要钱财，杨继宗就发出公牒让衙役把库里的金银扛来，说："钱多的是，都在这里，立个字据就行。"太监惊得目瞪口呆。

有个御史名叫孔儒，办案手段比较酷烈，甚至有老人被他鞭挞而死。杨继宗对他的做法很不认同，二人有冲突在所难免。孔儒也不吃他那一套，还想伺机撕下杨继宗的清官面具。临行前，孔儒突然闯进了杨斯宗的内衙，打开他的箱筐一件件察看，可他看到的只是杨继宗的几件旧衣服而已。

不仅是不买孔儒的面子，就是大太监汪直，杨继宗也敢给他吃闭门羹。

汪直如日中天之时，多少官员拜倒在他的膝前。京师有歌谣唱及此事："都宪叩头如捣蒜，侍郎扯腿似烧葱。"

杨继宗有次进京入觐，汪直听说后，准备去会会他，想不到四品小官杨继宗却不给他面子。杨继宗表示，根据大明律例，他俩不能相见。

这位清官行事果然不同凡响，虽然折了面子，但汪直还是很有心胸的。后来有一次成化帝问他："依你来看，我们这满朝的官员里哪个最清廉？"汪直就回答说："天下不爱钱者，惟杨继宗一人耳。"

《明史》记载，汪直的这句话，还无意中帮了杨继宗的忙。那是他当了浙江按察使的时候，几次得罪中官张庆。张庆有个哥哥名叫张敏，在司礼监当官，张敏没少在成化帝面前说杨继宗的坏话。有一次成化帝反问了一句："得非不私一钱之杨继宗乎？"张敏吓得赶紧给张庆写信说："善遇之，上已知其人矣。"

杨继宗当都御史时母亲去世，他归乡丁忧。大太监汪直路过山西，前来吊唁。当时杨继宗身着麻衣住在母亲的坟旁，汪直步行到坟前行礼，拜起后两人有一番交锋。

汪直果然非常跋扈，他竟然用手将着杨继宗的胡须说："比闻杨继宗名，今貌乃尔。"意思是说，你杨继宗的大名确实是如雷贯耳，今天一见，长得也不过如此。杨继宗话说得也非常难听："继宗貌陋，但亏本辱亲，未之敢

110

也。"意思是我虽然长得丑，但是毁伤身体这种有辱祖宗的事，我是不敢干的！

骂人不揭短，这话可是像刀子一样扎向了汪直。汪直接不住，但他也没有发怒，只能黯然转身而去。

清官多酷，杨继宗清，但并不算酷。他走得正，正能压邪。他没有被排挤打压，甚至汪直也没有找他的后账，这不能不说是一件幸事。

1488年，63岁的杨继宗去世。天启年间，封谥号"贞肃公"。现在的阳城匠礼村存有杨氏宗祠，内有一匾，上写着成化皇帝"赐"的四个字：不私一钱。

小太监阿丑的智慧

语言有时候比刀还锋利，只是看人会不会用。历史上最会说话的人应属东方朔，连李白都是他的忠实粉丝。东方朔往往一句诙谐的话就能让皇上会意到自己的错误，还不失面子，所以他在汉武帝的手下活了很长时间。

明代人文林是成化年间进士，曾官至温州知府，他的儿子文徵明比他更加广为人知。文林有一部笔记叫《琅琊漫抄》，主要内容是其所见所闻，或考订经史。笔记中记录了一位小太监的故事。

小太监名叫阿丑，生活在成化年间，此时西厂大太监汪直正势焰熏天。汪直每次有事出差，所经过的郡县，县令长官全部都得膝行伺候，比觐见皇帝还得加倍小心，稍微不顺汪直的意，汪直就会问："尔头上纱帽谁家的？"

掌管西厂的汪直虽也曾有功于朝庭，但过于跋扈了，"势倾中外，天下凛凛"。

大学士商辂给皇帝的奏折中是这样说的：朝臣无论大小，一旦被汪直抓住把柄，全部收监拷问；三品以上的京官，汪直可擅自下令逮捕；一些重要部门的官员包括皇帝的近侍，汪直竟可随意更换；更有甚者，一些边防重地的守备，汪直一天之内竟擒拿数人入牢，导致边守空虚。

就是这样的一个权倾天下的大太监，阿丑却要来挑战一下了，不过他挑

战的方法极具智慧。

这天，成化帝来看戏取乐，阿丑就装扮成一个醉鬼，倒在路中间，有人呵斥他："快滚起来！某某大臣过来了！"阿丑根本不为所动。又有人大喊："皇上的圣驾过来了！"阿丑仍然坚挺，躺着不动。

这时候又有人喊了一声："汪直来了！"阿丑连滚带爬"仓皇惊起"，引得成化帝失笑。

此时有人就问："为什么皇上过来你都不避，说汪直来了你就爬起来了？"

阿丑像是开玩笑一样地回答："当今之世，吾知有汪直而已，他不知也。"意思是，世上我只认汪直一个人，其他人？皇上？我不认识！

成化帝笑着的脸慢慢凝滞了，他悟到了小戏子的用心。从那之后，皇上开始疏远汪直，再后来汪直被东厂提督尚铭等人弹劾，贬往南京，从此退出了历史舞台。

阿丑的故事还有一则，也很有意思。

这天皇上来看戏，阿丑一人扮了Ａ Ｂ两角上场。Ａ角诵诗："六千兵散楚歌声。"Ｂ角就用手推他："你怎么把八千唱成六千了？"Ａ角说："还有两千兵在保国公家造房。"

皇上听了不信，难道保国公家里建房就敢私自调用这么多的兵丁？马上就派人去秘密调查，结果确实如此，保国公朱永治大兴土木，私用了大量的军士。

风声传到了保国公的耳朵里，他怕了，即刻命令停工。

这样的有正义感的小戏子又极具智慧，也真不是一般人物。虽然他是在做戏，但是做不好，扳不倒汪直，可能就是自己的人头落地。

文徵明与唐寅的人生比对

11岁才能把话说清的文徵明，凭90岁的寿命碾压唐寅？文徵明的老爹怎么能看出唐寅的不幸？被老婆鄙视的轻薄才子唐寅贫病交加实是咎由自取……

邻家的天才神童与迟钝的笨瓜小孩

明成化二十一年，文徵明的父亲文林被提拔为南京太仆寺丞。这个官职听着很唬人，其实官阶不高，跟太傅太师太保之类差得很远，属兵部，正六品而已，仅是负责牧养马匹，以备军需，与孙悟空的弼马温相仿。明代另一位大文豪归有光一辈子当过最大的官就是这个，所以后世称为归太仆。

文林是一个儒雅文人，为官清廉，博学多识，作品有《文温州集》和《琅琊漫钞》。他更是一个通达高人，长于易数，精于反鉴，一语可定人休咎。

这一年，文林请了一个长假，带着儿子文徵明回到了故乡苏州。

文徵明16岁了，在别人眼里，这是一个傻呆痴笨愚都占全了的孩子，2岁不会说话，6岁站立不稳，9岁口齿不清，到11岁才勉强开始读书识字。

这一年，家里来了一个伙伴，这个邻家孩子是一个神一样的存在，跟文

徵明同岁，只比他大半年多，但要说学问水平，简直有天壤之别。两人刚认识还没一年，邻家神童就在秀才考试中，考取了第一名！

才子祝允明写的《唐子畏墓志铭》中说："童髫中科第一，四海惊称之。"一个16岁的小孩在人才荟萃的苏州，能够轻摘院试的桂冠，如此才锋无敌，确实太罕见，一时轰动江南士林。这个"唐子畏"，就是唐寅唐伯虎。

这孩子虽然出身布衣之家，父亲只是个开小酒馆的，但是文林非常欣赏唐寅的才华，认为他的前途无量。唐寅在回忆这段时光的时候，说："先太仆爱寅之俊雅，谓必有成。每每良燕，必呼共之。"这段话写在他给文徵明的书信《又与文徵仲书》里（42岁起，文徵明更字徵仲）。

唐寅有才是肯定的，但是毛病也不少，尤其是年少轻狂。在《送文温州序》一文中，唐寅写道："寅稚冠之岁，跌放不检约。"这是对自己很客气的说法，其实他很不自律，放浪形骸，而文徵明的父亲也没少管教他："太仆先生一闻寅纵失，辄痛切督训，不为少假。"

有了天才朋友唐寅的传帮带，文徵明也变得聪明了，一旦开窍，一日千里，18岁那年，文徵明也欣欣然闯过了院试关，成了一名小秀才。

高中解元的江湖浪子与名落孙山的地瓜疙瘩

文林的几次教训不可能改变唐寅的风流本性，经常同祝允明、钱同爱和邻居家的张灵，出入于风月场所。但文徵明却洁身不染，据今人周道振和张月尊《唐寅年表》："盖所从往还如祝允明、钱同爱辈，皆流连声色，惟文徵明独能自外。"

这几个家伙自命风流倜傥，还总想把文徵明也拉下水。有记载，他们曾经做了一个局，请文徵明到城外的一条船上饮酒聚会，待他上船之后，唐

1·5

寅一拍手，一个风姿绰约的苏州名妓走了进来。文徵明一时六神无主，谎称有事，急要告退。名妓笑盈盈地牵住他的衣袖，文徵明变了脸，甚至准备跳湖。唐寅一干人等这才觉得很尴尬，不得不把文徵明送上了岸。

喜欢整蛊别人的唐寅流连于青楼妓院，放荡不羁。有一幅他的《春风纨扇图》，现藏于上海博物院，画上钤有"龙虎榜中排第一，烟花队里醉千场"的印，很能说明他当时的风流博浪。

他不以为这对他的前程有什么妨害，但事实是，恰恰有人对此非常厌恶，而且这个人手里偏偏掌握着他一个小秀才的前程。

此人就是提学御史方志。弘治十年，28岁的唐寅和文徵明参加录科考试，期间唐寅和张灵等人竟公然宿妓饮酒，被方志知晓。于是，不管唐寅如何才高八斗，但是德行有亏，方御史便打算让他过不了这一关。果然，考试结果让唐寅和张灵全傻了，录科考试不过，第二年就没有参加乡试的资格。

文林、沈周和吴宽等人都来为唐寅求情，尤其是苏州知府曹凤也很爱才，恳请方志通融，方志才勉强同意以"补遗"的方式让唐寅参加乡试，但张灵就没有那么好的运气，这位损友直接被打入"冷宫"了。

录科考试唐寅算是涉险过关。第二年，文徵明和唐寅一起到南直隶参加乡试，正是在这里，唐寅大放异彩，高中解元。

一个是心花怒放，一个则是垂头丧气。文徵明落榜了，跟两年前一样，他只能一脸苦笑忍着一肚子的落寞去恭喜春风得意的唐寅。

就在唐寅为庆祝高中而买笑追欢的时候，文徵明却孤坐旅馆，整夜无眠。同乡同岁，唐寅的成功让他心灰意冷，他在这儿写下了一首很晦暗的诗《客夜》：

旅馆沉沉睡思迟，新寒自拥木绵衣。

功名无据频占梦，风土难便苦忆归。

弄月谁家双笛细，伴人遥夜一灯微。

男儿莫恃方年少，触事撄愁念已非。

文徵明把乡试的情况写信告知父亲，父亲迅速回信，话是这样说的："子畏之才宜发解，然其人轻浮，恐终无成。吾儿他日远到，非所及也。"父亲的话并不仅仅是安慰儿子，一向看人眼神毒辣的文林已经预知了唐寅的未来。

狂士标格的解元公和七试不第的老相公

文林起初对于唐寅非常看好，认为其必有所成，但后来又给儿子说他"恐终无成"，大概经过多年观察，"看透"了唐寅。

"轻浮"二字，并不仅仅是说他习惯出没于花街柳巷，而是他本性不够持重。高中解元之后，唐寅曾经写过一首给乡试主考官的诗，其中有句：

红绫敢望明年饼，黄绢深惭此日书。

三策举场非古赋，上天何以得吹嘘？

其得意之色溢于言表，对明年进京会试一举夺魁似乎毫不讳言。唐寅确实有点忘乎所以了，南直隶的解元就是整个江南的魁首，而江南的魁首就是整个中国的第一。独占鳌头者，舍我其谁?《吴郡二科志》中谈到唐寅，如是说："为人放浪不羁，志甚奇，沾沾自喜。"似乎也切中要害。

命运的反转往往来得令人措手不及。文林的一句"恐终不成"确实也成了唐寅进京会试的谶言。

第二年，唐寅兴冲冲进京赶考，不仅没有考中进士，还被投进了大狱。这是发生在弘治十二年即1499年的事，唐寅因牵连江阴徐经科场案下狱，后来虽然查无实证被释放，但基本上告别了仕途，他被盛怒的弘治皇帝罢黜到浙江去当一个小吏。

心比天高的唐寅不可能接受这样的命运玩弄，他也绝不可能去就职。但回到家乡，他才知道他已然成为江南士林的笑柄，甚至连他续娶的老婆也看他不起。二人发生了激烈冲突，表面看是他把老婆休了，事实应该是老婆也鄙视厌弃了他。

于是唐寅变本加厉，更是纵情于酒色以自娱。文徵明不止一次劝过，他很不以为然："寅束发从事，二十年矣，不能剪饰，用触尊怒，然牛顺羊逆，愿勿相异也。"他的态度十分嚣张，言辞尖刻，不但不领情，还要与文徵明断绝关系："甚愧！甚愧！且操奇邪之行，驾孟浪之说，当诛当放，载在礼典，寅故知之。然山鹊莫（早？作者注）喧，林鸮夜眠，胡鹰耸翮于西风，越鸟附巢于南枝，性灵既异，趋从乃殊。"这番狡辩也独辟蹊径，很有文采，意思是你有你的道，我有我的路，看不惯，就各走各的。

唐寅的"轻浮"在1514年又发作了一次。这一次，差点把命也搭进去。

那一年，宁王朱宸濠派人到苏州邀请唐寅。文徵明不又自己不去，也劝他坚决别去，但唐寅认为宁王求贤若渴，文徵明在犯傻。到了南昌不到半年，唐寅发现宁王要造反，于是他只好"佯狂使酒，露其丑秽"。装疯当然极需要天赋，更需要斯文扫地，宁王终于忍无可忍，打发他离去。数年后，宁王起兵，被王阳明一举拿获。唐寅依附权贵的这一步走得太轻浮，太凶

险。逃过一劫后，他不能不佩服文徵明的"痴顽"。

心口不一的"六如居士"和德范垂世的"四绝老人"

会试遭黜之后，回到苏州的唐寅一度非常颓废。他开始自省，甚至开始礼佛，还给自己起了一个号"六如居士"，其意出自《金刚经》偈："一切有为法，如梦幻泡影，如露亦如电，应作如是观。"

但他学佛的过程也是"如露亦如电"，等他的心情稍稍平复，马上又本性复萌。这期间，唐寅又刻了一方印为：江南第一风流才子。才子自许风流，本无妨于他人，说点硬话也可怜可伤。但学佛不成却反其道而行则祸莫大焉。长于绘画的唐寅以妓女为模特，画了不少春宫图，遗毒于世。个人观点，这才是他自速其死的根源。

唐寅画春宫声名在外，这在《红楼梦》第二十六回里也有记述：

薛蟠告诉宝玉："昨儿我看人家一张春宫，画的着实好。上面还有许多的字，也没细看，只看落的款，是'庚黄'画的。真真的好的了不得！"……宝玉将手一撒，与他看道："别是这两字罢？其实与'庚黄'相去不远。"众人都看时，原来是"唐寅"两个字……

唐寅的小幅春宫画历代都在销毁，已经很少传世。据说，有一幅《小姑窥春图》今藏日本，是其作品。

也有人试图从唐寅的面相上找出端倪，清代蒋超伯《南唇楛语》卷六《祝唐等像》里说："先生面上圆下狭，眉目微竖，三绺微须。"其他的描述是："先生面上圆下狭，微髭绕喙，鬓毛下至颊。"上丰下促，也预示唐寅早岁腾达，晚景凄凉。

1519年，唐寅50岁，总结得失，明白自己半世荒唐，于是成诗一首《五十自寿》：

> 总算一万八千日，凑成四十九年非。
>
> 从前悲喜皆成梦，向后荣枯未可知。

晚年的唐寅贫病交加，54岁，人生冷清谢幕。他总结一生，似乎也知道自己的归宿，于是写下绝笔：

> 生在阳间有散场，死归地府也何妨？
>
> 阳间地府俱相似，只当漂流在异乡。

回头再说文徵明，七入考场而不中，虽然明朝少了一个庸庸碌碌的小官，却多了一个杰出的文化大家。他的诗、文、书、画无一不精，人称"四绝全才"。子嗣名人辈出，门徒出类拔萃，成为引领吴门画派之巨擘。

1559年，90岁的文徵明在替别人写完一篇墓志铭后，把笔搁在一边，端坐着，静静地走了。

唐寅"性绝颖利，度越千人"；文徵明勤奋专注，大器晚成。

时间是文徵明的法器，在唐寅死后，他还有30多年慢慢雕琢自己。

如果再给唐寅30年的时间，让他潜心于书画，其成就将难以想象，但他似乎就是被人催着急匆匆地走完了人生，无功于社稷，却遗毒于后世。

张爱玲小说中无意的一句"出名要趁早"，让多少才人心痒难熬，甚

至打乱了多少聪明人的步伐，或者说误了多少本可以有更高成就的人。说到底，这只是投身功名者的箴言，对于"游于艺"的人来说，人生那么长，何必赶得那么急？

王阳明断狱，笑对死刑犯的诅咒

王阳明是明代著名的思想家、文学家、哲学家和军事家，陆王心学之集大成者，精通儒家、道家、佛家。

大家都知道，他作为一名书生，却在正德年间用一个月的时间就平定了宁王朱宸濠的叛乱。可谓：上马安邦定国，下马著书立说。曾国藩对他的评价是："王阳明矫正旧风气，开出新风气，功不在禹下。"

曾在日俄战争中全歼俄国太平洋舰队和波罗的海舰队，以弱胜强的日本海军大将东乡平八郎有一面腰牌，上面刻有七个字：一生低首拜阳明。

本文要说的是王阳明担任刑部主事时候的一件小事，事小但意义不小。此事记载于明代与王阳明同时期的都穆所著的《都公谈纂》，都穆曾官至太仆寺少卿。

当时是弘治十二年，28岁的王阳明参加礼部会试，举南宫第二人，赐二甲进士第七人。之后他奉圣命在江北一带决断狱囚，就是处理一些大案、要案以及陈年积案。

当时，扬州有一个飞扬跋扈的姓陈官员，曾经杀过十八个人。但是被捕入狱之后，因为不差钱，把大把的银子拿出来行贿买命。有钱能使鬼推磨，手里有十八条人命的这样一个大奸巨憝，案子也明白清晰，十几年了，就是

一直拖延不决。陈指挥虽然没了人身自由，但活得挺好。

不幸的是，王阳明来到了扬州，调出案宗一看，这么明白的案子一直不执行，其中必有脏情。他直接就判决极刑，立即开刀问斩。

受了陈指挥贿赂的巡按御史忍不住给陈指挥说情，但王阳明非常坚决，这样的大恶不除掉，还谈什么公道人心！

处决的当天，王阳明亲赴刑场。

陈指挥在临刑前大喊："死而有知，必不相舍！"意思是王守仁你听着，我就是化成厉鬼也决不会放过你！

王阳明笑了，对陈指挥说："死而有知？那如果我不杀你，被你杀死的十八人怎么说？他们会放过你吗？"

王阳明还有一句话掷地有声："汝死，何能为乎！"今天就是要取你的脑袋，有什么伎俩只管使出来，看看你究竟能把我怎么样！

鬼头刀寒光闪过，陈指挥身首异处，观刑的老百姓无不拍手称快！

28岁能有这样的沉着决断，以及后来平定叛乱之后仍能居功不傲，急流勇退，这是王阳明特别令人钦仰之处。

余秋雨在他的《乡关何处》中这样评价王阳明："中国历史上能文能武的人很多，但在两方面都臻于极致的却寥若晨星……好像一切都要等到王阳明的出现，才能让奇迹真正产生……王阳明一直被人们诟病的哲学在我看来是中华民族智能发展史上的一大成就，能够有资格给予批评的人其实并不太多。"

苟富贵，无相忘：陆孟昭救济老同学

学生在毕业的时候往往意气风发，会许下"苟富贵，无相忘"的话，但如果某个同学富贵了，人们一般还是"少相见"或"无相见"，尽量不去给人家添麻烦。意思大家都知道，不必细说。

明代人都穆所著的《都公谈纂》里记载了一个有关老同学的故事。

明代有人名叫陆孟昭，曾当过参政。左右参政在明代是从三品官员，是布政使的下属，分管粮储、屯田、军务、驿传、水利等事。后来，陆孟昭因小人谗言被罢了官，便回到苏州老家养老。

这一天，他出门送客，看见家丁正在驱赶门口的乞讨者，陆孟昭就喊住了他，还把那个乞丐带进了院里，让家人给上饭吃。

他看着那个乞丐，忽然觉得有点面熟，但是几十年不见也不能肯定，于是他回到屋里对夫人说："我怎么越看他越像我小时候的同学，难道真是他吗？"于是，便派人悄悄问那乞丐的名字，乞丐报上姓名后，方知确实是他当年的同窗！

陆孟昭大步走出来，一把抓住了老同学的手，问道："几十年不见，怎么会落魄到这个地步？我们遇见得太晚了！"

说完便把老同学请入内室坐下说话，再留吃晚饭。吃完饭之后，又让人

准备洗浴用品，并让家人取来一套衣服让老同学换上。

这样一留就是十几天，老同学不胜感激，深感不能再打扰了，坚决要走。陆孟昭亲自送他出门，送了一段距离后，他们来到路边一间不算大的房子，陆孟昭把老同学请进去，说："留你这些天，就是要给你物色这么个住的地方，你只管在这儿住下吧。"老同学一看，居家生活需要的东西一应俱全。

临走前，陆孟昭又留下十石米，还有十两银子，并嘱咐："这些送你权做生活用度，可别浪费。"

文章中写老同学的反应是"其人感刻入骨"。确实是这样，大恩无法言谢，还有什么样的语言能表达自己的感激之情呢？只能把恩情刻在自己的骨头上了。

戚继光与悍妒夫人的一次对阵

　　1567年，谢肇淛出生的时候，明朝神机营副将戚继光正在沿海一带训练刚刚招募的三万多士兵，他们算是同时代的人。谢肇淛的著作《五杂俎》里，记录了一则戚继光为了小妾及儿子与悍妒的夫人对阵的故事，对戚大将军来说，其剑拔弩张的态势，不亚于一次与倭寇的大规模决战。

　　民间一直有流传神勇无双的戚大将军很惧内，其实，也并不是传说的那样。他原来并不怕的，只是在对敌的残酷征战中，他曾经因为维护军法而斩了儿子，所以对夫人满心愧疚。

　　一直有人怀疑戚继光到底是不是斩了儿子，据《仙游县志》记载："继光至莆田，将出师，烟雾四塞，其子印为前锋，勒马回，求驻师。继光怒其犯令，杀之。"看来，还是确有其事。其夫人因为此事一直耿耿于怀，明令不准戚大将军纳妾。

　　但是戚大将军还是暗度陈仓了。他私自收了两房小妾，还各生了一个儿子。此事密不透风，戚大将军一直提心吊胆地瞒了夫人十几年，终于有一天，还是被夫人知道了！

　　夫妻两人对质，夫人怒不可遏，扬言：你杀了我的儿子，我今天一定要杀你的儿子！戚将军一时无计可施，只能"许以翌日"，意思是第二天给你

个交代。

回到军营，戚将军已经有了"破敌之策"。他马上把小舅子找来，告诉他来龙去脉，然后非常严肃地提出了自己的上中下三策，让他去找他姐谈。

亟以三策语若姊，子母俱全，上策也；出其母而内其子，次策也；若必欲杀吾子，吾当帅死士入室，先斩而姊，次斩若，次灭而宗，而后弃官爵而逃耳。吾辕门立三通鼓为节，立俟报命。

意思是让我的小妾和儿子都留下，这是上策；留下儿子赶走小妾是中策；如果一定要杀我儿子，那我就鱼死网破，杀你全家，然后弃官逃走！记住！我在辕门外擂三通鼓，等着你的消息！

小舅子吓坏了，姐夫这是真要翻脸了，一个敢杀自己儿子的人杀他们一家不难吧？

于是，他赶紧找见姐姐，膝行涕泣，苦口婆心地劝姐姐。

辕门外，一通鼓响，小舅子出来摇头。

二通鼓响，小舅子又一脸苦相出来了。

戚大将军咬着牙让再次擂鼓，然后亲兵们刀剑出鞘，喊杀声四起。

小舅子大哭，再次劝姐姐："姐死不足计，独不念灭门耶！"姐！你的事，你死就死吧，为什么要把全家人的性命都搭上？

夫人至此知道再走一步，局面必然不可收拾，这才让弟弟出去，告知她的决定：儿子可以留下，小妾决不能留！而且必须受几十杖以解其心头之恨！

总比同归于尽好，戚大将军只能把两个小妾送进去，二人各被杖打几十下，抱着儿子痛哭一场，然后凄然离去。

两个妾各自归家之后，"俱守志不嫁"，也算难得。几年之后，她们便熬出了头，夫人不幸病故了，"二妾复归公"。

谢肇淛说："时咸谓戚将军能处变也。"意思戚将军还是很有处变不惊的定力的。但个人认为，恐怕没那么简单，上战场大丈夫死则死耳，对自己于心有愧的夫人，深不得浅不得。将军在敲第三通鼓的时候，压力应该不亚于对倭寇的一次决战。

从明代法规看闯江湖有多难

不怪外国人说我们的武侠小说属于一种科幻甚至玄幻小说，在他们眼里，中国的武侠们只剩下没有插上翅膀飞行了。但是，插上翅膀飞行这事，金庸也想到了。《神雕侠侣》里，杨过就是驾乘神雕来去无踪，跟驾鹤的神仙一样自由地飞翔在蓝天里。

在流行于世的武侠小说里，只要练成绝世身手，就可以骑上白马傲啸西风。要是再以义气为重，便可任意游历南海北漠、西域东瀛。你可以日行千里，夜行八百，穿州过府，想去哪儿就去哪儿。你随便甩出一把暗器，便会让几十个人七窍流血，命丧于此。而且，杀人也不用偿命，官府也不敢追拿你。然后跟一帮江湖兄弟大口吃肉、大碗喝酒，过着神仙都羡慕嫉妒的大好日子。

我们看武侠小说，常常把自己想象成主人公，过一把肥马轻裘快意恩仇的干瘾。既然是这样，我就来浇几瓢凉水，让我们彻底死了这份武侠的心。

第一瓢，官府绝对不是吃素的，历史上，各个朝代的官府他可以自己很腐败很窝囊，但是对付老百姓，手段还是足够强大的。一个最现实的问题就是不管去哪里，你有通行证吗？

通行证？古代还要通行证？当然！要不大家都随便乱跑乱窜，官府找谁收税去？

古时候，通行证有自己的名称，唐代叫过所，宋代叫公凭，都是官府出具的证明文件。到了明代朱元璋时期，他创立一个词叫路引。就是这个东西，能击碎我们所有的武侠梦。

明代法律规定："凡军民人等往来，但出百里即验文引，如无文引，必须擒拿送官。仍许诸人首告，得实者赏，纵容者同罪。"

就是说若想走出百里之外，没有路引，便寸步难行了。若你到处行侠仗义，到处打架杀人，官府怎么可能给你大开绿灯，还给你批发路引？

如果你认为路引拦不住你，大路朝天，想往哪儿去就放开缰绳策马而去，其奈我何！那就大错特错了。

地方则设巡检司，"凡在外各府州县关津要害处俱设，俾率徭役弓兵警备不虞"。

就是所有的交通要冲都有官府的盘查，如果没有杨过那样的一只大雕，恐怕不好过去。

一定得从官府设置关卡的地方过去吗？不能走小路吗？

"凡无文引私度关津者，杖八十。若关不由门、津不由度而越度者，杖九十。若越度缘边关塞者，杖一百，徒三年。因而出外境者，绞。"

看着最后一个字生了些寒意吧？若是不走官道，敢从边上摸过去，被抓住了的话，会被打九十大棍。更有甚者，没有路引跑到了外境，估计就连小命也保不住了。明清两朝的近六百年都是按照此规定执行的。

第二瓢，既然管得那么严格，那只在一百里之内小打小闹一下吧。这估计也不行。

在明朝朱元璋时期，下令"人民互相知丁"，就是得互相监视。监视什

么呢？"市村绝不许有逸夫"，不论你一个农夫也好，工人也罢，商贩也行，不许你游手好闲没事干，若有打架偷鸡摸狗之事，法令规定里甲邻里都有责任抓获，如果他们不执行，要受连坐处分。

怎么连坐？假如你跟里甲有交情，他就是不抓你，任你胡作非为，但是有朝一日你犯了别的事，"或于公门中，或在市间里，有犯非为，捕获到官，逸夫处死，里甲四邻，化外之迁"。

若犯了事不仅把自己害死，里甲和四邻都得发配到最苦寒的不毛之地。

这样看起来，一没路引，二是到处都会被举报，一个武侠除了藏于绝情谷、天山上或者终南山活死人墓之类的地方，还真是没有什么生存空间。

第三瓢，武侠的世界远没有你想象中的那样玄妙，连"江湖"这个听着让人心生风雨的词原来也不是属于武侠的。"跑江湖"一词，最早是佛教禅宗的专用语，因江西的青原行思、马祖道一及其弟子和湖南南岳怀让、石头希迁及其弟子互相参学而得名。

当时学人参禅不是跑去江西便是跑去湖南，所以"跑江湖"一词的本义是僧人寻师访道。

把"江湖"这层锦绣外袍也脱掉，武侠也只能是再从三维回到二维，继续在纸上书里去挥洒他们的青春和热血了。

三瓢冷水浇罢，我们都一起醒了吧。

明代文人赏花有三忌

艺花是雅事，现代人大凡有阳台的，不养几盆花，似乎不能尽兴，或者有小院的，或者高居顶层兼有阁楼平台的，不培植几盆像样的花，更感觉对不住那个空间。

艺花不易，赏花更雅。这一点，明代文人应当说是做到了极致，比如在袁宏道所著的《瓶史·清赏》中说得很清楚："茗赏者上也，谈赏者次也，酒赏者下也。若夫内酒越茶及一切庸秽凡俗之语，此花神之深恶痛斥者，宁闭口枯坐，勿遭花恼可也。夫赏花有地有时，不得其时而漫然命客，皆为唐突。"

赏花时喝什么、谈什么，都有讲究，而且有时间、有地点，得当一件很规矩的事来办。"若不论风日，不择佳地，神气散缓，了不相属，此与妓舍酒馆中花何异哉？"

赏花时出现的不雅举动，唐代李商隐最早提出了"杀风景"的概念，得到了宋代晏殊、王安石等人的激赏，后来的周密在《齐东野语》里对一些俗不可耐的举动有所描述，南宋张镃的《玉照堂梅品》也有谆谆教导。袁宏道的《瓶史》里专有《监戒》一章，对赏花时一些有伤大雅的举动一一列举，这里总结一下，有三大戒不可不知：

第一忌"俗徒攀折"。远赏近观皆可，有人只要看见入眼的花，就恨不得折断拿走，插进他们自己家的瓶子里，此等亵玩之徒宜摒之。古人看到梅花有逸韵者，三五人或横笛邀月，或弹琴赋诗，或扫雪烹茶，都很适宜。但赏花之时丝竹可兴，却不宜动用鼓板，锣鼓梆子一响，真叫不知所谓了。

第二忌"议论差除"。或者可以再加一句"漫谈时事"，都是煞风景的事。你升了个什么官，他做了一笔什么生意，昨日股市飘红飘绿，那是酒场上的事，跟花有什么关系？这里完全可以不说话。古人或者"列烛夜赏"，或者"名笔传神"，更有雅致的人，专为某花起诗社，或专为某花营造亭馆，这都属宠花的趣事。

第三忌"赏花传妓"。新社会没有"妓"这一说，但赏花时如果传来一队艳脂浓粉，或大呼小叫，或对花作态，自命为闭月羞花，或将花在酒桌上插瓶，或用花瓣作为食物的衬托，则实为俗之至滥者矣。

古人于海棠花树下，或列石坪弈棋三局，或唱诵嘉辞名章。即有佳人，亦须淡妆，不饰钗环，则可算作是对花的尊重了。

另外，赏花也择选时日，狂风不赏，连雨不赏，烈日不赏，苦寒不赏。

那古人一般在什么情况下约人赏花呢？

都是很诗意的时节，如澹阴、晓日，如薄寒、细雨，如轻烟、佳月，如夕阳、微雪。袁宏道还把花分了四种类型："寒花宜初雪，宜雪霁，宜新月，宜暖房。温花且晴日，宜轻寒，宜华堂。暑花宜雨后，宜快风，宜佳木荫，宜竹下，宜水阁。凉花宜爽月，宜夕阳，宜空阶，宜苔径，宜古藤巉石边。"

从他的话里来看，选择雅集的地点，也有讲究，或临清溪小桥，或倚竹边松下，或有明窗疏篱，或有绿苔苍崖。

如此，则人未至，诗意已萌，花若解语，必引以为知己也。

明代人对于十二生肖的解读

在春秋前后，地支与十二种动物搭档，就有了生肖。明代李长卿在《松霞馆赘言》中有一番对地支和十二生肖动物相配的解读，有的妙趣横生，有的实在牵强，与大家共赏。

第一条："子何以属鼠也？曰：天开于子，不耗则其气不开。鼠，耗虫也。于是夜尚未央，正鼠得令之候，故子属鼠。"意思是子时天地混沌一片，而午夜正是老鼠活动的高峰时段，是老鼠将天地间的混沌状态咬出缝隙，"鼠咬天开"，所以子时属鼠。再者，参考明代学者郎瑛在《七修类稿》中的理解："鼠前足四爪，偶数为阴，后足五爪，奇数为阳。子时的前半部分为昨夜之阴，后半部分为今日之阳，正好用鼠来象征子。"结合两人的观点，将子时配鼠是很恰当的。

第二条："地辟于丑，而牛则开地之物也，故丑属牛。"开了天接着要辟地，而"地辟于丑"，牛善耕田，辟地之物牛是首选，所以以丑配牛。这个解读也是可以理解的。

第三条："人生于寅，有生则有杀。杀人者，虎也，又寅者，畏也。可畏莫若虎，故寅属虎。"这个解读可就非常蹊跷了，"人生于寅"是邵雍在《皇极经世书》里才提出来的。有人理解为"寅时是人出生之时"，则太过荒

唐，有人解读"有生必有死，置人于死地莫过于猛虎。寅，又有敬畏之义，所以寅属虎。"整体解读牵强之至，虎与寅的关系太模糊，清弋刘献廷在《广阳杂记》里引用的也是这个说法。如果说，寅时是老虎夜间捕食最活跃的时间段，那就好理解了。

第四条："卯者，日出之候。日本离体，而中含太阴玉兔之精，故卯属兔。"一般理解为卯时，日出之象，太阳应的是离卦，离卦当中所含的阴爻，就是太阴即月亮之精。这样，卯便属兔了。这个解释也是超级复杂而晦涩，看似很宏大，其实不精当。

第五条："辰者，三月之卦，正群龙行雨之时，故辰属龙。"辰是三月的卦象，此时正值群龙行雨的时节。所以"辰"自然就属了龙。夏季雨水更多，上文的解释就显得似是而非，不严谨。

第六条："巳者，四月之卦，于时草茂，而蛇得其所。又，巳时蛇不上道，故属蛇。"四月的卦象，值此之时，春草茂盛，正是蛇冬眠之后出来活动的好时节。另外，巳时为前晌，这个时候蛇藏在洞里不出来，正好干农活儿而不用担心有蛇袭扰。不知可否如此理解。

第七条："午者，阳极而一阴甫生。马者，至健而不离地，阴类也，故午属马。"到了午时，阳气达到极端，阴气正在萌生。马，驰骋奔跑，腾空为阳，踏地为阴，在阴阳之间跃进，所以成了午的属相。行之最健者，以马为先。所以在《诗经·小雅·吉日》里有"吉日庚午，既差我马"，庚午吉日时辰好，是跃马出猎的好日子，这是将午与马相对应的例子。

第八条："羊啮未时之草而苗，故未属羊。"羊，午后吃草容易上膘，吃未时的草长得快，故此匹配。

第九条："申时，日落而猿啼，且伸臂也，故申属猴。"申时，是日近西山，猿猴啼叫的时辰，猴子喜欢在此时伸臂跳跃，故而猴配申。这个解释比较圆满。

第十条："酉者，月出之时，月本坎体，而中含大量太阳金鸡之精，故酉属鸡。"酉为月亮出现之时，月亮属水，应着坎卦。坎卦中间的阳爻代表太阳金鸡之精。因此，酉属鸡。这个解读跟"卯"一样有点摸不着头脑，似乎故弄玄虚，但是又确实不知道夜幕降临时，鸡有什么特殊的活动，所以还是存疑。

第十一条："戌时方夜，而犬则司夜之物也，故戌属犬。"夜幕降临，是为戌时。狗该上岗守夜了，所以戌和狗的搭档顺理成章。

第十二条："亥者，天地混沌之时，如百果含生意于核中，猪则饮食之外无一所知，故亥属猪。"亥时到，天地间又陷入混沌一片的状态，像果实包裹着果核那样，又好像太极图中的鱼眼，为阴则含阳，为阳则含阴。猪是只知道吃的混混沌沌的动物，故猪成了亥的属相。猪其实并不是那么混沌的，不应该受歧视，所以这个解读也很牵强。那么，亥跟猪到底有什么亲密关系？这也需要好好斟酌一番了。

县令蒋育馨的两件利民政绩

清代钱泳的《履园丛话》里记载了一个积有大德的明代县令，名叫蒋育馨。从钱泳的角度看，蒋育馨的后人中出了那么多的举人进士，都跟他在福建清流所做的两件事有关。

蒋育馨是苏州人，明代万历朝时被任命为福建清流县令。他在任时，政绩突出，一方面清除不实的田赋，又整饬学校；另一方面他执法严谨，能及时平反冤案。当地老百姓"咸感其德"，皆认为他是一个难得的好官。

钱泳之所以把此人记录于《履园丛话》的《报应》篇，并没有过多记述以上的政绩，他所说的第一件事，是治理巫蛊。

在当时，福建清流一带的山民多蓄养毒虫，制为蛊毒，以此来害人，也有不少人被误伤。蒋育馨认为此事有害无益，果断下令捕杀毒虫，而且亲自带人追捕带头制作蛊毒者，并罚以重刑。随后他还张榜招募能够治疗蛊毒的良方并公布于闹市通衢，不少受害者因此获救。

他所做的第二件事是治理清流县的一个恶俗。当时凡卖给富贵人家做婢女的女孩，跟奴隶一样。"日椎髻赤脚负汲道中"，意思就是女孩连鞋都穿不上，每天把头发束起来成椎状挑水做苦役，不休不止，就算成年了也不能出嫁。而此时有不少到了适婚年龄的小伙子却娶不上媳妇，只能打光棍。

　　蒋育馨觉得此事不合天道，于是下令，凡是家中有婢女的，满20岁必须出嫁，不然主家要受重罚，"能遵令者各赠以银"，能听令的还可以领到一些赏银。这可是真是天大的福音，一天之内就有几千个旷夫怨女结了对、成了亲。

　　成人之美，怎能不流芳百世？为此一件了不起的善政，当地老百姓甚至为他立了生祠。到他离任的时候，两袖清风，身无长物。老百姓拉着车辕舍不得他走，还集资买了一石豆子送给他，豆子能发芽，这在古代寓意着"子子孙孙发科发甲"。

　　后来，老百姓的愿望果然成真。蒋育馨的儿子蒋灿于崇祯元年中进士。三个孙子同中进士：蒋圻是顺治十五年进士，蒋埴顺治十六年进士，蒋德埈顺治十八年进士，"俱以文学宦绩著名东南"。其他会元以下登甲第者，屡世不绝。

明代大儒陈白沙

在广东曾经有这样一位高人，皇帝对他推崇备至——他死的时候，黄帝下诏让在他的家乡江门白沙乡建家祠，并亲自书写额联："道传孔孟三千载，学绍程朱第一支。"更难能可贵的是，万历皇帝后来又下诏许他从祀孔庙。这在那个时期的岭南，确属破天荒的待遇，所以他被称为"岭南一人"。身兼礼、吏、兵三部尚书职务的重臣湛若水，官拜文华阁大学士卒赠太师的名臣梁储，都是他的入室弟子。白沙当时属于新会管辖，有位进士来此处当一把手，一到任就来拜见，"求执弟子礼"。

有文记载，有一年他从京师回乡，和他的族弟坐船时遇到了劫匪。劫匪上来就把船上人的财物全都抢了。那时他坐在船尾，对着强盗喊："我的行李在这儿，能不能只拿走我的？"

强盗好奇，就问他是谁，他回答说，自己是陈献章。谁料，这些劫匪竟然也听过陈献章的大名，全部过来施礼，说："我们这些小人无知，不想惊动君子，还请您不要责怪。现在先生在船上，那船上的人都是先生的朋友，怎么能抢他们的钱财呢？"行礼之后，把全部财物归还而去。

如果只是皇帝和士大夫们景仰他，并不令人称奇，但强盗闻听其名而归还其物，则是闻所未闻了。究竟这位陈献章有什么样的功德，能让人如此高山仰止呢？

如果说陈献章名气还不大，那陈白沙的大名相信很多人应该是知道了。陈献章是白沙村人，故又称白沙先生，世称陈白沙。此人天生异相，"身长八尺，目光如星"，更奇的是右颊有七颗黑痣，从小读书能过目成诵。19岁应广东乡试，考得第九名举人，21岁参加礼部会试，考中副榜进士，入国子监读书。国子监是唐朝至清朝时期，国家设立的最高学府。

他并没有做多大的官，因为他的行为高洁，与朝堂上的人根本不合拍，所以他干脆辞官回了老家。

回到家乡江门的白沙村后，他在小庐山麓之南，建了一间颇具规模的书舍，题名"春阳台"。从此，陈白沙一心隐居，专心读书，足不出户。为了减少外人的干扰，家人就在墙壁上凿了个洞，饮食衣服，均由此洞进出。

陈白沙隐居春阳台苦读经典著作，研究先人哲理，寒来暑往，秋去春来。1500年，即明弘治十三年，一代大儒陈白沙病逝于故土，终年72岁，谥号"文恭"。生前他曾经用很朴实的文字写了一首《戒色歌》，谨录如下：

世间花酒总为先，花酒原来枉费钱。
酒醉猖狂还要醒，花迷撩乱不知天。
鱼因吞饵投江岸，蝶为寻花到野川。
寄语江门诸弟子，莫贪花酒误青年。

朝廷为纪念陈献章，于明万历二年下诏建白沙祠。1993年扩建为陈白沙纪念馆。陈白沙纪念馆位于广东省江门市蓬江区白沙大道西37号，占地面积18000平方米，总建筑面积约3800平方米，是一座以保护明代古建筑群为主体的庭院式历史名人纪念馆。

张居正的儿子当状元是否名副其实？

对明代神宗时代的权相张居正，纪晓岚的评价是："神宗初年，居正独持国柄，后毁誉不一，迄无定评。要其振作有为之功，与威福自擅之罪，俱不能相掩。"这个评价比较客观。但是，在清朝曾经有部戏叫《大红袍》，剧里的张居正竟成了奸佞，他的儿子也成了乱臣贼子。道光年间的两江总督梁章钜看了戏之后，认为很荒唐，"殊为过当"。

当年张居正被抄家，有条罪名就是他的两个儿子考中状元和榜眼，是他暗箱操作的结果，甚至有人说他的三儿子张懋修的状元策都是他人代作，于是张懋修被人称之为"关节状元"，甚至有人说出更难听的"野鸟为鸾"，还有人作了这样的诗来嘲讽："状元榜眼俱姓张，未必文星照楚邦。若是相公坚不去，六郎还作探花郎。"意思是只要张居正在位，他家的老六张静修，将来也能考个探花郎。

张懋修当状元，应该是有他老爹的影响力在起作用。如果他本人是个纨绔子弟，才薄而下流，张居正仍敢以此来面对举国才子的悠悠之口，那这事就荒唐至极了。所以这里关键问题是，张懋修到底有没有学问呢？

史书上说他"积学好古，清约寒素"，从这八个字来看，张懋修的学问与品行都是经得起推敲的。但贵为状元，还是需要用作品来说话的。

　　张懋修虽然当了状元，但其实跟着他爹倒了大霉是真的。1583年被抄家之时，大哥张敬修留下绝命书，愤慨自缢。张懋修也是万念俱灰，投井自杀未死，绝食又不死，后被发配充军到边疆烟瘴地区。

　　如此艰难度日长达40年，直到天启二年（1622），张居正的冤案终于昭雪，张懋修才被放还，但此时他已是近70岁的高龄。他做的一件有意义的事，便是将父亲散佚的文章搜集整理成册，使得《张居正全集》四十六卷得以传世。

　　能整理出版父亲的文章，也不能说明其学问，此事也可以托人代劳。在梁章钜的《浪迹丛谈》卷六里，他搜集到张懋修的一首诗作，题目为《渡江津有感》，应该是他被平反回归时所作：

　　　　　　　秋色满林皋，霜天雁唳高。
　　　　　　　野花寒故细，浊酒醉偏豪。
　　　　　　　白雪知孤调，青山有二毛。
　　　　　　　丛来仲蔚宅，匝地起蓬蒿。

　　此诗工整严谨而又才情卓然，格调沉郁悲凉，厚重内敛，非饱经沧桑者难为。既有对世事变幻无常的感慨，也有耿介孤傲不流于俗的清高之气。若是当年考试时能作，自可以傲视群侪。当然，40年后有此功力，可见当年亦不凡。可见，张居正敢于让他的儿子当状元，心里还是有底气的。

万历武状元刘綎的大刀有多重?

刘綎人称"刘大刀"(所用镔铁刀重达140斤),又被尊称为"黑虎将军"。他历经大小数百战,平缅寇、平朝鲜倭、平播酋,威名震海内。乾隆夸他"勋劳特著,胆略素优,奋勇争先,捐躯最烈"!

他两次带兵,打得日本倭寇闻风丧胆、恨之入骨,以至到1940年,日本人打进安徽利辛县时发现了他的墓时,将他的墓和庙全部炸毁。庙宇前殿大门上曾经书有"刘公平倭寇,气壮震山河"的对联。

他是万历朝最能打仗的将军,出身名将之门,他的父亲是大将军都督刘显,曾经是抗倭的名将,与戚继光、俞大猷等并肩作战,功勋卓著。他的大名叫刘綎,有"晚明第一猛将"之称。

且来看看,他战死沙场的时候有多么壮烈:

年过花甲的他接到朝廷诏令即奔赴辽阳前线,参加了著名的萨尔浒之战,与后金展开殊死搏斗。由于主将指挥失当,他带领的明军陷入绝地,在阿布达里岗无法结成阵势。后金的伏兵像潮水一样涌来,他的两个儿子刘佐和刘结相继战死。

刘綎手舞镔铁大刀大呼奋战,左臂中箭,又战,右臂受伤,仍力战不止。自巳时战至酉时。他面中一刀,被砍去半边脸颊,仍左右冲突,手歼数十人，身中多箭，最后力竭而死。刘綎的养子刘招孙背着他的尸体，全力突围，格杀多人，但亦战死……

一门忠烈，慷慨捐躯。将军百战死，马革裹尸还。

可能有人在感伤的同时，会觉得刘綎的大刀重量是不是有点夸张。其实并不夸张，清代武举考试舞刀项目，其刀就分80斤、100斤、120斤等级别之分。而明朝的一斤相当于现在的596.8克，即1.193斤，要按这个比例算下来，刘綎的大刀，在当时的120斤，即为现在的140斤以上，确实比关公的82斤的青龙偃月刀还要重。

还有人怀疑，这么重的大刀得有多大的力气才能挥舞杀敌呢？

在清初史学家计六奇的《明季北略》里记载了一则关于刘綎的故事。

无锡有一个叫秦灯的人可以力举千斤，他听说滁州武状元陈锡和刘綎的力气大，就前去比高下。

他们的比法是：抬出一张柏木的八仙台，上面陈列着16个簋（古时一种盛食物的器皿），还有果盒等物，另有两爵（古时候的一种器皿）酒，要用一只手抓住一只桌子腿把它举起来！

结果，秦灯把桌子举起来，但不能行走，而陈锡可以举桌行走数步，只有刘綎不仅能举起来，还能在院子里走三圈，而桌子上的簋爵仍纹丝不动。

才子文徵明的三个戒条

身为吴中四才子之一的文徵明，堪称诗、文、书、画"四绝"。个人认为，他最绝的还不只这些，他有一套保命戒条，看上去很傻、很天真、很危险，实际却是在险中求生的人生智慧。这些戒条，让他优游逍遥，活到90岁的高龄。

文徵明成名早，但命运像是一直在跟他开玩笑，身负盖世奇才的他七试不中，虽然功名未就，文名及书画却已经风传天下，时人引为至宝。他虽然曾经一度以笔墨为生计，但是孤高耿介的他，特地为自己制订了三个戒条，看上去都是很傻很不通世事的。

第一戒条：诗画不为阉宦作。

意思就是，即使宦官权倾天下，也决不为其作诗作画。在他成名之时，正是官宦刘瑾党同伐异、权擅天下的时候。此人威福任情，一些趋炎附势的人想尽办法攀附，但文徵明根本不为所动。后来，刘瑾因"反逆"罪，被判凌迟处死。那些攀附求荣之士为此折身，而文徵明却不受任何影响。试想，当在刘瑾的家里抄出伪玺、玉带等大逆不道的东西时，若有一批文徵明的奉承诗画，皇帝会做何感想？

第二戒条：诗画不为诸侯王作。

第二条持守起来可能比第一条还难，王侯烜赫，炙手可热，想不招惹他们，只能远隐以避祸。即使这样，文徵明名气太盛，宁王朱宸濠因非常仰慕其才德而礼请他，可他竟然托病不就。那文徵明到底是有先知先见，还是只是痴痴地守着戒条呢？反正他又躲过一场大祸。1519年，宁王朱宸濠起兵造反，如果当初文徵明有一念攀龙附凤，谁知道他还有没有后半生40余年的创作？

在这一条里，其实还应该内含一条不为权臣作。文徵明生活的时期，有20多年的时间是内阁首辅严嵩执掌权柄。严家父子权倾天下，青词宰相又喜好风雅，一时翰林院的才子趋之若鹜，为严家父子题诗写画者不绝。而文徵明被征辟为翰林院待诏后，从不去凑这个热闹。翰林院的同事们一是笑他"不由科目"，即不是科班出身，讥称他为"书博士"；二是笑他不通世务，不走严家父子的门路。

后来，严家父子获罪被查，从家里抄出诸位翰林高才题写的诗文书画、扇面长卷，而此时的文徵明早已经辞官回乡了。

第三戒条：诗画不为外夷作。

文徵明是长州（今江苏苏州）人，楼寇常从海上来犯，或是因此，他的书画不肯应酬外夷。

他似乎很不合时宜，但智者高蹈，心怀又有几人可以窥测。文徵明年近90时，还孜孜不倦，为人书墓志铭，未待写完，"便置笔端坐而逝"。

非汤显祖不嫁的女人，见到他后为什么自杀了？

明代汤显祖出身书香门第，早有才名，不仅精于古文诗词，还通晓天文地理、医药卜筮。万历十一年（1583）中进士，先后任太常寺博士、詹事府主簿和礼部祠祭司主事、浙江遂昌知县。万历二十八年（1600），汤显祖因不满官僚腐败而辞官，回到家乡闲居。

这一年他49岁。他在生活中耳闻目储了一些青年男女的爱情遭遇，于是写了一部《牡丹亭》。有位名叫俞二娘的女子读了之后，对其非常仰慕，就有了相思之意，发誓要嫁就嫁给汤显祖这样的大才子，就算是当妾当侍女也没有怨言。后来，等她真正见到汤显祖的时候，非常惊愕地发现，她心目中的风流才子竟然是一个白发颓然的老汉，落差太大不能接受，俞二娘实在想不开，竟然上吊了，一缕香魂飘然而去。

此事非虚，汤显祖为此还写了一首诗悼念："画烛摇金阁，真珠泣绣窗。如何伤此曲，偏只在娄江。"

无独有偶。还有一事发生在清朝，记载在况周颐的《眉庐丛话》里：

说是清代有一相国（作者为尊者讳，隐去了名字），此人少年清发，写得一手好文章，尤其是写了一篇《春城无处不飞花赋》，可谓妙笔生花。有个大家闺秀，略有才情，对他的文章爱不释手，早晚诵读不辍。后来就对她的父母表示，非此人不嫁。当时相国正好也没娶，于是此二人结为姻缘。

等到正式过门了，洞房花烛夜，二人相见，她心里那玉树临风的大才子竟然患有侏儒症，而且长得实在无法恭维。于是就幽幽地问了一句："那《春城无处不飞花赋》真是你写的吗？"

没等相国回答，她已经转过身去哭了起来。让人唏嘘不已的是，此女实在接受不了眼前的残酷现实，没过几个月，"竟抑郁以殁"。

所以，女人是爱财，爱材，还是爱才呢？

冷月霜河

◆

金鼓声震，血沃中原，谁的战马萧萧，
踏破幻梦人间？

◆

孙传庭三年冤狱，李自成死灰复燃

孙传庭，文武双全，多有谋略，本是大明的一座柱石，奈何时运乖舛，如果不是明朝内部势力的倾轧，让他坐了三年的冤狱，大明朝的颓势也许仍不可逆转，但是李自成要成事，可能没那么容易。

孙传庭本是万历四十七年的进士，他从一个小小的知县崛起而成为兵部尚书，自然出类拔萃。更难能可贵的是，在魏忠贤专权的时期，他能弃官回乡，可见，此人有识见且有风骨。

身为朝臣当然要为主分忧，所以镇压农民军是他的职责。当年高迎祥意图从子午谷直捣西安，孙传庭率劲旅设伏以逸待劳，激战四天，生擒高迎祥。

当时的各路农民军中，高迎祥实力最强，而蝎子块则人数最多，但蝎子块也不是孙传庭的对手，败而降，降而叛，终死于孙传庭之手。

这两件大功足以让孙传庭威名远扬，农民军则不得不避其锋芒。

后来，李自成扛起了闯王高迎祥的大旗，孙传庭与洪承畴在潼关南原以重兵埋伏，闯王军队几乎全军覆没，李自成仅以18骑突围而走。

至此，陕西境内的农民军溃败不堪。但恰恰在此时，清军攻入长城，崇祯帝急调洪承畴与孙传庭回师勤王救驾，李自成因此而得到喘息之机。

由于孙传庭跟主和派的杨嗣昌及太监高起潜等人矛盾颇深，意见不合。多疑的崇祯帝又听信谗言，竟然将孙传庭下狱。不胜悲愤与忧郁的孙传庭，竟然气得耳朵都聋了。

孙传庭在大狱中苦苦度日的时候，缓过来的李自成移军河南，而饥民"从自成者数万"，其军势复振。更可悲的是，熊文灿、杨嗣昌之流连遭败绩，闯王李自成在河南打开局面，竟至拥兵数十万。

到了无可奈何的时候，崇祯帝才想起了蹲在大狱里的孙传庭，让他率兵出战。可惜此时的战局已经发生变化，此消彼长，农民军士气正盛，而几方的明军却互相掣肘，此时的孙传庭也已经无力回天。

柿园之役，官军以少战多，先胜后败。

郏县战役，官军本已掌握战场主动权，险些生擒李自成，可惜天降大雨，七日不绝，粮草无以为继，又一场大好局面被逆转。此役官军死亡4万余人，大明仅有的"一副家当"损失殆尽。

随后，李自成以挥军10万围攻孙传庭，孙传庭不得不向渭南撤退。崇祯十六年十月初三，孙传庭战死，时年51岁。

《明史》评价："传庭死，关以内无坚城矣。"说得还算客观，但进一步说成"传庭死而明亡矣"，似乎就有些夸大了。撇开兴亡的大运不说，明末能与孙传庭能力相颉颃的人还是有几个的，比如孙承宗、卢象升、袁崇焕等。如果这些人都没死，且都被用到合适的地方，或许大明还可以残喘些年吧。

但历史没有如果，空增慨叹而已。

李自成也玩过诈降吗？

《明史纪事本末》有一段关于"李自成之乱"的记载。书中说，崇祯七年李自成被陈奇瑜困在车厢峡，陷入绝境，于是他让人把自己绑了求降。原文如下："总督陈奇瑜围李自成于汉中车厢峡，会连雨四十日，贼马乏刍，死者过半，弓矢俱脱，贼大窘。自成乃自缚乞降，奇瑜许之，各给免死票回籍，自是复纵横不可制矣。"

此段记载与姚雪垠的《李自成》实在太矛盾了。姚雪垠刻画的李自成是那么一个高大全的英雄形象，他还看不起张献忠、罗汝才等人，因为他们都玩过诈降的伎俩，想不到李自成自己也使过这种手段。也许有人会说兵不厌诈嘛，不过是一次纯战术上的诈降而已，甚至还有人为他辩解说，根本就没有车厢峡这么个地方！

《明史·李自成传》中如是写："自成等陷于兴安之车厢峡。会大雨两月，马乏刍多死，弓矢皆脱，自成用君恩计，贿奇瑜左右，诈降。"大意与《明史纪事本末》里一样，不过是多写了一个出这个"馊主意"的顾君恩而已。

很多人不太认同《明史》，认为此书是清朝人编写，极尽篡改之能事，甚至有人认为是"秽史"，但清朝人对李自成也没有什么污蔑的必要吧？但

既然有此说，就再找一些资料来看。

民国时期，李自成的乡党——陕西米脂人李健侯写了一本《永昌演义》，其中第七回是："陈奇瑜师援南阳郡，李自成中计陷车厢。"第八回是："顾君恩用计脱险地，李自成兵败走平凉。"

民国文人不存在"位置决定想法"的问题，他写道："但见那迎祥、自成甥舅二人，都衔璧自捆，从峡里走了出来，一直由那夹道剑戟之中，低首而行，行至中军，匍匐军门，泥首请死。"李健侯倒没有替他的英雄老乡粉饰，李自成在明军军门跪了。

再找一个更中立的史料，《剑桥中国史》之《明史》，其中也明确写道："陈奇瑜设计在河南西部靠近陕西边界一个偏僻的峡谷中，诱陷数千名造反军。然后，他在一个引起争论的行动中断送了自己前程。他接受李自成和其他几个造反领袖的投降，派人将他们及其部下遣送回陕北。但是造反者的投降是假的，他们杀掉护送的人，在陕西具有战略意义的渭水流域开始了一连串成功的袭击。"这里与其他资料有出入的是投降人数，他写是数千人。

厦门大学教授傅小凡在中央电视台《百家讲坛》讲《崇祯那些年》，其中也专门讲到了一章叫《李自成诈降》，他认为是3万多人。

人数且不论，如此看来，李自成诈降的事应该是八九不离十的，但是为什么姚雪垠回避掉了这段历史呢？

回头再看姚雪垠写的《李自成》，他是直接从崇祯十一年（1638）开始写的，这个有损李自成形象的段子他不肯涉及，甚至对李自成的重要谋士顾君恩也轻描淡写了。

实际上顾君恩此人倒真是一个谋略家，是他在李自成建立政权后，主张先取陕西作基地，再略定三边，经山西攻取北京的。后来，李自成让顾君恩当了吏政府侍郎、文谕院院长，还封了齐侯，也算是相当高的级别了。有关此人的下落，有说他被李自成杀了，还有说他一直跟随李自成退到了湖广，李自成殉难后，他又跟随李过进入湖南平江县，最后出家，不知所终。

　　回来再说说诈降，即便有，应该也无损李自成的形象吧。关羽也曾经暂降过曹操，并没有减损其忠勇之概。有时候后人的着意粉饰，倒显得多此一举了。

李自成最对不起的人应该是他——"曹操"

崇祯十六年，大明朝的江山已经岌岌可危，李自成坐拥雄兵近百万，虽然被刘永福射瞎了一只眼，但他右眼的眼神还是足够凌厉。此时，自号为"奉天倡义文武大元帅"的他，目光掠过中原大地，已经看到了紫禁城里的宝座。

三月的一天早晨，李自成的兄弟加战友"代天抚民德威大将军"罗汝才——江湖诨号"曹操"，刚刚起床，正在梳头。此时，来自李自成营中的20名亲信骑着快马突入他的大营，直入卧室帐中，"曹操"还没有来得及说话，冰冷的刀已经架在了他的脖子上，随即这颗大好的头颅就被割下，还被拎着向他围上来的部下展示："罗汝才想反水，奉大元帅命令特来诛杀！"

二十骑能突入拥兵几十万人的"曹"营，取上级首级如探囊取物，"曹操"罗汝才是多么精明的一个人！怎么就这么稀里糊涂地送了命呢？想必他不能瞑目，因为他已经有了极为不祥的预感——前一天晚上，李自成请他去老营赴宴，他就称病没去，但他绝没想到，李自成动手如此之快、准、狠！更没想到的是，他的头颅其实在颈子上还多待了一个晚上，他还睡了个好觉。如果他昨天晚上去喝酒，他已经跟他的好朋友贺一龙一起携手共赴阴曹地府报到了。事实上，李自成的屠刀昨晚已经擦亮，"革里眼"贺一龙就是在席间被李自成的人手起刀落干掉的。

"曹操"罗汝才比近视的"革里眼"贺一龙精多了，此人谋略过人，当年十三家联合作战就是他出的主意。那时候，他就是十三家之一，出道成名都比李自成早。

"曹操"为人的优点和缺点都很鲜明。优点是颇讲江湖道义，而且善于调和各部之间的关系。据说他是只杀贪官不杀清官，这贪官和清官如何论断，要不要审计，可存疑。

当年李自成兵败之后投奔张献忠，险些丧命，"曹操"救了他。后来张献忠兵败之后投奔李自成，也是险些被杀，还是"曹操"私下送他五百人马，将张献忠放了出去。李自成潼关遇伏，"曹操"鼓动各部张罗了十几万人一起前去搭救，李自成才得隙遁逸。"曹操"还是有些大局意识的，他的理念是"贼不杀贼"，对自己倒是有很明确的定位。

按道理，李自成善攻，"曹操"善战，两个人的班子还是搭得挺不错的。再者，"曹操"跟李自成的舅舅高迎祥是同辈人，后来因为跟张献忠不相为谋，才跟李自成合兵一处。来了之后，他"折节下之，听其号令"不说，还"改事为兄"，意思是奉李自成当大哥，一起抢了东西，也是大哥占6成，小弟占4成。

此"曹操"与三国的那个曹操一样好色，这是他著名的缺点。"汝才妻妾数十，被服纨绮，帐下女乐数部，厚自奉养，自成尝嗤鄙之。"

有一回，李自成曾经跟"曹操"认真地谈了一回话，说是拿下关中之后，要给他裂土封王，结果"曹操"说："咱们带着这么一大队人马、美女，想打哪儿打哪儿，这么快活的日子不比死守一块地方好？"这话如果以常人来理解，"曹操"是个没有野心的人，但是李自成可不这么想。此时的大元帅早已经不是当年那个青涩的米脂驿卒了。

　　李自成给"曹操"的定的罪名是私通左良玉，其实用意很明白，除了定点清除未来的障碍，更在于要"并其众"。于是杀贺一龙、贺锦，并其众；杀小袁营的袁时中，并其众……

　　奈何"曹操"还是有一定的威信和号召力的，他被杀，"一军皆哗"，李自成不得不"七日始定"。一个"定"字飘荡着多么浓烈的血腥味。

　　随后，"曹操"的部将杨承祖带兵投降了朝廷，马守应兔死狐悲，也警惕地离开去跟张献忠搭伙。还有不少人被已经投降朝廷的惠登相和王光恩等人拉到了郧阳，李自成很不忿，派人去攻，反倒吃了几个败仗。

　　有人说，李自成这是自毁长城，拼凑起来的农民军打胜仗的时候可以凑个热闹，一旦和清军硬碰，就离心离德，溃不成军了。也有人说，成霸业者，该当如是。

李自成与刘宗敏身陷鱼腹山

　　笔者曾经对刘宗敏很敬仰，简直像看待战神一样看待他，后来看了越来越多的史料，对他的印象渐渐改变，他由战神慢慢变回了一个不怕死的铁匠将军而已。后来又看到《明史纪事本末》《燼火录》《鹿樵纪闻》等记载，他甚至连一个和蔼可亲、沉勇果敢的铁匠也算不上，只能无奈地说，他是一个被战争扭曲了灵魂的杀人狂魔了。

　　讲一段山神庙里占卜的故事，这段故事暴露了人与人之间最赤裸裸的东西，刘宗敏与李自成之间甚至不是什么铁杆兄弟。

　　那是在崇祯十三年（1640），明军在杨嗣昌的统率下将李自成军围困于鱼腹山中。李自成"欲自经，养子双喜劝止之"。李自成自己也扛不住了，差点自杀成功。此时，他最得力的兄弟"刘宗敏者，蓝田锻工也，最骁勇，亦欲降"。李自成投降必死，而刘宗敏也许会弄个总兵当当，所以他并不打算和李自成同生共死。

　　在此走投无路万念俱灰的时候，李自成拉着刘宗敏走进了一个山神庙，既然如此，不如听听天命吧？

　　李自成感叹道："'人言我当为天子，盍卜之？不吉，断我头以降！'宗敏诺。"

刘宗敏"诺"，答应得很干脆，连劝李自成的意思都没有，听天意就听天意，占卜得好，那就接着玩命造反；如果占卜得不好，李自成的头颅倒还可以成为让大家投降的一个重要信物！

不排除李自成有试探刘宗敏的意思，但可以排除他出老千的可能。虽然可以想到李自成此时一定心寒到了极致，但是天不灭他，他连卜了三次都是吉，这不能不让他喜出望外，而此时刘宗敏的做法就让人惊掉了下巴，他转身回去就把自己的两个老婆杀了！

什么意思？就是以此宣誓效忠！他提着两个老婆的人头对李自成说："吾死从君矣！"女人何辜！更可怕的是，刘宗敏立了一个极坏的榜样，"军中壮士闻之，亦多杀妻子以从"。可以想象那年那天的鱼腹山变得何其恐怖，多少无辜的女人和孩子死在自己人的刀剑之下！

天意弄人，李自成和刘宗敏竟从那个大山里冲出来了，后来轻骑走河南，"从自成者数万"。

历史随他往前走吧，总有他必然的结局。好奇的是李自成到底是如何占卜的？

《鹿樵纪闻》："宗敏取神笤投之，三投皆吉。"

山神庙里有现成预备的"神笤"，就是用来占卜的专业工具，李自成让刘宗敏拿过来，无非是让他验一下，我李自成并无出老千之意。

查阅了一下，"笤"是一种古老的占卜方法。"笤"为三角形，有仰面和背面之分。如此看来，与"杯珓"是同一种占卜方法，而"杯珓"也叫"圣珓"，是不是《鹿樵纪闻》作者吴伟业的舛误，且存疑。

"杯珓"多用两个蚌壳或像蚌壳的竹、木片做成，掷在地上，看它的俯仰，以此占卜吉凶。占卜时拿两片在手中默默祈祷后掷出，一般认为一正一反即为"圣珓"（即大吉）。唐代韩愈在南岳也是用"杯珓"来占卜的——"手持杯珓导我掷，云此最吉余难同"。

杯珓掷出来之后，一正一反形成"阴阳配"为吉祥之兆，这应该是源于阴阳和谐的道理。一阴对一阳才会相互推挤而"动"，那么，占卜的人所求之事可成。

如此来看，在那个决定李自成命运的山神庙里，他掷出了三个一正一反的上上大吉，这不能不使刘宗敏相信他就是真命天子。

仅仅5年之后，又是在湖北九宫山的一个山神庙里，李自成被乡民所杀，这其中莫非也有天意？

盗挖李自成的祖坟

崇祯皇帝为了对付李自成，曾经使过很阴毒的招儿，他曾密令掘挖人家李家的祖坟。

就在米脂县令边大绥等人破挖李家祖坟的当天，攻打开封的李自成左眼被总兵陈永福射中。李自成虽然眼睛瞎了，但好在大难不死。开封一役李自成苦战不退，命人在城下掘洞10余处，填药数万斤，准备把开封城墙给炸飞。但是很诡异的是，开封城不但没炸开，横飞的土石反倒伤了不少农民军将士，李自成不得不下令撤围西走。

也不知道是谁给崇祯皇帝出的馊点子，以为挖李自成的祖坟就会破了他家的风水，就可以延续大明朝风雨飘摇、油尽灯枯的气数。不管崇祯皇帝是迷信，还是病急乱投医，反正明朝大势已去，阴招也使了，并没有起什么决定性的作用。倒是根据一些记载，奉命去挖坟的米脂县令一班人，在打开李家祖坟的时候，确实被吓坏了。

李自成的祖父名海，父名守忠，俱葬在三峰子乱山中，距米脂县城约200里。根据夏振叔《借山随笔》描述："山势环拱，气象狰狞。"

崇祯十五年，米脂县令边大绥接到密旨，一时无计，跟一向足智多谋的门子贾焕商议。贾焕即查出当年埋葬李海者是李成，并通过这个李成知道了李家的祖坟位置。但是，那块坟地里共有23座墓，因为时间太长，李成也记不得到底是哪一座了，他说：只记得埋葬李海的时候曾经挖了三个空穴，其中一个挖出了一个黑碗，于是就填了其余两个，还把那个黑碗放在墓室里。现在只能把所有的墓都挖开，找到有黑碗的则是李自成祖父的墓。

于是边大绶令人连挖了十几座，才终于找到了这个黑碗，也就是李海的墓。打开时，李海骨黑如墨，简直不可思议，更怪异的是，其额头上长着六七寸的白毛！这还不算恐怖，就在打开李自成的父亲李守忠的墓时，所有的人都惊呆了。

"冢中盘白蛇一，长一尺二寸，有角，初见人，首昂张口向日倾，倾之盘卧如故。"意思是墓里竟然有一条一尺二寸长，神态悠闲的小白蛇。根据《在园杂志》里所写，边大绶的侄儿边声威向作者刘廷玑讲述过，边大绶等人硬着头皮把小白蛇"斫碎而焚之，扬灰讫"。意谓小白蛇被焚尸扬灰。

然而，让边大绶等人更吃惊的还不只这些，李守忠的尸骨，"骨节间，色如铜绿，生黄毛五六寸许"。这个难以想象，让人感觉极为阴森可怖，而本应为白色的"枯骨血润如生"又是怎样的一种诡异，则非亲见者不能揣测了。

战战兢兢地完成了崇祯皇帝的使命之后，回到县衙，边大绶仍然非常惶恐，毕竟他们干的是一件特别见不得光的缺德事，加之并没有看到掘挖了李自成的祖坟就带来什么利好消息，时局还是一日不如一日。边大绶一夕三惊，终于还是听了贾焕的话挂冠而去，而贾焕也随即遁去。

李自成的刀不仅挥向了官军，也挥向了百姓

李自成曾经有口号，叫作："五年不征，一民不杀。"还有民谣："吃他娘，穿他娘，打开大门迎闯王，闯王来了不纳粮。"但从《明史》的记载来看，李自成的农民军屠城不下12次。

第一次，崇祯七年，总督陈奇瑜轻信李自成的诈降，还命令所过州县为他们准备了粮草。结果他们刚刚逃离了官军的控制，出了栈道就立即展开屠杀。这一次是陕西的七个州县遭受了李自成军的屠杀。李自成是陕西人，显然对自己的乡亲不留一点情面。

第二次，崇祯十四年屠密县。

第三次，崇祯十四年屠项城、商水、扶沟。

第四次，崇祯十四年，屠太康。"寇至，固守不下。贼怒，攻破之，屠其城，令望阊门自焚。"

第五次，崇祯十五年屠汝阳。"士民屠戮数万，焚公私廨舍殆尽。"

第六次，崇祯十五年屠陈州以及归德、睢州、宁陵、太康数十郡县。"归德、睢州、宁陵、太康数十郡县，悉残毁。"

第七次，崇祯十五年决黄河灌开封。"未至，名衡等议决硃家寨口河灌贼，贼亦决马家口河欲灌城。秋九月癸未，天大雨，二口并决，声如雷，溃北门入，穿东南门出，注涡水。城中百万户皆没，得脱者惟周王、妃、世子及抚按以下不及二万人。贼亦漂没万余，乃拔营西南去。"

第八次，崇祯十五年屠南阳。

第九次，崇祯十六年屠商州。

第十次，崇祯十六年屠凤翔。

第十一次，崇祯十六年屠庆阳。

第十二次，崇祯十六年屠南阳旁州县。

张献忠曾经五次屠城，在四川制造了无人区，李自成不仅在河南制造了几个无人区，还致使开封上百万的人口没于滔滔的河水之中。很显然，李自成的手段比张献忠更残酷、更血腥。

以上记载来自《明史》。总有人说，《明史》是清人篡改的秽史云云，那好，现在假设上面所说的十二次屠城一次也没有发生过。但笔者亲自采访过的山西宁武，确实曾被李自成屠城。

李自成率大军北上，在宁武遭到了周遇吉的顽强抵抗，农民军伤亡惨重。15天后，农民军攻入关城，李自成下令屠城。周遇吉战斗到最后一刻，身中数箭，被农民军生擒后仍不屈服，又被悬吊于高竿之上遭乱箭射死，然后尸体又被农民大军肢解。周遇吉的夫人刘氏素来勇健，带领几十名妇女拒守公廨，登上屋顶向农民军放箭，最后全部被农民军烧死。

现在的宁武人已经不是当时宁武人的后代了，他们多来自全国各地，但他们都知道当年屠城的事。

客观地说，李自成只是历史上步履匆匆的野蛮过客，实在没有必要赞美歌颂。试想一下，这样的人成为英雄，那宁武人该怎么想？当地居民为周遇吉塑了像，他是宁武人心目中的英雄，而李自成的农民军对周遇吉碎尸的做法实在令人心寒至极。

李自成到底是怎么死的?

李自成之死一直是个谜,众说纷纭。有说隐居当了和尚,有说上吊自杀,还有说被乡民误杀。农民起义领袖死在了农民手里,明清两边的当事人对此事都有记录。但是,他的尸体去了哪儿了,才是事情的关键,因为这记载中没有找到李自成的尸体,也就是没有"实据"。这么多年来,大致的意见是,他是死在了九宫山。

首先,当和尚是最不靠谱的说法。有传李自成为"奉天玉大和尚"。通过研究李自成的历史可以知道,就算当初战败剩下18个人,身为"悍匪"的他从来都不泄气,何况当时退到湖北一带,他还有几十万人,还准备攻取南京。以他的性格,装死再去当和尚,实在不可信。在本来士气就低落的大顺军里,他的死讯必然导致军心涣散。而且他也没有什么合适的接班人,将大顺军交给他的侄儿"一只虎"李过,无疑是自掘坟墓。再说,小说家戏言黄巢当年也当了和尚,跟李自成当和尚如出一辙。

其次,上吊自杀的说法也很不靠谱。被乡民误认为是盗贼而围攻,眼看着突围不出去,他选择自杀,而且是上吊自杀。这是清军负责追击李自成的统帅阿济格向清廷报告的。阿济格的消息来源是一些降卒和被擒的大顺军士兵。这些消息明显是大顺士兵主观上的一种猜测,因为,当时跟随李自成的人基本上都死了。士兵大概是想把李自成的死说得壮烈点。但这算是壮烈而死吗？一点也不，而且也不是李自成的性格。楚霸王尚且自刎于乌江，英雄不会选上吊这样的死法。

所以，笔者以为最靠谱的说法是，1645年5月17日，李自成在湖北通城九宫山元帝庙被村民杀死了。吴伟业的《绥寇纪略》中和康熙年间费密撰写的《荒书》中都说：李自成率兵路过九宫山岭，在独自一人上山祭拜元帝庙时，被村民误以为是盗匪而围攻，他徒手不敌，被荷锸击伤头部而死。

南明的五省总督何腾蛟在所写的《逆闯伏诛疏》中说："天意亡闯，以二十八骑登九宫山为窥伺计。不意伏兵四起，截杀于乱刃之下。"李自成的余部后来大部分归属了何腾蛟，他们所说的，至少应该最接近史实。而《通山县志》中所说，"九伯聚众杀贼首于小源口"，就是说程九伯聚众在小源口将贼首杀死。

根据近几年一些史料的证实，包括通城县所发现的大顺军的一些告示、李过的日记、出土的石碑等，可以基本还原李自成死后的事情脉络。

据李过的一则日记中记述，他在五月十七日得到兵丁急报："万岁在九宫山遭奸人杀害，吾急率兵往视，其头已被击（与"被荷锸击伤头部"吻合），吾大恸，发誓将杀奸人，以报此仇。"

五月十八日，"吾令收殓万岁，停尸九宫山下，通令九宫山民出首凶徒"。

五月十九日，"通知吴汝义等在外各将，知悉万岁驾崩，以待共商后事，就近各部立即至九宫山哀悼万岁。未时，就万岁遗体秘密掩埋，待日后班师另行祭葬修墓"。

五月廿日，"寅时，分派兵丁。卯时，发兵九宫山。令各地出首逆徒者三

166

日已满，将姜家畈团团围住，著令交出凶徒。辰时，尚无人出首凶徒，激怒全体将士，立即血洗全村，杀千余口，申初而返"。

据此推断，李自成的遗体是被李过等人秘密掩埋了，他们为了泄愤，屠杀了姜家畈千余口人。事情都过了两个来月，清军才上来辨认尸体，在那么多腐烂的尸体里如何找得到李自成？所以他们也不敢定论李自成已死，只能是继续察访。

看来，其实明清双方都得到了李自成牺牲的准确消息，却都不同程度地表示了怀疑。其根本原因在于，李自成的遗体被李过等人秘密埋藏，活不见人，死不见尸，所以不敢十分确定，这才给后人留下了极大的想象空间。

《李自成》里的可敬将领，有哪些向清军投降了？

姚雪垠先生的《李自成》第一二卷，是家父的藏书，我在少年时代很喜欢读。这本书里塑造了不少鲜活生动的义军将领，个个让人敬爱——如仁厚睿智的田见秀、剽悍粗犷的郝摇旗、刚毅勇猛的袁宗第、俊逸果敢的刘芳亮、机智骁勇的小将张鼐、干练忠直的中军吴汝义，这些形象多年来一直在记忆里往来奔突，渐渐凝成了一尊尊雕像。但是事实是，根据史料记载，这几位将领最后都投降了清军，而且还被杀掉了。

《明末农民起义史料》，系北京大学文科研究所编辑，开明书店1952年初版，仅发行了6000册，以几十元得之。回到家细看，这些年来关于李自成手下那些大将的下落，这本书提供了切实的证据。

在此书中有"八省总督佟揭为恭报地方情形事"中，列举了这些将领的投降。揭贴是官员上奏题本的副本，随本开具揭帖，"送司存案"。此"佟"为佟养和，顺治二年上任的清江西、湖广等八省总督。

田见秀在小说里被写成出家了，其实是"八月十四日，招李自成下泽侯田见秀，报马步兵七千"，向清军的佟养和部投降了。张鼐被李自成封为义侯，在《李自成》里，被刻画成一位英武的小伙子，他真应该像小说里一样战死，他和慧梅的那段爱情也让人慨叹。想不到，他竟然和郝摇旗带着四万

马步官兵向清军投降了。刘芳亮是李自成的磁侯，潼关分兵突围的时候，他因为失了高夫人竟然急得要自刭，令人感动得差点流下泪来，想不到，他也带着一万马步官兵投降了。"十七日，差官王成招李自成下绵侯袁宗第，报马步兵三千"，这个印象里只打硬仗绝不怕死的大将绵侯袁宗第也让人大失所望。接下来，光山伯刘体纯报马步官兵三万。再接下来，太平伯吴汝义报马步兵两万，差游击丘士通前来投顺。剩下还有王进才带着七万多人，牛万才带着四千多人也都向清军投降了。

这是一张让人特别难以接受的投降名单，有人被赏了一件蟒衣，有人得了一个貂鼠皮袄，还有二三十两银子。佟养和自认有一个非常得意的"成就"，他共招降了"侯四员、伯二员，总兵二员、副将三员，官兵二十二万四千零五十名"。

投降之后呢？摄政王多尔衮下令"降叛反复者，俱斩"。于是，人为刀俎我为鱼肉，投降就是把武器放下，把脖子伸长了给人家，杀不杀全看人家高兴与否。可悲的是，这次人家不高兴，于是就人头落地了。

还有一种说法，李自成的手下名将吴汝义、高一功、张鼐、刘体纯等都是战死于幕阜山区，但是看不到佐证的史料。相比而言还是保存在故宫里的佟养和上奏的题本所记的内容更可信。相信借给佟养和十个胆子，他也不敢犯这欺君之罪。

历史果然常常经不起细心检视，令人看得苦笑不语。

闯王李自成的女儿命运多舛

在《明史》卷三当中，有明确记载："自成无子。"但姚雪垠先生的《李自成》中写了李自成的养子叫李双喜，顶起了李家的门户。其实，在姚雪垠所著的《李自成》第一卷上册里，他也曾经提过李自成有一个亲生女儿，只是没有对她多著笔墨，大家印象里觉得，这个形象甚至没有干女儿慧梅出彩。

最近在史料中看到了有关李自成女儿的记录。在清初王端淑选辑的《名媛诗纬初编》中，不仅有她的名字，竟然还有她的小传。该书的卷三十四《逆集》："翠微，米脂人，逆贼李自成女。自成僭称大顺皇帝，改元永昌，翠微封为公主。手刃贼将高梧，又屡谏贼父，自成不从。逃至三楚，倚某生母邬氏，后生返楚，纳以为妾。生恐祸及己，遂埋名隐去，不知所终。"

也算是命运多舛了，跟着父亲也没享过什么福，公主没当几天就跟着父亲逃亡到湖北一带。李自成死在九宫山，她被迫当了小老婆，最终还被赶出了家门，下落不明。正像崇祯皇帝感慨的话，奈何出生在帝王家？

还是说李翠微的才学吧。在《名媛诗纬初编》中收录的是李翠微的一套南曲《正宫·山渔灯犯·元宵艳曲》：

灯如昼，人如蚁，总为赏元宵，妆点出锦天绣地，抵多少闹嚷嚷，笙歌喧沸，试问取今夕是何夕。这相逢忒煞奇，轻轻说与他，笑声更低。虽则是灯影堪遮掩，也要虑露容光惹是非。爱杀你，果倾城婉丽，害相思，经今日久，甫得效于飞。

这里所描写的是一对有情人在元宵节甜蜜幽会的情景和心境，所写的女子勇敢、大胆、婉丽，笔法也灵动入微，充满生活气息，不夸张地说是文采飞扬。

这套曲子中还有《锦庭乐》《朱奴儿犯》《六幺令》《尾声》等部分，从文中可以看出，人性是不能被压抑的，起义军所到之处，不光有刀光剑影的厮杀，还有伴随着歌声灯影的幽会和爱情。

《名媛诗纬初编》的作者王端淑是清朝初年人，出生于山阴，就是今天浙江绍兴，书香世家，博学工诗文，善书画。顺治帝曾想召她入宫给诸妃子当老师，她力辞不就。可见此人并不是躲在深闺当中不谙世事的一般女子，从她的著书态度也可见一斑。

最可贵的是，这名女子敢于把逆贼李自成的女儿的作品收录下来，实在是有宽广的胸襟。

农民起义领袖张献忠竟然是杀人狂魔

张献中这个人物一直有争议。他在教科书中是起义领袖，在《明史》中是杀人狂魔，但其嗜杀成性，确属无法回避的史实。

据当代著名诗人流沙河考证：明末崇祯十七年（1644）阴历八月初九，张献忠陷成都。入城，张献忠下令屠城三日。三日过了，停止大杀，只每日小杀百余人以树威。

"杀百余人"，却用了一个"只"字，又用了一个"小"字，这个"威"确实让人不寒而栗。

据《明史纪事本末》载：

> 六月辛亥，献忠袭陷庐江，焚戮一空，还兵舒城。
>
> 壬子，献忠复陷六安，将州民尽断一臂，男左女右。

这是人类史上最惨绝人寰的一种关于"男左女右"的说法，如此变态的杀戮究竟所为何来，史上没有记载。难以想象，当时的六安城是怎样的一番人间地狱！

献忠屡次屠城不再赘述，此人对于读书人的杀戮也近乎变态，有必要录

述如下：

十六年（1643），正月辛酉，张献忠以二百人夜袭，陷蕲州。明日，令荐绅、孝廉、文学各冠带自东门入，西门出，尽斩之。

不知道张献忠此人何以对诗书人有如此深仇。

十七年（1644），张献忠进陷成都……大索全蜀绅士至成都，皆杀之。

有功名的全部杀掉了，这还不算，没有考取过功名的读书人也不能放过。

既而悬榜试士，诸生远近争赴，献忠以兵围之，击杀数千人，咸挟笔握策以死。

呜呼哀哉！"蜀中士类俱尽。"

设歹毒阴谋诱骗学子前来，再一鼓剿杀，这在人类的文明史上也是最黑暗的一页！秦始皇坑儒460余人，足以遗臭千年，献忠杀尽川中士子，四川文脉几为之断，究竟该如何评说？

谷应泰所著的《明史纪事本末》成书于顺治十五年年末，早于官修的《明史》，且属于私人著述，为时人所重。

后来官修《明史》记载张献忠在四川杀了6万万（6亿）人。在《中国人

好看到睡不着的中国史

口史》第四卷《明时期》中，根据不同区域的不同的人口增长率，对不同地区的人口进行推算。结果是，崇祯三年（1630），中国人口总数约1.9亿，可见此史关于数量的记载不足取信。

张献忠屠川造成四川人口的锐减。万历六年（1578）四川有3102073人，明朝当时赋税与人头挂钩，所以明末四川人口应远远大于前面数据，甚至上千万。至清顺治十八年（1661），四川只剩下8万人（另有说法是50万）。

张献忠究竟是农民起义领袖？还是变态杀人狂魔？

袁崇焕到底是国贼，还是抗击后金的英雄

个人认为，袁崇焕十有八九是抗击后金的英雄。此结论并非是胡乱猜测，而是功是功，过是过，如果把一个人的评价定为10分，他的功过可以"八二"开。

袁宗焕是明末与后金对敌的过程中，真正打出大明威风的英雄。他先是在宁远大捷中痛击了努尔哈赤，又在宁锦大捷中让皇太极吃尽了苦头。后来刚刚被重新起用，就带兵以不可思议的行军速度驰援京城，再次击退后金军，力解京师之围。仅此一点，就可以试问一下，如果他是国贼，需要这么卖力去勤王救驾吗？

再从袁崇焕平时的行事当中，也能看出他的忠直。袁崇焕的手下愿意跟着他殊死作战，是因为袁崇焕在大小战事中均能亲冒矢石冲锋在前，即便负伤也决不言退，这是一个国贼能做到的吗？

袁崇焕把自己的家人从后方接到宁远，以表示他的全家与宁远城共存亡的决心，这是一个国贼能做到的吗？

还有一件小事可以小见大：袁崇焕做知县时，路遇百姓房子起火，他毫不犹豫地拿桶提水，爬上房子去灭火。试问，这样的知县能有几个？

至于有人提到的他给魏忠贤请生祠，在这个太监权倾天下的时期，想要为国分忧还不得不低下高贵的头，说是权宜之计也好，说是能屈能伸也好，总之是有亏名节。这方面，汾阳王郭子仪做得最到位。可袁崇焕毕竟和魏忠贤不是一路人，他的死就是魏忠贤的余党以"擅杀岛帅（毛文龙）""与清廷议和""市米资敌"等罪名弹劾，皇太极又趁机实施反间计，壮志未酬的他才被多疑的崇祯皇帝朱由检以通敌叛国罪处死。

说到杀毛文龙，"将在外，君命有所不受"。岳飞也曾经杀掉擅自离开营地的大将。当时袁崇焕请出了尚方宝剑，本就有先斩后奏的权力。至于"与清廷议和"和"市米资敌"更是欲加之罪，无中生有。在对敌的斗争中，风云变幻，虚虚实实，有时需要羁縻，有时需要缓兵之计。但如果袁崇焕是国贼，且与皇太极有苟且，那皇太极还用得着那么寝食难安，还用得着费尽心机去施展反间计除掉他吗？

事实就是如此，大明朝自毁"长城"。用李济深的话来说："论明清间事者，佥以为督师不死，清朝不能入主中原。"意思是如果袁崇焕活着，清朝进不了关！当然历史不能假设，李济深所表达的也不过是一种痛惜罢了。

个人认为对明史深有研究的金庸对袁崇焕的评价是公允的："袁崇焕真像是一个古希腊的悲剧英雄，他有巨大的勇气，和敌人作战的勇气，道德上的勇气。他冲天的干劲，执拗的蛮劲，刚烈的狠劲，在当时猥琐萎靡的明末朝廷中，加倍地显得突出。"

袁崇焕被施以极其酷烈的凌迟之刑，不明真相的百姓争食其肉，至今让人心寒。而他临刑前口占的一首诗依然能够使人感受到英雄末路的悲凉与荡气回肠的忠贞气概：

> 一生事业总成空，半世功名在梦中。
>
> 死后不愁无勇将，忠魂依旧守辽东。

崇祯皇帝出宫测字，改了三次，皆是气数已尽？

正如张岱所说："古来亡国之君不一，有以酒亡者、以色亡者、以暴虐亡者、以奢侈亡者、以穷兵黩武亡者。嗟我先帝，焦心求治，旰食宵衣；恭俭辛勤，万几无旷！即古之中兴令主，无以过之……"

张岱说的正是明代的最后一位皇帝崇祯，不少人对于16岁登基的崇祯皇帝抱有同情之心。他勤勤恳恳执政17年，力图把内忧外患、风雨飘摇的大明朝振兴起来。但命运就是如此捉弄人，他手中的明朝已经元气大伤，千疮百孔，就算他是皇帝，也独木难支，难以挽回明朝大厦将倾的颓势了。

1644年，李自成攻下潼关，京师大震，崇祯皇帝也觉得局势糜烂，越来越无法收拾。看着朝堂上尸位素餐的群臣，真没有几个可以为他分忧的，他不由得叹道："朕非亡国之君，臣皆亡国之臣。"

接下来的故事非出自正史，摘自清代人丁柔克所著的《柳弧》卷一，仅做茶余饭后的谈资。

这一天，崇祯皇帝在宫中越来越感觉气闷，于是索性换了青衣小帽，百无聊赖地从后宰门走出来。

走着走着，忽然看到个测字先生，立着一个布幡，上面写着"铁口神算"。

崇祯皇帝忽然有了兴致，走到了测字先生的摊前。测字先生先上上下下打量了他好几眼，才让他报个字出来。

崇祯随口报出了一个"友"字，先生问他想占卜哪方面的事，崇祯想了想说："军务。"

话音刚落，测字先生就惊叹道："不好不好！"

崇祯忙问："主何征兆？"

"'反'字出头了！"先生说完就大摇其头。

崇祯一听也觉得晦气，马上就改口说："我其实说的不是这个字，是'有无'的'有'字，先生再看！"

测字先生眯着眼睛看了片刻，倒抽了一口凉气，说："如果还是问军务，则大不妙！"

"此'有'字，上为'大'之半，下为'明'之半，这意味着大明江山去了一半了。"

崇祯听了这话，明知先生说得确实很对，但他还是很不甘心，于是又改口道："刚才说的还不是这个'有'字，乃地支'申酉'之'酉'字！"

测字先生疑惑地看了看他，又低头沉思一阵，才幽幽地说："这个字更不好！"

崇祯请他快解，他说："'酉'字乃'尊'字之中，至尊无首无足，安能再延耶？"

气数已尽，不管换了几个字，仍然都是凶险无比。

崇祯听得腿脚发软，心灰意冷，一路长吁短叹，无精打采地回宫去了。

传说崇祯回宫之后，立即下令诛杀此测字先生，但先生是明眼人，已经猜出他的身份，算完之后，即弃摊而去，不知所踪。也有人说，这个先生正

是李自成的军师"宋矮子"宋献策，这就传得有点邪乎了，当时大顺正一路北上攻取北京，他都准备当他的宰相了，何苦来冒这个险？没有任何意义。再说，军务那么繁忙，刺探军情也用不着宋献策亲自出马。

　　再后来，李自成势如破竹攻进京城，崇祯在绝望中下了最后一道圣旨："任贼分裂朕尸，勿伤百姓一人。"随后出了后宫，在煤山上自缢身亡了。

书画家黄道周还是一位视死如归的大英雄

　　清兵入关，大明朝山河破碎，风雨飘摇。在那样的板荡乱世中，曾经有一位让人泣血敬仰的孤臣志士，头可断，血可流，节义千秋，共天地而不朽！看完他的故事不能不让人击节感叹！清代学者蔡世远概括其一生：严谨的治学精神和渊博的学问可比邵雍，忠贞为国直言敢谏可比李纲，慷慨赴难从容就义可比文天祥！

　　此人便是黄道周，是天启和崇祯两朝的翰林院修撰、詹事府少詹事。明亡后，任南明弘光朝吏部侍郎、礼部尚书。弘光亡后，回到家乡福建，被隆武帝封武英殿大学士兼吏、兵二部尚书。

　　时世艰难，无粮无兵。他回到家乡筹粮筹兵誓与清兵血战到底。奈何有心杀贼，无力回天，战事惨淡，兵败被俘，他被押送至南京狱中。在此他曾写诗明志：

六十年来事已非，翻翻复复少生机。

老臣挤尽一腔血，会看中原万里归。

　　一腔浩然正气在诗里诗外激荡。

冷月霜河

清廷派人劝降，他以绝食相抗争。最感人的是，在此期间，其妻蔡氏来信："忠臣有国无家，勿内顾。"

临大节时绝无小儿女之情态，大丈夫有此贤妻，可以死而无憾。

隆武二年三月五日，临刑前，他从容盥洗更衣。他的老仆痛哭不能自已，他说："吾为正义而死，是为考终，汝何哀？"行至东华门刑场，他向南方再拜并撕裂衣服，咬破手指，写下血书："纲常万古，节义千秋；天地知我，家人无忧。"

临刑前他大呼："天下岂有畏死黄道周哉？"最后头被砍断而身体"兀立不仆"！同一日，他的门人蔡春溶、赖继谨、赵士超和毛玉洁也慷慨赴难，人称"黄门四君子"。

死后，人们从他的衣服里发现"大明孤臣黄道周"七个大字。

黄道周壮烈殉国的消息传至福建，隆武帝"震悼罢朝"，特赐谥"忠烈"，赠文明伯，并下令在福州为黄道周建一座"闵忠"庙，春秋奠祭。

百年后，清乾隆帝赞叹他："不愧一代完人。"为褒扬黄道周尽忠尽节，改谥"忠端"。

黄道周号石斋，福建漳浦铜山（今东山县铜陵镇）人。乾隆特别欣赏他，还因为他的书画与文章在晚明时期独领风骚。

投降即可安享荣华富贵，洪承畴就是如此。大明屈膝投降的人并不少，可为什么黄道周可以在面对生死抉择的时候舍生取义，从容赴死？

坐怀不乱，黄道周的意志非常人能及

前文写到晚明第一孤臣黄道周的悲壮故事。一个人舍生取义从容赴死，一定得有钢铁一样的意志，他平日的所作所为一定会与大众殊为不同。

在《健庐随笔》里有一则黄道周的趣事，几个不知道该算是益友还是损友的家伙把他灌醉后，把秦淮八艳里色艺均为第一的顾横波送进他的卧室。

有些人可能会酒后乱性，有些人可能会将计就计，再以"酒后乱性"遮掩脸皮。但黄道周偏偏以上二者皆不是。

故事说黄道周在金陵有两个很不错的朋友，一个姓余，一个姓谭，他每次来游，三人都必在一起饮酒畅谈。这哥俩看到理学家黄道周先生凡事"必拘于礼"，觉得他太能装了，就想试试他。

那天下了大雪，他们又在余家大喝了一场，还请来了江南第一绝色秦淮八艳之首的顾横波作陪，喝酒的时候黄道周也没有表现出什么不合拍。这两个人心怀鬼胎就使劲劝酒，终于把黄公给灌了个大醉，然后把他送进卧室。

卧室的榻上只有一个枕头一条褥子，顾横波也不知道收了那两人多少好处，她"尽弛亵衣"，就是脱得一丝不挂，还随手将门上了锁。

此时，那两人都趴在窗户上屏着呼吸等着听好戏……

顾横波把黄公弄醒了，他大吃了一惊，"索衣不得"，只好拽过席子给自

己盖上。顾横波就过来套近乎，黄公徐徐说了一句："你这套没用。"然后就转身向内，没一会儿就起了鼾声。

到了深夜，黄公又转身向外了。顾横波觉得自己从来没这么失败，这简直是把国色天香的大美女当空气！她根本就没睡着，看见他转过来，以为他动心了，就再次靠近，但片刻工夫黄公又睡熟了。

等到天亮，顾横波出来讲述了她的败绩，还感慨道："你们都大小算是个名士，也就只会赋诗饮酒行乐而已。而里面睡着的这位先生，将来可以成忠成孝，为圣为佛，我是佩服得没话可说了！"

由此来看，黄道周在国破之时临危受命，以一己之力试图力挽狂澜，扶持大明残破江山于不倒，被俘之后又能慷慨引颈受死，成就一段传奇，他的意志绝非常人可以揣测。

大明朝"兴也沙弥，败也沙弥"？

朱元璋小时候穷得叮当响，连命也活不了，不得已去皇觉寺找口饭吃，一时剃度为僧，当了一个小行童。所谓行童，就是在寺院里干些简单劳动的小沙弥，也有人叫小和尚，可这个叫法有点偏差，刚出家的人离"和尚"两个字还有相当的距离，有多年修行堪为人师的僧人才能够称之为"和尚"。

拐回来继续说朱元璋，他刚10岁，在寺里每天扫地上香、打钟击鼓、烧饭洗衣。后来当地闹饥荒，寺里的僧人得不到施舍，也饿得两眼放绿光。没办法，朱元璋只好托钵去流浪。流浪了几年，长了见识，由此走上了革命的道路，最后革了元朝的命，还真就打下了一座江山，所以说大明朝是"兴也沙弥"。

接下来说李自成，这个后来革了明朝的命的人，起初也是家里穷得揭不开锅，也是为了活命被送到寺庙当了小沙弥。最近看到一段史料，是夏振叔的《借山随笔》，其中有记："李自成，陕西米脂县双泉都人，幼为僧还俗，名黄来，鬻为姬氏牧羊奴。"《明史》中对李自成的记述很有趣，倒没有说他也当过沙弥，只说其："世居怀远堡李继迁寨……善骑射，斗很无赖，数犯法。知县晏子宾捕之，将置诸死，脱去为屠。"意思是他从小就不是个良民，差点被知县逮住给杀了，后来逃走去当了屠户。这与慈悲为本的小沙弥

形象实在差得太远。

但是，李自成小时候当过沙弥的记载应该还是准确的。他后来当了传递军事情报的小官，再后来也走上了革命的道路，把崇祯逼得上了吊，最后还在北京当过几天的短命皇帝，所以大明朝"败也沙弥"的说法也能说得过去。

再说，一直有人对李自成在湖北九宫山被一帮民兵袭击致死的说法抱有怀疑，而他制造了假死之后在湖北石门夹山寺出家的说法也一直有人在求证。

这个被人称为"奉天玉大和尚"的人未必是李自成。如果是，他不会出来轻易和一些清朝的官员见面，除非他嫌自己命长了。

有个说法，说他金蝉脱壳，找个人代死之后，领着一帮人灭掉了夹山寺里的所有人，自己就在那里隐居了下来。据说，民国初年，国学大师章太炎曾到石门，得到梅花诗五首，遂认为李自成在夹山为僧是史实。

历史就是这样云里雾里才有意思，要像小葱拌豆腐一样的清白，还考证些什么呢？

史可法遇难后，才貌双绝的小妾出家为道

清军大举围攻扬州，城破，史可法拒降遇害。

当时正值夏天，尸体腐烂得快，史可法的遗骸无法辨认（由此产生出种种猜测）。其义子史德威与扬州民众无奈以史可法的衣冠代人，埋葬在城外梅花岭。

据刘声木《苌楚斋随笔》记载，史公遇难时，他的小妾李倩才25岁，发誓不再适，出家为女道士，自号为空云。《李空云女冠小传》里记载得比较详细，说李倩本是金陵人，父亲的官职为都司，李倩才貌双绝，16岁的时候成为史可法的侧室。李倩出家之后，住在扬州的缑笙道院，她给自己修行的地方起名为"空云主静轩"。再后来，有一个飞鸟入云一般的结尾："入王屋山，不知所终。"

在空云入王屋山之前，曾经著有《霜猨集骈文序》，约400余字，篇幅虽然不长，但吐属雅洁，文采斐然。

她在叙文中这样写道：

倩名闺弱质，相府小星，际此天倾地陷，赤伏无再验之符；遽而家破人离，素镜绝重圆之照。楼鸣燕子，与燕偕栖；院锁梨花，比花更悴。

这寥寥数语，词旨哀怨，即令人不忍卒读。人亡国破，一个弱女子怎能不比梨花更憔悴？

后来写到自己出家之后的生活：

爰乃黄绩入道，素简朝真，初上蒲团，即悟三生之果，不登法席，焉知众妙之玄。倚碧窗而吹笙鼓瑟，青鸟来庭；入丹山而艺草寻芝，白猿引路。

看来，一心入道的空云，修行得法，精进无碍，道果有成。这是一段闲话不提。

只说，史可法公有这样的坚贞才女为红粉知己，也是一段非凡的际遇。

不知有关李俦的记载空乏是因为史料缺失，抑或是为尊者讳。其实明朝纳妾并不乖离世法，有意隐瞒，倒显或有晦涩之事，其实大可不必，故刘声木说："世人竟罕有知之者，予故载之于此。"

"文章宗主"钱谦益一生中最大的污点

　　平时满口仁义道德的清流领袖，真正遇到考验的时候却让人啼笑皆非。明末清初的"文章宗主"钱谦益给后人留下了两个很有个性的故事：一个是"水太凉"，一个是"头太痒"。

　　1645年5月，清军进逼，兵临南京城下。钱谦益的继室夫人力劝他自尽殉国，并且愿意舍身相随！

　　钱谦益的这位继室夫人柳如是乃大名鼎鼎的红粉领袖，"秦淮八艳"之一。就在四年前，59岁的钱谦益高调迎娶了23岁的名妓，一时间非议四起，但钱谦益不为所动，特意为柳如是盖起了"绛云楼"和"红豆馆"。他在这事上倒是很有主见，坚毅果断。但他在面临民族大节的时候，却进退失据，懦弱无为。柳如是虽然一介女流，却在大节上清醒而坚定。她力劝夫君投水殉国，看钱谦益犹豫难决，她说她可以陪着一起死！

　　好不容易下定决心来到了水边，钱谦益还是不想死，被逼得没办法，这位明万历的探花郎不得已才走进了水里，可是没走几步，他就说："水太凉了！"于是返回岸上。柳如是无奈，只能自己"奋身欲沉池水中"，却被钱谦益硬拉住了。

　　1645年，5月15日，钱谦益带头在滂沱大雨中开城向清军统帅多铎迎降。

据史惇《恸余杂记》记载，多铎进城之后，即下令剃头，民众对此议论纷纷。这一天，钱谦益忽然说："头太痒了！"于是出门而去。家人还以为他去找篦子来篦头发。哪想到，没多一会儿，钱谦益竟然剪了头发，脑袋后面拖着大辫子进来了。

时人有诗，这样来讽刺他：

> 钱公出处好胸襟，山斗才名天下闻。
>
> 国破从新朝北阙，官高依旧老东林。

在钱谦益向清人投降，得到礼部右侍郎管秘书院事的同时，他的好友河南巡抚越其杰和河南参政兵巡道袁枢均发誓绝不屈服仕清，相继绝食而死。

康熙三年，1664年5月24日，83岁的钱谦益去世。乡里族人聚众欲夺其房产，柳如是为了保护钱谦益产业，竟用缕帛结项自尽。

柳如是在面对生死时，竟然如此果敢而坚定，这实在可以令她的丈夫惭愧。柳如是曾说："如我身为男子，必当救亡图存，以身报国！"应该是在柳如是的鼓动下，钱谦益后来秘密做了一些反清的工作，结果还是因为他首鼠两端，两头都不认可。

乾隆帝就十分看不上钱谦益，为此写了一首诗嘲讽他：

> 平生谈节义，两姓事君王，
>
> 进退都无据，文章那有光？

郑成功在临死前，为什么要抓烂自己的脸？

清康熙年间刘献廷所著的《广阳杂记》中有不少罕见史实，笔记翔实可信。其中有一篇记载"赐姓之死也，面目皆爪破"。说郑成功死时把自己脸抓破，令人震惊。

在此书中，刘献廷写道："赐姓少时，思文帝绝爱之。"意思是说，郑成功年轻时与南明的隆武帝（被永历皇帝上尊号为思文皇帝）非常投契，可谓君臣相得。两人关系好到何种程度？一个例证是，郑成功宁可违背父志也绝不辜负思文帝。郑成功知道自己的父亲"怀逆谋"，他明白父亲已经做了降清的打算，但是他"屡谏以尊朝廷，恢复中原，遭其父之怒骂"。

郑成功在"忠"与"孝"之间做出了最艰难的选择，他决心以国家大义为重。后来，他的父亲和叔叔各自提兵出关，思文帝就把郑成功叫来商量，他该依附谁？

此时的郑成功就说了实话："臣父臣叔，皆怀不测，陛下宜自为计。"思文帝也被郑成功的真诚与忠贞感动，末路君臣，前途黯淡，于是两人相拥痛哭。

后来思文帝又问道："汝能从我行乎？"

郑成功说：就算我追随着陛下，我又能做什么呢？他决心另外开辟一条

道路，"臣愿捐躯别图以报陛下。此头此血，总之已许陛下矣"。他以自己的头自己的血做了一个最悲壮的承诺。

后来思文帝出关而去，郑成功入海，人马发展到数万人，而且占据厦门和金门。但此时，他的父亲已投降了清朝。

思文帝下场极其惨烈。据载，曾皇后被清兵抓捕后纵身跳崖而死，思文帝几次自尽未成，于是绝食而死。

再后来，郑成功的父亲郑芝龙，被斩于宁古塔流徙处（一说斩于北京菜市口），清庭还派人挖了郑氏祖坟！

清康熙元年，永历十六年（1662）五月初八，他在死前大喊："我无面目见思文帝与先帝于地下！"于是抓破脸面而死，年仅39岁。这是郑成功壮心不遂，无力回报思文帝的激愤之举。

刘献廷认为郑成功"提一旅之师，伸大义于天下。取台湾，存有明正溯于海外者，将四十年。事虽不成，近古以来，未曾有也"。

作为对手的康熙也曾题撰一则挽联，联云："四镇多二心，两岛屯师，敢向东南争半壁；诸王无寸土，一隅抗志，方知海外有孤忠。"

郑成功最痛恨的人是谁?

在以往的印象里,郑氏一族最恨的人似乎应该是施琅。此人先叛郑家,后来又带人平台。其实不是,郑成功恨不着施琅,他1662年就死了,到1683年施琅才带兵收台。所以,在郑成功的眼里,他只不过是个叛将而已。

郑成功生平最恨的一个人是被清朝封为海澄公的黄梧。此人虽名不见经传,却是个人物。他不仅是郑氏的叛将,更是最为阴毒的"平贼五策"建议的提出者。他的"平贼五策"可谓招招都指向了郑成功的要害,要不以他的功绩怎么可能被封为公爵?

在清朝被封"公"是非常难的。有清一代,汉人封王者五位,包括定南王孔有德、靖南王耿仲明、平南王尚可喜、平西王吴三桂、义王孙可望,都是替清朝人打天下的功臣。接下来,爵位最高的就是这位黄梧了,被封一等海澄公。比较一下,被称为"开清第一功"的洪承畴得到一个三等轻车都尉世职,连男爵都没混上。施琅入台奇功一件,也只捞到一个靖海侯。后来,名镇天下的左宗棠、曾国藩、李鸿章也不过封侯而已,并比不上这个海澄公黄梧。

此人原不过是个漳州平和县的一个皂隶,后来杀了知县投了郑成功,郑成功待他不薄,以他为将,使守海澄。海澄是郑家未攻台湾之前的大本

营，这里藏有"铁甲十万副，谷可支三十年，藤牌、滚被铳炮火药皆以数万计"。但是，因为违误军令而担心受罚的黄梧就是以此为觐见大礼，将其拱手送给了大清。

但这还不是让郑家人恨得牙痒痒的根本原因。他提出的"平海五策"几乎就把郑家逼上了绝路，内容包括：一是长达20年的迁界令，自山东至广东沿海20里（有说30里）居民强行内迁，断绝郑成功的经贸财源；二是毁沿海船只，寸板不许下水；三是斩郑成功之父郑芝龙；四是挖郑氏祖坟；五是移驻投诚官兵，分垦荒地。

到了康熙十四年，郑成功的长子郑经，带兵于十月初六攻陷漳州。他从小被郑成功灌输的仇恨所包围，此时，不免大开杀戒。

据《广阳杂记》载，此时黄梧已经病死一年了，郑经派人"发棺而戮其尸"，因为尸体是用水银殓的，故"肢体犹未僵也"。承袭黄梧海澄公爵位的是他的儿子黄芳度。黄芳度情急之下投井自杀，郑经哪能轻饶，派人"出而剐之"，其时情景相当惨烈。目睹者说，黄芳度被剐之时，"其眼胞睫睫不已"。这还不算，黄家在漳州的族人也都被处死了。

黄梧与施琅是郑氏叛将，却是清朝疆域统一的功臣，此处不知该如何评价。

恶豪施商余和沈继贤的恶果

清代作家、书法家钱泳有一部叫《履园丛话》的笔记小说。书中记载了明末清初，有关苏州两大土豪施商余和沈继贤的两则故事。说起这二位所做的恶事来，那真是罄竹难书，人神共愤！

先说有一个叫金之俊的太傅，在告老还乡之后，屡次受到施商余的欺负和侮辱，这位老爷子是惹又惹不起，躲又躲不过，竟然得了膈症，活活被气死了。

一个当过朝廷大官的人都被这样欺负，何况普通老百姓呢？有一天，这个施商余下乡视察遇到了大雨，于是停船在一个船坊之内，主人好心请他上岸，还盛情款待了他。就在这吃饭的过程中，施商余看见主人家里有兵器，于是回去之后就找人告到县里，说是船坊主人私藏军器。县里把人抓走后，施商余又去当好人，走路子再把人放出来，还说以此来报答主人宴请他的恩德。船坊主人哪里知道内情，竟然还再三感谢他。

后来，这位施大土豪见一位银匠的妻子非常漂亮，说她眼睛长得最俏，银匠听说之后，竟然害怕得用石灰弄瞎了妻子的眼睛。

施商余的气焰就是嚣张到了如此地步。

那么他如此横行霸道，到底是什么下场呢？先卖个关子，再来看看沈继

贤是怎么作死的。

有一天沈继贤跟人打牌，被上家扣住了一张牌，沈继贤说："我要的牌，谁敢扣住？"于是把家人叫进来低声耳语了一番。没过一会儿，县里的衙役竟然来了，说是奉命拿人，直奔扣牌的上家，那人当然觉得十分荒唐，大声喊叫："我又没犯法！为什么拿我？"沈继贤就笑着说："拿你又何妨？不服啊？"

衙门成了沈土豪的打手之事还不算最过分，还有比之更甚之事。

有一天，有一个大户人家请客，请沈继贤上座。这时候来了一个少年，看见沈继贤之后只是很随便地拱了拱手，就算行了礼。这个不知道天高地厚的小子把大家都吓着了，有人说他不懂礼，少年还振振有词道："我又不认识沈继贤！"

没过几天，这个少年被县里抓获的盗贼告发，说是同伙，于是就被下到了大狱里。少年的父兄拿着500两黄金跪求到了沈继贤的门上，沈继贤就把少年又从大牢里捞了出来。少年感激不已，一直给沈继贤磕头，沈继贤笑着说："那你如今算是认得我了吗？"

这个时候，这位孟浪的少年才知道沈继贤的厉害——分分钟把人弄进死牢，也能分分钟再把人捞出来，监狱就跟自己家开的一样。难怪当地都有了这样的一句俗语："得罪了你，又不是得罪了沈继贤，怕什么？"

这位沈土豪的为人大家由此也可以想象了。

多行不义必自毙。那这两个嚣张的大土豪究竟是怎么死的呢？不得不说，其死法离奇却又如出一辙，即二人都是被活活打死的。

施商余的死正印证了恶有恶报，他气死了退休太傅金之俊，可想不到金之俊的门生来江苏当官，还恰好就职于主管一省司法的臬司衙门，于是以其人之道还治其人之身，给施商余罗织了一个罪名，然后当堂用刑杖打死了。

恶贯满盈的沈继贤遇到了廉直耿介的汤文正公汤斌，也没得到好下场。这位两袖清风、一身正气的汤斌派人把沈继贤抓获，然后在云妙观三清殿下，一顿乱杖将其活活打死。苏州满城人民拍手称快！

顺便介绍一下这位汤文正公汤斌。他生于天启七年，崇祯十四年应童子试。崇祯十五年，李自成攻占他的家乡，其母殉节而死。清朝顺治九年中进士，从此踏入仕途。因他自幼在战乱中长大，所以立下为国为民的心愿，一生清正廉明。

明末一秀才中举发疯，与范进中举不相上下

……范进正在一个庙门口站着，散着头发，满脸污泥，鞋都跑掉了一只，兀自拍着掌，口里叫道："中了！中了！"胡屠户凶神似的走到跟前，说道："该死的畜生！你中了甚么？"一个嘴巴打将去。

这是吴敬梓老先生《儒林外史》里的精彩片段，用我们上学时候最讨厌的四个字——"中心思想"来表达："该作品通过描写范进参加乡试中了举人一事，运用夸张的修辞手法刻画了他为科举考试喜极而疯的形象。"

在古代考中举人很难，如果能中举人，那就是改换门庭、光宗耀祖的事。十年寒窗苦一旦得偿，一日看尽长安花，能不疯？试想一下，每三年一次乡试，一省加起来仅一二百人，全国大约20个省，每三年仅中三四千人，平均算起来一年全国录取一千多人。可以参照的是，现在清华北大每年招生七千多人。其难度究竟如何，大家心里就都有数了。要不是州县的前三甲基本也就白衣一生了，所以胡屠户说他女婿是文曲星下凡也不为过。

明朝末年有个江南秀才中举了疯得也不轻，狂笑不止。家人只好带着他去求江苏高邮一位神医，神医大名叫袁体庵，一见病人就说，这病治不好了，也就十几二十天的光景，快请回吧！要不恐怕就死在半路上了。

秀才当时就笑不出来了，他的家人也十分沮丧，心想：难道这等没福？神医都没办法了，真就一点希望也没有了吗？求之再三。神医说：我给你们写封书信，你们回去走到镇江，如果人还活着，就去找一位姓何的大夫看看，兴许他有办法。

这家人便披星戴月地往镇江赶，结果到了镇江，发现秀才眼睛明亮，好像疯病已经好了。

找到那个姓何的大夫，打开了袁神医的书信，书信上说，这位秀才公中举喜极而狂，"喜则心窍开张，而不可复合，非药石之所能治也。故动以危苦之心，惧之以死，令其忧愁抑郁，则心窍闭"。

神医在结尾道：想来到了镇江，秀才公就应该好了吧？

这家人惊得是目瞪口呆，中医之术竟有如此通神者，诚心诚意地跪下，"北面再拜"！向袁神医行礼。

回头再看《范进中举》里，范进被胡屠户一个大嘴巴打醒，是报录的公人当中有人给出的主意。细想一下，这招数完全跟袁神医的方子暗合。

明朝不宜穿越

现代人忽然对穿越感了兴趣，有人甚至想回明朝当个王爷，想想可以，要是真能穿越，明朝绝对不是个好选择。

对于穿越回古代能不能活下来，不容乐观。

如果穿越回汉朝之前，活下来的可能性还有，更远些回到原始社会，也许会成为部落首领。如果回到唐代，当时的社会较开化，也比较包容，只要别太出格，便有侥幸成活的机会。

现代人穿越回去最好的选择大概是元朝，一身不可思议的见识，能像丘处机一样被奉为国师也未可知。主要还是因为妥欢贴睦尔皇帝喜欢新鲜事物，他自己就是个大发明家，定然会奉无所不知的你为上宾。可惜元朝时间太短，在几千年历史里只占了97年，穿越回去的命中率太小。

其他朝代的统治者大多会认为你是个"妖孽"，造出来的东西被毁掉的可能性很大。如果再胡说八道、妖言惑众，真有可能像当年欧洲的布鲁诺一样被架在罗马鲜花广场给烧死。就算是到了离现在最近的清朝，还赶上了康雍乾盛世，被灭口的可能性也很大。

如若穿越到了明朝，而且还想着搞发明推动工业革命，那基本上可以宣布，你是死定了。

其实不单是明朝，汉朝以后危险系数都很高。因为即使不被当作妖怪，研制出来的高级离奇的东西也会触犯大忌，他们会毫不犹豫地把这种发明定性为"奇技淫巧"。汉代大儒郑玄有一句杀气腾腾的口号一直在影响着后代："作淫声、异服、奇技、奇器以疑众，杀。"

明朝无明君，皇帝都邪门，从朱元璋开始就透着邪性。《明实录》记载："宁越有女子鲁氏，自称能通天文，诳说灾异惑众。上以为乱民，命戮于市。"朱元璋仅仅因为人家学习天文就下令在大街上将其杀了。

这要是去给朱元璋讲太阳系八大行星和宇宙空间站，恐怕话没说完，就被推出午门斩首示众了。

元朝发明的最先进的计时自鸣钟"死"得很惨，被朱元璋"碎尸"了。在他眼里这就是"奇技淫巧"。据《明史》中《天文志》记载："明太祖平元，司天监进水晶刻漏，中设二木偶人，能按时自击钲鼓。太祖以其无益而碎之。"

宣德帝朱瞻基的"圣谕"教育自己的子民说："和睦邻里，不事游惰，不作淫巧，不犯宪章，则为良民。"意思是好好当你的良民，就别跟"奇技淫巧"沾边。

成化年间有位南京吏部主事夏崇文上书，公开提出要"禁奇技淫巧"，"去异端邪术"。弘治年间有位给事中叫涂旦，这位官员上奏说："……江西烧造各样磁器，俱极淫巧。"连景德镇瓷器的精美工艺也看成"淫巧"，若穿越回去，拿个手机给他看一眼，再跟别人通个话，他还不得惊得昏厥？

嘉靖年间有位给事中，名叫何煃，也是忧国忧民地提出要对"百工技艺亦且日事淫巧"绳之以法。碰上这样顽固不化的家伙，穿越的人生还的可能性也不大。万历朝也有人一直提醒皇帝"奇技淫巧必严其禁"。他们就像防

火防盗一样防发明，真让人心塞气短！

　　至于天启和崇祯之类的时代，劝您还是尽量别去了，可能还来不及搞什么发明，就被裹挟着去起义抢粮食了。先活下来比什么都重要，如去起义抢粮，恐怕最后的结果不是饿死沟渠，就是人头落地。

　　世上的事真正坏在小人手里的有限，坏在自以为正统的迂腐君子手里的倒很多。明代科技开始落后于欧洲，与那些迂腐和顽固之人脱不了干系。

　　单说穿越过去的人，没有电和钢铁等基础材料，想干点惊世骇俗的事很难。如果胡言乱语，说地球、太阳、银河系，以及人能登上月球之类的话，会被冠以"妖言惑众"的罪名，那便离死不远了。

明朝杭州的除夕夜灯火辉煌

老祖宗们过春节的时候也很热闹，不是像祠堂里供着的祖宗像那么正襟危坐，不苟言笑。就在宋代人记述的《梦粱录》里，先人们除夕守岁的格调就让人羡慕不已。

有人说，除夕守岁始于南北朝时期，实际上在晋代周处的《风土记》中就已经有"除夕，达旦不眠，谓之'守岁'"的记载。

《梦粱录》是宋代人吴自牧的著作。除了大家都知道的"去尘秽，净庭户，换门神，挂钟馗，钉桃符，贴春牌（即写在红纸上的福字），祭祀祖宗"之外，他还写道："是夜，禁中爆竹嵩呼，闻于街巷……围炉团坐，酌酒唱歌……谓之守岁。"

这是记录的宋时杭州的太平景象。皇宫里爆竹声震天动地，一般的老百姓家也都围着火炉，喝着酒，唱着歌，通宵达旦，一种多么欢乐祥和的气象！尤其是一家人欢欢喜喜过新年，想一想，也让人心醉。

比这更早一点描写东京汴梁城除夕守岁的是孟元老的《东京梦华录》，但他只写了围炉坐着，没有喝酒唱歌，自然少了无数风情。

到了明代的杭州城，在除夕之夜，家家户户都是要点旺火的，"架柴燔燎，火光烛天，挝鼓鸣金，放炮起火，谓之'松盆'"。这是明代万历

年间的高濂在他的《四时幽赏录》里记载的，是杭州城独有的风俗，那时有雅兴的人还登上吴山去观赏。"红光万道，炎焰火云，街巷分歧，光为界隔……此景是大奇观。"从山顶上望下来，整个杭州城光照十丈，如同白日。那应该是我们今天万家灯火不夜城的景象，在古时当然可称之为奇观了。

"一夜连双岁，五更分二年。"古人在除夕之夜守岁的同时，在家里也都点起蜡烛或油灯，一直燃烧到天明，这就是"点灯照岁"。灯光把所有的房间都要照亮，象征着把一切邪瘟病疫照跑驱走，期待着新的一年吉祥如意。

压岁钱是长者要给孩子的一份美好祝福。在古时候，压岁钱也是有讲究的，不能随便拿几个钱就给，要用红颜色的绳子把给孩子的钱串起来，再悄悄"置之卧所"，应该是孩子的枕头旁边。孩子在新的一年、新的一天一睁眼就能看到，那才是"压岁钱"。

明朝所造的火枪威力惊人，为何没有流传下来？

在纪大烟袋纪公晓岚的笔记里，记载了一段故事。

明代万历年间，浙江有一位戴姓人氏，是绝顶的能工巧匠，此人特别不服西洋人的手艺。他曾经制造过一种火铳，外形看上去像是琵琶，火药和铅丸都贮藏于铳脊部位，这个铳设有两个扳机，像一公一母连在一起，扳动其中一个，火药铅丸就会自动滑落到枪筒之中，随即扳动第二机，以石激火，枪弹就喷发而出。按他的设计此铳可以连发28响，直到火药铅丸打尽为止。

在明代万历年间，浙江人赵士祯参考了国外的类似火器，不断改进，在万历二十六年给皇帝进呈的迅雷铳还只能连发5弹，到万历三十年，经过改进的迅雷铳就可以一口气发射18弹了。

这个迅雷铳使用火绳或者燧石击发，加上外罩后形状匕像琵琶一样。最可贵的是，发射完毕后，它还可以作为冷兵器使用。迅雷铳长187厘米，重量却只有2.5公斤。

中国人发明了火药，是四大发明之一。能发明这样的东西，却有人说中国人制造不出好的枪炮，甚至有人偏激地说，中国人把火药都用在了烟花爆竹上，而西方人却用它制造了热兵器，最后还用大炮轰开了中国的大门，逼着中国签定了一系列的不平等条约。其实笔者不同意这样的观点。

首先，清末丧权辱国，是国运衰微，是体制和人的问题，这是内因；至于西方人的船坚炮利，只是外因而已。简单举一个例子，甲午海战中，清朝水师的装备原本在日本之上，还不一样被打得溃不成军？

其次，中国几千年来的道德观念深入人心，讲求的就是"仁厚"两个字，而这两个字的背后就是古人一直最推崇的"好生恶杀"和"因果报应"。所以，聪明人多研究的是"利益众生"的学问，即便有人偶尔研究出了这样精密的枪炮，也决不肯传给子孙。他们最大的担心是"有损阴骘"，所以宁愿自己带进坟墓里。这一点，又不得不让人为先人点赞之后再扼腕叹息！

所以，这位戴姓人氏所研究的高级武器也没有用到战场上。此人曾在钦天监为官，名字不详，关于他和他的火枪没有找到任何图片资料。

明代皇宫的超级美食

身为吃货，只知道当今的鲜食美食是不称职、不完美的。且看明代皇宫的食谱，这可不是一般的食谱，是拿来供奉祖先的，所以必是精品。都是些什么高级美味呢？大家先一睹为快！

明代奉先殿所供膳馐，定例一日一新。据孙承泽《思陵典礼记》说：

奉先殿每日供养：初一日卷煎，初二日髓饼，初三日沙炉烧饼，初四日蓼花，初五日羊肉肥面角儿，初六日糖沙馅馒头，初七日巴茶，初八日蜜酥烧，初九日肉油酥，初十日糖蒸饼，十一日烫面烧饼，十二日椒盐饼，十三日羊肉小馒头，十四日细糖，十五日玉芨白，十六日千层饼，十七日酥皮角，十八日糖枣糕，十九日酪，二十日麻腻面，二十一日蜂糖糕，二十二日芝麻烧饼，二十三日卷饼，二十四日爁羊蒸卷，二十五日雪糕，二十六日夹糖糕，二十七日雨熟鱼，二十八日象眼糕，二十九日酥油烧饼。

说明一下，这些供品不是只供给祖先享用，上供的人只能流着口水干看着，供完是可以分给大家吃的。但是怎么都是些烧饼馒头之类？据考证，这些都是北京当时的顶级吃食，有些现在还在吃，比如烫面烧饼、糖沙馅馒

头。但是，为什么只有主食，没有蔬菜、海鲜一类的配菜？

还真有，各位读者有听过"荐新"吗？这是自周代就起立下的规矩，也就是用时令新鲜菜蔬祭祀祖宗。过去帝王们的祖庙称为太庙，荐新的仪式，就在太庙举行。太庙每月初荐新品物，《明史·礼志五》记载了，明代每个月祭祀品物。

正月：韭、荠、生菜、鸡子、鸭子。

二月：水芹、蒌蒿、台菜、子鹅。

三月：茶、笋、鲤鱼、鲎鱼。

四月：樱桃、梅、杏、鲥鱼、雉。

五月：新麦、王瓜、桃、李、来禽、嫩鸡。

六月：西瓜、甜瓜、莲子、冬瓜。

七月：菱、梨、红枣、葡萄。

八月：芡、新米、藕、茭白、姜、鳜鱼。

九月：小红豆、栗、柿、橙、蟹、鳊鱼。

十月：木瓜、柑、橘、芦菔、兔、雁。

十一月：荞麦、甘蔗、天鹅、鹧鸪、鹿。

十二月：芥菜、菠菜、白鱼、鲫鱼。

看了这个菜单，不要简单地觉得实在太没意思，身为正宗吃货，不懂时令菜果，那说到底只是个伪吃货。吃时令食物是最健康的。看了明代皇宫的这菜单，就知道每个月最该吃点什么了。

再说，还真别小看食谱里的这些饼、糕、卷等食物，这可是面食的代表，宋代的时候大部分面食都是"饼"字辈的，即便到了清代，奉先殿的荐新礼仪也与明代大体相同，可见这些饼被吃了不止三五百年。

吴三桂一诺千金，女儿嫁给贫穷乞丐

吴三桂的功过本文不评说，只讲一件有关吴三桂的小事。此事说小也不小，倒让人重新审视吴三桂的为人，至少在这件事上，吴三桂做得很正气！

在苏州有个叫王永康的人，此人的父亲曾经与吴三桂是同袍，当初两个人脾气相投，吴三桂就撂下一句话，说是要把女儿许配给王家，当时两个孩子还都在襁褓之中。

没过多久，王永康的父亲死了，王家败落，他被寄养到别人家。等他长大了，成了一个孤苦伶仃的光棍汉。有一天，有个会看相的人说："你马上就要飞黄腾达了！"王永康不信，吃了上顿没下顿，怎么会飞黄腾达？后来，在他的亲戚里有一位老者想起了当初订亲的事，就告诉了他。

可此时的吴三桂已经是威风八面的平西王了。王永康回到家里翻箱倒柜，还真找到了当初吴三桂写下的一个婚帖。王永康就真动了心思，心想，上门去当平西王的女婿，难道不是要飞黄腾达了吗？

于是王永康一路乞讨到了云南，找到了平西王的府上，要求见平西王一面。

吴三桂知道了这件事，沉吟了很长时间，但最后还是说了一句："有这事！"

于是，立即下令准备了一个公馆，还给王永康封了一个三品官，一应器具全部办妥，选了一个良辰吉日，张灯结彩让孩子成了亲，嫁妆也是相当丰厚。王永康一步登天，还真是发达了！

随后，吴三桂在江苏给这小两口买了3000亩地，又建了一座大宅子让他们在里面住着。

不过几个月的时间，王永康就领着金银财宝和娇妻回来了，地方官纷纷上门来巴结。

按说故事到这儿挺完美的，但王永康的故事有个不好的结局，虽然他只和吴三桂见了那一面，但后来吴三桂造反身死，王永康也跟着倒了霉。毕竟他是吴三桂的女婿，不仅搭上了性命，家产也被没收了。回想一下，他的经历简直就是黄粱美梦的现实版。

一个"正"字测出吴三桂必反？

钱泳所著的《履园丛话》里有一则关于测字先生的记载。

此人姓朱，就住在苏州阊门外上津桥，因为家里穷得实在揭不开锅了，干脆就打算入山寻死。没想到在山里却碰到了高人，不仅解救他的性命，还授给他一本有关测字的书，让他回家，说是凭这个也能过上好日子。

这位朱先生回来就按照书里的方法给人测字，想不到"其验如神"。

后来朱先生的名声越来越大，来求测字的人也越来越多，他只好规定：求测字的人必须预约，而且是每天只测一个字，这一个字就要收一两银子。即便如此，大家依旧排着队等着。朱先生为了证明自己测得准，就把自己某日给某人测过什么字，写出来悬挂在门头上。

有一天，吴三桂给苏州的藩库来了一份文书，说是要借饷10万两。当时苏州的那位藩台大人叫方天颜，他知道这吴三桂说不定哪天就反了，这银子要是借错了，就是助贼，脑袋也许保不住，所以踌躇不决。

后来，这位方藩台心思一动，遂想，干脆请朱先生来测个字吧，于是他把这前因后果也都说了。朱先生说："那就请命一个字。"刚好这桌子上有一封信柬，藩台公随手翻过来，指着上面的"正"字说："就这个字吧。"

朱先生当即说："这钱不能借！"

"为什么呢？"藩台公问。

"这个'正'字长得跟'王'字很像，但是'王'心乱了。而且这封信柬是面朝下放着的，'正而反矣'，这不是就是要反的征兆吗？"

藩台公听信了他的话，拒绝借给吴三桂饷银。没过多长时间，吴三桂果然反了，藩台公逃过一劫。

这位朱先生的儿子子承父业，水平比他的老爹一点不差。有人曾经以一个"武"字来问他还能不能再生儿子，他说："不能！"他对"武"字的解读是："一代无人，自此而止。"来测字的人果然无后。

日本柔道源出少林，鼻祖乃是一位中国高人

日本人津津乐道的柔道，原来叫柔术，在那位中国高人没有到达之前，日本也有一些三脚猫的拳术之类，但都明显不成气候。

不卖关子，这位中国高人大名陈元赟，浙江余杭人。此人不仅是位学者，更难得的是他文武兼修，曾经入河南嵩山少林寺习武，学得一身精熟的少林拳法。

明万历四十七年（1619），陈元赟跟着日本商船旅行，因为生病滞留在长崎疗养，一住就是52年，把他的一身绝学都传授给日本人了。

大约是1625年，陈元赟在江户（即东京）国正寺开始教授中国少林拳法，名师真传，炉火纯青，一时惊艳四方，他的名声越来越大。

他有三位日本大弟子都很下苦功，也都学有所成，分别是福野正胜右卫门、三浦义辰右卫门、矶贝次郎左卫门，后来这三人又各自带徒弟，将其武术发扬光大，开创了福野流、三浦流、矶贝流三个流派。

再后来，福野的徒弟寺田平左卫门，糅合陈元赟所传拳法，经过摸索，创立了日本著名的"起倒流"柔术。因此，陈元赟被称为"起倒流"柔术之鼻祖，实在是实至名归。

日本许多学者都十分肯定地认为，陈元赟是柔道创始人。原念斋在《先

哲丛谈》中说："元赟善拳法，当时世未有此技，元赟创传之。故此邦拳法以元赟为开祖矣。"

开山鼻祖！说得很明确。

日籍《凌雨漫录》在《柔术之始》一章中说："正保年间，陈元赟于西久保国正寺以此（柔术）教传之。"

日本《国史大辞典》于"陈元赟"条目下说："明归化人陈元赟于正保年间来江户授徒，有福野七郎右卫门，三浦义辰右卫门，矶贝次郎左卫门从其学，尽穷其技。"

丸山三造在其所著的《日本柔道史》中说："日本之有拳法，是近世陈元赟来定居后传三人（福野、三浦、矶贝）之后。"

就现在，日本爱宕山还立着一块残碑《爱宕山拳法碑》，上面镌刻着："拳法之有传也，自投化人陈元赟而始。"

有人考证确认，日本柔道的"当身""杀活"之术皆为陈元赟所传。这是什么意思？

经过考证，这两招并不是出自少林正宗，而是来自明代衙役的擒拿术。

原来陈元赟把明代巡捕捉拿罪犯的绝招也倾囊相赠了，具体就是用拳肘或足尖击中对方要害，一击之下，就能把对手打晕。

至此，柔道的事算是说清楚了。那这样一位绝世高人到了日本，仅仅只露了这一点功夫吗？当然不只这些，日本今天的很多文化都受到了他的影响。

其一，他主持、传授制陶烧窑技艺，手法精绝，独具一格，称"元赟烧"，以茶器为上品，被称为"稀世之器""最上品"。他亲自烹制的茶被称为"陈氏茶"，对日本茶道也有深远影响。

其二，他在书法绘画上也有许多弟子。至今日本还保存着很多陈元赟的手迹，有籀、篆、隶、行、草各体书法，冠绝一时。尤其让日本人为之倾倒的是，他在所制陶器上配诗配画，诗画异趣横生，对日本艺术界亦有一定影响。

其三，他所著的《长门国志》把中国具有悠久历史的方志学传播到了日本。他的《升庵诗话》和《元元唱和集》阐述了公安派文学理论和创作。这些著作对日本文学都曾产生过深刻影响。

其四，德川义直去世后，陈元赟按照明代寺院格式为他设计了寝庙，结构有寝墓、唐门、焚香殿、龙门、地塀等，这对日本建筑学来说，简直就是一个样板间。

其五，日本花道本就起源于中国隋朝的佛堂供花。陈元赟把袁宏道的《瓶史》介绍到日本，成为日本花道的"教科书"，形成家喻户晓的"宏道流"。

最后，他还向日本医学界介绍中了医中药及针灸术。

好看到睡不着的中国史

清朝

的

史壮宁 著

民主与建设出版社

·北京·

目录

清初风云

天朝上国

末路挽歌

清初风云

◆

惊天鼙鼓卷地来，拓土开疆，衣冠异，
棋局张，水穷云起意茫茫

◆

努尔哈赤的无情成就其霸业?

大清朝的开国皇帝努尔哈赤是个雄主，但他究竟是英雄还是奸雄，需要看完下文他办的这些事儿，才能知晓一个人要无情到何种程度才可以成就一番霸业。

第一件，诛杀师傅龚正陆。努尔哈赤在建州起兵初期，有一个汉人成为他的谋士，辅佐他做了很多事。建州上上下下包括努尔哈赤本人都称他为师傅，此人就是浙江商人龚正陆。龚正陆在早期为满族勃兴立下累累大功，但是在明万历二十九年（1601），他因为政治问题被努尔哈赤断然诛杀，庞大的家产被籍没，家属沦为奴隶。

第二件，屈杀最铁杆的结义兄弟额尔德尼。额尔德尼很早就投奔到努尔哈赤的麾下，他智勇双全，创制了满文，并一直被努尔哈赤倚重，地位甚至与四大贝勒平起平坐。后来因为奸人诬告额尔德尼隐藏东珠，此时正是众贝勒争夺最高统治权的关键时期，努尔哈赤借此除掉了额尔德尼，还文过饰非，极力为自己辩解。但是皇太极登位之后，马上就为额尔德尼平反了。为了利益需要，杀掉忠心耿耿的左膀右臂，这就不是一般人能做到的了。

第三件，迁怒平民，屠杀复州一万多人。刘兴祚是努尔哈赤创业初期最信赖的汉人将领之一，此人才能非凡，深受器重，也曾为努尔哈赤舍命效力，因功提升为驻守复州卫的副将。后来，此人越来越看不惯后金政权对汉

民的压榨和欺凌，准备反叛。努尔哈赤得到消息命大贝勒代善率两万人奇袭复州，抓获了刘兴祚等人。自己信任的高级将领反叛让努尔哈赤恼羞成怒，他下令将复州的一万多男人屠杀。

第四件，把女儿和侄女嫁给了一个反复无常的对手。早期为了稳固自己的力量，努尔哈赤把和亲政策用到了极致。明知道乌喇部的首领布占泰是个反复无常的家伙，却把女儿和侄女都嫁给了他。第一次，他把亲弟弟舒尔哈齐的女儿（他的侄女）额实泰嫁给了他。第二次是在三年后，当布占泰厚着脸皮又来求亲的时候，他又把舒尔哈齐的女儿娥恩姐嫁给他为妻。第三次是又过了七年，布占泰再次来请求结亲，努尔哈赤把自己的亲生女儿穆库什嫁他为妻！此后仅仅过了五年，努尔哈赤力量积蓄够了，就率兵三万征讨乌喇，他的这位女婿抵挡不住，逃逸不知所终。女儿和侄女根本没有达到和亲的目的，只是无谓的牺牲品而已，伯父和爹能当到这个份上，也算是心坚如铁了。

第五件，休了相伴20年的爱妻。天命五年，努尔哈赤下令将其心爱的大福晋休了，一时举国震惊。大福晋乌喇纳喇氏名阿巴亥，虽然努尔哈赤与乌喇部之间杀得你死我活，但是他们的夫妻感情一直很好。阿巴亥生了三个儿子——阿济格、多尔衮和多铎。他们都很受努尔哈赤宠爱，三个人占了八旗中的三个旗。休掉爱妻的原因是听信谗言。60岁的努尔哈赤准备把汗位传给次子代善，但是后来有人报告说，大福晋曾经两次备饭给大贝勒，又说大福晋一天当中曾经两三次派人到大贝勒家中，这一定是有什么阴谋！那一年，大福晋刚30出头，大贝勒不到40，而努尔哈赤已经60岁了。就因为这么点捕风捉影的事，努尔哈赤便下了决心，废掉了同甘共苦20年的爱妻！

第六件，除掉自己最得力的战友、最亲密的兄弟，他的一奶同胞舒尔哈齐。努尔哈赤与舒尔哈齐本来手足情深，两人年幼丧母，继母薄情，所以相依为命。起兵之后，性格刚毅、沉勇大度而又富于谋略的舒尔哈齐在部落中享有崇高的地位，几乎与努尔哈赤相匹敌。当位高权重的舒尔哈齐开始威胁到努尔哈赤的时候，他就果断出手了。他先是逼走了舒尔哈齐，杀掉了他的长子阿尔通阿和三子萨克图，还把他的部将武尔坤吊在树上活活烧死。舒尔哈齐不得不回来向他的哥哥"谢罪"，但努尔哈赤没有因兄弟情分而模糊政治视线，毫不留情地囚禁了他。两年后，没有任何疾病的舒尔哈齐死了，时年48岁。

第七件，诛杀自己的儿子诸英。努尔哈赤在称汗之前的4个月，也就是明万历四十三年八月，下令把自己的儿子诸英杀掉。诸英自小在艰苦的战争环境里长大，跟随父亲东征西讨，19岁就成为勇武有谋的战将。明万历三十五年，与乌喇在乌碣岩的大战中，诸英等人带着一千人打败了对方上万人，共斩杀三千余人。因为诸英杰出的政治和军事才干，努尔哈赤在明万历四十年六月委政于他。后来，诸英因年轻有些事处置不当，努尔哈赤一怒之下废掉了诸英。接着又有小人告密，说诸英诅咒努尔哈赤打仗失败，他就把儿子囚禁起来，两年之后，将年仅30岁的儿子杀掉了。虎毒尚不食子，一个父亲能做到这个份上，心肠简直像花岗岩一样坚硬！

第八件，前面七件都是一咬牙一跺脚就可以做出来的，但是第八件事他却能隐忍35年，这就不是一般人所能想象了。努尔哈赤的祖父和父亲都是被明军误杀的，按道理"杀父之仇不共戴天"，但是在努尔哈赤羽翼还不丰满的时候，他不仅不提报仇，还能八次进京朝贡，一直到他认为有能力举兵的时候，他把这个列为七大恨的第一恨，以此为借口讨伐明朝。人常说"君子报仇，十年不晚"，而努尔哈赤报仇可以筹措35年之久。

八件事都看完，方可一窥一代霸主努尔哈赤的性格。

努尔哈赤因脚下七颗红痣招来杀身之祸

清朝时期，在杭州的旗营和成都满城的满族，一直都谨遵着一条禁忌，就是不吃狗肉、不戴狗皮帽子。有人说，清朝满族人的这种心理是长期以来在狩猎的过程中形成的，因为狗是猎人最忠实的好帮手。

这种说法似乎有几分道理，但是以狩猎为生的民族很多，满族人如此做法应是另有机缘。《清代皇帝轶事》中有一个与努尔哈赤相关、很有意思的故事。故事可能很离奇，且姑妄听之。

传说，在努尔哈赤十三四岁的时候，他曾经给明朝的辽东总兵李成梁当过书童，因其聪明伶俐而深受李府上下的喜爱。

有一天，李成梁在洗脚时，沾沾自喜地说："我能当这总兵，全凭脚下有这三个痦子走红运。"当时伺候李成梁的努尔哈赤天真地说："大人的三颗是黑的，我脚下长了七颗，还都是红的。"李成梁看了，果真不假，心想：近来朝廷里一直有人传言，说我这东北方向有王气，原来就应在这个小子的身上！我得替朝廷除此大害！于是，他命人连夜悄悄造木笼囚车，准备押送努尔哈赤进京请赏。

李总兵有个小妾得知此事，不忍心看着努尔哈赤受害，于是偷出马匹和令箭，放努尔哈赤逃生。努尔哈赤带着一条黄狗拼命奔逃，连马都累死了。

　　第二天李成梁发现努尔哈赤逃走了，下令追赶。那名小妾知道自己命将不保，在一棵柳树上自尽。

　　努尔哈赤为了逃避追兵，钻进了芦苇丛里，精疲力尽地昏倒在地。明军搜寻不见，便放火烧苇。此时，大黄狗跳进水里，打湿全身，在努尔哈赤的身旁打滚，以阻止大火烧到他的身上。

　　等努尔哈赤醒过来的时候，发现周围都烧光了，自己没被烧死，再看到黄狗死了，才知道是这条忠实的狗救了自己。

　　狗对满族人崇敬的民族英雄努尔哈赤有救命之恩，所以后来禁食狗肉，并且不许戴狗皮帽子，这慢慢演绎成一条禁忌也就其来有自了。

皇太极逼死大妃阿巴亥的真正原因

努尔哈赤死后的第二天，曾被他休离一年又复位的大妃阿巴亥接到了一个让她惊破心胆的消息：努尔哈赤留下遗诏，一定要让她殉葬，到"阴间"去伺候他。所以，皇太极和大贝勒代善等人就来逼她奉诏自杀了！

阿巴亥是皇太极的继母，此时她才37岁，正值盛年。在努尔哈赤病重返回沈阳的途中，阿巴亥曾经赶去见他，但是努尔哈赤对于死后之事只字未提，怎么现在就有遗诏要让她生殉呢？

她对这几位咄咄逼人的贝勒表示自己不想死，可是努尔哈赤的遗诏放在那儿，天命难违，皇太极等人执行父亲的遗言，坚持请大妃立即自杀。

大妃起身到内室，穿上了盛装礼服，戴上金玉、珠翠、珍宝等饰品，再出来的时候边哭边说："我11岁侍奉先帝，至今25年，怎能忍心离开他？但我的两个幼子多尔衮和多铎，还请你们扶养，我也就没有牵挂了……'

大妃交代完毕，接受了皇太极等兄弟的跪拜，于当天自尽而死，她的遗体与努尔哈赤一起装殓，安葬在沈阳城内西北角。

皇太极到底有没有努尔哈赤的遗诏，这是后金王宫里的一大谜案，史书没有留下任何记载，只能付之阙疑。

但是皇太极为什么一定要逼死一个手无寸铁的女人呢？

原因很简单，这个女人生下了三个儿子，阿济格、多尔衮和多铎，而这三个儿子也都极受努尔哈赤的宠爱，每人领一旗。就是说阿巴亥的儿子们占了八个旗当中的三个旗，而皇太极手里仅握有一旗。努尔哈赤曾经想把汗位传给自己极为宠爱的多尔衮，只因他年纪尚幼还没有提上日程。如果大妃把三个儿子操纵在一起，皇太极想取得汗位，胜算恐怕不大。

而只要大妃一死，最大的障碍也就扫除了，就不再有人敢同皇太极抗衡了。

"最是无情帝王家"。皇太极是努尔哈赤的第八子，他的五哥莽古尔泰为邀宠可以亲手杀了自己的母亲富察氏。皇太极为了扫清自己称汗的障碍，逼死潜在对手的生母阿巴亥，即使她是自己的继母，也毫不手软。这在历代帝王家令人齿冷的事迹里，似乎也算不得最心狠手辣的，只是看上去太过残酷无情了。

多尔衮为何拥立福临继位？

　　宫廷争斗向来都是血雨腥风的，已经安排好继位人选时尚且有人贼心不死，夺位的争斗暗流涌动，兄弟叔侄相残的事代有其人。要是碰上在位的皇帝突然驾崩，来不及交代后事，那就是为他家的江山埋下了一颗巨大的核弹。

　　清代顺治帝福临6岁坐拥江山，有人说是因为多尔衮和福临的娘——孝庄有私情。其实在面对那个九五至尊之位的时候，不管多尔衮和孝庄有没有私情，这些都不在多尔衮考虑的范围之内，拥立福临是他不得不实施的缓兵之计。按说，福临是皇太极的九儿子，怎么排也轮不到他，但是命运有时候就是那么没准。

　　福临生下来的时候，他的大哥豪格已经29岁了。豪格绝对不简单，沙场征战，屡立功勋，在福临出生的前两年，他已经被封为肃亲王，手下掌握着两黄旗，在大清朝的政治舞台上是极有影响力的人物。

　　豪格继位本来是顺理成章的，但是多尔衮不高兴看到这个局面。多尔衮是皇太极的弟弟，是豪格的叔叔。此人文韬武略，在当时的大清国几乎无人能望其项背，他为后金及大清在关外的发展立下了赫赫战功，且手下掌握着两白旗。

　　豪格的旗下，图尔格、索尼、图赖、锡翰和鳌拜等人的力量都不可小觑，而多尔衮也有阿济格和多铎等实力派强硬人物。所以，在皇太极死后的几天里，两方面的人已经开始明争暗斗，甚至开始调兵遣将。

　　崇德八年八月十四日，这是个决定大清国前途命运的关键日子，诸大臣齐集崇政殿公开会议，决定皇位的继承人！

　　会议中双方剑拔弩张，一场格杀随时可能发动。

　　多尔衮审时度势，知道自己硬上必然难成，但是又不想让豪格继位，那样自己定会死无葬身之地。

　　就在双方对峙僵持的过程中，多尔衮想到了一步缓冲的妙棋。既然豪格的人咬着"先帝有皇子，必立其一"这一条，那便立个皇子又如何？立个小皇子，不仅能让两黄旗的人闭嘴，还能退而求其次，当个摄政王操纵朝政。于是，多尔衮便提议立皇九子福临为帝。

　　多尔衮的表态大出豪格派的意料，礼亲王代善就怕火并，当即支持这个提议。豪格有点弄巧成拙，有苦难言，立的是自己的皇弟，还能说什么？

　　就这样，一场狂烈的政治风暴，一场恶性的宫廷厮杀被消弭于无形之中。

　　历史有时候是戏剧，甚至是恶作剧。就这样，6岁的幼童福临被正式扶上了帝位，一个后来最不想当皇帝的人被迫当了皇帝。

顺治与董鄂妃的爱情究竟是否名正言顺

之所以说唐朝"脏"，是因为当爹的皇帝抢了儿媳妇，还不止一次。唐太宗为了武媚娘开了先例。唐明皇有样学样，盛世之治也学，抢儿媳也学，还跟儿媳妇杨玉环演绎了一场轰轰烈烈的爱情。到了清朝，也有一对有违常理的顺治与董鄂妃。

顺治与董鄂妃的爱情故事，历来被人们称颂，有人甚至把董鄂妃嫁接到了江南名妓董小宛的头上，缺乏历史考证。据《清史稿》记载，董鄂氏（即董鄂妃）是内大臣鄂硕的女儿，董小宛去世那年，祖籍辽宁的董鄂氏已经年满十二岁。尽管如此，这个董鄂妃依旧来路不正，清朝的正史已经把地洗得清白干净，但是这难不住后来的历史学家。著名的史学家陈垣在经过一番考证之后，得出了一个结论，认为这个董鄂妃就是顺治皇帝的弟媳妇。

据当时在宫中任职的德国传教士汤若望的笔记记载："顺治皇帝对一位满籍军人的夫人起了一种火热爱恋。当这位军人因此事申斥他夫人时，竟被顺治闻知，打了他一个耳光。这位军人于是因愤致死。顺治皇帝就将这位军人的夫人收入宫中，封为贵妃。"汤若望说的这位满籍军人，就是襄亲王。

那顺治是怎么见到他的这位弟媳妇的呢？顺治情路坎坷，两任中宫皇后他都很不满意。当时这位青年皇帝刚刚17岁，那天他到母后的慈宁宫来请安，就是在这儿，惊鸿一瞥，他一眼就看到了像天仙下凡一样的董鄂妃。当时董鄂妃是遵循命妇入侍后妃的制度来宫里"上班"的。请看官注意前文的这个"妇"字，虽然她明眸皓齿，亭亭玉立，顺治是怎么看怎么喜欢，但人家却是有夫之妇，她是索靖大贵妃的儿媳，也就是同父异母的弟弟和硕襄亲王博穆博果尔的正福晋。

顺治只能怨叹老天太不公平了！为什么这么美的董氏在选秀的时候自己没发现？却被指配到了襄亲王的府里？

从此这位皇帝就得了单相思，坐立不安，几乎寝食难安。

他想方设法以各种理由召董妃到母后的身边，再频繁地去母后的宫里以种种理由接触董妃。直到有一天，天遂人愿，只有两人在场，顺治向董鄂妃倾诉了他压抑已久的爱慕之情。

不幸的是，博穆博果尔发现了这件事，年轻气盛的襄亲王竟然来和顺治理论，斥责他丧失伦理。顺治恼羞成怒，打了襄亲王一记耳光，骂他大胆，侮辱君王。

顺治十二年七月初三日，博穆博果尔死了，时年15岁。仅仅不到两个月，顺治就正式宣谕礼部：已经征得皇太后的同意，纳鄂硕之女董鄂妃为贤妃，让礼部速择吉日具奏。并委派内大臣鳌拜前去告祭襄亲王，此举可能是因为顺治有些心虚吧。

九月底，董鄂氏入宫仅1个月，就被晋封为皇贵妃，地位仅次于中宫。两个人之间轰轰烈烈的爱情自此名正言顺了。

"慧极必伤，情深不寿"，从结婚到董鄂妃去世，她和顺治真正在一起的时间，其实只有短短的四年。董鄂妃的死，令顺治难过万分。董鄂妃死后两天，顺治追封她为"孝献庄和至德宣仁温惠端敬皇后"，并撰写了4000字的《端敬皇后行状》来悼念她。

顺治皇帝因何动了出家的心思？

名僧玉林通琇，被顺治皇帝敕封为大觉普济禅师，其《玉林年谱》有与顺治对接时一番谈话记录，慧眼初开，灵光闪烁，可见顺治本身于佛学根底甚深。由此，顺治一心向佛，由参禅而皈依，由皈依而护持诸佛正法，曾欲效法如来达摩舍去国位，被玉林通琇一言而止，并无剃发出家之举。

顺治十六年三月十五日，在几番拒绝顺治相请之后，玉林通琇终于来到了京城。顺治大喜，以方外礼接见，供养在万善殿。

这一天，顺治来，向玉林通琇师父发问：“心在七处，不在七处？”

师父答：“觅心了不可得。”

又问：“悟道的还有喜怒哀乐否？”

师父答：“唤什么作喜怒哀乐？”

顺治说：“山河大地从妄念而生，妄念若息，山河大地还有也无？”

师父答：“如人睡醒，梦中之事，是有是无？”

又问：“如何用功？”

师父答：“端拱无为。”

又问：“如何是大？”

答：“光被四表，格于上下。”

又问："何为本来面目？"

答："如六祖所言参，不思善，下思恶，正恁么时是本来面目。"

又问："思善恶时如何？"

答："好善但好善，恶恶但恶恶，正好无恶恶时即参者。好善恶是我作用，我不思善不思恶时面目，渐要一切交参。第一要动里参，动中得力，静中愈胜，古人所谓从缘荐得相应捷也。"

顺治又问："如何是孔颜乐处？"

师父答："忧心悄悄。"

这一番对话之后，顺治似乎醍醐灌顶，混沌初醒，欢喜非常。命令近侍传谕："恨相见之晚。"随后数次亲临听法，还请玉林通琇师父起名，要求"用丑些字眼"，于是定名为"行痴"，专刻一方玺印为"痴道人"。

至顺治十七年七月，玉林通琇师父再次奉诏入京。"世祖就见丈室，相视而笑，日穷玄奥。"正是这一次，顺治因董鄂妃死，百般无趣，竟起出家之意。

遂问师父："朕思上古惟释迦如来舍王宫而成正觉，达摩亦舍国位而为禅祖，朕欲效之何如？"

师父郑重说："若以世法论，皇上宜永居正位，上以安圣母之心，下以乐万民之业。若以出世法论，皇上宜永作国王帝主，外以护持诸佛正法之轮，内住一切大权菩萨智所住处。"顺治欣然听决。

《续指月录》云："玉林闻森首座为上净发，即命众集薪烧森，上闻遽许蓄发乃止。"意思是玉林通琇的弟子茆溪森为铁心要出家的顺治落了发，玉林怒，命徒众架火欲烧茆溪森，顺治为救茆溪森而罢了出家之念。

但是，《玉林年谱》对此事只字未言。是真是假，会心者一笑。

顺治帝为何常常祭奠崇祯？

　　顺治生前曾经多次拜谒明朝崇祯皇帝的陵墓，并且总是亲自把酒祭奠。有时，他让侍臣们先行写好祭文在墓前颂告，有时候甚至不用文字，亲自在崇祯墓前诉说，并且常常泪流满面。据说，有一次，顺治竟然长跪于地，哭唤崇祯为大哥，让崇祯的在天之灵保佑他这个小弟，不要重蹈明朝的覆辙。为什么顺治对崇祯有这样的一份情感呢？

　　就在顺治亲政初年，他与汤若望过从甚密，谈论中经常会说到崇祯。他问汤若望，崇祯到底是个什么样的人，明朝为什么会亡国？汤若望曾经在崇祯末年供职于明廷，对崇祯的事情知道得详尽，于是他就会对顺治娓娓道来。由此，顺治对崇祯先入为主产生了好印象，并对这个孜孜求治的亡国之君寄予了无限的同情。他认为，如果不是积重难返、太监擅权、奸臣误国，明不能亡，崇祯其实是个好皇帝。

　　董鄂妃死后，顺治心情郁结，在一次拜祭过崇祯墓之后，发现在陵侧还有一墓，询知为明太监王承恩之墓，他是为殉崇祯皇帝而死的。顺治对他十分赞叹，当时命随从的学士麻勒吉摆酒致祭。回到行宫之后，又命大臣李尉为他撰写碑文。文中赞王承恩在明崇祯自缢殉国，明朝文武百官如"兽惊鱼淰，奔迫途穷"，甚至"屈膝贼庭""冀赊余生"的时刻，独能尽近侍之职，

"踉步不舍，自经帝侧"，实在"重于泰山"，推他为"中官殉国"千古一人。

顺治爱好书法，而崇祯的字写得很好，画也不错。顺治在宫中收藏了不少崇祯的字画，他还常常谦虚地对人说："朕字何足夸，崇祯帝字乃佳耳！"共同的爱好和特长又把本是敌对的两代帝王的距离更拉近了一步。

顺治统治的十八年中，正值大业初创，举步维艰，先有摄政王多尔衮之专擅，后有水旱灾害不断，南方仍然战火纷飞，社稷不稳，朝中满汉诸臣矛盾尖锐，难于权衡。这对于才20岁左右的顺治来说，难免捉襟见肘、焦头烂额，而且常常陷于孤立无助当中。所以，他非常同情崇祯帝，为崇祯帝蒙上"亡国之君"的耻辱而不平。

30名太监和宫女为董鄂妃殉葬

顺治做过一件非常残忍的事，30人因此无辜丧命。从儒家讲有伤天和，从佛家讲是犯有重戒。仅从这件事来看，他离出家修行相距甚远，出家之说更像是一个讹传罢了。

前文提到顺治与董鄂妃的爱情。因为捆绑着别人的生命，这段爱情其实爱得很苦很沉重。先是他们的儿子夭折，顺治曾经想让这个儿子继承大统的。紧接着22岁的董鄂妃也因为过度思念儿子而薨逝，这对于顺治的打击相当之大，甚至让他万念俱灰。曾经有过出家念头的他，在董鄂妃逝去几个月后即得天花而死。但有好事者捕风捉影，揣测顺治布了一个局，火化掉了一具空棺，自己出家遁去。于是这位不爱江山爱美人的皇帝给后人留下了一个千古之谜。

径山禅师云："出家乃大丈夫之事，非将相所能为也。"如果一个人一心向佛甚至可以舍弃江山，那他的修行与愿力远非常人可及。如果他真的想出家，那就不该在他出家几个月前做这件极为残忍的事——在董鄂妃死后他担心"阴间"没人侍奉他的爱妃，因此逼30名太监和宫女为她殉葬。

此事因后人包括雍正为他隐瞒而一直影影绰绰。但德国人魏特所著《汤若望传》中，引用了顺治非常倚重的汤若望回忆录中的记载："贵妃薨逝，皇帝陛为哀痛所攻，竟至寻死觅活，一切不顾，人们不得不昼夜守着他，使他不得施行自杀。三十名太监和宫中女官，悉行赐死，免得皇妃在其他世界中缺乏服侍者。"

可以想象当时的一幕幕一定惨绝人寰，紫禁城的皇宫大内一时之间沦为人间地狱。

此非孤证。周汝昌先生之《红楼梦新证》第七章中也有记载："顺治痛不欲生，众人日夜守护，防其自尽。太监与宫中女官共三十名，尽行赐死以殉皇妃，俾为冥界之役侍。"

礼佛多年的顺治，为了自己心里的一点平衡，就制造了30个冤屈的灵魂，这对于一个学佛的人来说，只能用"不可理喻"来形容了。当他有了这个念头的时候，无论是汤若望，还是他非常崇信的高僧茆溪森都极力相劝。顺治在董鄂妃死后的第六天还撒了一个谎，说是不忍心让他们殉葬，何不让他们出家学道来报答主子呢？但到了爱妃大殡之日，30名太监和宫女还是被赐死了。

顺治从16岁就开始接触佛法，为自己选了一个法号为"行痴"，还曾经决心出家，效仿佛祖释迦牟尼和菩提达摩而舍弃王位。他应当知道生死于佛法当中的真义，更应当知道，佛家五戒之首最重要的一个大戒就是"不杀生"。为了死去的爱妃而杀掉30个鲜活的生命，不仅不能做，这样的念头也不当有。

董鄂妃死后不到半年，顺治就得了天花追随她而去。在他的遗诏中，专门写有一条，董后"丧祭典礼过从优厚，不能以礼止情，诸事逾滥不经"。

好在康熙禁止了这个陋习，之后清朝未再发现用生人殉葬的事。在这一点上，不能不佩服这位圣祖仁皇帝的仁义之举了。

清初第一猛将，鳌拜激赏，康熙赐枪

说"马鹞子"知道的人不多，说起王辅臣，看过《康熙王朝》电视剧的人会有印象。但历史上的王辅臣并不识字，是个首鼠两端的人。此人传奇之处在于长得极像吕布，性格也像吕布，最不可思议的是，其武力乜像吕布，勇冠三军，生平罕逢对手，称他为明末清初第一猛将也不为过。

王辅臣在跟随大同总兵姜瓖的时期，与阿济格所率的清兵对阵。此人黄马白袍，于乱军丛中往来驰骋，十荡十决，所向披靡。时阿济格手下皆百战精锐，但遇到王辅臣，则"莫有撄其锋者"。

此后他跟着姜瓖降清，来到京师。时人记载："都中满汉，无不以一识马鹞子为荣矣。"鳌拜算得上清朝当时的第一勇士，但他对马鹞子王辅臣也青眼有加，亲自向顺治帝推荐他。顺治帝早就听说过马鹞子的大名，还说过："闻有马鹞子者，勇士，今不知何在，安得其人而用之。"当时一见马鹞子，就直接任命他为御前一等侍卫。

此后，他随洪承畴出征西南，被保举为总兵。接着，王辅臣带兵跟随吴三桂入缅甸，擒获南明皇帝朱由榔。

吴三桂极力笼络他，但他的侄子吴应期有一次在喝酒的时候却出言不逊，马鹞子大怒："挥拳击食案，案之四足皆折，案上十二磁（瓷）簋及菜碟饭盂酒杯等一一应手碎"。一座皆惊，目瞪口呆。

康熙调任他为平凉提督，马鹞子进京陛见，康熙帝亲自把顺治帝留下的一杆豹尾枪赠给他，马鹞子哭拜而出。康熙帝曾对马遥子赞曰："有武臣如此，朕复何忧！"

能够得到康熙如此信任和赏识，马鹞子本应该尽忠贞之节为回报，可惜吴三桂反叛之后，他因与莫洛和张勇等人不睦发生摩擦，杀莫洛后潜通吴三桂，后又占据平凉拥兵自重，清兵困城势蹙复降。

马鹞子王辅臣是因为无颜面对康熙而自杀的。不过，在他自杀之前，在平凉城被重重包围的时候，他坐困愁城，对着自己的七个妻妾说："死大同者，今无其人矣！"意思是说，当年大同城破之时，他的结发妻子张氏自缢而死，现在又到了城破时，你们又怎么样呢？

"七人闻之，同时皆自缢而死。"惨绝人寰，可悲可叹！

马鹞子王辅臣虽然勇武，也只是历史进程当中的一个小人物，在行文中，更想把这个"物"字去掉，直说他是个小人，一生叛来叛去，不识忠义为何物。有人说他是局限于没有读书，但古往今来即使屠狗辈中，仗义识大体者代不乏人。

马鹞子王辅臣生逢乱世而具大将之能，不能建功立业名垂青史而为后人所诟病者，乃自取其辱也。

德官陈廷敬的铁腕，一连扳倒四位权臣

有人说，"德官多懦"，陈廷敬就是一位宅心仁厚的德官，印象里他是一位勤勤恳恳修撰字典的老实人，似乎跟这个"懦"字离得不远，但这么认为就彻底错了，德行高却不见得没有铁腕。陈廷敬若是没有点做官的诀窍，如何微笑着站在康熙的朝堂上近半个世纪？此人政治嗅觉极其灵敏，而且出手相当老辣。他能从康熙的一句话里，听出自己的行动指南，然后恰似兔起鹘落，一举将明珠、索额图等几位权臣全部拿下！

康熙朝有一段时期，明珠和索额图各自结党，一个权倾朝野，一个飞扬跋扈。而向来不结党的陈廷敬深受康熙信任，这让明珠与索额图又羡又忌。既然拉拢不了你，不如直接干倒你。于是，陈廷敬的弟弟陈廷统受贿被告发，接着亲家张沂因贪污被参，可陈廷敬一个字也没有替自己辩解，乞求还乡守孝，康熙皇帝就准许他回阳城老家了。

其实康熙洞若观火，仅一年多的时间，陈廷敬就被起复了。此时，明党与索党两派势力正斗得乌烟瘴气。

一次，康熙找陈廷敬问话，言谈间，陈廷敬数次随口说出"明相国"几个字。康熙似乎有心纠正他，说："大清从未设过什么相国，何来的明相国？"就是这有意无意的一句话，让陈廷敬敏锐地捕捉到了康熙帝对明珠的态度，他知道，出重拳击倒明珠的时机到了。

此时，在大清朝的权力中枢里，还有两位举足轻重的近臣，一位是徐乾学，另一位是高士奇。这两个人没怎么倾轧陈廷敬，至少面子上还过得去。但陈廷敬向来孤守清高，不像高士奇和徐乾学那样喜欢呼朋引类、植党揽权，乃至贪墨无度。民间有说法叫作："九天供赋归东海（徐乾学），万国金珠献淡（澹）人（高士奇）。"这两个人也让康熙很头疼恼火。

于是，陈廷敬使出了他政治生涯中最得意的连环计，身为左都御史的他先让御史郭琇出面参明珠，这一参正中康熙下怀，陈廷敬再顺水推舟把明珠推倒。

接着，他利用索额图和高士奇之间的感情裂缝，怂恿高士奇参劾索额图。

在索额图如坐针毡的时候，他"不经意间"与索额图谈到了高士奇拿假古董哄骗皇上的真相，索额图在被高士奇参倒之后，反咬一口，将高士奇欺君罔上的事奏到了皇上面前。于是，高士奇尽管在康熙面前把头磕出血来，还是被送回老家务农去了。

此时，徐乾学看到劲敌皆败，暗自侥幸，准备独揽相位大权。却不想他向杭州知府刘相年索贿30万两白银事发，参劾他的人正是刘相年。当时刘相年的官职品级不够，又是陈廷敬鼓动河督张鹏翮出手帮刘相年密参。于是徐乾学也被罢官打道回乡。

康熙是大局在握的黄雀，其实早就准备好开炮了，只是缺给他点炮捻子的人，他没想到是老成持重的陈廷敬在暗中给他安顿好了这场局，陈廷敬该出手就出手，果敢决绝而不居其功。

陈廷敬这套连环参的胜利成果是：明珠罢相削权，索额图身死图圄，徐乾学去官郁郁而终，高士奇斥退回籍。朝堂为之一清。

文渊阁大学士陈廷敬含而不漏，如履薄冰几十载，得以善终。

一代名相陈廷敬的一份奇怪遗嘱

康熙皇帝对陈廷敬的评价是八个字："宽大老成，几近完人。"这是一个极高的评价，为人臣者，得明君如此器重推崇，可谓登峰造极。作为一个读书人，能够做到修身齐家治国平天下，也算一代楷模。

陈廷敬的公开介绍中说他有一妻一妾，14岁娶正室夫人王氏，也是阳城人，比他小两岁，生长子陈谦吉。侧室李氏，江宁府（南京）人，比他小16岁，生次子陈豫朋和三子陈壮履。

其实，陈廷敬还有一个妾，姓孔，"贫贱相从"，跟了他20余年，可惜的是，到了陈廷敬39岁那年，孔氏竟然一病而逝。为此，伤心欲绝的陈廷敬做了一件今天看来是故剑情深、天长地久的真爱之举，可在当时却为礼法所难容，甚至是为士大夫们所讥讽的一件事——他要和爱妾孔氏合葬！

合葬在今天看来不是什么惊天地泣鬼神的大事，但在陈廷敬生活的那个时代，妾只是个生育工具，根本没有资格和丈夫合葬，连牌位都不能入宗庙，算是外人。在明代，即使是生了皇帝、死后被追尊为太后的妃嫔，也只能享受"祭祀别殿"的待遇。而按照清朝的旧制，妾即使生有子女，亦不得与本夫合葬，"盖以名分所在不可逾越"。

陈廷敬是一家之主，按道理，即使逾越祖制跟孔氏合葬，也应该是他说了算。

但是事情的执行者应该是他的长子，就是王氏所生的谦吉，这可就费心思了。

因为"嫡子事庶母，即未能尽礼"，在刘声木所撰的《苌楚斋随笔续笔》里就有这样的质疑，意思说得委婉，其实就是谦吉跟孔氏很不和睦，所以，陈廷敬很担心自己死后，无儿无女的孔氏"孤魂无依"，思来想去，他提笔写下了这样一份措辞相当严厉的遗嘱：

"大儿谦吉、次儿豫朋，乳名国瑞，谨听吾嘱：亡妾孔氏，贫贱相从20余年，于康熙十五年十月廿五日，终于京师邸寓，后日柩归原籍，当下地权葬。我恸念其无儿无女，孤魂无依。我死后，必祔葬孔氏于我墓中。如不遵我遗命，是悖逆不孝，我灵必殛之。伯叔昆弟，远近族属，亲友人等，申白所在官司，以大不孝论罪。我死后，有敢藏匿此遗嘱，希图灭迹者，有人举发到官，亦以大不孝论罪。"

为了落实遗愿，陈廷敬将遗嘱书写三份，一份给长子陈谦吉，一份给次子陈豫朋，一份交予弟弟陈廷统。落款是经筵讲官、内阁学士兼礼部侍郎泽州陈廷敬自书遗嘱，时年39岁。下有花押一，曰"敬"。又有小字二行："同仆人杨进、王镇畅、锡珍付执。"

说这份遗嘱怪，一是怪在他要与爱妾合葬，二是怪在防备如此周密，唯恐其子谦吉之不遵。他以一个文渊阁大学士的缜密思维，想到了各种监督长子执行自己这份遗嘱的方法。

陈廷敬活了75岁，死时备极哀荣，康熙亲作挽诗悼之，谥文贞。那他的这份遗嘱到底执行了吗？个人推断，他与孔氏合葬的心愿应该是完成了。当时他的另外两个儿子陈豫朋和陈壮履先后都入了翰林院，事情也不是长子能一人说了算，何况长子陈谦吉也并非枭獍之属，他也当过河务同知之类的官，虽然没有太高功名，却为老百姓解除水患，办了不少实事，颇受百姓称道。

康熙不仅从未微服私访，还反对大臣如此

《康熙微服私访记》里的这位康熙爷跟梁山好汉似的，驰骋江湖，纵横如意，替天行道，除暴安良，还捎带抱个美人归，惬意至极。其实了解史实的人都知道，康熙不仅一次微服私访都没有过，甚至还很反对这么个事。

根据《清圣祖实录》记载，康熙说过这么一段话："康熙五十六年三月庚申，谕大学士、学士、九卿等：朕尝观书，见……宋太祖、明太祖皆有易服微行之事，此开创帝王恐人作弊，昌言于外耳。此等事，朕断不行。举国臣民以及仆隶，未有不识朕者，非徒无益，亦且有妨大体。况欲知天下事，亦不系于此也。"

意思就是我在书里看见宋太祖和明太祖有微服出行的事，但这事太傻了，我是断断不干的！想知道一些事，办法多得是，密折就很管用，依靠微服私访，也不是什么高招儿。

那既然没有偷偷摸摸地出宫，他也去过很多地方，还留下过墨宝，又怎么说？皇帝出行都是公开的，官方叫"巡幸"。康熙巡幸过不少地方，《圣祖仁皇帝圣训》记载，山东、陕西、塞外、江浙这些地方他都"巡幸"过，当然，他"巡幸"江南次数较多，去了6次，害得曹雪芹的祖上因为接待费超标而背负了巨大的亏空。

皇帝"巡狩四方"，其实也挺扰民的。康熙算是一个特别体谅老百姓的明白人，他的身后跟着各级侍卫，还有领侍卫内大臣，保护他这个超级国宝的人至少有三百人以上。皇帝每天藏在大内深宫里尚且怕人行刺，君子不立危墙之下，这种匹夫行为，康熙断然不屑。

他和左都御史徐元梦说："微行之事，断乎不可！不但为人君者，即总督巡抚亦不可。"

意思是不仅他不可能微服私访，连他手下的总督巡抚也干不得此事。清朝制度非常严苛，就算是皇帝，每天的作息时间也是有规定的，4点起床读圣祖圣训实录等，7点早朝，晚8点就得乖乖睡觉。顺便再说一句，原先清朝规定是十日一朝的，正是特别勤奋的康熙规定一日一朝，每天都上朝，哪有时间出去瞎逛？

最后再解释下，民间广泛流传康熙微服私访，这总不是空穴来风吧？要是追根溯源，都是评书《康熙私访》散布的。这本评书就是依照清代评书《康熙侠义传》改编出来的。过去的老百姓肯定都希望能来一个扛着尚方宝剑的主，遇上天大的事儿也能帮他们摆平，是比青天大老爷还大的大老爷。只能说，这是一个多么美好的愿望呀！

康熙安排的一场特殊"考试"

在康熙的心里，他对青年雍正并不看好，甚至在谕旨中说雍正"喜怒不定"。但是，雍正在后来的行事中，越来越得康熙的器重，尤其在经历了一场康熙特意安排的测试之后，康熙对雍正的评价为"度量过人，深明大义"，而呼声甚高的八爷却黯然失色。此事之后，在康熙心里的天平上，向老四倾斜的迹象就越来越明显。

康熙因为立储之事伤透了脑筋，所以对皇子们结党营私非常反感，老八在这点上颇不检点，而雍正很清晰地揣摩到了康熙的心。他非常低调，还结交了不少高僧，谈禅崇佛，标榜自己是"天下第一闲人"，尤其在与兄弟臣僚相处的过程中，还表现得非常谦和。

因为不仁不孝，康熙一怒之下废掉了太子胤礽，但在让谁来看管胤礽的这件事上，康熙费了不少心思。

按说废太子交给宗人府看管处理就行，但是康熙特意把老四和老八叫来，让他们俩来看管被监禁的胤礽。

看管的时候，兄弟之间难免会有交流对话。胤礽对被废一事非常不甘心，极力表白自己没有谋害皇父的逆心。在声泪俱下地一番诉说之后，胤礽恳求两位兄弟一定要找机会把这番话转呈给皇父。

这时候老八胤禩动了小心思，他怎么可能给胤礽翻盘的机会，决心不为代转，而且他推测一向阴险的老四也决不会为废太子打开这扇生门。

然而让老八万万想不到的是，老四偏偏走了一着险棋，他冒着被皇父责骂的危险把胤礽的话完完整整地转述给了康熙。

这一把，雍正确实赌对了。不管他以后对兄弟们怎样残酷无情，可此时跪在康熙面前的他却是足够仁义的，是以大局为重的，是兄弟手足情深的。

其实此时的康熙原本非常矛盾，他后来知道胤礽的反常可能是有人做了手脚，总想找个台阶宽恕废太子，毕竟十指连心，而雍正在此次考试中的做法深得康熙的好感。

此后，一连串棘手的大案逐渐交到雍正的手里。科考舞弊案、仓储亏空案及前朝陵寝被盗案等，他都出手不凡。后来，当代皇父到祖陵祭奠和入南苑祭天等重大事件交到雍正手里的时候，雍正不能不暗喜，他在皇父心里的分量越来越无可替代了。

八爷为何不敢孤注一掷来场政变？

在雍正继承大统的过程中，总感觉八爷其实是很有机会的，声望比较高，捧他的人也多。但是后来雍正顺利上位，八爷就束手就擒，甘拜下风了，败得有些窝囊。他为什么不能像当年的秦王李世民一样来场政变？他有胜算吗？

要发动宫廷政变，有一枚最关键的棋子，就是隆科多。此人当时是步军统领，深受康熙信任。康熙五十九年，康熙又意味深长地任命隆科多为理藩院尚书，仍署理步军统领。

在九王夺嫡的最波谲云诡的时段，及至康熙在畅春园的生命落幕，他几乎是把自己的那把老骨头都交到了隆科多的手里。隆科多是一等公佟国维的儿子，孝懿仁皇后的弟弟，所以他是胤禛的舅舅。

步军统领负责京师的警卫、治安，其统率的部队长期保持在三万人左右，且都是精兵，装备当然也是最好的。步军统领衙门除本部外，还下设八旗步军营、巡捕五营、内外城十六门管理机构和白塔山信炮管理部门。

所以，在康熙的弥留时刻，隆科多当机立断，让胤禛"先定大事"，再办丧仪。为避免发生变故，隆科多立命铁骑四出，自十四日至十九日封闭京师九门，全城实施戒严，直至二十日胤禛正式即皇帝位，戒严才逐步解除。

八爷动不了丰台大营的几万人马，老十四的十万人马被年羹尧阻断在西北。以八爷府中所养的死士和九爷、十爷的人加起来，怎么就不敢学学李世民来个孤注一掷呢？李世民当初突然发难，他也没有执掌京城兵权，只有他的部下及亲兵，号称"八百勇士"。

依据福格所著的《听雨丛谈》中记载，才知道此事也几乎没可能。老谋深算的康熙在制度上已经扼杀了这种可能性。

康熙二十五年规定："汉督抚准带家人五十名，藩臬准带四十人，道府准带三十人，同通州县准带二十人，州同以下杂职准带十人，妇女亦不得过此。"就是说，每个大臣家里有多少家丁是有明文规定的，超过这个数就是欺君。

康熙既然对臣子的家丁人数这么上心，王公贵族家里的家丁数目应该也有详细的规定。卧榻之侧，康熙不会让任何人有可乘之机。

其实从皇太极开始，就对宗族内部人员户口有详细规定。康熙二十六年又规定："新丁年十六以上者增入，旧丁年七十以上者开除。"说明每个宗族人员家丁的数量是固定的，有增补则必有开除，所以总人数在康熙眼里是一目了然。而最关键的是，清廷规定有详尽的"比丁"制度，就是每三年对所有人员进行人口普查登记，想在家里蓄养一些武装力量并藏匿起来，除了对手们的监督之外，还有一个最直接的监督者就是理藩院。

现在终于明白康熙又让隆科多兼任理藩院尚书是多么有深意的举动了。就是说，每个王公大臣家里有多少人，能不能掀起什么风浪，隆科多一清二楚。

所以，八爷失去了隆科多的支持，就会处处受制。他还是理智的，清楚自己没有李世民的胆魄和战斗经验，只能打落牙咽在自己肚子里了。

九王夺嫡的关键人物隆科多比亲王还牛

先说这个九门提督，这不是正宗的宫廷叫法，人家的官名叫步军统领，全称是"提督九门巡捕五营统领"，九门提督似乎听着比步军统领更虎气，所以更流行。其实，步军统领是正二品的武职，而归他掌管的不仅仅是大内禁军，北京城里的八旗步军和巡捕五营都归他调遣，又岂止是一个掌管"九门锁钥"的守门将军。

帮助雍正登基的隆科多是步军统领里最著名的人物，他曾自夸一声令下就可以聚集两万兵马。所以爱新觉罗氏一家老小的安危都攥在他手里。据实说，他也不算吹牛，他确实是北京城里能调动军队最多的人，所以才是九王夺嫡时诸王都想争取的关键人物。

步军统领的权力究竟有多大？这个特殊的官职一般都是皇帝最信任的王公勋臣来担当。因为除了九门锁钥，白塔信炮和大内合符都归此人掌握。

啰唆几句，说说这白塔信炮和大内合符。

北海的白塔曾经是藏信号炮的地方，塔后设有高大的"五虎杆"和铜铁质信炮，驻守八旗亲兵。

清廷设有"奉旨放炮"金牌，存于内廷。遇有紧急事件，即由御前或衙门差人持金牌至白塔山，经值班信炮官验明放炮，昼则于杆上悬旗，夜则于杆上悬灯。一闻白塔炮响，内九门信炮皆应，并各悬旗、悬灯。驻京官兵听到信炮，皆齐集候旨。所以，京城所有官兵都听这个掌管白塔信炮者的号令。

而"大内合符"即为铜镀金二龙戏珠阴文"圣旨"合符，为清代皇宫通行之用。分别铸有阴、阳文"圣旨"二字。阴文片交由各门御林军护卫统领收存，阳文片存放于宫中。皇帝行驾出行、皇族出入内宫、近臣出入宫廷之时，只有持有由皇帝御赐的信符文字与该门阴文相符，验证无误方可放行。所以掌握了这个符就可以一路畅通到皇帝的床前了。

步军统领衙门的威风远不止如此，这里有郎中、员外郎、主事、司务和笔帖式等人专门伺候。步军统领不仅是领军，还断官司，"徒罪以下的词讼，皆得自理"。就是说一般的官司都能自己说了算。

步军统领最威武的还不是这个，他有一个连亲王也艳羡的特权——"出入九衢，清尘洒道，街官闾吏，呵殿道迎"。好家伙！不光得把街道扫净，沿途还有人吆喝开道，一般官员都得在街边迎候着，除了皇帝皇后这个级别，没人能有这份霸气！

所以，康熙病危的关键时刻，明确下旨不让任何人进畅春园请安，甚至连国家政务都明令停止，但雍亲王却能够直入畅春园去"请安"。特别是康熙驾崩当天，雍亲王五次出入寝宫，毫无疑问，这都是隆科多在帮忙。

那隆科多为什么会帮雍正？

有一种说法比较靠谱，他爹佟国维在康熙让谁继位这个问题上始终没有摸透皇帝的心思，所以他思忖良久，决心让隆科多投靠胤禛，自己继续捧老八，可谓父子各事其主，不管最后两位皇子谁坐了天下，佟家都能荣宠不衰。如果真是这样，也算是用尽心机的无奈之举了。

清朝官员治贼的高招

在康熙年间的众多官员中，陆陇其应是治贼的罕见高手了。清代吴炽昌所著的《客窗闲话》中记载，陆陇其曾在嘉定和灵寿任县令，每捉来一贼，就在衙门里逼着贼学纺纱。他说："是不难。为利之最厚者，莫如纺织，且人人能为之。"意思是纺纱是能安身立命的活计，又没多难，现在苦口婆心地传授方法，能学会偷盗就定能学会这个。

若有好吃懒做的贼就是不干呢？"能，即释汝；不能，即惰也，罪加倍。"也好办，学会了纺纱，就放你回家；不好好学，那就加一倍的刑期。这是多大的诱惑！群贼为了早点出去也得拼命学，一般三五天就学得有模有样了。

到放人的时候，陆县令告诫他："你这几天纺的纱，扣除你的饭钱，还多几百文，你拿回去做纺纱资本。如果再犯，决不饶你！"这样仁慈的县令怎么能不让人感动，凡是有点良心的贼，都是拿着钱哭着走的，大多数人从此就能改邪归正。

若有再犯者，被陆县令捉到后，就没那么好说话了，一顿大板子像雪片一样打下来，让人不仅要忍着屁股疼，还要被锁在衙门里纺纱一个月。

如果第三次再被捉进来，那就彻底当不成贼了。陆陇其的办法实在"损"到家。他让衙役赶着那个贼，让他快跑起来，跑到上千步，趁热搌住他，一大碗热醋给他灌下去，等贼喝到一半时，让人猛拍他的背，从此这贼就得上干咳症了，走到哪里都"咳！咳！咳！"这咳嗽终生不愈，让他当不了贼，死了这份贼心，只能老老实实地纺棉纱。

一则教之，授其生存之道；二则杖之，给其自悔之机；三者药之，使其终生不得为贼。这位不厌其烦、用心良苦的清官陆陇其县令被雍正和乾隆两朝定为官员的学习榜样。嘉定孔庙里的当湖书院，即是乾隆年间为纪念陆陇其而建，这座古代书院建筑，至今保存完整。

清代钱泳的《履园丛话》中记载，清代的道光年间，还有一位知州大人铁腕治贼，竟能将通州（今南通市）的贼吓得纷纷逃亡。这位通州知州名叫周焘。

说铁腕，是因为他的严酷，每次捉到贼，只要证据确凿，他便"断其脚径"，就是把贼的脚筋挑了。这办法听着很解气，也应该很有效果，但是实在出手狠重，所以让人置疑：这符合司法程序吗？

有一次，捉到一个很有胆气的贼，他很不服，在受审的时候直接质问周焘大人："小的做贼多年，亦颇知《大清律例》，割脚径在何条例？"

周焘想不到这贼还胆敢叫板，于是笑道："你说的对，但是我也想问你，三百六十行，行行吃饭着衣裳，你在哪一行？"

这贼一时哑口无言。周焘命人施刑，断其脚筋。这样的手段没有哪个贼不怕，行内人纷纷跑路，逃离通州。于是，通州境内肃清，老百姓甚至可以开门睡大觉了。

当然，周焘不仅是治贼有方，对于兴文教化也卓有贡献。道光八年，周焘将通州谯楼维修一新，更名为"星枢楼"，星枢之名，是依星相学说，期冀通州文化发达、人才兴盛。

康熙对女沙皇用了美男计，正是韦小宝的原型

朋友们在看《鹿鼎记》的时候，都会记得韦小宝的一段外国艳遇：

韦小宝见那女子一头黄金也似的头发，直披到肩头，一双眼珠碧绿，骨碌碌地转动，皮色雪白，容貌甚是美丽，只是鼻子却未免太高了一点，身材也比他高了半个头。

这是金庸先生对苏菲亚的描写。在金庸先生笔下，韦小宝跟随苏菲亚公主来到罗刹国，并且帮助她完成政变，维护了当时清朝与罗刹国的和平关系。不仅如此，这位公主对韦小宝爱得颠三倒四，对韦小宝的离开更是依依不舍。后来韦小宝因为和沙俄女皇的老交情，所谓"枕席之盟"，成为《尼布楚条约》的主要推动者，为大清国也算立下了不朽功勋。

估计读过这一段的人都会赞叹金庸这位小说家的生花妙笔，说他开了个一本正经的玩笑。但是无风不起浪，人的名儿、树的影儿。清中期著名史学家、诗人赵翼著的《檐曝杂记》中，记载了一则有关"俄罗斯"的笔记，竟然就看到了韦小宝的"影子"！

　　康熙中，圣祖尝遣侍卫托硕至彼定边界事。托硕美须眉，为女主所宠，凡三年始得归。所定十八条，皆从枕席上订盟，至今犹遵守不变。

　　意思就是说，康熙派出了一个超级大帅哥去办理商定边界的事宜，结果这位名叫托硕的"鲜肉"不辱使命，被沙俄女皇看中，陪伴了她三年。后来所签订的《尼布楚条约》，都是这位帅哥在枕头上与女皇商量好的。

　　在清代俞正燮所著的《癸巳类稿》中，也找到了相关的记载。但是，根据年代推算，与康熙皇帝同时期的是叶卡捷琳娜一世，而与韦小宝相遇玩异国恋并发动过政变的应该是叶卡捷琳娜二世。这样看起来，托硕搞定的女沙皇定然是叶卡捷琳娜一世，而金庸先生巧妙地把这事嫁接到了韦小宝和叶卡捷琳娜二世的头上。金庸先生曾经说过："历史学家当然不喜欢传说，但写小说的人喜欢。"

　　这位叶卡捷琳娜二世，人称"凯瑟琳大帝"，她原是普鲁士王公之女，后被选为俄国王位继承人彼得三世的妻子，然而夫妻双方并无感情，各自都找了情人（据人调查共找了7个情人，但不包括韦小宝，看来真是金庸先生虚构的）。后来凯瑟琳发动政变，夺取王位，成为世界上幅员最辽阔的帝国的主人——凯瑟琳大帝。她是俄国人心目中仅次于彼得大帝的一代英主。

　　那金庸先生笔下的这位韦小宝的"编外老婆"，应该就是叶卡捷琳娜二世了。既然是虚构笔法，我们大可不必那么纠结，小说当然要有更精彩的故事情节，而叶卡捷琳娜二世的故事，才更具传奇色彩！

　　如此可以推测，在大清朝有过这样一位在隐秘战线上奋战过的大帅哥，他的名字叫托硕。但是，他干的这件事入不得史册，所以几乎被淹没在茫茫的史海当中了。

康熙是不是一个好色的皇帝？

有人说清朝最风流的皇帝是乾隆。但也有人说，应该是乾隆的爷爷康熙，连纪连海老师也说康熙皇帝好色。有名分的老婆就有40个，加上有记录的受过宠幸的宫女们，据说不下60人。

还有人统计过，康熙是清朝皇帝里老婆最多的人，所以他风流成性，成果丰厚。他12岁大婚，14岁开始生孩子，一直生到63岁，49年间一共生了35个儿子，20个女儿。

看似"好色"的一个皇帝，在一些史料中，却展现了他的另一面。法国传教士白晋（Joachim Bouvet）在他写的《康熙帝传》里是这样描述康熙的：

现今统治着中华帝国的康熙皇帝，非但不沉溺于女色之中，而且能够有意识地采取一切办法加以避免。两三年之前，当康熙皇帝巡幸至南京市时，地方官将7个绝色佳人作为贡品献给皇帝，皇帝虽然收下了，却看也不看她们一眼。有几个内廷侍臣促成了进贡美女一事，从此，皇帝便对他们冷眼相待，甚至对他们处以一定的刑罚。由此可见，对于可能迷惑和腐蚀自己操守的因素，康熙皇帝是多么警惕。

　　笔者之所以愿意相信白晋的话，因为他写书的目的是向路易王汇报在中国的见闻，不是为了哗众取宠。更重要的是，他在康熙身边工作了35年，据说他的眼睛很近视，但是35年足以看清一个他回国以后不需要恭维的康熙了。

　　据说过去开妓院，没有苏杭的女子至少要有山西大同府的女子，否则不上档次。那江南的美女没有攻下康熙，山西的美女又会如何呢？

　　山西巡抚噶礼也动过这个歪脑筋。康熙的近臣李光地谈到过一件与此相关的秘史。

　　山西巡抚噶礼为讨皇上的欢心，曾经给康熙进贡了四个大美女，康熙见了，用一种很鄙视的口气说："给朕用美人计吗？把朕看成什么人了！"

　　他知道噶礼不会只对他一个人使用美人计，就派出大内密探，结果查到有不少人将计就计了。于是，康熙大怒，"悉加之罪"。后来，噶礼因为贪污枉法，被判了终身监禁。

　　康熙有众多后宫佳丽，有不少是出于政治联姻的必要，何况，康熙并没有逾制。

女中豪杰：名将徐治都的两任妻子

《红楼梦》第十三回，贾珍想给贾蓉捐个官儿。正巧大明宫的掌宫内监戴权来上祭，三言两语之间，一个履历送到户部"起一个五品龙禁尉的票"，戴权说"平准一千两银子送到我家就完了"，然后，监生贾蓉就堂而皇之地成了龙禁尉。

龙禁尉的全称是"防护内廷紫禁道御前侍卫龙禁尉"，是可以领俸银的五品美差。在《红楼梦》里，曹雪芹不能实写，找了这么一个"龙禁尉"的名称。按清朝的官职来说，正五品应该相当于云骑尉，年俸银85两、米80斛。

说到与"龙禁尉"相当的"云骑尉"，堂堂正五品，级别不低了，在京相当于各部郎中，放了外任即是同知，仅次于一个州知府。要按武职来论，那就是一个威风八面的守备。

谈笑间，一个"龙禁尉"贾府手到擒来。而通过《清史稿》中的一则传奇故事，才知道奋战前线的大清将士，想"擢"一个"云骑尉"有多难。他们需要出生入死，甚至马革裹尸。

《清史稿》卷二百五十七《徐治都传》中有这样的一段记载，原文如下：

吴三桂反，十三年，陷沅州，治都率师赴援。时四川文武吏附三桂，叛将杨来嘉、刘之复应之。治都妻许闻邻境兵民皆从逆，权以治都令约束将弁，抚慰士卒，并脱簪珥劳军。会上命治都还守夷陵，来嘉、之复以舟师来攻。治都督兵水陆防御，击却之。来嘉据南漳，分路出犯，治都与襄阳总兵刘成龙会师合击，所斩杀过半。叙功，加左都督。十五年，来嘉复以舟师来攻，治都循江堵截。总兵廨濒江，寇舟逼廨，妻许督兵与战，中炮死。

首先介绍一下徐治都。他是清初的绿营名将，被封镇平将军，曾经在湖广一带治兵十八年，军纪严整，百姓深感其德，在他死后为他立祠以纪念。

难得的是，他有一位夫人乃是女中豪杰、巾帼英雄。《清史稿》中只记述了这位夫人的姓氏，以及她率队迎敌、血洒疆场的经过。《清稗类钞·武略类》中有一篇《许氏精韬略》，详细记载了许夫人的事迹。

徐治都的夫人许氏，铁岭人，不仅善骑射，还精通韬略。每次徐治都带兵出战，许夫人自带一军与之呼应，互为犄角，无数次血战沙场，联袂破敌，成就了一段相濡以沫的佳话。

康熙十三年，吴三桂兵犯湖南，来势汹汹，叛军迅速攻陷沅州，徐治都率兵驰援。许夫人带兵守卫江口，叛将杨来嘉、刘之复率兵来犯。许夫人看到周边的民众从贼的人很多，夷陵的军心不稳，于是她果断用徐治都的军令约束士卒，倾尽家中所有资产劳军，甚至摘下自己的簪子、耳环来补充军饷。手下军丁感佩其诚，随许夫人沿江激战，多次击退叛军。

此间双方反复攻夺，相持不下，徐治都数次大败杨来嘉，被朝廷升职为左都督。

康熙十五年，杨来嘉又带水师来攻，徐治都率军沿江堵截。八月，叛军

突袭夷陵，许夫人率军从容应战。夷陵的镇署就在江边，叛军的船炮可以对镇署直接开火。许夫人奋不顾身带领死士冲锋陷阵，呼啸杀敌时，突然被火炮击中，血染征袍，不幸身亡。

将军蔡毓荣等人具疏上报朝廷，康熙特旨优恤，由朝廷授予诰命，属于特典之列——徐家世袭云骑尉，由徐治都和许氏夫人的次子徐永年荫袭。这份荣誉"自母氏得之，殊仅见"。

徐永年得到的这份优恤——云骑尉，是他的母亲用命换来的，这在清朝可能是独一份。按说这个爵位可世代承袭，但事实并非如此，荫袭也有次数。据《清实录·乾隆朝实录》记载："昨阅国史馆进呈徐治都传。伊在湖广提督任内，攻剿叛贼，颇著劳绩，得有云骑尉世职，因袭次已满查销。著加恩仍赏给伊家，世袭罔替。至徐治都之妻许氏、当吴逆犯顺时，率仆御贼，中炮身死，义烈可嘉，著交该部补行旌奖。"

经查，这次旌表是在乾隆四十一年的事。从文中可看出，至此年，徐家的世职云骑尉袭次已满，就被查销了，但徐家的功绩还是让乾隆高度认可，于是，"加恩"给徐家，这个云骑尉可以"世袭罔替"。说到许氏，乾隆赞许为"义烈可嘉"。

许夫人战死，徐治都仍在前线浴血奋战。平掉吴三桂之后，康熙二十七年，他又率军平夏逢龙之乱。康熙大慰，"赐孔雀翎，予世职拖沙喇哈番"。这个世爵"拖沙喇哈番"到了乾隆元年，改汉名，就是"云骑尉"。

这里还有一个非常有意思的插曲，徐治都率军去讨伐夏逢龙时，在《清史稿》中还提了这样一句："师未还，桃源土寇万人杰为乱，治都妻孔督兵剿平之。"

一个能征善战的许夫人在十二年前殒命战场，这里似乎又出来一个穆桂英一样的夫人孔氏。而这个孔氏也相当不一般，将军的兵马还没回来，但杀鸡焉用宰牛刀，孔夫人自己带兵就干净利索地把土寇荡平了！

看来这位名将尝到了娶一个巾帼英雄的好处，在许氏之后，又娶了一个"露宿风餐誓不辞，饮将鲜血代胭脂"的女中豪杰！

再查这位孔氏夫人的资料，清嘉庆《常德府志》有载："斗姥观：府东二里。国朝顺治十年建，康熙二十二年镇平将军徐夫人孔氏修。"

孔氏的战绩也有记载："桃源流贼万人杰肆掠，夫人孔氏亲统兵剿平。事闻，授治都镇平将军，孔氏授一品夫人，食提督俸。"

看来这位一品诰命夫人孔氏也确有其人，只是资料太少，深以为憾。

《常德府志》中稍有舛误，平夏逢龙是康熙二十七年的事，徐治都是康熙三十三年才被授为镇平将军，康熙三十六年卒，赠太子少保，谥襄毅，赐祭葬。

工部尚书冀如锡的纳妾轶事

清康熙朝曾经有一位工部尚书叫冀如锡，此公是河北永年县人，因其精通易学，当地人称其"冀老仙儿"。

这位冀如锡大人也是能掐会算，但怎么也没有算出来自己找了一个夫人"性格奇妒"，她一直不孕不说，还绝对不许他纳妾，就连家里的丫鬟，都挑选长得惨不忍睹的那种。

冀如锡畏妻如虎，眼看就到了50岁，那就听天由命吧。好在他的弟弟冀如珪有三个儿子。冀如锡打算过继一个，正好那年他升了京官，就把自己当官几十年所得的家产银子等，都交给弟弟料理。

凭空掉下这么一注大财，弟媳乐得眼睛都开花了。

冀如锡要进京，吩咐弟弟置办些礼品土仪，准备送给同僚们。

这一天，冀夫人偶然从窗外路过，听见弟弟和弟媳小声嘀咕——弟媳骂："礼物哪需要准备那么多！这都是到了我手的钱，正好留给我的子孙用，又给老绝户干什么？"这"老绝户"三个字像闷雷一样击中了冀夫人，"太伤我自尊了"！她立时泪如雨下，想来想去没有发作，默默回屋做了一个让冀如锡惊喜交加的决定。

丈夫走后，冀夫人在乡下一口气挑选了五个相貌端庄、身体健康的女子，自己亲自带着就到京城来了。

夫人突然到来时，冀如锡正在屋里和客人玩纸牌。他看见夫人进门，吓得手中的纸牌都掉了。他急忙问道："你来干什么？"夫人答："我为你送妾来了！"冀如锡用眼一扫，心想：天呐，五个美女！这不是在做梦吧？

夫人又说："这里太狭窄，赶紧换大房子。"随后，夫人出钱租了一所大宅子，一家人浩浩荡荡搬进了新居。夫人什么用意，他不敢问，反正乐得听夫人安排。冀夫人给五个小妾排了值班表，让她们挨个侍寝，其余的四个和自己作伴。

不到一年，五个小妾都怀孕了；第二年，小妾们生下二子三女；第三年，小妾们又生下二子。

不久，冀如锡按资历升为兵部左侍郎。夫人辞归乡里，临走吩咐说："你留下二子一女，早晚逗你开心。我带着二子二女回家，去和二叔他们算账！"

这时候，冀如锡才明白夫人为他娶妾的缘由，都是因为"老绝户"这一恶语。

冀夫人带着小妾和子女们回到家，把所有寄存在冀如珪那里的钱财，按照登记的簿册，一一拿回。

说来也奇怪，冀如珪家里的三个儿子都因病夭折，绝了后嗣，反倒要从冀如锡的儿子里过继一个。

这个故事来自刘廷玑所著的《在园杂志》。

《荀子·荣辱》里有句话："与人善言，暖于布帛；伤人以言，深于矛戟。"信哉斯言！

狂傲不羁的徐冠卿，害死自己又害死老师

清代著名学者昆山顾炎武有个很出名很出息的外甥（当然比起舅舅来还是差多了），这个外甥姓徐名乾学，字原一，号健庵。康熙九年的探花郎，官至刑部尚书，曾主持监修《明史》《大清会典》《大清一统志》等，康熙皇帝曾经亲赐他四个大字：光焰万丈。

徐乾学做官乏善可陈，他的藏书却非常有名，家中曾建有一座藏书楼，五尺宽的书橱整整七十二橱。曾有一日，徐乾学把他的几个儿子叫到书楼，说："我们祖先都是清白起家，没有庄园田产或者金玉古玩可以传世，我所能留给你们的也只有一样东西。"他笑指着满楼藏书继续说："所传者为是矣！"于是，他的藏书楼就成为江南士林中盛传的"传是楼"。

据载，徐乾学共有五子，都高中进士，成为科举史上少有的"五子登科"实例。本文要说的是他的小儿子徐骏，字冠卿。这个孩子少年聪慧，只是生性放荡不羁，傲骄得让他爹也招架不住。

徐乾学给小儿子找来一个非常严厉的老师——孝廉周云陔，这位周老师对徐冠卿要求极为严格。

应该说严师才出高徒，徐冠卿中举之后，参加会试也中试了，于是和周老师一起再入京参加礼部考试，这就是殿试了。

　　进京途中，因为周老师管束督促太严，徐冠卿由此心生怨恨，竟然产生了杀人害命的念头。他悄悄地把巴豆放在茶汤里端给周老师。这位严厉的恩师周云陔万想不到是弟子害他，来不及延请医师，遂暴病而亡。

　　康熙五十二年，徐冠卿进京之后，癸巳恩科进士及第，点了翰林。

　　徐冠卿当官后，恃才狂放，结怨极多。雍正初年，文字狱大兴，徐冠卿的仇家在他写的诗里发现有"明月有情还顾我，清风无意不留人"的句子，如获至宝，告发到官府。

　　在刑部大堂审讯前，因为其父曾任刑部尚书多年，自然有一批门生旧人都想把徐冠卿这事给糊弄过去。他们告诉徐冠卿，在审讯时候只需要供述"实属无心"四个字就行。

　　可等到庭讯的当天，徐冠卿猛然抬头，看见刑部堂上有一位官员正目光炯炯地看着他，此人的相貌竟然酷似周云陔，徐冠卿心惊胆战，竟然随口误供说是"有心诽谤"。那些门生旧人一时也是目瞪口呆，但又不得不有意引导意图偏袒。这位酷似周云陔的官员，其实是松江人胡宗琳，他在堂前与各位官员据理力争，于是按诽谤定了罪。

　　雍正八年，48岁的徐冠卿被押赴刑场正法，那些他老爹的旧人还在怪他不该招认，他只说了三个字"吾命也"。然后，直到人头落地，再没说一句话。

　　此事记载于钱泳的《履园丛话》，钱泳的舅祖葛圣修先生曾在徐冠卿家做过塾师，所以此事他知道得最详细。

　　昆山徐家是名门望族，盖因祖德深厚。徐乾学当年建起"传是楼"也是一番启育后人的良苦之心，但育人必先育德，否则即使培育出了徐冠卿这样的翰林高才又将如何？徐乾学若地下有知，五世之后，家业飘零，藏书尽归

他人，又该生何感想。

当年"传是楼"曾有这样一副对联：

教子有遗经，诗书易春秋礼记，

传家无别业，解会状榜眼探花。

志向确实远大，只是世人往往是偏重了下联而轻视了上联了。

女子变男身，稳婆来断案

　　在大家的印象里，稳婆是"三姑六婆"里的一种，就是产婆、接生婆。这说法不完全对，帮助妇人生孩子只是稳婆的一项高尚职责，其实在古代，她们有时候还是吃官粮的人，就是宫廷或者官府检验女身的女役，是享受事业编的人员之一。

　　康熙年间刘献廷的《广阳杂记》里记录了一件民间轶事。长沙有一个年近20岁已经许了人家的女子突然就变成男人了。女家尴尬至极，不得不到夫家去退婚。夫家哪能信呀！哄3岁小孩儿也不能这么来呀！一定是另许了有钱的人家，我得告你去！

　　于是两家就见官了。凰变凤，官员啥时候见过这种案子！大概官员也极想亲自验一下开开眼界，但是有碍于官体，只能派人把专门验女身的稳婆叫来。

　　专吃这碗饭的稳婆，以往都是鉴定女人，这次兴许鉴定出来的是个男人，岂不是很尴尬。但是万一还是个女的呢？你吃这碗饭你不干谁干？

　　于是，稳婆战战兢兢地鉴定了一下，结果还真是个男的！

　　这下夫家没话说了，悻悻而去。

　　作者刘献廷虽然一辈子不仕，但是参与过编纂《明史》，是个有学问的

人，不会瞎写。而且在记载中，他的两个朋友还见过这个变性过来的男子。

书中说，后来这女子就"易男子装"了，而且既然是男人了，他得学门手艺养活自己，于是"学剃头取耳以为业"，就是给人理发、掏耳朵。刘献廷的两个损友还真去找人家理过发，回来说："音声相貌、举止意态犹俨然是一女子。"

最后言归正传，说说原文作者刘献廷到底是怎么解读这个怪事的吧。他不知道从哪儿听到一种说法："言女变为男，只内肾脱出便是。"听起来是够荒腔走板的，但是没有解剖学基础的古人有这么幼稚的想法也情有可原。

大贪官噶礼之死的蹊跷

清朝开国五大功臣何和礼有个四世孙，名叫噶礼，荫生授为吏部主事。康熙对他很满意，一路升至山西巡抚。

这个坐镇山西多年的大贪官确实是很能干，连康熙都说他"勤敏能治事"。但是，这厮就是太贪了，还"纵吏虐民"，就是折腾得山西民不聊生。

后来，噶礼因为袒护江南科场舞弊案，贪了几十万两银子，然后又唆使奸商粜米海外，致使米价飞涨，军民怨声载道。

在查清噶礼的脏事之后，康熙起初并不想杀了他，只是罚他到热河去修城，大概是想给他一个改过自新的机会。到了康熙五十一年九月，康熙知道他"懈于督办"，修城的事没办完，这才下旨让刑部将他拿下。

就在这个当口，噶礼的母亲向皇上诉冤，说噶礼和他弟弟色勒奇还有儿子干都等人，把毒药放在食物里要谋杀她！噶礼的老婆也不是好人，纵容她的干儿子干泰纠集人等来毁坏噶母的房屋。

这还了得！康熙本以为噶母是来求情的，没想到噶母是来请皇上参照以往案例，把噶礼活剐了之后再焚尸扬灰！

刑部不敢怠慢，经过审察，噶母所说属实，噶礼当处以凌迟之刑！

这样的巨贪如此不忠、不孝，实乃世所罕见！康熙怒气难平，下旨先把噶礼的眼珠打出来，再割了两个耳朵，他的老婆、儿子和弟弟一干人全部斩首。

此时，康熙估计是有点心软了，没有下旨凌迟处死噶礼，而是要赏个全尸，"赐帛"，就是吊死就行了。

噶礼被吊死之后，马上就入了殓。但是那个监绞官得守够时间才能回去复命。到了夜里，他忽然听到噶礼的棺材里有响动，还听到有人说话："人都走了吧？我可以出来了吧？"

监绞官吓得魂飞魄散，连忙叫人劈开了噶礼的棺材。好家伙！噶礼满脸带血地坐了起来，竟然"诈尸"了！

当时噶礼的眼睛和耳朵都没了，坐起来却跑不了。监绞官手里拿着劈开棺材的斧子，对着噶礼劈头砍去，噶礼大叫一声倒下。监绞官命人马上点火，把噶礼和棺材一起焚化，看着烧得光光的，才回去复命。

康熙听到"炸尸"的报告时，竟然笑了，说："这奴才真烧坏也！"意思就是，这狗奴才命是真硬！但还不是个被烧死的货！

为何噶礼能死而复活呢？原来噶礼在行刑前重金贿赂了刽子手，在他还没有气绝之前就入了殓。想不到人算不如天算，他还是没有逃过被焚尸扬灰这一报应。

此事出自清代钱泳所著的《履园丛话》。

《雍正皇帝》中邬思道的真实还原

　　《雍正皇帝》里塑造了一个比诸葛亮还精明的人物，姓邬，名思道，此人仿佛纵横家一派，精通登龙术甚至帝王心术。正是在他的指点下，雍正在与众王的夺嫡暗战中，一步步抢得先机，最终君临天下。小说一向夸张，一个名不见经传的邬思道变成了神机军师，只能说是编剧的笔法好。

　　事实之一是，雍正从未见过邬思道。

　　有这么一号人物吗？确实有，而且也叫邬思道，别名叫斯道，字玉露，出生于那个盛产师爷的地方——绍兴。此人好读书，但腿有残疾，官运也差，屡试不中，因家贫，只得以游幕为生。

　　后来他漂泊到了开封一带，在上蔡与河南巡抚田文镜相遇。两人是老相识，于是田文镜请他入署，当了个钱粮师爷，算是赏碗饭吃的意思。所以，以他当时的地位来论，根本就没有与雍正见面的机会。

　　事实之二是，雍正从不知道有邬思道此人。

　　小说中的邬思道被描写得神乎其神，说他很擅长揣摩皇上的心意，是他代田文镜参了隆科多，正中雍正下怀等，于是雍正也知道田文镜的身边有这么一号人物，还曾经在田文镜的请安折上批示："问邬先生安。"这事的出处在李岳瑞的笔记小说《春冰室野乘》。

其实，说邬思道为田文镜写密折参隆科多而"宠遇日隆"，实为"假语村言"。不说一个外省官员去参雍正的近臣有多么荒唐，据史学家邓之诚所著的《骨董续记》记载："此流传之讹也。"也就是江湖上的小道消息，根本不足为凭。

邓之诚的依据是，田文镜曾经有个密奏，给雍正报告过他身边所用人的情况，说到过这个邬思道，只是"查对文移，核算钱谷，至于机密大事，进退人才，素不与闻"。

很明显，邬思道就是一个普通的钱粮师爷，也许诗文还有点过人之处，若论及军国大事，则非其所长也。试想，如果田文镜的身边藏着这样一个可以经天纬地的人物，虽然雍正很信任田文镜，但毕竟"匹夫无罪，怀璧其罪"。若邬思道不能为雍正所用，想必雍正更想弄死他，而不是不让他被别人所用。

事实之三是，田文镜根本不需要邬思道来写奏章。

田文镜是监生出身，文笔好得很，康熙五十六年就当了内阁侍读学士了。康熙的学问很好，田文静在康熙面前是不可能滥竽充数的。所以，田文镜是有真才实学的。他的著作有《抚豫宣化录》《钦颁圣谕条例事宜》，还曾主持编修《河南通志》。其学问本就在邬思道之上。所以江湖传闻他写不好奏章还得请邬思道帮忙，每天得给五十两银子，也不知道是哪里来的畅想。

真实生活中的邬思道其实很平凡，田文镜对属下一贯很傲慢，但对邬先生尚有恭敬几分，因为邬先生著有一部诗集，名为《游梁草》，二人算是惺惺相惜。

田文镜死后，这位邬师爷不知所终，应该是带着挣来的辛苦银子回乡养老去了吧。

雍正废除腰斩酷刑

古人杀人的花样多得让人瞠目结舌。

先说殷商时代，那时候一般人要是犯下了滔天的大罪，要留个全尸基本是妄想，因为他可能被吃得渣都没了。殷商人还保留着"茹毛饮血"的习惯，犯人被拿去烧、烤、蒸、煮，在临死前，着实让他体验一把什么叫"人为刀俎，我为鱼肉"。

比如"醢"就是把犯人剁成肉酱，"脯"就是做成肉干，"炮"则是把人绑在大火炉的金属外壳上烤熟，而"镬烹"则干脆把人扔进大锅里煮成肉羹。

到了周代，文明有了很大的进步，至少不会烧、烤、蒸、煮了，犯人死得稍稍有了点尊严。死刑包括车裂、斩和杀三种，虽然也都是身首异处，但其中的"杀"是后世说的砍脑袋，而"斩"就是专指腰斩。

《史记》里写得很明确："令民为什伍，而相牧司连坐，不告奸者腰斩。"李斯和儿子"虽无罪犯，枉受其罪，只得枉招……遂具五刑，论腰斩咸阳市"。后来各朝代都沿用这个酷刑，直到杀人如麻的朱元璋，他杀人的法子推陈出新，更是无所不用其极，著名诗人高启被他腰斩于南京，都还算一个痛快的死法。

说"痛快"其实仍然是残忍至极，因为腰斩并不能立即取人性命，实现脑死亡。人的主要器官都在上半身，犯人被从腰部断作两截后，衶志是清醒的，要挣扎好长一段时间，最终因疼痛和大量流血而亡。

根据薛福成所著的《庸庵笔记》记载："雍正间，福建学政俞鸿图以受贿腰斩，既斩为两段，在地乱滚，以手蘸血连书七'惨'字。事闻，遂除此刑。"

这位名叫俞鸿图的学政大人被腰斩之后，不能即死，在血泊中挣扎反侧，还能用手指蘸着自己的血连写七个"惨"字，人间惨剧，莫过于此！

俞鸿图书此"惨"字，主要是因为死不瞑目。这位浙江海盐进士，曾经官至侍讲，本来他的操守很严谨，谁知道家贼难防，其小妾与仆人串通，收取巨额贿赂。事发后，小妾和仆人当即就招了，在人证物证面前，俞鸿图有口难辩，徒唤奈何。

监斩官目睹了腰斩之酷烈，向雍正皇帝汇报其惨状。一向被人称之为阴毒暴虐的雍正想起了俞鸿图平时的人品，动了恻隐之心，于是下令封刀。横行了约两千年的腰斩酷刑自此废除。

顺治江南科考案，主考皆受腰斩之刑。有人考证俞鸿图之事仅见于薛福成笔记，未见正史。但雍正之后，再未见腰斩记录。

张英的"六尺巷"和对张廷玉的告诫

因为有热播电视剧的原因，张廷玉的知名度要高于他的父亲张英。其实张英一生廉俭礼让，"终生让路，不失尺寸"，乃是一代楷模。很多人都知道有关"六尺巷"的故事，那首著名的诗——"千里家书只为墙，让他三尺又何妨。长城万里今犹存，不见当年秦始皇。"不少人能朗朗上口。这件事就真实发生在张英的身上，安徽桐城至今还有六尺巷，被传为美谈。

张英、张廷玉"父子双宰相"，有人说清代不设宰相，但张英和儿子张廷玉都担任过大学士之职，张廷玉还出任军机大臣，相当于宰相，所以这么说也不为过。

张英是清康熙六年（1667）进士，历任侍郎、经筵讲官、翰林院掌院学士等职，官至文华殿大学士兼礼部尚书。先后任纂修《大清一统志》《渊鉴类函》《政治典训》《平定朔漠方略》的总裁官。著有《笃素堂文集》《存诚堂诗集》《聪训斋语》《恒产琐言》等。

张廷玉是张英的次子，历任文渊阁、文华殿、保和殿大学士及户部、吏部、礼部尚书。曾先后纂《康熙字典》《雍正实录》，并任《明史》《国史馆》《清会典》的总纂官。著有《传经堂集》《澄怀园语》等。因为家学渊源，张廷玉平和儒雅，学问优长，立身唯谨，理政以慎，刑尚宽平，所以为

官长达50年，经历三朝，是清代最强盛时期的太平宰相。

张英不仅学问品行为后世楷模，还有超凡的识人之明。康熙三十九年，张廷玉和年羹尧同中进士，年羹尧改庶吉士，被授职为翰林院检讨，巧的是张廷玉也被授为翰林院庶吉士。

28岁的张廷玉和年仅21岁的年羹尧意气风发，很是投机，过从甚密。

张英在一旁默默地观察年羹尧之后，警告自己的儿子："是儿音洪而厉，目炯而怒，纵使功名显达，亦难免祸，汝其远之！"

意思是这个年轻人声音洪亮但尖厉，目光有神而易怒，纵然将来可以显达，但不会有好结果，你还是远离他以策安全。

张廷玉遵循了父亲的教导，渐渐抽身，与年羹尧保持了不即不离的距离。

事情后来的走势果然正如张英所说。1726年，年羹尧事发被逼自尽，此时张英已经长眠于地下18年了，张廷玉再想起父亲当年的警告，对父亲的远见卓识由衷地叹服。

记载此事的清人许奉恩赞叹道："先达观人于微，亦何神哉！"

年羹尧的启蒙老师

年羹尧从小便桀骜不驯，一是足够狡猾，二是力大过人，一般人降不住他。到了读书识字的年龄，入了私塾却从来不肯听老师的话，率性胡为而已。"盖偶怫，必击以铁尺云。"有的老师发怒要打他，结果反被他夺过戒尺来痛打，饱受侮辱只能辞馆而去。所以，年羹尧到了13岁仍然目不识丁。

年羹尧的父亲非常头疼这个浑儿子，托了不少人去请名师，只要能教好，不管花多少钱都行。但这个混蛋儿子的名声已经很响亮，没有先生愿意自取其辱。眼看年羹尧一天比一天野，其父忧心忡忡。

这一天，突然有个70岁的老汉来应聘，样貌举止不俗，白须布袍，似乎是个高人。年羹尧的父亲实话实说："豚儿蠢劣异常，先生惠然前来，敢问教化当用何法？"

老汉说："如果信得过老朽，那就在乡村里找一个偏僻的花园，准备好日用之物。园中布置池沼山石、竹木花草，再准备经史子集和十八般兵器，然后把花园的墙垒高，最后把门封死，把我和你儿子圈在里面，只留下一个小洞口能把饭菜送进来就行了。三年之后，老朽自然会有一个交代。"

这倒也好办，年羹尧的父亲很快就办好了，把这师徒二人圈了进去。

一开始，老汉根本就不理年羹尧，随着他胡闹，年羹尧每天移山运石，

种竹木栽花草玩得很痛快，老汉只是坐在那里静静地看书。

一直从春天折腾到夏天，年羹尧把园子里的东西从南搬到北，再从北搬到南，实在折腾得没意思了，这才走过来跟老汉搭讪："先生竟日看书，其中果有味也？"他觉得，那么多好玩的把戏都被他玩腻了，这位先生怎么读书就读不腻呢？

老汉不理他，说别影响我读书，玩你的去吧。

越是不让问，越是偏要问，到底这读书有什么意思？

老汉见他诚心求教，这才说："读书不仅有趣味，上可以为圣贤，中可以立功名，下可以取富贵。"

年羹尧对立功名很感兴趣，请求老师教他。

老汉怕他后悔，就问："汝果真心从学乎？"

年羹尧是个爽快人，立即拔出剑来，砍断了一棵树，发誓说："如不真心从学，有如此树！"

老汉很欣慰，于是先取经史，日与讲论，又教其攻习举业，其他时间则研论兵法，早晚或习射，或舞刀弄剑。年羹尧本就聪慧，学得不亦乐乎。

三年时间，年羹尧脱胎换骨，完全不再像以前那个混世魔王的样子了。他的父亲见到变得恂恂有礼的儿子，大喜过望，于是大摆筵席，款待老汉，并且当即拿出千两银子来酬谢。老汉却不要，说："等公子功成名就的时候，我再来拿。"

老汉不顾年家的再三挽留执意要走，年羹尧依依不舍，又多送出十里地。临别之时，老师赠诗一首，嘱咐他要好好揣摩，说罢挥手飘然而去。

后来的年羹尧大家都知道，当了不可一世的年大将军，直到被雍正下了大狱，才猛然想起了老师当年留给他的那首诗：

　　　　海水摇青云四垂，瞳眬晓日照旌旗。

　　　　愿君熟读淮阴传，毋忘低头胯下时。

　　这首诗里已经把年羹尧后来仗钺专征、威震万里，成就显赫功名的事都说了，还知道他最终会以骄狂取祸，叮嘱他以韩信为前车之鉴，一定要低调做人。但当年羹尧回过味来的时候，一切都已经太迟了。

　　记录此事的清代人许奉恩在他的笔记《里乘》里这样评论道："意者教则有余，化犹不足欤？"意思是老汉只是把本事都教给了年羹尧，却没有化掉他身上的戾气。

三件事看年羹尧驭下的严酷狠戾

年大将军杀气太重，不仅是对敌人，还是对自己人，出手都是狠到令人难以置信。传其女不夫先孕，年即手刃之。对亲人都能如此狠心，对手下更是残酷暴虐，达到令人不寒而栗的地步。

第一件事和年羹尧的老师有关。

前文提到年羹尧年少时桀骜不驯，欺辱老师。但是《苦榴花馆杂记》的作者汪同尘为他开脱，说年羹尧是天生异才，"必具有惊世之特性"，冬烘先生被打被辱也是应该的，"其见辱也宜矣"，这真有点莫名其妙。

当年羹尧长大之后，在世事的历练当中他明白了尊师的重要性。一贯反对《红楼梦》的梁恭辰有一本笔记叫《池上草堂笔记》，当中记录了年大将军亲自撰写的一副对联："怠慢先生，天诛地灭；误人子弟，男盗女娼。"意思是谁不尊重先生，那就让他天诛地灭；哪个先生敢误人子弟，那就让他的后代男盗女娼。

这副对联就挂在他家私塾的门口，每天出来进去的先生和年家的子弟们看见了，不知道会做何感想。

汪同尘的书里记载了这样的一则年羹尧如何尊师的故事，听起来让人后脊梁发麻。

说当年年羹尧西征时，"军纪之严，屠戮之惨，述之足令人不寒而栗"。

这一天，年羹尧的老师到军中去看望他。虽然这位老师的名字在书中没有提及，但是经过考证，应是一位叫周廷燮的江苏吴县人，雍正二年的进士榜中有此名，曾经当过年羹尧的塾师。后来年羹尧权倾朝野的时候敢于蔑视百官，却一直对他礼敬有加。

年羹尧留下他的老师一起用饭，就在吃饭时，老师从饭碗里挑出了"糠秕一粒"，于是年羹尧的脸色就变了，眼光里杀机顿显，他回头看了看他那些侍从，一句话也没说。

过一小会儿，侍从端着一个大盘子，跪行到桌子前面。老师张目一看，盘子里竟然陈列着一颗鲜血淋漓的人头，顿时目瞪口呆！

年羹尧却笑了笑，说："这是给咱们做饭的厨子。老师您不远千里而来，这个狗奴竟敢怠慢您，所以把他杀了，也好让其他人都看看！"

好好的一顿饭竟搞出一条人命，老师情何以堪？

好不容易吃完了饭，老师留下了一封书信，连告辞都省去了，直接"束装潜去"，一溜烟跑了！

一面是转瞬间取人性命而谈笑自若，一面又是执弟子礼而毕恭毕敬。这样的年羹尧，暴戾恣睢，可见天性之残忍。

第二件事是和他的随从有关。

有一天，天降大雪，给年羹尧扶轿的随从手上落满了雪，年羹尧轻声说了一句："去手！"本来是心疼手下不让他们再受冻了，但是几名随从竟然抽出佩刀，把自己的手砍了下来！鲜血滴在洁白的雪上格外刺眼。

第三件事是和他手下的将领有关。

事情发生在雍正给年羹尧和几位高级将领的赐宴上。在就餐前，雍正热情

地招呼将领们"卸甲"，但他们愣是不动，都在看年羹尧的眼色，年羹尧让卸甲，他们才敢动。年羹尧苍白地解释说："将士平时在外只听将军将令。"

这件事无疑深深地刺痛了雍正。雍正乃是堂堂帝王，居然还不如一个将军的话好使。也就是从这个时候起，曾经肝胆相照的兄弟君臣变成了"心脏和刺"。不除掉年羹尧，雍正将如何安生？

雍正曾经对年羹尧非常倚重。有一回，雍正要给年羹尧赐荔枝，为保证鲜美，诏令驿站6天内从京师送到西安。这份感情简直要超过唐玄宗和杨贵妃了。

当然，年羹尧也没有辜负雍正的期望，他平定西藏和青海，功勋卓著。但是现在年羹尧统率着一支"针扎不进，水泼不进"的劲旅，在西北大漠上十万人的大军只听年大将军的号令进退。雍正哪里还睡得着！

更让雍正皇帝心里嘀咕的是"年选"。皇上要对有功将士进行封赏，年羹尧立即报上名单来，连任职部门和职务都替皇上想好了，个个都是重要部门。年羹尧本来就功高震主，现在又非常明显地在朝中安置亲信，肆无忌惮地培植个人势力，怎能不让雍正忌惮。

作为皇帝，最在意的便是他的皇位，其他的事儿他倒可以睁只眼闭只眼。贪污并不是雍正必杀年羹尧的理由。难道乾隆不知道和珅贪污吗？有人说年羹尧太狂妄，发给总督将军的文书，平行公文，他敢擅称"令谕"，简直是把同官视为下属。甚至蒙古扎萨克郡王额附阿宝见他，也要行跪拜礼。这在雍正眼里，也是可以教育改正的。唯独对雍正敢有一丝不敬，那便是年羹尧在拿全家族人的性命开玩笑。

在给年羹尧开列的92款大罪里也能看出玄机：大逆罪5条，欺罔罪9条，僭越罪16条，狂悖罪13条，专擅罪6条，忌刻罪6条，残忍罪4条，贪婪罪18条，侵蚀罪15条。为什么大逆罪列在最前面？因为最重要，不用5条，1条就够定他死罪了。

敢言直谏的孙嘉淦曾经杀人且逍遥法外？

在电视连续剧《雍正皇帝》里，有一个看着憨厚倔强的孙嘉诚，他跪在殿前求雨的那场戏让人记忆深刻。

在雍正皇帝的身边，历史上确实有这样一位铁骨铮铮的名臣。不过，此人不叫孙嘉诚，而叫孙嘉淦，来自山西兴县，孙嘉诚的原型应该就是他。真实的孙嘉淦文化程度很高，他在乾隆帝即位之初上疏《三习一弊书》被誉为清代"奏议第一"。他的家族出了三个进士，至今还在山西吕梁一带传为美谈。

孙嘉淦官历三朝，以直言进谏而闻名于大清。雍正帝一贯喜怒无常阴晴不定，敢于去揭他的龙鳞需要怎样不知死活的勇气？这个孙嘉淦好像长着不怕刀砍的铁脖子，雍正数次想杀他，但最终对他的评价却是："朕自从继位以来，敢于直言进谏者，只有孙嘉淦一人。"

《清史稿》里对孙嘉淦的评价如是："嘉淦谔谔，陈善闭邪，一朝推名疏。"

在《清史稿》里记载了雍正登基之初，在大臣们都噤若寒蝉之时，孙嘉淦竟然首先上了一本直接打皇帝耳光的疏，他建议雍正要"亲近兄弟、停止纳捐、西北收兵"。

孙嘉淦的这本疏确实有含沙射影的嫌疑，尤其是第一条，简直是雍正帝最大的心病，所以他当时就大怒了，并斥责翰林院掌院学士。当时辅臣大学士朱轼在旁边，委婉地说道："孙嘉淦虽然狂妄，但我很佩服他的胆量。"雍正帝沉吟一会儿，大笑说："朕亦佩服他的胆量。"随后，雍正帝还召见孙嘉淦，并升任他为国子监司业。

不知道是孙嘉淦命大，还是雍正忽然想博一个明君的美誉，一场杀身大祸与他就此擦身而过。

遇到一位贤君进忠言尚且要有把脑袋别在裤腰带上的勇气，比如李世民也恨魏征恨得牙根痒痒，大呼"会杀此田舍汉！"意思就是我一定要杀了这个乡巴佬！所以，想想孙嘉淦进谏的是多疑的雍正，他的后脊梁怎么能不冒凉气呢？

孙嘉淦这股不怕死的劲儿其实是有来历的，这段来历给了孙嘉淦无以复加的勇气，他的命本来就是赚来的，若能再博一个直谏之名，算是死得其所。为什么呢？因为孙嘉淦的手上有过人命！

孙嘉淦18岁那年，他的长兄桢淦因为受到同乡赵姓的诬告而含冤死在狱中，孙父遭此大劫，悲愤成疾。血气方刚的孙嘉淦和他的二兄鸿淦夋持柴刀利斧潜入了赵家，亲手杀掉了仇人。

然后，他们兄弟二人夜奔300余里到达了省城，先到晋阳书院报名学习，然后又借机生事被捕于阳曲县衙。

尽管兴县命案悬而未决却无人怀疑被羁押在阳曲的孙氏兄弟。在那个交通极不发达的年代，这个时间差打得几乎天衣无缝。

孙嘉淦报私仇的做法不足为人所取，但是这件事也反映出他敢于任事，又长于计谋的一面。

　　这只是一段轶事，事实上，孙嘉淦不仅敢言直谏，还是一名能臣。他兴修水利，改革盐政，安定民生，厥功甚伟，并且著述也很丰富。

　　更富于戏剧性的是，他并没有因为直言而被皇帝杀掉，也不是像电视剧里的孙嘉诚，雍正借年羹尧的手杀了他，他活了71岁，还得谥号为"文定"。

被雍正刻在耻辱碑上的两个名字

被雍正下令刻在耻辱碑上的一共有两个人。一个是"不忠不孝阴险柔佞揆叙之墓";另一个是"不臣不弟暴悍贪庸阿灵阿之墓"。

第一个叫揆叙的正是康熙朝的权相纳兰明珠的儿子,曾经官至左都御史兼掌翰林院,活着的时候活动能量很大。

第二个叫阿灵阿的也不是个凡夫,此人在康熙年间是威风八面的一等公爵,领侍卫内大臣。

阿灵阿在康熙五十六年就死了,第二年,揆叙也死了。那为什么过了五六年,雍正在承继大统之后还对他们恨之入骨,让他们死后也不得安宁呢?

原因很简单,他们都是八阿哥胤禩的人。而且,他们在九子夺嫡最关键的时刻,做过让雍正恨得咬牙切齿的事。

康熙四十七年秋,康熙怀疑太子胤礽要谋害自己,于是一怒之下将胤礽废掉。十月十四日,康熙召集满汉文武大臣到畅春园共同商议立储的大事。

那天,揆叙与阿灵阿等人都参加了,本来以他们的职衔也不是唱主角的人,大学士马齐才是力捧八阿哥的主将。当时,另一个大学士张玉书姗姗来迟,刚问众意如何,马齐就先声夺人说大家都倾向于八阿哥!

康熙得知这个马齐在搅局，令他回避退出不准参加会议，一时会场上出现非常微妙的局势，忠臣都在揣测圣意。

这时，阿灵阿和揆叙扛起了马齐的大旗，这俩人在自己的手掌上各写了一个"八"字，向在座的诸位大臣暗示，用意很明显，大家都得推举胤禩，结果他们得逞了，诸臣商议的结果终于以胤禩的名字上奏。

这个让雍正脊梁骨冒冷气的结果放在康熙的面前，康熙一脸严肃，对拉票行为过火而又露骨的八阿哥其实已经心生不满。

就在康熙的圣意飘荡转折之间，雍正的皇位和身家性命也在随着飘荡转折。以雍正的个性，他如何能不对这件差点决定他终生命运的事耿耿于怀？

雍正二年，皇位已经稳固，雍正开始向胤禩等人发起攻击，而已经死去的揆叙和阿灵阿成了死靶子。雍正下令把他们墓碑上的原文磨去，刻上了前文所述的八个大字。

在中国古代有"戮尸"的酷刑，实际并不多见，给揆叙和阿灵阿立遗臭碑的做法跟这没什么两样。死者各为其主，无可厚非，罪不至此。雍正这事办得确实不怎么敞亮，留下了被人嘲笑的话柄。后来，乾隆觉得他爹在这事情上做得不厚道，很快就给阿灵阿和揆叙平反了。

京城大地震，朝鲜国王竟然嘲笑雍正

雍正八年的八月十九日，也就是公历的1730年9月30日，大清朝的京城突然发生了震感强烈的地震。

这次地震造成不小的损失，加上余震的破坏共毁掉房屋一万六千余间，甚至紫禁城中的不少宫殿都有不同程度的破损，安定门和宣武门附近的城墙都震裂了。

据统计，死伤人数达457名。而皇帝更是非常危险。因为本次地震的震中位于北京西郊，雍正爷那天正在西郊的圆明园中！

地震突然来临，雍正也很慌乱，但是好在他有10年前那次大震的经验。那次地震震中在沙城，也在京城的西北郊，比这次还厉害。

人在面对地震的第一反应都是跑，身在圆明园的雍正决定往船上跑，他觉得到水面的船上最安全。

于是雍正在一帮太监的簇拥下仓皇逃到了最近的一条船上。

也不知道这个消息怎么就传到了朝鲜国王英宗的耳朵里，此人站着说话不腰疼，他对雍正蹿到船上的举动不大以为然，认为既然是上天惩罚，那就应该安心接受，他的原话还有人记录了下来："以万乘之主，避地震设幕泛舟而居，举措可谓骇异矣！"

雍正当时可顾不上什么朝鲜国王的嘲笑，他最怕是他的政敌们制造混乱，因为有人已经在传言：堂堂的皇极殿都震坏了一角，这明明就是亡国之兆呀！

雍正第二天就着手安排稳定官民之心，拨出大量财物对灾民进行救济，打击哄抬物价等。他使出了雷霆手段，绝不给政敌们任何捣乱的机会。

事态平稳下来之后，雍正想起了朝鲜国王的嘲笑，就下了一份洋洋千言的谕旨，意思是大家都要共渡难关。令人想笑的是，雍正不忘替自己仓皇逃窜遮掩一下——朕在地震之前并没有打算上船，也不知道怎么就上了船，而上船之后地震就发生了，朕一点都没有受惊。就连住在城内和圆明园里的皇室数百名人员都平安无事，这是上天在保佑我大清啊！

雍正爱狗成癖

在大家的印象里，雍正是一个很死板的人，他勤政的程度甚至超过了康熙。有人说他"宵衣旰食，夙夜忧勤"，简直就是累死的。其实，雍正真不是一个只顾政治不会行乐的"木偶"，他玩心挺重，尤其是爱狗成癖，是一个正宗的"狗奴"。

从清宫的档案里至少发现不下20处记录，说明了雍正与狗的关系绝对不同一般。

先来看看雍正为他的爱犬们所起的颇具皇家气质的大名：虎头、麒麟、虎皮、貂皮、豹皮、造化、百福。尤其是麒麟和百福，这样的大名会不会让这两只小狗受宠若惊呢？

雍正为了给他的这支狗队起名字可真是搜肠刮肚、绞尽脑汁了，既要大气还要形象，虽然也有"貂皮"这样不怎么威猛的名字，但好在听了就像看到了狗一样，算是别有新意。

雍正为他最心爱的造化备有纺丝做的虎套头，还为那只雍容华贵的百福狗做了一件软里麒麟套头。当然，雍正不会亲自动手去做，他专门有养狗太监，叫王太平。

当时，这位"御狗总管"给百福狗做好套头之后，呈给雍正看。雍正大为不满，特传旨在麒麟的套头上再添上眼睛、舌头，给造化的虎套头上添上耳朵。

身为皇家狗，真是几世修来的福气！雍正发现虎头衣服上的皮托掌让狗狗不舒服，就下旨马上拆掉。又发现狗衣上的纽结打得不牢靠，马上传旨王太平："往结实处收拾！"

其他凡属与他的爱犬有关的物事，不管多琐碎，雍正都从不马虎。给狗制狗笼、狗窝、狗垫、套头、狗衣等，频频给内侍太监下旨，必须按他的心思办好。

为什么叫王太平"御狗总管"呢？因为这么多御狗，他一个人根本照顾不过来，各色狗都有专门的太监喂养看护。

有一组《雍正行乐图》，就是雍正让宫里的画师给他画的，他一会儿是仙人，一会儿是渔翁，一会儿又是斗虎的勇士，玩得很尽兴。为了更好地欣赏狗狗的姿态神韵，雍正还曾让西洋画师郎世宁画了很多西洋狗。

甘凤池的学艺逸闻

此人不止擅长导引之术，还能站着睡觉，睡着后即使鼾声如雷，十几个人推他，都不能让他移动一下。能够有这份功夫和定力的就是人称"江南大侠"的甘凤池。

甘凤池是江苏南京人，功夫冠绝康熙、雍正年间。此人的形象颇多出现于各类小说当中，或以前辈高人、世外高士形象出现；或者是独臂神尼的七徒弟、吕四娘的师兄，有德有义，是名重江南的武林泰斗。还有评书说他后来成为清廷鹰犬，用血滴子屠杀了大量江湖人物。更有趣的是在吴敬梓老先生的《儒林外史》里，有位大义士凤鸣岐，据说是以甘凤池为原型塑造的。

不管在文学作品中是什么样的形象，在现实生活中甘凤池确实是一代武学宗师。他先后拜黄百家、一念和尚为师，内外兼修，遂有大成，还著有《花拳总讲法》。

在清末小说家许指严的《十叶野闻》中一篇名叫《甘凤池角艺武林》的记载很有趣。

康熙末年，甘凤池在江湖上已经名震四方，人们共推他为"天下拳师第一"。他遍游各地求访高人，一时鲜有对手。

这一天，他来到了四川的一座古寺里，寺里有一位瘸腿老僧，传说其功夫深不可测。

甘凤池恭敬求教，老僧实在推辞不过，说："你看看对面墙壁里的石碑是完好的吗？"甘凤池走近去看，墙中砌有三块石碑，都完好无损。

老僧忽然就伸出了他的那条病腿，"奋击墙上"，他的这条腿竟然比那条好腿还长出许多！可奇怪的是，老僧返回座中，墙壁并没有任何反映，等甘凤池再次走近去看的时候却大惊失色，墙是屹立不倒，但是墙里的三块石碑却齐齐裂开了！

老僧徐徐说："这是内家功力。我相信以你的修为，一脚过去，也可以使墙碑俱倒，但碑恐怕是断不了的。"

这可真是不服不行，甘凤池这才知道真正的武学精义所在，于是，老老实实磕头拜师学艺，几年之后，"尽得其秘以归"。

甘凤池不仅武功超绝，见识也比一般人要高得多。他回绝了雍正的召唤，宁可做一个行走江湖的镖客，也不做朝廷的鹰犬，因为他懂狡兔死走狗烹。直到当初跟着四皇子卖命的那些从龙之力士，都获罪而死，人们这才佩服了甘凤池的先见之明。

也许正是因为不能为雍正所用，雍正曾经指示李卫收拾甘凤池，还有记载说是甘凤池出卖了不少反清复明的志士。个人所见，甘凤池虽然不伺候雍正，但不会去反清复明。他给自己的定位很准确，就是一个尚武的镖客而已，低调行事尚且难保平安，他何敢沾染政事？据清人王友亮所著的《甘凤池小传》说，他活了80多岁，以寿终。

天朝上国

◆

凤吐流苏龙衔盖，金阶玉堂春方丽。
天复长，龙舟已报到苏杭

◆

富察皇后之死与乾隆永不进济南城

乾隆的风流是出了名的，但凡风流必须付出代价，就算九五至尊的皇帝也不例外。

乾隆二年册封了第一任皇后富察氏。这位皇后虽然出身名门，但是性情贤淑节俭，在她当皇后的13年里，几乎没有佩戴过太贵重的珠翠首饰。这对于一个皇后来说殊为难得，所以乾隆对她十分敬重。

富察皇后非常贤明，与乾隆感情很深。大学士阿桂曾讲了有关帝后的一个故事。有一回乾隆帝患了疥疮，愈后体弱，医生嘱咐须静养百日。于是富察皇后就住在皇帝的寝宫外屋，无微不至地照料了他整整一百天，一直到皇帝气色如初，她才搬回自己的寝宫。

乾隆十三年，皇后跟着乾隆东巡。谁也想不到，就是在这次东巡的途中，刚刚37岁的富察皇后竟然暴病而亡。

富察皇后的死因有多种版本。

第一个版本是正史中的说法。富察皇后是旅途劳顿，到了济南染了风寒，返京途中病逝于德州。《清实录》："皇后同朕奉皇太后东巡，诸礼以毕，忽在济南微感寒疾，将息数天，已觉渐愈，诚恐久驻劳众，重廑圣母之念，劝朕回銮。朕亦以肤病已痊，途次亦可将息，因命车驾还京，今至德州

水城，忽遭变故。"《起居注册》上也记载为："三月十一日乙未，驾至德州登舟。先数日，皇后偶感寒疾，至是日疾甚，……夜半亥刻崩逝。"

第二个版本是《清代皇帝轶事》的记载。在这次东巡的船上，侍卫内大臣傅恒向乾隆问安，他是皇后的胞弟。在闲谈中，傅恒无意中透露，自己的老婆所生的儿子可能是龙种。

乾隆和傅恒的老婆私通，时日已久，这是富察皇后最大的一块心病。再加上自己的两个亲生儿子永琏和永琮都夭折了，让她更加心力交瘁。现在听到这样的消息，越发恨自己的兄嫂不知廉耻，越想越觉得气恼。

当船只行到德州时，富察皇后劝谏乾隆不要再行荒唐之事。乾隆对于此事不肯认账，于是发生争执。富察皇后实在忍不住，出言相讥。乾隆越发难堪，一怒之下，反手一掌，打在富察皇后的脸上。此时的富察皇后了无生趣，踉踉跄跄直奔后舱，从船舷上跳进了水里，等救上来的时候，已经气绝。

第三个版本是民国元年出版的《清宫词》，作者是钱塘九钟主人。这本书是最早提出乾隆皇帝与傅恒妻子私通的。书中说，富察皇后陪同乾隆出巡期间，撞到乾隆与傅恒夫人调情，恼羞成怒，然后投水自尽。

第四个版本是蔡东藩所写的《清史演义》。书中记载：乾隆帝一行人从曲阜回北京。三月十一日夜，船到了德州。乾隆帝等人在龙舟中宴饮，傅恒夫人也来到船上助兴。宴席间乾隆作诗说："坤闱设帨庆良辰。"富察皇后续道："奉命开筵宴众宾。"傅恒夫人续道："臣妾也叨恩泽遇。"乾隆则接道："两家并作一家春。"富察皇后从此便看出了乾隆同傅恒夫人之间有隐情。于是，当晚到乾隆龙船上查探，果然当场捉住乾隆和傅恒夫人。富察皇后力荐乾隆要注意形象，乾隆不但不听反而加以斥责。皇后羞忿难当，当即投水而死。

由此涉及福康安到底是不是乾隆私生子的问题，燕北老人（易孁之笔名）所著的《满清十三朝宫闱秘史》中即认为福康安是"龙种"。

这个孩子自幼被乾隆带到内廷，亲自教养，视如己出。事见《清实录》："福康安由垂髫豢养，经朕多年训诲，至于成人。"这一事实在福康安的奏折中也有印证："窃奴才幼叨豢养，长沐生成，四十年来，备蒙劬育隆恩，实难殚述……"福康安长成后，乾隆对他更是委以重任，生前封贝子，死后赠郡王，成为一代宠臣之最。

不管是哪个版本，富察皇后都是突然离世的。按正史的说法，富察皇后在济南病故，乾隆迁怒于此，发誓永不进济南城，为此还特意写了一首诗：

> 济南四度不入城，恐防一人百悲生。
>
> 春三月昔分偏剧，十七年过恨未平。

事实上，乾隆确实是说到做到，再也没进过济南城，据史书所载共九次，事见《九依皇祖过济南韵》：

> 即今九过济南城，奎韵十全太熟生。
>
> 历下逝仙恨岂忘？八旬偕老意难平。

对联国手纪晓岚巧用妙联，乾隆龙颜大悦

纪晓岚是对联国手，他的不少绝联让自诩风流才子的乾隆也不得不服。

有一回，纪晓岚说了个大话，说凡是古书中的句子，"无不可成偶者"，意思是都能在书里找出对句，这让乾隆有点小不舒服，你还真是能耐大得没边了？于是就出了一个怪联："唯女子与小人为难养也。"然后眼睁睁地瞪着纪晓岚，看他怎么对。

而这实在难不住纪晓岚，他的下联很快就出来了："有寡妇见鳏夫而欲嫁之。"乾隆出自《论语》的话，纪晓岚用朱夫子《诗经·有狐》的释义来对，还真是绝对。

这一天，纪晓岚被乾隆召见。事说完了，乾隆拿起一个鼻烟壶来递给他，纪晓岚赶紧接过。他上眼细看，是一个圆形的壶，画着风景园林，上面题着一行《兰亭集序》的文字："此地有崇山峻岭，茂林修竹。"乾隆说，这句话，能对上吗？能对上就赐给你。

想不到纪晓岚应声就对出了下联："若周之赤刀大训，天球河图。"不仅对得工整，还暗拍了乾隆的马屁，说乾隆跟周王一样，这件东西也跟周代的赤刀、大训、天球、河图这些祭祀礼器一样重要。其实，鼻烟壶本是个玩物，但乾隆爱听好话，给"上纲上线"到礼器的高度，他也不以为忤。千穿万穿马屁不穿，何况是这么高级的马屁。

有一年，纪晓岚跟随乾隆南巡来到了白龙寺。乾隆见古刹庄严，钟声悠然，不由得诗兴大发，随口吟出一句："白龙寺内撞金钟。"但下面却怎么也接不上了。于是他转过脸看着纪晓岚，说是要考考他，让他来对一句。纪晓岚略一沉吟，下句就脱口而出："黄鹤楼中吹玉笛。"

乾隆十六年夏，这一天，乾隆帝偶然看见池中荷花初放，于是就得了一佳句："池中莲藕，攥红拳打谁？"纪晓岚看到池子左边的蓖麻，也以问句来对："岸上蓖麻，伸绿掌要啥？"

这些都是应机而出的对联，要说纪晓岚真正用过心思，正儿八经拍乾隆马屁的对联应该是乾隆五十大寿时候的那一联。

当时，皇帝要过寿，大臣们给皇帝写寿联也是一种风尚，可是乾隆看了各位大臣撰写的对联都觉得并不满意。

纪晓岚这时候才递上了自己的对联：

上联曰：四万里江山，伊古以来，几见一朝一统四万里。

下联曰：五十年圣寿，从今而后，还有九千九百五十年。

乾隆龙颜大悦，上联嵌一个"四万里"，下联巧嵌一个"五十年"，合为"万岁"，确实把马屁拍到极致了。

纪晓岚才思敏捷，大家都佩服，这一点连自以为有才的乾隆也得承认，尽管如此，乾隆还是不断地给纪晓岚出难题。

有一次，乾隆出对："孟子致为臣而归。"这句出自《孟子·公孙丑下》，虽然不偏，但是纪晓岚听出了里面有威胁的意思，对不出来就"致为臣而归"，辞官回你的老家去吧！

纪晓岚是编《四库全书》的大家，这点小风浪还是闯得过去的，略加思

索便说："伯夷非其君不仕。"人家不但对上来了，还自许为伯夷，把乾隆推到圣君的高度，而且这句也是出自《孟子·万章下》，不能不让乾隆暗暗叫好、龙颜大悦。

这一天，乾隆心情不好，又给纪晓岚出了难题："对联这些事对多了，我都不觉得太奇了，这两天郁闷，你想想，怎么能别开生面，让联开心一下？"

纪晓岚只能答应，回去想办法。

第二天，他要请皇上去湖边，说已经做好了准备。

原来就在昨天下朝的路上，他碰到了一个弹着三弦的算命先生，心里忽然一动。

他把算命先生叫过来问："当今天子可是很喜欢你玩的这些子平之术，有没有胆量去给皇上算算？"

算命先生是个盲人，回答说："大人，要说这大六壬，小人还是很有几下子的，就是要见皇上，心里还是打鼓。"

"那你不用怕，一切听我安排就是了。"于是，纪晓岚安排算命先生吃饱喝足睡了。

第二天下了早朝，纪晓岚带着皇上来到了湖边，远远就看见一个人在水榭边上站着。

待到走近此人时，纪晓岚突然大喊了一声："圣驾到！跪！"

乾隆以为那人会转过身来面向自己跪下，谁知道那人竟然朝着湖的那边跪下去了，"扑通"一声，直接栽进了水里！

乾隆哪里见过给自己磕头拜错了方向还栽进水里的，不由得放声大笑，边笑边下令赶紧救人。

那人被救起来跪在自己面前，一身湿透，冻得发抖，乾隆又忍不住笑了一阵，过了好一会儿，这才看清是个盲人。原来这是纪晓岚为了逗自己开心，把人家骗过来整蛊了一局。

但天威难测，乾隆笑着笑着就面色凝重了，对纪晓岚劈头训斥："这就是你玩的恶作剧？拿老百姓的命当儿戏？这无论如何也不能饶恕，朕看你还是投湖自尽好了！"

纪晓岚赶紧过来跪下免冠谢罪，但乾隆变脸了："别多说了，赶紧自决吧！"

纪晓岚没了办法，只好踉踉跄跄走到了湖边，他面朝湖跪下，注视着水面，似乎在倾听，还不断点头。

乾隆走过来厉声问："你这是磨叽什么？也知道死很可怕吗？"

纪晓岚回答："臣有言，不敢奏。"乾隆说："姑言之。"

纪晓岚说："臣刚才刚要投湖自沉，忽然看见三闾大夫吟咏而来，告臣曰：'我遇庸君宁赴水，君逢明主莫投湖。'所以说臣不敢死。"

乾隆本就是想看纪晓岚的笑话，才逼他投湖的，想不到他还有这样的机智，于是笑而赦之。

如懿死得很惨，真实的乾隆多情寡义

　　《如懿传》里，雍正嫡后乌拉那拉氏和乾隆继后乌拉氏并没有亲属关系，如懿本姓"辉发那拉"，这点连《清史稿》都失误了。电视剧为了增加宫斗的情节，把她们写成亲戚倒也无可厚非。

　　其实乾隆和原配皇后富察氏的感情还是过得去的。所以，富察皇后之死对乾隆刺激很大，毕竟是20年的恩爱夫妻，于是他写了不少悼念诗，有一首说："甘载同心成逝水，两眶血泪洒东风。"

　　也许心里有愧，所以皇太后让册立那拉氏为皇后时，他很不情愿，仅仅晋封她为皇贵妃。为此事，他又写了一首诗，很坦率："六宫从此添新庆，翻惹无端意惘然。"自注道："遵皇太后懿旨册封摄六宫事皇贵妃礼既成，回忆往事，辄益惘然。"

　　这是发生在乾隆十三年七月的事，又过了两年，在皇太后的一再催促之下，乾隆只得勉从懿旨，那拉氏——如懿才接了班，被正式册立为皇后。

　　起初，二人倒也相亲相爱，那拉皇后给皇帝生了二子一女。

　　据《清代皇帝轶事》记载，两人感情彻底破裂发生在南巡的路上。乾隆三十年，那拉皇后跟着皇帝到了杭州，乾隆依旧常常微服出去厮混，眠花卧柳。

二月二十八日，那拉皇后看乾隆又要出去，就拉住了他的手，劝他为了龙体健康就不要出去了。

乾隆此时哪里还能按捺得住？就说自己的事自有主张，让皇后不必多心。

那拉皇后仍不放手，跪在地上，声泪俱下，情急之中说了几句不中听的话。乾隆大不耐烦："你是不是得了疯病？再啰唆的话，就离开这儿，滚回京师去！"

说完，见皇后还不撒手，一脚就踹了上去，那拉皇后倒在地上，乾隆扬长而去。

几位随从怕那拉皇后也效仿富察皇后投水自尽，急忙把她抱住，劝回杭州的行宫。

那拉皇后越想越气，顺手拿起剪刀就把自己的头发全部剪掉了，想要削发为尼！

按满族的习俗，以将全部头发削掉为大不敬。乾隆回来见到后，非常恼火，当场就要废掉她，因大臣进谏，才强压怒气，把她关进杭州的一家寺院，并派了两个人日夜监视。

后来，乾隆虽然没有正式废后，但那拉皇后已有名无实。当年的红荔（弘历）和青樱之约之盟，无非南柯一梦。

据《上谕档》记载："三十年正月随驾南巡，闰二月十八日忤旨截发失宠，乾隆派额驸福隆安把皇后由水路送回京师。"没有明说那拉皇后为什么突然就剪掉了自己的头发。在她死后，乾隆所发的一道上谕中是这样说的："去年春，朕恭奉皇太后巡幸江浙，正承欢洽庆之时，皇后性忽改常，于皇太后前不能恪尽孝道。比至杭州，则举动尤乖正理，迹类疯迷。"

也无法说明原因，皇后为什么举动忽然失常？还给她戴了一个不能尽孝的大帽子，她怎么好好地就疯了呢？

有一个都察院的候补吏员名叫严譄，此人因为皇后的事说了不合时宜的话被捕入狱，他的供词里有些信息："三十年皇上南巡，在江南路上，先送皇后回京。我那时在山西本籍，即闻得有此事。人家都说，皇上在江南要立一个妃子，那皇后不依，因此挺触，将头发剪去。"

乾隆三十一年七月十四日，郁郁寡欢的那拉皇后病逝，享年49岁。她死的时候，乾隆正带着人在木兰打猎，噩耗传来，乾隆不为所动，只打发那拉皇后的儿子永璂回京去办理丧事，还下旨说不能按照皇后的规格办，"只照贵妃例办理"，花了二百多两银子就把她打发了。

爱了一生的人冷酷至此，可怜的如懿生不能同寝，死也不能同穴，"葬于裕陵妃园寝纯惠皇贵妃地宫之东侧，且不设神牌、无祭享"。那拉皇后的画像，乾隆也让一一销毁。

要说君王无情，乾隆那么多情，但是一点事触犯了龙颜，连死后都不得原谅，从这一点来看，这位皇帝也算是刻薄寡恩了。

乾隆的无情连大臣都看不过眼了。御史李玉鸣，为官清正忠直，因那拉皇后举丧上疏，被谪伊犁，老死边疆。乾隆四十三年，有位生员上书时涉及那拉皇后之事，又揭开了皇上的暗疮，此人险些被凌迟，最后是乾隆发了"善心"，改为斩首。

乾隆铁腕反腐，小舅子也要杀

风流乾隆一直以来给人留下一副不太正经的印象，似乎是躺在他爷爷和爹爹的业绩上享受了60年，有点纨绔相。但实际上，乾隆也算是个励精图治的皇帝。

康乾盛世不是白叫的，看起来斯文偶傥的乾隆，反腐就称得上是铁腕。他在位期间，因贪污被处分的官员高达六千多人，其中不乏总督、巡抚等高官显贵。

乾隆三十三年，经过四个多月的调查取证，查出前两淮盐政高恒贪污事实，共计三万二千两白银。消息一出，朝野震惊。

人们都在议论，盐政果然是肥差，几万两白花花的银子，几辈子才能挣到！也有人说，这区区几万两，对百姓来说是个大数，但是对高恒来说，也不算啥，毕竟这江山都是他姐夫乾隆的！

高恒是满洲镶黄旗人，乃是大名鼎鼎的大学士高斌之子。高斌历任文渊阁大学士、军机大臣、内大臣、吏部尚书、直隶总督等职。他的女儿是乾隆帝慧贤皇贵妃。高斌一生，勤奋敬业，以73岁高龄，累死在治河工地上，与靳辅等同享庙祀。

英雄好汉大多折在儿女手里。高斌的儿子高恒被众盐商告发，他贪污连

年上贡和准备南巡的银子合计467万余两!

这还了得!乾隆勃然大怒!一查到底!

结果落实了的数目是三万二千两,就这也足够掉脑袋的了。刑部及九卿会议,拟了一个"斩"!因为大家心里都明白,高恒死不了,皇帝一般都会对刑部的处理意见从轻一等,以示皇恩浩荡。

刑部的意见送到了乾隆的手里,谁也想不到,乾隆拿起朱笔就要勾。这一勾,即表示同意处决。

这时候,站在旁边的军机大臣一等忠勇公傅恒有点急了,赶紧替高恒求情,说:"愿皇上顾念皇贵妃之情,免他一死。"

乾隆冷冷地反问了一句:"如果皇后的弟兄犯了法,应该怎么样?"

一句话,傅恒吓得魂飞魄散,跪在地上一句话也不敢说了。因为他是皇后的弟弟,也是皇帝的小舅子。

乾隆在处决高恒的谕旨中给他定性:"高恒一味骇憨,毫无顾忌……"就是说这小子傻乎乎就知道贪钱耍横。

几天之后,高恒被押赴刑场,斩首示众。

高恒不仅连个全尸都没得到,死得很难看,乾隆还下令,抄没家产充官。

10年后,高恒的儿子——身为叶尔羌办事大臣的高朴也犯了他亲爹的老毛病,贪污银两还勒索他人。乾隆就又拿起朱笔,在他的名字上轻轻勾了一下……

近视眼乾隆和近视眼大臣

近视应该是自古就有，但是到明代仇英的《南都繁会图景物图卷》中，才第一次出现了戴眼镜的人。

眼镜开始用的都是水晶石头镜片，到明末才有了进口来的玻璃镜片，应该是传教士传进来的。

尽管有了眼镜，文人雅士却未必喜欢戴。有一位叫丁澎的杭州人，清初的著名诗人，他近视的程度要按现在的度数来说，怎么也得是两千度以上。

丁老先生家里有间揽云楼，那是他读书的地方。有时候客人来探望他，上了楼，看见他趴在几案上，还以为是他睡着了，等走到跟前再看，根本不是睡着了，而是他的脑袋都快钻进书里了。

听见有人进来，丁老先生猛然抬头，又看不清到底是谁来了。客人就逗他："您和三国时候的丁仪差几辈？"

丁老先生就大怒，持杖逐客，客人行动快，藏在屏风后面，丁老先生就"误逐其仆"，他竟然一顿乱杖把自己的仆人打跑了！

老先生的夫人知道后大笑不止。

后来，丁老先生决定娶个小妾。小妾被抬进来的当晚，丁老先生脸对脸认真看了看，小妾容姿艳丽，心下大喜，于是就出去和宾客们写诗唱和。

想不到第二天早晨再仔细看的时候，发现娶回来的，原来就是平时给他烧火做饭的丫头。老先生这才醒悟，怪不得她一夜都不说话，还以为她是害羞呢。

再一问，老先生才明白，是他的大老婆利用了他的近视，算计了他一把，忍不住哈哈大笑。此事见载于清代林璐《岁寒堂存稿》卷三。

玻璃镜片眼镜刚传进中国时还是挺贵的，每副值银四五两，到顺治以后，就越来越便宜了，每副不过五六钱。

对近视眼来说，眼镜还是很方便的，但是有人却对眼镜严重排斥，乾隆皇帝就是其中之一。他认为西洋的玻璃眼镜对身体有所损害，不如传统的水晶镜片："玻璃害眼，水晶无弊。"因为"玻璃者过燥，水晶温其性"。第二是他怕戴惯了之后，就摘不掉了，人为物役："一用眼镜，则不可舍，将被彼操其权也。"

当皇帝的，连眼镜想夺他的权都得防着。一是无知，二是小题大做了。

乾隆上朝，有一个近视很严重的官员来觐见。这位官员是位知府，觐见之后，召对也结束了，按理说，他就该撤了，可他突然跪下说，他还有一事斗胆上奏。

乾隆准了，说吧。

知府说，臣有老母，在臣进京之前告别时，老母交代，一定要好好瞻仰一下圣颜，回去再禀报她。

乾隆笑了，倒是个孝子，那你就抬起头看看朕呗。

知府回："臣短视。"就是臣是个近视眼。

乾隆想，我也是个近视眼，这君臣见面说了半天话，竟然仿佛置身云雾里，谁也没看清谁！你想看朕，难道你要趴到朕的脸上来看不成？那也太失礼仪了。忽然一想，问："你没有眼镜吗？"

"臣有！"

"那你就戴上眼镜看吧。"

于是，这位知府小心翼翼地取出眼镜来戴上，再认认真真地审视了乾隆的脸，然后谢恩退出了。

知府走后，乾隆觉得好笑，又觉得此人质朴可爱。没过多久，竟然越级提拔重用了。

这也算是近视眼的一段佳话。

纪晓岚测字

在纪晓岚所著的《阅微草堂笔记》卷七里，记录了他两次找人测字的经历，每次都奇验到让他目瞪口呆，所以他不得不说："气机所萌，形象兆之。"意思就是在你心里那个念头闪动的瞬间，其实已经有外物与之相应。

乾隆十九年，纪晓岚参加殿试后，还没有张榜，他在董文恪家偶遇一位浙江名士。董文恪就是纪晓岚的老师董邦达，浙江富阳人，雍正癸丑进士，授编修，官至礼部尚书，也是一代书画大家。

这位浙江名士是位测字高手。碰上这样的机会，纪晓岚当然最想知道事关自己前途的殿试结果。于是他写出了一个"墨"字，让这位浙江名士来给他解一解。

浙江名士劈头就说："龙头竟不属君矣。"意思是，今年的状元是没有先生的份了，但是把这个字拆开，上面的"里"字为"二甲"，下面有四个点，意思是先生会得到二甲第四名吗？

"那能点翰林吗？"

"必入翰林！"浙士很有把握地说："四个点是'庶'字的脚、'士'又是'吉'字的头，应该是庶吉士吧？"

纪晓岚当时还将信将疑，但到真正张榜公布的那一天，他不能不佩服得五体投地，二甲第四名，入选翰林院庶吉士。

乾隆三十三年秋季，两淮盐政卢见曾因有营私贪污行为而被革职查办。此人曾和纪晓岚诗词唱和颇为投机，而且纪晓岚的长女嫁给了卢见曾之孙卢荫文，二人还有这么一层亲家关系。卢案发，"纪昀因漏言获谴"，意思是给亲家通风报信而被查办。

当时因为卢案牵连甚广，有20余人被杀。纪晓岚不知道乾隆会怎么收拾他，心乱如麻。恰巧，看守他的军官里有一位姓董的军官说他会拆字，纪晓岚就随口说，那就拿你的姓"董"字来拆拆看。

董军官略一思索便说："公远戍矣，是千里万里也。"意思是，死是肯定死不了，但要被流放到千万里之外了。

"那会流放到哪里去呢？能看出来吗？"

董军官请他再写一字，他就写了一个"名"字。

董说："这个字下为'口'字，上为'外'字偏旁，这是要发配到口外去，日在西为'夕'，难道是要把您流放到西域去吗？"

纪晓岚倒抽一口凉气，急问那将来还回得来吗？

董说："字形类'君'，亦类'召'，将来还是会被召还的。"

纪晓岚问在哪一年？

董说："'口'为'四'字之外围，而中缺两笔，这是不足四年的意思吧？今年是戊子，四年后是辛卯，'夕'字是'卯'之偏旁，也是相合的，那么，四年后也就能回来了。"

后来，纪晓岚果然是被发配至乌鲁木齐从军，四年之后的辛卯年六月又被乾隆诏还京城。

这两则故事都是纪晓岚记录的亲身经历，当可信。

乾隆年间的京城"悬头招亲案"

事情发生在清代的乾隆年间，在京城的金鱼胡同，住着一个护军名叫徐四，家贫，家中仅有个内外五间房屋，还是和兄嫂共住。

他的老哥徐大也是护军。这天轮到徐大值勤，便出了家门。

严冬酷寒，北风呼啸。徐大走后，嫂子说："你看这北风吹得天寒地冻，家里只有这么一个暖炕，看你冻得受不了，不如我回娘家，把暖炕让给你睡吧。"徐四当然巴不得，于是嫂子走了。

夜晚二鼓时分，大概是现在的9点到11点，徐四在暖炕上睡得正美，突然听见有人打门。他起身开门，借着月色一看，是个美少年，貂帽狐裘，手里还拿着个钱袋子，进屋就坐在炕上说："恩人你一定得救救我，我不是男人，只是为了方便扮了个男身，你也不必问我是谁，从哪儿来，我就是在外面冻得实在要死了，才不得已敲开你的门，只要让我在这儿过一夜，我把这貂帽和狐裘送给你。"

徐四这下真为难了，半夜老天爷给送来一个大美女，还带着这么多的金珠首饰，便开始想入非非。可是徐四转念又一想，这到底是哪家的女客？身分人家不说，留下吧，担心有祸，不留吧，送出去一夜可能得冻死街头，又于心不忍。

徐四于是咬了咬牙说："这样，大姐，你先暖和暗，我去邻居家商量一下再来。"

徐四出来从外面把门掩上，直奔离他家不远的善觉寺，方丈圆智年高德劭，是他一直最敬仰的。

圆智听了，建议徐四："留之有祸，拒之不忍。你也不必再回家，就在这里坐一宿以避嫌，这想必是哪个大家族的贵妾，私逃而出，等天亮了你再回家也不迟。"

可哪里想到，徐四前脚走，街上有个无赖子弟正好看见，认为有机可乘，就装作是他，推门进了家，把灯灭了，上了炕抱着那个女人睡了。

说来也是巧。那一夜，天气实在太冷，徐大在外面值勤冻得受不了，就回家来取皮衣。四更的时候到了家，他进门拿着灯一看，这炕上竟然睡着两个人，而且地下还有一双男人的鞋！

徐大大怒，以为是自己的老婆与弟弟通奸，就杀了他俩。徐大杀了老婆，直奔岳父家，谁知道门一打开，刚被杀的老婆站在门口，徐大吓得魂飞魄散，直接倒在地上。经过一番抢救，徐大才悠悠醒来。一睁眼，他看见被自己杀死的弟弟徐四和一个和尚也站在眼前，差点再次背过气去。

等徐大平复下来，一家人一商量，知道肯定是误杀了人命，赶紧去报官。官府按程序审理，案件报到刑部，认为"当场杀奸，律本勿论"。意思就是这种捉奸在床然后杀之的案子，徐大可以无罪开释。

只是徐四回到家里，看着横尸的美女又惊出一身冷汗。当时自己若是搂着美女睡了，那现在自己必定和无赖汉一样，身首异处，死在亲哥哥的刀下！

被杀的女人没有任何来历，只能悬头认亲，就是把脑袋悬在衙门外让亲属来认。可惜过了好长时间，没有人来认领。这就是当时轰动一时的"悬头招亲案"。

最后，徐四觉得女子可怜，把她的东西变卖了些钱，买块坟地将其下葬。

故事出自清代袁枚所著的《子不语》卷五。

嘉庆称帝之初只是有名无权

乾隆84岁的时候，在位已经整整60年一甲子了，他一世敬仰他的爷爷康熙，康熙是史上在位时间最长的皇帝，共61年，所以作为孝子贤孙的他不能超过爷爷，就高调宣布退位去当太上皇。其实只是表面上让儿子嘉夫坐在了龙椅上，大事还都在他手里一把抓着。"正月，举行归政大典，自为太上皇帝，军国重务仍奏闻，秉训裁决，大事降旨敕。"

很多时候嘉庆像个提线木偶，有些不开眼的官员"直视嘉庆如无物"，简直把他当空气。当然这里最受益的人是和珅，这位乾隆的宠臣，命都和乾隆绑在一起。他很清楚，虽然嘉庆很尊重他，一直喊他为"相公"而不直接喊他的名字，但他隐隐知道，他必须牢牢抱紧乾隆这个大腿，乾隆活一天，他就还能呼吸一天自由的空气。

乾隆这个太上皇当得很滋润，嘉庆只能隐忍不发，老老实实当好他的木偶。从史料来看，人事任命这样的事情根本轮不到他发话，连一个普通官员的退休，乾隆都要亲自过问，也难怪嘉庆除了自己的几个死党之外，什么事都不说，表面上一派祥和之气。

据《世载堂杂忆》记载，嘉庆元年八月，有个叫肇奎的广东按察使，在滦河觐见乾隆。肇奎那天见乾隆心情不错，就"叩首乞休"，意思是放他这把老骨头回乡去养老。

接下来乾隆和他的对话很有意思，嘉庆要是在现场，估计得气晕过去。

乾隆笑着说："我知道你很有才干，何必这么急着退休呢？你看我，比你还大16岁呢，现在不是每天还在处理朝政吗？"

肇奎说他在广东巡查的时候受了海风，右耳一直"作风涛鸣"。

乾隆当时85岁了，肇奎也69岁了，乾隆简直是在给自己仍然亲政找个陪绑的。下面的话说得更直白——

"你看我面色怎么样？传位后亲政也没问题吧？"

肇奎当然得捧着他："臣在6年前曾睹天颜，迄今如旧，现在亲理万机，以身设教嗣皇帝，普天悦服。"

这话奉承得乾隆很得意，于是发话让肇奎过了"万寿"，就是给乾隆86岁的生日贺寿之后再出京。

这一段对话是乾隆跟着嘉庆去木兰围猎时候的事，期间没有一个字涉及嘉庆，甚至有关这位肇奎公的记录里，也看不到任何觐见奏对的记载，如有，绝不应该遗漏。可见，嘉庆确实是被"视之如无物"了。

这么一件小事就能看出，嘉庆的位置究竟有多尴尬。所以，不是他不想收拾和珅，而是只要乾隆活一天，他就没有那个机会。

和珅的小妾们

和珅不仅富可敌国，而且好色成性，数上名儿来的美女不下9人之多，这点估计连乾隆心里也不平衡，他选秀的面太窄，只能在八旗人家里选。而和中堂看上谁全凭心性，没有皇宫里那么多的条条框框。

在和珅的宠姬中有一名外国小妾，此妾名玛丽，据说是一位西洋美女，金发碧眼。和珅不仅有西洋宠妾，还有两名才女小妾。

先说才女豆蔻，此女是扬州盐商汪如龙进献给和珅的。豆蔻容貌秀丽、风姿绰约，和珅很是喜爱。于是，和珅便在乾隆面前极力保举汪如龙做了两淮盐政。

嘉庆四年正月十八日，豆蔻得知和珅在狱中被处死的消息，悲痛异常，写了两首七律挽悼和珅，并以此自悼。诗中有"白练一条君自了，愁肠万缕妾何如""自古桃花怜命薄""伤心一派芦沟水，直向东流竟不还"等句。据传这首诗写成之后，豆蔻纵身从楼上跳下，"一缕青丝坠玉楼"，追随和珅而去。豆蔻的这一举动有可能是跟西晋时期的大美女绿珠学的，石崇被抓，宠姬绿珠跳楼而死。

另一个大才女叫卿怜。此女能诗善画，言语乖巧，体态轻盈，有怜怜盈盈状，令人心醉神迷。14岁时归了当时的浙江巡抚王亶望，很受王亶望宠爱，还为她在杭州西湖边上修建了饰以宝玉的楼阁，称为迷楼。

乾隆四十六年，甘肃冒领赈灾钱粮大案发，王亶望被处死，家庭财产被抄没，他的爱妾吴卿怜被蒋戟门侍郎蒋锡棨所得。后来蒋锡棨为巴结和珅，就巴巴地把她献给了和珅。

虽然卿怜曾经侍奉过王亶望，但和大人很不在意，深宠爱之。据载这位卿怜不仅善于作诗，还长于理财，一直是和珅的左右手。

后来，和珅被嘉庆皇帝除掉了，卿怜被没入宫，当时是29岁，究竟下场如何，不复可考。

卿怜被没入宫时曾作绝句八首，今录其中三首：

一

晓妆惊落玉搔头，宛在湖边十二楼。
魂定暗伤楼外景，湖边无水不东流。

五

最不分明月夜魂，何曾芳草怨王孙。
梁间燕子来还去，害杀儿家是戟门。

七

村姬欢笑不知贫，长袖轻裾带翠翚。
三十六年秦女恨，卿怜犹是浅尝人。

字里行间有伤有恨，但不曾"怨王孙"，其中的意味，还需自云揣摩。

还有一位陈云伯，写过一首感叹卿怜的词——《卿怜曲》，一并录之如下：

> 卿怜本是琴河女，生小玲珑花解语。
>
> 三十娇小怨琵琶，苦向平阳学歌舞。
>
> 平阳歌舞醒繁华，移出雕栏白玉花。
>
> 辛免罡风吹堕涧，从今不愿五侯家。
>
> 侍郎华望殷勤顾，移入侯门最深处。
>
> 欲使微名达相公，从今却被东风误。

此篇故事出自清末词人况周颐所撰的《眉庐丛话》。

一手遮天的和珅为什么不废了嘉庆?

大家都知道，和珅的命都和乾隆绑在了一起。乾隆刚刚驾崩6天，和珅就被下狱，仅仅15天，和珅就被逼上吊自杀。嘉庆出手如此迅疾和坚决，完全出乎了和珅的预料。

可能有人会说，和珅当国，权倾天下，被尊封为一等忠襄公，任首席大学士、首席军机大臣，兼管吏部、户部、刑部、理藩院、户部三库，还兼任翰林院掌院学士、领侍卫内大臣、步军统领等要职，天下权力几乎都控制在他的手中。他似乎可以翻手为云、覆手为雨，也有像多尔衮一样能掌握废立的大权，有机会废掉嘉庆再立个小皇帝当自己的傀儡。

其实和珅心如明镜似的，自己只不过是乾隆的奴才，而且也只能是乾隆的奴才，他想再当嘉庆的奴才都没有可能，因为嘉庆根本就容不下他。他知道自己的所有荣华富贵只不过是乾隆的宠幸，是乾隆在睁一只眼闭一只眼而已，乾隆也只是不想收拾自己才让他活到了今天。

清朝经过康雍乾三朝的经营，高度集权，皇帝一言九鼎，权力极大。何况和珅的出身很低，虽然混到了领班军机大臣的位置上，看似风光无限，但奴才就是奴才，他明白自己也不过就是皇帝的高级秘书，根本没法跟庞大的皇室对抗。清朝能完成此项任务的除非是有权有势的宗室，就像是多尔衮。

但那是在清朝早期，当时王族权力很大，后来各项制度都完善了，皇帝就像是大厦的柱石，根本不是一个臣子所能搬动。就连后来飞扬跋扈的慈禧想废光绪，那也得伙同宗室权臣一起来办。

但是毕竟性命攸关，和珅不可能坐以待毙，他还是做了一些准备工作的。比如，嘉庆二年，首席军机大臣阿桂病故，和珅成为首席军机大臣。大学士王杰因看不惯和珅而告病退休，董诰因为母亲守孝也回了老家。军机处，只有和珅一个人说了算了。

在此之前，和珅就未雨绸缪，他的提议得到了乾隆的批准：所有送给皇上的奏章，都必须同时送一份副本给军机处。这样朝廷里的所有动向，包括谁想去皇帝那儿告他的状，他和珅都清清楚楚、洞若观火。

同时，和珅还把他的亲信吴省兰派到嘉庆身边，以监视嘉庆的言行。这样，皇帝那边有什么异动，他也可以在第一时间知道并做出反应。

而他的对手嘉庆绝对是一个可以获得大奖的超级演员。尽管和珅轻视嘉庆，经常利用乾隆破坏他的事。就像在嘉庆三年的春天，嘉庆想举行大阅典礼，和珅不想干，就通过乾隆把这么一件很正当的事搅黄了。嘉天的城府深不可测，他微微一笑，不露声色。他知道时间是最好的武器，一切都要等到乾隆驾崩之时。所以，当有臣子来弹劾和珅的时候，嘉庆反而批评说：朕正要依靠他来治理国家，你们为什么来说他的不是呢？甚至有些重大事情仍然让和珅去处理。这样，尽管和珅绝顶聪明，但还是被麻痹了。

时间终于被嘉庆等来了！

嘉庆四年正月初三，89岁的乾隆寿终正寝。

嘉庆立即召和珅入宫，和珅见了嘉庆，倒也识相，马上就行了君臣礼。

看到嘉庆的脸上阴晴不定，一向善于察言观色的和珅心里更加惶恐。

嘉庆领着和珅一路来到了乾隆的寝宫。和珅见太上皇确实已经死了，不由得放声大哭。毕竟君臣几十年，乾隆对他优厚，这哭声是发自内心的。和珅既哭乾隆，也哭自己，他知道嘉庆一定会收拾自己，但令他意想不到的是，嘉庆的动作会来得这么快！

话说嘉庆也跟着又哭了一场，哭完了，就在乾隆的遗体前，嘉庆从容地问和珅：

"皇考待你如何？"

和珅呜咽道："先帝恩典，天高地厚，奴才没齿不忘！"

嘉庆说："皇考弃天下的时候，留下遗诏，让你跟着他去，你不是说过要以死报答皇考吗？没忘掉吧？皇考待你不薄，你以身殉死，可是义不容辞。"

和珅听后立刻就呆了。

嘉庆接着说："你这一死，虽不过是略报涓埃，可也算得是死得其所，虽死无憾了！"

和珅这才反应过来嘉庆是真要他马上死，他吓得面如土色，泪落如雨，跪在嘉庆面前拼命哀求："奴才家里还有老母，奴才死了，老母再无生理，奴才死不足惜，抛下老母怎么办呢？"

嘉庆听着和珅的理由竟然笑了，说："言犹在耳，自己说过的话，岂能转眼就忘呢？你今天的表现，可也太辜负皇考之心了！"

和珅还要辩解，但嘉庆已经不听了，直接命人把和珅赶出了乾隆的寝宫。

正月初四，嘉庆开始了对和珅的打击，其手段已经谋划很久，每一招都让和珅猝不及防。他谴责在川镇压白莲教的将帅冒功请赏，并解除对这件事

负主要责任的和珅与福长安的军机大臣职务，命他们昼夜在大内守灵，隔断了他们与外界的一切联系。

正月初五，得到暗示的官员纷纷上疏，弹劾和珅弄权舞弊，犯下大罪。

正月初八，嘉庆命奏文直接呈送给他，军机处不得再抄录副本。

正月初九，在公布乾隆遗诏的同时，嘉庆宣布革除和珅、福长安的所有职务，二人交由刑部，并命查抄和珅家产。

正月十一，嘉庆宣布和珅的二十条罪状，并要各省督抚表态。

正月十五，直隶总督胡季堂首先表态，请求将和珅凌迟处死。

正月十八，嘉庆恩赐和珅自尽。

乾隆死后的六天可谓惊心动魄，嘉庆的每一步棋似乎已经算定，先控制和珅的人身自由，然后找理由剥掉他的顶戴花翎，再动员官员上折子催命。

按嘉庆的本意，和珅本应该凌迟处死，后来架不住他的亲妹妹，也就是和珅的儿媳妇和孝公主的百般求情，才"加恩"，赐和珅于狱中自尽。几尺白绫，一口气绝，黄泉道上，和珅也不知追没追上乾隆的脚步。

据说，和珅死前写一首绝命诗如下：

> 五十年来梦幻真，今朝撒手谢红尘。
>
> 他时水泛含龙日，认取香烟是后身。

此诗到底什么意思，至今没人能说明白。

嘉庆年间京城突发了一场沙尘暴

　　历史上遇到特别诡异的天气现象，总能把皇帝给惊着。因为他们一直自称是"天子"，就是老天爷的儿子，是代替老天爷来管理百姓的。一旦有特殊的天气现象，那就是老天爷来惩罚皇帝了。皇帝就得赶紧猜老天爷的心思，这是朕哪里做得不到位了？是不是得赶紧斋戒来补救呀？总之是各种小心谨慎。所以，嘉庆二十三年一场突如其来的沙尘暴，就把他吓坏了。

　　历史上对沙尘暴的记载都比较恐怖。比如西晋张华《博物志》："夏桀之时，为长夜宫于深谷之中，男女杂处，十旬不出听政，天乃大风扬沙，一夕填此空谷。"

　　看！像夏桀这样的荒唐国君，骄奢淫逸，不理政事，所以老天就扬起沙尘暴来惩罚他，要把他活埋在这山谷里。

　　《汉书·成帝纪》里记载，建始元年，也就是公元前32年，沙尘暴又来了，"夏四月，黄雾四塞"。

　　那些儒家的老生们认为这诡异天象一定是老天爷在教育警告大家，要好好进行反思、批评和自我批评。有人认真思索之后，得出的结论是这场沙尘暴是对外戚当权、朝纲不振的警告！太后的哥哥，大司马大将军王凤没想到这尘霾会是因他而起，他不怕人只怕老天，于是惶恐不可终日，后来干脆上

书谢罪辞职。

这些是古人对于沙尘暴的教训总结，是让嘉庆特别警惕的地方。其实他对沙尘暴应该早有认知，因为中国两个高发地区，除了西北之外，第二个就是在赤峰、张家口一带，京城就在跟前，"幽燕沙漠之地，风起则沙尘涨天"，但是这一次，四月八日的酉时初刻，也就是下午五点刚过——

"京城忽有暴风自东南来，俄顷之间，尘霾四塞，室中燃烛始能识辨，其象甚异。"

暴风带着沙尘卷地而来，很快天昏地暗，白昼如夜，不点蜡烛在屋里都看不清东西。这确实有些骇人听闻。

于是，"圣心震惕"，吃惊之后，他需要反省，是不是他的朝政出现了什么问题？

他首先下旨，调查了一下这场沙尘暴的范围，结果让他心里更加惶恐。

据东北方离京城约250里的马兰关总兵庆惠奏报：是日酉初，南风，不过尘霾幛翳，旋有迅雷，阵雨倾盆而已。

意思是有沙尘，但并不重，雷阵雨而已。

据东北方离京城约230里的古北口总兵徐锟奏报：是日酉初，西南风，其色黑黄，间有雷声，风气即散，小有阵雨，未能及寸。

意思是有风，有雨，但都不成气候。

据东南方离京城300余里的天津长芦盐政嵩年奏报：是日酉初，并无尘霾，室中明亮，北风大作，雨势雾霈，自宵达旦，亦无雷声。

意思是那天京城发生沙尘暴的时候，天津没有一点尘霾，刮的北风，还下了一夜雨。

再据更远的山东巡抚陈预的奏报：是日酉初，无风雨，至初九卯寅时，大雨竟日，极为深透。

看来只有京城这一片起了沙尘暴，从东南方向来，可东南方向的天津长芦却在刮北风，让人一头雾水。嘉庆调研了一番，到底参出了什么结论？梅溪居士钱泳的《履园丛话》里没有细说。

嘉庆朝的贪腐现象一直严重，无力根治。而此时，一种侵入清朝骨髓的东西正在悄悄流入，那就是鸦片，这是一场更恐怖的"沙尘暴"。

郑板桥"遇仙"被骗

　　这一天，黄昏时分，郑板桥忽然有了兴致，步行到了扬州郊外。

　　走着走着，"忽见平原旷野间，有茅屋在焉"。咦！以前也来过，怎么没见这里有座这么有品位的茅屋呢？

　　这引起了郑板桥的好奇，于是走近窥探了一下，发现茅屋里有一道士，气质不俗，正在对烛挥毫，并且边画边吟，非常陶醉。

　　再看旁边，有一个小火炉，上面正炖着肉，旁边还热着美酒，浓香扑鼻。

　　道士放下笔，过去拿起大杯，满斟高歌，潇洒恣肆，简直非红尘中人物。

　　郑板桥不由得推开柴门进去，道人也不理他，又继续挥毫作画。走近画案一看，画的是菊花，寥寥数叶，挺秀不俗。

　　再看画上的题诗，虽然没有成律，但是意蕴隽永，大有可观。

　　彼此相视，也不搭话，"泛泛若陌路"。郑板桥本也是一个很放达的人，这样倒很合他的脾气，于是他也不客气，坐下喝酒吃肉，别有一番兴味。

　　等他喝好了，见道人已醺卧。走到画案前，忽觉技痒，于是提起笔来，就着余下的纸墨画了一幅墨竹。又喝一大杯酒，在画上题了一首绝句，这才施施然而去。

第二天早晨，郑板桥一觉醒来，仍然觉得昨晚的奇遇妙不可言，就又信步来到郊外，打算再跟道人痛饮。

但非常奇怪的是，昨天的茅屋已经"鸿爪杳如"，不翼而飞了，此处还是一片旷野。郑板桥非常诧异，难道是昨晚遇到了神仙？

过了几天，郑板桥到一个大盐商家里去作客，进得客堂，忽然看见正中的墙壁上焕然一新，一幅墨竹赫然居中，不用细看就知道是自己"遇仙"那天的手笔！

郑板桥斜眼看盐商，那家伙正得意得一脸坏笑。盐商发现郑板桥在看自己，便转过脸来，两人相视大笑！

原来，这位盐商对于文人字画不是一般的喜爱，对郑板桥的墨竹更是垂涎已久，只是机缘不巧，几次去求画，都没得上。盐商在家里备好美味佳肴礼请郑板桥来。郑板桥来倒是来了，可每次都是狂饮大嚼，饱醉而去。盐商始终未能得到先生的墨宝，他明白，这样的名士，绝不可强求，只能缓缓想办法。

后来就有人给他出了这么个主意，他请了一个幕客假扮道人，在郑板桥常去的郊外路边盖了一个茅屋，想不到，幕客实在是位高手，把郑板桥骗得无话可说。

虽然是一场戏，但谁说不是一段佳话？大腹商贾能重斯文，还下此苦功，也算不可多得了吧？

此事见载于清代汪同尘的《苦榴花馆杂记》。

清代民间一则因妒杀人案

案件发在今天的上海。有一户陈姓人家，日子过得还不错，男主人娶了老婆，还纳了小妾。

本来大家相安无事，但是小妾生了儿子之后，陈家的日子就平地起风波了。因为大老婆还没生下孩子，小妾却先生了儿子。于是，大老婆妒火中烧。

这一天，大老婆趁着小妾外出，悄悄把孩子偷出来，一甩手扔进了河里。

也许是这个小家伙命不该绝，邻居有一家开染坊的，他家的老婆那天正好在河边洗衣服，忽然看见河里有一个小孩子随着流水漂下来，赶紧就跳进水里把孩子救了出来。她不知道是谁家的孩子，无法送还，只能先抱回自己家，给孩子喂点粥乳。

再说陈家的那个大老婆。她把孩子扔进河里之后，非常心虚，又怕小孩儿不死，于是偷偷溜到河边去看，往下走了一段，没看见小孩，倒是在河边看见漂浮着一个捣衣椎，心想自己洗衣服正好缺这个东西。于是，她就把捣衣椎拿回了家，挂在了自己的床边上。

没两天，有小偷在一个黑夜光顾陈家，摸索时不小心扯到了大老婆的被子。大老婆惊醒，扯着嗓门大喊。

小偷大惊失色，在慌乱中就摸到了挂在床边的捣衣椎，不管三七二十一就抡上去了，谁知道一椎砸下去正中脑门，连脑浆都打出来了，大老婆当场身亡。

第二天，陈家报了官，官府来勘验现场，发现了杀人凶器，就是那根捣衣椎的来源，没费劲就查出来了，是邻居"天生号"染坊家的。一群衙役把染坊的人抓来审讯，染坊家的老婆一五一十地把那天她洗衣裳时候怎么拣到的小孩，怎么忘记了捣衣椎的事都说了。县官觉得说得合情合理，先送还了陈家的孩子。

小妾本以为孩子早就遭遇了不测，想不到还活生生的，当场喜极而泣。

再后来，正凶捉到，供出事实。县里一众人等审明原委，无不心生敬畏。

故事出自清代袁枚所著的《子不语》卷十一。

钱一飞写励志诗险被其父灭口

古语有云："诗言志。"似乎写诗就是用来抒发豪情壮志的，浅酌低唱则上不了台面儿。如："仰天大笑出门去，我辈岂是蓬蒿人！"李白就写得痛快淋漓，好像写完得把笔扔了才解气，喝酒得把大碗摔了才更洒脱；又如："敢上九天揽月，敢下五洋捉鳖，喝令三山五岳开道，我来了！"励志到无以复加，也是疯狂年代的豪迈代言。

年轻人都经常被长辈们逼着励志，但是有这么一个读书人，豪情满怀地写了一首励志诗，他老爹却觉得不祥，竟然要下手灭了他。

清代有个大学者兼书法家，叫钱泳，在他的笔记《履园丛话》里记载了他的老家无锡有一个本家小伙子叫钱一飞，此人写了一首题为《骐骥》的诗，还是一首七古，前面没有记录了，大意是说就算是最好的马，也不过骐骥而已，可惜还得被人驾驭被羁绊着。所以，他到最后就石破天惊地来了一句："何如猛虎深山里，一啸风生百兽寒！"

在普通人眼里，只是觉得挺有气势的。但是，他的父亲看了，却愁坏了，暗下思量："这小子将来恐怕要当盗贼！"再一想，与其将来被官府抓住，毁了这个家，不如现在趁早就灭了他！

世界上真有这样深谋远虑还心狠手辣的爹，他真的出手了，只是没想到儿子命大，躲过了一劫，从此就亡命江湖了。

后来，钱一飞果然当了吴三桂的将领参谋，跟着他造反了。这可把钱一飞的老爹吓得够呛。

到康熙十九年正月，勇略将军赵良栋领兵进剿吴三桂，吴军溃败。让老爹更惊厥的是，他的倒霉儿子跑回来了！

这回是没办法了，只好藏着。钱一飞最后老而无子，钱泳的笔记里以一句意味深长的话收尾："竟以寿终。"

事情有点传奇，但让笔者更好奇的是，他的老爹凭什么就断定这小子脑后有反骨？

是从黄巢的《不第后赋菊》"待到秋来九月八，我花开后百花杀。冲天香阵透长安，满城尽带黄金甲"里得到的启示？

还是从宋江的反诗"心在山东身在吴，飘蓬江海谩嗟吁。他时若遂凌云志，敢笑黄巢不丈夫"里收到了不良信息？虽然这诗是施耐庵替宋江写的。

总之，这老爷子还是有识人之明的。钱一飞的诗里确实是有股杀气腾腾的匪气。

名臣陶澍的姻缘轶事

清代有一位名臣，他与"湘军三杰"（曾国藩、左宗棠、胡林翼）关系十分密切，他在理学经世思想、改革思想、吏治思想、人才思想、爱国主义思想等方面，对"湘军三杰"产生了深刻的影响，可以认为"湘军三杰"是他的思想与事业的继承者和发扬者。

这位被目无余子的张之洞评价为"道光以来，人才第一"的名臣叫陶澍，谥号"文毅"，入祀贤良祠，从这样的顶级待遇就能看出他在清朝的分量。他慧眼识英才，一早就知道左宗棠必成大器，后来胡林翼成了他的女婿。他在督办海运时，能够剔除盐政积弊，兴修水利，并设义仓救人无数，这才是身在公门好修行的盛德之举。

汪同尘的《苦榴花馆杂记》中有一篇陶澍公的轶事，很有戏剧性。

陶澍公任职两江总督是在1830年，时为道光十年，此时他刚刚50岁出头。

这一天，一直关心漕运的他，行船到了清江浦，就在今天的江苏淮安一带。船刚停下，有人来报："大人！岸上有一个要饭的老太太口口声声要见您！给了钱和饭打发不走，她说……她是大人的结发妻子，小人不敢做主，特来禀告！"

陶澍捻须沉默不语，想了一会儿，笑着说："拿五十两银子给她，如果饿了，再给她一些酒饭打发走吧。"

一个乞丐见都没见，一出手就是五十两银子，须知五十两银子是多么大的一笔钱！《红楼梦》里，王熙凤这样的府内高管的月薪是十两，黛玉和宝玉的月例才二两，那是什么样的大户人家？所以，这笔钱省着点花，回去开个小营生可以够她过后半辈子了。

此处可见陶公心里是有一个千千结的，他是湖南安化人，就是盛产黑茶的地方。不管怎么样，人家从湖南千里迢迢地找来，面可以不见，总得让良心过得去吧。

想不到，第二天，那女人又来了，在辕门外哭泣。让人去问，说是昨天晚上住店，银子让人偷走了！

陶公听了，又让下人拿了五十两给了她，走了。

但更让人想不到的是，第三天她又来了，还是哭，理由是银子又被偷走了！

如果看官您是陶公，这银子给还是不给呢？当时陶公也有点沉不住气了，发了这样的一句牢骚："命穷，金且不保，宁有福作夫人耶？"意思是命里穷是真穷，给了银子都保不住，哪里有命作夫人呢？

咦？这可是话里有话呀！暂且按下不表。

但陶公毕竟是有宰相肚量的人，让手下人再拿一百两银子去给她！

这一次，那个乞丐老太太哭着走了。大概是个石头人也得感动哭。前后一共二百两雪花银，按米价折合到现在，大约是三十万元。

现在解释一下陶公话里的话，那是勾着他心结的一段酸楚往事……

陶公年少时是个草根穷书生，穷得日子简直没法过，"岁饥，采摘藜藿佐

食，或数日无斧炊颗粒"。这是《陶澍集》的记载，有时候几天连野菜都吃不上。

从陶公的年表看，他是在嘉庆三年，就是1798年他20岁的时候娶了同县的黄德芳。按汪同尘的记载，黄氏"苦贫，不安于室，勃谿无宁晷"，意思是嫌陶公家太穷了，闹腾得片刻也不得安宁。没办法，陶公只好放手，写一纸休书让人家自由了。

黄氏才是真正想不到，当年的穷小子，今天能变成威风八面的总督。

其实这事汪同尘记录得不周全，故事里的事还套着更离奇的故事呢。

根据清代梁恭辰的《池上草堂笔记》卷二，有了解陶公家世底细的人说，陶公当时娶的就不是真正的黄氏，而是她的丫鬟！后来也不存在休妻之说，丫鬟才是真正站上枝头成凤凰的命，她活了66岁，被朝廷诰封为一品夫人。

陶公当时是聘了黄氏的，而且黄氏也颇有几分姿色，但她一心向往的是同时看上她的豪门吴家，吴家也不惜拿钱出来猛砸。于是两家就闹僵了。

后来黄家的丫鬟挺身而出，愿以身代嫁。意思是移花接木，以小姐的名义把丫鬟嫁过去呀！

后来，这婚事也就成了，陶公"坦然受之，初不相疑"，意思是当初并没有怀疑，后来应该是知道了，也就将错就错。

后来，陶公带着丫鬟上任远走高飞，黄氏也如意嫁进了吴门。

可惜吴家后来谋占曾家的良田，在争斗中，儿子被打死了，黄氏年纪轻轻守了寡，没多久老公公也气死了。更凄惨的是，吴氏家族的人欺负她寡弱，逐渐侵吞了她的田产，她无以为生，艰难度日。

陶公丁忧回乡时，知道了她的遭遇，并不在意过去事，慨然赠送她五十两银子。

黄氏拿着这银子，"愧悔欲死，日抱银号泣，而不忍用"。再后来，这银子确实是被人盗走了，黄氏了无生趣，"忿而自缢"。

陶公知道此事后，也不免感叹，每年都给黄氏的后人周济一些银两，做得算是仁至义尽了。

嘉庆朝庸臣们的奇葩建议

嘉庆正式执政之后，确实也想励精图治，搞一番作为的，因此他很鼓励大臣们大胆提出建议，他要集思广益，择其善者而从之。当然，也确实有不少好的奏本，也有不少直言、谏言，有功有利于国家建设。但也有很多庸臣提出来的"奇葩"建议，看了让人"喷饭"。

嘉庆中叶，水患连连，皇帝下诏征求治水之策，于是就有一名言官呈递了自己的奏折，说他有一条最好的办法，就是让全国的妇女每人腰间都系一条黄带子，为什么呢？因为黄属土，而土能克水，如此的话，水患就会自己消退了！

嘉庆看罢，气得哭笑不得，于是提笔在奏折上批道："下诏求言，居然求得此种言论，朕只有浩叹而已，还有什么话说！"

更搞笑的是，有一位言官向嘉庆帝建议，说北京城的宣武门，被人们俗称为顺治门；而正阳门被人们称为前门，崇文门又被人们称为哈德门，他要请皇上颁布上谕，责令他们改正！

嘉庆看罢又是苦笑，他转念一想，我干脆整整这个家伙吧！于是，他下令让这个人从即日起，每天到前门去上班，就在那儿站着，为每个来往的人纠正他们的叫法，直到他们都改正为止！

　　这位瘟头瘟脑的官儿就去前门上班了。

　　还有搞笑的是，有另一位言官闻听此事，跑来建议说，应该在每个城门上都用正楷写上名字，比如宣武门、正阳门等，这样人们就都照着念了，他义正词严地说，又何必在前门让人一个一个地纠正呢？

　　这次，嘉庆真是气得笑了！于是，他下令让那个言官到各个城门去转转，看看各个城门上都写的是什么！

　　其实每个门上本来都用正楷写着堂堂正正的名字，人们只是约定俗成，喜欢用俗称罢了。

　　这是给皇上分忧的，还是添堵的？身边竟然有这么一帮无脑的庸臣，嘉庆也真是只有徒唤奈何了。

嘉庆年间的一场"禁门之变"

　　嘉庆十八年，皇帝本来要去木兰围场打猎，但当他走到伊玛图的时候，突发山洪，只好打马回銮。就在此时，大清朝的皇宫里发生了一场突变，有人与宫内的太监里应外合，刀光剑影，血溅宫墙，朝廷险些被颠覆……

　　发动此事的两个首领，一个叫李文成，一个叫林清。嘉庆十六年，两人在河南的滑县商讨大事，认为当年秋天彗星见于西北方，是主兵之象，于是决定在"酉之年、戌之月、寅之日、午之时"也就是嘉庆十八年九月十五日起事，李文成从滑县率兵直捣京畿，林清在京城与太监联手，一举拿下皇城。

　　与林清联手的太监便是李文成的侄子李金凤。他们开始准备起事的时候，苦于无法从皇宫里找到合适的内应，当时二十多岁的李金凤当即提出自己可以混进宫内去！

　　在大家的一片质疑声中，李金凤抽出刀来，当场挥刀自宫，一时血流如注，人也昏死过去，大家急忙寻医求药，李金凤才免得一死。

　　后来，李金凤果然进宫当上了太监。到了嘉庆十八年，他已经笼络发展了不少人，只等到了他们算计好的那个日子，大家就同时发动！

　　谁知道，算好的日子却出了岔子，李文成这边尚未起事，因为人多嘴杂竟被官府察觉了，李文成本人也被抓捕，其他人被迫提前举事，先救出了李文成。李文成的人被官府围追堵截，根本无法北上，眼看这举事的时间就要到了，林清这边却对河南的事一无所知！

九月十五日，外面的林清与里面的李金凤及曹福昌等人联络好，密令二百余人分两路攻打皇宫。

谁知又出了纰漏，攻打东华门的一支队伍在门前与人争道，露出了武器，被守门护军发现，急忙关闭城门，只进去了十几个人，护军统领杨述曾带领宫军赶来，一场激烈厮杀，进去的人数太少，全部被擒杀。

攻打西华门的另一路，倒是有百八十人冲进了大内，也攻下了尚衣监文颖馆，又去攻打隆宗门。此时收到急报的皇子绵宁，就是后来的道光皇帝亲自带人出战，他手持一杆鸟枪，弹无虚发。激战进行了两天一夜，冲入禁内的人全部遇难。两天后，还在京南的黄村傻傻地等李文成大军的林清也被拿获。

当李金凤知道大势已去时，他窃得了宫内的金符，谎称要去木兰迎驾，骑马飞驰出宫。他一口气跑到了归德（今位于河南商丘）的一个同伙家里，藏了一年有余。

据说，李金凤后来逃到了杭州的灵隐寺，削发之后，先居于僧舍，后来因身体原因担心暴露，只好又入了尼庵，再往后，就不知所终了。

因为"禁门之变"的教训，嘉庆后来颁布了一道上谕，以后征用太监，对那些自行前来的，必须由总管内务府大臣亲自查验，证实此人确实系因家境贫寒而且没有前科，才可以收进宫内当差。

林则徐的识人之明

自古以来，谋大事者通常都会有几分识人的能力，知人善任是一个领导者的必备本领。林则徐也是一位能见微知著、以小知大的名臣。虽然林公不具备曾公那样"一双三角眼，洞观天下事"的特异功能，但是他的眼睛也很毒。

一枚小钱看清同学人品

据福建龙岩人杜保祺所著《健庐随笔》记载：林则徐还在读书的时候，有一天和同学出游。路上碰到一个龙钟老太太把一大串钱掉在了地上。林则徐和那个同学都抢上前去做好事，帮忙把钱捡起来，老太太很感激地走了。

这时候，林则徐发现同学的脚底下还踩着一枚钱。等老太太走了，他很得意地把那枚钱拾起来装进了兜里，林则徐"见而不欢"。

后来，大家各奔前程。林则徐出任湖广总督时，恰巧当年那位老同学被外放到他的手下来补个知县。老同学喜滋滋地来求见，以为林则徐必然念旧，会给自己安排个肥差。

但是，见面后过了好长时间，一直没有委任实职的消息。这事他不好自己出面，就托人去打听。林则徐也没客气，讲了这位同学曾经昧了老太太一枚钱的事。他对此人的评语是："儿时心术如此，临民决难廉正。"

后来，这位老同学看在此处前途无望，就改派了别的省。再后来，他因为贪腐被拿下了。

细节决定成败，细节把人出卖，看来是真没说错。

一份奏章试出女婿人格

晚清重臣沈葆桢，曾任江西巡抚、两江总督、南洋通商大臣等职，集政治家、军事家、外交家于一身，又是中国近代造船、航运、海军建设的奠基人之一。

沈葆桢本是林则徐的外甥，10岁就被林则徐看中，和自己的二女儿林普晴定了娃娃亲，那林则徐如何发现这个孩子将来定能有所成就？

沈葆桢从小就是舅舅书房的常客。在这里，他遍览群书，常与舅舅交流。林则徐慧眼识才，应该就是在这个时候。

后来，林则徐出任江苏巡抚，在这里曾经考验过未来的女婿。

那天是除夕之夜，林则徐忽然找到沈葆桢，拿出一篇奏章，命他马上誊写一遍。

奏章长达数千言，直到三更时分，沈葆桢好不容易誊完交给了林则徐。他看了几眼，不满地说："有的地方字迹草率，重抄！"说着把奏章丢到案上。沈葆桢没想到还得重抄，但他一声不吭退了出去。

直到天亮时分，巡抚署的属吏纷纷前来贺岁。这时，沈葆桢才把奏章重新抄完，再次恭恭敬敬地交给林则徐。林则徐看看奏章，向来宾把事情的经过介绍了一遍，说："字迹端正，墨色浓淡一致，说明他性格平和；遇冤不怒，顾全大局，说明他少年持重；奏章原稿上有明显的错字，誊抄两遍，都

改正过来，说明他既尊敬上级，又敢于坚持自己的意见。"

沈葆桢考中举人那年刚好20岁，此时，第一次鸦片战争爆发。不久，担任两广总督的林则徐被朝廷革职查办。这一年，在双方父母的主持下沈葆桢和小一岁的表妹林普晴完婚。

成婚后不久，沈葆桢考中进士，任翰林编修，再出任地方大员，成就一番宏图大业。他和夫人也琴瑟和谐，白头偕老。

一字之师改出不同境界

说到林则徐和沈葆桢这对翁婿或者甥舅，还有一则非常有趣的故事。

沈葆桢有一次月夜饮酒，诗兴大发，乃成两句："一钩已足明天下，何必清辉满十分。"

林则徐读了，认为女婿毕竟年轻气盛，诗意虽好，却小有不妥。他提笔改了一个字，把"必"字改为"况"字，于是，诗句成为："一钩已足明天下，何况清辉满十分。"

沈葆桢看后，十分羞愧，一字之差，大相径庭。原诗是一种自满的口吻，襟量未免显得狭窄。改过之后，诗意迥然不同，气魄宏大，有壮志凌云之概。林则徐希望女婿在功名未就时，厚积才识，一旦得用便可大展身手，兼济天下。

这个字不仅改了诗意，开阔了胸怀，更重要的是体现出了林公的见识老辣。小小的一句诗很可能授人以柄，诗中的"明"和"清"两个敏感字如果放在康雍乾时期，会因为触犯圣怒而带来一场文字狱，甚至引发一场血雨腥风。林公改过之后，即使有人别有用心，也挑不出明显的毛病了。

从禁鸦第一人林则徐的言论看清朝的愚昧无知

"苟利国家生死以，岂因祸福避趋之。"这是林则徐诗里的名句，一腔浩然正气在字里行间激荡。一代名臣在禁烟抗英问题上，不顾个人安危，即使被革职充军也无悔意。这种英雄气概一直被后人们引以为楷模。

但是，在今天看来一些十分荒唐可笑的观点也是出自这位"睁眼看世界的第一人"。

道光皇帝把林则徐派往广东查禁鸦片，大见成效，他很高兴，就开始了解有关外国的情形，他问："外国鸦片是不是掺和人肉配制的？"

林则徐则很认真地回答："说不定曾用乌鸦肉掺和。"

这位奉命禁烟的钦差大臣对鸦片的认知竟是如此。难怪他当初刚到广州的时候，曾经迷信用中国的茶叶和大黄就可以困死洋人的说法。

他在《通谕各国夷商人稿》中明确地说："中国内地的茶叶、大黄二项，是你们外国必需之物，关系到你们的生死问题，你们不知道吗？"

"如果中国的茶叶、大黄概不出口，就能立刻将诸国夷人置于死地。"

"一旦天朝震怒，杜绝鸦片入境，严禁茶叶、大黄出口，你们不能不认真考虑这一后果的严重性。"

洋人后来很快就用事实向大清朝证明，这些钦差大臣的论调有多么不靠

谱。他们冒着"被置于死地"的危险，悍然发动了鸦片战争！

林则徐此时对洋人的国情乃至武器装备等一无所知，他在给道光上的奏折中充满了大无畏的乐观主义精神：

英国要攻中国，无非乘船而来，它要是敢于闯入内河，一则潮退水浅，船胶膨裂；再则伙食不足；三则军火不继。犹如鱼躺在干河上，白来送死。

如果奔逃上岸，英兵浑身裹紧（指英军穿的紧身军装），腰腿直扑（就是腿不会打弯），跌倒便爬不起来，凡是内地，不论怎样的人民，都可以杀掉这些异类，跟宰犬羊一样。

该国现在是女子主国，在位4年，年仅20，其叔父分封外埠，一直有觊觎王位的野心，因此，女王自顾不暇，哪有时间窥探这边！

当西方人带着坚船利炮来冲击中国大门的时候，闭关锁国的大清朝"沿海文武官员并不谙夷情，震于英吉利之名，而实不知其来历"。

有位博学多才的大学问家叫阮元，认为日心说离经叛道，不足为训，他甚至说美洲位于非洲境内。

文臣拥有这样荒唐的认识也就罢了，最可怕的是带兵的大将也无知。

曾经屡经战阵的参赞大臣杨芳认为洋人的炮火凶猛，必然是有妖术藏在其中。为了"破掉"敌军的妖术，杨芳命人到处收集女人的夜壶之类，作为法宝用木筏运到乌涌一带水面，等敌人进攻的时候，就把夜壶的口部朝向敌人。可想而知，参赞大人的夜壶战队是怎样在敌人的炮火中化为灰烬的。

为何大清朝的大臣们如此的颠顸无知呢？这来自于天朝上国的自大。

自十八世纪后叶起，西学在中国的传播基本中断。本来在清代康雍乾三朝，外国使者来中国者甚多，教皇也数次遣使来华。虽然中国的皇帝们看不上外国人的"奇技淫巧"，但对外国还是有所了解的。只是后来的皇帝在长达130年的时间里，竟然一次都没有派遣使者去考察西欧各国，去睁开眼看看外面的世界究竟是什么样。

于是中国人画地为牢，又自欺欺人，在天朝上国、世界中心的迷梦里沉醉，由此而落后和挨打又该怨谁呢？

林则徐之死的种种猜测

　　道光二十一年，林则徐禁烟有功反遭贬斥，被发往伊犁。在那里，他度过了四年艰苦的戍边生活，心情抑郁却并不自暴自弃。他以戴罪之身"濬水源，辟沟渠，垦田三万七千馀顷"，尽全力改善当地民生。但毕竟是60岁的老人了，过度劳累加上他并不爱惜身体，使他又患了鼻衄、脾泄、疝气等病症，一直没有痊愈。

　　道光三十年九月，林则徐又被清廷命为钦差大臣，去广西镇压拜上帝会的反清武装起义。林则徐奉旨赴任，在儿子林聪彝及幕僚刘存仁陪同下，抱病从老家福建侯官起程。十月十九日走到广东潮州普宁行馆，身体状况突然急转直下，医治无效，回天无术。辰时，他指天三呼"星斗南"之后，与世长辞，享年66岁。

　　关于林则徐之死，史学界有多种说法，包括他临终大呼的三个字"星斗南"也有各种猜测。

　　最主流也是最草率的官方说法是病故。《清史稿》记载："行次潮州，病卒。"施鸿保的《闽杂记》记载稍为详细："公患痔漏久，体已羸，至是力疾起行，十一日抵潮州，复患痢，潮守刘晋请暂留养疾，不可。次日遂薨于普宁行馆。"是说身体本来就已经很弱，到了潮州又患了痢疾，上吐下泻，第二天人就不行了。

这里就出现了一个极大的疑点？为什么到了潮州会突然得了痢疾？

时人张幼珊所著《果庵随笔》和广东《东莞县志·逸事余录》都认为林则徐当年禁烟伤害了很多商人的利益，他是被洋商买通厨子投毒谋害而死。张幼珊的《果庵随笔》消息来源是林则徐的曾孙林兰岑："禁烟事起，广州之十三行食夷利者，恨林则徐刺骨……后公再起督师粤西，彼辈惧其重来，将大不利，则又予以重金贿厨人某，谋施毒。公次潮阳（应为普宁），厨人进糜，而以巴豆汤投之。巴豆能泄泻，因病泄不已，委顿而卒。或劝其公子穷究其事。清例，凡毒死者，须开棺验视。家人忍而不请。其时疆吏虽微有所闻，亦不欲多事。"

这段话的意思是，林则徐禁烟得罪了广州十三行，十三行的人因此贿赂厨师下毒。《东莞县志》中也有类似记载，而且还直接指出主谋者就是广东十三洋行总商伍绍荣。林则徐禁烟的时候，伍绍荣曾经被锁拿于越华书院。这次林则徐出任广西巡抚，伍绍荣派人以巨款收买厨师，在食物中投下毒物，致林则徐委顿而死。

但笔者有一点疑惑是，用巴豆这样的低级手段毒死一位封疆大吏，是不是太拙劣了？

接下来，我们看两则史料，记录了两种非常诡异的手法。林公之死，很可能与此相关。

第一种出自《南亭笔记》卷七，作者是晚清李伯元，书中说："文忠由新疆释回，行至半路而卒。或云有鸩之者，迄不知其何法。某君得诸道路，谓涂毒药于轿中扶手板，时值盛夏，其气直入口鼻，故事后并无形迹之可查也。"他的说法是有人把剧毒药物涂在了林则徐乘坐的轿子扶手板上，他坐

轿时吸入口鼻，慢性毒发，致人死亡。

第二种出自《知过轩随笔》，作者是光绪榜眼文廷式，近代著名爱国诗人、学者。他的记录是："林文忠之再起也，伍崇曜（即伍绍荣，作者注）以数万金必欲毒之，不能得，乃贿通其家人以极毒之药，研末入之蜡烛中。文忠阅公牍每至四更，毒烟浸淫入于脏腑，遂不十日而毙卒。"林则徐喜夜读，在蜡烛中加入毒药，逐渐挥发。这种用毒方法比服药更不易察觉。

两种方法都很诡秘，究竟林公因何暴卒，笔者亦不敢妄言。

据《郎潜纪闻初笔》卷四记载："公临殁，大呼'星斗南'，莫解所谓。"金安清的《林文忠公传》、郭柏苍的《林文忠公遗事》、李元度的《林文忠公事略》等书中均有记述，看来林公之呼确有其事，但"星斗南"究竟是什么用意呢？

一种解释是，林则徐在弥留之际已经悟出了自己被害的原因，他喊的不是"星斗南"而是"新豆栏"，这是广州十三行附近的街名，是洋人走私、贩毒的聚居地。

还有一种解释是："佛经称四大部洲，以吾华为南瞻部洲，吾华居星斗之南，故北辰常在北。"林则徐在新疆的四年期间，注意到了卧榻之侧的沙俄虎视眈眈，曾预言道："为中国患者，其俄罗斯乎！"这是他临终前仍在忧国忧民，提醒当时的沙俄是最大的威胁。

这两种解释都不是林公临终前要表达的意思，一个小气，另一个似乎不着边际。历史上，宋代名将宗泽临终前三呼"渡河！"南宋爱国词人辛弃疾在最后一刻也三呼"杀贼！"千古贞臣，临终一呼，必为生平最大憾事，那林则徐的遗憾会是什么呢？

从清文宗御制挽联中似乎可看出一点端倪："答君恩，清慎忠勤，数十年尽瘁不遑，解组归来，犹自心存军国；殚臣力，崎岖险阻，六千里出师未捷，骑箕化去，空教泪洒英雄。"正值国家多事之秋，需要自己斡旋宇宙，弘济时艰，奈何生命已然到了最后一刻，怎能不让人悲愤高呼！但林公高喊的"星斗南"应该与唐代名相狄仁杰有关。《新唐书·狄仁杰传》："狄公之贤，北斗以南，一人而已。"历来文人评价狄公，称为"斗南一人"，想来林公一定是想以使大唐社稷得以延续的朝廷柱石狄公为榜样，以延续扶持大清社稷为己任，但此时出师未捷身先死，应该是他一生最大的遗憾吧！

靠对对联吃霸王餐的高人

对对子本来是秀才的看家本事，经常听说有对不好被骂、挨打的，但是靠对对子不仅能混上一顿霸王餐，还能带走一笔银子的事还真是第一次听说。

话说江南某地，有一个庄稼老汉领着他的儿子在耕地，突然雨就来了，只好先把犁卸了准备回家。

这时候老汉忽然要考考他的儿子，就出了一个上联：

> 迷濛雨至，难耕南畝之亩。

嚯！这位江南的农夫老汉能出这样的上联，定是一位隐士。对子的水平不是一般的高，结果就把他的儿子给难住了。

正在此时，有人路过，远远地听见了就对了一句：

> 泥泞路遥，谁做东家之主？

这老汉一听，哟？高人呀！对得不赖嘛。于是就好心地请他到家去避避雨。到了家门口，老汉说：

客已至矣，庭前整备茶汤。

客人存心想混吃混喝，随口就答下联：

宾既来兮，厨下安排酒席。

老汉一听，只好往里再让：

不嫌茅屋小，略坐片刻。

客人一点不把自己当外人：

且喜华堂宽，何妨数日？

老汉家此时已经摆好了酒席，二人喝得尽兴，不觉到深夜。老汉道：

谯楼上，咚咚咚，铿铿铿，三更三点，正合三杯通大道。

意思是酒足饭饱了，您也可以启程上路了。

客人却不想走，于是对曰：

草堂前，汝汝汝，我我我，一人一盏，但愿一醉解千愁。

意思是喝得醉成这样，还往哪走？愁死我了！

老汉只好请他下榻：

匡床已设，今宵且可安身。

想不到客人顺杆就往上爬：

主意甚殷，明日定留早膳。

老汉也只有唯唯而已。

第二天，老汉起来突然看见客人在院子里磨刀，赶紧就问：

借问嘉客，何故操刃而磨？

想不到这位恶客这样回答：

无故扰东，定当杀身以报！

这下可把农夫老汉惊坏了，但还没有忘了对对子：

倘死吾家，未免一场官府事。

恶客一看，趁机就敲诈：

欲全我命，必须十两烧埋钱。

这可是碰上了煞神，农夫老汉只好回屋去凑银子，过了好半天才出来说：

首饰凑成十两。

客人还挺较真，称了一下说：

戥头尚短八钱。

意思是分量并不足，你还短我八钱银子呢。不过将就算了。

于是送至大门外两人辞别，老汉又出一联：

千里送君终一别。

客人脱口就对：

八钱约我必重来！

老汉忍不住大笑，说：

恶客恶客，快去快去！

客施礼答：

好东好东，再来再来！

对完了，客人扬长而去。

故事并非属虚构，出自《浪迹丛谈》，作者是清代人梁章钜，道光年间当过江苏巡抚兼属两江总督。

端午节的雄黄酒曾经喝死过人

《白蛇传》里有一个桥段大家都记得清楚，到了端午节，白娘子和许仙喝了雄黄酒，结果现出蛇身，把许仙吓得不轻。很奇怪白娘子那么高的道行竟然不知道喝雄黄酒会穿帮。

从古至今，杭州一带的谚语就说："五月五，雄黄烧酒过端午。"《清嘉录》记载："研雄黄末，屑蒲根，和酒饮之，谓之雄黄酒。"看来这酒江南一带一直还是要喝一点的。当然，只限于大人，妇女和儿童则不能沾。前人也知道这酒是有毒的，但他们认为雄黄酒可以灭五毒，所以在端午节这天以毒攻毒。

那孩子怎么办呢？"惟有儿时不能忘，持爻簪蒲额头王。"意思是家里的大人拿雄黄酒在孩子的额头上画个"王"字，再涂在耳、鼻、手、足等处，希望如此能够使孩子免受蛇虫的伤害，也避免"疫疠"之气，寄托着"驱避百邪"的美好愿景。在汪曾祺的《端午节的鸭蛋》中也曾提到过雄黄酒，他说："喝雄黄酒。用酒和的雄黄在孩子的额头上画一个王字，这是很多地方都有的。"因为古人相信，雄黄可以克制蛇、蝎等百虫，"善能杀百毒、辟百邪、制蛊毒，人佩之，入山林而虎狼伏，入川水而百毒避"。

画个"王"字倒没什么，只是这雄黄酒到底该怎么喝呢？"雄黄"也叫雄精、石黄、熏黄、黄金石，虽然有解毒杀虫、燥湿祛痰、截疟之功效，但它的主要成分是硫化砷，是一种高毒矿物质。少量饮用，可治惊痫、疮毒。所以郑重提示，即使是少之又少的量，也一定要谨遵医生指示。

《本草纲目》里说得很明白："雄黄，乃治疮杀毒要药也，而入肝经气分，故肝风，肝气，惊痫，痰涎，头痛眩晕，暑疟泻痢，积聚诸病，用之有殊功；又能化血为水。而方士乃炼治服饵，神异其说，被其毒者多矣。"意思就是受雄黄之毒的人不在少数。

在清代梁章钜的《浪迹丛谈》卷八里记载了一则相关案例。

梁章钜有一个表亲在端午那天敞开了量大喝雄黄酒，结果没多一会儿，就觉得肚子痛得难受，家里人误以为是痧，想方设法给他治。后来来了一个懂医的，说："雄黄很烈，得烧酒而愈烈，现在他喝了这么多，麻烦大了。"家人这才知道是雄黄酒的问题，再想办法去治的时候，很可惜，已经来不及了。

清代郑光祖写的《一斑录》里这样说："雄黄能解蛇虺诸毒，而其性最烈，用以愈疾，多外治；若内服，只可分厘之少，更不可冲烧酒饮之。"

用现在医学来解释：饮用加热的雄黄酒实际上是在服毒。酒可以扩张血管，加速砷在消化道和皮肤的吸收，时间短则十几分钟、长则四五个小时即会中毒，轻则恶心、呕吐、腹泻、腹痛、大便呈"米泔样"，重则至死亡。

所以，给孩子画个"王"字这些好玩又有些寓意的传统不妨来一下，以增加一些节日的气氛。要是真喝雄黄酒，为了我们的身体健康，一定要慎之又慎。

安德海和慈禧有私生子，造谣还是确有其事？

据说他是一个帅哥，爱帅哥是人之常情，此其一也；他戏唱得好听，这一点更是让迷恋戏曲的主子慈禧对他刮目相看，此其二也；他是慈禧忠心耿耿的心腹，是倚重的大太监，他们每天都处在一起，此其三也；慈禧26岁就守寡了，眼前有这样的一个知冷知热的人（有人甚至说他是真戏子假太监），在平静的深宫里，在别人的口舌上，怎能不起一些波澜？

他是小安子安德海，曾经红极一时的御前太监。

安德海在慈禧一步步走向权力顶峰的过程中起到了不可替代的作用。从1861年咸丰帝病重于热河之时开始，聪明伶俐、得力能干的安德海就被慈禧所倚重。在和载垣、端华及肃顺等顾命八大臣殊死角力的过程中，小安子成为慈禧的心腹走卒。两宫垂帘听政之后，安德海遂成为慈禧的贴身随从，甚至到后来，他成了慈禧的智囊和左膀右臂。

那么，有关他们两位的绯闻是怎么兴起来的呢？在当时的京城酒肆茶楼中流传着各种说法，比如慈禧和安德海经常身着戏装在御花园游玩；比如安德海还穿过只有皇帝才可以穿的龙袍，这样的事情也许本来就有，唱戏逗闷子，只是被夸大；比如还有传言说安德海根本不是太监，更有甚者说慈禧和他还生了一个私生子！说这话的人甚至还绘声绘色地说，曾经在宫里听到过婴儿的哭声。

慈禧统治期间，在她的庇护下，先后有太监权倾朝野，专横跋扈，胡作非为。但是关于宫内荒淫无度，以及太监和优伶为慈禧安排纵酒狂欢等传言，没有任何真凭实据。

康有为等人出于怨恨之心，写过慈禧和荣禄的暧昧之事，其实也属于无中生有，实不可信。

插一段逸事。安德海此人戏唱得好，身为太监，竟然还娶了一位专业的旦角美人当老婆。就在同治七年冬天，他在北京最大的酒楼前门外天福堂大酒楼张灯结彩，大摆酒宴，正式迎娶徽班唱旦角的年方19岁的美人、艺名九岁红的马赛花。

若是慈禧与安德海之间不清白，借给安德海一百个胆子，他也不敢办这事。何况，人家慈禧并没有吃醋，反而为了表示宠爱，特地赏赐了白银一千两，绸缎一百匹。

精通八国外语的德龄郡主写过一本《御香缥缈录》。她曾经是慈禧的八位"女官"之一。她在书中谈到慈禧和安德海被人讹传的风流韵事，尤其是说到了有关私生子的话题。

原来，在慈禧很年轻的时候，就有一个很惊人的习惯，每天要喝一大杯新鲜的人奶。咸丰驾崩之后，她的这个习惯还一直保持着，所以，"宫内便少不得要养着两三个乳母。恰巧其中有一个乳母特别钟爱伊的儿子，坚执着要带伊的儿子一起进来，太后瞧伊的模样儿长得很好，乳水又足，便破格应允了（以后就成为一种常例）。这孩子的哭声一再为外来的人所听到，以致辗转讹传，弄到大家都说太后和安德海私下生了孩子了，真是冤枉到了极点"。

　　"到得我进宫去的当儿，事情已经隔了好多年了，照理说，太后的冤枉早应大白于天下，因为二十多年来，那些从外面偶然走进宫来的人，所听到的哭声，始终是婴孩的哭声，如其言是太后和什么人私生的孩子，难道永远不会长大的吗？"

　　德龄的描述应当是可信的。她还分析了别人为什么要给慈禧造谣——"人性总喜'隐善扬恶'，更以太后平日不免常有擅作威福的举动，人家对伊绝少好感，便格外的乐于造谣中伤伊了"。

　　德龄曾经是比较受宠的女官，但她并不是只替慈禧说好话，这几句话对慈禧的批评也中肯的。她曾经想过要"尽力代伊辟谣"，但再三考虑过后，又觉得喝人乳这种习惯，也确实有些骇人听闻。以至于她自己刚刚进宫的时候，"瞧着伊把那么一杯人乳喝下了肚去，心上总觉得有些异样的不安，竟以为太后是一个善于害人的'老妖怪'"。

　　这些应当是较为可信的史实，还可以进一步佐证的是安德海之死。

　　安德海出宫去作威作福，被慈安、恭亲王和丁宝桢联手以太监出都门违犯清朝祖制为由，将其正法。小安子死的时候是1869年，慈禧那年34岁。

　　如果两人真有奸情存在，以慈禧的个性怎么可能会善罢甘休？

　　据记载，慈禧知道了安德海的死讯之后，是大发雷霆了，次日清晨的早朝上，她还严词斥责恭亲王，威胁说要罢免他的职务，收回他的爵位。但是，让人不解的是，这事也只是说说而已，雷声大雨点小，恭亲王和丁宝桢都毫发未伤不说，不久之后，慈禧还又提升了恭亲王。

在清代考秀才比现在考博士还难

当我们今天很轻易地提到秀才，甚至酸秀才及腐儒之类的俏皮话儿的时候，如果真被当年的秀才们听到，估计都得捧一把清泪。当年考取个秀才真有那么容易吗？七八十岁的童生都多的是！一般人都知道的是，"十年寒窗无人问，一举成名天下知"，不就是苦学吗？"一举"那都是后来的事，想当秀才先得经过十几道考试，要是没有点真学问还真考不下来。

先来看这样一组数据，想去参加科举至少需要背诵下列书籍：《论语》11750字、《孟子》34685字、《书经》25700字、《诗经》39234字、《礼记》99010字、《左传》196845字。反正这些合计下来共计有个47万多字。要是已经被这个数字吓住了，就还是趁春暖花开去放马砍柴吧。

这些书是怎么学会的？以清代为例，先说说私塾蒙馆的事。如果家中富足，可以请位老师一对一教学，大概先从《三字经》《千字文》《百家姓》这些学起。不好好学，老师就用戒尺打手心，即使下手狠重，当爹的疼得往心里掉泪还得给先生点赞。

普通家庭，孩子不用放牛的，可以去上"朋馆"，就是大家凑份子办的村塾或者义塾之类，交点学费就能去摇头晃脑地"天地玄黄叫一年"了。

这里所学的知识除了四书五经之外，还有《唐诗三百首》，古文则修

习《古文观止》旁及《纲鉴易知录》等。然后重点学习八股文法，次及诗，先习一韵，加至六韵，即为合格。如果你头脑还算聪明伶俐，能学到这个份上，就算完篇。"完篇"是一个很正式的词，平时别乱用，因为这时候家中还得摆酒宴请先生，送礼敬，正宗的叫法是"完篇酒"，意思是，从此可以出去应考了。

去应考的人，可以称为童生，距离穿秀才的长衫，还有迢迢千万里远。

第一关，县考关。共五场，知县大老爷是主试人。第一场考《论语》《大学》《中庸》和时文一篇、《孟子》文一篇，还得写试帖诗一首。头场发榜，第一名称为案首，如果您在十名之外，就请回家休息，慢走不送。

第二场考时文一篇、五经文一篇、试帖诗一首，不取者不得入第三场。第三场考的内容更是硬货，八股文一篇、史论一篇和帖诗一首，写得不入知县大老爷的法眼，也就落选了。

第四场试杂作，律赋一篇，古近体诗数首，外加时文一篇。此时如果你还活着，并能完成这项任务，还得到了大老爷的首肯，恭喜你可以参加第五场，这场考的是时文起讲之类，相对容易一点，最重要的是能蹭上吃终场饭了。县官再小气，也得给考生备饭或者点心。这也算是蹦到锅沿上的米，值得为自己庆贺一番了。

第二关，府考关。这是知府主办的考试，他把所辖各县已经通过县考的童生们召集起来考一回，规程还是像县考一样，整整五场！考完了发榜，榜上没有大名者，就是落选了。

第三关，院考关。通过了府考你以为就是秀才了吗？别急，还有院考等着你，这是学使组织的大考试，学使老爷任期三年，但是懒到只考取秀才两次，第一次叫岁试，第二次叫科试。如果不幸错过了府县考试，倒是可以直接报名参加院试，只是需要一大堆的担保手续，要"认保"要"派保"。如果没有县里的学官派禀生给担保，即便才高八斗，也只有在考场外哭的份。

院考试题为《论语》《大学》《中庸》题目八股文一篇，《孟子》题目八股文一篇，五言六韵试帖诗一首。

规定天不亮鸡刚打鸣就入场，在掌灯之前交卷。

第二天就进行复试，或作起讲，或作八股文两大比，限香一寸。看来考察的内容是考生的思维敏捷。

需要郑重声明的是，古代也从来都不是一考定终身。为了防止你荒废学业，以后每年都要重考一次，叫"岁试"，岁试合格者才能拿到考"举人"的准考证。

这样千辛万苦考出来的秀才，对于大多数人家来说简直是祖坟上冒青烟，需要去含泪拜祭并告慰的。

实际上秀才得到的特权很有限，可以穿长衫，暴发户再有钱也不能穿，否则县官打屁股。另外就是见县官不用下跪，因为秀才是有学问的人，他怕自己承受不起。真正想要改换门庭，你得继续往上考，考上举人才算是大放光明，但那估计比现在考个博士难多了。

被左宗棠恶语所伤的樊燮

身为"晚清中兴四大名臣"之一的左宗棠，其历史功绩自不必说，收复新疆厥功至伟。曾国藩对于左宗棠的运筹帷幄也心折："论兵战，吾不如左宗棠。"但非凡人物自有非凡性格，左氏才高难免傲物，他曾因说了六个字而折辱了一位总兵，总兵欲洗刷耻辱而勒令儿子穿女服，这中间的一段故事读来让人感叹不已。

据《世载堂杂忆》记载，这位总兵官即为永州镇总兵樊燮。当时，左宗棠是湖南巡抚骆秉章的幕僚，也就是被人称之为师爷的职位，但他这个师爷可真不是一般的师爷，因为骆秉章非常器重他，湖南大小事均咨询左宗棠而定，他在这位号称骆大帅的府上，一直是可以呼风唤雨的。

咸丰九年的一天，樊燮来公干，拜谒过了骆秉章之后，骆秉章叫他再拜一下左师爷，就是你还得给师爷请个安，但是樊燮只是象征性拱了拱手，他当然不愿叩拜。

想不到，左宗棠火了："武官见我，无论大小，皆要请安，汝何不然？快请安！"

但樊燮本是个粗人，再加上与总督官文又是亲戚，怎么可能把一个师爷放在眼里，于是就大声说："朝廷体制，未定有武官见师爷请安之例，武官虽轻，我亦朝廷二三品官也。"

客观地说，这个人的话都在理上，朝廷没有任何一条规定说一个堂堂二三品总兵官得向一个师爷请安。

左宗棠从来没被人如此扫过面子，一时恼羞成怒，"起欲以脚蹴之"，竟然要起身用飞脚来踹樊燮，结果应该是被人拉住了，左宗棠嘶喊了六个字："王八蛋，滚出去！"樊燮总归得照顾骆大帅的面子，只能"怏怏而退"，可实在是太火大了！

但是令人火大的事不只这一件。没过多久，樊燮又被打了一闷棍，朝廷下旨，他被革职回籍。于是，这位曾经威风八面的总兵官只能灰溜溜地回到了老家恩施。

但是这口气如何咽得下？樊燮在恩施的梓潼街建了宅子。落成之日，置酒宴请亲朋，他恨恨地说："他左宗棠不过是一个举人罢了，既羞辱了我的人，还夺了我的官，最不堪的是，他骂我的那句话让先人也受辱！现在我的宅子修好了，我准备延请名师，好好教导两个儿子，一定要让他们为我雪耻，他们要是不能中举人、中进士、点翰林，我们都没脸见先人于地下！"

这樊总兵是真发恨了，不但花重金聘请了名师为儿子增祹和增祥执教，还有极其严苛的规定：平时不准两个儿子下楼，而且在家必须穿上女人衣裤！

这一招是要让两个儿子只要看到身上的女人衣服，就随时激励自己发愤读书。那什么时候才能脱下女服呢？

"考秀才进学，脱外女服；中举人，脱内女服；中进士，点翰林则焚吾所树之洗辱牌，告先人以无罪。"意思是中了秀才，可以脱掉女服的外衣，中了举人，才能脱掉女人内衣，等中了进士点了翰林，那就可以烧掉我立的

洗辱牌，告慰先人了。

现在说说这个"洗辱牌"。这是樊燮回到恩施后在板上刻下的六个字："王八蛋，滚出去"，正是左宗棠骂他最毒的那一句。他把这个牌子放在了祖宗神龛的下面，每月初一、十五必带其二子跪拜祖先神位，告诫儿子，你们要是中不了举人以上的功名，就不要去掉这个牌子，咱们家至少要在功名上压倒左宗棠！

两个儿子倒也听话，也很有出息。可惜的是长子增䄄因病早死，其学问要高于弟弟。弟弟增祥一路考上去，中秀才、中举人、中进士、点翰林，一直做到江宁布政使权署两江总督。光绪三年，樊增祥高中进士后，才焚烧了洗辱牌告慰当时已作古的樊燮。

抗日战争期间，《世载堂杂忆》的作者刘成禺来到恩施，在梓潼街的樊家老宅附近，遇到一位90多岁的吴姓老人给他讲述了这个故事。还有一位老人说：他在樊家的楼壁上，曾经看到过樊家兄弟用毛笔在上面写着的"左宗棠可杀"五个字。

良言一句三冬暖，恶语半声六月寒。要说为人修身，左宗棠毕竟还是逊于曾国藩。但是如果温良恭让，那他还是左宗棠吗？

太平天国的天京事变

1853年，太平天国定都南京，并改称天京。此后，东王杨秀清越来越目中无人，当时大家都称他为九千岁，但他还是觉得差点意思，还是叫万岁比较响亮。

这一天，天王洪秀全召见了东王，就直问他："闻弟欲称万岁，何以处我？"（出自刘成禺《世载堂杂忆》）意思是听说老弟你要当万岁了，那我怎么办？

想不到，东王并不回避这个问题，而是干脆地拿出了他早就想好的答案："弟为万岁，兄为万万岁。"

一个组织出来两个万岁，虽然后边那个加重了语气，但是毕竟有点开玩笑胡闹的成分。洪秀全肯定也想到了这一点，但他没法说，说了东王肯定也听不进去，于是，"天王默然"。

后来，天王就把这事给北王韦昌辉说了。北王是六千岁，八千岁的西王萧朝贵和七千岁的南王冯云山死难之后，他就是第三号重量级的人物了。

这一天，在殿上议事，北王韦昌辉早就按捺不住了，直接开炮"轰炸"东王："闻兄有不臣之心，自称万岁？"

这话里本来就藏着枪火，先给定了罪名，东王当然不买账，摆出了他九千岁的架子，仍想以"积威凌北王"，意思是什么时候轮到你这小五子说

话了？事实上，以往这个小五子对他一直是逆来顺受的，东王看不上他，常以小事而任意折辱，还有一回曾经命手下打了韦昌辉几百杖，打得他好长时间爬不起来。

他根本没想到，北王韦昌辉这次是有备而来，已经做好了火并的准备。说话间，"北王即抽刀屠东王之腹"。紧跟着，天京城内一场血腥的屠杀由此展开，东王府从上至下，两万多颗人头落地。

多灾多难的金陵城又一次笼罩在血雨腥风之中，屠杀持续了两个月。翼王石达开闻讯急忙从武昌前线回到天京。他被封为五千岁，地位在北王之下，但看到天京惨状，怒不可遏，斥责韦昌辉妄杀无辜。

已经杀得眼红的韦昌辉想，干脆连小六一起杀了吧。于是，石达开不得不连夜缒城逃走。韦昌辉把他一家老小全行杀害。后来洪秀全出来收拾残局，将韦昌辉五马分尸，又砍下他的脑袋专程函送石达开。

经此一变，太平天国元气大伤。

仔细深究，韦昌辉本来杀掉东王一人即可控制局面，为什么要实施对数万人的屠杀？

其实太平军本来就是两派合成的，一派是广东派，以杨秀清为领袖，而另一派是来自广西的三合会。当初，三合会这边的领袖是天德王洪大全，威望很高。杨秀清在战长沙时，设计使他陷于绝境，被清兵所擒，解赴北京凌迟处死。后来，东王杨秀清独揽朝权，三合会处于受支配的地位，而当初的西南北翼诸王都是属于三合会的，两派之间由此积怨越来越深。所以，韦昌辉一旦动手，他得把广东派的主力精英全部干掉，大屠杀其实是一场大清洗。

石达开后来知道大势已去，事不可为，只能自己想办法，他带走的将士，也全是三合会的人马。

一拳碎碑，翼王石达开的武功令人匪夷所思

1857年的6月，石达开从天京出走，这是太平天国走向衰亡的开始，同时也揭开了石达开人生最悲壮的序幕。

"稗史漫传曾羽化，千秋一例不平鸣。"翼王石达开是太平天国最让人感佩的人物，没有之一。他16岁"被访出山"，19岁统率千军万马，驰骋沙场所向披靡，20岁封王，在成都受剐刑时年仅32岁！

他不仅文韬武略，而且还是一个不出世的功夫高手，有人甚至把他的武功与张三丰和甘凤池等人并列。那他的武功究竟有没有传说的那么神呢？

石达开确实是位奇男儿，他早年在游历衡阳期间，那时候他也就十几岁，就曾以拳术教授数百名弟子，自古"文无第一，武无第二"，能有这么多人甘心跟着他学艺，没有点真功夫，怎么震得住？

也就是在衡阳期间，他酒后与门下最能打的弟子陈邦森为大家演示拳法。"'吾门以陈邦森为最能，应一一较艺。吾身紧贴碑，任汝击三拳；吾还击汝，亦各之。'邦森拳石，石腹软如绵，邦森拳如著碑，拳启而腹平。石还击邦森，邦森知不可敌，侧身避，碑裂为数段。"

意思就是互打三拳，陈邦森打在石达开的腹部就像打在棉花上，而且像是透过棉花打在了石碑上，他收拳，石达开的腹部就恢复了。再轮到石达开

打的时候，陈邦森不敢硬接躲开了，但他身后的石碑却被打裂了。

要知道这块碑，高二丈，厚三尺。那石达开的武功确实就是匪夷所思了。难怪《北平国术馆讲义》要把他和达摩祖师、宋太祖、岳武穆、张三丰、戚继光、甘凤池等人并论为中国历史上最杰出的拳术名家了！

那他的武功仅止于此吗？且看：

据《清稗类钞》和《太平天国野史》记载，石达开的拳术"高曰弓箭装，低曰悬狮装，九面应敌。每决斗，矗立敌前，骈五指，蔽其眼，即反跳百步外，俟敌踵至，疾转踢其腹脐下。如敌劲，则数转环踢之，敌随足飞起，跌出数丈外，曰连环鸳鸯步"。民间认为这种武艺就是后来号称"北腿之杰"的"戳脚拳"，传说石达开还曾将这种武艺传授给选拔出来的士兵，用于作战。

所以，以石达开这样的武功，就算被围在大渡河，他个人想突出重围，应该也不是多困难的事。但他还是为了保住几千兄弟的性命而毅然走进了清军的大营。

有人说，是石达开给乏善可陈的太平天国增加了一些传奇色彩。李秀成最佩服的人就是冯云山和石达开。曾经与石达开对阵厮杀官至江苏布政使的黄彭年，在一封写给友人的信里对石达开有如下评价："此贼举止甚稳，语言气概，不亢不卑，寓坚强于和婉之中。方其就死，纳履从容，若是我大清忠臣如此死法，叙入史传，岂不炳耀千载？"

来自对手的赞扬还是比较有说服力的吧？接下来他也感叹了一句："如此人不为朝臣用，反使为贼，谁之过软？"《尚书·大禹谟》："嘉言罔攸伏，野无遗贤，万邦咸宁。"这是盛世的景象。而晚清朝政糜烂，早已民不聊生，荐贤退恶则是天方夜谭了。

早已看穿太平天国气数不长的江南奇人

君要选臣，臣也要选君，所谓良禽择木而栖。

同治初年，洪秀全虎踞金陵，也曾经开科取士，对外号称要招揽天下英才。

还真有一位江南奇人，姓熊名倔，来了金陵——当时的天京，见到了洪秀全。天王洪秀全对他的才能非常认可，但奇怪的是，就是不用他。

熊倔只是观察，也不急。后来他遇到了石达开，两人一见如故，惺惺相惜，引为知己。石达开认定他是英才，就屡次给洪秀全推举，但是洪秀全并不听。

后来，洪杨分裂，上万东王部属惨遭株连，血染石头城。石达开在前线赶回，痛斥韦昌辉滥杀无辜，但为时已晚。北王韦昌辉揣测石达开同情东王，意图加害。

此时，熊倔先得知了消息，马上报信给石达开，让他趁早逃走。

石达开微服去找熊倔，想跟他一起走，但到了熊倔的府上，发现熊倔已经先行一步走了。

意识到逃走的机会稍纵即逝，石达开马上收拾了一些细软逃出天京，他的家人则全部遇难。

石达开去找他的队伍，走到丰县砀山一带，想不到，在这里竟然"偶遇"了熊倔！

两人一翻畅谈。

熊倔说："我已经在这一带给你经营了一个养老的地方了。天王洪秀全不是什么王霸之才，多疑忌，只能共苦不能同甘。我猜他的石头城被清军攻破是早晚的事儿。不知您现在有什么打算？"

当时的石达开完全不想退隐山林，还有一腔的抱负未曾施展。他要在安徽举兵靖难，他要上书天王，请杀北王以平民愤。他更因家难心乱如麻，不愿意留下来。

第二天，石达开就要走，熊倔挥泪送之。

也许是命中注定，不可违逆，熊倔原想救他一命，但石达开却不可能看透，从此就走上了不归之路。

熊倔后来皈依佛门，行脚不知所终。

此事见于况周颐之《眉庐丛话》。况周颐，广西桂林人，光绪五年举人，曾官至内阁中书，后入张之洞、端方幕府。

石达开与五岁儿子一同赴刑

1863年5月，石达开所率的太平军且战且走，来到了大渡河前。谁知道天意弄人，原本可以轻松渡河，奈何百年不遇的洪水突发，河水暴涨，清军却蜂拥而至。石达开组织人马多次抢渡不成，粮草用尽，遂陷入绝境。

以石达开的精绝武功而言，他自己突出清兵重围的可能性完全是有的，但是他还是决心以自己的死来换取所有部下的生机。为示诚心，他带着自己的儿子石定忠去和清军谈判。不知道他为什么还会对清军有所幻想，仅是因为四川总督骆秉章是他的广东老乡吗？

但是石达开真的想错了。他走后，部下有三千人被王松林部收编，另两千余人中有七百人过河，被遣散或被杀。石达开被押往成都后，清军夜袭驻扎在大树堡的剩余一千多人，除三百老幼存活外，其余全部被杀。

1863年6月27日，在成都城内上莲花街督标箭道，年仅32岁的石达开被凌迟处死，身受这样残酷的刑罚，石达开也许有噬脐何及之悔之恨，早知今日，何如当初放马一搏？所以他从始至终一语不发，观者无不动容，叹为"奇男子"！

四川布政使刘蓉说："枭桀坚强之气溢于颜面，而词句不卑不亢，不作摇尾乞怜语。临刑之际，神色怡然，是丑类之最悍者。"

此事记载于汪同尘所著的《石榴花馆杂记》，原文记述如下：

石见囚后，旨下，命处极刑，所谓凌迟是也。寸寸剐割，遍体元完肤，吭未断，气息仅属，石闭目咬牙，不作一语，始终无惨色。濒死，忽闻有嬉笑声，盖其垂髫稚子，方缚跪于前，年幼无知，犹顾眄与伍伯戏，面目端秀，憨态可掬，观者咸恻然。石心动，启眸视之，长叹一声，泪盈眥颊而绝。

意思是他受刑时，他的儿子石定忠是陪绑跪在刑场的，有记录说定忠此时年仅5岁，还不知道他所面临的是怎样最深重的灾难，他竟然在父亲被凌迟时与身边的兵丁嬉笑，这才是让现场观者不忍目睹的惨剧。

按说，5岁的孩子应该懂些事了，但反过来想，如果他不知道所经历的正是人世间最悲惨的事，对他反而是件好事。

但清人并没有放过这个无辜的孩子，据费行简撰写的《石达开在川陷敌及其被害的事实》描述："定忠自不见其父，日夜啼哭，由杨重雅建议，以布包石灰堵口鼻压毙之。未毙前禁卒谢福以实告之。他问：'我死可见父乎？'谢说：'正好见于天上。'他遂破涕为笑。"

穆彰阿对曾国藩的知遇之恩

机会只垂青那些做好准备的人。就算如曾国藩才智高超，且做事低调、谨慎诚恳，倘若没有朝中大佬级的人物对他赏识以及援引，估计他也只能成为一个对自己非常严苛的道学先生。但他确实曾在一年之内连升四级，这在等级制度森严的大清王朝绝属罕见。

有人说，曾国藩能出头，离不开一个人，此人一直被人斥为奸佞，甚至有人将他比作秦桧之流，但是此人确实爱才，还不怎么贪财，他就是穆彰阿。

穆彰阿进士出身，历任刑部侍郎、左都御史、理藩院尚书、漕运总督、军机大臣、翰林院掌院学士、文华殿大学士等职。他担任军机大臣20余年，深受道光的宠信。穆彰阿发现曾国藩是个人才，便常在御前给道光吹风，说："曾某遇事留心，可大用。"

一日，曾国藩忽然被召见，进宫之后，由内监引领着来到了一个所在，这里并不是平常大臣们等待召见的"候起处"。

曾国藩在这儿等到过了午时，结果没等上，后来就传来圣谕，说是明日再来。

曾国藩退下之后来到了穆宅，其实入宫的前一晚，他就是住在这里的。

穆彰阿见他回来，就问他情况。曾国藩说没被召见，只是候起的地方与平时不同，说着就描述了一下当时他在的那个地方。

穆彰阿凝思片刻，问了一句："你看到了墙壁上挂着的字幅吗？"曾国藩摇了摇头，穆彰阿就有些失望地说："机缘可惜。"

穆彰阿为此事颇费踌躇，忽然他拿定了主意，立即喊来一个很精干的仆人，说："你马上拿四百两银子，去找某某太监，把银子给他，请他把某个房间内所悬挂着的字幅给抄录出来。"

曾国藩那天仍然住在穆府，第二天被召见，皇帝问了不少事，大部分与昨天他所在的那所房间里的字幅有关，原来那里挂着的是历朝圣训。太监抄录出来，曾国藩就都背下来了。

于是曾国藩"奏对称旨"，道光皇帝龙颜大悦，还对穆彰阿说："你说那个曾某人遇事留心，果然不错。"

事后，曾国藩才弄明白了道光皇帝的用意所在，惊出一身冷汗，若不是穆相挽救，道光皇帝的这次考试，他一定挂了。

机会来了，有人手把手地教你抓住了它。《眉庐丛话》说："而文正自是骎骎向用矣。"

道光之后，咸丰即位，他对穆彰阿极不感冒，他对穆彰阿的评价中有一句是这样说的："穆彰阿身任大学士，受累朝知遇之恩，保位贪荣，妒贤病国。"

当然，皇帝嘛，想说啥，都是圣旨玉音，但是从这件事上来看，怕是并不准确，穆彰阿引荐过不少人才，说是"妒贤病国"，恐怕他到死也不服。

回头再说曾国藩，此公每日自修、自省、自律，从不停止。他的日记、文章、书信，也是饱含正气，不懈努力是成功的基石，穆彰阿的这次援引可以说是顺水推舟，不能说起到了决定性的作用。

纵然曾国藩是一颗明珠，但一直放在暗室里也没用，是穆彰阿在皇帝路过的时候，偶然打开了窗户，皇帝就看见了光彩夺目的曾国藩。

曾国藩在朝中受了重用之后，总是和穆彰阿保持着不远不近的距离，从不参与穆彰阿的权力斗争，一心一意效忠皇上。

在穆彰阿的心中，不能为他所用，就被视为异己。

不管后来穆彰阿如何欲除曾国藩而后快，他最初的荐才，依旧令人称道。

曾国藩也曾看走眼

　　曾国藩号称有十三套绝学，学其一者即可以横行天下，其中曾氏相人术一直为人所称道，所著《挺经》当中有识人之术，还有一本《冰鉴》是专门论相人的书，署的也是曾国藩的名字。《冰鉴》这本书到底是不是曾国藩所著暂且存疑不论。据《清史稿·曾国藩传》载："国藩为人威重，美须髯，目三角有棱。每对客，注视移时不语，见者悚然，退则记其优劣，无或爽者。"意思就是说，曾文正公长着一双很特别的三角眼，相人只需看上几眼，其才情品性就能掌握个八九不离十。

　　但是再老练的猎人也有打盹的时候，曾国藩就曾经被一只来自浙江萧山的"鹰"啄了眼睛。

　　有一天，有一人冒充校卫求见。见面之后，他先纵论天下大势，说得让曾国藩刮目相看。接着，此人又谈到操作实务，曾国藩就问了一个问题：属下习惯性欺蔽上司，阁下对此有何高见？

　　此人侃侃而谈：一般来说，这个问题对那些英雄豪杰不外乎两种状况。像左大帅（宗棠），心细如发，性猛于虎，故属下压根儿就不敢欺瞒他。

　　听到来人如此颂扬左氏，曾国藩未免有点不以为然。此人接下来话锋一转：但是，把左大帅和中堂您比较，他却稍逊一筹。

为什么呢？

"因为，他至多做到'人不敢欺'而已。而中堂您以诚感人、以礼待人、以道化人，却能达到'人不忍欺'的境界。不敢，那是被动；不忍，则发自内心。所以说，属下欺蔽问题的解决之道，左公不如曾公啊。"

曾国藩被这番话彻底打动了，他的相人术中有一条是："条理看语言。"看此人语言必有大才，即派他督造船炮。他哪里想到，没过多久，萧山人就携款潜逃，来了个人间蒸发。属下建议通缉此犯，曾国藩沉默许久，叹口气，摆摆手，说：算了，算了！由他去吧。

由此来看，神相也有看走眼的时候，识人之术未可全信。古语说得好，"识人识面不识心"，毕竟没那么容易。古语还说："路遥知马力，日久见人心。"所以仅凭面相来断事，还是应当慎重的。

也许有人对曾国藩公很是崇敬，他如高山仰止一般的存在，走一次眼也不能说明什么，这根本无伤其大节。

但是再仔细看曾国藩的资料，发现他不是走了一次眼，在相女婿的问题上，他走眼走得还很离谱。大女婿是个纨绔子弟，游手好闲还贪污军饷；二女婿一生碌碌无为；三女婿拈花惹草不求上进；四女婿英年早逝。他的四个女儿归宿都不好。

曾国藩因何速杀李秀成？

天京城破，李秀成让幼天王骑乘自己的马逃走，自己先是藏在了西城。

萧浮泗的手下在搜索中抓到了他，没想到周围的老百姓自发地汇聚在一起，"以田器毙萧兵"，就是拿着农具冲上来打死了清兵，又把忠王抢走了，但是很快清兵大队人马赶到，李秀成再次被俘。

当手下人给曾国藩汇报这番经过的时候，他就有些震惊，感叹："李秀成是真能爱民者，兵败一身，百姓尚为之效死！"此事记载于刘成禺所著的《世载堂杂忆》。

李秀成被人送至曾阿九曾国荃的大营。因为自己的亲兄弟曾国华在与李秀成对阵时，战死在三河镇，因而曾国荃与李秀成是仇人相见，分外眼红。他是出了名的手段毒辣，"置刀锥于前，欲细割之"，他准备让李秀成好好尝尝用小刀剐肉的滋味，先让兵勇割了李秀成手臂和大腿上的肉，但想不到李秀成"殊不动"，李秀成被俘是被俘了，但还是条硬汉，曾国荃恼羞成怒亲自动手，"遍刺以锥，血流如注"！

李秀成痛斥他："两军对战，各忠其主，当有损伤，何须如此？"一句大义凛然的话，让一身小家子气的曾国荃气短语塞。

这样的英雄气概，让曾国藩不能不对太平军的这位忠王另眼相看，但真正触动他杀机的却是另一件事。

当押着李秀成的囚车抵达曾国藩的大营时，李秀成还在洋洋得意，因为周围全是他曾经的手下将士。

囚车刚进营门，曾国藩的身边竟然有百余将士跪下了，口中还大喊着"王爷！"

曾国藩挨个看过去，感到心惊肉跳，这些人全都是李秀成当年的部下投降过来的，其中大部分身穿黄马褂，有些人已经立功至提督或总兵。

曾国藩看着跪倒的一大片人，心里抽一口凉气，他哪里能想到李秀成的威望竟然如此之高，随即马上意识到："是人不早除，军中将生大变！"

对忠王的审讯共进行了三次，李秀成并没有下跪，而是"趺坐地上，面前备矮桌一张"，他心知必死，以每天7000字的速度完成了自述，主要是回顾了自己的一生以及太平天国的兴亡得失。

他的这份自述被曾国藩多处删改，以口供的名义上报朝廷。"有人谓忠王请降，实无其事。"怀疑是曾国藩给自己的脸上贴金。

曾国藩不愿把李秀成押解到京城，生怕沿途生变，上奏就地处决。朝廷的圣谕下达时，清兵大营中已经有劫走忠王的谣言，事不宜迟，曾国藩下令，在夜里悄悄执行。

李鸿章读完李秀成的自述后，在写给曾国藩的信中表示，李秀成果然是个"英雄人物"！

曾国藩自撰碑铭"不信书，信运气"

曾国藩是个好读书的人，不打仗的时候几乎是手不释卷，但是到老了回想自己一生经历的时候，却说出了让人匪夷所思的六个字："不信书，信运气。"这话从别人嘴里说出来也许还可以理解，这样一位一直以勤学苦读教育子弟的"老儒"何为出此怪论？

在朱克敏的《雨窗消夏录》中有记载，曾国藩曾经对吴敏树和郭嵩焘两位说："我身后要撰写碑铭必然是两位的事。别的都任你们去写，但是铭词结语，我想还是我自己来写，就一句话：'不信书，信运气，公之言，传万世。'"

这位人生导师最后的话应该是从他骨髓里渗透出来的，是他对自己人生的最精华的总结。那这句话，到底是他的彻悟，还是他一生尊崇孔孟儒道和程朱理学的黑色幽默？

我们可以从曾国藩翻云覆雨的官场生涯，还有波谲云诡的战场生涯里找到一些端倪。

咸丰四年，曾国藩出兵之初，靖港即遭遇大败，一时在长沙官场成为笑柄，举目尽是白眼。就在曾国藩对前途失望之际，没想到塔齐布和罗泽南接下来在湘潭十战十胜，湘军彻底翻身。此时的曾国藩在人生的棋局里，没有任何一本书能告诉他怎么办，他只能像一个陀螺任命运摆布。

咸丰五年，石达开把曾国藩的水师诱进鄱阳湖，全力围攻，逼得曾国藩跳长江自杀。虽然曾国藩被救不死，但只能垂手待擒。正在此时，鲍超却率打粮之军归来，冲乱了石达开的阵脚，曾国藩竟然奇迹般死里逃生。命运之手在这里又轻轻地捉弄了一下曾国藩。

咸丰十年，李秀成率数万大军逼近祁门。曾国藩手下总共不到三千人，幕僚们几乎逃光，连李鸿章都吓跑了。曾国藩以为大势已去，自己写了遗嘱，枕剑而卧，随时准备自尽。谁能想到，又是鲍超带人冲进祁门大山，在命悬一线之际来救了他。奇怪的是，李秀成居然不再进攻，率部西去。倘若李秀成继续打下去，鲍超的人马也挡不住，曾国藩仍然免不了非俘即死。

曾国藩的湘军"剿匪"成功，他并不认为全是自己的功劳，而是认为太平天国的失败，乃至灭亡，主要的原因在他们自己身上。他们攻下天京后，洪秀全和杨秀成本性暴露，所作所为与造反之初大不一样，于是人心丧失。曾国藩认为湘军正是钻了这些空子才侥幸成功的。如若没有他筹建的湘军，而是由李鸿章提早建立淮军，或者是鲍超建川军、朱洪章建黔军、沈葆桢建闽军，都有可能取湘军之功而代之。

这是曾国藩最难能可贵的一面，在瞬息万变的战场上，个人的书卷本事瞬间就能灰飞烟灭，所以他才不肯居功，不说自己是怎样的英明盖世，而是敢于给世间道出一个真相。

要让出一大半的功劳给老天。这应该是他的肺腑之言，尽管出人意料，甚至有点滑稽，但一点也不虚伪。

一棵苍藤的荣枯如何预示曾国藩命运的起伏？

薛福成是曾国藩的四大弟子之一，他还是散文家、外交家，是洋务运动的主要领导者之一、资本主义工商业的发起者。此人一生撰述甚丰，其中最著名的是《庸庵文编》及《庸庵笔记》。

在《庸庵笔记》卷四中，他记录了曾国藩生平的一些异相：

"曾文正公之生也，以嘉庆辛未年十月十一日亥时。曾祖竟希封翁，年已七十，方寝，忽梦有神虬蜿蜒自空而下，憩于中庭，首属于梁，尾蟠于柱，鳞甲森然，黄色灿烂，不敢逼视，惊怖而寤，则家人来报添曾孙矣。封翁喜召公父竹亭封翁，告以所梦，且曰：'是子必大吾门，当善视之。'"

先解释一下"封翁"，是古代对被荫封的长者的尊称。这段是说曾国藩出生的时候，他的曾祖父得了一梦，一条黄色神龙盘旋而下，落在他家庭中。他惊醒的时候，家人来报，生下了曾孙，就是后来的曾国藩。

"是月，有苍藤生于宅内，其形夭矫屈蟠，绝似竟希封翁梦中所见。厥后家人每观藤之枯荣，卜公之境遇。其岁枝叶繁茂，则登科第转官阶，剿贼迭获大胜。如在丁忧期内，或迫寇致败屡濒于危，则藤亦兀兀然作欲槁之状。如是者历年不爽，公之乡人，类能言之。"

这段是说，曾国藩出生之后，曾家院里长出一棵苍藤，其矫旋盘曲之状跟他的曾祖梦中的黄龙一样。而且家人们发现，曾国藩的人生境遇和院子里这棵苍藤息息相关。如果他升官或者打仗获胜，苍藤则枝叶繁茂；如果他遭遇不幸或者被打败遇到危险，苍藤则显出像要枯死的样子。这样的事情很多年屡试不爽，曾公的乡亲们，大多都知道。

"饶州知府张澧翰，善相人，相公为龙之癫者，谓其端坐注视，张爪刮须，似癫龙也。公终身患癣，余在公幕八年，每晨起，必邀余围棋。公目注楸枰，而两手自搔其肤不少息，顷之，案上肌屑每为之满。"

有个知府很擅长看相之学，他看出曾国藩像一条"癫龙"。而作者薛福成在曾国藩的幕府中干了八年，每天早晨都跟曾国藩下围棋，曾国藩一般都是边下边挠他的皮肤，一会儿棋案上就全是碎屑了。有人认为他这是得了"火蟒癣"。

"同治壬申二月初二日申刻，公偶游署中花园，世子劼刚侍，公忽连声称脚麻脚麻，一笑而逝。世子亟与家人扶公入室，盖已薨矣。是时，城中官吏来奔视者，望见西面火光烛天，咸以为水西门外失火。"

这段写的是曾国藩在南京病逝时的情景，儿子曾纪泽侍奉着他，走得很安然。但城中人却看到他家这个方向火光冲天，以为是失火。

"江宁、上元两县令，亟发隶役赴救，至则居民寂然，遍问远近，无失火者。"

地方官还赶紧派人前来救火，但到了之后，却没有发现火情，只是一代中兴名臣曾国藩死时所现的异象而已。

一首打油诗看曾国藩的肚量

曾国藩的功绩相信大家都有了不少了解，克复江南，拜相封侯，这些都不必再多说，八个字就能概括："一生事迹，海内咸知。"但是看一个人往往要从细节处入手，于细微处方能见其精神。

有不少人认为曾国藩有点傻气，他自己也认为自己"拙"，但是一个"拙"字比多少人的精明更珍贵。他还经常被人看不起，被称为"迂"，迂到什么程度？有这样一件小事，曾被当时的人耻笑。

当时曾国藩跟几个人同行北上，每天一住店，一帮文人墨客们都不闲着。有抒发情怀的，为展示一下自己高超书法，在墙壁上题诗；有喜欢喝酒的，三五个人划拳行令，图个红火热闹；也有悄悄躲起来的，一杆烟枪，吞云吐雾，反正是不闹到半夜不算过瘾。

只有曾国藩，"独默坐，不发一言"，也不知道他一个人呆若木鸡在那儿想什么。反正是他如果不能读书，也绝不参与这些闲事，宁可自己默默坐在那里，样子看上去确实有点"迂"，有点"呆"。以至于同行的人都说，这个"呆子"以后能有多大出息？"不过一老师终身耳"，就是能当个私塾先生混碗饭吃就不错了。

谁能想到，这个"傻呆迂"最后能做出那样泼天的功业来，当年笑他的人反倒"泯然众人矣"，爱笑话人的人往往如此。

还有一件事，能看得出曾国藩的气度，被人称之为"曲江风度"，也算是实至名归。

当时曾国藩已经是两江总督，一方诸侯，咳嗽一声能让富庶的江南打个哆嗦。建德有一个李把总，此人的官职大概相当于连级干部，能管个百八十人，算是个粗人。他给总督上报公文竟然用了一纸"移文"，这是清朝武营用于和州县之间往来交涉公事的公文格式，按道理他应该是用"申文"或者叫"申状"，是下级给六部和督抚级别用的文体。

如果换个心眼小的领导，看到这种荒唐的行文，会认为是对上级的藐视，一定会严惩以示他人。当时，曾国藩看到这纸"移文"却大笑了，并不以为是多么严重的事。

他还有心情在那纸公文上写了一首打油诗：

建德把总李，用个平行礼。申文换移文，敌体。

说是打油诗也好，说是三句半也好，手下人看了，也都大笑，不能不佩服曾国藩的度量。

左宗棠麾下竟然真有一个"花木兰"

许指严的史料笔记《十叶野闻》有如下记载：

清代有一个姓朱的安徽人，读书应试，考了不少年竟然连秀才也没考中，一怒之下，也学古人弃文从军了。

来到军队之后，他当了一名书记员，辗转数年之间，随着大军在西北一带作战，隶属于一位姓陈的统领。这位陈姓统领是一名巴图鲁，骁勇非凡。

这位朱书记员正当青春年少，长得颜值颇高，而且性情还比较柔和，陈统领非常器重他。

有这么一天，陈统领忽然招朱书记员来喝酒，两人对饮，非常痛快以至大醉，统领要留下书记员同榻而眠，朱书记员瞬间酒醒，坚决不干，想不到陈统领竟然拨出了刀来，意思是要么睡，要么死，选一个！朱书记员不得已，只能勉强相从。

可是让朱书记员万万没想到的是，进了被窝才知道这位统领竟然是一个女人，朱书记员喜出望外。

从此之后，朱书记员就经常睡在统领的营帐里，同僚们都很鄙视他，"以朱必为龙阳矣"！可是，没多长时间，统领的肚子大了，这可如何是好？

两人商量，朱书记员就怂恿陈统领给大帅直说了吧，他还给陈统领讲了花木兰的事儿，说估计也不会受什么责罚。

当时清军正在讨伐回部，督军陕甘的是左宗棠。

左宗棠听说了这事，也是非常惊异，他甚至打算奏闻朝廷。可是有一位幕僚却劝阻了他，这位幕僚是这么说的："古今时势殊异，今朝廷方猜疑汉人，恐事涉欺罔，反因之得罪……"

于是左宗棠下令让朱书记员顶替了陈统领的名字，统领了她的手下，而陈统领就此换上了女装了。

后来，这位朱书记员、不，现在的朱统领，跟随左宗棠作战得胜回朝，立功升了提督。但是这人呐，一阔脸就变，他竟然又纳了两房妾，这可超出了"陈木兰"的底线，她大怒，拿着钱财领着自己生的孩子去了甘肃省城，从此就和朱某断绝了关系。

那么，大家好奇的是，当初这位"花木兰"是怎么混进军队里的呢？

那一年，清将多隆阿带军队从湖南进入陕西，道出荆子关。当时军中也在不断地招募兵员，有一个童子应募而来，这位童子"面黧黑，且多痘瘢，且硕大多力，人绝不料其雌也"。

童子入营之后先是牧马。后来被提拔为正目，再后来因为作战非常勇敢，"得荐升至记名提督巴图鲁"。

作者许指严对此事的评价是："雄飞十年，一旦雌伏，奇矣。"但是非常可惜的是，那个姓朱的背叛了这位女英雄，让这段佳话有了一个令人遗憾的结局。

同治帝纵欲亡身，是谁把他带上邪路？

慈禧此人擅弄权术，对于亲情较为淡薄，虽然同治帝是她的孩子，但实际上两母子的关系并不十分亲密。

同时，慈禧对于教养的事情也并不感冒，因而同治帝"得纵恣自由"，玩得比较野，甚至养成了习惯。也有人说，有其母才有其子，同治"跳荡游冶"是得了慈禧的遗传。

同治好玩，蹴鞠、弄舟、演剧之类的事都玩得不亦乐乎。但是这些并不能导致他的夭丧。据《十叶野闻》记载，同治经常到外面的花街柳巷冶游，最后染病身亡。

这样一个成长在宫里的小皇帝，出了宫门其实就是个低能儿，到外面去疯玩，总得有人带着他。事实上还真有这么一个人，他就是贝勒载澂。

载澂是恭王的少子，"佻达自喜"，就是个浮浪子弟，但是同治帝却跟他走得近。

有一回，载澂开导同治，意思是在宫外有几个小钱就可以"买醉胭脂坡"，比这像牢狱一样的宫里不知好多少，不出去看看，那岂不是白活了一辈子？

同治帝听了，很是赞叹，于是就跟着这个载澂开始悄悄溜出宫去，寻花问柳。两个人都喜欢穿黑色的衣服，那些娼寮酒馆、暗门子，凡是能买春的地方都去，同治乐此不疲。

但好景不长，同治得了一种毒疮，据说死时头发全部脱落。而载澂更惨，他也得了这种脏病，比同治死得还早。

当恭王得知载澂领着同治帝在外面胡闹的时候，马上就命人把载澂抓回来，锁在了家里。

下人找来了载澂穿着的黑衣服，上面竟然绣着一百只白色的蝴蝶，即便是梨园子弟，也不会穿如此诡异的服装。恭王大怒，下令再也不许放载澂出去。其实载澂已经得了病，自己也出不去了。锁了没多长时间，载澂毒发身亡，死的时候面部肿胀溃烂，令人惨不忍睹。

李鸿章签署《马关条约》时的一副受辱对联

1895年3月17日，甲午中日战争打到尾声，日军在刘公岛登陆，威海卫海军基地陷落，北洋舰队全军覆没。

清政府只得派以李鸿章为首的全权大臣，以美国前任国务卿科士达为顾问，前往日本马关（今下关）与日本首相伊藤博文、外务大臣陆奥宗光进行谈判。3月20日，双方在春帆楼会见开启和谈。就是在这里，李鸿章忍辱蒙垢，与日本人签订了《马关条约》，割让台湾及附属岛屿，割让辽东半岛，赔偿二亿两白银等。

有消息称，日本首相伊藤博文一开始坚持必须赔款三亿两白银，以及割让台湾、辽东半岛，李鸿章表示实在办不到。谈判进行到了第三轮，李鸿章被一名日本刺客开枪打中面颊，象征着他身份的黄马褂被鲜血染红，险些当场挂了。李鸿章被动演出一番"苦肉计"，因为这颗子弹，他替大清王朝减免了一亿两白银。

这一年，李鸿章已经是62岁的老人了。不仅仗打败了，苦心经营的北洋舰队灰飞烟灭，自己还因签了丧权辱国的条约，而背了个汉奸的骂名，甚至还挨了一枪。幸亏他是条硬汉，换个心理脆弱点的人估计早就精神崩溃了。

虽然伊藤博文对李鸿章一直高看一眼，认为李鸿章是"大清帝国中唯一有能耐可和世界列强一争长短之人"，但是该侮辱李鸿章的时候他一点也不手软。

在一次宴会上，伊藤博文就得意地出了一个上联："内无相，外无将，不得已玉帛相将。"这简直是嘲笑大清国无人，打了败仗只能出钱来买和平，打人打在脸上，这上联出得够水平，也真够令人难堪。

猛然间出了这么高难度的上联，李鸿章"猝无以应"，越想越觉得"愤愧"，确实是又气愤又羞愧，离席而去。

伊藤博文又占了上风，当然很得意。想不到第二天，李鸿章就派人送来一封书信，打开一看，正是一句下联："天难度，地难量，这才是帝王度量。"

伊藤看了不能不称赞，这下联不仅对得工巧，还维护了大清天朝上国的面子。

李鸿章算是找回了一点自尊，但是细想，仍然是瘦驴拉硬屎——干逞强，很苦涩，也没有多大的意思。

那这下联是李鸿章自己对的吗？也不是，是他的一个随员，浙江人，此人文才甚高，李鸿章却一直看不上。这次他用对联帮李鸿章解了围，李鸿章不得不对他刮目相看。但可惜，在况周颐的《眉庐丛话》里，连这位高人的名字也没有。

末路挽歌

◆

清灯孤影复彷徨，雷卷武昌意未了，

茶已凉，一曲铜驼唱斜阳

◆

光绪初年"东乡血案"另有隐情

"宁学桃园三结义，不烧瓦岗一炉香"。刘关张三兄弟在桃园一个头磕下去，比亲兄弟还亲，水里火里，生里死里，一起去闯。而瓦岗四十六兄弟，也刺血磕头，高喊了"但求同年同月同日死"！最后不但各奔前程，还反目成仇。今天的故事，也是一对互换名帖正式结拜过的兄弟，但不是为兄弟两肋插刀，而是为了自己前程在兄弟的肋上插刀，直接把兄弟送上了刑场。

光绪初年，四川的东乡县发生了袁廷蛟带领老百姓集体抗粮的案子。当时的护理四川总督文格，素来就是急性子，不加推察，檄令提督李有恒等人带兵驰赴东乡，在他的檄文中有"痛加剿洗"四个字。

李有恒是湖南省新化人，"督兵廿余载，转战数省"，得到这样的指令，赶赴东乡之后即开始血腥镇压，"戕毙无辜数千百人"，意思是有上千无辜老百姓惨遭荼毒。

正好此时张之洞到西蜀督学，任满回京，得知此事之后，愤而据情上疏请求严处。很快圣旨下达，交由新上任的四川总督丁宝桢查办（亦有交由原两江总督李宗羲查办一说）。

这位丁宝桢就是敢杀慈禧宠爱的大太监安德海的那一位，也是留下一道

名菜"宫保鸡丁"的那一位。

此时有不少人都替李有恒担心了，但是李有恒却很坦然："我不过就是执行上面的檄文，何罪之有？"

此时惴惴不安的当然是文恪，事态不可收拾都是因为他檄文中的四个字"痛加剿洗"而引发的。只要李有恒亮出他的亲笔檄文，应该可以轻处，而自己的宦海生涯基本上也就到头了。

就在文恪惶惶不可终日的时候，有一个人走进了他的视线，此人就是华阳知县田秀栗，他与李有恒是换帖兄弟，他如果肯出手相助，或许事情还有转机。

想不到，田秀栗认为这是一个巴结上司的绝好机会，而且他很快就拿出了一个轻而易举的办法。

这一天，田秀栗来到了李有恒的家，两人边喝酒边聊起了东乡案。李有恒因为有文恪的檄文在，并不以为自己很凶险，但田秀栗还是提醒他，不要大意，还让他拿出檄文来，给他看看才放心。

李有恒是个武人，很痛快地就把檄文拿出来给哥哥看。

当时天色已经暗下来了，田秀栗看不清，就拿着檄文走到了门口去细看，看完后就还给了有恒。"果然是你说的那样，我这当哥哥的，也就放心了。"

到了审案的时候，李有恒小心翼翼地拿出了总督的檄文，但是让他把眼眶瞪裂的事情发生了——檄文中的其他文字都一样，只有那"痛加剿洗"变成了"相机剿抚"，如果是这样，那东乡案所有的罪责都将背负在他李有恒一人的身上，他将百口莫辩！

此时他才明白田秀栗走到门口看檄文的真正用意，用准备好的另一份檄文调了包！而完成这一步，把自己一步推到鬼头刀下的人，正是自己的换帖结拜兄弟！

很快圣旨下达，提督李有恒"诬叛妄杀"，处"斩监候，秋后处决"。

李有恒本有罪，"将一村一寨不分善恶、男妇、老幼而尽杀之"，他也该死，但他想必一定死不瞑目，因为踩在他头颅上的换帖兄弟升职了，"秀栗以易檄功，擢刺泸州，旋调忠州"。

但是以这样的阴险手段把自己兄弟害死的奸人，真的会好过吗？

据况周颐《眉庐丛话》记载："某日，送客至门，忽神色惨变，自言见有恒来索命，从者掖以入，俄暴卒。"田秀栗最终也没落得一个好的下场。

轰然枪响，号称刀枪不入的大法师倒下了

1895年冬天，经过奕䜣和荣禄等一班王大臣联名奏请，光绪皇帝批准袁世凯督练新建陆军。袁世凯正式入主天津小站，开始用西法编练中国首支新式陆军。

袁世凯当时聘请的是德国军官，共有10余人担任教习，又从天津武备学堂中挑选百余名学生担任各级军官，他在这批人当中培植了一批私人亲信，这些人后来也都曾经或多或少影响过中国政局，如徐世昌、段祺瑞、冯国璋、王士珍、曹锟、张勋等。

可你说袁世凯相信西方的军事理论吧，他又特别迷信，尤其是对于一些善用符咒刀枪不入的说法特别感兴趣。他听说提督程文炳的营中有个高人，作法的时候就可避枪炮，于是就想方设法地把人请来当了教习。

当时程文炳也曾经提醒过他："这事虽然有小验，也就跟儿戏差不多，恐不足以临大敌。"意思是正经打仗这是靠不住的，但袁世凯不信。

那位高人大法师请来了，袁世凯肯定得请他露一手，于是就派人用手枪试验，结果还真是伤不着，一时间小站军中的士兵都把这位大法师当成神仙一样看待。

袁世凯心里也是很爽，当即表示请各路宾客都来看看，如果始终无误，那就要如实上报，给大法师恩赏一个官职了。大法师当然也很高兴。

这一天，袁世凯请天津各界大小文武官员来小站赴会，七七八八来了有150多人。

有一个人挺有远见，说应该让法师亲手立个状子，就是所谓的生死文书，万一被打死了，千万别找麻烦。于是，就找了一个大法师沾亲带故的老乡来当了保人，立好了状子。

然后就是见证奇迹的时刻——

30名士兵各持后膛枪向法师瞄准，一声令下，轰然枪响！

再看法师，竟然倒下了！

所有人都惊诧莫名，袁世凯还故作镇定，说是："此诈尔，绝无妨！"意思是法师逗你们玩呢。

派人过去看看，回来禀报，法师眼睛没有闭上，面带笑容。

过了一会儿，还是不起来，再派人看，回报说："口角流血矣！"

袁世凯急命人检验法师的身体，揭起衣服来看，胸腹共被打穿17个洞，人已经确实死了。

所有的宾客都起身默默走了，袁世凯也不知道该说什么。

后来，他让人给了那位保人500两银子，买棺厚葬，剩下的当抚恤金给了法师的家属。

此事记载在王伯恭的《蜷庐随笔》里，当时被引为笑谈。

一个太监敢欺负中堂大人，大清焉得不亡！

光绪中叶，这个时期的李莲英仗着慈禧的宠爱，已经是非常骄纵。

仪鸾殿的侧面有一间小房子，这是为朝廷当值的重臣们安置的一个临时休息的地方。这一天，李莲英来了，他在这儿晃荡了一圈，忽然从窗户里远远地看见福中堂来了。他马上含了一口茶，就站在了门边上。

等到福中堂走到门口准备掀门帘的时候，李莲英突然揭起了帘子，对着外面就把这口茶给喷出去了！

他看着像是在漱口，可这口茶却是实实在在地喷了福中堂大人一脸，"淋漓满面"呐！

李莲英赶紧假意道歉："不知中堂到此，殊冒昧！"

难为这位中堂大人实在好雅量，也不能说什么，只能是"徐徐拭干而已"！

在况周颐所著的《眉庐丛话》里，他是如此点评的："李之藐视大臣，所以示威福，福尤其所狎而玩之者也。"

意思是李莲英就是这么作威作福的，而且从他的字面意思来看，这位福中堂应该不只是被李莲英"欺负"过一次两次！

这位福中堂为何这么窝囊，甘愿受一个仗势欺人的太监的气？他难道一点根基也没有吗?

非也!福中堂大名叫福锟,是康熙帝正宗的七世孙,授体仁阁大学士,在总理各国事务衙门行走,兼管内务府大臣。卒谥文慎,入祀贤良祠。也算是相当有分量的一位重臣了。

一个朝代到该亡的时候总会有许多不能不亡的理由,也可以从很多方面看出来。黄钟毁弃,瓦釜雷鸣;谗人高张,贤士无名。一个太监敢骑在一个治国安邦的体仁阁大学士的头上撒野,大清不亡还有什么话说!

"光绪皇帝" 逃出瀛台投奔张之洞

光绪二十五年，武昌的金水闸忽然来了一主一仆。这位主子大约20来岁，个子不低，样貌算是英俊，皮肤比较白。仆人大约40多岁的样子，没有胡子，说话带着女人气。这二人都操着一口地道的北京腔。

这一主一仆租了一个公馆住下来，深居简出，但是起居用度都非常豪华奢侈。而且这个老仆每次都是恭恭敬敬地跪着给主子进茶进饭，主子一有吩咐，他必恭谨地称"圣上"，同时自称为"奴才"！

有附近住着的候补官员，无意间发现了这一破天荒的怪事。没几天，整个武汉都传遍了一个消息——"光绪皇帝逃出瀛台，来投奔张之洞了！"

湖广总督张之洞当然很快就获知了消息，大为疑惑。时西太后慈禧当权，光绪皇帝被禁于瀛台，根本无法查知事情真假。但此事干系重大，太后与皇帝的关系如此对立，一步走错就会影响到身家性命，张之洞只能慎之又慎。

张之洞派人仔细观察，有人来报："皇上"用的包袱都绣着金龙，龙为五爪，还用了一个玉碗，上面雕镂着的也是五爪金龙。最不可思议的是，"皇上"带着的那颗玉印，上面刻有"御用之宝"四字。

以张之洞多年在京的博闻广识，尚且看不出任何破绽。而武昌城中的一般老百姓更没有分辨能力，已经认定那就是光绪皇帝，拖家带口前去磕头的人已经越来越多。"皇上"也很亲民，并不驱赶，也会偶尔露脸，略举其手对百姓说："不必为礼。"

又有人来给张之洞汇报：一些候补官员也认为这是一个绝佳的时机，前往跪拜，还有不少"献款供奉"者。

张之洞何许人也？不该自己现身时绝不能现身，若是假皇帝一切都还好说，可如果是真光绪，难道再把他送回京去交给西太后？天下人将如何看待自己？史官将如何评写？同时，他又禁不住要想，如果是真皇帝，自己振臂一呼，挥师北上，又有多大胜算？

必须先查清这个人到底是不是真的皇帝！于是江夏知县陈树屏受命前去再探究竟。

陈树屏见到了"皇上"，但人家对他一个区区七品知县基本不用正眼来瞧，再三问，就一句答复："见了张之洞，方可透露。"陈树屏仔细观察这位"皇上"的一言一行，只是觉得哪有点不对劲，可又说不出来。

于是，有人建议先从那个仆人下手。找了几个与仆人认识的人，前去请他洗澡，到了浴池，故意嬉戏，趁机查验了他的下体，天呐！果然是个太监！

张之洞派人找来了光绪皇帝的照片，让人拿着跟那个主子比对，也确实很像。于是他马上派人发密电给北京知友。回电说，宫中并没有皇帝出走的消息，但是瀛台那边，没有一个人敢去刺探消息。

这究竟如何是好？

就在张之洞像热锅上的蚂蚁一样的时候，他终于得到了一封来自北京的密电："皇上尚在瀛台，不能不开庭亲审，以释天下之疑。"张之洞长长地出了一口气，立命捉拿"皇上"归案！

公审之日，《世载堂杂忆》的作者刘成禺先生正在武昌，得以亲往观看。

张之洞大声问："你不是要见我吗？我现在就在这儿，老实说吧，你们什么来历？"

"皇上"还在故作姿态："大庭广众，不能跟你说，退堂之后再当面说清。"

张之洞说："胡说八道！不说，直接办你个斩刑！"

"皇上"却说："我并没有犯法。"

张之洞说："私用御用禁物，难道还够不上个斩刑吗？"

"皇上"就说："那就随你的便吧。"

再审那个仆人，他可没有那么硬，直接就招了："我本就是宫里的一名太监，因为偷窃宫里的财物被发现就逃出了京城。路上遇见他，他说湖北有一套大富贵，让我跟着侍奉他就行，他叫什么我也不知道。"

此时，有人说这个"主子"行为举止不像普通百姓，还真有些架势，怀疑是皇亲国戚，再公审恐有伤体面。于是交给了江夏县令陈树屏退堂之后再秘密审理。

这回陈树屏动了大刑，"皇上"挺不住，这才全招了。

此人名崇福，旗人，从小就进宫学习唱戏，所以深知宫中的礼仪掌故。他的长相确实跟光绪很像，一直有人叫他"假皇上"。他早就听说京城里有人假扮亲王、大臣行骗，屡屡得逞。这次，他遇到了守库太监，正好他偷出来的东西都能派上用场，于是就搭了一个草台班子，一路向武汉来，沿途各省都被他们骗了！

案子很快审结，"插标押赴草湖门斩决"！

江夏县令陈树屏曾经当过作者刘成禺的老师，刘成禺后来问他："你当时觉得哪不对劲儿？"

陈树屏笑着说："就是觉得他举手投足，都像在演戏，哪知道他真是个戏子！"

谭嗣同与袁世凯密谋除掉慈禧

读历史，有时候真需要开动脑筋想一想，经常就会有一些意外的疑惑。

关于戊戌变法的失败，我们以往知道的是，1898年的9月21日，慈禧太后突然从颐和园回到紫禁城，带人直接冲进了光绪皇帝的寝宫，随即将光绪皇帝囚禁在中南海的瀛台。然后，这位再次临朝"训政"的老太婆向天下发布训政诏书，这意味着前段时间折腾得很起劲的"戊戌变法"失败了，紧接着谭嗣同等"六君子"人头落地。

请注意，这里有一个特别重要的时间节点，就是根据袁世凯的日记描述，谭嗣同在事发前三天的9月18日，曾经去法华寺夜访过他，给他说慈禧联同荣禄，要废除光绪皇帝了，并说皇上希望袁世凯可以起兵勤王，先诛杀荣禄，然后再率兵入京包围慈禧住的颐和园。

接下来我们的历史知识是这样的，袁世凯向荣禄告密，荣禄密报了西太后。再然后，西太后先发制人，袁世凯成了干掉戊戌变法的千古第一罪人。

我们不能不怀疑，有人把袁世凯推到了风口浪尖上，他本人及全家都有性命之忧，他不得不跳出来做了一个伪证，然后把变法的一帮人统统逼上了绝路。

这里最大的一个疑点就是，谭嗣同究竟有没有那么傻？袁世凯的区区

七千人真能进京除掉慈禧和荣禄吗？

荣禄当时身为直隶总督、北洋大臣，他管辖着武卫五军。袁世凯当时仅为五军之一，尽管是他在小站训练的"新建陆军"，但仅有七千人。不说荣禄好不好杀，就算袁世凯能杀，其他的武卫四军怎么可能眼睁睁看着？

再有，当时天津进京的通道芦汉铁路的行车指挥权是英国人掌控的，他们不会听命于袁世凯。就算袁世凯武力使之屈服，得以运兵逼近京城，也只能抵达京城的南部，即马家堡一带，距离在京城西北部的颐和园还有将近20公里。当时京城的警卫部队有步军统领衙门的巡捕五营，掌握在光绪的死对头端王载漪的手里。由神机营改编的虎神营以及颐和园的护军营等，不可能任由袁世凯的人长驱直入而不节节抵抗。

即便袁世凯侥幸带兵围了颐和园，估计他们还没有抓住慈禧太后，光绪皇帝早已经成为慈禧的俘虏了。

所以这整个计划准确地说只能是个笑话。谭嗣同夜访袁世凯，应该只是申明了光绪召见袁世凯时的面谕："你跟荣禄各办各事。"应是试图让他炼成一支可以不受荣禄节制的队伍，将来有希望效忠于光绪。谁能想到，这一步竟无异于"误入白虎堂"。

最真实的情况是，慈禧早就磨好了刀子，准备对戊戌六君子和光绪出手了。出手就得有个名目，可实际上那些变法的人并没有出格到让她有足以除掉他们的把柄，所以只有找个人出来坐实"铁证"，说明是变法派的人自己作死，她只是被动防卫，这样方可顺理成章。

有了解真相的人写了一首诗暗指其事："杜周刀笔须深刻，陶侃戎衣竟寂寥。"杜周指刚毅，陶侃指荣禄，意思是荣禄其实在政变前后根本什么也没有做，被刚毅玩弄于刀笔之下，而袁世凯也只是一颗棋子。

《辛丑条约》签订后，清政府是如何道歉的？

1900年6月20日，德国公使克林德坐着轿子从东交民巷使馆出了门，准备前往东单牌楼北大街东堂子胡同总理衙门。当他走到北大街西总布胡同西口时，被正在巡逻的神机营霆字队章京恩海打死。

这一枪打出了泼天大祸。此事一出，局势已不可挽回，慈禧在6月21日以光绪帝的名义，向英、美、法、德、意等十一国同时宣战，她本想利用义和团大干一场，哪里想到一发而不可收。

公使竟然被杀，本就好战的德国皇帝威廉二世正式派出了2万多人的对华远征军，由瓦德西指挥。开战不到两个月，8月15日，慈禧和光绪跑了。

后来，打死克林德的神机营章京恩海慨然自首，并被德国判处死刑，在东单牌楼克林德身亡之处的闹市问斩。

被打败了自然只能任人宰割。1901年清政府与11国签订《辛丑条约》，第一款就是：清政府派醇亲王载沣赴德国就克林德公使被杀一事向德国皇帝道歉谢罪。

为什么派只有18岁的载沣去德国道歉？原本这个亲王的人选迟迟定不下来，没有人愿意去承担这么屈辱的差事！后来，德国新任驻华公使穆德向清政府的议和大臣李鸿章和奕劻推荐了载沣。载沣是在光绪十六年即1890年袭

封王爵，成为第二代醇亲王的。

年轻需要历练是一个不错的理由。同时，载沣长得相貌堂堂，当年出入宫廷的美国医生曾这样描述："他缄默少语，相貌清秀，眼睛明亮，嘴唇坚毅，腰板笔挺，虽不及中等身材，但浑身透露着高贵。"一提出来，德国人也认可，他们看重的是载沣的特殊身份，作为光绪皇帝的胞弟，慈禧的亲外甥，他的地位比其他亲王更尊贵，更能表现出清政府的"道歉诚意"。

于是，这件事就定下来了。

当时的清政府驻德公使吕海寰在载沣出使前曾向德国外交部询问会见的礼仪，可德国方面迟迟没有答复。直到1901年8月19日在载沣快到德国时，德国政府突然通知吕海寰，"德皇在白厅坐见，王爷行三鞠躬礼，递书，致颂。其参赞随同入见者，切照中国臣下觐君礼节叩首"。

意思就是德国皇帝坐着会见中国鞠躬的亲王，随从们必须行跪拜大礼！

一个亲王亲自来赔罪已经是栽尽了面子，现在还得行中国的跪拜礼。载沣等人认为这实在有损"天国上朝"的尊严，决不可接受。一方面拖延觐见的时间，另一方面急电回国请示。

仓皇逃到西安的慈禧是这样答复的："时事艰难，不可拘泥成法，有失邦交。"意思是别再惹事了，叫跪就跪吧。

在一些资料中，写到载沣之行是他拒绝德皇跪拜要求，坚持大义。但是，在当时的形势下，他是扛不住的，如果不是德国议院的支持，说不定也就跪了。

可是德国议院怎么会反过来支持中国呢？

一方面当时德皇威廉二世野心勃勃，议院正拟挫其锋芒；另一方面，议院也确实认为此举过于傲慢，不是正道，所以才"密嘱我国参赞，醇亲王暂缓觐见，不可遽然答应，并须力拒，如有事端，议院愿为后盾"。

此事见载于《茷楚斋三笔》卷四。

后来，德皇态度出现软化。德国外交部表示，德皇同意接见清政府使团，递呈国书时可只带荫昌一人作为翻译，免去跪拜礼，都行鞠躬礼。

1901年9月4日中午，载沣在荫昌的陪同下来到了德国皇宫。

面对一国亲王的"道歉"，德皇仍然显得十分傲慢，不仅坐受国书，发表答词时也并没有起立，措辞还非常严厉，"断不能因贵亲王来道歉之忱，遂谓前愆尽释"，足见威廉二世是何等不可一世。

不过在载沣和清廷各位大臣们的眼里，这已经算是"大局保全，国体无伤了"。

还是那句老话，弱国无外交，只有屈辱和无奈。

李鸿章死于暴饮暴食

世人多称李鸿章为"李中堂"，因在家中排行第二，故民间又称"李二先生"。他曾经有诗这样写："丈夫只手把吴钩，意气高于百尺楼。"一看而可知，此人心性高，自负果敢。

本文要说的是他视西医为儿戏，贪吃致死的一段轶事。

光绪庚辛，正是多事之秋的1900年，李鸿章因为议和的事长住北京，当时他的身体已经明显衰弱，但他一直以来能吃能喝的习惯一点也没改变。

家里人为他的健康考虑，不让他多吃，给他定时定量，这让李鸿章很不痛快。

到他这个年纪吃得太多容易引发疾病，李府当时请来的西医就严正警告：不能多食！可他根本不听。西医警告他万万不可吃糯米之类的食物，他偏偏就饱食一顿，第二天还专门告诉西医，简直能把医生气死。

当时有个叫郑魁士的官员也在京，经常到李鸿章所在的贤良寺行馆。李鸿章就经常叮嘱他私购一些食物，藏在袖管里带来。所以，每次郑魁士来见，李鸿章就清退所有客人，偷偷大吃一顿。时间长了，他的幕僚们戏称他玩的这一出叫"袖筒相会"。

也有中医认为，像李鸿章这种病症，能吃爱吃但是不能多吃，因为这是胃强脾弱。李鸿章听中医也说不让多吃，大为不悦，随口应付道："你说的或者也对吧。"

就在他病故之前十天，他就因为多食而"致疾甚厉"。西医几乎是下了最后通牒："中堂再如是乱吃，必死矣。"你再这么胡吃海喝就死定了！

李鸿章听了依旧不为所动，还对身边的人说："西医之言何戆也。"这个西医说的话怎么这么有趣呢！

又过了七天，西医认为他的病已经"万不能治"。李鸿章的侧室莫氏哭着求药方医治，但回天无力，果真没两天，李鸿章就病故了，享年79岁。

此事记载于《苌楚斋三笔》卷四，题为《李鸿章致死之由》。另有记载，1901年李鸿章签订《辛丑条约》后，回家即大口大口地吐血，"紫黑色，有大块"，此后即"痰咳不支，饮食不进"，被诊断为胃血管破裂，看来他的死果然跟他暴饮暴食有关。

李鸿章是巨贪，曾收沙俄五十万两贿银

他是清末重臣，一直以老成谋国著称于世。日本首相伊藤博文视其为"大清帝国中唯一有能耐可和世界列强一争长短之人"。当他去世的消息传来，慈禧的眼泪当场就流了下来，感叹说："大局未定，倘有不测，再也没有人分担了。"慈禧赞他是"再造玄黄"之人，但是他在贪贿成风的清王朝并不能洁身自好，资料显示，他的贪腐也是极大手笔，曾被沙俄收买，一次就收取了五十万两白银。

他就是一直以来功过褒贬不一的李鸿章。

李鸿章是否廉洁，一直有争议。有人说他把在淮军时所谋得的八百多万两白银列入公款，以此可证此人高度廉洁。但当时正是甲午中日战争惨败之后，他为国人所痛恨，被御史一再弹劾，如果再吞没这八百万两的巨款，被人揭发则后患无穷。他在形势逼迫之下，只有把存银列为公款。后来这笔钱便宜了袁世凯，他在小站练兵时"气象雄阔"，日子过得很滋润，都是托李鸿章的福。

1898年，李鸿章被沙俄的财政大臣维特所收买。起因是，沙俄人打听到清政府要向英国人借款，他们即从中阻挠，但没有效果，清政府还是向英德银行借债了。

　　沙俄当时向清政府提出，要租借旅顺和大连，想不到清政府也很干脆地拒绝了。就是在这样的前提下，维特找到了当时的重臣李鸿章和张荫桓，许给二人各五十万两白银。后来他们的事情果然进行顺利，清政府对此睁一只眼闭一只眼，沙俄几乎是强租了旅顺和大连。

　　李鸿章和沙俄成交的时间是3月28日，沙俄支付给李鸿章五十万两，张荫桓胆小，愿意等到京中闲话平息之后再收这笔银子。

　　想不到，9月21日，张荫桓家就被抄了，他被充军。即便如此，张还要求沙俄支付他一万五千两，沙俄给他把款送到了保定。

　　李张二人联手受贿，出卖国家利益，是有资料为证的。李鸿章对此的解释是，这是沙俄送给他的礼物。但这个"礼物"未免也太重了。

打麻将，打丢了一个青岛

　　清室衰微，打麻将成风。而打麻将不止"败身谋"，甚至是"误国计"。有这样一位总兵竟然能因为打麻将而将大清国的一片大好江山"沦弃于德"，青岛几乎是被德国人兵不血刃地拿下。此人赌性之豪、赌注之大，若说是前无古人，恐怕也是后无来者了。

　　时间是1897年11月，炮台守兵突然发现海上有数艘兵舰驶来，当即就向时任总兵的章高元大人报告，章总兵此时正在兴高采烈地跟几位幕僚搓麻将，闻报之后，他颇有大将风度地说："外国游船自行海中，偶经此地，何需预报？还用这等的张皇！"

　　过了一会儿，兵舰靠岸，德国人的旗帜已经看清。又过一会儿，德国人的照会到了。照会中的内容是勒令他在24个小时之内，撤兵离境，让出全岛。谁知道章高元此时赌兴正浓，竟然将来函丢在桌上，没有拆看，还说了一句："什么大事，也来烦我。"

　　又过了好长时间，有一位幕僚拿过照会要启封，章高元还怪他多事。可那位幕僚看了照会后大惊失色，章高元这才夺过来看。当时他把牌桌推倒，下令迅速集合军队。

　　可惜此时德兵已经满大街都是了。章高元的队伍虽然到齐了，将士们手里都是空枪，没有弹药！再急忙返到弹药库中去领取，火药库已经被德军占领了。

《眉庐丛话》里有一句话："于是德人不折一矢而青岛非复中国有矣！"岂不痛哉！

"事后，高元叠电总署，谓被德人诱登兵舰，威胁万端，始终不屈。"作者况周颐说："皆矫饰文过之辞耳。"

有文章说：章高元被逼上船后，争论不屈，继之怒骂，屡欲投海自尽，均被德军拦住。有一次，他夺过德军的战刀欲自刎，亦被德军夺下。

不少研究者都认为，章高元大意失青岛是可信的，那么正史中是如何说的呢？《清史稿·列传二百四十六》对章高元失青岛仅用了14个字，惜墨如金："德军舰袭胶澳，被幽，旋脱归，称疾罢。"

一个"袭"字就说明至少章部疏于布防，而被德军轻易得逞。

虽然大意失了青岛，但是章高元并不是一个懦夫，当年打仗也是勇冠三军，尤其在抗击外侮的作战中相当剽悍。

1884年，此公曾大败法军保卫台湾。"乘夜蹈入法兵垒，短兵肉搏，锋利不可当，法兵多死"。在沪尾（今淡水）之役中，章高元率部誓死拼战，获大捷。

甲午中日战争中，此公在辽东也曾与日军血战，据日方资料记载，在盖平之战中，日军"死者将校以下三十六名，伤者二百九十八名"，章高元"虽败犹荣，可谓有价值矣"。

章高元字鼎臣，安徽合肥西乡人。1900年，他又被起任天津镇总兵，随后转任重庆镇总兵。据缪荃孙《重庆镇总兵章公鼎臣别传》载：章高元在胶州湾被入侵德军拘留时"屡请一战，卒未由达，振跃叱咤，无可发舒，两耳

由是失聪"，这个给章高元贴金的说法也有点勉强。据《清朝野史大观》中记载，就在章高元带兵猛攻台湾法军时，"海中法舰复以大炮榴弹击章军。章氏帽檐被炮弹击去半，左耳受炮震失聪。然是时袒臂大呼而进，不用枪炮，挺短刃直斫法兵，法兵大败……"

这个说法倒更显出这位章总兵的气概。

就是因为耳朵受伤，后来章高元不得不去职蛰居金陵。硝烟散尽，时间推着他淡出了人们的视野。1913年于上海病逝，年71岁。

康有为其实是个伪君子？

众所周知，康有为是近代著名政治家、思想家、社会改革家、书法家和学者，他是戊戌变法的重要人物之一。但此人常常说一套做一套，比如他提倡过男女平等，一夫一妻，可自己却妻妾成群，还到处留情，做过不少糗事，因之被鄙称为"风流圣人"。

康有为早年在上海天天狎妓，可惜囊中羞涩，苦于无钱偿嫖资。妓家就纷纷到他所住的客栈索取，这让"圣人"觉得脸皮上挂不住，于是就往广东逃。

上船那天，一大群妓家怕他赖了花账，都到船上来找他，可是搜了半天找不到。开船之后，有水手看见船板之内有人，弄出来一看，正是侥幸逃债成功的康有为。后来，有人就此事写诗讽之："避债无台却有舟，一钱不值莫风流。"

"康有为，字长素，名字皆夸诞。"这句话十分犀利而好笑，可见作者对这位伪圣人是多么的不感冒。此话出自陶菊隐所著《近代轶闻（菊隐丛谈）》。书中还说："康曾密遣其党徒赴长江一带组'富有''贵为'两会，隐有帝王之志，其后折节为保皇党魁，殆非始料所及也。"此话在清代可有杀头之虞，暂不置评。

康有为曾与张勋合作复辟，被称为"文武两圣"，更是夸诞到荒诞。

"康尝至长安，见某寺有宋本《佛藏》，绐寺僧以翻印，载之而去，将及潼关，事闻于陕西学界，大愤，遣人追之，得其书而去。好事者夜题其门曰：'国家将亡，必有老而不死是为。'"

当了一回贼，这事"康圣人"办得也太不地道，虽然也可以诡辩说读书人窃书不算偷，但毕竟这种偷盗行为让人不齿。

不过此人面皮素来就比较厚，应该不太在乎，一个赖掉妓女的花债而逃走的人，必然饱有此方面的素养。

"康在万木草堂讲学时，倡'素王改制'之说，自字长素，意思谓长于素王也；字其弟子韩某曰超回，字梁启超曰迈赐，意谓贤于颜回、子贡也。"

别人尊称他为圣人，他还真把自己当成了圣人，把弟子的名字改成这样，其狂妄可知。

据考证，1904年，康有为曾经在瑞典买过一个小岛，并且修建了"北海草堂"，这是一幢中国古典式的园林建筑。当时，康有为花了2.8万克朗买下，随后又花了7999克朗进行修缮。"房屋虽非广大，但约可供十人居住，而且家具及装饰极其豪华，似乎颇为富裕。"

此人老了之后，也不安分。"后筑室于西湖之滨……某日出游，遇榜人女，悦而纳之，时年已七十矣。"

事情的详细经过是这样的："1919年，一天，康有为在杭州泛湖闲游，忽见一位妙龄女郎在浣纱，疑是西施再世。经打听此女叫张光，年仅18岁，尚未婚配。康赶紧托人提亲，张家见康已年逾花甲，婉言相拒。但在康的坚决要求和媒人尽力撮合之下，家境贫寒的张家最终点了头。1919年，康有为在上海举行婚礼，亲朋好友尽皆道贺，妻妾儿女却均不赞成这门亲事，以集体缺席婚礼相抵制。"

一个不能修身、齐家的"圣人"，在完成了最后的这一闹剧之后，陶菊隐说他"侘傺以终"。如此这般一位"圣人"，说他欺世盗名，已经算是给足面子了。

面对沙俄威武不屈的程德全

　　清末，政府腐败无能，积贫积弱的中国几乎任人宰割。光绪二十二年，即1896年，沙俄入侵东北，为了掠夺资源，根本不经中国政府同意，即在中国的领土上开始修建铁路。1903年铁路建成，沙俄的火车开进中国，清廷上下一片哗然。

　　谁去捍卫国家的尊严？几位朝廷重臣都以各种借口推辞，推来推去，一位小小的五品官员被推到了交涉第一线，他受命去完成一个几乎不可能完成的任务——阻止这一侵略行径。

　　这名官员叫程德全，他的官职是从五品的同知。可以想象，以这样的一个身份出现，他在不可一世的沙俄人眼里，只能是一个笑话。

　　但程德全还是义无反顾地来了，不过，他并没有去见沙俄头脑，而是来到了这条铁路边。

　　这一天早上，在沙俄的火车即将到来之前，他一身崭新的朝服，穿戴整齐，向着北京朝廷方向认真地行了三拜大礼，然后做出了一个出人意料的举动——横卧在铁轨之上！

　　他要以一个五品小官的血肉之躯来完成使命，来抗议侵略者无耻践踏一个国家的主权！

铁轨震动，俄国人的火车轰然驶来，他们看到一个穿着朝服的官员横卧在铁轨上，连续鸣笛警告，但程德全不为所动。火车一直冲到离程德全不远的地方，才缓缓刹住。

面对如此一身浩然正气，为了国家利益把生死置之度外的一位官员，即使蛮横的俄国人也不得不肃然起敬。双方随后正式坐在了谈判桌前。

此事传遍北京城。军机大臣傅霖说："如此为国捐躯之臣，朝廷能不大用乎？"于是专摺具奏，特保大用。

1903年12月28日，慈禧在京召见程德全，垂询黑龙江事务，程德全的回答让慈禧很满意，先被擢升为道员，翌日又加副都统衔、署理齐齐哈尔副都统。

一个从五品官员连跃三级，成为副都统，即使是太后亲自召见，按常规也是不可能的，这中间其实有个关键原因。

程德全是个四川汉子，他的壮举让四川在京的同乡脸上生光。知道他将被太后召见，有熟悉官场的人感到非常可惜，如果程德全仅以同知的身份觐见，即使太后垂青，能得到的也不过是知府或者道员，如果他能先捐一个道员，"至少可以二三品特旨任用"。

但是，捐个道员需要一大笔银子，程德全根本拿不出来。于是，一群四川同乡连夜集资，为他加捐分省补用道。

所以，他才是先被擢升为道员，在此基础上，西太后提他为副都统就顺理成章了。

也该着他官运亨通，程德全上任不到两个月，巡抚出缺，朝廷下旨，他被补授为黑龙江巡抚。

如果说，一次卧轨壮举就能让他成为二品的地方大员，如他谦虚所说是

"兴之所至"，是偶然，但面对俄国人的大炮，为了保护齐齐哈尔的全城百姓，程德全的举动就不是那么"偶然"了。

随后展开的日俄战争，两个强盗国在中国的土地上拼得你死我活。期间，俄罗斯人准备用巨炮轰击齐齐哈尔，倘若如此，全城的无辜百姓将遭受灭顶之灾。程德全闻讯，单骑来到俄营交涉，但俄罗斯人根本不听，而且立即就要点炮轰城！

情急之下，程德全只能再次舍命，他用自己的身体挡住炮口，你们要开炮，就先让我程德全粉身碎骨吧！

俄军指挥官和所有炮兵震惊之余，不能不佩服这位中国官员的勇气。俄军指挥官下令停止炮击，齐齐哈尔百姓免遭一场劫难。

辛亥革命后，苏州宣布独立，推举程德全为江苏都督，他成为第一位反正的清朝封疆大吏。后辞职退出政界隐居上海，闭门诵经。1926年受戒于常州天宁寺，法名寂照。其遗著有《程中丞奏稿》《抚吴文牍》等书。今苏州城外寒山寺，有"古寒山寺"四个大字为程德全亲笔。

袁世凯迎接慈禧竟派人演奏法国国歌

按德龄进宫的时间来推算，本文所述的实践发生时间大概是在1902年，慈禧老佛爷曾经出宫到奉天谒陵，途中经过天津。在这儿有人一本正经地上演了一出闹剧，在隆重迎接老佛爷的时候，此人特意安排了一支西洋乐队来助兴，更为荒唐的是，这支乐队演奏的竟然是法国国歌！

当时在天津火车站新建的月台上，跪着红红绿绿的一大批官员，鸦雀无声。比这些人跪得稍靠前一些的，就是这出闹剧的真正指挥——当时的直隶总督、后来的窃国大盗袁世凯！

袁世凯为接驾大典精心准备的乐队，在慈禧的火车刚停就开始演奏了，这支西洋乐队大概有20个人。

当慈禧太后从车上走下月台的时候，那一班铜乐队一本正经地演奏的竟然是《马赛曲》，这可是法国的国歌。别人虽然不知道，可是德龄和她的妹妹容龄两个人听到后，不禁暗暗好笑。

慈禧太后当时根本不知道这一班乐队所弄的玄虚——用法国的国歌来欢迎清朝的皇太后。这位老佛爷初次听这种西洋乐曲，竟然觉得非常高兴。

乐队演奏完，她立刻让李莲英把所有的乐器，一件一件取过来看。同时还让李莲英去询问那个乐队长，关于这些乐器的名称、来源和用法等。

　　按道理，在这种盛大而庄严的集会上，第一套歌曲应该演奏大清的国歌。袁世凯竟然敢演奏法国国歌来应景，莫非是吃了熊心豹子胆，又或是嫌自己命长吗？

　　事实是，他押宝又押对了，慈禧很高兴，而能听出来问题的德龄和容龄也不愿意对太后说明真相，否则的话，在《御香缥缈录》里，德龄写道："也许就会教人把那二十一名西乐家（连那队长在内）拖去砍头的。"

　　为什么袁世凯不演奏大清朝的国歌呢？其实，当时大清朝还没有国歌，直到1911年10月4日（宣统三年八月十三日）才由皇帝批谕内阁，确定《巩金瓯》为国歌，这首国歌由清政府海军部参谋官、近代著名思想家严复作词，禁卫军军官、皇室成员傅侗编曲。顺便介绍一下这首清朝国歌，歌词几乎是一首挽歌：

　　巩金瓯，承天帱，民物欣凫藻，喜同袍，清时幸遭。真熙皞，帝国苍穹保，天高高，海滔滔。

　　这都是后话了，当时袁世凯又把马屁拍对了，太后凤颜大悦，不客气地向袁世凯借这支乐队一用，要他们随驾同赴关外。袁世凯当然是求之不得，立刻吩咐他们收拾好应用的东西，去伺候老佛爷！

袁世凯献上的鹦鹉让老佛爷凤颜大悦

老佛爷要到天津来巡视，按例各级官员凡是排得上队的，都得给老佛爷献上一份礼，表表忠心。虽然在老佛爷看来，这只不过是下面的官吏们走个程序而已，但是对官员们来说，这可是一个八仙过海、争奇斗艳的紧要关头。如果自己献上的东西能入了老佛爷的法眼，得到一声赞许，那以后的前程定是快马加鞭。

各级官员都在动脑筋，身为直隶总督的袁世凯绝不可能让手下抢了先机。那他是花了怎样的心思，又弄出怎样别出心裁的礼物，才让老佛爷看都不看别人的东西了呢？

根据《御香缥缈录》里的记载："要把东西献给太后，自然也不能像寻常人家的馈赠一样的送到了就算数，他们必须依着官衔的高下，逐一由本人把东西捧着，或由他们的亲随代他们捧着，送到太后面前来让伊验看过了才教太监们收下。"

"这一次在天津月台上，第一个献东西的自然是袁世凯。他弯着腰，眼睛注视在地上，但神气还是很倨傲，他先朗声向太后奏道：'奴才蓄有鹦鹉一对，乃是特地打发人从印度那里觅取来的，为的是要贡献给太后赏玩，以见奴才一片孝心。'"

"袁世凯一面说，一面向一个亲随挥一挥手，这个人便立刻捧来了一对毛片分红绿两色的鹦鹉来。鹦鹉原是一种很美丽的鸟类，这两头虽然不敢确信它们实是从印度来的，但似乎的确更美丽些，更特别些。它们并不用笼子装着，只在脚上各扣着一条绝细的镀金的短链，让它们并肩栖息在一支式样很好看的树枝上。在这树枝的两端，各有一个白玉琢就的小杯装着，杯子里分装着清水和食粮，以供它们吃喝。"

当老佛爷正在端详这对儿鹦鹉的时候，《御香缥缈录》的作者——慈禧当时的女官德龄她们暗暗在笑，以为这两只鹦鹉只是一种很平常的鸟类，竟值得太后高抬贵眼，如此郑重地去赏鉴它们，未免过于重视了！

"不料二三分钟之后，这对鹦鹉立刻就显出了它们的特长来，以至于使每个人都大吃一惊。原是那两头中的一头，突然用极清脆的声调，高叫道：'老佛爷吉祥如意！'"

这一叫，竟把所有的人全惊到了！尤其是这只鹦鹉的咬字正确清脆，听起来真像小孩子说话一般无二，更教人万分诧异。岂知正当大家窃窃私语，惊讶不止的当儿，那另一头忽又喊道："老佛爷平安！"

"袁世凯要让这两头小鸟喊出这样清晰的字句来，必然花了不少的心血，否则就是会叫，也不能像这样的恰好在适当的时候叫起来。但是不久就有人告诉我，袁世凯实在只费了半年工夫，便把这两头鹦鹉调教好了。他原想亲自带上北京来进贡的，后来知道太后此次出巡不久将路过天津，他便特地留下，故意要在万目睽睽之下，显一显他的心思的灵巧，以博太后一笑！"

其实，对于一些普通的养鸟的人来说，让鸟喊得清楚，要它什么时候说话，什么时候不说话，并不是特别高强的本领。但是袁世凯马屁拍得正是时候，又温柔得恰到好处，所以，慈禧的脸上不由透出了得意的微笑来。

慈禧太后洗澡用了四十条毛巾？

当德龄入宫去当女官的时候，时间已经进入了20世纪，那是1903年，德龄17岁，慈禧已经是年近古稀的老人了。

德龄第一次观瞻慈禧太后入浴，她简直不敢相信自己的眼睛。这位太后的身段美妙，肤色竟然像是20岁左右的少女，她称这是一个奇迹！

身为八位女官之一，德龄是负责监察那四个给慈禧洗浴的宫女的。其实四个宫女都是熟练工，女官看不看着，她们都会洗得一丝不苟。那个威严的老太太一旦翻脸，谁的项上人头都不牢固。

在太后入浴之前，先由两个太监抬进一只很大的木盆来，这盆内部木质，外面包着一层很厚的银皮，光明灿烂，盛着大半盆的热水。

太后入浴第一步：

她先在一个矮几上坐定，四个宫女忙碌地准备，太后自己把上身的衣服解下，裸了上体。这就是德龄见证奇迹的一刻，她以为"所能见到的定然只有一重干瘪的枯皮。哪知道太后的肉色又出奇的鲜嫩，白得毫无半些疤瘢，看去又是十分的柔滑"。

太后入浴第二步：

四名宫女各自取起一方绣着黄龙的白毛巾，浸入浴盆，四五分钟后同

时取出，用力绞干松开，然后平铺在掌上，取起宫内自制的玫瑰香皂，擦好之后，一齐凑近太后身边，一个擦胸部，一个擦背，左右两个擦洗胁下和两臂。

太后入浴第三步：

待到太后的身上和两臂擦遍肥皂之后，毛巾一起弃掉，各自捡起新毛巾，同样先浸再绞干。这一次不再涂肥皂，毛巾绞得湿一些，这是要擦净涂上去的肥皂和擦下来的污垢。这一步揩擦的时间也比较长。

太后入浴第四步：

第三步擦好，换四条新毛巾来一次干揩。太后的上身就干净了。

太后入浴第五步：

四名宫女放下毛巾，取过一缸已温热的耐冬花露，这是太后每晚涂在脸上的东西。她们用四团纯白的丝绵，蘸了花露，往太后身上涂满，再拿四条干净的毛巾，轻轻拍干。

太后入浴第六步：

给太后取一套洁净的睡衣睡裤，先穿睡衣，这样上身不致受寒。接着太后自己把衬裤卸下，一直裸到脚尖。此时，另有四个专任工作的宫女再抬进一只浴盆，这盆也是木质包银的。盆里满盛着温水，一直抬到太后的足旁。

太后入浴第七步：

太后把双足浸入盆中，四个宫女照着先前的方法，给她擦肥皂，换毛巾，一直到涂抹耐冬花露。

太后入浴第八步：

下半身擦洗完，给太后穿上睡裤，澡就算洗圆满了。

可是还有一步最后的手续——四个宫女还得各取新毛巾，给太后揩擦手指和面部……德龄说："自始到终，毕竟换了几次的新毛巾，我已不很记得了……即使伊老人家每洗一次澡要用四十条的毛巾，也不是什么不可能的事了！"

顺便说说太后洗澡时所用的毛巾——四周都用黄色的丝线扣着，很齐整，中间绣着一条精致的团龙。德龄认为："就把这几条浴巾送上哪一处的博览会去陈列，已不失为一种很精美的工艺品了！"

日俄战争在中国开战，清政府如何应对？

　　1904年2月8日夜间，日俄两国不宣而战，战地属于中国领土。2月12日，清政府无耻宣布"局外中立"，划辽河以东地区为日俄两军"交战区"，并严令地方军政长官对人民群众"加意严防""切实弹压"——"诚一古五洲未有之奇局也。"

　　两个无耻的恶棍打架，那就往死的打呗。次年，三艘沙俄的军舰被日军舰所迫，驶入了吴淞口。

　　没想到，有这么一天，清政府的洋务局竟然收到了来自俄国领事馆的一份公函，大意如下：

　　该国士兵离家日久，阴阳失调，多生疾病，而以他们那个国家的规定来说，海军士兵"每月准其上岸游戏运动数次"，目的是"便卫生，示体恤"，这样肮脏的要求是为了"卫生"，也算是千古奇谈了。

　　"现在上海地方，有无蜑妓，能否设法招集，以应急需？"

　　这样的事情以公函的形式提出来，沙俄人脸皮之厚，实在无以复加了。最让人生气的是，要求上海地方官弄出一块地方，专供沙俄士兵发泄兽欲，他竟然说："于政体无伤。"

　　最后这份公函还觍颜无耻地说："为此商请贵洋务局，查照办理，实为公便，立候惠覆施行。"

意思就是你不办也得办，现在就站在你的门外等着了。

当时的上海地方官马上向南洋大臣汇报请示，还真就被批准了。于是"奉准南洋批饬，遵于东清码头以南，觅隙地一区，圈拓广场，为该国兵士练习之所"。

"练习"！办了这么窝囊无耻的事，还好意思再挂上一个这样的名头。不仅如此，清政府还服务到位，"并搭盖芦棚，俾资憩息"。还让他们"游戏""练习"累了好有个休息的地方，但是却不允许"越界他往"，倒不怕祸害咱的百姓，是怕"日人啧有烦言"！

事实经过就是这样，不管清政府出于什么样的考虑，怕沙俄士兵"祸害良善"也好，怕伺候不好他们，导致牵连自己被打也罢，总之这样的一件事情就办成了。

饱受欺凌而没有话语权，谁让清朝是一个弱国，打落了门牙也只能和着血吞下去。

光绪皇帝的真正死因

光绪之死一直被定为清宫八大谜案之一，其实谜在什么地方，无非是光绪是自己病死的，还是别人把他害死的。

现代科技发达，"清光绪帝死因"专题研究课题组，运用最先进的技术，采用最精密的仪器，对光绪遗体的头发、遗骨、衣服以及墓内外环境进行了反复的检验和缜密的分析研究。2008年，光绪帝死因终于破解，其头发有两处砷含量明显异常，最高值竟是普通人的2404倍。结论也很明白：光绪帝系砒霜中毒死亡。

这个研究组是由中国原子能科学院反应堆工程研究设计所和北京市公安局法医检验鉴定中心等四个部门联合组成，所以结论肯定权威。

那光绪死因之谜基本上也就可以解开了，光绪皇帝自己虽然有病也不可能主动喝砒霜，一定是别人偷着干的。说是"偷"其实是给光绪一点面子，这砒霜就是逼着他喝，他也得喝下去！那谁才有这样的权威呢？除了那个预感到自己快要咽气的慈禧，当时的大清朝还没有一个人敢那样做！

有人说是袁世凯干的，还是派他的那个死党杨士琦买了西洋的奇毒药水云云。前文已经看到，毒死光绪的根本不是什么进口药水，而是土生土长的砒霜。杨士琦是敢毒死直隶都督赵秉钧，但他没有那个胆子给皇帝下毒。

纵使他吃了豹子胆，他也没有那个途径，他不求助于李莲英能办到吗？所以这事就把李莲英牵扯进来了。李莲英虽然是慈禧的死党，但他不是光绪的死敌，没有慈禧的旨意，他决不会迈出这不知深浅的一步。

何况，李莲英一定知道，慈禧早已经布置好了一切，慈禧怎么会容忍跟自己不对付20多年的光绪东山再起？

都说李鸿章是奸臣，签订了众多的卖国条约，试问哪一个条约不是慈禧让他签的字？都说左宗棠收复新疆有功，那也得慈禧支持他才能干成。还有张之洞办洋务有贡献，不是经慈禧同意，洋务运动完全可以像戊戌变法一样说斩头就斩头。所以，这个玩了一辈子政治的慈禧，在临走之前，已经掐着手指把后事都安排妥当了。

她是1908年10月22日下午3点钟断气的。在此的两天前，也就是20日，她决定将醇亲王载沣之子溥仪在宫内教养，并在上书房读书。10月21日，不出她的意料，光绪帝如期死了，她决定由溥仪"入承大统，为嗣皇帝"。临死之前，她也没有糊涂，还发布懿旨，授予摄政王载沣裁定政事之权。

那慈禧设计好的这步绝杀光绪的棋是如何走出来的呢？《启功口述历史》里的记载可信度极高。

10月21日，礼部尚书溥良（启功的曾祖父）在太后住所外侍疾，亲见一个太监端着一个盖碗从乐寿堂出来。溥良问这个太监端的是什么，太监答："是老佛爷赏给万岁爷的塌喇（酸奶）。"送后不久，太监小德张（张兰德）就向太医院正堂宣布光绪皇帝驾崩了。

革命军的过山炮打不过清军的管退炮

武昌起义之后，清政府开始调兵遣将，袁世凯被任命为"钦差大臣并节制湖北水陆各军"，南下清军的前敌总指挥是冯国璋。此时黎元洪与黄兴指挥革命军于汉口外围与清军展开激战。

两天之后，守军战线退移到城内，黄兴亲临前线督战，但是仗打得还是很恼火，黄兴亲手枪毙了几名临阵退缩的指挥官，仍难阻颓势。加上个别前线指挥官通敌，军火供应也相当困难，仗越打越烂。十一月二日，汉口失守。

此后，冯国璋带军强渡襄水，猛扑汉阳，到十一月的二十一日，即连破两道防线拿下龟山，汉阳也已经无法再守。至此，黄兴也回天乏力，八千革命军败给了万余北洋兵，不得不退回武昌。

黄兴在总结汉口败因的时候，认为革命军秩序乱，枪炮差，仅有"匹夫之勇"。

清军的火力确实占优势，黄兴认为："民军军火全在步枪，无一机关枪，每与敌接近，即较敌人损失较重。民军炮队，又系山炮，子弹射出，又不开花，且射出距离太近，不及清军管退炮效力之远。"

革命军与袁世凯在小站训练有素的清军对阵吃了亏，原本也能理解，加上这支袁世凯的嫡系部队的装备也确实要精良很多，机关枪打得革命军士兵抬不起头来，在汉口、汉阳的战役之中，他们从头到尾，最吃机关枪的亏。而清军管退炮的威力也明显超过了革命军的火力有限的过山炮。

但即使如此，革命军气势并没有被打垮，黄兴说："民军冲锋时极为勇敢灵敏，清军虽为久练之兵，每闻民军冲锋喝杀声即往后退，此民气之盛，可恃者仅此耳。"

革命军失利原因还远不止如此，各队的新兵太多，毫无战斗经验，军官受训的程度太低。最糟糕的是革命军的秩序太乱，兵士当中有不少都是武汉当地临时招募的百姓，一到夜间，就偷偷跑回家了。

这仗要再打下去，就很难说了。好在此时，独立的风气已经蔓延到各个省，都在仿效湖北湖南宣布脱离清政府，革命已经成了燎原之势。清政府依赖的袁世凯也有自己的大算盘，大厦的最后一根柱子也倒了，大清朝气数已尽。

冯国璋攻打武汉三镇，竟然能连克其二，清政府在灭亡之前还赏给了他一个"二等男爵"，可惜这爵位已经不值钱了。

熊国斌刺杀阎锡山

1911年10月10日武昌发动起义。同年10月29日，山西太原发动起义。

义军进城之后，攻下抚署，巡抚陆钟琦被击毙，妻子和儿子陆光熙俱死，幼子伤，其余子女从墙上穿孔逃走。

起义成功的当天，为筹商大计推举领导人，阎锡山、温寿泉等人在咨议局召开紧急会议，商讨都督人选。

经过一番波折之后，时年仅有28岁的阎锡山如愿以偿当上了山西大都督。非常巧合的是，这一天，正是他的生日。

但他怎么也没想到，刚当上大都督，屁股还没坐到都督府的宝座上，就经历了惊心动魄死里逃生的一幕，差点让他的生日变成了忌日。

当时驻太原的清兵八十五标三营管带名叫熊国斌，满族人，此人对已经腐朽没落的清政府还是忠心不二。他听说阎锡山当上了大都督，就准备刺杀他，以图恢复清政权。

阎锡山时为八十六标的标统，熊国斌当晚就到他的标营驻地附近等候机会。

晚八点，刚被选为大都督的阎锡山回到了标部。熊国斌称自己有要事求见，阎锡山即命他入见。

　　熊国斌一进门，看到了阎锡山，当即就拿出手枪，近距离对阎射击。如此近距离的突然射击，按道理阎锡山在劫难逃。但说时迟那时快，也许阎锡山本就对熊国斌怀有戒心，他竟然以一个熊国斌万万想不到的速度趴在了地上，躲过了这致命的一枪！

　　一击不中，再打就没有机会了，此时阎锡山的护兵吴体官已经开枪，他的第一枪打在了熊国斌的腿部，并在瞬间冲上前夺下了熊的手枪。

　　不管怎么说，各为其主，熊国斌也算是条汉子。阎锡山在大喜之日遇刺受惊，所以熊国斌死得非常惨，他没有被枪毙，而是当即就被拖到营门外的灰窑内活埋了。

　　熊国斌的部下得知此事，立即溃散，并在市内公然抢劫。保护藩库的马开崧部竟然也开始抢劫藩库里的存银。太原大街上一片混乱，官钱局和帽儿巷的金店以及西羊市、估衣街等几处的殷实商号先被抢劫，后被焚烧，大火连天，商民损失惨重。

　　阎锡山见城内将要大乱，立即派出兵队严厉镇压。他亲自带着执法队到各街去巡视，当场格杀参与抢劫的士兵一百余人。

　　阎老西儿这么杀气腾腾，可能是把刚刚遇刺的火气都撒在了这些趁火打劫的士兵身上。但是特殊时期，不是如此特别的杀伐手段，怕也镇不住局势。

　　果然，半日之后，太原城就渐渐地恢复了平静。

溥仪曾经化名邓炯麟给小报社投稿

清朝的末代皇帝溥仪从小在宫中接受的教育应该是世界顶级的。他有两位老师，一位是国学大儒陈宝琛，还有一位是来自英国的大才子庄士敦。客观地说，溥仪的学习能力还是可以的，他成年之后，书法水平不错，英文也很棒，至于写诗的水平究竟如何，那就需要再评一评了。

溥仪被赶下皇帝的宝座之后，在宫里百无聊赖，到他十五六岁的时候，也就是1921到1922年之间那段时间，他有大把的时间读了不少明清以来的笔记野史、演义、公案小说，除了写文章、对对子之外，他还迷上了写诗。

写好了自己的诗，他还想到要投稿，让更多的人看看，于是就给自己郑重起了笔名，笔名应该有好几个，但他最常用的是"邓炯麟"，意思是"闪光的麒麟"。很可笑的是，报社哪里知道这是曾经的皇帝写的诗？所以很不给面子，溥仪投稿数次都碰了壁。一怒之下，溥仪竟然来了一个恶作剧。

他索性抄了一个明朝诗人的三首诗作寄给了当时的一份报纸，名叫《益世日报》。这是一家小报，编辑的水平相对有限，他没能发现这是抄袭的作品，就堂而皇之地以"邓炯麟"的名字给刊登出来了！

溥仪应该是一直憋着偷笑吧？直到数十年后，他在《我的前半生》中披露，少年时在报上发表的三首古诗，全是抄袭明代人的作品。好笑的是，这诗不仅蒙骗了小报编辑，连他的老师庄士敦也被蒙在了鼓里。

庄士敦在他的回忆录《紫禁城的黄昏》里很认真地把溥仪发表的三首诗收入。他还在书中介绍说："这位化名邓炯麟的诗人，不是别人，而是清朝皇帝，现在我披露出真相，可能中外人士都会为之惊讶。皇帝发表诗作时，年仅十六岁，表现出他才华横溢。"

溥仪自己的诗作发表不了，但是明代诗人的诗作就发表了，这说明当时的小编还是识货的。那溥仪的诗文水平到底怎么样呢？一起来看看，他曾经写过的两首诗。

1934年3月1日，溥仪在长春第三次登基为帝，就是所谓的伪满康德皇帝。登基典礼过后，1935年4月，溥仪亲往日本回拜裕仁天皇，以示"日满亲善"。访日途中，溥仪诗兴大发，就写下了两首被人称之为"马屁诗"的诗。

第一首是四言绝句：

> 海平如镜，万里远航。
>
> 两邦携手，永固东方。

第二首是七言绝句：

> 万里雄航破飞涛，碧苍一色天地交；
>
> 此行岂仅览山水，两国申盟日月昭。

情僧苏曼殊与一块碧玉的故事

杭州西湖的西泠桥边，有两座坟墓，一座是历史名妓苏小小的，另一座则是清末民初苏曼殊的。苏曼殊是一代情僧、诗僧、画僧，也是一位革命僧，集才、情、胆识于一身，半僧半俗度过短短35年的红尘孤旅。有人说他曾留下八个字"一切有情，都无挂碍"，然后就离开了人世。

刘成禺所著的《世载堂杂忆》里写了苏曼殊经历的一段缠绵悱恻的爱情。

光绪十年，这位曾在《民报》《新青年》上发表诗歌，影响甚大的才子生于日本横滨，他的父亲是广东茶商，母亲是日本人。

回国之后，父亲病殁，母亲只身回了日本。年仅十一二岁的他被寄于慧龙寺里，不得不祝发为僧。但福祸相倚，他在这里遇到一位长老，喜其慧，课其读，学业大长。

父亲生前曾经为他订了一门娃娃亲，对方是广州豪门巨室，女儿贤淑而多才。可惜的是，父亲一死，他又寄身寺院，两家从此不再通过音讯。

到了苏曼殊十五六的时候，因为思母心切，他要东渡省亲，苦于没有盘缠，只能在广州贩花筹资。巧的是就在女家的宅旁卖花时，一个婢女竟然认出了他："得非苏郎乎？何为至是耶？"又悄悄地把小姐叫出来相见。

苏曼殊用竹笠遮着自己的脸，边说边哭："惨遭家变，吾已无意于人世矣。"他说了自己已经出家为僧并且准备东渡的事，还劝小姐不必再等，可以另就高门。

小姐也为之泪如雨下，让他不要说这样的话，还发誓守身如玉"以待君耳"，并且当场就解下自己所佩戴的一块碧玉赠他，卖掉这块玉就可以东渡去看望母亲了。

苏曼殊用这块碧玉换了钱，辗转去了日本。谁知道天意弄人，等苏曼殊从日本归来时，却听到了那位小姐因为忧愁逝世的消息。"既悼女亡，复悲身世，怆感万端。"本就疏狂的苏曼殊，因此而更加放浪形骸。

再后来，苏曼殊病重，住进了上海的宝隆医院，曾经致书广州的胡汉民代购一块碧玉。众人都不解，只有他的挚友萧纫秋沉默良久说，他是知道自己不行了，要带一块碧玉去地下见他的未婚夫人呐。

后来朋友托人购买了一块方形的碧玉带到上海来，来时苏曼殊已经三日不食，瞑目僵卧，似乎就是在等待着什么。护士悄悄告诉他，朋友从广州带碧玉来了。苏曼殊强睁眼睛，缓缓伸出手拿住了玉，让护士帮助把那块玉送到自己的唇边，亲吻之后，欣然一笑而逝。

从苏曼殊的诗作里，发现有一首《芳草》诗似隐约记其事：

芳草天涯人似梦，碧桃花下月如烟。

可怜罗带秋光薄，珍重萧郎解玉钿。

另有一首《七绝·本事诗》殊清绝，与诸君共赏：

春雨楼头尺八箫，何时归看浙江潮？

芒鞋破钵无人识，踏过樱花第几桥。

妃子聘请律师要跟皇上离婚

1931年8月26日，天津的《国闻报》登载了一则让国人跌破眼镜的消息，题目是《溥仪妃子离婚》。文中这样写道："溥仪的妃子因为不堪帝后的虐待、太监的威逼，因为自杀未遂，在25日下午3时，设计逃出，聘请律师要求离婚。这真是数千年来皇帝老爷破题第一遭的妃子革命。"

消息一出，当真是石破天惊。逊帝溥仪的妃子文绣"聘请律师要求离婚"的消息轰动了整个平津乃至全中国，一时全国议论纷纷。大家不解的是，文绣也是从小就受三从四德教育的闺秀，怎么会有如此惊世骇俗的举动呢？

原来这位淑妃娘娘从进宫开始就一直不受宠，溥仪觉得皇后婉容不仅长得漂亮，还性格温婉，各方面都比不善辞令且性格内向的文绣招人喜欢。更何况一个是后，一个是妃，本来这天平就是斜的。

自古以来，皇后和妃子的关系经常十分紧张。尽管溥仪的后宫不是佳丽三千，宫斗没有那么壮怀激烈，但两个人的斗争才是针尖对麦芒。文绣在宫里的日子可想而知，连太监都不把她放在眼里，冷言冷语还是小菜，公然侮慢也是经常有的。

溥仪带着她们出逃天津后，住进了静园。有一天晚上，婉容刚从溥仪的书房出来，可巧文绣在外面赏月，受了点凉，正在书房门边的痰盂咳嗽吐痰。婉容听到，以为文绣在故意吐她，气得一夜没睡好。

第二天婉容就告了御状，溥仪本来就心情烦躁，立刻派人把文绣传来还要施家法打板子！

文绣根本不知道这是怎么回事，含泪哭诉极力分辩。溥仪说："你深夜偷听帝后谈话，竟敢口味唾沫诟辱中宫，还言无罪？"

文绣一听当然不服："皇上圣明，岂能偏听偏信，这是何人无中生有，恨我不死呀！"

溥仪听了这话也气得发昏："竟敢如此胡言乱语！想死，朕就赐你死！"

文绣听到皇上如此绝情，起身跑向自己的房间，操起剪刀就往肚子上扎，但被眼疾手快的太监一把夺了下来。此后，文绣又几次试图自杀，均未遂。

后来，溥仪找文绣的妹妹文珊来劝她。这姐妹们一商量，干脆跑吧。

她们先是乘坐溥仪的专车到了国民饭店，然后拿出三封信交给太监，让他回去告诉皇上："我们准备上法庭控告皇上，从今天开始，淑妃就不回去了！"

说完，已经联系好的三位律师西装革履地来了，张绍曾、张士骏和李洪革。

太监急得真魂出窍，急忙回去禀报，溥仪派人来饭店寻找，文绣他们已经转移了。

淑妃私逃夜不归宿，开了数百年的先例！溥仪连夜召开"御前会议"，如果再让自己去对簿公堂，那可真是把"九五之尊"的面子丢尽了！

最后双方律师进行了长达两个月的友好协商，达成的协议是，双方脱离

关系，文绣撤诉，得五万五千元的生活费，以后双方互不损害名誉。

总体来说，是文绣获胜，尽管溥仪事后还下了一道所谓"贬淑妃为庶人"的圣旨，但这时候的圣旨恐怕还没有小报的威力大了。

文绣离婚成功后，曾经在一所小学任教，成为我国历史上第一个当过教师的皇妃。此后她过了20年相对平静的平民生活，1953年因病去世。

清代镖局与山贼的黑话密语

要说相生相克，大家首先想到的都是五行，金木水火土。但在生活中把相生相克玩到极致的是江湖，具体地说，是江湖上的镖师与山贼。没了山贼，镖局只能喝西北风，反过来，山贼凭什么要卖给你镖局面子，不留下点买路钱就让你从我的地界上过去？这里面还真有门道，让我们一起来看看李尧臣老先生的亲笔描述。

李尧臣是河北冀县人，曾经是响当当的最后一代镖王，当年打日本人也不含糊，不光是在擂台上打过日本人，还曾经是二十九军大刀队的教头，他创的一套无极刀名闻遐迩，威震敌胆。京剧武生宗匠杨小楼曾向他请教猴拳，京剧大师梅兰芳为演《霸王别姬》，也曾经向他学过剑术。

李尧臣曾经在著名的会友镖局前后共计27年。新中国成立后他把自己当年的经历写成了《保镖生活》，书中细致地写到了山贼和镖局的微妙关系。

话说这会友镖局也算是威震四方，各路山贼朋友都给几分面子，大旗300年不倒。但是人家给你面子，不是因为打不过你，而是会友镖局也能给他们行方便。怎么行方便呢？山贼也爱逛京城，他们要来京城里采买点东西，镖局就得照应着，管吃管住，迎来送往，还得保证不出事，要不，以后你这镖车就不用再从人家的地界上过了。

山贼来北京城游玩，来到会友镖局的柜上，和谁熟识，那就由谁陪着。"白天，他出去买东西，晚上回宅子里睡觉。在外头吃饭的时候，都由镖局子会账。一日三餐，好酒好饭。做贼的进城，都打扮成买卖人的样子。进京的时候，身边带着不少钱。他买东西，自己付钱，这倒用不着镖局子破钞。"

山贼来到花花绿绿的北京城，要买东西，还要看热闹，一直到他住够了，镖局得负责送他出城。"临走时，起五更，由镖局派轿车，还有镖局的人骑马护送。"山贼当然不方便露面，就坐在镖车里面，送出城后，人家叫把车赶到哪儿，就送他到哪儿，到了安全地方后，山贼也会给赶车人丰厚的赏钱。

山贼防着谁呢？当时北京官面上有专管拿贼的采访局。"他们称贼为'点子'。贼一进京，采访局就在后面跟上了。可是一看见贼进了镖局，他们就不敢拿了。为什么官面上还让镖局一头呢？因为镖行有后台，我们称之为大门槛，也就是当时在朝廷最有势力的大官。比如会友镖局，后台老板当时是李鸿章。"

细想一下，人家李鸿章还能看上镖局这样的买卖吗？其实镖局也是拉大旗扯虎皮，李鸿章根本不用出资本。"因为会友派人给他家护院守夜，拉上了关系，就请他当名誉东家。"采访局要是因为拿个小山贼，惹下了中堂大人，谁也知道日子准不好过，所以他们也就睁只眼闭只眼了。

这样，当镖局的车再遇到山贼的时候就有些戏剧性了……

镖局行镖，山贼挡路，双方就得"办交涉"。"这时候，镖行的头儿要满面笑容，抱拳拱手，先向贼人行礼，招呼一句：'当家的辛苦！'他也回一句：'掌柜的辛苦！'按着镖行的规矩，'贼'是朋友，遇见了贼，就是朋友到了。如果初次见面，他必问你：'哪家的？'我们就说：'小字号，会友。'接着他又问：'你贵姓？'我们就说：'在下姓×，草字××。'可是我们不能问贼'贵姓'，要一问，他就该疑心了。"

"朋友"见面以后，必须拿黑话对谈，他问："穿的谁家的衣？"就答："穿的朋友的衣。"要问："吃的谁家的饭？"就答："吃的朋友的饭。"这倒都是大实话，哈哈。

"两下里拉了一阵黑话，平安无事，就放你过去。……临分别时，我们还要客气几句：'当家的，你有什么带的？我到××（某处）去，二十来天就回来。'贼人一般说：'没有带的，掌柜的，你辛苦了。'"

当山贼准你的镖车过去之后，他会扯着嗓门喊一声"合吾"！

他喊了这么一嗓子，就能听见远远的"合吾！""合吾！"一声接着一声，山贼埋伏的人很多，有时候，这"合吾"声就接连不断，喊上好一阵时间。

北京北海白塔藏着什么样的军事秘密？

"让我们荡起双桨，小船儿推开波浪，海面倒映着美丽的白塔……"这歌唱起来立刻就能回到小时候，可要是没有北海的白塔作背景，那就是很大的遗憾了。

白塔总是给人一种祥和的感觉。这座高大的永安寺白塔矗立在琼华岛之巅，是北京的地标建筑。

"北海白塔"是藏传佛教建筑。有说法认为，北京皇城是一座大威德金刚的坛城，而坛城的中央则是位于皇宫附近西苑最高处的琼华岛。白塔建成时塔顶标高112.4米，理所当然的是北京城内最高点。

正因为这样，北海白塔还担当了一个极其秘密的军事任务。从清朝顺治十年开始，这里就设置了白塔信炮和用于悬灯悬旗的"五虎杆"，存黄旗五面、灯笼五盏。遇到危急情况，需要全城警戒进入一级战备，那时白塔信炮一响，内九门城上设置的信炮跟着齐响，文武大臣及全城官兵立即全副武装集结待命，那就是最严重级别的军情警情了！

所以这里常年是有八旗精兵守着的，因为位置特殊，就这样的一个相当于烽火台台长的官员是正四品的武职。正四品不算是小官了，相当于顺天府丞，和云麾使、副护军参领、副前锋参领、副骁骑参领是一个级别，只是管的人少了点，乾隆时下设监守信炮官8人、领催4人、炮手8人、步军16人，分司职事，加起来差不多40人。

这信炮既然是"掌管警奉金牌声众事"如此重要，能让它响的人恐怕也只有皇帝本人了。

清廷有详细的《白塔信炮章程》：白塔山设信炮5位、旗杆5支。内九门城楼上各设信炮5个、旗杆5支。设"金牌谕"，上书"奉旨放炮"字样，存于大内。遇有紧急情况，或由御前差遣，或由衙门差遣，奉旨将皇帝"金牌谕"送到，经白塔值班人员验明，凭此放炮为号。如传报不及，当时何方紧急，即先放何门之炮。杆上昼悬黄旗，夜挂灯笼，一处放炮，九门炮声皆应。各旗闻炮，文武官兵立即披甲奔赴指定地点集合听令。

《白塔信炮章程》就是一本实操手册，还具体规定了京城内外八旗各军兵种驻营、防守区划和宫内文武官员闻炮后的集合地点。

清兵在行军中怎样吃上热乎乎的米饭？

古代当兵打仗可不像现在，没有给养车随时待命，也没有压缩饼干可以救急。那时候一般的士兵都会带一包保命干粮。北方的士兵带个馒头之类，南方的士兵会带一包干饭。有人还会藏一块腊肉或者肉脯，到了实在必要的时候才拿出来吃，不但能充饥，还能"精神十倍"。

据清代康熙年间刘献廷所著《广阳杂记》记载：一般情况下，士兵们随身还会"带米一二升"，这也是用来救急的。但是打仗的过程中，什么事都有可能发生，能保命下来就算幸运了。倘若伙夫被打死或者跑散了，有米无锅也只能干着急。古代的时候也没有现在的钢盔还能临时充当个锅用，一无所有的荒山野岭，他们怎么才能把米变成热乎乎的米饭呢？

古人有智慧，他们还真有绝招，以下是刘献廷记录的方法，非常实用。

第一步："于地掘一小坑，筑土令紧。"意思很明白，把小坑周围的土拍瓷实了，这就是"锅"了。

第二步："水湮之，铺树叶一层。"把水倒在小坑里让它慢慢渗下去，然后在坑里铺一层树叶。

第三步："置米上，米淘过，更以水湮之。"就是把淘洗过的米放在树叶上，再往米上倒水。

第四步："米上覆之以树叶，叶上铺土。"这个简单，无须解释。

第五步："以火煨之，即成饭矣。"意思是在土的上面放上柴，然后点火，用上面的火来煨下面的米，时间把握好，把火灭掉，土拔开，再轻轻揭起树叶，那一"锅"冒着热气的香喷喷的米饭就做好了。

给刘献廷讲这个方法的人显然是实际操作过，他的评价是："此法大妙！非独行伍人当知也。"

说到树叶，当然不能用味道很难闻的杨树叶之类，就地取材，用无味柔软的就行。如果能找来荷叶，那这一包荷香饭恐怕是一生当中记忆深刻的美味了。

在兵荒马乱的年代，谁也不可能顶着锅走路，逃难的路上有米吃就不错，急了生吃也得填肚子。如果知道这个方法，也不算麻烦，还能吃上热饭，实在是不幸中的大幸了。

北京正阳门、崇文门和宣武门名字里的巧合

先来看看这"前三门"——正阳门、崇文门和宣武门的来历。

正阳门位于京城南北中轴线上，是明清北京城的正南门，素有"国门"之称，就是百姓常说的"前门"。元世祖忽必烈营建的大都城，就是今天北京城的前身。城周60里，辟11门，丽正门为其南正中之门。到了明代的正统四年（1439），丽正门正式改名为正阳门。

崇文门经历元、明、清三朝，东距正阳门约3公里。楼台连台高35.2米，屋顶是灰色筒壮绿琉璃瓦檐边。崇文门是京师九门之一，元代称文明门。明正统四年，重修并加筑翁城，改名崇文门，取《易经》"文明以建"，其得刚健而文明，寓意崇尚文德之意，与宣武门相对称，左文右武。

宣武门为明、清时京师内城九门之一，建于明代，初称顺承门，正统四年改称宣武。为内城南门之一。崇文门与宣武门的命名遵循了古代"左文右武"的礼制，两门一文一武对应，取"文治武安，江山永固"之意。因为取武为意，城门守军训练用的护卫校场就设在宣武门外。

以下所说为发生在三门的惊人历史巧合，只是巧合而已，磨个闲牙，看官不必大惊小怪。

当年的京奉路修通之后，火车可以直达正阳门下，为出入便利，在崇文和正阳二门之间又开了一个门，叫水关。民国以后，交通越来越堵，于是在民国十二年，冯系又在正阳门和宣武门之间开了一个门，这个门开始叫和平门，张作霖后来曾改成兴中门。

于是有人说："水关开而崇文之运尽，是以科举废；和平门开而宣武之运亦尽，是以北洋军阀败。"这句话出自《故都闻见录》，作者是瞿兑之。这个可以说只是附会而已，而在此书中，他继续写出来的，才是一个惊天的巧合：

"北京前三门曰正阳、曰崇文、曰宣武，元亡于至正，明亡于崇祯，清亡于宣统，天下事固有巧合不可思议至如此者。"

三个封建王朝就是如此终结了。元代灭亡时，虽然正阳门还叫丽正门，但是一个"正"字也还是方方正正摆在那里的。

这巧合当真是十分有趣了。